W0365013

HABERSACK

Deutsche Gesetze

Textsammlung

194. Ergänzungslieferung Mai 2023
(Anschluss an die Ergänzungslieferung Februar 2023)
Rund 350 Seiten auf Dünndruckpapier € 18,90

Diese Ergänzungslieferung enthält u. a.:

die Änderungen durch das Gesetz zur Umsetzung der Umwandlungsrichtlinie und zur Änderung weiterer Gesetze sowie neu das Urheberrechts-Diensteanbieter-Gesetz

C.H.BECK

CO2 neutral
chbeck.de/nachhaltig

www.beck.de

Post darf öffnen

ISBN 978-3-406-80490-8

9 783406 804908 € 18,90

Habersack-Schnellübersicht

Stand: Mai 2023

(E = Ergänzungsband)

Habersack-Schnellübersicht

Stand: Mai 2023

(E = Ergänzungsband)

Habersack-Schnellübersicht

Stand: Mai 2023

(E = Ergänzungsband)

Habersack-Schnellübersicht

Stand: Mai 2023

(E = Ergänzungsband)

Geleitwort zur Ergänzungslieferung

Die 194. Ergänzungslieferung bringt Ihre Textsammlung „Habersack, Deutsche Gesetze“ auf den Stand der Gesetzgebung vom 23. Mai 2023.

Das Gesetz zur Umsetzung der Umwandlungsrichtlinie und zur Änderung weiterer Gesetze vom 22.2.2023 (BGBl. 2023 I Nr. 51) brachte Änderungen im BGB (Nr. **20**), im HGB (Nr. **50**), im AktG (Nr. **51**), im GmbHG (Nr. **52**), im UmwG (Nr. **52a**), im VVG (Nr. **62**), im RPflG (Nr. **96**), in der ZPO (Nr. **100**) und im FamFG (Nr. **112**).

Das BGB (Nr. **20**) wurde geändert durch das Gesetz zur Ermöglichung hybrider und virtueller Mitgliederversammlungen im Vereinsrecht vom 14.3.2023 (BGBl. 2023 I Nr. 72).

Das Gesetz zur Anpassung von Gesetzen und Verordnungen an die neue Behördenbezeichnung des Bundesamtes für Güterverkehr vom 2.3.2023 (BGBl. 2023 I Nr. 56) änderte das StVG (Nr. **35**).

Das Gesetz zur Stärkung der Aufsicht bei Rechtsdienstleistungen und zur Änderung weiterer Vorschriften vom 10.3.2023 (BGBl. 2023 I Nr. 64) brachte eine Änderung im HGB (Nr. **50**).

Das OWiG (Nr. **94**) erfuhr Änderungen durch das Zweite G zur Änderung schifffahrtsrechtlicher Vorschriften vom 14.3.2023 (BGBl. 2023 I Nr. 73).

In der ZPO (Nr. **100**) fand zudem die neue Pfändungsfreigrenzenbekanntmachung 2023 vom 15.3.2023 (BGBl. 2023 I Nr. 79) Berücksichtigung.

Neu aufgenommen unter der Nr. **68** wurde das Gesetz über die urheberrechtliche Verantwortlichkeit von Diensteanbietern für das Teilen von Online-Inhalten (**Urheberrechts-Diensteanbieter-Gesetz – UrhDaG**) vom 31. Mai 2021 (BGBl. I S. 1204, 1215).

Vorschau

Entwurf eines Gesetzes zur Umsetzung der Richtlinie (EU) 2020/1828 über Verbandsklagen zum Schutz der Kollektivinteressen der Verbraucher und zur Aufhebung der Richtlinie 2009/22/EG (Verbandsklagenrichtlinienumsetzungsgesetz – VRUG)

(Inkrafttreten: Tag nach Verkündung bzw. 25.6.2023)

Der Gesetzentwurf der Bundesregierung (BT-Drucksache 20/6520) setzt die Richtlinie (EU) 2020/1828 des Europäischen Parlaments und des Rates vom 25. November 2020 über Verbandsklagen zum Schutz der Kollektivinteressen der Verbraucher und zur Aufhebung der Richtlinie 2009/22/EG (ABl. L 409 vom 4.12.2020, S. 1) um, deren Ziel es ist, unionsweit den Schutz der Kollektivinteressen der Verbraucherinnen und Verbraucher zu stärken. Die neuen Regelungen müssen gemäß der Richtlinie ab dem 25. Juni 2023 angewendet werden. Die Richtlinie sieht hierzu zwei Arten von Verbandsklagen vor. Verbände müssen das Recht haben, im eigenen Namen Unterlassungsklagen zu erheben, durch die Zuwiderhandlungen gegen Verbraucherrecht beendet werden können, darüber hinaus Abhilfeklagen, durch die Verbraucherrechte durchgesetzt werden können. Abhilfeklagen gibt es im deutschen Recht bislang nicht. Die neuen Regelungen sollen gemäß dem Gesetzentwurf in einem eigenen neuen Gesetz, dem Verbraucherrechtedurchsetzungsgesetz, gebündelt werden. Die bereits bestehenden Regelungen der Zivilprozessordnung (ZPO) über die Musterfeststellungsklage werden ebenfalls in das neue Verbraucherrechtedurchsetzungsgesetz integriert. Die bereits existierenden Regelungen über Unterlassungsklagen durch Verbände im Unterlassungsklagengesetz und im Gesetz gegen den unlauteren Wettbewerb u. a. werden an Vorgaben der Richtlinie angepasst. Schließlich werden ergänzende Regelungen zu Unterlassungsklagen und Abhilfeklagen in anderen Gesetzen geschaffen. Änderungen der ZPO dienen der Entlastung der mit Massenverfahren befassten Gerichte. Im BGB werden die notwendigen Änderungen im allgemeinen Verjährungsrecht getroffen.

Habersack, Deutsche Gesetze

Einordnungsanweisung für die 194. Ergänzungslieferung Mai 2023

(Anschluss an die 193. Ergänzungslieferung Februar 2023)

Die Angaben beziehen sich auf die Ordnungsnummern (fette Zahlen) und die dazugehörigen Seitenzahlen (magere Zahlen)

Herauszunehmen:		Blätter	Einzufügen:		Blätter
Titelblatt, „Habersack aktuell“ [1]		3	Titelblatt, „Habersack aktuell“ [1]		3
Vorwort		1	**Vorwort**		1
Inhalt I	1/2	1	**Inhalt I**	1/2	1
Inhalt II	3/4	1	**Inhalt II**	3/4	1
20	11–26	11	**20**	11–26a	14
	433/434	1		433/434	1
	449/450	1		449/450	1
21	3–16a	8	**21**	3–16a	8
	43–43e	3		43–43e	3
35	5/6	1	**35**	5/6	1
	69–79a	6		69–79a	6
50	7–16a	6	**50**	7–16a	7
	117–118a	2		117–118a	2
	139–142	2		139–142	2
51	3/4	1	**51**	3/4	1
	33–40	4		33–40	4
52	3–20	9	**52**	3–20a	10
52a	1–86	50	**52a**	1–114	57
62	1–16	9	**62**	1–16a	9
	65/65a	1		65/65a	1
			nach **67** 2 *neu einzufügen:*		
			68	1–8	4
85	39–40a	2	**85**	39–40a	2
94	3/3a	1	**94**	3/3a	1
	17–23a	5		17–23a	5
96	3/4	1	**96**	3/4	1
	15/16	1		15/16	1
100	5/5a	1	**100**	5/5a	1
	75/75a	1		75/75a	1

(Fortsetzung nächste Seite)

[1] Aus technischen Gründen liegt das Geleitwort „Habersack aktuell“ am Anfang der Lieferung. Bitte ordnen Sie es wie gewohnt nach dem Titelblatt ein.

100	191/192	1
	275–290	8
112	4/4a	1
	87/88	1
	107/108	1
	114/114a	1
	133/134	1
117	1/2	1
	37/38	1
	49/50	1
119	3–6	2
	29/29a	1
	47/48	1
	61–64	2
120	1–4	2
Insgesamt herauszunehmen:		158

100	191/192	1
	275–292	9
112	4/4a	1
	87/88	1
	107/108	1
	114/114a	1
	133/134	1
117	1/2	1
	37/38	1
	49/50	1
119	3–6	2
	29/29a	1
	47/48	1
	61–64	2
120	1–4	2
Insgesamt einzufügen:		175

Habersack

Deutsche Gesetze

Sammlung des Zivil-, Straf- und Verfahrensrechts

Herausgegeben von
Prof. Dr. Mathias Habersack
Ludwig-Maximilians-Universität München

Begründet von
Dr. Heinrich Schönfelder

Stand: 23. Mai 2023
(194. Ergänzungslieferung)

C.H.BECK

Dieses Titelblatt stammt aus der 194. Ergänzungslieferung Mai 2023,
die Ergänzungslieferung schließt an die 193. Ergänzungslieferung Februar 2023 an.
ISBN 978 3 406 80490 8

Redaktioneller Hinweis: Paragraphenüberschriften in eckigen Klammern sind nichtamtlich. Sie sind ebenso wie die Fußnoten urheber- und wettbewerbsrechtlich geschützt.

www.beck.de

ISBN 978 3 406 46119 4 (Grundwerk zur Fortsetzung für 12 Monate)
ISBN 978 3 406 50075 6 (Grundwerk ohne Fortsetzung)

© 2023 Verlag C. H. Beck oHG
Wilhelmstraße 9, 80801 München
Druck: Druckerei C. H. Beck Nördlingen
(Adresse wie Verlag)

CO_2 neutral

chbeck.de/nachhaltig

Gedruckt auf säurefreiem, alterungsbeständigem Papier
(hergestellt aus chlorfrei gebleichtem Zellstoff)

Vorwort

Die von Heinrich Schönfelder 1931 begründete und seit 1935 als Loseblattausgabe erscheinende Textsammlung heißt nun „Habersack, Deutsche Gesetze". Die Namensänderung ist vor dem Hintergrund der Ende Juli 2021 verlautbarten Entscheidung des Verlags zu sehen, die Werke seines Verlagsprogramms umzubenennen, die in ihrem Titel noch Namen von Juristen tragen, die während der nationalsozialistischen Diktatur eine aktive Rolle eingenommen haben.

Unverändert gilt, dass sich die Auswahl von Gesetzen des Zivil-, Straf- und Verfahrensrechts, darunter auch einige für die tägliche Arbeit besonders bedeutsame europäische Verordnungen, ganz nach den Bedürfnissen der universitären Ausbildung, des Referendariats und der Praxis richtet. Festgehalten wird auch an der bisherigen Nummerierung der abgedruckten Texte.

In den letzten Jahren ist der Umfang der Textsammlung ständig angestiegen. Daher wurde 2022 ein größerer Ordner ausgeliefert. Bei dieser Gelegenheit wurde auch das Grundgesetz, das in vielfältiger Weise auf das Zivil-, Straf- und Verfahrensrecht ausstrahlt, unter der Ordnungsnummer 1 wieder in den Hauptband der Sammlung aufgenommen. Im Übrigen sind dem Umfang des Hauptbandes der Textsammlung aber auch künftig Grenzen gesetzt, so dass der Ergänzungsband weiterhin neben Gesetzen (u. a. Bauforderungssicherungsgesetz, Landpachtverkehrsgesetz, Gesetz über das gerichtliche Verfahren in Landwirtschaftssachen, Grundstücksverkehrsgesetz, Sozialgesetzbuch Achtes Buch, Wechselgesetz, Scheckgesetz, Strafvollzugsgesetz sowie das Recht der juristischen Berufe), die in der Vergangenheit der Textsammlung entnommen worden sind, weitere praxisrelevante Gesetze, untergesetzliche Regelungen und Arbeitshilfen enthält, die im Grundwerk aus Platzgründen nicht berücksichtigt werden konnten.

Zur leichteren Unterrichtung über Aufbau und Gliederung der einzelnen Gesetze wird ihnen weiterhin eine Inhaltsübersicht vorangestellt. Soweit der Gesetzgeber Paragraphen nicht mit Überschriften versehen hat, sind diese vom Verlag in eckigen Klammern eingefügt worden. Die nichtamtliche Satznummerierung soll das Auffinden von Gesetzesstellen erleichtern. Änderungstabellen vor den einzelnen Gesetzen ermöglichen einen raschen Überblick über die Änderungen des Gesetzeswortlauts. Bei den geänderten Paragraphen wird außerdem in einer Anmerkung auf die ändernde Vorschrift hingewiesen. In den Gesetzestexten sind nur Änderungen berücksichtigt, die der Gesetzgeber ausdrücklich vorgenommen hat. Sonstige (mittelbare) Änderungen werden durch Kursivdruck kenntlich gemacht. Darüber hinaus dienen Anmerkungen und Verweisungen auf andere zu beachtende Vorschriften des Bundes- oder Landesrechts und ein ausführliches Sachregister dem schnellen Zugriff auf die benötigten Rechtsnormen; soweit in diesen Anmerkungen und Verweisungen noch auf die Sammlung „Schönfelder" Bezug genommen wird, erklärt sich auch dies aus dem Verzicht auf einen vollständigen Austausch.

Viele Anregungen zur Ausgestaltung der Textsammlung sowie Verbesserungsvorschläge und Hinweise auf unvermeidliche Druckfehler verdankt der Verlag der ständigen Mitarbeit der Bezieher. Herausgeber und Verlag bitten darum, auch weiterhin Vorschläge und Wünsche mitzuteilen, und werden stets bemüht sein, ihnen nach Möglichkeit zu entsprechen.

München, im Mai 2023 Herausgeber und Verlag

Inhaltsverzeichnis I

(Systematisch geordnet)

Verfassungsrecht

Lfd. Nr.	Änderndes Gesetz	Datum	Fundstelle	Betroffen	Hinweis
135.	Art. 1, 3 G zur Vereinheitlichung des Stiftungsrechts und zur Änd. des InfektionsschutzG	16.7.2021	BGBl. I S. 2947	Inhaltsübersicht, § 2101	geänd. mWv 1.7.2023
				Buch 1 Abschnitt 1 Titel 2 UTitel 2 (§§ 80–88)	neu gef. mWv 1.7.2023
				§§ 82b, 82c, 82d, 84d, 85b, 86i, 87d	eingef. mWv 1.1.2026
136.	Art. 12 G zur Umsetzung der DigitalisierungsRL[1]	5.7.2021	BGBl. I S. 3338	§§ 71, 126a	geänd. mWv 1.8.2022
				§§ 66, 129	neu gef. mWv 1.8.2022
137.	Art. 1 G für faire Verbraucherverträge[2]	10.8.2021	BGBl. I S. 3433	§§ 308, 310	geänd. mWv 1.10.2021
				§ 309	geänd. mWv 1.3.2022
				§§ 312, 312l, 312m	geänd. mWv 1.7.2022
				§ 312k	eingef. mWv 1.7.2022
138.	Art. 1 PersonengesellschaftsrechtsmodernisierungsG (MoPeG)	10.8.2021	BGBl. I S. 3436	§ 707d	eingef. mWv 18.8.2021
				Inhaltsübersicht	geänd. mWv 1.1.2024
				§ 54, Buch 2 Abschnitt 8 Titel 16 (§§ 705–740c)	neu gef. mWv 1.1.2024
				§ 899a	aufgeh. mit Ablauf des 31.12. 2023
139.	Art. 1 G zur Änd. des BGB u. des EGBGB in Ums. der RL (EU) 2019/2161 u. zur Aufh. der VO zur Übertrag. der Zust. für die Durchf. der VO (EG) Nr. 2006/2004 auf das BMJV[3] [2]	10.8.2021	BGBl. I S. 3483	Inhaltsüb., §§ 312, 312e, Buch 2 Abschn. 3 Titel 1 UTitel 2 Kap. 3 Überschr., §§ 312j, 312l, 356, 357, 357b–357e, 358, 360	geänd. mWv 28.5.2022
				§§ 312k, 357a	eingef. mWv 28.5.2022
140.	Art. 1 MietspiegelreformG	10.8.2021	BGBl. I S. 3515	§ 558c	geänd. mWv 18.8.2021
				§§ 558c, 558d	geänd. mWv 1.7.2022
141.	Art. 2 G zur Herstellung materieller Gerechtigkeit	21.12. 2021	BGBl. I S. 5252	§ 194	geänd. mWv 30.12.2021
142.	Art. 5 G zur Durchführung der EU-Verordnungen über	24.6.2022	BGBl. I S. 959	§ 240a	geänd. mWv 1.7.2022

[1] **Amtl. Anm.:** Dieses Gesetz dient der Umsetzung der Richtlinie (EU) 2019/1151 des Europäischen Parlaments und des Rates vom 20. Juni 2019 zur Änderung der Richtlinie (EU) 2017/1132 im Hinblick auf den Einsatz digitaler Werkzeuge und Verfahren im Gesellschaftsrecht (ABl. L 186 vom 11.7.2019, S. 80).

[2] **Amtl. Anm.:** Notifiziert gemäß der Richtlinie (EU) 2015/1535 des Europäischen Parlaments und des Rates vom 9. September 2015 über ein Informationsverfahren auf dem Gebiet der technischen Vorschriften und der Vorschriften für die Dienste der Informationsgesellschaft (ABl. L 241 vom 17.9.2015, S. 1).

[3] **Amtl. Anm.:** Dieses Gesetz dient der Umsetzung der Richtlinie (EU) 2019/2161 des Europäischen Parlaments und des Rates vom 27. November 2019 zur Änderung der Richtlinie 93/13/EWG des Rates und der Richtlinien 98/6/EG, 2005/29/EG und 2011/83/EU des Europäischen Parlaments und des Rates zur besseren Durchsetzung und Modernisierung der Verbraucherschutzvorschriften der Union (ABl. L 328 vom 18.12.2019, S. 7).

Lfd. Nr.	Änderndes Gesetz	Datum	Fundstelle	Betroffen	Hinweis
	grenzüberschreitende Zustellungen und grenzüberschreitende Beweisaufnahmen in Zivil- oder Handelssachen sowie zur Änd. sonstiger Vorschriften			§§ 1631e, 1795, 1817, 1821, 1862	geänd. mWv 1.1.2023
143.	Art. 4 G zur Ergänzung der Regelungen zur Umsetzung der DigitalisierungsRL und zur Änd. weiterer Vorschriften[1)]	15.7.2022	BGBl. I S. 1146	§ 356	geänd. mWv 22.7.2022
				§ 77	geänd. mWv 1.8.2023
144.	Art. 1 G zur Abschaffung des Güterrechtsregisters und zur Änd. des COVID-19-InsolvenzaussetzungsG	31.10. 2022	BGBl. I S. 1966	Inhaltsübersicht	geänd. mWv 1.1.2023
				§ 1412	neu gef. mWv 1.1.2023
				Buch 4 Abschnitt 1 Titel 6 UTitel 3 (§§ 1558–1563)	aufgeh. mit Ablauf des 31.12. 2022
145.	Art. 6 G zur Durchführung des Haager Übereinkommens über die Anerkennung und Vollstreckung ausländischer Entscheidungen in Zivil- und Handelssachen sowie zur Änd. der ZPO, des BGB, des WohnungseigentumsG und des G zur Modernisierung des Strafverfahrens	7.11.2022	BGBl. I S. 1982	§ 1517	geänd. mWv 12.11.2022
146.	Art. 24 G zur Umsetzung der UmwandlungsRL und zur Änd. weiterer Gesetze	22.2.2023	BGBl. 2023 I Nr. 51	§ 2201	geänd. mWv 1.1.2023
147.	Art. 1 G zur Ermöglichung hybrider und virtueller Mitgliederversammlungen im Vereinsrecht	14.3.2023	BGBl. 2023 I Nr. 72	§ 32	geänd. mWv 21.3.2023

Vorbemerkung:

Die Änderungen durch G v. 16.7.2021 (BGBl. I S. 2947) treten teilweise erst mWv 1.1.2026 in Kraft und sind insoweit im Text noch nicht berücksichtigt.

Die Änderungen durch G v. 10.8.2021 (BGBl. I S. 3436) treten teilweise erst mWv 1.1.2024 in Kraft und sind insoweit im Text noch nicht berücksichtigt.

Die Änderungen durch G v. 15.7.2022 (BGBl. I S. 1146) treten teilweise erst mWv 1.8.2023 in Kraft und sind insoweit im Text noch nicht berücksichtigt.

[1)] **Amtl. Anm.:** Notifiziert gemäß der Richtlinie (EU) 2015/1535 des Europäischen Parlaments und des Rates vom 9. September 2015 über ein Informationsverfahren auf dem Gebiet der technischen Vorschriften und der Vorschriften für die Dienste der Informationsgesellschaft (ABl. L 241 vom 17.9.2015, S. 1).

Inhaltsübersicht[1) 2)]

---

1) Inhaltsübersicht geänd. mWv 11.6.2010 durch G v. 29.7.2009 (BGBl. I S. 2355); Wiedergabe der einzelnen Paragraphen aufgeh. mWv 1.1.2010 durch G v. 24.9.2009 (BGBl. I S. 3142); Inhaltsübersicht geänd. mWv 30.7.2010 durch G v. 24.7.2010 (BGBl. I S. 977); mWv 23.2.2011 durch G v. 17.1.2011 (BGBl. I S. 34); mWv 1.5.2013 durch G v. 15.3.2012 (BGBl. II S. 178, geänd. durch Bek. v. 22.4.2013 (BGBl. II S. 431); mWv 26.2.2013 durch G v. 20.2.2013 (BGBl. I S. 277); mWv 1.5.2013 durch G v. 11.3.2013 (BGBl. I S. 434); mWv 13.6.2014 durch G v. 20.9.2013 (BGBl. I S. 3642); mWv 1.6.2015 durch G v. 21.4.2015 (BGBl. I S. 610); mWv 21.3.2016 durch G v. 11.3.2016 (BGBl. I S. 396); mWv 1.1.2018 durch G v. 28.4.2017 (BGBl. I S. 969); mWv 1.7.2018 durch G v. 17.7.2017 (BGBl. I S. 2394); mWv 13.1.2018 durch G v. 17.7.2017 (BGBl. I S. 2446); mWv 22.12.2018 durch G v. 18.12.2018 (BGBl. I S. 2639); mWv 23.12.2020 durch G v. 12.6.2020 (BGBl. I S. 1245); mWv 1.1.2023 durch G v. 4.5.2021 (BGBl. I S. 882); mWv 1.1.2022 durch G v. 25.6.2021 (BGBl. I S. 2123); mWv 1.7.2023 durch G v. 16.7.2021 (BGBl. I S. 2947); mWv 28.5.2022 durch G v. 10.8.2021 (BGBl. I S. 3483); mWv 1.1.2023 durch G v. 31.10.2022 (BGBl. I S. 1966); sie wurde nichtamtlich an die Änderungen mWv 21.3.2016 durch G v. 11.3.2016 (BGBl. I S. 396), mWv 26.11.2019 durch G v. 20.11.2019 (BGBl. I S. 1724) und mWv 31.3.2020 durch G v. 19.3.2020 (BGBl. I S. 541) angepasst.

2) Zur besseren Übersichtlichkeit wurden den Gliederungsüberschriften redaktionell die zugehörigen §§ angefügt.

Buch 1. Allgemeiner Teil

Abschnitt 1. Personen

Titel 1. Natürliche Personen, Verbraucher, Unternehmer

§ 1 Beginn der Rechtsfähigkeit Die Rechtsfähigkeit des Menschen beginnt mit der Vollendung der Geburt.

§ 2 Eintritt der Volljährigkeit. Die Volljährigkeit tritt mit der Vollendung des 18. Lebensjahres ein.

§§ 3 bis 6 (weggefallen)

§ 7 Wohnsitz; Begründung und Aufhebung. (1) Wer sich an einem Orte ständig niederlässt, begründet an diesem Orte seinen Wohnsitz.

(2) Der Wohnsitz kann gleichzeitig an mehreren Orten bestehen.

(3) Der Wohnsitz wird aufgehoben, wenn die Niederlassung mit dem Willen aufgehoben wird, sie aufzugeben.

§ 8[1)] Wohnsitz nicht voll Geschäftsfähiger. Wer geschäftsunfähig oder in der Geschäftsfähigkeit beschränkt ist, kann ohne den Willen seines gesetzlichen Vertreters einen Wohnsitz weder begründen noch aufheben.

§ 9 Wohnsitz eines Soldaten. (1) [1] Ein Soldat hat seinen Wohnsitz am Standort. [2] Als Wohnsitz eines Soldaten, der im Inland keinen Standort hat, gilt der letzte inländische Standort.

(2) Diese Vorschriften finden keine Anwendung auf Soldaten, die nur auf Grund der Wehrpflicht Wehrdienst leisten oder die nicht selbständig einen Wohnsitz begründen können.

§ 10 (weggefallen)

§ 11 Wohnsitz des Kindes. [1] Ein minderjähriges Kind teilt den Wohnsitz der Eltern; es teilt nicht den Wohnsitz eines Elternteils, dem das Recht fehlt, für die Person des Kindes zu sorgen. [2] Steht keinem Elternteil das Recht zu, für die Person

---

[1)] § 8 Abs. 2 aufgeh. mWv 22.7.2017 durch G v. 17.7.2017 (BGBl. I S. 2429).

des Kindes zu sorgen, so teilt das Kind den Wohnsitz desjenigen, dem dieses Recht zusteht. [3] Das Kind behält den Wohnsitz, bis es ihn rechtsgültig aufhebt.

§ 12[1)] Namensrecht. [1] Wird das Recht zum Gebrauch eines Namens dem Berechtigten von einem anderen bestritten oder wird das Interesse des Berechtigten dadurch verletzt, dass ein anderer unbefugt den gleichen Namen gebraucht, so kann der Berechtigte von dem anderen Beseitigung der Beeinträchtigung verlangen. [2] Sind weitere Beeinträchtigungen zu besorgen, so kann er auf Unterlassung klagen.

§ 13[2)] Verbraucher. Verbraucher ist jede natürliche Person, die ein Rechtsgeschäft zu Zwecken abschließt, die überwiegend weder ihrer gewerblichen noch ihrer selbständigen beruflichen Tätigkeit zugerechnet werden können.

§ 14[3)] Unternehmer. (1) Unternehmer ist eine natürliche oder juristische Person oder eine rechtsfähige Personengesellschaft, die bei Abschluss eines Rechtsgeschäfts in Ausübung ihrer gewerblichen oder selbständigen beruflichen Tätigkeit handelt.

(2) Eine rechtsfähige Personengesellschaft ist eine Personengesellschaft, die mit der Fähigkeit ausgestattet ist, Rechte zu erwerben und Verbindlichkeiten einzugehen.

§§ 15 bis 20[4)] (weggefallen)

Titel 2. Juristische Personen

Untertitel 1.[5)] Vereine

Kapitel 1. Allgemeine Vorschriften

§ 21 Nicht wirtschaftlicher Verein. Ein Verein, dessen Zweck nicht auf einen wirtschaftlichen Geschäftsbetrieb gerichtet ist, erlangt Rechtsfähigkeit durch Eintragung in das Vereinsregister des zuständigen Amtsgerichts.

§ 22[6)] Wirtschaftlicher Verein. [1] Ein Verein, dessen Zweck auf einen wirtschaftlichen Geschäftsbetrieb gerichtet ist, erlangt in Ermangelung besonderer bundesgesetzlicher Vorschriften Rechtsfähigkeit durch staatliche Verleihung. [2] Die Verleihung steht dem Land zu, in dessen Gebiet der Verein seinen Sitz hat.

§ 23[7)] *(aufgehoben)*

§ 24 Sitz. Als Sitz eines Vereins gilt, wenn nicht ein anderes bestimmt ist, der Ort, an welchem die Verwaltung geführt wird.

§ 25 Verfassung. Die Verfassung eines rechtsfähigen Vereins wird, soweit sie nicht auf den nachfolgenden Vorschriften beruht, durch die Vereinssatzung bestimmt.

---

1) Beachte hierzu auch das G über die Änderung der Vornamen und die Feststellung der Geschlechtszugehörigkeit in besonderen Fällen (Transsexuellengesetz – TSG) v. 10.9.1980 (BGBl. I S. 1654), zuletzt geänd. durch G v. 20.7.2017 (BGBl. I S. 2787).

2) § 13 neu gef. mWv 13.6.2014 durch G v. 20.9.2013 (BGBl. I S. 3642).

3) **Amtl. Anm.:** Diese Vorschriften dienen der Umsetzung der eingangs zu den Nummern 3, 4, 6, 7, 9 und 11 genannten Richtlinien.

4) An die Stelle der weggefallenen §§ 15–20 ist das VerschollenheitsG **(Habersack, Deutsche Gesetze ErgBd. Nr. 45)** getreten.

5) Wegen des für das Gebiet der ehem. DDR geltenden Übergangsrechts zu §§ 21–79 beachte Art. 231 § 2 EGBGB (Nr. **21**).

6) § 22 Sätze 1 und 2 geänd. mWv 30.9.2009 durch G v. 24.9.2009 (BGBl. I S. 3145).

7) § 23 aufgeh. mWv 30.9.2009 durch G v. 24.9.2009 (BGBl. I S. 3145).

§ 26[1] Vorstand und Vertretung. (1) [1]Der Verein muss einen Vorstand haben. [2]Der Vorstand vertritt den Verein gerichtlich und außergerichtlich; er hat die Stellung eines gesetzlichen Vertreters. [3]Der Umfang der Vertretungsmacht kann durch die Satzung mit Wirkung gegen Dritte beschränkt werden.

(2) [1]Besteht der Vorstand aus mehreren Personen, so wird der Verein durch die Mehrheit der Vorstandsmitglieder vertreten. [2]Ist eine Willenserklärung gegenüber einem Verein abzugeben, so genügt die Abgabe gegenüber einem Mitglied des Vorstands.

§ 27[2] Bestellung und Geschäftsführung des Vorstands. (1) Die Bestellung des Vorstands erfolgt durch Beschluss der Mitgliederversammlung.

(2) [1]Die Bestellung ist jederzeit widerruflich, unbeschadet des Anspruchs auf die vertragsmäßige Vergütung. [2]Die Widerruflichkeit kann durch die Satzung auf den Fall beschränkt werden, dass ein wichtiger Grund für den Widerruf vorliegt; ein solcher Grund ist insbesondere grobe Pflichtverletzung oder Unfähigkeit zur ordnungsmäßigen Geschäftsführung.

(3) [1]Auf die Geschäftsführung des Vorstands finden die für den Auftrag geltenden Vorschriften der §§ 664 bis 670 entsprechende Anwendung. [2]Die Mitglieder des Vorstands sind unentgeltlich tätig.

§ 28[3] Beschlussfassung des Vorstands. Bei einem Vorstand, der aus mehreren Personen besteht, erfolgt die Beschlussfassung nach den für die Beschlüsse der Mitglieder des Vereins geltenden Vorschriften der §§ 32 und 34.

§ 29 Notbestellung durch Amtsgericht. Soweit die erforderlichen Mitglieder des Vorstands fehlen, sind sie in dringenden Fällen für die Zeit bis zur Behebung des Mangels auf Antrag eines Beteiligten von dem Amtsgericht zu bestellen, das für den Bezirk, in dem der Verein seinen Sitz hat, das Vereinsregister führt.

§ 30 Besondere Vertreter. [1]Durch die Satzung kann bestimmt werden, dass neben dem Vorstand für gewisse Geschäfte besondere Vertreter zu bestellen sind. [2]Die Vertretungsmacht eines solchen Vertreters erstreckt sich im Zweifel auf alle Rechtsgeschäfte, die der ihm zugewiesene Geschäftskreis gewöhnlich mit sich bringt.

§ 31[4] Haftung des Vereins für Organe. Der Verein ist für den Schaden verantwortlich, den der Vorstand, ein Mitglied des Vorstands oder ein anderer verfassungsmäßig berufener Vertreter durch eine in Ausführung der ihm zustehenden Verrichtungen begangene, zum Schadensersatz verpflichtende Handlung einem Dritten zufügt.

§ 31a[5] Haftung von Organmitgliedern und besonderen Vertretern.

(1) [1]Sind Organmitglieder oder besondere Vertreter unentgeltlich tätig oder erhalten sie für ihre Tätigkeit eine Vergütung, die 840 Euro jährlich nicht übersteigt, haften sie dem Verein für einen bei der Wahrnehmung ihrer Pflichten verursachten

---

[1] § 26 neu gef. mWv 30.9.2009 durch G v. 24.9.2009 (BGBl. I S. 3145).

[2] § 27 Abs. 3 Satz 2 angef. mWv 1.1.2015 durch G v. 21.3.2013 (BGBl. I S. 556).

[3] § 28 neu gef. mWv 30.9.2009 durch G v. 24.9.2009 (BGBl. I S. 3145).

[4] Wegen des für das Gebiet der ehem. DDR geltenden Übergangsrechts zu § 31 beachte Art. 231 § 4 EGBGB (Nr. **21**).

[5] § 31a eingef. mWv 3.10.2009 durch G v. 28.9.2009 (BGBl. I S. 3161); neu gef. mWv 29.3.2013 durch G v. 21.3.2013 (BGBl. I S. 556); Abs. 1 Satz 1 geänd. mWv 7.4.2021 durch G v. 30.3.2021 (BGBl. I S. 607).

Schaden nur bei Vorliegen von Vorsatz oder grober Fahrlässigkeit. [2]Satz 1 gilt auch für die Haftung gegenüber den Mitgliedern des Vereins. [3]Ist streitig, ob ein Organmitglied oder ein besonderer Vertreter einen Schaden vorsätzlich oder grob fahrlässig verursacht hat, trägt der Verein oder das Vereinsmitglied die Beweislast.

(2) [1]Sind Organmitglieder oder besondere Vertreter nach Absatz 1 Satz 1 einem anderen zum Ersatz eines Schadens verpflichtet, den sie bei der Wahrnehmung ihrer Pflichten verursacht haben, so können sie von dem Verein die Befreiung von der Verbindlichkeit verlangen. [2]Satz 1 gilt nicht, wenn der Schaden vorsätzlich oder grob fahrlässig verursacht wurde.

§ 31b[1)] **Haftung von Vereinsmitgliedern.** (1) [1]Sind Vereinsmitglieder unentgeltlich für den Verein tätig oder erhalten sie für ihre Tätigkeit eine Vergütung, die 840 Euro jährlich nicht übersteigt, haften sie dem Verein für einen Schaden, den sie bei der Wahrnehmung der ihnen übertragenen satzungsgemäßen Vereinsaufgaben verursachen, nur bei Vorliegen von Vorsatz oder grober Fahrlässigkeit. [2]§ 31a Absatz 1 Satz 3 ist entsprechend anzuwenden.

(2) [1]Sind Vereinsmitglieder nach Absatz 1 Satz 1 einem anderen zum Ersatz eines Schadens verpflichtet, den sie bei der Wahrnehmung der ihnen übertragenen satzungsgemäßen Vereinsaufgaben verursacht haben, so können sie von dem Verein die Befreiung von der Verbindlichkeit verlangen. [2]Satz 1 gilt nicht, wenn die Vereinsmitglieder den Schaden vorsätzlich oder grob fahrlässig verursacht haben.

§ 32[2)] **Mitgliederversammlung; Beschlussfassung.** (1) [1]Die Angelegenheiten des Vereins werden, soweit sie nicht von dem Vorstand oder einem anderen Vereinsorgan zu besorgen sind, durch Beschlussfassung in einer Versammlung der Mitglieder geordnet. [2]Zur Gültigkeit des Beschlusses ist erforderlich, dass der Gegenstand bei der Berufung bezeichnet wird. [3]Bei der Beschlussfassung entscheidet die Mehrheit der abgegebenen Stimmen.

(2) [1]Bei der Berufung der Versammlung kann vorgesehen werden, dass Mitglieder auch ohne Anwesenheit am Versammlungsort im Wege der elektronischen Kommunikation an der Versammlung teilnehmen und andere Mitgliederrechte ausüben können (hybride Versammlung). [2]Die Mitglieder können beschließen, dass künftige Versammlungen auch als virtuelle Versammlungen einberufen werden können, an der Mitglieder ohne Anwesenheit am Versammlungsort im Wege der elektronischen Kommunikation teilnehmen und ihre anderen Mitgliederrechte ausüben müssen. [3]Wird eine hybride oder virtuelle Versammlung einberufen, so muss bei der Berufung auch angegeben werden, wie die Mitglieder ihre Rechte im Wege der elektronischen Kommunikation ausüben können.

(3) Auch ohne Versammlung der Mitglieder ist ein Beschluss gültig, wenn alle Mitglieder ihre Zustimmung zu dem Beschluss schriftlich erklären.

§ 33[3)] **Satzungsänderung.** (1) [1]Zu einem Beschluss, der eine Änderung der Satzung enthält, ist eine Mehrheit von drei Vierteln der abgegebenen Stimmen erforderlich. [2]Zur Änderung des Zweckes des Vereins ist die Zustimmung aller Mitglieder erforderlich; die Zustimmung der nicht erschienenen Mitglieder muss schriftlich erfolgen.

[1)] § 31b eingef. mWv 29.3.2013 durch G v. 21.3.2013 (BGBl. I S. 556); Abs. 1 Satz 1 geänd. mWv 7.4. 2021 durch G v. 30.3.2021 (BGBl. I S. 607).

[2)] § 32 Abs. 1 Satz 3 geänd. mWv 30.9.2009 durch G v. 24.9.2009 (BGBl. I S. 3145); Abs. 2 eingef., bish. Abs. 2 wird Abs. 3 mWv 21.3.2023 durch G v. 14.3.2023 (BGBl. 2023 I Nr. 72).

[3)] § 33 Abs. 1 Satz 1 geänd., Abs. 2 neu gef. mWv 30.9.2009 durch G v. 24.9.2009 (BGBl. I S. 3145).

(2) Beruht die Rechtsfähigkeit des Vereins auf Verleihung, so ist zu jeder Änderung der Satzung die Genehmigung der zuständigen Behörde erforderlich.

§ 34 Ausschluss vom Stimmrecht. Ein Mitglied ist nicht stimmberechtigt, wenn die Beschlussfassung die Vornahme eines Rechtsgeschäfts mit ihm oder die Einleitung oder Erledigung eines Rechtsstreits zwischen ihm und dem Verein betrifft.

§ 35 Sonderrechte. Sonderrechte eines Mitglieds können nicht ohne dessen Zustimmung durch Beschluss der Mitgliederversammlung beeinträchtigt werden.

§ 36 Berufung der Mitgliederversammlung. Die Mitgliederversammlung ist in den durch die Satzung bestimmten Fällen sowie dann zu berufen, wenn das Interesse des Vereins es erfordert.

§ 37 Berufung auf Verlangen einer Minderheit. (1) Die Mitgliederversammlung ist zu berufen, wenn der durch die Satzung bestimmte Teil oder in Ermangelung einer Bestimmung der zehnte Teil der Mitglieder die Berufung schriftlich unter Angabe des Zweckes und der Gründe verlangt.

(2) [1] Wird dem Verlangen nicht entsprochen, so kann das Amtsgericht die Mitglieder, die das Verlangen gestellt haben, zur Berufung der Versammlung ermächtigen; es kann Anordnungen über die Führung des Vorsitzes in der Versammlung treffen. [2] Zuständig ist das Amtsgericht, das für den Bezirk, in dem der Verein seinen Sitz hat, das Vereinsregister führt. [3] Auf die Ermächtigung muss bei der Berufung der Versammlung Bezug genommen werden.

§ 38 Mitgliedschaft. [1] Die Mitgliedschaft ist nicht übertragbar und nicht vererblich. [2] Die Ausübung der Mitgliedschaftsrechte kann nicht einem anderen überlassen werden.

§ 39 Austritt aus dem Verein. (1) Die Mitglieder sind zum Austritt aus dem Verein berechtigt.

(2) Durch die Satzung kann bestimmt werden, dass der Austritt nur am Schluss eines Geschäftsjahrs oder erst nach dem Ablauf einer Kündigungsfrist zulässig ist; die Kündigungsfrist kann höchstens zwei Jahre betragen.

§ 40[1] Nachgiebige Vorschriften. [1] Die Vorschriften des § 26 Absatz 2 Satz 1, des § 27 Absatz 1 und 3, ,[2] der §§ 28, 31a Abs. 1 Satz 2 sowie der §§ 32, 33 und 38 finden insoweit keine Anwendung als die Satzung ein anderes bestimmt. [2] Von § 34 kann auch für die Beschlussfassung des Vorstands durch die Satzung nicht abgewichen werden.

§ 41[3] Auflösung des Vereins. [1] Der Verein kann durch Beschluss der Mitgliederversammlung aufgelöst werden. [2] Zu dem Beschluss ist eine Mehrheit von drei Vierteln der abgegebenen Stimmen erforderlich, wenn nicht die Satzung ein anderes bestimmt.

---

[1] § 40 neu gef. mWv 30.9.2009 durch G v. 24.9.2009 (BGBl. I S. 3145); Satz 1 geänd. mWv 3.10.2009 durch G v. 28.9.2009 (BGBl. I S. 3161).

[2] Zeichensetzung amtlich.

[3] § 41 Satz 2 geänd. mWv 30.9.2009 durch G v. 24.9.2009 (BGBl. I S. 3145).

§ 42[1] **Insolvenz.** (1) [1]Der Verein wird durch die Eröffnung des Insolvenzverfahrens und mit Rechtskraft des Beschlusses, durch den die Eröffnung des Insolvenzverfahrens mangels Masse abgewiesen worden ist, aufgelöst. [2]Wird das Verfahren auf Antrag des Schuldners eingestellt oder nach der Bestätigung eines Insolvenzplans, der den Fortbestand des Vereins vorsieht, aufgehoben, so kann die Mitgliederversammlung die Fortsetzung des Vereins beschließen. [3]Durch die Satzung kann bestimmt werden, dass der Verein im Falle der Eröffnung des Insolvenzverfahrens als nicht rechtsfähiger Verein fortbesteht; auch in diesem Falle kann unter den Voraussetzungen des Satzes 2 die Fortsetzung als rechtsfähiger Verein beschlossen werden.

(2)[2] [1]Der Vorstand hat im Falle der Zahlungsunfähigkeit oder der Überschuldung die Eröffnung des Insolvenzverfahrens zu beantragen. [2]Wird die Stellung des Antrags verzögert, so sind die Vorstandsmitglieder, denen ein Verschulden zur Last fällt, den Gläubigern für den daraus entstehenden Schaden verantwortlich; sie haften als Gesamtschuldner.

§ 43[3] **Entziehung der Rechtsfähigkeit.** Einem Verein, dessen Rechtsfähigkeit auf Verleihung beruht, kann die Rechtsfähigkeit entzogen werden, wenn er einen anderen als den in der Satzung bestimmten Zweck verfolgt.

§ 44[4] **Zuständigkeit und Verfahren.** Die Zuständigkeit und das Verfahren für die Entziehung der Rechtsfähigkeit nach § 43 bestimmen sich nach dem Recht des Landes, in dem der Verein seinen Sitz hat.

§ 45[5] **Anfall des Vereinsvermögens.** (1) Mit der Auflösung des Vereins oder der Entziehung der Rechtsfähigkeit fällt das Vermögen an die in der Satzung bestimmten Personen.

(2) [1]Durch die Satzung kann vorgeschrieben werden, dass die Anfallberechtigten durch Beschluss der Mitgliederversammlung oder eines anderen Vereinsorgans bestimmt werden. [2]Ist der Zweck des Vereins nicht auf einen wirtschaftlichen Geschäftsbetrieb gerichtet, so kann die Mitgliederversammlung auch ohne eine solche Vorschrift das Vermögen einer öffentlichen Stiftung oder Anstalt zuweisen.

(3) Fehlt es an einer Bestimmung der Anfallberechtigten, so fällt das Vermögen, wenn der Verein nach der Satzung ausschließlich den Interessen seiner Mitglieder diente, an die zur Zeit der Auflösung oder der Entziehung der Rechtsfähigkeit vorhandenen Mitglieder zu gleichen Teilen, anderenfalls an den Fiskus des Landes, in dessen Gebiet der Verein seinen Sitz hatte.

§ 46 Anfall an den Fiskus. [1]Fällt das Vereinsvermögen an den Fiskus, so finden die Vorschriften über eine dem Fiskus als gesetzlichem Erben anfallende Erbschaft entsprechende Anwendung. [2]Der Fiskus hat das Vermögen tunlichst in einer den Zwecken des Vereins entsprechenden Weise zu verwenden.

§ 47 Liquidation. Fällt das Vereinsvermögen nicht an den Fiskus, so muss eine Liquidation stattfinden, sofern nicht über das Vermögen des Vereins das Insolvenzverfahren eröffnet ist.

---

[1] § 42 Abs. 1 Satz 1 geänd. mWv 30.9.2009 durch G v. 24.9.2009 (BGBl. I S. 3145).
[2] Siehe hierzu das Sanierungs- und insolvenzrechtliches KrisenfolgenabmilderungsG (Nr. **110d**).
[3] § 43 neu gef. mWv 30.9.2009 durch G v. 24.9.2009 (BGBl. I S. 3145).
[4] § 44 neu gef. mWv 30.9.2009 durch G v. 24.9.2009 (BGBl. I S. 3145).
[5] § 45 Abs. 3 geänd. mWv 30.9.2009 durch G v. 24.9.2009 (BGBl. I S. 3145).

§ 48[1] Liquidatoren. (1) [1] Die Liquidation erfolgt durch den Vorstand. [2] Zu Liquidatoren können auch andere Personen bestellt werden; für die Bestellung sind die für die Bestellung des Vorstands geltenden Vorschriften maßgebend.

(2) Die Liquidatoren haben die rechtliche Stellung des Vorstands, soweit sich nicht aus dem Zwecke der Liquidation ein anderes ergibt.

(3) Sind mehrere Liquidatoren vorhanden, so sind sie nur gemeinschaftlich zur Vertretung befugt und können Beschlüsse nur einstimmig fassen, sofern nicht ein anderes bestimmt ist.

§ 49 Aufgaben der Liquidatoren. (1) [1] Die Liquidatoren haben die laufenden Geschäfte zu beendigen, die Forderungen einzuziehen, das übrige Vermögen in Geld umzusetzen, die Gläubiger zu befriedigen und den Überschuss den Anfallberechtigten auszuantworten. [2] Zur Beendigung schwebender Geschäfte können die Liquidatoren auch neue Geschäfte eingehen. [3] Die Einziehung der Forderungen sowie die Umsetzung des übrigen Vermögens in Geld darf unterbleiben, soweit diese Maßregeln nicht zur Befriedigung der Gläubiger oder zur Verteilung des Überschusses unter die Anfallberechtigten erforderlich sind.

(2) Der Verein gilt bis zur Beendigung der Liquidation als fortbestehend, soweit der Zweck der Liquidation es erfordert.

§ 50[2] Bekanntmachung des Vereins in Liquidation. (1) [1] Die Auflösung des Vereins oder die Entziehung der Rechtsfähigkeit ist durch die Liquidatoren öffentlich bekannt zu machen. [2] In der Bekanntmachung sind die Gläubiger zur Anmeldung ihrer Ansprüche aufzufordern. [3] Die Bekanntmachung erfolgt durch das in der Satzung für Veröffentlichungen bestimmte Blatt. [4] Die Bekanntmachung gilt mit dem Ablauf des zweiten Tages nach der Einrückung oder der ersten Einrückung als bewirkt.

(2) Bekannte Gläubiger sind durch besondere Mitteilung zur Anmeldung aufzufordern.

§ 50a[3] Bekanntmachungsblatt. Hat ein Verein in der Satzung kein Blatt für Bekanntmachungen bestimmt oder hat das bestimmte Bekanntmachungsblatt sein Erscheinen eingestellt, sind Bekanntmachungen des Vereins in dem Blatt zu veröffentlichen, welches für Bekanntmachungen des Amtsgerichts bestimmt ist, in dessen Bezirk der Verein seinen Sitz hat.

§ 51 Sperrjahr. Das Vermögen darf den Anfallberechtigten nicht vor dem Ablauf eines Jahres nach der Bekanntmachung der Auflösung des Vereins oder der Entziehung der Rechtsfähigkeit ausgeantwortet werden.

§ 52 Sicherung für Gläubiger. (1) Meldet sich ein bekannter Gläubiger nicht, so ist der geschuldete Betrag, wenn die Berechtigung zur Hinterlegung vorhanden ist, für den Gläubiger zu hinterlegen.

(2) Ist die Berichtigung einer Verbindlichkeit zur Zeit nicht ausführbar oder ist eine Verbindlichkeit streitig, so darf das Vermögen den Anfallberechtigten nur ausgeantwortet werden, wenn dem Gläubiger Sicherheit geleistet ist.

---

[1] § 48 Abs. 3 neu gef. mWv 30.9.2009 durch G v. 24.9.2009 (BGBl. I S. 3145).

[2] § 50 Überschrift und Abs. 1 Satz 3 geänd. mWv 30.11.2007 durch G v. 23.11.2007 (BGBl. I S. 2614).

[3] § 50a eingef. mWv 30.11.2007 durch G v. 23.11.2007 (BGBl. I S. 2614).

§ 53[1] **Schadensersatzpflicht der Liquidatoren.** Liquidatoren, welche die ihnen nach dem § 42 Abs. 2 und den §§ 50, 51 und 52 obliegenden Verpflichtungen verletzen oder vor der Befriedigung der Gläubiger Vermögen den Anfallberechtigten ausantworten, sind, wenn ihnen ein Verschulden zur Last fällt, den Gläubigern für den daraus entstehenden Schaden verantwortlich; sie haften als Gesamtschuldner.

§ 54[2] **Nicht rechtsfähige Vereine.** [1] Auf Vereine, die nicht rechtsfähig sind, finden die Vorschriften über die Gesellschaft Anwendung. [2] Aus einem Rechtsgeschäft, das im Namen eines solchen Vereins einem Dritten gegenüber vorgenommen wird, haftet der Handelnde persönlich; handeln mehrere, so haften sie als Gesamtschuldner.[3]

Kapitel 2. Eingetragene Vereine

§ 55[4] [2] **Zuständigkeit für die Registereintragung.** Die Eintragung eines Vereins der in § 21 bezeichneten Art in das Vereinsregister hat bei dem Amtsgericht zu geschehen, in dessen Bezirk der Verein seinen Sitz hat.

§ 55a[5] **Elektronisches Vereinsregister.** (1) [1] Die Landesregierungen können durch Rechtsverordnung[6] bestimmen, dass und in welchem Umfang das Vereinsregister in maschineller Form als automatisierte Datei geführt wird. [2] Hierbei muss gewährleistet sein, dass

1. die Grundsätze einer ordnungsgemäßen Datenverarbeitung eingehalten, insbesondere Vorkehrungen gegen einen Datenverlust getroffen sowie die erforderlichen Kopien der Datenbestände mindestens tagesaktuell gehalten und die originären Datenbestände sowie deren Kopien sicher aufbewahrt werden,
2. die vorzunehmenden Eintragungen alsbald in einen Datenspeicher aufgenommen und auf Dauer inhaltlich unverändert in lesbarer Form wiedergegeben werden können und
3. die nach den Artikeln 24, 25 und 32 der Verordnung (EU) 2016/679[7] erforderlichen Anforderungen erfüllt sind.

[3] Die Landesregierungen können durch Rechtsverordnung die Ermächtigung nach Satz 1 auf die Landesjustizverwaltungen übertragen.

(2) [1] Das maschinell geführte Vereinsregister tritt für eine Seite des Registers an die Stelle des bisherigen Registers, sobald die Eintragungen dieser Seite in den für die Vereinsregistereintragungen bestimmten Datenspeicher aufgenommen und als Vereinsregister freigegeben worden sind. [2] Die entsprechenden Seiten des bisherigen Vereinsregisters sind mit einem Schließungsvermerk zu versehen.

(3) [1] Eine Eintragung wird wirksam, sobald sie in den für die Registereintragungen bestimmten Datenspeicher aufgenommen ist und auf Dauer inhaltlich unver-

---

[1] § 53 geänd. mWv 30.11.2007 durch G v. 23.11.2007 (BGBl. I S. 2614).

[2] Wegen des für das Gebiet der ehem. DDR geltenden Übergangsrechts zu den §§ 54 und 55 beachte Art. 231 § 2 Abs. 2 und 4 EGBGB (Nr. **21**).

[3] § 54 Satz 2 wird bei Parteien nicht angewandt; vgl. § 37 ParteienG **(Sartorius Nr. 58)**.

[4] § 55 Abs. 2 neu gef. mWv 25.4.2006 durch G v. 19.4.2006 (BGBl. I S. 866); Abs. 2 aufgeh. mWv 1.9.2009 durch G v. 17.12.2008 (BGBl. I S. 2586).

[5] § 55a Abs. 6 und 7 aufgeh. mWv 1.9.2009 durch G v. 17.12.2008 (BGBl. I S. 2586); Abs. 2 und 5 aufgeh., bish. Abs. 3 und 4 werden Abs. 2 und 3 mWv 30.9.2009 durch G v. 24.9.2009 (BGBl. I S. 3145); Abs. 1 Satz 2 Nr. 2 geänd., Nr. 3 neu gef. mWv 26.11.2019 durch G v. 20.11.2019 (BGBl. I S. 1724).

[6] Siehe die Vereinsregisterverordnung (VRV) v. 10.2.1999 (BGBl. I S. 147), zuletzt geänd. durch G v. 5.7.2021 (BGBl. I S. 3338).

[7] **Sartorius Nr. 246.**

ändert in lesbarer Form wiedergegeben werden kann. [2]Durch eine Bestätigungsanzeige oder in anderer geeigneter Weise ist zu überprüfen, ob diese Voraussetzungen eingetreten sind. [3]Jede Eintragung soll den Tag angeben, an dem sie wirksam geworden ist.

§ 56 Mindestmitgliederzahl des Vereins. Die Eintragung soll nur erfolgen, wenn die Zahl der Mitglieder mindestens sieben beträgt.

§ 57 Mindesterfordernisse an die Vereinssatzung. (1) Die Satzung muss den Zweck, den Namen und den Sitz des Vereins enthalten und ergeben, dass der Verein eingetragen werden soll.

(2) Der Name soll sich von den Namen der an demselben Orte oder in derselben Gemeinde bestehenden eingetragenen Vereine deutlich unterscheiden.

§ 58 Sollinhalt der Vereinssatzung. Die Satzung soll Bestimmungen enthalten:
1. über den Eintritt und Austritt der Mitglieder,
2. darüber, ob und welche Beiträge von den Mitgliedern zu leisten sind,
3. über die Bildung des Vorstands,
4. über die Voraussetzungen, unter denen die Mitgliederversammlung zu berufen ist, über die Form der Berufung und über die Beurkundung der Beschlüsse.

§ 59[1] Anmeldung zur Eintragung. (1) Der Vorstand hat den Verein zur Eintragung anzumelden.

(2) Der Anmeldung sind Abschriften der Satzung und der Urkunden über die Bestellung des Vorstands beizufügen.

(3) Die Satzung soll von mindestens sieben Mitgliedern unterzeichnet sein und die Angabe des Tages der Errichtung enthalten.

§ 60[2] Zurückweisung der Anmeldung. Die Anmeldung ist, wenn den Erfordernissen der §§ 56 bis 59 nicht genügt ist, von dem Amtsgericht unter Angabe der Gründe zurückzuweisen.

(2)[3] (weggefallen)

§§ 61 bis 63 (weggefallen)

§ 64 Inhalt der Vereinsregistereintragung. Bei der Eintragung sind der Name und der Sitz des Vereins, der Tag der Errichtung der Satzung, die Mitglieder des Vorstands und ihre Vertretungsmacht anzugeben.

§ 65 Namenszusatz. Mit der Eintragung erhält der Name des Vereins den Zusatz „eingetragener Verein".

§ 66[4] Aufbewahrung von Dokumenten. Die mit einer Anmeldung eingereichten Dokumente werden vom Amtsgericht aufbewahrt.

§ 67 Änderung des Vorstands. (1) [1]Jede Änderung des Vorstands ist von dem Vorstand zur Eintragung anzumelden. [2]Der Anmeldung ist eine Abschrift der Urkunde über die Änderung beizufügen.

---

[1] § 59 Abs. 2 neu gef. mWv 30.9.2009 durch G v. 24.9.2009 (BGBl. I S. 3145).
[2] § 60 Absatzbezeichnung „(1)" aufgeh. mWv 30.9.2009 durch G v. 24.9.2009 (BGBl. I S. 3145).
[3] Absatzbezeichnung amtlich.
[4] § 66 neu gef. mWv 1.8.2022 durch G v. 5.7.2021 (BGBl. I S. 3338).

(2) Die Eintragung gerichtlich bestellter Vorstandsmitglieder erfolgt von Amts wegen.

§ 68 Vertrauensschutz durch Vereinsregister. [1] Wird zwischen den bisherigen Mitgliedern des Vorstands und einem Dritten ein Rechtsgeschäft vorgenommen, so kann die Änderung des Vorstands dem Dritten nur entgegengesetzt werden, wenn sie zur Zeit der Vornahme des Rechtsgeschäfts im Vereinsregister eingetragen oder dem Dritten bekannt ist. [2] Ist die Änderung eingetragen, so braucht der Dritte sie nicht gegen sich gelten zu lassen, wenn er sie nicht kennt, seine Unkenntnis auch nicht auf Fahrlässigkeit beruht.

§ 69 Nachweis des Vereinsvorstands. Der Nachweis, dass der Vorstand aus den im Register eingetragenen Personen besteht, wird Behörden gegenüber durch ein Zeugnis des Amtsgerichts über die Eintragung geführt.

§ 70[1)] Vertrauensschutz bei Eintragungen zur Vertretungsmacht. Die Vorschriften des § 68 gelten auch für Bestimmungen, die den Umfang der Vertretungsmacht des Vorstands beschränken oder die Vertretungsmacht des Vorstands abweichend von der Vorschrift des § 26 Absatz 2 Satz 1 regeln.

§ 71[2)] Änderungen der Satzung. (1) [1] Änderungen der Satzung bedürfen zu ihrer Wirksamkeit der Eintragung in das Vereinsregister. [2] Die Änderung ist von dem Vorstand zur Eintragung anzumelden. [3] Der Anmeldung sind eine Abschrift des die Änderung enthaltenden Beschlusses und der Wortlaut der Satzung beizufügen. [4] In dem Wortlaut der Satzung müssen die geänderten Bestimmungen mit dem Beschluss über die Satzungsänderung, die unveränderten Bestimmungen mit dem zuletzt eingereichten vollständigen Wortlaut der Satzung und, wenn die Satzung geändert worden ist, ohne dass ein vollständiger Wortlaut der Satzung eingereicht wurde, auch mit den zuvor eingetragenen Änderungen übereinstimmen.

(2) Die Vorschriften der §§ 60, 64 und 66 finden entsprechende Anwendung.

§ 72[3)] Bescheinigung der Mitgliederzahl. Der Vorstand hat dem Amtsgericht auf dessen Verlangen jederzeit eine schriftliche Bescheinigung über die Zahl der Vereinsmitglieder einzureichen.

§ 73[4)] Unterschreiten der Mindestmitgliederzahl. Sinkt die Zahl der Vereinsmitglieder unter drei herab, so hat das Amtsgericht auf Antrag des Vorstands und, wenn der Antrag nicht binnen drei Monaten gestellt wird, von Amts wegen nach Anhörung des Vorstands dem Verein die Rechtsfähigkeit zu entziehen.

(2)[5)] (weggefallen)

§ 74[6)] Auflösung. (1) Die Auflösung des Vereins sowie die Entziehung der Rechtsfähigkeit ist in das Vereinsregister einzutragen.

(2) [1] Wird der Verein durch Beschluss der Mitgliederversammlung oder durch den Ablauf der für die Dauer des Vereins bestimmten Zeit aufgelöst, so hat der

[1)] § 70 neu gef. mWv 30.9.2009 durch G v. 24.9.2009 (BGBl. I S. 3145).

[2)] § 71 Abs. 1 Satz 3 neu gef., Satz 4 angef. mWv 30.9.2009 durch G v. 24.9.2009 (BGBl. I S. 3145); Abs. 2 geänd. mWv 1.8.2022 durch G v. 5.7.2021 (BGBl. I S. 3338).

[3)] § 72 geänd. mWv 30.9.2009 durch G v. 24.9.2009 (BGBl. I S. 3145).

[4)] § 73 geänd. mWv 30.9.2009 durch G v. 24.9.2009 (BGBl. I S. 3145).

[5)] Absatzbezeichnung amtlich.

[6)] § 74 Abs. 1 Satz 2 und Abs. 3 aufgeh. mWv 30.9.2009 durch G v. 24.9.2009 (BGBl. I S. 3145).

Vorstand die Auflösung zur Eintragung anzumelden. [2] Der Anmeldung ist im ersteren Falle eine Abschrift des Auflösungsbeschlusses beizufügen.

§ 75[1)] Eintragungen bei Insolvenz. (1) [1] Die Eröffnung des Insolvenzverfahrens und der Beschluss, durch den die Eröffnung des Insolvenzverfahrens mangels Masse rechtskräftig abgewiesen worden ist, sowie die Auflösung des Vereins nach § 42 Absatz 2 Satz 1 sind von Amts wegen einzutragen. [2] Von Amts wegen sind auch einzutragen

1. die Aufhebung des Eröffnungsbeschlusses,
2. die Bestellung eines vorläufigen Insolvenzverwalters, wenn zusätzlich dem Schuldner ein allgemeines Verfügungsverbot auferlegt oder angeordnet wird, dass Verfügungen des Schuldners nur mit Zustimmung des vorläufigen Insolvenzverwalters wirksam sind, und die Aufhebung einer derartigen Sicherungsmaßnahme,
3. die Anordnung der Eigenverwaltung durch den Schuldner und deren Aufhebung sowie die Anordnung der Zustimmungsbedürftigkeit bestimmter Rechtsgeschäfte des Schuldners,
4. die Einstellung und die Aufhebung des Verfahrens und
5. die Überwachung der Erfüllung eines Insolvenzplans und die Aufhebung der Überwachung.

(2) [1] Wird der Verein durch Beschluss der Mitgliederversammlung nach § 42 Absatz 1 Satz 2 fortgesetzt, so hat der Vorstand die Fortsetzung zur Eintragung anzumelden. [2] Der Anmeldung ist eine Abschrift des Beschlusses beizufügen.

§ 76[2)] Eintragungen bei Liquidation. (1) [1] Bei der Liquidation des Vereins sind die Liquidatoren und ihre Vertretungsmacht in das Vereinsregister einzutragen. [2] Das Gleiche gilt für die Beendigung des Vereins nach der Liquidation.

(2) [1] Die Anmeldung der Liquidatoren hat durch den Vorstand zu erfolgen. [2] Bei der Anmeldung ist der Umfang der Vertretungsmacht der Liquidatoren anzugeben. [3] Änderungen der Liquidatoren oder ihrer Vertretungsmacht sowie die Beendigung des Vereins sind von den Liquidatoren anzumelden. [4] Der Anmeldung der durch Beschluss der Mitgliederversammlung bestellten Liquidatoren ist eine Abschrift des Bestellungsbeschlusses, der Anmeldung der Vertretungsmacht, die abweichend von § 48 Absatz 3 bestimmt wurde, ist eine Abschrift der diese Bestimmung enthaltenden Urkunde beizufügen.

(3) Die Eintragung gerichtlich bestellter Liquidatoren geschieht von Amts wegen.

§ 77[3)] Anmeldepflichtige und Form der Anmeldungen. [1] Die Anmeldungen zum Vereinsregister sind von Mitgliedern des Vorstands sowie von den Liquidatoren, die insoweit zur Vertretung des Vereins berechtigt sind, mittels öffentlich beglaubigter Erklärung abzugeben. [2] Die Erklärung kann in Urschrift oder in öffentlich beglaubigter Abschrift beim Gericht eingereicht werden.

§ 78[4)] Festsetzung von Zwangsgeld. (1) Das Amtsgericht kann die Mitglieder des Vorstands zur Befolgung der Vorschriften des § 67 Abs. 1, des § 71 Abs. 1, des

---

1) § 75 Überschrift neu gef., Abs. 2 angef., Abs. 1 Satz 1 neu gef., Satz 2 einl. Satzteil geänd. mWv 30.9. 2009 durch G v. 24.9.2009 (BGBl. I S. 3145).

2) § 76 Überschrift, Abs. 1 und 2 neu gef. mWv 30.9.2009 durch G v. 24.9.2009 (BGBl. I S. 3145).

3) § 77 neu gef. mWv 30.9.2009 durch G v. 24.9.2009 (BGBl. I S. 3145).

4) § 78 Abs. 1 geänd. mWv 30.9.2009 durch G v. 24.9.2009 (BGBl. I S. 3145).

§ 72, des § 74 Abs. 2, des § 75 Absatz 2 und des § 76 durch Festsetzung von Zwangsgeld anhalten.

(2) In gleicher Weise können die Liquidatoren zur Befolgung der Vorschriften des § 76 angehalten werden.

§ 79[1)] Einsicht in das Vereinsregister. (1) [1]Die Einsicht des Vereinsregisters sowie der von dem Verein bei dem Amtsgericht eingereichten Dokumente ist jedem gestattet. [2]Von den Eintragungen kann eine Abschrift verlangt werden; die Abschrift ist auf Verlangen zu beglaubigen. [3]Wird das Vereinsregister maschinell geführt, tritt an die Stelle der Abschrift ein Ausdruck, an die der beglaubigten Abschrift ein amtlicher Ausdruck.

(2) [1]Die Einrichtung eines automatisierten Verfahrens, das die Übermittlung von Daten aus maschinell geführten Vereinsregistern durch Abruf ermöglicht, ist zulässig, wenn sichergestellt ist, dass

1. der Abruf von Daten die zulässige Einsicht nach Absatz 1 nicht überschreitet und
2. die Zulässigkeit der Abrufe auf der Grundlage einer Protokollierung kontrolliert werden kann.

[2]Die Länder können für das Verfahren ein länderübergreifendes elektronisches Informations- und Kommunikationssystem bestimmen.

(3) [1]Der Nutzer ist darauf hinzuweisen, dass er die übermittelten Daten nur zu Informationszwecken verwenden darf. [2]Die zuständige Stelle hat (z.B. durch Stichproben) zu prüfen, ob sich Anhaltspunkte dafür ergeben, dass die nach Satz 1 zulässige Einsicht überschritten oder übermittelte Daten missbraucht werden.

(4) Die zuständige Stelle kann einen Nutzer, der die Funktionsfähigkeit der Abrufeinrichtung gefährdet, die nach Absatz 3 Satz 1 zulässige Einsicht überschreitet oder übermittelte Daten missbraucht, von der Teilnahme am automatisierten Abrufverfahren ausschließen; dasselbe gilt bei drohender Überschreitung oder drohendem Missbrauch.

(5) [1]Zuständige Stelle ist die Landesjustizverwaltung. [2]Örtlich zuständig ist die Landesjustizverwaltung, in deren Zuständigkeitsbereich das betreffende Amtsgericht liegt. [3]Die Zuständigkeit kann durch Rechtsverordnung der Landesregierung abweichend geregelt werden. [4]Sie kann diese Ermächtigung durch Rechtsverordnung auf die Landesjustizverwaltung übertragen. [5]Die Länder können auch die Übertragung der Zuständigkeit auf die zuständige Stelle eines anderen Landes vereinbaren.

§ 79a[2)] Anwendung der Verordnung (EU) 2016/679 im Registerverfahren.

(1) [1]Die Rechte nach Artikel 15 der Verordnung (EU) 2016/679[3)] des Europäischen Parlaments und des Rates vom 27. April 2016 zum Schutz natürlicher Personen bei der Verarbeitung personenbezogener Daten, zum freien Datenverkehr und zur Aufhebung der Richtlinie 95/46/EG (Datenschutz-Grundverordnung) (ABl. L 119 vom 4.5.2016, S. 1; L 314 vom 22.11.2016, S. 72; L 127 vom 23.5. 2018, S. 2) werden nach § 79 und den dazu erlassenen Vorschriften der Vereinsregisterverordnung durch Einsicht in das Register oder den Abruf von Registerdaten

---

1) § 79 Abs. 2 neu gef., Abs. 5 Satz 5 angef. mWv 31.12.2006 durch G v. 22.12.2006 (BGBl. I S. 3416); Abs. 1 Satz 1 geänd., Sätze 2 und 3 neu gef., Sätze 4 und 5 aufgeh.; Abs. 5 Satz 2 geänd. mWv 30.9.2009 durch G v. 24.9.2009 (BGBl. I S. 3145).

2) § 79a eingef. mWv 26.11.2019 durch G v. 20.11.2019 (BGBl. I S. 1724).

3) **Sartorius Nr. 246.**

über das länderübergreifende Informations- und Kommunikationssystem gewährt. [2]Das Registergericht ist nicht verpflichtet, Personen, deren personenbezogene Daten im Vereinsregister oder in den Registerakten gespeichert sind, über die Offenlegung dieser Daten an Dritte Auskunft zu erteilen.

(2) Das Recht auf Berichtigung nach Artikel 16 der Verordnung (EU) 2016/679 kann für personenbezogene Daten, die im Vereinsregister oder in den Registerakten gespeichert sind, nur unter den Voraussetzungen und in dem Verfahren ausgeübt werden, die im Gesetz über das Verfahren in Familiensachen und in den Angelegenheiten der freiwilligen Gerichtsbarkeit[1] sowie der Vereinsregisterverordnung für eine Löschung oder Berichtigung von Eintragungen geregelt sind.

(3) Das Widerspruchsrecht nach Artikel 21 der Verordnung (EU) 2016/679 ist auf personenbezogene Daten, die im Vereinsregister und in den Registerakten gespeichert sind, nicht anzuwenden.

Untertitel 2.[2] [3] Rechtsfähige Stiftungen

§ 80[3] Ausgestaltung und Entstehung der Stiftung. (1) [1]Die Stiftung ist eine mit einem Vermögen zur dauernden und nachhaltigen Erfüllung eines vom Stifter vorgegebenen Zwecks ausgestattete, mitgliederlose juristische Person. [2]Die Stiftung wird in der Regel auf unbestimmte Zeit errichtet, sie kann aber auch auf bestimmte Zeit errichtet werden, innerhalb derer ihr gesamtes Vermögen zur Erfüllung ihres Zwecks zu verbrauchen ist (Verbrauchsstiftung).

(2) [1]Zur Entstehung der Stiftung sind das Stiftungsgeschäft und die Anerkennung der Stiftung durch die zuständige Behörde des Landes erforderlich, in dem die Stiftung ihren Sitz haben soll. [2]Wird die Stiftung erst nach dem Tode des Stifters anerkannt, so gilt sie für Zuwendungen des Stifters als schon vor dessen Tod entstanden.

§ 81[3] Stiftungsgeschäft. (1) Im Stiftungsgeschäft muss der Stifter

1. der Stiftung eine Satzung geben, die mindestens Bestimmungen enthalten muss über
   a) den Zweck der Stiftung,
   b) den Namen der Stiftung,
   c) den Sitz der Stiftung und
   d) die Bildung des Vorstands der Stiftung sowie
2. zur Erfüllung des von ihm vorgegebenen Stiftungszwecks ein Vermögen widmen (gewidmetes Vermögen), das der Stiftung zu deren eigener Verfügung zu überlassen ist.

(2) Die Satzung einer Verbrauchsstiftung muss zusätzlich enthalten:

1. die Festlegung der Zeit, für die die Stiftung errichtet wird, und
2. Bestimmungen zur Verwendung des Stiftungsvermögens, die die nachhaltige Erfüllung des Stiftungszwecks und den vollständigen Verbrauch des Stiftungsvermögens innerhalb der Zeit, für welche die Stiftung errichtet wird, gesichert erscheinen lassen.

---

[1] Nr. **112**.

[2] Wegen des für das Gebiet der ehem. DDR geltenden Übergangsrechts zu §§ 80–88 beachte Art. 231 § 3 EGBGB (Nr. **21**).

[3] UTitel 2 (§§ 80–88) neu gef. mWv 1.7.2023 durch G v. 16.7.2021 (BGBl. I S. 2947).

(3) Das Stiftungsgeschäft bedarf der schriftlichen Form, wenn nicht in anderen Vorschriften ausdrücklich eine strengere Form als die schriftliche Form vorgeschrieben ist, oder es muss in einer Verfügung von Todes wegen enthalten sein.

(4) [1] Wenn der Stifter verstorben ist und er im Stiftungsgeschäft zwar den Zweck der Stiftung festgelegt und ein Vermögen gewidmet hat, das Stiftungsgeschäft im Übrigen jedoch nicht den gesetzlichen Anforderungen des Absatzes 1 oder des Absatzes 2 genügt, hat die nach Landesrecht zuständige Behörde das Stiftungsgeschäft um die Satzung oder um fehlende Satzungsbestimmungen zu ergänzen. [2] Bei der Ergänzung des Stiftungsgeschäfts soll die Behörde den wirklichen, hilfsweise den mutmaßlichen Willen des Stifters beachten. [3] Wurde im Stiftungsgeschäft kein Sitz der Stiftung bestimmt, ist im Zweifel anzunehmen, dass der Sitz am letzten Wohnsitz des Stifters im Inland sein soll.

§ 81a[1)] Widerruf des Stiftungsgeschäfts. [1] Bis zur Anerkennung der Stiftung ist der Stifter zum Widerruf des Stiftungsgeschäfts berechtigt. [2] Ist die Anerkennung bei der zuständigen Behörde des Landes beantragt, so ist der Widerruf dieser gegenüber zu erklären. [3] Der Erbe des Stifters ist zum Widerruf des Stiftungsgeschäfts nicht berechtigt, wenn der Stifter den Antrag auf Anerkennung der Stiftung bei der zuständigen Behörde des Landes gestellt oder im Falle der notariellen Beurkundung des Stiftungsgeschäfts den Notar mit der Antragstellung betraut hat.

§ 82[1)] Anerkennung der Stiftung. [1] Die Stiftung ist anzuerkennen, wenn das Stiftungsgeschäft den Anforderungen des § 81 Absatz 1 bis 3 genügt und die dauernde und nachhaltige Erfüllung des Stiftungszwecks gesichert erscheint, es sei denn, die Stiftung würde das Gemeinwohl gefährden. [2] Bei einer Verbrauchsstiftung erscheint die dauernde Erfüllung des Stiftungszwecks gesichert, wenn die in der Satzung für die Stiftung bestimmte Zeit mindestens zehn Jahre umfasst.

§ 82a[1)] Übertragung und Übergang des gewidmeten Vermögens. [1] Ist die Stiftung anerkannt, so ist der Stifter verpflichtet, das gewidmete Vermögen auf die Stiftung zu übertragen. [2] Rechte, zu deren Übertragung eine Abtretung genügt, gehen mit der Anerkennung auf die Stiftung über, sofern sich nicht aus dem Stiftungsgeschäft ein anderer Wille des Stifters ergibt.

§ 83[1)] Stiftungsverfassung und Stifterwille. (1) Die Verfassung der Stiftung wird, soweit sie nicht auf Bundes- oder Landesgesetz beruht, durch das Stiftungsgeschäft und insbesondere die Satzung bestimmt.

(2) Die Stiftungsorgane haben bei ihrer Tätigkeit für die Stiftung und die zuständigen Behörden haben bei der Aufsicht über die Stiftung den bei der Errichtung der Stiftung zum Ausdruck gekommenen Willen, hilfsweise den mutmaßlichen Willen des Stifters zu beachten.

§ 83a[1)] Verwaltungssitz der Stiftung. Die Verwaltung der Stiftung ist im Inland zu führen.

§ 83b[1)] Stiftungsvermögen. (1) [1] Bei einer Stiftung, die auf unbestimmte Zeit errichtet wurde, besteht das Stiftungsvermögen aus dem Grundstockvermögen und ihrem sonstigen Vermögen. [2] Bei einer Verbrauchsstiftung besteht das Stiftungsvermögen aufgrund der Satzung nur aus sonstigem Vermögen.

(2) Zum Grundstockvermögen gehören

[1)] UTitel 2 (§§ 80–88) neu gef. mWv 1.7.2023 durch G v. 16.7.2021 (BGBl. I S. 2947).

1. das gewidmete Vermögen,
2. das der Stiftung zugewendete Vermögen, das vom Zuwendenden dazu bestimmt wurde, Teil des Grundstockvermögens zu werden (Zustiftung), und
3. das Vermögen, das von der Stiftung zu Grundstockvermögen bestimmt wurde.

(3) Der Stifter kann auch bei einer Stiftung, die auf unbestimmte Zeit errichtet wird, im Stiftungsgeschäft abweichend von Absatz 2 Nummer 1 einen Teil des gewidmeten Vermögens zu sonstigem Vermögen bestimmen.

(4) [1] Das Stiftungsvermögen ist getrennt von fremdem Vermögen zu verwalten. [2] Mit dem Stiftungsvermögen darf nur der Stiftungszweck erfüllt werden.

§ 83c[1)] Verwaltung des Grundstockvermögens. (1) [1] Das Grundstockvermögen ist ungeschmälert zu erhalten. [2] Der Stiftungszweck ist mit den Nutzungen des Grundstockvermögens zu erfüllen. [3] Zuwächse aus der Umschichtung des Grundstockvermögens können für die Erfüllung des Stiftungszwecks verwendet werden, soweit dies durch die Satzung nicht ausgeschlossen wurde und die Erhaltung des Grundstockvermögens gewährleistet ist.

(2) [1] Durch die Satzung kann bestimmt werden, dass die Stiftung einen Teil des Grundstockvermögens verbrauchen darf. [2] In einer solchen Satzungsbestimmung muss die Stiftung verpflichtet werden, das Grundstockvermögen in absehbarer Zeit wieder um den verbrauchten Teil aufzustocken.

(3) Durch Landesrecht kann vorgesehen werden, dass die nach Landesrecht zuständigen Behörden auf Antrag einer Stiftung für einen bestimmten Teil des Grundstockvermögens eine zeitlich begrenzte Ausnahme von Absatz 1 Satz 1 zulassen können, wenn dadurch die dauernde und nachhaltige Erfüllung des Stiftungszwecks nicht beeinträchtigt wird.

§ 84[1)] Stiftungsorgane. (1) [1] Die Stiftung muss einen Vorstand haben. [2] Der Vorstand führt die Geschäfte der Stiftung.

(2) [1] Der Vorstand vertritt die Stiftung gerichtlich und außergerichtlich; er hat die Stellung eines gesetzlichen Vertreters. [2] Besteht der Vorstand aus mehreren Personen, so wird die Stiftung durch die Mehrheit der Vorstandsmitglieder vertreten. [3] Ist eine Willenserklärung gegenüber der Stiftung abzugeben, so genügt die Abgabe gegenüber einem Mitglied des Vorstands.

(3) Durch die Satzung kann von Absatz 1 Satz 2 und Absatz 2 Satz 2 abgewichen und der Umfang der Vertretungsmacht des Vorstands mit Wirkung gegen Dritte beschränkt werden.

(4) In der Satzung können neben dem Vorstand weitere Organe vorgesehen werden. In der Satzung sollen für ein weiteres Organ auch die Bestimmungen über die Bildung, die Aufgaben und die Befugnisse enthalten sein.

(5) Die §§ 30, 31 und 42 Absatz 2 sind entsprechend anzuwenden.

§ 84a[1)] Rechte und Pflichten der Organmitglieder. (1) [1] Auf die Tätigkeit eines Organmitglieds für die Stiftung sind die §§ 664 bis 670 entsprechend anzuwenden. [2] Organmitglieder sind unentgeltlich tätig. [3] Durch die Satzung kann von den Sätzen 1 und 2 abgewichen werden, insbesondere auch die Haftung für Pflichtverletzungen von Organmitgliedern beschränkt werden.

(2) [1] Das Mitglied eines Organs hat bei der Führung der Geschäfte der Stiftung die Sorgfalt eines ordentlichen Geschäftsführers anzuwenden. [2] Eine Pflichtverlet-

---

[1)] UTitel 2 (§§ 80–88) neu gef. mWv 1.7.2023 durch G v. 16.7.2021 (BGBl. I S. 2947).

zung liegt nicht vor, wenn das Mitglied des Organs bei der Geschäftsführung unter Beachtung der gesetzlichen und satzungsgemäßen Vorgaben vernünftigerweise annehmen durfte, auf der Grundlage angemessener Informationen zum Wohle der Stiftung zu handeln.

(3) [1] § 31a ist entsprechend anzuwenden. [2] Durch die Satzung kann die Anwendbarkeit des § 31a beschränkt oder ausgeschlossen werden.

§ 84b[1)] Beschlussfassung der Organe. [1] Besteht ein Organ aus mehreren Mitgliedern, erfolgt die Beschlussfassung entsprechend § 32, wenn in der Satzung nichts Abweichendes geregelt ist. [2] Ein Organmitglied ist nicht stimmberechtigt, wenn die Beschlussfassung die Vornahme eines Rechtsgeschäfts mit ihm oder die Einleitung oder Erledigung eines Rechtsstreits zwischen ihm und der Stiftung betrifft.

§ 84c[1)] Notmaßnahmen bei fehlenden Organmitgliedern. (1) [1] Wenn der Vorstand oder ein anderes Organ der Stiftung seine Aufgaben nicht wahrnehmen kann, weil Mitglieder des Organs fehlen, hat die nach Landesrecht zuständige Behörde in dringenden Fällen auf Antrag eines Beteiligten oder von Amts wegen notwendige Maßnahmen zu treffen, um die Handlungsfähigkeit des Organs zu gewährleisten. [2] Die Behörde ist insbesondere befugt, Organmitglieder befristet zu bestellen oder von der satzungsmäßig vorgesehenen Zahl von Organmitgliedern befristet abzuweichen, insbesondere indem die Behörde einzelne Organmitglieder mit Befugnissen ausstattet, die ihnen nach der Satzung nur gemeinsam mit anderen Organmitgliedern zustehen.

(2) [1] Die Behörde kann einem von ihr bestellten Organmitglied bei oder nach der Bestellung eine angemessene Vergütung auf Kosten der Stiftung bewilligen, wenn das Vermögen der Stiftung sowie der Umfang und die Bedeutung der zu erledigenden Aufgabe dies rechtfertigen. [2] Die Behörde kann die Bewilligung der Vergütung mit Wirkung für die Zukunft ändern oder aufheben.

§ 85[1)] Voraussetzungen für Satzungsänderungen. (1) [1] Durch Satzungsänderung kann der Stiftung ein anderer Zweck gegeben oder der Zweck der Stiftung kann erheblich beschränkt werden, wenn

1. der Stiftungszweck nicht mehr dauernd und nachhaltig erfüllt werden kann oder
2. der Stiftungszweck das Gemeinwohl gefährdet.

[2] Die Voraussetzungen des Satzes 1 Nummer 1 liegen insbesondere vor, wenn eine Stiftung keine ausreichenden Mittel für die nachhaltige Erfüllung des Stiftungszwecks hat und solche Mittel in absehbarer Zeit auch nicht erwerben kann. [3] Der Stiftungszweck kann nach Satz 1 nur geändert werden, wenn gesichert erscheint, dass die Stiftung den beabsichtigten neuen oder beschränkten Stiftungszweck dauernd und nachhaltig erfüllen kann. [4] Liegen die Voraussetzungen nach Satz 1 Nummer 1 und Satz 3 vor, kann eine auf unbestimmte Zeit errichtete Stiftung auch abweichend von § 83c durch Satzungsänderung in eine Verbrauchsstiftung umgestaltet werden, indem die Satzung um Bestimmungen nach § 81 Absatz 2 ergänzt wird.

(2) [1] Durch Satzungsänderung kann der Stiftungszweck in anderer Weise als nach Absatz 1 Satz 1 oder es können andere prägende Bestimmungen der Stiftungsverfassung geändert werden, wenn sich die Verhältnisse nach Errichtung der Stiftung wesentlich verändert haben und eine solche Änderung erforderlich ist, um die Stiftung an die veränderten Verhältnisse anzupassen. [2] Als prägend für eine Stiftung

---

[1)] UTitel 2 (§§ 80–88) neu gef. mWv 1.7.2023 durch G v. 16.7.2021 (BGBl. I S. 2947).

sind regelmäßig die Bestimmungen über den Namen, den Sitz, die Art und Weise der Zweckerfüllung und über die Verwaltung des Grundstockvermögens anzusehen.

(3) Durch Satzungsänderung können Bestimmungen der Satzung, die nicht unter Absatz 1 oder Absatz 2 Satz 1 fallen, geändert werden, wenn dies der Erfüllung des Stiftungszwecks dient.

(4) [1] Im Stiftungsgeschäft kann der Stifter Satzungsänderungen nach den Absätzen 1 bis 3 ausschließen oder beschränken. [2] Satzungsänderungen durch Organe der Stiftung kann der Stifter im Stiftungsgeschäft auch abweichend von den Absätzen 1 bis 3 zulassen. [3] Satzungsbestimmungen nach Satz 2 sind nur wirksam, wenn der Stifter Inhalt und Ausmaß der Änderungsermächtigung hinreichend bestimmt festlegt.

§ 85a[1)] Verfahren bei Satzungsänderungen. (1) [1] Die Satzung kann durch den Vorstand oder ein anderes durch die Satzung dazu bestimmtes Stiftungsorgan geändert werden. [2] Die Satzungsänderung bedarf der Genehmigung der nach Landesrecht zuständigen Behörde.

(2) Die Behörde kann die Satzung nach § 85 ändern, wenn die Satzungsänderung notwendig ist und das zuständige Stiftungsorgan sie nicht rechtzeitig beschließt.

(3) Wenn durch die Satzungsänderung der Sitz der Stiftung in den Zuständigkeitsbereich einer anderen Behörde verlegt werden soll, bedarf die nach Absatz 1 Satz 2 erforderliche Genehmigung der Satzungsänderung der Zustimmung der Behörde, in deren Zuständigkeitsbereich der neue Sitz begründet werden soll.

§ 86[1)] Voraussetzungen für die Zulegung. Durch Übertragung ihres Stiftungsvermögens als Ganzes kann die übertragende Stiftung einer übernehmenden Stiftung zugelegt werden, wenn

1. sich die Verhältnisse nach Errichtung der übertragenden Stiftung wesentlich verändert haben und eine Satzungsänderung nach § 85 Absatz 2 bis 4 nicht ausreicht, um die übertragende Stiftung an die veränderten Verhältnisse anzupassen, oder wenn schon seit Errichtung der Stiftung die Voraussetzungen für eine Auflösung nach § 87 Absatz 1 Satz 1 vorlagen,
2. der Zweck der übertragenden Stiftung im Wesentlichen mit einem Zweck der übernehmenden Stiftung übereinstimmt,
3. gesichert erscheint, dass die übernehmende Stiftung ihren Zweck auch nach der Zulegung im Wesentlichen in gleicher Weise dauernd und nachhaltig erfüllen kann, und
4. die Rechte von Personen gewahrt werden, für die in der Satzung der übertragenden Stiftung Ansprüche auf Stiftungsleistungen begründet sind.

§ 86a[1)] Voraussetzungen für die Zusammenlegung. Mindestens zwei übertragende Stiftungen können durch Errichtung einer neuen Stiftung und Übertragung ihres jeweiligen Stiftungsvermögens als Ganzes auf die neue übernehmende Stiftung zusammengelegt werden, wenn

1. sich die Verhältnisse nach Errichtung der übertragenden Stiftungen wesentlich verändert haben und eine Satzungsänderung nach § 85 Absatz 2 bis 4 nicht ausreicht, um die übertragenden Stiftungen an die veränderten Verhältnisse anzupassen, oder wenn schon seit Errichtung der Stiftung die Voraussetzungen für eine Auflösung nach § 87 Absatz 1 Satz 1 vorlagen,

---

[1)] UTitel 2 (§§ 80–88) neu gef. mWv 1.7.2023 durch G v. 16.7.2021 (BGBl. I S. 2947).

2. gesichert erscheint, dass die neue übernehmende Stiftung die Zwecke der übertragenden Stiftungen im Wesentlichen in gleicher Weise dauernd und nachhaltig erfüllen kann, und
3. die Rechte von Personen gewahrt werden, für die in den Satzungen der übertragenden Stiftungen Ansprüche auf Stiftungsleistungen begründet sind.

§ 86b[1)] Verfahren der Zulegung und der Zusammenlegung. (1) [1] Stiftungen können durch Vertrag zugelegt oder zusammengelegt werden. [2] Der Zulegungsvertrag oder der Zusammenlegungsvertrag bedarf der Genehmigung durch die für die übernehmende Stiftung nach Landesrecht zuständige Behörde.

(2) Die Behörde nach Absatz 1 Satz 2 kann Stiftungen zulegen oder zusammenlegen, wenn die Stiftungen die Zulegung oder Zusammenlegung nicht vereinbaren können. Die übernehmende Stiftung muss einer Zulegung durch die Behörde zustimmen.

(3) Ist nach Landesrecht für eine übertragende Stiftung eine andere Behörde zuständig als die Behörde nach Absatz 1 Satz 2, bedürfen die Genehmigung eines Zulegungsvertrags oder eines Zusammenlegungsvertrags und die behördliche Zulegung oder Zusammenlegung der Zustimmung der für die übertragenden Stiftungen nach dem jeweiligen Landesrecht zuständigen Behörden.

§ 86c[1)] Zulegungsvertrag und Zusammenlegungsvertrag. (1) [1] Ein Zulegungsvertrag muss mindestens enthalten:

1. die Angabe des jeweiligen Namens und des jeweiligen Sitzes der beteiligten Stiftungen und
2. die Vereinbarung, dass das Stiftungsvermögen der übertragenden Stiftung als Ganzes auf die übernehmende Stiftung übertragen werden soll und mit der Vermögensübertragung das Grundstockvermögen der übertragenden Stiftung Teil des Grundstockvermögens der übernehmenden Stiftung wird.

[2] Wenn durch die Satzung der übertragenden Stiftung für Personen Ansprüche auf Stiftungsleistungen begründet sind, muss der Zulegungsvertrag Angaben zu den Auswirkungen der Zulegung auf diese Ansprüche und zu den Maßnahmen enthalten, die vorgesehen sind, um die Rechte dieser Personen zu wahren.

(2) Ein Zusammenlegungsvertrag muss mindestens die Angaben nach Absatz 1 enthalten sowie das Stiftungsgeschäft zur Errichtung der neuen übernehmenden Stiftung.

(3) Der Zulegungsvertrag oder der Zusammenlegungsvertrag ist Personen nach Absatz 1 Satz 2 spätestens einen Monat vor der Beantragung der Genehmigung nach § 86b Absatz 1 Satz 2 von derjenigen Stiftung zuzuleiten, in deren Satzung die Ansprüche begründet sind.

§ 86d[1)] Form des Zulegungsvertrags und des Zusammenlegungsvertrags. Zulegungsverträge und Zusammenlegungsverträge bedürfen nur der schriftlichen Form, insbesondere § 311b Absatz 1 bis 3 ist nicht anzuwenden.

§ 86e[1)] Behördliche Zulegungsentscheidung und Zusammenlegungsentscheidung. (1) Auf den Inhalt der Entscheidungen über die Zulegung oder Zusammenlegung von Stiftungen durch die nach Landesrecht zuständige Behörde ist § 86c Absatz 1 und 2 entsprechend anzuwenden.

[1)] UTitel 2 (§§ 80–88) neu gef. mWv 1.7.2023 durch G v. 16.7.2021 (BGBl. I S. 2947).

(2) Die Behörde hat Personen nach § 86c Absatz 1 Satz 2 mindestens einen Monat vor der Entscheidung über die Zulegung oder Zusammenlegung anzuhören und auf die möglichen Folgen der Zulegung oder Zusammenlegung für deren Ansprüche gegen eine übertragende Stiftung hinzuweisen.

§ 86f[1] Wirkungen der Zulegung und der Zusammenlegung. (1) Mit der Unanfechtbarkeit der Genehmigung des Zulegungsvertrags oder der Unanfechtbarkeit der Entscheidung über die Zulegung durch die nach Landesrecht zuständige Behörde geht das Stiftungsvermögen der übertragenden Stiftung auf die übernehmende Stiftung über und erlischt die übertragende Stiftung.

(2) Mit der Unanfechtbarkeit der Genehmigung des Zusammenlegungsvertrags oder der Unanfechtbarkeit der Entscheidung über die Zusammenlegung durch die Behörde entsteht die neue Stiftung, geht das Stiftungsvermögen der übertragenden Stiftungen auf die neue übernehmende Stiftung über und erlöschen die übertragenden Stiftungen.

(3) Mängel des Zulegungsvertrags oder des Zusammenlegungsvertrags lassen die Wirkungen der behördlichen Genehmigung unberührt.

§ 86g[1] Bekanntmachung der Zulegung und der Zusammenlegung. [1] Die übernehmende Stiftung hat die Zulegung oder die Zusammenlegung innerhalb eines Monats nach dem Zeitpunkt, zu dem die Wirkungen der Zulegung oder Zusammenlegung nach § 86f Absatz 1 oder Absatz 2 eingetreten sind, durch Veröffentlichung im Bundesanzeiger bekannt zu machen. [2] In der Bekanntmachung sind die Gläubiger der an der Zulegung oder Zusammenlegung beteiligten Stiftungen auf ihr Recht nach § 86h hinzuweisen. [3] Die Bekanntmachung gilt mit dem Ablauf des zweiten Tages nach der Veröffentlichung im Bundesanzeiger als bewirkt.

§ 86h[1] Gläubigerschutz. Die übernehmende Stiftung hat einem Gläubiger nach § 86g Satz 2 für einen Anspruch, der vor dem Zeitpunkt entstanden ist, zu dem die Wirkungen der Zulegung oder Zusammenlegung nach § 86f Absatz 1 oder Absatz 2 eingetreten sind, und dessen Erfüllung noch nicht verlangt werden kann, Sicherheit zu leisten, wenn der Gläubiger

1. den Anspruch nach Grund und Höhe binnen sechs Monaten nach dem Tag, an dem die Zulegung oder Zusammenlegung bekanntgemacht wurde, bei der Stiftung schriftlich anmeldet und
2. mit der Anmeldung glaubhaft macht, dass die Erfüllung des Anspruchs aufgrund der Zulegung oder Zusammenlegung gefährdet ist.

§ 87[1] Auflösung der Stiftung durch die Stiftungsorgane. (1) [1] Der Vorstand soll die Stiftung auflösen, wenn die Stiftung ihren Zweck endgültig nicht mehr dauernd und nachhaltig erfüllen kann. [2] Die Voraussetzungen des Satzes 1 liegen nicht endgültig vor, wenn die Stiftung durch eine Satzungsänderung so umgestaltet werden kann, dass sie ihren Zweck wieder dauernd und nachhaltig erfüllen kann. [3] In der Satzung kann geregelt werden, dass ein anderes Organ über die Auflösung entscheidet.

(2) Eine Verbrauchsstiftung ist aufzulösen, wenn die Zeit, für die sie errichtet wurde, abgelaufen ist.

(3) Die Auflösung einer Stiftung bedarf der Genehmigung der nach Landesrecht zuständigen Behörde.

---

[1] UTitel 2 (§§ 80–88) neu gef. mWv 1.7.2023 durch G v. 16.7.2021 (BGBl. I S. 2947).

§ 87a[1] Aufhebung der Stiftung. (1) Die nach Landesrecht zuständige Behörde soll eine Stiftung aufheben, wenn die Voraussetzungen des § 87 Absatz 1 Satz 1 vorliegen und ein Tätigwerden der Behörde erforderlich ist, weil das zuständige Organ über die Auflösung nicht rechtzeitig entscheidet.

(2) Die nach Landesrecht zuständige Behörde hat die Stiftung aufzuheben, wenn

1. die Voraussetzungen des § 87 Absatz 2 vorliegen und ein Tätigwerden der Behörde erforderlich ist, weil das zuständige Organ über die Auflösung nicht unverzüglich entscheidet,
2. die Stiftung das Gemeinwohl gefährdet und die Gefährdung des Gemeinwohls nicht auf andere Weise beseitigt werden kann oder
3. der Verwaltungssitz der Stiftung im Ausland begründet wurde und die Behörde die Verlegung des Verwaltungssitzes ins Inland nicht innerhalb angemessener Zeit erreichen kann.

§ 87b[1] Auflösung der Stiftung bei Insolvenz. Die Stiftung wird durch die Eröffnung des Insolvenzverfahrens und mit der Rechtskraft des Beschlusses, durch den die Eröffnung des Insolvenzverfahrens mangels Masse abgewiesen worden ist, aufgelöst.

§ 87c[1] Vermögensanfall und Liquidation. (1) [1] Mit der Auflösung oder Aufhebung der Stiftung fällt das Stiftungsvermögen an die in der Satzung bestimmten Anfallberechtigten. [2] Durch die Satzung kann vorgesehen werden, dass die Anfallberechtigten durch ein Stiftungsorgan bestimmt werden. [3] Fehlt es an der Bestimmung der Anfallberechtigten durch oder aufgrund der Satzung, fällt das Stiftungsvermögen an den Fiskus des Landes, in dem die Stiftung ihren Sitz hatte. [4] Durch landesrechtliche Vorschriften kann als Anfallberechtigte an Stelle des Fiskus eine andere juristische Person des öffentlichen Rechts bestimmt werden.

(2) [1] Auf den Anfall des Stiftungsvermögens beim Fiskus des Landes oder des Bundes oder bei einer anderen juristischen Person des öffentlichen Rechts nach Absatz 1 Satz 4 ist § 46 entsprechend anzuwenden. [2] Fällt das Stiftungsvermögen bei anderen Anfallberechtigten an, sind die §§ 47 bis 53 entsprechend anzuwenden.

§ 88[1] Kirchliche Stiftungen. [1] Die Vorschriften der Landesgesetze über die kirchlichen Stiftungen bleiben unberührt, insbesondere die Vorschriften zur Beteiligung, Zuständigkeit und Anfallsberechtigung der Kirchen. [2] Dasselbe gilt entsprechend für Stiftungen, die nach den Landesgesetzen kirchlichen Stiftungen gleichgestellt sind.

Untertitel 3. Juristische Personen des öffentlichen Rechts

§ 89[2] Haftung für Organe; Insolvenz. (1) Die Vorschrift des § 31 findet auf den Fiskus sowie auf die Körperschaften, Stiftungen und Anstalten des öffentlichen Rechts entsprechende Anwendung.

(2) Das Gleiche gilt, soweit bei Körperschaften, Stiftungen und Anstalten des öffentlichen Rechts das Insolvenzverfahren zulässig ist, von der Vorschrift des § 42 Abs. 2.

---

[1] UTitel 2 (§§ 80–88) neu gef. mWv 1.7.2023 durch G v. 16.7.2021 (BGBl. I S. 2947).

[2] Wegen des für das Gebiet der ehem. DDR geltenden Übergangsrechts zu § 89 beachte Art. 231 § 4 EGBGB (Nr. **21**).

Abschnitt 2. Sachen und Tiere

§ 90 Begriff der Sache. Sachen im Sinne des Gesetzes sind nur körperliche Gegenstände.

§ 90a Tiere. [1] Tiere sind keine Sachen. [2] Sie werden durch besondere Gesetze geschützt. [3] Auf sie sind die für Sachen geltenden Vorschriften entsprechend anzuwenden, soweit nicht etwas anderes bestimmt ist.

§ 91 Vertretbare Sachen. Vertretbare Sachen im Sinne des Gesetzes sind bewegliche Sachen, die im Verkehr nach Zahl, Maß oder Gewicht bestimmt zu werden pflegen.

§ 92 Verbrauchbare Sachen. (1) Verbrauchbare Sachen im Sinne des Gesetzes sind bewegliche Sachen, deren bestimmungsmäßiger Gebrauch in dem Verbrauch oder in der Veräußerung besteht.

(2) Als verbrauchbar gelten auch bewegliche Sachen, die zu einem Warenlager oder zu einem sonstigen Sachinbegriff gehören, dessen bestimmungsmäßiger Gebrauch in der Veräußerung der einzelnen Sachen besteht.

§ 93 Wesentliche Bestandteile einer Sache. Bestandteile einer Sache, die voneinander nicht getrennt werden können, ohne dass der eine oder der andere zerstört oder in seinem Wesen verändert wird (wesentliche Bestandteile), können nicht Gegenstand besonderer Rechte sein.[1)]

§ 94[2)] Wesentliche Bestandteile eines Grundstücks oder Gebäudes.

(1) [1] Zu den wesentlichen Bestandteilen eines Grundstücks gehören die mit dem Grund und Boden fest verbundenen Sachen, insbesondere Gebäude, sowie die Erzeugnisse des Grundstücks, solange sie mit dem Boden zusammenhängen. [2] Samen wird mit dem Aussäen, eine Pflanze wird mit dem Einpflanzen wesentlicher Bestandteil des Grundstücks.

(Fortsetzung nächstes Blatt)

---

1) Beachte hierzu das Wohnungseigentumsgesetz (Nr. **37**).

2) Wegen des für das Gebiet der ehem. DDR geltenden Übergangsrechts zu § 94 beachte Art. 231 § 5 EGBGB (Nr. **21**).

(2) Das Gleiche gilt, wenn der Erblasser mehrere Erben unter Beschränkung eines jeden auf einen Bruchteil eingesetzt hat und die Bruchteile das Ganze nicht erschöpfen.

§ 2089 Erhöhung der Bruchteile. Sollen die eingesetzten Erben nach dem Willen des Erblassers die alleinigen Erben sein, so tritt, wenn jeder von ihnen auf einen Bruchteil der Erbschaft eingesetzt ist und die Bruchteile das Ganze nicht erschöpfen, eine verhältnismäßige Erhöhung der Bruchteile ein.

§ 2090 Minderung der Bruchteile. Ist jeder der eingesetzten Erben auf einen Bruchteil der Erbschaft eingesetzt und übersteigen die Bruchteile das Ganze, so tritt eine verhältnismäßige Minderung der Bruchteile ein.

§ 2091 Unbestimmte Bruchteile. Sind mehrere Erben eingesetzt, ohne dass die Erbteile bestimmt sind, so sind sie zu gleichen Teilen eingesetzt, soweit sich nicht aus den §§ 2066 bis 2069 ein anderes ergibt.

§ 2092 Teilweise Einsetzung auf Bruchteile. (1) Sind von mehreren Erben die einen auf Bruchteile, die anderen ohne Bruchteile eingesetzt, so erhalten die letzteren den freigebliebenen Teil der Erbschaft.

(2) Erschöpfen die bestimmten Bruchteile die Erbschaft, so tritt eine verhältnismäßige Minderung der Bruchteile in der Weise ein, dass jeder der ohne Bruchteile eingesetzten Erben so viel erhält wie der mit dem geringsten Bruchteil bedachte Erbe.

§ 2093 Gemeinschaftlicher Erbteil. Sind einige von mehreren Erben auf einen und denselben Bruchteil der Erbschaft eingesetzt (gemeinschaftlicher Erbteil), so finden in Ansehung des gemeinschaftlichen Erbteils die Vorschriften der §§ 2089 bis 2092 entsprechende Anwendung.

§ 2094 Anwachsung. (1) [1] Sind mehrere Erben in der Weise eingesetzt, dass sie die gesetzliche Erbfolge ausschließen, und fällt einer der Erben vor oder nach dem Eintritt des Erbfalls weg, so wächst dessen Erbteil den übrigen Erben nach dem Verhältnis ihrer Erbteile an. [2] Sind einige der Erben auf einen gemeinschaftlichen Erbteil eingesetzt, so tritt die Anwachsung zunächst unter ihnen ein.

(2) Ist durch die Erbeinsetzung nur über einen Teil der Erbschaft verfügt und findet in Ansehung des übrigen Teils die gesetzliche Erbfolge statt, so tritt die Anwachsung unter den eingesetzten Erben nur ein, soweit sie auf einen gemeinschaftlichen Erbteil eingesetzt sind.

(3) Der Erblasser kann die Anwachsung ausschließen.

§ 2095 Angewachsener Erbteil. Der durch Anwachsung einem Erben anfallende Erbteil gilt in Ansehung der Vermächtnisse und Auflagen, mit denen dieser Erbe oder der wegfallende Erbe beschwert ist, sowie in Ansehung der Ausgleichungspflicht als besonderer Erbteil.

§ 2096 Ersatzerbe. Der Erblasser kann für den Fall, dass ein Erbe vor oder nach dem Eintritt des Erbfalls wegfällt, einen anderen als Erben einsetzen (Ersatzerbe).

§ 2097 Auslegungsregel bei Ersatzerben. Ist jemand für den Fall, dass der zunächst berufene Erbe nicht Erbe sein kann, oder für den Fall, dass er nicht Erbe sein will, als Ersatzerbe eingesetzt, so ist im Zweifel anzunehmen, dass er für beide Fälle eingesetzt ist.

§ 2098 Wechselseitige Einsetzung als Ersatzerben. (1) Sind die Erben gegenseitig oder sind für einen von ihnen die übrigen als Ersatzerben eingesetzt, so ist im Zweifel anzunehmen, dass sie nach dem Verhältnis ihrer Erbteile als Ersatzerben eingesetzt sind.

(2) Sind die Erben gegenseitig als Ersatzerben eingesetzt, so gehen Erben, die auf einen gemeinschaftlichen Erbteil eingesetzt sind, im Zweifel als Ersatzerben für diesen Erbteil den anderen vor.

§ 2099 Ersatzerbe und Anwachsung. Das Recht des Ersatzerben geht dem Anwachsungsrecht vor.

Titel 3. Einsetzung eines Nacherben

§ 2100 Nacherbe. Der Erblasser kann einen Erben in der Weise einsetzen, dass dieser erst Erbe wird, nachdem zunächst ein anderer Erbe geworden ist (Nacherbe).

§ 2101[1) 2)] Noch nicht gezeugter Nacherbe. (1) [1] Ist eine zur Zeit des Erbfalls noch nicht gezeugte Person als Erbe eingesetzt, so ist im Zweifel anzunehmen, dass sie als Nacherbe eingesetzt ist. [2] Entspricht es nicht dem Willen des Erblassers, dass der Eingesetzte Nacherbe werden soll, so ist die Einsetzung unwirksam.

(2) Das Gleiche gilt von der Einsetzung einer juristischen Person, die erst nach dem Erbfall zur Entstehung gelangt; die Vorschrift des § 80 Absatz 2 Satz 2 bleibt unberührt.

§ 2102 Nacherbe und Ersatzerbe. (1) Die Einsetzung als Nacherbe enthält im Zweifel auch die Einsetzung als Ersatzerbe.

(2) Ist zweifelhaft, ob jemand als Ersatzerbe oder als Nacherbe eingesetzt ist, so gilt er als Ersatzerbe.

§ 2103 Anordnung der Herausgabe der Erbschaft. Hat der Erblasser angeordnet, dass der Erbe mit dem Eintritt eines bestimmten Zeitpunkts oder Ereignisses die Erbschaft einem anderen herausgeben soll, so ist anzunehmen, dass der andere als Nacherbe eingesetzt ist.

§ 2104 Gesetzliche Erben als Nacherben. [1] Hat der Erblasser angeordnet, dass der Erbe nur bis zu dem Eintritt eines bestimmten Zeitpunkts oder Ereignisses Erbe sein soll, ohne zu bestimmen, wer alsdann die Erbschaft erhalten soll, so ist anzunehmen, dass als Nacherben diejenigen eingesetzt sind, welche die gesetzlichen Erben des Erblassers sein würden, wenn er zur Zeit des Eintritts des Zeitpunkts oder des Ereignisses gestorben wäre. [2] Der Fiskus gehört nicht zu den gesetzlichen Erben im Sinne dieser Vorschrift.

[1)] § 2101 Abs. 1 Satz 1 geänd. mWv 1.8.2002 durch G v. 19.7.2002 (BGBl. I S. 2674); Überschrift neu gef. mWv 16.4.2004 durch G v. 6.4.2004 (BGBl. I S. 550); Abs. 2 geänd. mWv 1.7.2023 durch G v. 16.7. 2021 (BGBl. I S. 2947).

[2)] Beachte hierzu Übergangsvorschrift in Art. 229 § 8 EGBGB (Nr. **21**).

(2) Auf das Vermächtnis finden die für die Einsetzung eines Nacherben geltenden Vorschriften des § 2102, des § 2106 Abs. 1, des § 2107 und des § 2110 Abs. 1 entsprechende Anwendung.

Titel 5. Auflage

§ 2192 Anzuwendende Vorschriften. Auf eine Auflage finden die für letztwillige Zuwendungen geltenden Vorschriften der §§ 2065, 2147, 2148, 2154 bis 2156, 2161, 2171, 2181 entsprechende Anwendung.

§ 2193 Bestimmung des Begünstigten, Vollziehungsfrist. (1) Der Erblasser kann bei der Anordnung einer Auflage, deren Zweck er bestimmt hat, die Bestimmung der Person, an welche die Leistung erfolgen soll, dem Beschwerten oder einem Dritten überlassen.

(2) Steht die Bestimmung dem Beschwerten zu, so kann ihm, wenn er zur Vollziehung der Auflage rechtskräftig verurteilt ist, von dem Kläger eine angemessene Frist zur Vollziehung bestimmt werden; nach dem Ablauf der Frist ist der Kläger berechtigt, die Bestimmung zu treffen, wenn nicht die Vollziehung rechtzeitig erfolgt.

(3) [1] Steht die Bestimmung einem Dritten zu, so erfolgt sie durch Erklärung gegenüber dem Beschwerten. [2] Kann der Dritte die Bestimmung nicht treffen, so geht das Bestimmungsrecht auf den Beschwerten über. [3] Die Vorschrift des § 2151 Abs. 3 Satz 2 findet entsprechende Anwendung; zu den Beteiligten im Sinne dieser Vorschrift gehören der Beschwerte und diejenigen, welche die Vollziehung der Auflage zu verlangen berechtigt sind.

§ 2194 Anspruch auf Vollziehung. [1] Die Vollziehung einer Auflage können der Erbe, der Miterbe und derjenige verlangen, welchem der Wegfall des mit der Auflage zunächst Beschwerten unmittelbar zustatten kommen würde. [2] Liegt die Vollziehung im öffentlichen Interesse, so kann auch die zuständige Behörde die Vollziehung verlangen.

§ 2195 Verhältnis von Auflage und Zuwendung. Die Unwirksamkeit einer Auflage hat die Unwirksamkeit der unter der Auflage gemachten Zuwendung nur zur Folge, wenn anzunehmen ist, dass der Erblasser die Zuwendung nicht ohne die Auflage gemacht haben würde.

§ 2196 Unmöglichkeit der Vollziehung. (1) Wird die Vollziehung einer Auflage infolge eines von dem Beschwerten zu vertretenden Umstands unmöglich, so kann derjenige, welchem der Wegfall des zunächst Beschwerten unmittelbar zustatten kommen würde, die Herausgabe der Zuwendung nach den Vorschriften über die Herausgabe einer ungerechtfertigten Bereicherung insoweit fordern, als die Zuwendung zur Vollziehung der Auflage hätte verwendet werden müssen.

(2) Das Gleiche gilt, wenn der Beschwerte zur Vollziehung einer Auflage, die nicht durch einen Dritten vollzogen werden kann, rechtskräftig verurteilt ist und die zulässigen Zwangsmittel erfolglos gegen ihn angewendet worden sind.

Titel 6. Testamentsvollstrecker

§ 2197 Ernennung des Testamentsvollstreckers. (1) Der Erblasser kann durch Testament einen oder mehrere Testamentsvollstrecker ernennen.

(2) Der Erblasser kann für den Fall, dass der ernannte Testamentsvollstrecker vor oder nach der Annahme des Amts wegfällt, einen anderen Testamentsvollstrecker ernennen.

§ 2198 Bestimmung des Testamentsvollstreckers durch einen Dritten.

(1) [1] Der Erblasser kann die Bestimmung der Person des Testamentsvollstreckers einem Dritten überlassen. [2] Die Bestimmung erfolgt durch Erklärung gegenüber dem Nachlassgericht; die Erklärung ist in öffentlich beglaubigter Form abzugeben.

(2) Das Bestimmungsrecht des Dritten erlischt mit dem Ablauf einer ihm auf Antrag eines der Beteiligten von dem Nachlassgericht bestimmten Frist.

§ 2199 Ernennung eines Mitvollstreckers oder Nachfolgers. (1) Der Erblasser kann den Testamentsvollstrecker ermächtigen, einen oder mehrere Mitvollstrecker zu ernennen.

(2) Der Erblasser kann den Testamentsvollstrecker ermächtigen, einen Nachfolger zu ernennen.

(3) Die Ernennung erfolgt nach § 2198 Abs. 1 Satz 2.

§ 2200 Ernennung durch das Nachlassgericht. (1) Hat der Erblasser in dem Testament das Nachlassgericht ersucht, einen Testamentsvollstrecker zu ernennen, so kann das Nachlassgericht die Ernennung vornehmen.

(2) Das Nachlassgericht soll vor der Ernennung die Beteiligten hören, wenn es ohne erhebliche Verzögerung und ohne unverhältnismäßige Kosten geschehen kann.

§ 2201[1)] Unwirksamkeit der Ernennung. Die Ernennung des Testamentsvollstreckers ist unwirksam, wenn er zu der Zeit, zu welcher er das Amt anzutreten hat, geschäftsunfähig oder in der Geschäftsfähigkeit beschränkt ist oder nach § 1814 zur Besorgung seiner Vermögensangelegenheiten einen Betreuer erhalten hat.

§ 2202 Annahme und Ablehnung des Amts. (1) Das Amt des Testamentsvollstreckers beginnt mit dem Zeitpunkt, in welchem der Ernannte das Amt annimmt.

(2) [1] Die Annahme sowie die Ablehnung des Amts erfolgt durch Erklärung gegenüber dem Nachlassgericht. [2] Die Erklärung kann erst nach dem Eintritt des Erbfalls abgegeben werden; sie ist unwirksam, wenn sie unter einer Bedingung oder einer Zeitbestimmung abgegeben wird.

(3) [1] Das Nachlassgericht kann dem Ernannten auf Antrag eines der Beteiligten eine Frist zur Erklärung über die Annahme bestimmen. [2] Mit dem Ablauf der Frist gilt das Amt als abgelehnt, wenn nicht die Annahme vorher erklärt wird.

(Fortsetzung nächstes Blatt)

---

1) § 2201 geänd. mWv 1.1.2023 durch G v. 22.2.2023 (BGBl. 2023 I Nr. 51).

Lfd. Nr.	Änderndes Gesetz	Datum	Fundstelle	Betroffen	Hinweis
98.	Art. 3 G zur Regelung des Rechts auf Kenntnis der Abstammung bei heterologer Verwendung von Samen	17.7.2017	BGBl. I S. 2513	Art. 229 § 46	eingef. mWv 1.7.2018
99.	Art. 5 G zur besseren Durchsetzung der Ausreisepflicht	20.7.2017	BGBl. I S. 2780	Art. 229 § 16	aufgeh. mit Ablauf des 28.7. 2017
100.	Art. 2 Abs. 4 G zur Einführung des Rechts auf Eheschließung für Personen gleichen Geschlechts	20.7.2017	BGBl. I S. 2787	Art. 17b	geänd. mWv 1.10.2017
101.	Art. 2 G zum Internationalen Güterrecht und zur Änd. von Vorschriften des Internationalen Privatrechts	17.12. 2018	BGBl. I S. 2573	Art. 17	geänd. mWv 21.12.2018
				Art. 3, 4, 17, 17b, 19, 22, 220, 236	geänd. mWv 29.1.2019
				Art. 14, 17a	neu gef. mWv 29.1.2019
				Art. 229 § 47	eingef. mWv 29.1.2019
				Art. 3a, 15, 16	aufgeh. mit Ablauf des 28.1. 2019
102.	Art. 2 G zur Ums. des G zur Einf. des Rechts auf Eheschließung für Personen gleichen Geschlechts	18.12. 2018	BGBl. I S. 2639	Art. 17b	geänd. mWv 22.12.2018
				Art. 229 § 48	eingef. mWv 22.12.2018
103.	Art. 2 MietrechtsanpassungsG	18.12. 2018	BGBl. I S. 2648	Art. 229 § 49	eingef. mWv 1.1.2019
104.	Art. 3 G zur Verläng. d. Betrachtungszeitraums für die ortsübl. Vergleichsmiete	21.12. 2019	BGBl. I S. 2911	Art. 229 § 50	eingef. mWv 1.1.2020
105.	Art. 2 G zur Verlängerung und Verbesserung der Regelungen über die zulässige Miethöhe bei Mietbeginn	19.3.2020	BGBl. I S. 540	Art. 229 § 51	eingef. mWv 1.4.2020
106.	Art. 2 G zur Ums. d. Entsch. des BVerfG vom 26. März 2019 zum Ausschluss der Stiefkindadoption in nichtehel. Familien	19.3.2020	BGBl. I S. 541	Art. 17b, 22, 23	geänd. mWv 31.3.2020
				Art. 229 § 52	eingef. mWv 31.3.2020
107.	Art. 5, 6 Abs. 6 G zur Abmilderung der Folgen der COVID-19-Pandemie im Zivil-, Insolvenz- und Strafverfahrensrecht	27.3.2020	BGBl. I S. 569	Art. 240 (§§ 1, 2, 3, 4)	eingef. mWv 1.4.2020
				Art. 240 (§§ 1, 2, 3, 4, 5, 6, 7)	aufgeh. mit Ablauf des 30.9. 2022
108.	Art. 1 G zur Abmilderung der Folgen der COVID-19-Pandemie im Veranstaltungsvertragsrecht und im Recht der SE und der SCE	15.5.2020	BGBl. I S. 948	Art. 240 § 5	eingef. mWv 20.5.2020
109.	Art. 2 G über die Verteilung der Maklerkosten bei der Vermittlung von Kaufverträgen über Wohnungen und Einfamilienhäuser	12.6.2020	BGBl. I S. 1245	Art. 229 § 53	eingef. mWv 23.12.2020

Lfd. Nr.	Änderndes Gesetz	Datum	Fundstelle	Betroffen	Hinweis
110.	Art. 1 G zur Abmilderung der Folgen der Covid-19-Pandemie im Pauschalreisevertragsrecht	10.7.2020	BGBl. I S. 1643 iVm. Bek. v. 6.8. 2020, BGBl. I S. 1870	Art. 240 § 6	eingef. mWv 31.7.2020
111.	Art. 10 G zur weiteren Verkürzung des Restschuldbefreiungsverfahrens und zur Anpassung pandemiebedingter Vorschriften im Gesellschafts-, Genossenschafts-, Vereins- und Stiftungsrecht sowie im Miet- und Pachtrecht	22.12. 2020	BGBl. I S. 3328	Art. 240 § 7	eingef. mWv 31.12.2020
112.	Art. 2 G zur Reform des Vormundschafts- und Betreuungsrechts	4.5.2021	BGBl. I S. 882	Art. 17b, 144	geänd. mWv 1.1.2023
				Art. 7, 15, 24	neu gef. mWv 1.1.2023
				Art. 229 § 54	eingef. mWv 1.1.2023
113.	Art. 2 G zum Schutz von Kindern mit Varianten der Geschlechtsentwicklung	12.5.2021	BGBl. I S. 1082	Art. 229 § 55	eingef. mWv 22.5.2021
114.	Art. 2 G zur Anpassung des Finanzdienstleistungsrechts an die Rechtsprechung des Gerichtshofs der EU vom 11. September 2019 in der Rechtssache C-383/18 und vom 26. März 2020 in der Rechtssache C-66/19	9.6.2021	BGBl. I S. 1666	Art. 246b §§ 1, 2, Anl. 6	geänd. mWv 15.6.2021
				Anl. 3, 7	neu gef. mWv 15.6.2021
				Anl. 3a, 3b	eingef. mWv 15.6.2021
115.	Art. 3 G über die Insolvenzsicherung durch Reisesicherungsfonds und zur Änd. reiserechtlicher Vorschriften[1]	25.6.2021	BGBl. I S. 2114	Art. 250 § 6, Art. 252, Anl. 11, 12, 13, 14, 15, 16, 17	geänd. mWv 1.7.2021
				Anl. 18	neu gef. mWv 1.7.2021
				Art. 229 § 56	eingef. mWv 1.7.2021
116.	Art. 2 G zur Umsetzung der RL über bestimmte vertragsrechtliche Aspekte der Bereitstellung digitaler Inhalte und digitaler Dienstleistungen[2]	25.6.2021	BGBl. I S. 2123	Art. 229 § 57	eingef. mWv 1.1.2022

[1] **Amtl. Anm.:** Dieses Gesetz dient der Umsetzung der Richtlinie (EU) 2015/2302 des Europäischen Parlaments und des Rates vom 25. November 2015 über Pauschalreisen und verbundene Reiseleistungen, zur Änderung der Verordnung (EG) Nr. 2006/2004 und der Richtlinie 2011/83/EU des Europäischen Parlaments und des Rates sowie zur Aufhebung der Richtlinie 90/314/EWG des Rates (ABl. L 326 vom 11.12.2015, S. 1).

[2] **Amtl. Anm.:** Dieses Gesetz dient der Umsetzung der Richtlinie (EU) 2019/770 des Europäischen Parlaments und des Rates vom 20. Mai 2019 über bestimmte vertragsrechtliche Aspekte der Bereitstellung digitaler Inhalte und digitaler Dienstleistungen (ABl. L 136 vom 22.5.2019, S. 1; L 305 vom 26.11.2019, S. 62).

Lfd. Nr.	Änderndes Gesetz	Datum	Fundstelle	Betroffen	Hinweis
117.	Art. 2 G zur Regelung des Verkaufs von Sachen mit digitalen Elementen und anderer Aspekte des Kaufvertrags[1]	25.6.2021	BGBl. I S. 2133	Art. 46b	geänd. mWv 1.1.2022
				Art. 229 § 58	eingef. mWv 1.1.2022
118.	Art. 2 G zur Vereinheitlichung des Stiftungsrechts und zur Änd. des InfektionsschutzG	16.7.2021	BGBl. I S. 2947	Art. 229 § 59	eingef. mWv 1.7.2023
119.	Art. 2 G für faire Verbraucherverträge[2]	10.8.2021	BGBl. I S. 3433	Art. 229 § 60	eingef. mWv 1.10.2021
				Art. 246e § 1	geänd. mWv 1.7.2022
120.	Art. 49 PersonengesellschaftsrechtsmodernisierungsG (MoPeG)	10.8.2021	BGBl. I S. 3436	Art. 229 § 21	neu gef. mWv 1.1.2024
				Art. 229 § 61	eingef. mWv 1.1.2024
121.	Art. 2 G zur Änd. des BGB und des EGBGB in Umsetzung der RL (EU) 2019/2161 und zur Aufhebung der VO zur Übertragung der Zuständigkeit für die Durchführung der VO (EG) Nr. 2006/2004 auf das Bundesministerium der Justiz und für Verbraucherschutz[3] [2]	10.8.2021	BGBl. I S. 3483	Art. 246, 246a §§ 1, 2, 3, Art. 246b § 1, Art. 249 § 3, Anl. 1, 2, 3, 3a, 3b, 7, 8, 9	geänd. mWv 28.5.2022
				Art. 246d (§§ 1, 2), 246e (§§ 1, 2)	eingef. mWv 28.5.2022
122.	Art. 2 MietspiegelreformG	10.8.2021	BGBl. I S. 3515	Art. 238 (§§ 1, 2, 3, 4)	neu gef. mWv 1.7.2022
				Art. 229 § 62	eingef. mWv 1.7.2022
123.	Art. 3 G zur Herstellung materieller Gerechtigkeit	21.12. 2021	BGBl. I S. 5252	Art. 229 § 63	eingef. mWv 30.12.2021
124.	Art. 18 G zur Durchführung der EU-Verordnungen über grenzüberschreitende Zustellungen und grenzüberschreitende Beweisaufnahmen in Zivil- oder Handelssachen sowie zur Änd. sonstiger Vorschriften	24.6.2022	BGBl. I S. 959	Art. 246e § 2	geänd. mWv 1.8.2022

[1] **Amtl. Anm.:** Dieses Gesetz dient der Umsetzung der Richtlinie (EU) 2019/771 des Europäischen Parlaments und des Rates vom 20. Mai 2019 über bestimmte vertragsrechtliche Aspekte des Warenkaufs, zur Änderung der Verordnung (EU) 2017/2394 und der Richtlinie 2009/22/EG sowie zur Aufhebung der Richtlinie 1999/44/EG (ABl. L 136 vom 22.5.2019, S. 28; L 305 vom 26.11.2019, S. 66).

[2] **Amtl. Anm.:** Notifiziert gemäß der Richtlinie (EU) 2015/1535 des Europäischen Parlaments und des Rates vom 9. September 2015 über ein Informationsverfahren auf dem Gebiet der technischen Vorschriften und der Vorschriften für die Dienste der Informationsgesellschaft (ABl. L 241 vom 17.9.2015, S. 1).

[3] **Amtl. Anm.:** Dieses Gesetz dient der Umsetzung der Richtlinie (EU) 2019/2161 des Europäischen Parlaments und des Rates vom 27. November 2019 zur Änderung der Richtlinie 93/13/EWG des Rates und der Richtlinien 98/6/EG, 2005/29/EG und 2011/83/EU des Europäischen Parlaments und des Rates zur besseren Durchsetzung und Modernisierung der Verbraucherschutzvorschriften der Union (ABl. L 328 vom 18.12.2019, S. 7).

Lfd. Nr.	Änderndes Gesetz	Datum	Fundstelle	Betroffen	Hinweis
125.	Art. 2, 3 G zur Abschaffung des Güterrechtsregisters und zur Änd. des COVID-19-InsolvenzaussetzungsG	31.10. 2022	BGBl. I S. 1966	Art. 234 §§ 4, 4a	geänd. mWv 1.1.2023
				Art. 229 § 64	eingef. mWv 1.1.2023
				Art. 229 § 64	geänd. mWv 1.1.2038
126.	Beschl. des BVerfG – 1 BvL 7/18 –	1.2.2023	BGBl. 2023 I Nr. 108	Art. 13 Abs. 3 Nr. 1	unvereinbar mit Art. 6 Abs. 1 GG

Vorbemerkung:
Die Änderungen durch G v. 10.8.2021 (BGBl. I S. 3436) treten erst mWv 1.1.2024 in Kraft und sind im Text noch nicht berücksichtigt.

Nichtamtliche Inhaltsübersicht

Erster Teil. Allgemeine Vorschriften

Erstes Kapitel. Inkrafttreten. Vorbehalt für Landesrecht. Gesetzesbegriff

Art. 1 [Inkrafttreten des BGB; Vorbehalt für Landesrecht] (1) Das Bürgerliche Gesetzbuch tritt am 1. Januar 1900 gleichzeitig mit einem Gesetz, betreffend Änderungen des Gerichtsverfassungsgesetzes, der Zivilprozeßordnung und der Konkursordnung, einem Gesetz über die Zwangsversteigerung und die Zwangsverwaltung, einer Grundbuchordnung und einem Gesetz über die Angelegenheiten der freiwilligen Gerichtsbarkeit in Kraft.

(2) Soweit in dem Bürgerlichen Gesetzbuch oder in diesem Gesetz die Regelung den Landesgesetzen vorbehalten oder bestimmt ist, daß landesgesetzliche Vorschriften unberührt bleiben oder erlassen werden können, bleiben die bestehenden landesgesetzlichen Vorschriften in Kraft und können neue landesgesetzliche Vorschriften erlassen werden.

Art. 2 [Begriff des Gesetzes] Gesetz im Sinne des Bürgerlichen Gesetzbuchs und dieses Gesetzes ist jede Rechtsnorm.

---

[1] Nr. **21a**.
[2] Nr. **21c**.
[3] **Habersack II Nr. 2.**

Zweites Kapitel.[1] Internationales Privatrecht

Erster Abschnitt.[2] Allgemeine Vorschriften

Art. 3[3] Anwendungsbereich; Verhältnis zu Regelungen der Europäischen Union und zu völkerrechtlichen Vereinbarungen. Soweit nicht

1. unmittelbar anwendbare Regelungen der Europäischen Union in ihrer jeweils geltenden Fassung, insbesondere
   a) die Verordnung (EG) Nr. 864/2007[4] des Europäischen Parlaments und des Rates vom 11. Juli 2007 über das auf außervertragliche Schuldverhältnisse anzuwendende Recht (Rom II),
   b) die Verordnung (EG) Nr. 593/2008[5] des Europäischen Parlaments und des Rates vom 17. Juni 2008 über das auf vertragliche Schuldverhältnisse anzuwendende Recht (Rom I),
   c) Artikel 15 der Verordnung (EG) Nr. 4/2009[6] des Rates vom 18. Dezember 2008 über die Zuständigkeit, das anwendbare Recht, die Anerkennung und Vollstreckung von Entscheidungen und die Zusammenarbeit in Unterhaltssachen in Verbindung mit dem Haager Protokoll vom 23. November 2007 über das auf Unterhaltspflichten anzuwendende Recht,
   d) die Verordnung (EU) Nr. 1259/2010[7] des Rates vom 20. Dezember 2010 zur Durchführung einer Verstärkten Zusammenarbeit im Bereich des auf die Ehescheidung und Trennung ohne Auflösung des Ehebandes anzuwendenden Rechts,
   e) die Verordnung (EU) Nr. 650/2012[8] des Europäischen Parlaments und des Rates vom 4. Juli 2012 über die Zuständigkeit, das anzuwendende Recht, die Anerkennung und Vollstreckung von Entscheidungen und die Annahme und Vollstreckung öffentlicher Urkunden in Erbsachen sowie zur Einführung eines Europäischen Nachlasszeugnisses,
   f) die Verordnung (EU) 2016/1103[9] des Rates vom 24. Juni 2016 zur Durchführung einer Verstärkten Zusammenarbeit im Bereich der Zuständigkeit, des anzuwendenden Rechts und der Anerkennung und Vollstreckung von Entscheidungen in Fragen des ehelichen Güterstands sowie
   g) die Verordnung (EU) 2016/1104[10] des Rates vom 24. Juni 2016 zur Durchführung der Verstärkten Zusammenarbeit im Bereich der Zuständigkeit, des anzuwendenden Rechts und der Anerkennung und Vollstreckung von Ent-

---

[1] Wegen des für das Gebiet der ehem. DDR geltenden Übergangsrechts zum Internationalen Privatrecht beachte Art. 236.

[2] 1. Abschnitt Überschrift neu gef. mWv 11.1.2009 durch G v. 10.12.2008 (BGBl. I S. 2401).

[3] Art. 3 neu gef. mWv 11.1.2009 durch G v. 10.12.2008 (BGBl. I S. 2401); Nr. 1 neu gef. mWv 17.12. 2009 durch G v. 25.6.2009 (BGBl. I S. 1574); Nr. 1 Buchst. a und b geänd., Buchst. c angef. mWv 18.6. 2011 durch G v. 23.5.2011 (BGBl. I S. 898); Überschrift, Nr. 1 einl. Satzteil, Buchst. b und c geänd., Buchst. d angef. mWv 29.1.2013 durch G v. 23.1.2013 (BGBl. I S. 101); Nr. 1 Buchst. a, b und d geänd., Buchst. c neu gef. mWv 16.7.2014 durch G v. 8.7.2014 (BGBl. I S. 890); Nr. 1 Buchst. c und d geänd., Buchst. e angef. mWv 17.8.2015 durch G v. 29.6.2015 (BGBl. I S. 1042); Nr. 1 Buchst. d, e geänd., Buchst. f und g angef. mWv 29.1.2019 durch G v. 17.12.2018 (BGBl. I S. 2573).

[4] Nr. **21b**.

[5] Nr. **21a**.

[6] **Habersack, Deutsche Gesetze ErgBd. Nr. 21d.**

[7] Nr. **21c**.

[8] **Habersack, Deutsche Gesetze ErgBd. Nr. 21e.**

[9] **Habersack, Deutsche Gesetze ErgBd. Nr. 103i.**

[10] **Habersack, Deutsche Gesetze ErgBd. Nr. 103k.**

scheidungen in Fragen güterrechtlicher Wirkungen eingetragener Partnerschaften oder

2. Regelungen in völkerrechtlichen Vereinbarungen, soweit sie unmittelbar anwendbares innerstaatliches Recht geworden sind,

maßgeblich sind, bestimmt sich das anzuwendende Recht bei Sachverhalten mit einer Verbindung zu einem ausländischen Staat nach den Vorschriften dieses Kapitels (Internationales Privatrecht).

Art. 3a[1) 2)] *(aufgehoben)*

Art. 4[3)] **Verweisung.** (1) [1] Wird auf das Recht eines anderen Staates verwiesen, so ist auch dessen Internationales Privatrecht anzuwenden, sofern dies nicht dem Sinn der Verweisung widerspricht. [2] Verweist das Recht des anderen Staates auf deutsches Recht zurück, so sind die deutschen Sachvorschriften anzuwenden.

(2) [1] Verweisungen auf Sachvorschriften beziehen sich auf die Rechtsnormen der maßgebenden Rechtsordnung unter Ausschluss derjenigen des Internationalen Privatrechts. [2] Soweit die Parteien das Recht eines Staates wählen können, können sie nur auf die Sachvorschriften verweisen.

(3) [1] Wird auf das Recht eines Staates mit mehreren Teilrechtsordnungen verwiesen, ohne die maßgebende zu bezeichnen, so bestimmt das Recht dieses Staates, welche Teilrechtsordnung anzuwenden ist. [2] Fehlt eine solche Regelung, so ist die Teilrechtsordnung anzuwenden, mit welcher der Sachverhalt am engsten verbunden ist.

Art. 5 Personalstatut. (1) [1] Wird auf das Recht des Staates verwiesen, dem eine Person angehört, und gehört sie mehreren Staaten an, so ist das Recht desjenigen dieser Staaten anzuwenden, mit dem die Person am engsten verbunden ist, insbesondere durch ihren gewöhnlichen Aufenthalt oder durch den Verlauf ihres Lebens. [2] Ist die Person auch Deutscher, so geht diese Rechtsstellung vor.

(2) Ist eine Person staatenlos oder kann ihre Staatsangehörigkeit nicht festgestellt werden, so ist das Recht des Staates anzuwenden, in dem sie ihren gewöhnlichen Aufenthalt oder, mangels eines solchen, ihren Aufenthalt hat.

(3) Wird auf das Recht des Staates verwiesen, in dem eine Person ihren Aufenthalt oder ihren gewöhnlichen Aufenthalt hat, und ändert eine nicht voll geschäftsfähige Person den Aufenthalt ohne den Willen des gesetzlichen Vertreters, so führt diese Änderung allein nicht zur Anwendung eines anderen Rechts.

Art. 6 Öffentliche Ordnung (ordre public) [1] Eine Rechtsnorm eines anderen Staates ist nicht anzuwenden, wenn ihre Anwendung zu einem Ergebnis führt, das mit wesentlichen Grundsätzen des deutschen Rechts offensichtlich unvereinbar ist. [2] Sie ist insbesondere nicht anzuwenden, wenn die Anwendung mit den Grundrechten unvereinbar ist.

---

1) Art. 3a aufgeh. mWv 29.1.2019 durch G v. 17.12.2018 (BGBl. I S. 2573).

2) Beachte hierzu Übergangsvorschrift in Art. 229 § 47.

3) Art. 4 Überschrift neu gef., Abs. 2 Satz 1 eingef. mWv 29.1.2019 durch G v. 17.12.2018 (BGBl. I S. 2573).

Zweiter Abschnitt. Recht der natürlichen Personen und der Rechtsgeschäfte

Art. 7[1)] Rechts- und Geschäftsfähigkeit. (1) [1] Die Rechtsfähigkeit einer Person unterliegt dem Recht des Staates, dem die Person angehört.[2)] [2] Die einmal erlangte Rechtsfähigkeit wird durch Erwerb oder Verlust einer Staatsangehörigkeit nicht beeinträchtigt.

(2) [1] Die Geschäftsfähigkeit einer Person unterliegt dem Recht des Staates, in dem die Person ihren gewöhnlichen Aufenthalt hat. [2] Dies gilt auch, soweit die Geschäftsfähigkeit durch Eheschließung erweitert wird. [3] Die einmal erlangte Geschäftsfähigkeit wird durch einen Wechsel des gewöhnlichen Aufenthalts nicht beeinträchtigt.

Art. 8[3) 4)] Gewillkürte Stellvertretung. (1) [1] Auf die gewillkürte Stellvertretung ist das vom Vollmachtgeber vor der Ausübung der Vollmacht gewählte Recht anzuwenden, wenn die Rechtswahl dem Dritten und dem Bevollmächtigten bekannt ist. [2] Der Vollmachtgeber, der Bevollmächtigte und der Dritte können das anzuwendende Recht jederzeit wählen. [3] Die Wahl nach Satz 2 geht derjenigen nach Satz 1 vor.

(2) Ist keine Rechtswahl nach Absatz 1 getroffen worden und handelt der Bevollmächtigte in Ausübung seiner unternehmerischen Tätigkeit, so sind die Sachvorschriften des Staates anzuwenden, in dem der Bevollmächtigte im Zeitpunkt der Ausübung der Vollmacht seinen gewöhnlichen Aufenthalt hat, es sei denn, dieser Ort ist für den Dritten nicht erkennbar.

(3) Ist keine Rechtswahl nach Absatz 1 getroffen worden und handelt der Bevollmächtigte als Arbeitnehmer des Vollmachtgebers, so sind die Sachvorschriften des Staates anzuwenden, in dem der Vollmachtgeber im Zeitpunkt der Ausübung der Vollmacht seinen gewöhnlichen Aufenthalt hat, es sei denn, dieser Ort ist für den Dritten nicht erkennbar.

(4) Ist keine Rechtswahl nach Absatz 1 getroffen worden und handelt der Bevollmächtigte weder in Ausübung seiner unternehmerischen Tätigkeit noch als Arbeit-

---

[1)] Art. 7 neu gef. mWv 1.1.2023 durch G v. 4.5.2021 (BGBl. I S. 882).

[2)] Wegen der Rechtsstellung von Volksdeutschen iSd Art. 116 Abs. 1 GG (Nr. **1**), welche die deutsche Staatsangehörigkeit nicht besitzen, vgl. Art. 9 II Nr. 5 FamilienrechtsänderungsG v. 11.8.1961 (BGBl. I S. 1221), zuletzt geänd. durch G v. 17.12.2008 (BGBl. I S. 2586).

Wegen der Rechtsstellung heimatloser Ausländer im Bundesgebiet siehe G über die Rechtsstellung heimatloser Ausländer im Bundesgebiet **(Sartorius Nr. 563)**.

Siehe das Übereinkommen über die Rechtsstellung der Staatenlosen v. 28.9.1954 (BGBl. 1976 II S. 473, 474), G zu dem Übereinkommen v. 12.4.1976 (BGBl. II S. 473) und Bek. über das Inkrafttreten (24.1.1977) v. 10.2.1977 (BGBl. II S. 235).

Beachte aber auch das Abkommen über die Rechtsstellung der Flüchtlinge v. 28.7.1951 (BGBl. 1953 II S. 559), G über den Beitritt zu diesem Abkommen v. 1.9.1953 (BGBl. II S. 559) und Bek. über das Inkrafttreten v. 25.5.1954 (BGBl. II S. 619). Art. 12 dieses Abkommens lautet:

„Art. 12. Personalstatut

1. Das Personalstatut jedes Flüchtlings bestimmt sich nach dem Recht des Landes seines Wohnsitzes oder, in Ermangelung eines Wohnsitzes, nach dem Recht seines Aufenthaltslandes.
2. Die von einem Flüchtling vorher erworbenen und sich aus seinem Personalstatut ergebenden Rechte, insbesondere die aus der Eheschließung, werden von jedem vertragschließenden Staat geachtet, gegebenenfalls vorbehaltlich der Formalitäten, die nach dem in diesem Staat geltenden Recht vorgesehen sind. Hierbei wird jedoch unterstellt, daß das betreffende Recht zu demjenigen gehört, das nach den Gesetzen dieses Staates anerkannt worden wäre, wenn die in Betracht kommende Person kein Flüchtling geworden wäre.“

Beachte auch das Protokoll über die Rechtsstellung der Flüchtlinge v. 31.1.1967 (BGBl. 1969 II S. 1293) mit G v. 11.7.1969 (BGBl. II S. 1293) und Bek. über das Inkrafttreten v. 14.4.1970 (BGBl. II S. 194).

[3)] Art. 8 neu eingef. mWv 17.6.2017 durch G v. 11.6.2017 (BGBl. I S. 1607).

[4)] Beachte hierzu Übergangsvorschrift in Art. 229 § 41.

nehmer des Vollmachtgebers, so sind im Falle einer auf Dauer angelegten Vollmacht die Sachvorschriften des Staates anzuwenden, in dem der Bevollmächtigte von der Vollmacht gewöhnlich Gebrauch macht, es sei denn, dieser Ort ist für den Dritten nicht erkennbar.

(5) [1] Ergibt sich das anzuwendende Recht nicht aus den Absätzen 1 bis 4, so sind die Sachvorschriften des Staates anzuwenden, in dem der Bevollmächtigte von seiner Vollmacht im Einzelfall Gebrauch macht (Gebrauchsort). [2] Mussten der Dritte und der Bevollmächtigte wissen, dass von der Vollmacht nur in einem bestimmten Staat Gebrauch gemacht werden sollte, so sind die Sachvorschriften dieses Staates anzuwenden. [3] Ist der Gebrauchsort für den Dritten nicht erkennbar, so sind die Sachvorschriften des Staates anzuwenden, in dem der Vollmachtgeber im Zeitpunkt der Ausübung der Vollmacht seinen gewöhnlichen Aufenthalt hat.

(6) Auf die gewillkürte Stellvertretung bei Verfügungen über Grundstücke oder Rechte an Grundstücken ist das nach Artikel 43 Absatz 1 und Artikel 46 zu bestimmende Recht anzuwenden.

(7) Dieser Artikel findet keine Anwendung auf die gewillkürte Stellvertretung bei Börsengeschäften und Versteigerungen.

(8) [1] Auf die Bestimmung des gewöhnlichen Aufenthalts im Sinne dieses Artikels ist Artikel 19 Absatz 1 und 2 erste Alternative der Verordnung (EG) Nr. 593/2008[1)] mit der Maßgabe anzuwenden, dass an die Stelle des Vertragsschlusses die Ausübung der Vollmacht tritt. [2] Artikel 19 Absatz 2 erste Alternative der Verordnung (EG) Nr. 593/2008 ist nicht anzuwenden, wenn der nach dieser Vorschrift maßgebende Ort für den Dritten nicht erkennbar ist.

Art. 9 Todeserklärung. [1] Die Todeserklärung, die Feststellung des Todes und des Todeszeitpunkts sowie Lebens- und Todesvermutungen unterliegen dem Recht des Staates, dem der Verschollene in dem letzten Zeitpunkt angehörte, in dem er nach den vorhandenen Nachrichten noch gelebt hat. [2] War der Verschollene in diesem Zeitpunkt Angehöriger eines fremden Staates, so kann er nach deutschem Recht für tot erklärt werden, wenn hierfür ein berechtigtes Interesse besteht.

Art. 10[2)] Name. (1) Der Name einer Person unterliegt dem Recht des Staates, dem die Person angehört.

(2) [1] Ehegatten können bei oder nach der Eheschließung gegenüber dem Standesamt ihren künftig zu führenden Namen wählen

1. nach dem Recht eines Staates, dem einer der Ehegatten angehört, ungeachtet des Artikels 5 Abs. 1, oder
2. nach deutschem Recht, wenn einer von ihnen seinen gewöhnlichen Aufenthalt im Inland hat.

[2] Nach der Eheschließung abgegebene Erklärungen müssen öffentlich beglaubigt werden. [3] Für die Auswirkungen der Wahl auf den Namen eines Kindes ist § 1617c des Bürgerlichen Gesetzbuchs sinngemäß anzuwenden.

(3) [1] Der Inhaber der Sorge kann gegenüber dem Standesamt bestimmen, daß ein Kind den Familiennamen erhalten soll

1. nach dem Recht eines Staates, dem ein Elternteil angehört, ungeachtet des Artikels 5 Abs. 1,

---

[1)] Nr. **21a**.

[2)] Art. 10 Abs. 2 Satz 3 geänd., Abs. 3 neu gef., Abs. 4 aufgeh. durch G v. 16.12.1997 (BGBl. I S. 2942); Abs. 2 Satz 1 und Abs. 3 Satz 1 geänd. mWv 1.1.2009 durch G v. 19.2.2007 (BGBl. I S. 122).

2. nach deutschem Recht, wenn ein Elternteil seinen gewöhnlichen Aufenthalt im Inland hat, oder
3. nach dem Recht des Staates, dem ein den Namen Erteilender angehört.

[2] Nach der Beurkundung der Geburt abgegebene Erklärungen müssen öffentlich beglaubigt werden.

Art. 11[1) 2)] **Form von Rechtsgeschäften.** (1) Ein Rechtsgeschäft ist formgültig, wenn es die Formerfordernisse des Rechts, das auf das seinen Gegenstand bildende Rechtsverhältnis anzuwenden ist, oder des Rechts des Staates erfüllt, in dem es vorgenommen wird.

(2) Wird ein Vertrag zwischen Personen geschlossen, die sich in verschiedenen Staaten befinden, so ist er formgültig, wenn er die Formerfordernisse des Rechts, das auf das seinen Gegenstand bildende Rechtsverhältnis anzuwenden ist, oder des Rechts eines dieser Staaten erfüllt.

(3) Wird der Vertrag durch einen Vertreter geschlossen, so ist bei Anwendung der Absätze 1 und 2 der Staat maßgebend, in dem sich der Vertreter befindet.

(4) Ein Rechtsgeschäft, durch das ein Recht an einer Sache begründet oder über ein solches Recht verfügt wird, ist nur formgültig, wenn es die Formerfordernisse des Rechts erfüllt, das auf das seinen Gegenstand bildende Rechtsverhältnis anzuwenden ist.

Art. 12 Schutz des anderen Vertragsteils. [1] Wird ein Vertrag zwischen Personen geschlossen, die sich in demselben Staat befinden, so kann sich eine natürliche Person, die nach den Sachvorschriften des Rechts dieses Staates rechts-, geschäfts- und handlungsfähig wäre, nur dann auf ihre aus den Sachvorschriften des Rechts eines anderen Staates abgeleitete Rechts-, Geschäfts- und Handlungsunfähigkeit berufen, wenn der andere Vertragsteil bei Vertragsabschluß diese Rechts-, Geschäfts- und Handlungsunfähigkeit kannte oder kennen mußte. [2] Dies gilt nicht für familienrechtliche und erbrechtliche Rechtsgeschäfte sowie für Verfügungen über ein in einem anderen Staat belegenes Grundstück.

Dritter Abschnitt. Familienrecht[3)]

Art. 13[4)] **Eheschließung.** (1) Die Voraussetzungen der Eheschließung unterliegen für jeden Verlobten dem Recht des Staates, dem er angehört.

(2) Fehlt danach eine Voraussetzung, so ist insoweit deutsches Recht anzuwenden, wenn

1. ein Verlobter seinen gewöhnlichen Aufenthalt im Inland hat oder Deutscher ist,
2. die Verlobten die zumutbaren Schritte zur Erfüllung der Voraussetzung unternommen haben und

---

[1)] Art. 11 Abs. 4 aufgeh., bish. Abs. 5 wird Abs. 4 mWv 17.12.2009 durch G v. 25.6.2009 (BGBl. I S. 1574).

[2)] Vgl. Übereinkommen v. 19. Juni 1980 über das auf vertragliche Schuldverhältnisse anzuwendende Recht (BGBl. 1986 II S. 810) mit Bek. v. 12.7.1991 (BGBl. II S. 871) und G zu dem Übereinkommen v. 25.7.1986 (BGBl. II S. 809).

Vgl. auch das Übereinkommen der Vereinten Nationen über Verträge über den internationalen Warenkauf **(Habersack, Deutsche Gesetze ErgBd. Nr. 50c)** sowie wegen der Übergangsbestimmungen und des Inkrafttretens Art. 5 bis 7 G v. 5.7.1989 (BGBl. II S. 586) und Bek. 23.10.1990 (BGBl. II S. 1477).

[3)] Wegen des für das Gebiet der ehem. DDR geltenden Übergangsrechts zu den Wirkungen familienrechtlicher Rechtsverhältnisse beachte Art. 236 § 2 EGBGB.

[4)] Art. 13 Abs. 3 eingef., bish. Abs. 3 wird Abs. 4 mWv 22.7.2017 durch G v. 17.7.2017 (BGBl. I S. 2429).

3. es mit der Eheschließungsfreiheit unvereinbar ist, die Eheschließung zu versagen; insbesondere steht die frühere Ehe eines Verlobten nicht entgegen, wenn ihr Bestand durch eine hier erlassene oder anerkannte Entscheidung beseitigt oder der Ehegatte des Verlobten für tot erklärt ist.

(3) Unterliegt die Ehemündigkeit eines Verlobten nach Absatz 1 ausländischem Recht, ist die Ehe nach deutschem Recht

1. *unwirksam, wenn der Verlobte im Zeitpunkt der Eheschließung das 16. Lebensjahr nicht vollendet hatte, und*[1)]
2. aufhebbar, wenn der Verlobte im Zeitpunkt der Eheschließung das 16., aber nicht das 18. Lebensjahr vollendet hatte.

(4) [1] Eine Ehe kann im Inland nur in der hier vorgeschriebenen Form geschlossen werden. [2] Eine Ehe zwischen Verlobten, von denen keiner Deutscher ist, kann jedoch vor einer von der Regierung des Staates, dem einer der Verlobten angehört, ordnungsgemäß ermächtigten Person in der nach dem Recht dieses Staates vorgeschriebenen Form geschlossen werden; eine beglaubigte Abschrift der Eintragung der so geschlossenen Ehe in das Standesregister, das von der dazu ordnungsgemäß ermächtigten Person geführt wird, erbringt vollen Beweis der Eheschließung.

Art. 14[2) 3)] **Allgemeine Ehewirkungen.** (1) [1] Soweit allgemeine Ehewirkungen nicht in den Anwendungsbereich der Verordnung (EU) 2016/1103[4)] fallen, unterliegen sie dem von den Ehegatten gewählten Recht. [2] Wählbar sind

1. das Recht des Staates, in dem beide Ehegatten im Zeitpunkt der Rechtswahl ihren gewöhnlichen Aufenthalt haben,
2. das Recht des Staates, in dem beide Ehegatten ihren gewöhnlichen Aufenthalt während der Ehe zuletzt hatten, wenn einer von ihnen im Zeitpunkt der Rechtswahl dort noch seinen gewöhnlichen Aufenthalt hat, oder
3. ungeachtet des Artikels 5 Absatz 1 das Recht des Staates, dem ein Ehegatte im Zeitpunkt der Rechtswahl angehört.

[3] Die Rechtswahl muss notariell beurkundet werden. [4] Wird sie nicht im Inland vorgenommen, so genügt es, wenn sie den Formerfordernissen für einen Ehevertrag nach dem gewählten Recht oder am Ort der Rechtswahl entspricht.

(2) Sofern die Ehegatten keine Rechtswahl getroffen haben, gilt

1. das Recht des Staates, in dem beide Ehegatten ihren gewöhnlichen Aufenthalt haben, sonst
2. das Recht des Staates, in dem beide Ehegatten ihren gewöhnlichen Aufenthalt während der Ehe zuletzt hatten, wenn einer von ihnen dort noch seinen gewöhnlichen Aufenthalt hat, sonst
3. das Recht des Staates, dem beide Ehegatten angehören, sonst
4. das Recht des Staates, mit dem die Ehegatten auf andere Weise gemeinsam am engsten verbunden sind.

[1)] Art. 13 Abs. 3 Nr. 1 ist gem. Beschl. des BVerfG v. 1.2.2023 (BGBl. 2023 I Nr. 108) – vorbehaltlich der Ausnahmen nach Art. 229 § 44 Abs. 4 – mit Art. 6 Abs. 1 des Grundgesetzes unvereinbar. Art. 13 Abs. 3 Nr. 1 gilt bis zum Inkrafttreten einer Neuregelung durch den Gesetzgeber, längstens jedoch bis zum 30.6. 2024, fort.

[2)] Art. 14 neu gef. mWv 29.1.2019 durch G v. 17.12.2018 (BGBl. I S. 2573).

[3)] Beachte hierzu Übergangsvorschrift in Art. 229 § 47.

[4)] **Habersack, Deutsche Gesetze ErgBd. Nr. 103i.**

Art. 15[1] Gegenseitige Vertretung von Ehegatten. In Angelegenheiten der Gesundheitssorge, die im Inland wahrgenommen werden, ist § 1358 des Bürgerlichen Gesetzbuchs auch dann anzuwenden, wenn nach anderen Vorschriften insoweit ausländisches Recht anwendbar wäre.

Art. 16[2] [3] *(aufgehoben)*

Art. 17[4] Sonderregelungen zur Scheidung. (1) Soweit vermögensrechtliche Scheidungsfolgen nicht in den Anwendungsbereich der Verordnung (EU) 2016/1103 oder der Verordnung (EG) Nr. 4/2009[5] fallen oder von anderen Vorschriften dieses Abschnitts erfasst sind, unterliegen sie dem nach der Verordnung (EU) Nr. 1259/2010[6] auf die Scheidung anzuwendenden Recht.

(2) Auf Scheidungen, die nicht in den Anwendungsbereich der Verordnung (EU) Nr. 1259/2010 fallen, finden die Vorschriften des Kapitels II dieser Verordnung mit folgenden Maßgaben entsprechende Anwendung:

1. Artikel 5 Absatz 1 Buchstabe d der Verordnung (EU) Nr. 1259/2010 ist nicht anzuwenden;
2. in Artikel 5 Absatz 2, Artikel 6 Absatz 2 und Artikel 8 Buchstabe a bis c der Verordnung (EU) Nr. 1259/2010 ist statt auf den Zeitpunkt der Anrufung des Gerichts auf den Zeitpunkt der Einleitung des Scheidungsverfahrens abzustellen;
3. abweichend von Artikel 5 Absatz 3 der Verordnung (EU) Nr. 1259/2010 können die Ehegatten die Rechtswahl auch noch im Laufe des Verfahrens in der durch Artikel 7 dieser Verordnung bestimmten Form vornehmen, wenn das gewählte Recht dies vorsieht;
4. im Fall des Artikels 8 Buchstabe d der Verordnung (EU) Nr. 1259/2010 ist statt des Rechts des angerufenen Gerichts das Recht desjenigen Staates anzuwenden, mit dem die Ehegatten im Zeitpunkt der Einleitung des Scheidungsverfahrens auf andere Weise gemeinsam am engsten verbunden sind, und
5. statt der Artikel 10 und 12 der Verordnung (EU) Nr. 1259/2010 findet Artikel 6 Anwendung.

(3) Eine Ehe kann im Inland nur durch ein Gericht geschieden werden.

(4) [1]Der Versorgungsausgleich unterliegt dem nach der Verordnung (EU) Nr. 1259/2010 auf die Scheidung anzuwendenden Recht; er ist nur durchzuführen, wenn danach deutsches Recht anzuwenden ist und ihn das Recht eines der Staaten kennt, denen die Ehegatten im Zeitpunkt des Eintritts der Rechtshängigkeit des Scheidungsantrags angehören. [2]Im Übrigen ist der Versorgungsausgleich auf Antrag eines Ehegatten nach deutschem Recht durchzuführen, wenn einer der Ehegatten in der Ehezeit ein Anrecht bei einem inländischen Versorgungsträger erworben hat, soweit die Durchführung des Versorgungsausgleichs insbesondere im Hinblick auf die beiderseitigen wirtschaftlichen Verhältnisse während der gesamten Ehezeit der Billigkeit nicht widerspricht.

---

[1] Art. 15 neu gef. mWv 1.1.2023 durch G v. 4.5.2021 (BGBl. I S. 882).
[2] Art. 16 aufgeh. mWv 29.1.2019 durch G v. 17.12.2018 (BGBl. I S. 2573).
[3] Beachte hierzu Übergangsvorschrift in Art. 229 § 47.
[4] Art. 17 Abs. 3 neu gef. mWv 29.1.2013 durch G v. 23.1.2013 (BGBl. I S. 101); Überschrift neu gef., Abs. 2 eingef., bish. Abs. 2 und 3 werden Abs. 3 und 4 mWv 21.12.2018, Abs. 1 neu gef. mWv 29.1.2019 durch G v. 17.12.2018 (BGBl. I S. 2573).
[5] **Habersack, Deutsche Gesetze ErgBd. Nr. 21d.**
[6] Nr. **21c**.

Art. 17a[1) 2)] **Ehewohnung.** Betretungs-, Näherungs- und Kontaktverbote, die mit einer im Inland belegenen Ehewohnung zusammenhängen, unterliegen den deutschen Sachvorschriften.

Art. 17b[3) 2)] **Eingetragene Lebenspartnerschaft und gleichgeschlechtliche Ehe.** (1) [1]Die Begründung, die Auflösung und die nicht in den Anwendungsbereich der Verordnung (EU) 2016/1104[4)] fallenden allgemeinen Wirkungen einer eingetragenen Lebenspartnerschaft unterliegen den Sachvorschriften des Register führenden Staates. [2]Der Versorgungsausgleich unterliegt dem nach Satz 1 anzuwendenden Recht; er ist nur durchzuführen, wenn danach deutsches Recht anzuwenden ist und das Recht eines der Staaten, denen die Lebenspartner im Zeitpunkt der Rechtshängigkeit des Antrags auf Aufhebung der Lebenspartnerschaft angehören, einen Versorgungsausgleich zwischen Lebenspartnern kennt. [3]Im Übrigen ist der Versorgungsausgleich auf Antrag eines Lebenspartners nach deutschem Recht durchzuführen, wenn einer der Lebenspartner während der Zeit der Lebenspartnerschaft ein Anrecht bei einem inländischen Versorgungsträger erworben hat, soweit die Durchführung des Versorgungsausgleichs insbesondere im Hinblick auf die beiderseitigen wirtschaftlichen Verhältnisse während der gesamten Zeit der Lebenspartnerschaft der Billigkeit nicht widerspricht.

(2) Artikel 10 Absatz 2 sowie die Artikel 15 und 17a gelten entsprechend.

(3) Bestehen zwischen denselben Personen eingetragene Lebenspartnerschaften in verschiedenen Staaten, so ist die zuletzt begründete Lebenspartnerschaft vom Zeitpunkt ihrer Begründung an für die in Absatz 1 umschriebenen Wirkungen und Folgen maßgebend.

(4)[5)] [1]Gehören die Ehegatten demselben Geschlecht an oder gehört zumindest ein Ehegatte weder dem weiblichen noch dem männlichen Geschlecht an, so gelten die Absätze 1 bis 3 mit der Maßgabe entsprechend, dass sich das auf die Ehescheidung und auf die Trennung ohne Auflösung des Ehebandes anzuwendende Recht nach der Verordnung (EU) Nr. 1259/2010[6)] richtet. [2]Die güterrechtlichen Wirkungen unterliegen dem nach der Verordnung (EU) 2016/1103[7)] anzuwendenden Recht.

(5) [1]Für die in Absatz 4 genannten Ehen gelten Artikel 13 Absatz 3, Artikel 17 Absatz 1 bis 3, Artikel 19 Absatz 1 Satz 3, Artikel 22 Absatz 3 Satz 1 sowie Artikel 46e entsprechend. [2]Die Ehegatten können für die allgemeinen Ehewirkungen eine Rechtswahl gemäß Artikel 14 treffen.

[1)] Art. 17a neu gef. mWv 29.1.2019 durch G v. 17.12.2018 (BGBl. I S. 2573).

[2)] Beachte hierzu Übergangsvorschrift in Art. 229 § 47.

[3)] Früherer Art. 17a eingef. mWv 1.8.2001 durch G v. 16.2.2001 (BGBl. I S. 266); bish. Art. 17a wird Art. 17b, Art. 17b Abs. 2 Satz 1 neu gef. mWv 1.1.2002 durch G v. 11.12.2001 (BGBl. I S. 3513); Abs. 1 Sätze 3, 4 angef. mWv 1.1.2005 durch G v. 15.12.2004 (BGBl. I S. 3396); Abs. 1 Satz 3 geänd. mWv 1.9. 2009 durch G v. 3.4.2009 (BGBl. I S. 700); Abs. 1 Satz 4 neu gef. mWv 29.1.2013 durch G v. 23.1.2013 (BGBl. I S. 101); Abs. 1 Satz 2 aufgeh., bish. Sätze 3, 4 werden Sätze 2, 3 mWv 17.8.2015 durch G v. 29.6. 2015 (BGBl. I S. 1042); Abs. 2 Satz 3 angef. mWv 26.11.2015 durch G v. 20.11.2015 (BGBl. I S. 2010); Überschrift geänd. mWv 1.10.2017 durch G v. 20.7.2017 (BGBl. I S. 2787); Abs. 1 Satz 1 neu gef., Abs. 2 Sätze 2, 3 aufgeh. mWv 29.1.2019 durch G v. 17.12.2018 (BGBl. I S. 2573); Abs. 4 neu gef., Abs. 5 angef. mWv 22.12.2018 durch G v. 18.12.2018 (BGBl. I S. 2639); Abs. 5 Satz 1 geänd. mWv 31.3.2020 durch G v. 19.3.2020 (BGBl. I S. 541); Abs. 2 geänd. mWv 1.1.2023 durch G v. 4.5.2021 (BGBl. I S. 882).

[4)] **Habersack, Deutsche Gesetze ErgBd. Nr. 103k.**

[5)] Beachte hierzu Überleitungsvorschrift in Art. 229 § 48.

[6)] Nr. **21c**.

[7)] **Habersack, Deutsche Gesetze ErgBd. Nr. 103i.**

Art. 18[1] *(aufgehoben)*

Art. 19[2)3)] **Abstammung.** (1) [1]Die Abstammung eines Kindes unterliegt dem Recht des Staates, in dem das Kind seinen gewöhnlichen Aufenthalt hat. [2]Sie kann im Verhältnis zu jedem Elternteil auch nach dem Recht des Staates bestimmt werden, dem dieser Elternteil angehört. [3]Ist die Mutter verheiratet, so kann die Abstammung ferner nach dem Recht bestimmt werden, dem die allgemeinen Wirkungen ihrer Ehe bei der Geburt nach Artikel 14 Absatz 2 unterliegen; ist die Ehe vorher durch Tod aufgelöst worden, so ist der Zeitpunkt der Auflösung maßgebend.

(2) Sind die Eltern nicht miteinander verheiratet, so unterliegen Verpflichtungen des Vaters gegenüber der Mutter auf Grund der Schwangerschaft dem Recht des Staates, in dem die Mutter ihren gewöhnlichen Aufenthalt hat.

Art. 20[4] **Anfechtung der Abstammung.** [1]Die Abstammung kann nach jedem Recht angefochten werden, aus dem sich ihre Voraussetzungen ergeben. [2]Das Kind kann die Abstammung in jedem Fall nach dem Recht des Staates anfechten, in dem es seinen gewöhnlichen Aufenthalt hat.

Art. 21[4] **Wirkungen des Eltern-Kind-Verhältnisses.** Das Rechtsverhältnis zwischen einem Kind und seinen Eltern unterliegt dem Recht des Staates, in dem das Kind seinen gewöhnlichen Aufenthalt hat.

Art. 22[5)3)6)] **Annahme als Kind.** (1) [1]Die Annahme als Kind im Inland unterliegt dem deutschen Recht. [2]Im Übrigen unterliegt sie dem Recht des Staates, in dem der Anzunehmende zum Zeitpunkt der Annahme seinen gewöhnlichen Aufenthalt hat.

(2) Die Folgen der Annahme in Bezug auf das Verwandtschaftsverhältnis zwischen dem Kind und dem Annehmenden sowie den Personen, zu denen das Kind in einem familienrechtlichen Verhältnis steht, unterliegen dem nach Absatz 1 anzuwendenden Recht.

(3) [1]In Ansehung der Rechtsnachfolge von Todes wegen nach dem Annehmenden, dessen Ehegatten, Lebenspartner oder Verwandten steht der Angenommene ungeachtet des nach den Absätzen 1 und 2 anzuwendenden Rechts einem nach den deutschen Sachvorschriften angenommenen Kind gleich, wenn der Erblasser dies in der Form einer Verfügung von Todes wegen angeordnet hat und die Rechtsnachfolge deutschem Recht unterliegt. [2]Satz 1 gilt entsprechend, wenn die Annahme auf einer ausländischen Entscheidung beruht. [3]Die Sätze 1 und 2 finden keine Anwendung, wenn der Angenommene im Zeitpunkt der Annahme das achtzehnte Lebensjahr vollendet hatte.

---

1) Art. 18 aufgeh. mWv 18.6.2011 durch G v. 23.5.2011 (BGBl. I S. 898).

2) Art. 19 neu gef. durch G v. 16.12.1997 (BGBl. I S. 2942); Abs. 1 Satz 3 geänd. mWv 29.1.2019 durch G v. 17.12.2018 (BGBl. I S. 2573).

3) Beachte hierzu Übergangsvorschrift in Art. 229 § 47.

4) Art. 20, 21 neu gef. durch G v. 16.12.1997 (BGBl. I S. 2942).

5) Art. 22 Abs. 2 und 3 angef. mWv 1.1.2002 durch G v. 5.11.2001 (BGBl. I S. 2950); Abs. 3 Satz 1 geänd. mWv 27.6.2014 durch G v. 20.6.2014 (BGBl. I S. 786); Abs. 1 neu gef. mWv 31.3.2020 durch G v. 19.3.2020 (BGBl. I S. 541).

6) Beachte auch das G zu dem Europäischen Übereinkommen vom 24. April 1967 über die Adoption von Kindern v. 25.8.1980 (BGBl. II S. 1093) und Bek. über das Inkrafttreten v. 21.1.1981 (BGBl. II S. 72) sowie v. 28.11.2000 (BGBl. II 2001 S. 14).

Art. 23[1] Zustimmung. [1]Die Erforderlichkeit und die Erteilung der Zustimmung des Kindes und einer Person, zu der das Kind in einem familienrechtlichen Verhältnis steht, zu einer Abstammungserklärung oder einer Namenserteilung unterliegen zusätzlich dem Recht des Staates, dem das Kind angehört. [2]Soweit es zum Wohl des Kindes erforderlich ist, ist statt dessen das deutsche Recht anzuwenden.

Art. 24[2] Vormundschaft, Betreuung und Pflegschaft. (1) Die Entstehung, die Ausübung, die Änderung und das Ende eines Fürsorgeverhältnisses (Vormundschaft, Betreuung, Pflegschaft), das kraft Gesetzes oder durch Rechtsgeschäft begründet wird, unterliegen dem Recht des Staates, in dem der Fürsorgebedürftige seinen gewöhnlichen Aufenthalt hat.

(2) [1]Maßnahmen, die im Inland in Bezug auf ein Fürsorgeverhältnis angeordnet werden, und die Ausübung dieses Fürsorgeverhältnisses unterliegen deutschem Recht. [2]Besteht mit dem Recht eines anderen Staates eine wesentlich engere Verbindung als mit dem deutschen Recht, so kann jenes Recht angewendet werden.

(3) Die Ausübung eines Fürsorgeverhältnisses aufgrund einer anzuerkennenden ausländischen Entscheidung richtet sich im Inland nach deutschem Recht.

Vierter Abschnitt. Erbrecht

Art. 25[3] Rechtsnachfolge von Todes wegen. Soweit die Rechtsnachfolge von Todes wegen nicht in den Anwendungsbereich der Verordnung (EU) Nr. 650/2012[4] fällt, gelten die Vorschriften des Kapitels III dieser Verordnung entsprechend.

Art. 26[3] Form von Verfügungen von Todes wegen. (1) [1]In Ausführung des Artikels 3 des Haager Übereinkommens vom 5. Oktober 1961 über das auf die Form letztwilliger Verfügungen anzuwendende Recht (BGBl. 1965 II S. 1144, 1145) ist eine letztwillige Verfügung, auch wenn sie von mehreren Personen in derselben Urkunde errichtet wird oder durch sie eine frühere letztwillige Verfügung widerrufen wird, hinsichtlich ihrer Form gültig, wenn sie den Formerfordernissen des Rechts entspricht, das auf die Rechtsnachfolge von Todes wegen anzuwenden ist oder im Zeitpunkt der Verfügung anzuwenden wäre. [2]Die weiteren Vorschriften des Haager Übereinkommens bleiben unberührt.

(2) Für die Form anderer Verfügungen von Todes wegen ist Artikel 27 der Verordnung (EU) Nr. 650/2012[4] maßgeblich.

Fünfter Abschnitt.[5] Außervertragliche Schuldverhältnisse

Art. 27–37[5] *(aufgehoben)*

Art. 38[6] Ungerechtfertigte Bereicherung. (1) Bereicherungsansprüche wegen erbrachter Leistung unterliegen dem Recht, das auf das Rechtsverhältnis anzuwenden ist, auf das die Leistung bezogen ist.

(2) Ansprüche wegen Bereicherung durch Eingriff in ein geschütztes Interesse unterliegen dem Recht des Staates, in dem der Eingriff geschehen ist.

---

[1] Art. 23 Satz 1 geänd. durch G v. 16.12.1997 (BGBl. I S. 2942); Satz 1 geänd. mWv 31.3.2020 durch G v. 19.3.2020 (BGBl. I S. 541).

[2] Art. 24 neu gef. mWv 1.1.2023 durch G v. 4.5.2021 (BGBl. I S. 882).

[3] Art. 25, 26 neu gef. mWv 17.8.2015 durch G v. 29.6.2015 (BGBl. I S. 1042).

[4] **Habersack, Deutsche Gesetze ErgBd. Nr. 21e.**

[5] 5. Abschnitt Überschrift neu gef., 1. UAbschnitt (Art. 27–37) und Überschrift 2. UAbschnitt aufgeh. mWv 17.12.2009 durch G v. 25.6.2009 (BGBl. I S. 1574).

[6] Art. 38 neu gef. durch G v. 21.5.1999 (BGBl. I S. 1026).

(3) In sonstigen Fällen unterliegen Ansprüche aus ungerechtfertigter Bereicherung dem Recht des Staates, in dem die Bereicherung eingetreten ist.

Art. 39[1)] **Geschäftsführung ohne Auftrag.** (1) Gesetzliche Ansprüche aus der Besorgung eines fremden Geschäfts unterliegen dem Recht des Staates, in dem das Geschäft vorgenommen worden ist.

(2) Ansprüche aus der Tilgung einer fremden Verbindlichkeit unterliegen dem Recht, das auf die Verbindlichkeit anzuwenden ist.

Art. 40[1)] **Unerlaubte Handlung.** (1) [1] Ansprüche aus unerlaubter Handlung unterliegen dem Recht des Staates, in dem der Ersatzpflichtige gehandelt hat. [2] Der Verletzte kann verlangen, daß anstelle dieses Rechts das Recht des Staates angewandt wird, in dem der Erfolg eingetreten ist. [3] Das Bestimmungsrecht kann nur im ersten Rechtszug bis zum Ende des frühen ersten Termins oder dem Ende des schriftlichen Vorverfahrens ausgeübt werden.

(2) [1] Hatten der Ersatzpflichtige und der Verletzte zur Zeit des Haftungsereignisses ihren gewöhnlichen Aufenthalt in demselben Staat, so ist das Recht dieses Staates anzuwenden. [2] Handelt es sich um Gesellschaften, Vereine oder juristische Personen, so steht dem gewöhnlichen Aufenthalt der Ort gleich, an dem sich die Hauptverwaltung oder, wenn eine Niederlassung beteiligt ist, an dem sich diese befindet.

(3) Ansprüche, die dem Recht eines anderen Staates unterliegen, können nicht geltend gemacht werden, soweit sie

1. wesentlich weiter gehen als zur angemessenen Entschädigung des Verletzten erforderlich,
2. offensichtlich anderen Zwecken als einer angemessenen Entschädigung des Verletzten dienen oder
3. haftungsrechtlichen Regelungen eines für die Bundesrepublik Deutschland verbindlichen Übereinkommens widersprechen.

(4) Der Verletzte kann seinen Anspruch unmittelbar gegen einen Versicherer des Ersatzpflichtigen geltend machen, wenn das auf die unerlaubte Handlung anzuwendende Recht oder das Recht, dem der Versicherungsvertrag unterliegt, dies vorsieht.

Art. 41[1)] **Wesentlich engere Verbindung.** (1) Besteht mit dem Recht eines Staates eine wesentlich engere Verbindung als mit dem Recht, das nach den Artikeln 38 bis 40 Abs. 2 maßgebend wäre, so ist jenes Recht anzuwenden.

(2) Eine wesentlich engere Verbindung kann sich insbesondere ergeben

1. aus einer besonderen rechtlichen oder tatsächlichen Beziehung zwischen den Beteiligten im Zusammenhang mit dem Schuldverhältnis oder

(Fortsetzung nächstes Blatt)

[1)] Art. 39–41 neu gef. durch G v. 21.5.1999 (BGBl. I S. 1026).

§ 52[1] Überleitungsvorschrift zum Gesetz zur Umsetzung der Entscheidung des Bundesverfassungsgerichts vom 26. März 2019 zum Ausschluss der Stiefkindadoption in nichtehelichen Familien. Auf vor dem 31. März 2020 abgeschlossene Vorgänge bleibt das bisherige Internationale Privatrecht anwendbar.

§ 53[2] Übergangsvorschrift zum Gesetz über die Maklerkosten bei der Vermittlung von Kaufverträgen über Wohnungen und Einfamilienhäuser. Auf Rechtsverhältnisse, die vor dem 23. Dezember 2020 entstanden sind, sind die Vorschriften des Bürgerlichen Gesetzbuchs[3] in der bis zu diesem Tag geltenden Fassung weiter anzuwenden.

§ 54[4] Übergangsvorschrift zum Gesetz zur Reform des Vormundschafts- und Betreuungsrechts. (1) Eine bei Ablauf des 31. Dezember 2022 bestehende Geschäftsfähigkeit besteht fort.

(2) Mit Inkrafttreten dieses Gesetzes am 1. Januar 2023 wird die Bestellung eines Gegenvormunds und eines Gegenbetreuers wirkungslos.

(3) Ist am 1. Januar 2023 ein Betreuer zur Besorgung aller Angelegenheiten bestellt, ist der Aufgabenkreis bis zum 1. Januar 2024 nach Maßgabe des § 1815 Absatz 1 des Bürgerlichen Gesetzbuchs[3] zu ändern.

(4) [1] Auf Betreuungen, die am 1. Januar 2023 bestehen, findet § 1815 Absatz 2 Nummer 1 bis 4 des Bürgerlichen Gesetzbuchs bis zum 1. Januar 2028 keine Anwendung. [2] Bei der nächsten Entscheidung über die Aufhebung oder Verlängerung der Betreuung oder im Rahmen eines gerichtlichen Genehmigungsverfahrens nach § 1831 Absatz 2 des Bürgerlichen Gesetzbuchs hat das Betreuungsgericht über den Aufgabenkreis nach Maßgabe des § 1815 Absatz 2 des Bürgerlichen Gesetzbuchs zu entscheiden.

(5) Betreuer, die erstmals durch § 1859 Absatz 2 des Bürgerlichen Gesetzbuchs befreit sind, haben bis zum Ablauf des am 1. Januar 2023 noch laufenden Betreuungsjahres Rechnung zu legen.

(6) Auf vor dem 1. Januar 2023 abgeschlossene Vorgänge bleibt das bisherige Internationale Privatrecht anwendbar.

§ 55[5] Übergangsvorschrift zum Gesetz zum Schutz von Kindern mit Varianten der Geschlechtsentwicklung. § 1631e Absatz 6 des Bürgerlichen Gesetzbuchs[3] ist auch auf Patientenakten von Kindern mit Varianten der Geschlechtsentwicklung anzuwenden, deren Behandlung vor dem 22. Mai 2021 durchgeführt worden ist, wenn die Aufbewahrungsfrist nach § 630f Absatz 3 des Bürgerlichen Gesetzbuchs nicht vor dem 22. Mai 2021 abgelaufen ist.

§ 56[6] Überleitungsvorschrift zum Gesetz über die Insolvenzsicherung durch Reisesicherungsfonds und zur Änderung reiserechtlicher Vorschriften.

(1) Auf Pauschalreiseverträge und Verträge über verbundene Reiseleistungen, die vor dem 1. November 2021 abgeschlossen wurden, ist § 651r des Bürgerlichen Gesetzbuchs[3], auch in Verbindung mit § 651w Absatz 3 des Bürgerlichen Gesetzbuchs, in der bis zum 30. Juni 2021 geltenden Fassung mit der Maßgabe weiter anzuwenden, dass

---

[1] Art. 229 § 52 angef. mWv 31.3.2020 durch G v. 19.3.2020 (BGBl. I S. 541).
[2] Art. 229 § 53 angef. mWv 23.12.2020 durch G v. 12.6.2020 (BGBl. I S. 1245).
[3] Nr. **20**.
[4] Art. 229 § 54 angef. mWv 1.1.2023 durch G v. 4.5.2021 (BGBl. I S. 882).
[5] Art. 229 § 55 angef. mWv 22.5.2021 durch G v. 12.5.2021 (BGBl. I S. 1082).
[6] Art. 229 § 56 angef. mWv 1.7.2021 durch G v. 25.6.2021 (BGBl. I S. 2114).

1. ein Reisesicherungsfonds, der gemäß § 16 des Reisesicherungsfondsgesetzes fortbestehende Einstandspflichten eines Kundengeldabsicherers übernimmt, an die Stelle des bisherigen Kundengeldabsicherers tritt und
2. in den Fällen der Nummer 1 sich der bisherige Kundengeldabsicherer abweichend von § 651r Absatz 4 Satz 2 des Bürgerlichen Gesetzbuchs gegenüber dem Reisenden auf die Beendigung des Kundengeldabsicherungsvertrags berufen kann.

(2) [1] Auf einen Reisegutschein nach Artikel 240 § 6 sind die Vorschriften dieses Gesetzes und des Bürgerlichen Gesetzbuchs jeweils in der bis einschließlich 30. Juni 2021 geltenden Fassung weiter anzuwenden; Absatz 1 Nummer 1 und 2 gilt entsprechend. [2] In den Fällen des Artikels 240 § 6 Absatz 6 Satz 2 kann der Reisesicherungsfonds die Reisenden gegen Abtretung derjenigen Ansprüche, die ihnen nach Artikel 240 § 6 Absatz 6 Satz 2 gegen die Bundesrepublik Deutschland zustehen, vollständig entschädigen. [3] Er hat im Fall des Satzes 2 neben den abgetretenen Ansprüchen auch einen Anspruch auf angemessenen Ausgleich des zusätzlichen Abwicklungsaufwands gegen die Bundesrepublik Deutschland.

§ 57[1)] Übergangsvorschrift zum Gesetz zur Umsetzung der Richtlinie über bestimmte vertragsrechtliche Aspekte der Bereitstellung digitaler Inhalte und digitaler Dienstleistungen. (1) Auf Verbraucherverträge, welche die Bereitstellung eines digitalen Produkts zum Gegenstand haben und ab dem 1. Januar 2022 abgeschlossen wurden, sind nur die Vorschriften des Bürgerlichen Gesetzbuchs[2)] und des Unterlassungsklagengesetzes[3)] in der ab dem 1. Januar 2022 geltenden Fassung anzuwenden.

(2) Sofern nicht in Absatz 3 etwas anderes bestimmt ist, sind auf vor dem 1. Januar 2022 abgeschlossene Verbraucherverträge, welche die Bereitstellung eines digitalen Produkts zum Gegenstand haben, die Vorschriften des Bürgerlichen Gesetzbuchs und des Unterlassungsklagengesetzes in der ab dem 1. Januar 2022 geltenden Fassung anzuwenden, wenn die vertragsgegenständliche Bereitstellung ab dem 1. Januar 2022 erfolgt.

(3) § 327r des Bürgerlichen Gesetzbuchs ist auf Verbraucherverträge anzuwenden, welche die Bereitstellung eines digitalen Produkts zum Gegenstand haben und ab dem 1. Januar 2022 abgeschlossen wurden.

(4) Die §§ 327t und 327u des Bürgerlichen Gesetzbuchs sind auf Verträge anzuwenden, welche ab dem 1. Januar 2022 abgeschlossen wurden.

§ 58[4)] Übergangsvorschrift zum Gesetz zur Regelung des Verkaufs von Sachen mit digitalen Elementen und anderer Aspekte des Kaufvertrags. Auf einen Kaufvertrag, der vor dem 1. Januar 2022 geschlossen worden ist, sind die Vorschriften dieses Gesetzes und des Bürgerlichen Gesetzbuchs[2)] in der bis einschließlich 31. Dezember 2021 geltenden Fassung anzuwenden.

§ 59[5)] Allgemeine Überleitungsvorschrift zum Gesetz zur Vereinheitlichung des Stiftungsrechts. [1] Auf die vor dem 1. Juli 2023 bestehenden Stiftungen sind die §§ 82a bis 88 des Bürgerlichen Gesetzbuchs[2)] in der am 1. Juli 2023 geltenden Fassung anzuwenden. [2] In § 87c Absatz 1 Satz 1 bis 3 des Bürgerlichen Gesetzbuchs tritt bei diesen Stiftungen an die Stelle der Satzung die Stiftungsverfassung.

---

1) Art. 229 § 57 angef. mWv 1.1.2022 durch G v. 25.6.2021 (BGBl. I S. 2123).
2) Nr. **20**.
3) Nr. **105**.
4) Art. 229 § 58 angef. mWv 1.1.2022 durch G v. 25.6.2021 (BGBl. I S. 2133).
5) Art. 229 § 59 angef. mWv 1.7.2023 durch G v. 16.7.2021 (BGBl. I S. 2947).

§ 60[1] Übergangsvorschrift zum Gesetz für faire Verbraucherverträge. [1] Auf ein Schuldverhältnis, das vor dem 1. Oktober 2021 entstanden ist, sind die §§ 308 und 310 Absatz 1 Satz 1 und 2 des Bürgerlichen Gesetzbuchs[2] in der bis zu diesem Tag geltenden Fassung anzuwenden. [2] Auf ein Schuldverhältnis, das vor dem 1. März 2022 entstanden ist, ist § 309 des Bürgerlichen Gesetzbuchs in der bis zu diesem Tag geltenden Fassung anzuwenden. [3] Die in § 312k des Bürgerlichen Gesetzbuchs in der Fassung vom 1. Juli 2022 vorgesehenen Pflichten gelten auch im Hinblick auf Schuldverhältnisse, die vor diesem Tag entstanden sind.

§ 61 *(noch nicht in Kraft)*

§ 62[3] Übergangsvorschrift zum Mietspiegelreformgesetz. [1] Für Gemeinden, für die infolge der durch § 558c Absatz 4 Satz 2 des Bürgerlichen Gesetzbuchs[2] in der ab dem 1. Juli 2022 geltenden Fassung eingeführten Pflicht erstmalig ein Mietspiegel zu erstellen ist, ist dieser bis spätestens 1. Januar 2023 zu erstellen und zu veröffentlichen. [2] Wird für die Gemeinde in Erfüllung dieser Verpflichtung ein qualifizierter Mietspiegel erstellt, ist dieser bis spätestens 1. Januar 2024 zu erstellen und zu veröffentlichen.

§ 63[4] Überleitungsvorschrift zum Gesetz zur Änderung der Strafprozessordnung – Erweiterung der Wiederaufnahmemöglichkeiten zuungunsten des Verurteilten gemäß § 362 StPO und zur Änderung der zivilrechtlichen Verjährung (Gesetz zur Herstellung materieller Gerechtigkeit) § 194 des Bürgerlichen Gesetzbuchs[2] in der ab dem 30. Dezember 2021 geltenden Fassung ist auf die an diesem Tag bestehenden noch nicht verjährten Ansprüche anzuwenden.

§ 64[5] Übergangsvorschrift zum Gesetz zur Abschaffung des Güterrechtsregisters.

[Abs. 1 bis 31.12.2037:]

(1) Abweichend von § 1412 des Bürgerlichen Gesetzbuchs[2] können Ehegatten und Partner einer eingetragenen Lebenspartnerschaft auch aus Eintragungen im Güterrechtsregister Dritten gegenüber Einwendungen

1. gegen ein Rechtsgeschäft herleiten, das zwischen einem der Ehegatten und dem Dritten vorgenommen worden ist, wenn das Geschäft vor dem 1. Januar 2028 abgeschlossen oder die Rechtshandlung vorgenommen worden ist, oder
2. gegen ein rechtskräftiges Urteil herleiten, das zwischen einem der Ehegatten und dem Dritten ergangen ist, wenn der Rechtsstreit vor dem 1. Januar 2028 rechtshängig geworden ist.

[Abs. 1 ab 1.1.2038:]

(1) (aufgehoben)

(2) Haben die Ehegatten Gütergemeinschaft vereinbart und dies in das Güterrechtsregister eintragen lassen, kann jeder Ehegatte ab dem 1. Januar 2023 verlangen, dass die vertragliche Regelung wegen Wegfalls des Güterrechtsregisters nach den Grundsätzen des § 313 des Bürgerlichen Gesetzbuchs angepasst wird.

---

[1] Art. 229 § 60 angef. mWv 1.10.2021 durch G v. 10.8.2021 (BGBl. I S. 3433), wobei Satz 2 erst mWv 1.3.2022 und Satz 3 erst mWv 1.7.2022 in Kraft treten.

[2] Nr. **20**.

[3] Art. 229 § 62 angef. mWv 1.7.2022 durch G v. 10.8.2021 (BGBl. I S. 3515).

[4] Art. 229 § 63 angef. mWv 30.12.2021 durch G v. 21.12.2021 (BGBl. I S. 5252).

[5] Art. 229 § 64 angef. mWv 1.1.2023, Abs. 1, 3, 4 und 6 aufgeh. mWv 1.1.2038 durch G v. 31.10.2022 (BGBl. I S. 1966).

[Abs. 3 bis 31.12.2037:]

(3) [1] Wird eine bestehende Eintragung in dem Register in der Zeit vom 1. Januar 2023 bis 31. Dezember 2027 unrichtig oder verlegen beide Ehegatten in diesem Zeitraum ihren gewöhnlichen Aufenthalt in einen anderen Registerbezirk, so verliert die Eintragung ihre Wirkung. [2] Eine nach Satz 1 unwirksame Eintragung ist auf Antrag eines Ehegatten zu löschen; die folgenden Vorschriften sind in der bis einschließlich 31. Dezember 2022 geltenden Fassung entsprechend anzuwenden:

1. die §§ 1558 und 1560 des Bürgerlichen Gesetzbuchs,
2. die auf der Grundlage des § 1558 Absatz 2 des Bürgerlichen Gesetzbuchs erlassenen Rechtsverordnungen,
3. das Gesetz über das Verfahren in Familiensachen und in den Angelegenheiten der freiwilligen Gerichtsbarkeit[1)] und
4. § 3 Nummer 1 Buchstabe e des Rechtspflegergesetzes[2)].

[Abs. 3 ab 1.1.2038:]

(3) (aufgehoben)

[Abs. 4 bis 31.12.2037:]

(4) [1] Bis zum 31. Dezember 2037 ist jedem die Einsicht in das Register gestattet. [2] Von den Eintragungen kann eine Abschrift angefordert werden. [3] Die Abschrift ist auf Verlangen zu beglaubigen.

[Abs. 4 ab 1.1.2038:]

(4) (aufgehoben)

(5) Nach dem 31. Dezember 2037 können aus der Registereintragung keine Rechte mehr hergeleitet werden.

[Abs. 6 bis 31.12.2037:]

(6) [1] Die Rechte nach Artikel 15 der Verordnung (EU) 2016/679[3)] des Europäischen Parlaments und des Rates vom 27. April 2016 zum Schutz natürlicher Personen bei der Verarbeitung personenbezogener Daten, zum Datenverkehr und zur Aufhebung der Richtlinie 95/46/EG (Datenschutz-Grundverordnung) (ABl. L 119 vom 4.5.2016, S. 1; L 314 vom 22.11.2016, S. 72; L 127 vom 23.5.2018, S. 2; L 74 vom 4.3.2021, S. 35) werden durch Einsicht in das Register nach Absatz 4 gewährt. [2] Das Gericht ist nicht verpflichtet, Personen, deren personenbezogene Daten im Güterrechtsregister oder in den Registerakten gespeichert sind, über die Offenlegung dieser Daten an Dritte Auskunft zu erteilen. [3] Im Übrigen gilt § 79a Absatz 2 und 3 des Bürgerlichen Gesetzbuchs entsprechend.

Sechster Teil. Inkrafttreten und Übergangsrecht aus Anlaß der Einführung des Bürgerlichen Gesetzbuchs und dieses Einführungsgesetzes in dem in Artikel 3 des Einigungsvertrages[4)] genannten Gebiet

Art. 230[5)] Inkrafttreten. Das Bürgerliche Gesetzbuch[6)] und dieses Einführungsgesetz treten für das in Artikel 3 des Einigungsvertrages[4)] genannte Gebiet am Tage des

---

[1)] Nr. **112**.
[2)] Nr. **96**.
[3)] **Sartorius Nr. 246.**
[4)] **Habersack II Nr. 2.**
[5)] Art. 230 neu gef. durch G v. 4.12.1997 (BGBl. I S. 2846).
[6)] Nr. **20**.

Wirksamwerdens des Beitritts nach Maßgabe der folgenden Übergangsvorschriften in Kraft.

Art. 231 Erstes Buch. Allgemeiner Teil des Bürgerlichen Gesetzbuchs

§ 1[1] *(aufgehoben)*

§ 2 Vereine. (1) Rechtsfähige Vereinigungen, die nach dem Gesetz über Vereinigungen – Vereinigungsgesetz – vom 21. Februar 1990 (GBl. I Nr. 10 S. 75), geändert durch das Gesetz vom 22. Juni 1990 (GBl. I Nr. 37 S. 470, Nr. 39 S. 546), vor dem Wirksamwerden des Beitritts entstanden sind, bestehen fort.

(2) Auf sie sind ab dem Tag des Wirksamwerdens des Beitritts die §§ 21 bis 79 des Bürgerlichen Gesetzbuchs[2] anzuwenden.

(3) Die in Absatz 1 genannten Vereinigungen führen ab dem Wirksamwerden des Beitritts die Bezeichnung „eingetragener Verein".

(4) Auf nicht rechtsfähige Vereinigungen im Sinn des Gesetzes über Vereinigungen – Vereinigungsgesetz – vom 21. Februar 1990 findet ab dem Tag des Wirksamwerdens des Beitritts § 54 des Bürgerlichen Gesetzbuchs Anwendung.

§ 3 Stiftungen. (1) Die in dem in Artikel 3 des Einigungsvertrages[3] genannten Gebiet bestehenden rechtsfähigen Stiftungen bestehen fort.

(2) Auf Stiftungen des Privaten Rechts sind ab dem Tag des Wirksamwerdens des Beitritts die §§ 80 bis 88 des Bürgerlichen Gesetzbuchs[2] anzuwenden.

§ 4 Haftung juristischer Personen für ihre Organe. Die §§ 31 und 89 des Bürgerlichen Gesetzbuchs[2] sind nur auf solche Handlungen anzuwenden, die am Tag des Wirksamwerdens des Beitritts oder danach begangen werden.

§ 5[4] **Sachen.** (1) [1] Nicht zu den Bestandteilen eines Grundstücks gehören Gebäude, Baulichkeiten, Anlagen, Anpflanzungen oder Einrichtungen, die gemäß dem am Tag vor dem Wirksamwerden des Beitritts geltenden Recht vom Grundstückseigentum unabhängiges Eigentum sind. [2] Das gleiche gilt, wenn solche Gegenstände am Tag des Wirksamwerdens des Beitritts oder danach errichtet oder angebracht werden, soweit dies aufgrund eines vor dem Wirksamwerden des Beitritts begründeten Nutzungsrechts an dem Grundstück oder Nutzungsrechts nach den §§ 312 bis 315 des Zivilgesetzbuchs der Deutschen Demokratischen Republik zulässig ist.

(2) [1] Das Nutzungsrecht an dem Grundstück und die erwähnten Anlagen, Anpflanzungen oder Einrichtungen gelten als wesentliche Bestandteile des Gebäudes. [2] Artikel 233 § 4 Abs. 3 und 5 bleibt unberührt.

(3) [1] Das Gebäudeeigentum nach den Absätzen 1 und 2 erlischt, wenn nach dem 31. Dezember 2000 das Eigentum am Grundstück übertragen wird, es sei denn, daß das Nutzungsrecht oder das selbständige Gebäudeeigentum nach Artikel 233 § 2b Abs. 2 Satz 3 im Grundbuch des veräußerten Grundstücks eingetragen ist oder dem Erwerber das nicht eingetragene Recht bekannt war. [2] Dem Inhaber des Gebäudeeigentums steht gegen den Veräußerer ein Anspruch auf Ersatz des Wertes zu, den das Gebäudeeigen-

---

[1] Art. 231 § 1 aufgeh. mWv 25.4.2006 durch G v. 19.4.2006 (BGBl. I S. 866).

[2] Nr. **20**.

[3] **Habersack II Nr. 2.**

[4] Art. 231 § 5 Abs. 3 Satz 1, Abs. 4 Satz 1 geänd. durch G v. 20.12.1996 (BGBl. I S. 2028); Abs. 3 Satz 1, Abs. 4 Satz 1 geänd. durch G v. 20.12.1999 (BGBl. I S. 2493).

tum im Zeitpunkt seines Erlöschens hatte; an dem Gebäudeeigentum begründete Grundpfandrechte werden Pfandrechte an diesem Anspruch.

(4) [1] Wird nach dem 31. Dezember 2000 das Grundstück mit einem dinglichen Recht belastet oder ein solches Recht erworben, so gilt für den Inhaber des Rechts das Gebäude als Bestandteil des Grundstücks. [2] Absatz 3 Satz 1 ist entsprechend anzuwenden.

(5) [1] Ist ein Gebäude auf mehreren Grundstücken errichtet, gelten die Absätze 3 und 4 nur in Ansehung des Grundstücks, auf dem sich der überwiegende Teil des Gebäudes befindet. [2] Für den Erwerber des Grundstücks gelten in Ansehung des auf dem anderen Grundstück befindlichen Teils des Gebäudes die Vorschriften über den zu duldenden Überbau sinngemäß.

§ 6 Verjährung. (1) [1] Die Vorschriften des Bürgerlichen Gesetzbuchs über die Verjährung finden auf die am Tag des Wirksamwerdens des Beitritts bestehenden und noch nicht verjährten Ansprüche Anwendung. [2] Der Beginn, die Hemmung und die Unterbrechung der Verjährung bestimmen sich jedoch für den Zeitraum vor dem Wirksamwerden des Beitritts nach den bislang für das in Artikel 3 des Einigungsvertrages[1)] genannte Gebiet geltenden Rechtsvorschriften.

(2) [1] Ist die Verjährungsfrist nach dem Bürgerlichen Gesetzbuch[2)] kürzer als nach den Rechtsvorschriften, die bislang für das in Artikel 3 des Einigungsvertrages genannte Gebiet galten, so wird die kürzere Frist von dem Tag des Wirksamwerdens des Beitritts an berechnet. [2] Läuft jedoch die in den Rechtsvorschriften, die bislang für das in Artikel 3 des Einigungsvertrages genannte Gebiet galten, bestimmte längere Frist früher als die im Bürgerlichen Gesetzbuch bestimmte kürzere Frist ab, so ist die Verjährung mit dem Ablauf der längeren Frist vollendet.

(3) Die Absätze 1 und 2 sind entsprechend auf Fristen anzuwenden, die für die Geltendmachung, den Erwerb oder den Verlust eines Rechts maßgebend sind.

§ 7 Beurkundungen und Beglaubigungen. (1) Eine vor dem Wirksamwerden des Beitritts erfolgte notarielle Beurkundung oder Beglaubigung ist nicht deshalb unwirksam, weil die erforderliche Beurkundung oder Beglaubigung von einem Notar vorgenommen wurde, der nicht in dem in Artikel 3 des Einigungsvertrages[1)] genannten Gebiet berufen oder bestellt war, sofern dieser im Geltungsbereich des Grundgesetzes[3)] bestellt war.

(2) Absatz 1 gilt nicht, soweit eine rechtskräftige Entscheidung entgegensteht.

(3) Ein Vertrag, durch den sich der Beteiligte eines nach Absatz 1 wirksamen Rechtsgeschäfts vor Inkrafttreten des Zweiten Vermögensrechtsänderungsgesetzes gegenüber einem anderen Beteiligten zu weitergehenden Leistungen verpflichtet oder auf Rechte verzichtet hat, weil dieser die Nichtigkeit dieses Rechtsgeschäfts geltend gemacht hat, ist insoweit unwirksam, als die durch den Vertrag begründeten Rechte und Pflichten der Beteiligten von den Vereinbarungen in dem nach Absatz 1 wirksamen Rechtsgeschäft abweichen.

(Fortsetzung nächstes Blatt)

[1)] **Habersack II Nr. 2.**
[2)] Nr. **20**.
[3)] Nr. **1**.

Lfd. Nr.	Änderndes Gesetz	Datum	Fundstelle	Betroffen	Hinweis
57.	Art. 1 G zur Änd. des StraßenverkehrsG und weiterer straßenverkehrsrechtl. Vorschriften	5.12.2019	BGBl. I S. 2008	§§ 6, 62, 65	geänd. mWv 12.12.2019
				§§ 6, 50	geänd. mWv 1.6.2020
58.	Art. 325 Elfte ZuständigkeitsanpassungsVO	19.6.2020	BGBl. I S. 1328	§ 6	geänd. mWv 27.6.2020
59.	Art. 2 Achtes G zur Änd. des BundesfernstraßenG und zur Änd. weiterer Vorschriften	29.6.2020	BGBl. I S. 1528	§ 6a	geänd. mWv 4.7.2020
				§§ 35, 36	geänd. mWv 1.10.2020
60.	Art. 1 G zur Haftung bei Unfällen mit Anhängern und Gespannen im Straßenverkehr	10.7.2020	BGBl. I S. 1653	§§ 7, 8, 12, 17, 18, 65	geänd. mWv 17.7.2020
				§§ 19, 19a	eingef. mWv 17.7.2020
61.	Art. 3 G über Änderungen im Berufskraftfahrerqualifikationsrecht	26.11. 2020	BGBl. I S. 2575	§ 6a	geänd. mWv 2.12.2020
62.	Art. 6 Abs. 2 Zweites G zur Änd. des BundesmeldeG	15.1.2021	BGBl. I S. 530	§ 35	geänd. mWv 1.5.2022
63.	Art. 3 G zur Modernisierung des Personenbeförderungsrechts	16.4.2021	BGBl. I S. 822	§ 2	geänd. mWv 1.8.2021
64.	Art. 4 Abs. 9 G zur Verbesserung des Schutzes von Gerichtsvollziehern vor Gewalt sowie zur Änd. weiterer zwangsvollstreckungsrechtl. Vorschriften und zur Änd. des InfektionsschutzG	7.5.2021	BGBl. I S. 850	§ 35	geänd. mWv 1.1.2022
				§§ 35, 36	geänd. mWv 1.11.2022
65.	Art. 1 und 2 Viertes G zur Änd. des StraßenverkehrsG und anderer straßenverkehrsrechtlicher Vorschriften	12.7.2021	BGBl. I S. 3091	§§ 2, 2a, 2b, 3, 4, 6a, 6b, 6c, 25, 25a, 26, 26a, 28, 28a, 29, 30, 30c, 31, 32, 33, 34, 35, 36, 37, 37a, 39, 41, 42, 43, 47, 58, 60, 63, 63b, 64, 65	geänd. mWv 28.7.2021
				§§ 6, 24	neu gef. mWv 28.7.2021
				§§ 39a, 63d, 63e, 63f	eingef. mWv 28.7.2021
				§§ 23, 24b	aufgeh. mit Ablauf des 27.7. 2021
				§ 33	geänd. mWv 1.7.2023
66.	Art. 1 Gesetz zum autonomen Fahren[1)]	12.7.2021	BGBl. I S. 3108	§§ 8, 12, 19, 24	geänd. mWv 28.7.2021
				§§ 1d, 1e, 1f, 1g, 1h, 1i, 1j, 1k, 1l	eingef. mWv 28.7.2021

[1)] **Amtl. Anm.:** Notifiziert gemäß Richtlinie (EU) 2015/1535 des Europäischen Parlaments und des Rates vom 9. September 2015 über ein Informationsverfahren auf dem Gebiet der technischen Vorschriften und der Vorschriften für die Dienste der Informationsgesellschaft (ABl. L 241 vom 17.9.2015, S. 1).

Lfd. Nr.	Änderndes Gesetz	Datum	Fundstelle	Betroffen	Hinweis
67.	Art. 23 SanktionsdurchsetzungsG II	19.12.2022	BGBl. I S. 2606	§§ 35, 36	geänd. mWv 28.12.2022
68.	Art. 2 Abs. 32 G zur Modernisierung des Verkündungs- und Bekanntmachungswesens	20.12.2022	BGBl. I S. 2752	§ 66	aufgeh. mit Ablauf des 31.12.2022
69.	Art. 16 G zur Anpassung von Gesetzen und Verordnungen an die neue Behördenbezeichnung des Bundesamtes für Güterverkehr	2.3.2023	BGBl. 2023 I Nr. 56	§ 36	geänd. mWv 9.3.2023

oder die nach Maßgabe von Vorschriften auf Grund des § 6 Absatz 1 Satz 1 Nummer 6 regelmäßig untersucht oder geprüft wurden (Zentrales Fahrzeugregister des Kraftfahrt-Bundesamtes).

(3) [1] Soweit die Dienststellen der Bundeswehr, der Polizeien des Bundes und der Länder, der Wasserstraßen- und Schifffahrtsverwaltung des Bundes eigene Register für die jeweils von ihnen zugelassenen Fahrzeuge führen, finden die Vorschriften dieses Abschnitts keine Anwendung. [2] Satz 1 gilt entsprechend für Fahrzeuge, die von den Nachfolgeunternehmen der Deutschen Bundespost zugelassen sind.

§ 32[1)] Zweckbestimmung der Fahrzeugregister. (1) Die Fahrzeugregister werden geführt zur Speicherung von Daten

1. für die Zulassung und Überwachung von Fahrzeugen nach diesem Gesetz oder den darauf beruhenden Rechtsvorschriften,
2. für Maßnahmen zur Gewährleistung des Versicherungsschutzes im Rahmen der Kraftfahrzeughaftpflichtversicherung,
3. für Maßnahmen zur Durchführung des Kraftfahrzeugsteuerrechts,
4. für Maßnahmen nach dem Bundesleistungsgesetz, dem Verkehrssicherstellungsgesetz, dem Verkehrsleistungsgesetz oder den darauf beruhenden Rechtsvorschriften,
5. für Maßnahmen des Katastrophenschutzes nach den hierzu erlassenen Gesetzen der Länder oder den darauf beruhenden Rechtsvorschriften,
6. für Maßnahmen zur Durchführung des Altfahrzeugrechts,
7. für Maßnahmen zur Durchführung des Infrastrukturabgaberechts,
8. für Maßnahmen zur Durchführung der Datenverarbeitung bei Kraftfahrzeugen mit hoch- oder vollautomatisierter Fahrfunktion nach diesem Gesetz oder nach den auf diesem Gesetz beruhenden Rechtsvorschriften und
9. für Maßnahmen nach oder zur Umsetzung von unionsrechtlichen Vorschriften, soweit diese die Verwendung von in den Fahrzeugregistern gespeicherten Daten erfordern.

(2) Die Fahrzeugregister werden außerdem geführt zur Speicherung von Daten für die Erteilung von Auskünften, um

1. Personen in ihrer Eigenschaft als Halter von Fahrzeugen,
2. Fahrzeuge eines Halters oder
3. Fahrzeugdaten

festzustellen oder zu bestimmen.

(3) [1] Das Zentrale Fahrzeugregister wird außerdem geführt zur Verwendung und Übermittlung der nach § 33 Absatz 1 gespeicherten Daten, um im Einzelfall Halter von Fahrzeugen zu informieren über fahrzeugbezogene Maßnahmen,

1. die für ihre Fahrzeuge in Betracht kommen und
2. die dem Schutz der Verkehrssicherheit, der Gesundheit von Personen oder der Umwelt dienen.

[1)] § 32 Abs. 1 Nr. 4 und 5 geänd., Nr. 6 angef. mWv 1.6.2005 durch G v. 3.5.2005 (BGBl. I S. 1221); Abs. 1 Nr. 5 und 6 geänd., Nr. 7 angef. mWv 12.6.2015 durch G v. 8.6.2015 (BGBl. I S. 904); Abs. 1 Nr. 6 und 7 geänd., Nr. 8 angef. mWv 21.6.2017 durch G v. 16.6.2017 (BGBl. I S. 1648); Abs. 1 Nr. 7 und 8 geänd., Nr. 9 sowie Abs. 3 angef. mWv 28.7.2021 durch G v. 12.7.2021 (BGBl. I S. 3091).

[2] Fahrzeugbezogene Maßnahmen können insbesondere auf die Verbesserung von Fahrzeugeigenschaften, insbesondere auf die Verbesserung des Abgasverhaltens, des Geräuschverhaltens, des Kraftstoffverbrauchs oder des Fahrverhaltens abzielen.

§ 33[1)] Inhalt der Fahrzeugregister. (1) [1] Im örtlichen und im Zentralen Fahrzeugregister werden, soweit dies zur Erfüllung der in § 32 genannten Aufgaben jeweils erforderlich ist, gespeichert

1. nach näherer Bestimmung durch Rechtsverordnung (§ 47 Nummer 1 und 1a) Daten über Beschaffenheit, Ausrüstung, Identifizierungsmerkmale, Zulassungsmerkmale, Prüfung und Untersuchung einschließlich der durchführenden Stelle und einer Kennung für die Feststellung des für die Durchführung der Prüfung oder Untersuchung Verantwortlichen, Kennzeichnung und Papiere des Fahrzeugs sowie über tatsächliche und rechtliche Verhältnisse in Bezug auf das Fahrzeug, insbesondere auch über die Haftpflichtversicherung, die Kraftfahrzeugbesteuerung des Fahrzeugs und die Verwertung oder Nichtentsorgung des Fahrzeugs als Abfall im Inland (Fahrzeugdaten), sowie
2. Daten über denjenigen, dem ein Kennzeichen für das Fahrzeug zugeteilt oder ausgegeben wird (Halterdaten), und zwar
   a) bei natürlichen Personen:
   Familienname, Geburtsname, Vornamen, vom Halter für die Zuteilung oder die Ausgabe des Kennzeichens angegebener Ordens- oder Künstlername, Tag sowie Staat und Ort der Geburt, Geschlecht, Anschrift; bei Fahrzeugen mit Versicherungskennzeichen entfällt die Speicherung von Geburtsnamen, Ort der Geburt und Geschlecht des Halters,
   b) bei juristischen Personen und Behörden:
   Name oder Bezeichnung und Anschrift und
   c) bei Vereinigungen:
   benannter Vertreter mit den Angaben nach Buchstabe a oder b und gegebenenfalls Name der Vereinigung.

[2] Im örtlichen und im Zentralen Fahrzeugregister werden zur Erfüllung der in § 32 genannten Aufgaben außerdem Daten über denjenigen gespeichert, an den ein Fahrzeug mit einem amtlichen Kennzeichen veräußert wurde (Halterdaten), und zwar

a) bei natürlichen Personen:
Familienname, Vornamen und Anschrift,
b) bei juristischen Personen und Behörden:
Name oder Bezeichnung und Anschrift und
c) bei Vereinigungen:
benannter Vertreter mit den Angaben nach Buchstabe a oder b und gegebenenfalls Name der Vereinigung.

(2) Im örtlichen und im Zentralen Fahrzeugregister werden über beruflich Selbständige, denen ein amtliches Kennzeichen für ein Fahrzeug zugeteilt wird, für die Aufgaben nach § 32 Abs. 1 Nr. 4 und 5 Berufsdaten gespeichert, und zwar

---

[1)] § 33 Abs. 1 Satz 1 Nr. 1 geänd. mWv 1.6.2005 durch G v. 3.5.2005 (BGBl. I S. 1221); Abs. 1 Satz 2 geänd. mWv 31.8.2013 durch G v. 28.8.2013 (BGBl. I S. 3310); Abs. 1 Satz 2 wohl irrtümlich nochmal geänd. mWv 1.5.2014 durch G v. 28.8.2013 (BGBl. I S. 3313); Abs. 1 Satz 1 Nr. 1 geänd. mWv 7.12.2016 durch G v. 28.11.2016 (BGBl. I S. 2722); Abs. 1 Satz 1 Nr. 2 Buchst. a geänd. mWv 28.7.2021; Abs. 1 Satz 1 Nr. 2 Buchst. c und Satz 2 Buchst. c geänd. mWv 1.7.2023 durch G v. 12.7.2021 (BGBl. I S. 3091).

1. bei natürlichen Personen der Beruf oder das Gewerbe (Wirtschaftszweig) und
2. bei juristischen Personen und Vereinigungen gegebenenfalls das Gewerbe (Wirtschaftszweig).

(3) Im örtlichen und im Zentralen Fahrzeugregister darf die Anordnung einer Fahrtenbuchauflage wegen Zuwiderhandlungen gegen Verkehrsvorschriften gespeichert werden.

(4) Ferner werden für Daten, die nicht übermittelt werden dürfen (§ 41), in den Fahrzeugregistern Übermittlungssperren gespeichert.

§ 34[1)] Erhebung der Daten. (1) [1] Wer die Zuteilung oder die Ausgabe eines Kennzeichens für ein Fahrzeug beantragt, hat der hierfür zuständigen Stelle

1. von den nach § 33 Abs. 1 Satz 1 Nr. 1 zu speichernden Fahrzeugdaten bestimmte Daten nach näherer Regelung durch Rechtsverordnung (§ 47 Nummer 1) und
2. die nach § 33 Abs. 1 Satz 1 Nr. 2 zu speichernden Halterdaten

mitzuteilen und auf Verlangen nachzuweisen. [2] Zur Mitteilung und zum Nachweis der Daten über die Haftpflichtversicherung ist gegenüber der Zulassungsbehörde auch der jeweilige Versicherer befugt. [3] Die Zulassungsbehörde kann durch Einholung von Auskünften aus dem Melderegister die Richtigkeit und Vollständigkeit der vom Antragsteller mitgeteilten Daten überprüfen.

(2) Wer die Zuteilung eines amtlichen Kennzeichens für ein Fahrzeug beantragt, hat der Zulassungsbehörde außerdem die Daten über Beruf oder Gewerbe (Wirtschaftszweig) mitzuteilen, soweit sie nach § 33 Abs. 2 zu speichern sind.

(3) [1] Wird ein Fahrzeug veräußert, für das ein amtliches Kennzeichen zugeteilt ist, so hat der Veräußerer der Zulassungsbehörde, die dieses Kennzeichen zugeteilt hat, die in § 33 Abs. 1 Satz 2 aufgeführten Daten des Erwerbers (Halterdaten) mitzuteilen. [2] Die Mitteilung ist nicht erforderlich, wenn der neue Eigentümer bereits seiner Meldepflicht nach Absatz 4 nachgekommen ist.

(4) Der Halter und der Eigentümer, wenn dieser nicht zugleich Halter ist, haben der Zulassungsbehörde jede Änderung der Daten mitzuteilen, die nach Absatz 1 erhoben wurden; dies gilt nicht für die Fahrzeuge, die ein Versicherungskennzeichen führen müssen.

(5) [1] Die Versicherer dürfen der zuständigen Zulassungsbehörde Folgendes mitteilen:

1. das Nichtbestehen oder die Beendigung des Versicherungsverhältnisses über die vorgeschriebene Haftpflichtversicherung für das betreffende Fahrzeug oder
2. die Halterdaten, sofern die Zulassungsbehörde dem Versicherer gegenüber dargelegt hat, dass sie die Mitteilung dieser Daten zur Erfüllung ihrer gesetzlichen Aufgaben für erforderlich hält.

[2] Die Versicherer haben dem Kraftfahrt-Bundesamt im Rahmen der Zulassung von Fahrzeugen mit Versicherungskennzeichen die erforderlichen Fahrzeugdaten nach näherer Bestimmung durch Rechtsverordnung (§ 47 Nummer 2) und die Halter-

---

[1)] § 34 Abs. 1 Satz 2 eingef., bish. Satz 2 wird Satz 3 mWv 1.6.2005 durch G v. 3.5.2005 (BGBl. I S. 1221); Abs. 3 Satz 2 angef., Abs. 4 geänd. mWv 26.6.2011 durch G v. 20.6.2011 (BGBl. I S. 1124); Abs. 1 Satz 1 Nr. 1 und Abs. 5 Satz 2 geänd., Abs. 6 angef. mWv 7.12.2016 durch G v. 28.11.2016 (BGBl. I S. 2722); Abs. 1 Satz 2 und Abs. 5 Satz 2 geänd., Satz 1 neu gef. mWv 28.7.2021 durch G v. 12.7.2021 (BGBl. I S. 3091).

daten nach § 33 Absatz 1 Satz 1 Nummer 2 sowie jede Änderung dieser Daten mitzuteilen.

(6) [1] Die Technischen Prüfstellen, amtlich anerkannten Überwachungsorganisationen und anerkannten Kraftfahrzeugwerkstätten, soweit diese Werkstätten Sicherheitsprüfungen durchführen, haben dem Kraftfahrt-Bundesamt nach näherer Bestimmung durch Rechtsverordnung auf Grund des § 47 Nummer 1a die nach § 33 Absatz 1 Satz 1 Nummer 1 zu speichernden oder zu einer Änderung oder Löschung einer Eintragung führenden Daten über Prüfungen und Untersuchungen einschließlich der durchführenden Stellen und Kennungen zur Feststellung der für die Durchführung der Prüfung oder Untersuchung Verantwortlichen zu übermitteln. [2] Im Fall der anerkannten Kraftfahrzeugwerkstätte erfolgt die Übermittlung über Kopfstellen; im Fall der Technischen Prüfstellen und anerkannten Überwachungsorganisationen kann die Übermittlung über Kopfstellen erfolgen. [3] Eine Speicherung der nach Satz 2 zur Übermittlung an das Kraftfahrt-Bundesamt erhaltenen Daten bei den Kopfstellen erfolgt ausschließlich zu diesem Zweck. [4] Nach erfolgter Übermittlung haben die Kopfstellen die nach Satz 3 gespeicherten Daten unverzüglich, bei elektronischer Speicherung automatisiert, zu löschen.

§ 35[1)] Übermittlung von Fahrzeugdaten und Halterdaten. (1) Die nach § 33 Absatz 1 gespeicherten Fahrzeugdaten und Halterdaten dürfen an Behörden und sonstige öffentliche Stellen im Geltungsbereich dieses Gesetzes sowie im Rahmen einer internetbasierten Zulassung an Personen im Sinne des § 6g Absatz 3 zur Erfüllung der Aufgaben der Zulassungsbehörde, des Kraftfahrt-Bundesamtes oder der Aufgaben des Empfängers nur übermittelt werden, wenn dies für die Zwecke nach § 32 Absatz 2 jeweils erforderlich ist

1. zur Durchführung der in § 32 Abs. 1 angeführten Aufgaben,
2. zur Verfolgung von Straftaten, zur Vollstreckung oder zum Vollzug von Strafen, von Maßnahmen im Sinne des § 11 Abs. 1 Nr. 8 des Strafgesetzbuchs[2)] oder

---

[1)] § 35 Abs. 3 Satz 1 Nr. 1 Buchst. e und Abs. 5 Nr. 6 geänd. mWv 1.1.2005 durch G v. 27.12.2003 (BGBl. I S. 3022); Abs. 3 Satz 1 einl. Satzteil geänd., Abs. 4b eingef. mWv 1.3.2005 durch G v. 26.1.2005 (BGBl. I S. 162); Abs. 3 Satz 1 Nr. 1 Buchst. e, Abs. 5 Nr. 6 geänd. mWv 1.1.2005 durch G v. 21.3.2005 (BGBl. I S. 818); Abs. 1 Nr. 11 und 12, Abs. 2 Nr. 1 und Abs. 5 Nr. 5 geänd., Abs. 1 Nr. 13 und Abs. 2 Nr. 1a angef. mWv 1.6.2005 durch G v. 3.5.2005 (BGBl. I S. 1221); Abs. 1 Nr. 13 geänd. mWv 1.8.2006 durch G v. 20.7.2006 (BGBl. I S. 1706); Abs. 4b geänd. mWv 1.1.2009 durch G v. 17.3.2007 (BGBl. I S. 314) iVm Bek. v. 12.12.2008 (BGBl. 2009 II S. 39); Abs. 5 Nr. 4 geänd. mWv 1.7.2009 durch G v. 29.5.2009 (BGBl. I S. 1170); Abs. 3 Satz 1 geänd., Abs. 4c eingef. mWv 1.1.2013 durch G v. 29.7.2009 (BGBl. I S. 2258, geänd. durch G v. 23.5.2011, BGBl. I S. 898); Abs. 1 Nr. 12 und 13 geänd., Nr. 14 angef., Abs. 4b geänd. mWv 18.6.2011, Abs. 1 Nr. 13 und 14 geänd., Nr. 15 angef. mWv 1.1.2013 durch G v. 23.5.2011 (BGBl. I S. 898); Abs. 1a eingef. mWv 26.6.2011 durch G v. 20.6.2011 (BGBl. I S. 1124); Abs. 1 Nr. 10 neu gef. mWv 19.7.2011 durch G v. 12.7.2011 (BGBl. I S. 1378); Abs. 2a eingef., Abs. 5 Satz 1 einl. Satzteil geänd. mWv 31.8.2013 durch G v. 28.8.2013 (BGBl. I S. 3310); Abs. 1 einl. Satzteil neu gef., Abs. 2 Satz 1 Nr. 1a und 2, Abs. 5 einl. Satzteil und Abs. 6 Satz 3 geänd., Abs. 2 Satz 1 Nr. 3 sowie Sätze 2 und 3 angef. mWv 7.12.2016 durch G v. 28.11.2016 (BGBl. I S. 2722); Abs. 1 Nr. 14 und 15 geänd., Nr. 16 angef. mWv 10.3.2017 durch G v. 6.3.2017 (BGBl. I S. 399); Abs. 4b geänd. mWv 17.6. 2017 durch G v. 11.6.2017 (BGBl. I S. 1607); Abs. 1 Nr. 15 und 16 geänd., Nr. 17 angef., Abs. 4c neu gef. mWv 6.7.2017 durch G v. 30.6.2017 (BGBl. I S. 2094); Abs. 1 Nr. 16 und 17 Buchst. c geänd., Nr. 18 angef. mWv 12.4.2019 durch G v. 8.4.2019 (BGBl. I S. 430); Abs. 1 Nr. 17 und 18 geänd., Nr. 19 angef. mWv 1.10.2020 durch G v. 29.6.2020 (BGBl. I S. 1528); Abs. 4b geänd. mWv 1.5.2022 durch G v. 15.1. 2021 (BGBl. I S. 530); Abs. 1 Nr. 17 einl. Satzteil geänd., Buchst. a–c neu gef. mWv 1.1.2022; Abs. 1 Nr. 18 und 19 geänd., Nr. 20 angef. mWv 1.11.2022 durch G v. 7.5.2021 (BGBl. I S. 850); Abs. 2 Satz 1 neu gef., Abs. 2a Nr. 3 geänd. mWv 28.7.2021 durch G v. 12.7.2021 (BGBl. I S. 3091); Abs. 1 Nr. 19 und 20 geänd., Nr. 21 angef. mWv 28.12.2022 durch G v. 19.12.2022 (BGBl. I S. 2606).

[2)] Nr. **85**.

von Erziehungsmaßregeln oder Zuchtmitteln im Sinne des Jugendgerichtsgesetzes[1)],
3. zur Verfolgung von Ordnungswidrigkeiten,
4. zur Abwehr von Gefahren für die öffentliche Sicherheit oder Ordnung,
5. zur Erfüllung der den Verfassungsschutzbehörden, dem Militärischen Abschirmdienst und dem Bundesnachrichtendienst durch Gesetz übertragenen Aufgaben,
6. für Maßnahmen nach dem Abfallbeseitigungsgesetz oder den darauf beruhenden Rechtsvorschriften,
7. für Maßnahmen nach dem Wirtschaftssicherstellungsgesetz oder den darauf beruhenden Rechtsvorschriften,
8. für Maßnahmen nach dem Energiesicherungsgesetz 1975 oder den darauf beruhenden Rechtsvorschriften,
9. für die Erfüllung der gesetzlichen Mitteilungspflichten zur Sicherung des Steueraufkommens nach § 93 der Abgabenordnung,
10. zur Feststellung der Maut für die Benutzung mautpflichtiger Straßen im Sinne des § 1 des Bundesfernstraßenmautgesetzes und zur Verfolgung von Ansprüchen nach diesem Gesetz,
11. zur Ermittlung der Mautgebühr für die Benutzung von Bundesfernstraßen und zur Verfolgung von Ansprüchen nach dem Fernstraßenbauprivatfinanzierungsgesetz vom 30. August 1994 (BGBl. I S. 2243) in der jeweils geltenden Fassung,
12. zur Ermittlung der Mautgebühr für die Benutzung von Straßen nach Landesrecht und zur Verfolgung von Ansprüchen nach den Gesetzen der Länder über den gebührenfinanzierten Neu- und Ausbau von Straßen,
13. zur Überprüfung von Personen, die Sozialhilfe, Leistungen der Grundsicherung für Arbeitsuchende oder Leistungen nach dem Asylbewerberleistungsgesetz[2)] beziehen, zur Vermeidung rechtswidriger Inanspruchnahme solcher Leistungen,
14. für die in § 17 des Auslandsunterhaltsgesetzes[3)] genannten Zwecke,
15. für die in § 802l der Zivilprozessordnung[4)] genannten Zwecke soweit kein Grund zu der Annahme besteht, dass dadurch schutzwürdige Interessen des Betroffenen beeinträchtigt werden,
16. zur Erfüllung der den Behörden der Zollverwaltung in § 2 Absatz 1 des Schwarzarbeitsbekämpfungsgesetzes[5)] übertragenen Prüfungsaufgaben,
17. zur Durchführung eines Vollstreckungsverfahrens an die für die Vollstreckung nach dem Verwaltungs-Vollstreckungsgesetz[6)] oder nach den Verwaltungsvollstreckungsgesetzen der Länder zuständige Behörde, wenn der Vollstreckungsschuldner als Halter des Fahrzeugs eingetragen ist, kein Grund zu der Annahme besteht, dass dadurch schutzwürdige Interessen des Betroffenen beeinträchtigt werden, und
    a) die Ladung zu dem Termin zur Abgabe der Vermögensauskunft an den Vollstreckungsschuldner nicht zustellbar ist und

---

[1)] Nr. **89**.
[2)] **Sartorius ErgBd. Nr. 418.**
[3)] **Habersack, Deutsche Gesetze ErgBd. Nr. 103o.**
[4)] Nr. **100**.
[5)] **Habersack, Deutsche Gesetze ErgBd. Nr. 94b.**
[6)] **Sartorius Nr. 112.**

aa) die Anschrift, unter der die Zustellung ausgeführt werden sollte, mit der Anschrift übereinstimmt, die von einer der in § 755 Absatz 1 und 2 der Zivilprozessordnung genannten Stellen innerhalb von drei Monaten vor oder nach dem Zustellungsversuch mitgeteilt wurde, oder

bb) die Meldebehörde nach dem Zustellungsversuch die Auskunft erteilt, dass ihr keine derzeitige Anschrift des Vollstreckungsschuldners bekannt ist, oder

cc) die Meldebehörde innerhalb von drei Monaten vor Erlass der Vollstreckungsanordnung die Auskunft erteilt hat, dass ihr keine derzeitige Anschrift des Vollstreckungsschuldners bekannt ist;

b) der Vollstreckungsschuldner seiner Pflicht zur Abgabe der Vermögensauskunft in dem dem Ersuchen zugrundeliegenden Vollstreckungsverfahren nicht nachkommt oder

c) bei einer Vollstreckung in die in der Vermögensauskunft aufgeführten Vermögensgegenstände eine vollständige Befriedigung der Forderung nicht zu erwarten ist,

18. zur Überprüfung der Einhaltung von Verkehrsbeschränkungen und Verkehrsverboten, die aufgrund des § 40 des Bundes-Immissionsschutzgesetzes[1] nach Maßgabe der straßenverkehrsrechtlichen Vorschriften angeordnet worden oder aufgrund straßenverkehrsrechtlicher Vorschriften zum Schutz der Wohnbevölkerung oder der Bevölkerung vor Abgasen ergangen sind,

19. zur Überprüfung und Ergänzung der Angaben in Anträgen und Verwendungsnachweisen zu einer Förderung hinsichtlich der Einhaltung der Regelungen über die Förderung des Absatzes von elektrisch betriebenen Fahrzeugen (Umweltbonus),[2]

20. für die in § 98 Absatz 1a Satz 1 der Insolvenzordnung[3] genannten Zwecke, soweit kein Grund zu der Annahme besteht, dass dadurch schutzwürdige Interessen des Betroffenen beeinträchtigt werden oder

21. für Maßnahmen nach dem Außenwirtschaftsgesetz, dem Sanktionsdurchsetzungsgesetz oder den jeweils auf den genannten Gesetzen beruhenden Rechtsvorschriften.

(1a) Die nach § 33 Absatz 1 Nummer 1 gespeicherten Daten über Beschaffenheit, Ausrüstung und Identifizierungsmerkmale von Fahrzeugen dürfen den Zentralen Leitstellen für Brandschutz, Katastrophenschutz und Rettungsdienst, wenn dies für Zwecke nach § 32 Absatz 2 Nummer 3 erforderlich ist, zur Rettung von Unfallopfern übermittelt werden.

(2) [1] Die nach § 33 Absatz 1 gespeicherten Fahrzeugdaten und Halterdaten dürfen, soweit dies jeweils erforderlich ist, übermittelt werden

1. für die Zwecke des § 32 Absatz 1 Nummer 1 an Inhaber von Betriebserlaubnissen für Fahrzeuge, an Fahrzeughersteller oder an für den Mangel verantwortliche Teilehersteller, Werkstätten oder sonstige Produktverantwortliche, um Folgendes zu ermöglichen:

a) Rückrufmaßnahmen zur Beseitigung von sicherheitsgefährdenden Mängeln an bereits ausgelieferten Fahrzeugen,

---

[1] **Sartorius Nr. 296.**
[2] Komma fehlt im BGBl. I.
[3] Nr. **110**.

b) Rückrufmaßnahmen zur Beseitigung von für die Umwelt erheblichen Mängeln an bereits ausgelieferten Fahrzeugen oder

c) Rückrufmaßnahmen, die die Typgenehmigungsbehörde oder die Marktüberwachungsbehörde zur Beseitigung von sonstigen Unvorschriftsmäßigkeiten an bereits ausgelieferten Fahrzeugen für erforderlich erachtet,

2. für die Zwecke des § 32 Absatz 1 Nummer 6 an Fahrzeughersteller und Importeure von Fahrzeugen sowie an deren Rechtsnachfolger zur Überprüfung der Angaben über die Verwertung des Fahrzeugs nach dem Altfahrzeugrecht,
3. für die Zwecke des § 32 Absatz 1 Nummer 2 an Versicherer zur Gewährleistung des vorgeschriebenen Versicherungsschutzes oder
4. für die Zwecke des § 32 Absatz 1 Nummer 1 unmittelbar oder über Kopfstellen an Technische Prüfstellen und amtlich anerkannte Überwachungsorganisationen sowie über Kopfstellen an anerkannte Kraftfahrzeugwerkstätten, soweit diese Werkstätten Sicherheitsprüfungen durchführen, für die Durchführung der regelmäßigen Untersuchungen und Prüfungen, um die Verkehrssicherheit der Fahrzeuge und den Schutz der Verkehrsteilnehmer zu gewährleisten; § 34 Absatz 6 Satz 3 und 4 gilt entsprechend.

[2] Bei Übermittlungen nach Satz 1 Nummer 3 erfolgt eine Speicherung der Daten bei den Kopfstellen ausschließlich zum Zweck der Übermittlung an Technische Prüfstellen, amtlich anerkannte Überwachungsorganisationen und anerkannte Kraftfahrzeugwerkstätten, soweit diese Werkstätten Sicherheitsprüfungen durchführen. [3] Nach erfolgter Übermittlung haben die Kopfstellen die nach Satz 2 gespeicherten Daten unverzüglich, bei elektronischer Speicherung automatisiert, zu löschen.

(2a) Die nach § 33 Absatz 3 gespeicherten Daten über die Fahrtenbuchauflagen dürfen

1. den Zulassungsbehörden in entsprechender Anwendung des Absatzes 5 Nummer 1 zur Überwachung der Fahrtenbuchauflage,
2. dem Kraftfahrt-Bundesamt in entsprechender Anwendung des Absatzes 5 Nummer 1 für die Unterstützung der Zulassungsbehörden im Rahmen der Überwachung der Fahrtenbuchauflage oder
3. den hierfür zuständigen Behörden oder Gerichten zur Verfolgung von Straftaten oder von Ordnungswidrigkeiten nach § 24 Absatz 1, § 24a oder § 24c

jeweils im Einzelfall übermittelt werden.

(3) [1] Die Übermittlung von Fahrzeugdaten und Halterdaten zu anderen Zwecken als der Feststellung oder Bestimmung von Haltern oder Fahrzeugen (§ 32 Abs. 2) ist, unbeschadet der Absätze 4, 4a bis 4c, unzulässig, es sei denn, die Daten sind

1. unerlässlich zur

a) Verfolgung von Straftaten oder zur Vollstreckung oder zum Vollzug von Strafen,

b) Abwehr einer im Einzelfall bestehenden Gefahr für die öffentliche Sicherheit,

c) Erfüllung der den Verfassungsschutzbehörden, dem Militärischen Abschirmdienst und dem Bundesnachrichtendienst durch Gesetz übertragenen Aufgaben,

d) Erfüllung der gesetzlichen Mitteilungspflichten zur Sicherung des Steueraufkommens nach § 93 der Abgabenordnung, soweit diese Vorschrift unmittelbar anwendbar ist, oder

e) Erfüllung gesetzlicher Mitteilungspflichten nach § 118 Abs. 4 Satz 4 Nr. 6 des Zwölften Buches Sozialgesetzbuch[1)]

und

2. auf andere Weise nicht oder nicht rechtzeitig oder nur mit unverhältnismäßigem Aufwand zu erlangen.

[2]Die ersuchende Behörde hat Aufzeichnungen über das Ersuchen mit einem Hinweis auf dessen Anlass zu führen. [3]Die Aufzeichnungen sind gesondert aufzubewahren, durch technische und organisatorische Maßnahmen zu sichern und am Ende des Kalenderjahres, das dem Jahr der Erstellung der Aufzeichnung folgt, zu vernichten. [4]Die Aufzeichnungen dürfen nur zur Kontrolle der Zulässigkeit der Übermittlungen verwertet werden, es sei denn, es liegen Anhaltspunkte dafür vor, dass ihre Verwertung zur Aufklärung oder Verhütung einer schwerwiegenden Straftat gegen Leib, Leben oder Freiheit einer Person führen kann und die Aufklärung oder Verhütung ohne diese Maßnahme aussichtslos oder wesentlich erschwert wäre.

(4) [1]Auf Ersuchen des Bundeskriminalamtes kann das Kraftfahrt-Bundesamt die im Zentralen Fahrzeugregister gespeicherten Halterdaten mit dem polizeilichen Fahndungsbestand der mit Haftbefehl gesuchten Personen abgleichen. [2]Die dabei ermittelten Daten gesuchter Personen dürfen dem Bundeskriminalamt übermittelt werden. [3]Das Ersuchen des Bundeskriminalamtes erfolgt durch Übersendung eines Datenträgers.

(4a) Auf Ersuchen der Auskunftsstelle nach § 8a des Pflichtversicherungsgesetzes[2)] übermitteln die Zulassungsbehörden und das Kraftfahrt-Bundesamt die nach § 33 Abs. 1 gespeicherten Fahrzeugdaten und Halterdaten zu den in § 8a Abs. 1 des Pflichtversicherungsgesetzes genannten Zwecken.

(4b) Zu den in § 7 Absatz 2 des Internationalen Familienrechtsverfahrensgesetzes[3)], § 4 Abs. 3 Satz 2 des Erwachsenenschutzübereinkommens-Ausführungsgesetzes vom 17. März 2007 (BGBl. I S. 314) und den in den §§ 16 und 17 des Auslandsunterhaltsgesetzes vom 23. Mai 2011 (BGBl. I S. 898) bezeichneten Zwecken übermittelt das Kraftfahrt-Bundesamt der in diesen Vorschriften bezeichneten Zentralen Behörde auf Ersuchen die nach § 33 Abs. 1 Satz 1 Nr. 2 gespeicherten Halterdaten.

(4c) Auf Ersuchen übermittelt das Kraftfahrt-Bundesamt

1. dem Gerichtsvollzieher zu den in § 755 der Zivilprozessordnung genannten Zwecken und
2. der für die Vollstreckung nach dem Verwaltungs-Vollstreckungsgesetz oder nach den Verwaltungsvollstreckungsgesetzen der Länder zuständigen Behörde, soweit diese die Angaben nicht durch Anfrage bei der Meldebehörde ermitteln kann, zur Durchführung eines Vollstreckungsverfahrens

die nach § 33 Absatz 1 Satz 1 Nummer 2 gespeicherten Halterdaten, soweit kein Grund zu der Annahme besteht, dass dadurch schutzwürdige Interessen des Betroffenen beeinträchtigt werden.

(5) Die nach § 33 Absatz 1 oder 3 gespeicherten Fahrzeugdaten und Halterdaten dürfen nach näherer Bestimmung durch Rechtsverordnung (§ 47 Nummer 3) regelmäßig übermittelt werden

---

[1)] **Sartorius ErgBd. Nr. 412.**
[2)] Nr. 63.
[3)] **Habersack, Deutsche Gesetze ErgBd. Nr. 103n.**

1. von den Zulassungsbehörden an das Kraftfahrt-Bundesamt für das Zentrale Fahrzeugregister und vom Kraftfahrt-Bundesamt an die Zulassungsbehörden für die örtlichen Fahrzeugregister,
2. von den Zulassungsbehörden an andere Zulassungsbehörden, wenn diese mit dem betreffenden Fahrzeug befasst sind oder befasst waren,
3. von den Zulassungsbehörden an die Versicherer zur Gewährleistung des vorgeschriebenen Versicherungsschutzes (§ 32 Abs. 1 Nr. 2),
4. von den Zulassungsbehörden an die für die Ausübung der Verwaltung der Kraftfahrzeugsteuer zuständigen Behörden zur Durchführung des Kraftfahrzeugsteuerrechts (§ 32 Abs. 1 Nr. 3),
5. von den Zulassungsbehörden und vom Kraftfahrt-Bundesamt für Maßnahmen nach dem Bundesleistungsgesetz, dem Verkehrssicherstellungsgesetz, dem Verkehrsleistungsgesetz oder des Katastrophenschutzes nach den hierzu erlassenen Gesetzen der Länder oder den darauf beruhenden Rechtsvorschriften an die hierfür zuständigen Behörden (§ 32 Abs. 1 Nr. 4 und 5),
6. von den Zulassungsbehörden für Prüfungen nach § 118 Abs. 4 Satz 4 Nr. 6 des Zwölften Buches Sozialgesetzbuch an die Träger der Sozialhilfe nach dem Zwölften Buch Sozialgesetzbuch.

(6) [1] Das Kraftfahrt-Bundesamt als übermittelnde Behörde hat Aufzeichnungen zu führen, die die übermittelten Daten, den Zeitpunkt der Übermittlung, den Empfänger der Daten und den vom Empfänger angegebenen Zweck enthalten. [2] Die Aufzeichnungen dürfen nur zur Kontrolle der Zulässigkeit der Übermittlungen verwertet werden, sind durch technische und organisatorische Maßnahmen gegen Missbrauch zu sichern und am Ende des Kalenderhalbjahres, das dem Halbjahr der Übermittlung folgt, zu löschen oder zu vernichten. [3] Bei Übermittlung nach Absatz 5 sind besondere Aufzeichnungen entbehrlich, wenn die Angaben nach Satz 1 aus dem Register oder anderen Unterlagen entnommen werden können. [4] Die Sätze 1 und 2 gelten auch für die Übermittlungen durch das Kraftfahrt-Bundesamt nach den §§ 37 bis 40.

§ 36[1)] Abruf im automatisierten Verfahren. (1) Die Übermittlung nach § 35 Absatz 1 Nummer 1, soweit es sich um Aufgaben nach § 32 Absatz 1 Nummer 1 handelt, aus dem Zentralen Fahrzeugregister

---

[1)] § 36 Abs. 2 Satz 1 Nr. 2 und Abs. 3 geänd., Abs. 3a eingef. mWv 1.6.2005 durch G v. 3.5.2005 (BGBl. I S. 1221); Abs. 2 Satz 1 einl. Satzteil, Nr. 1a und 2 sowie Abs. 3 geänd., Abs. 2 Satz 1 Nr. 3 angef. mWv 11.1.2007 durch G v. 5.1.2007 (BGBl. I S. 2, geänd. durch G v. 7.12.2011, BGBl. I S. 2576; G v. 3.12.2015, BGBl. I S. 2161 und G v. 3.12.2020, BGBl. I S. 2667); Abs. 2 Nr. 1 Buchst. b, Nr. 1a geänd. mWv 1.8.2007 durch G v. 19.7.2007 (BGBl. I S. 1460); Abs. 3b eingef. mWv 1.7.2009 durch G v. 29.5. 2009 (BGBl. I S. 1170); Abs. 2c eingef. mWv 18.6.2011, Abs. 2d eingef. mWv 1.1.2013 durch G v. 23.5. 2011 (BGBl. I S. 898); Abs. 3c eingef. mWv 26.6.2011 durch G v. 20.6.2011 (BGBl. I S. 1124); Abs. 2b geänd. mWv 19.7.2011 durch G v. 12.7.2011 (BGBl. I S. 1378); Abs. 2a eingef., bish. Abs. 2a–2d werden Abs. 2b–2e, Abs. 2f eingef., Abs. 6 Sätze 3–5 eingef., bish. Sätze 3 und 4 werden Sätze 6 und 7 mWv 31.8.2013 durch G v. 28.8.2013 (BGBl. I S. 3310); Abs. 1 und Abs. 6 Satz 3 neu gef., Abs. 2f eingef., bish. Abs. 2f wird Abs. 2g, Abs. 5 einl. Satzteil und Abs. 7 Satz 2 geänd. mWv 7.12.2016 durch G v. 28.11.2016 (BGBl. I S. 2722); Abs. 2 Satz 1 Nr. 2 geänd., Nr. 2a eingef., Abs. 2a neu gef., Abs. 2h eingef. mWv 10.3. 2017 durch G v. 6.3.2017 (BGBl. I S. 399); Abs. 2 Satz 1 Nr. 2 und Nr. 3 geänd., Nr. 4 angef. mWv 26.6. 2017 durch G v. 23.6.2017 (BGBl. I S. 1822); Abs. 2i eingef. mWv 12.4.2019 durch G v. 8.4.2019 (BGBl. I S. 430); Abs. 5 Nr. 1 geänd., Nr. 2 neu gef. mWv 26.11.2019 durch G v. 20.11.2019 (BGBl. I S. 1626); Abs. 2j eingef. mWv 1.10.2020 durch G v. 29.6.2020 (BGBl. I S. 1528); Abs. 2k eingef. mWv 1.11.2022 durch G v. 7.5.2021 (BGBl. I S. 850); Abs. 2 Satz 1 Nr. 1b und Abs. 2f geänd. mWv 28.7.2021 durch G v. 12.7.2021 (BGBl. I S. 3091); Abs. 2l eingef. mWv 28.12.2022 durch G v. 19.12.2022 (BGBl. I S. 2606); Abs. 2c geänd. mWv 9.3.2023 durch G v. 2.3.2023 (BGBl. 2023 I Nr. 56).

1. an die Zulassungsbehörden oder
2. im Rahmen einer internetbasierten Zulassung an Personen im Sinne des § 6g Absatz 3

darf durch Abruf im automatisierten Verfahren erfolgen.

(2) [1] Die Übermittlung nach § 35 Abs. 1 Nr. 1 bis 5 aus dem Zentralen Fahrzeugregister darf durch Abruf im automatisierten Verfahren erfolgen

1. an die Polizeien des Bundes und der Länder sowie an Dienststellen der Zollverwaltung, soweit sie Befugnisse nach § 10 des Zollverwaltungsgesetzes ausüben oder grenzpolizeiliche Aufgaben wahrnehmen,
   a) zur Kontrolle, ob die Fahrzeuge einschließlich ihrer Ladung und die Fahrzeugpapiere vorschriftsmäßig sind,
   b) zur Verfolgung von Ordnungswidrigkeiten nach § 24 Absatz 1, § 24a oder § 24c,
   c) zur Verfolgung von Straftaten oder zur Vollstreckung oder zum Vollzug von Strafen oder
   d) zur Abwehr von Gefahren für die öffentliche Sicherheit,

1a. an die Verwaltungsbehörden im Sinne des § 26 Abs. 1 für die Verfolgung von Ordnungswidrigkeiten nach §§ 24, 24a oder § 24c,

2. an die Zollfahndungsdienststellen zur Verhütung oder Verfolgung von Steuer- und Wirtschaftsstraftaten sowie an die mit der Steuerfahndung betrauten Dienststellen der Landesfinanzbehörden zur Verhütung oder Verfolgung von Steuerstraftaten,

2a. an die Behörden der Zollverwaltung zur Verfolgung von Straftaten, die mit einem der in § 2 Absatz 1 des Schwarzarbeitsbekämpfungsgesetzes[1] genannten Prüfgegenstände unmittelbar zusammenhängen, und

3. an die Verfassungsschutzbehörden, den Militärischen Abschirmdienst und den Bundesnachrichtendienst zur Erfüllung ihrer durch Gesetz übertragenen Aufgaben und

4. an die Zentralstelle für Finanztransaktionsuntersuchungen zur Erfüllung ihrer Aufgaben nach dem Geldwäschegesetz[2].

[2] Satz 1 gilt entsprechend für den Abruf der örtlich zuständigen Polizeidienststellen der Länder und Verwaltungsbehörden im Sinne des § 26 Abs. 1 aus den jeweiligen örtlichen Fahrzeugregistern.

(2a) Die Übermittlung nach § 35 Absatz 1 Nummer 9 aus dem Zentralen Fahrzeugregister darf durch Abruf im automatisierten Verfahren erfolgen

1. an die mit der Kontrolle und Erhebung der Umsatzsteuer betrauten Dienststellen der Finanzbehörden, soweit ein Abruf im Einzelfall zur Verhinderung einer missbräuchlichen Anwendung der Vorschriften des Umsatzsteuergesetzes beim Handel, Erwerb oder bei der Übertragung von Fahrzeugen erforderlich ist,
2. an die mit der Durchführung einer Außenprüfung nach § 193 der Abgabenordnung betrauten Dienststellen der Finanzbehörden, soweit ein Abruf für die Ermittlung der steuerlichen Verhältnisse im Rahmen einer Außenprüfung erforderlich ist und

---

[1] **Habersack, Deutsche Gesetze ErgBd. Nr. 94b.**
[2] **Habersack, Deutsche Gesetze ErgBd. Nr. 88a.**

3. an die mit der Vollstreckung betrauten Dienststellen der Finanzbehörden nach § 249 der Abgabenordnung, soweit ein Abruf für die Vollstreckung von Ansprüchen aus dem Steuerschuldverhältnis erforderlich ist.

(2b) Die Übermittlung nach § 35 Abs. 1 Nr. 11 und 12 aus dem Zentralen Fahrzeugregister darf durch Abruf im automatisierten Verfahren an den Privaten, der mit der Erhebung der Mautgebühr beliehen worden ist, erfolgen.

(2c) Die Übermittlung nach § 35 Abs. 1 Nr. 10 aus dem Zentralen Fahrzeugregister darf durch Abruf im automatisierten Verfahren an das Bundesamt für Logistik und Mobilität und an eine sonstige öffentliche Stelle, die mit der Erhebung der Maut nach dem Bundesfernstraßenmautgesetz beauftragt ist, erfolgen.

(2d) Die Übermittlung nach § 35 Absatz 1 Nummer 14 aus dem Zentralen Fahrzeugregister darf durch Abruf im automatisierten Verfahren an die zentrale Behörde (§ 4 des Auslandsunterhaltsgesetzes[1)]) erfolgen.

(2e) Die Übermittlung nach § 35 Absatz 1 Nr. 15 aus dem Zentralen Fahrzeugregister darf durch Abruf im automatisierten Verfahren an den Gerichtsvollzieher erfolgen.

(2f) Die Übermittlung aus dem Zentralen Fahrzeugregister nach § 35 Absatz 2 Satz 1 Nummer 4 darf durch Abruf im automatisierten Verfahren erfolgen.

(2g) Die Übermittlung nach § 35 Absatz 2a darf durch Abruf im automatisierten Verfahren erfolgen.

(2h) Die Übermittlung nach § 35 Absatz 1 Nummer 16 darf durch Abruf im automatisierten Verfahren an die Behörden der Zollverwaltung zur Erfüllung der ihnen in § 2 Absatz 1 des Schwarzarbeitsbekämpfungsgesetzes übertragenen Prüfungsaufgaben erfolgen.

(2i) [1] In einem solchen Verfahren darf auch die Übermittlung nach § 35 Absatz 1 Nummer 18 aus dem Zentralen Fahrzeugregister an die nach Landesrecht für die Überprüfung der Einhaltung dieser Verkehrsbeschränkungen und Verkehrsverbote zuständigen Behörden erfolgen. [2] Die Einrichtung von Anlagen zum Abruf nach Satz 1 ist für den Abruf der nach § 33 Absatz 1 Satz 1 Nummer 1 gespeicherten und für die Überprüfung der Einhaltung der jeweiligen Verkehrsbeschränkungen und Verkehrsverbote erforderlichen Fahrzeugdaten aus dem Zentralen Fahrzeugregister durch die Behörden nach Satz 1 zulässig; einer Rechtsverordnung nach Absatz 5 bedarf es nicht; die Maßgaben nach Absatz 5 Nummer 2 und 3 gelten unmittelbar.

(2j) Die Übermittlung nach § 35 Absatz 1 Nummer 19 darf durch Abruf im automatisierten Verfahren an das Bundesamt für Wirtschaft und Ausfuhrkontrolle erfolgen.

(2k) Die Übermittlung nach § 35 Absatz 1 Nummer 20 aus dem Zentralen Fahrzeugregister darf durch Abruf im automatisierten Verfahren an das Insolvenzgericht erfolgen.

(2l) Die Übermittlung nach § 35 Absatz 1 Nummer 21 darf durch Abruf im automatisierten Verfahren an die nach dem Außenwirtschaftsgesetz zuständigen Behörden und an die Zentralstelle zur Sanktionsdurchsetzung erfolgen.

(3) Die Übermittlung nach § 35 Abs. 3 Satz 1 aus dem Zentralen Fahrzeugregister darf ferner durch Abruf im automatisierten Verfahren an die Polizeien des Bundes und der Länder zur Verfolgung von Straftaten oder zur Vollstreckung oder zum Vollzug von Strafen oder zur Abwehr einer im Einzelfall bestehenden Gefahr

---

[1)] **Habersack, Deutsche Gesetze ErgBd. Nr. 103o.**

für die öffentliche Sicherheit, an die Zollfahndungsdienststellen zur Verhütung oder Verfolgung von Steuer- und Wirtschaftsstraftaten, an die mit der Steuerfahndung betrauten Dienststellen der Landesfinanzbehörden zur Verhütung oder Verfolgung von Steuerstraftaten sowie an die Verfassungsschutzbehörden, den Militärischen Abschirmdienst und den Bundesnachrichtendienst zur Erfüllung ihrer durch Gesetz übertragenen Aufgaben vorgenommen werden.

(3a) Die Übermittlung aus dem Zentralen Fahrzeugregister nach § 35 Abs. 4a darf durch Abruf im automatisierten Verfahren an die Auskunftsstelle nach § 8a des Pflichtversicherungsgesetzes[1)] erfolgen.

(3b) [1] Die Übermittlung aus dem Zentralen Fahrzeugregister nach § 35 Absatz 1 Nummer 1 an die für die Ausübung der Verwaltung der Kraftfahrzeugsteuer zuständigen Behörden darf durch Abruf im automatisierten Verfahren erfolgen. [2] Der Abruf ist nur zulässig, wenn die von den Zulassungsbehörden nach § 35 Absatz 5 Nummer 4 übermittelten Datenbestände unrichtig oder unvollständig sind.

(3c) Die Übermittlung aus dem Zentralen Fahrzeugregister nach § 35 Absatz 1a darf an die Zentralen Leitstellen für Brandschutz, Katastrophenschutz und Rettungsdienst zur Vorbereitung der Rettung von Personen aus Fahrzeugen durch Abruf im automatisierten Verfahren erfolgen.

(4) Der Abruf darf sich nur auf ein bestimmtes Fahrzeug oder einen bestimmten Halter richten und in den Fällen der Absätze 1 und 2 Satz 1 Nr. 1 Buchstabe a und b nur unter Verwendung von Fahrzeugdaten durchgeführt werden.

(5) Die Einrichtung von Anlagen zum Abruf im automatisierten Verfahren ist nur zulässig, wenn nach näherer Bestimmung durch Rechtsverordnung (§ 47 Nummer 4) gewährleistet ist, dass

1. die zum Abruf bereitgehaltenen Daten ihrer Art nach für den Empfänger erforderlich sind und ihre Übermittlung durch automatisierten Abruf unter Berücksichtigung der schutzwürdigen Interessen der betroffenen Person und der Aufgabe des Empfängers angemessen ist,
2. die erforderlichen technischen und organisatorischen Maßnahmen nach den Artikeln 24, 25 und 32 der Verordnung (EU) 2016/679 zur Sicherstellung des Datenschutzes und der Datensicherheit getroffen werden und
3. die Zulässigkeit der Abrufe nach Maßgabe des Absatzes 6 kontrolliert werden kann.

(5a) (weggefallen)

(6) [1] Das Kraftfahrt-Bundesamt oder die Zulassungsbehörde als übermittelnde Stelle hat über die Abrufe Aufzeichnungen zu fertigen, die die bei der Durchführung der Abrufe verwendeten Daten, den Tag und die Uhrzeit der Abrufe, die Kennung der abrufenden Dienststelle und die abgerufenen Daten enthalten müssen. [2] Die protokollierten Daten dürfen nur für Zwecke der Datenschutzkontrolle, der Datensicherung oder zur Sicherstellung eines ordnungsgemäßen Betriebs der Datenverarbeitungsanlage verwendet werden. [3] Die nach Satz 1 protokollierten Daten dürfen auch dazu verwendet werden, der betroffenen Person darüber Auskunft zu erteilen, welche ihrer in Anhang I, Abschnitt I und II der Richtlinie (EU) 2015/413 enthaltenen personenbezogenen Daten an Stellen in anderen Mitgliedstaaten der Europäischen Union zum Zweck der dortigen Verfolgung der in Artikel 2 der Richtlinie (EU) 2015/413 aufgeführten, die Straßenverkehrssicher-

[1)] Nr. **63**.

Lfd. Nr.	Änderndes Gesetz	Datum	Fundstelle	Betroffen	Hinweis
149.	Art. 1 G zur Umsetzung der Digitalisierungsrichtlinie (DiRUG)[1]	5.7.2021	BGBl. I S. 3338	§§ 8b–9b, 10a, 12, 13e–13g, 15, 32, 162, 175, 264, 325–329, 339, 340l–340o, 341l, 341w	geänd. mWv 1.8.2022
				§§ 10, 13a, 3. Buch 2. Abschnitt 4. UAbschnitt Überschrift	neu gef. mWv 1.8.2022
				§ 9c	eingef. mWv 1.8.2022
150.	Art. 51 Personengesellschaftsrechtsmodernisierungs G (MoPeG)	10.8.2021	BGBl. I S. 3436	§§ 8b, 30, 161, 162, 165, 169, 171, 172, 174, 177a, 234, 264c	geänd. mWv 1.1.2024
				2. Buch 1. Abschnitt (§§ 105–152), §§ 164, 166, 167, 170, 175, 176, 178, 179, 233	neu gef. mWv 1.1.2024
				§§ 125a, 129a, 130a, 130b, 153–160, 168	aufgeh. bzw. nicht mehr belegt mit Ablauf des 31.12.2023
151.	Art. 1 G zur Ergänzung der Regelungen zur Umsetzung der DigitalisierungsRL und zur Änd. weiterer Vorschriften[2]	15.7.2022	BGBl. I S. 1146	§ 12	geänd. mWv 1.8.2022
152.	Art. 6 G zur Umsetzung der UmwandlungsRL und zur Änd. weiterer Gesetze	22.2.2023	BGBl. 2023 I Nr. 51	§§ 9b, 365	geänd. mWv 1.3.2023
				§ 365a	eingef. mWv 1.3.2023
153.	Art. 13 Abs. 4 G zur Stärkung der Aufsicht bei Rechtsdienstleistungen und zur Änd. weiterer Vorschriften	10.3.2023	BGBl. 2023 I Nr. 64	§ 335	geänd. mWv 16.3.2023

Vorbemerkung:
Die Änderungen durch G v. 10.8.2021 (BGBl. I S. 3436) treten erst mWv 1.1.2024 in Kraft und sind im Text noch nicht berücksichtigt.

[1] **Amtl. Anm.:** Dieses Gesetz dient der Umsetzung der Richtlinie (EU) 2019/1151 des Europäischen Parlaments und des Rates vom 20. Juni 2019 zur Änderung der Richtlinie (EU) 2017/1132 im Hinblick auf den Einsatz digitaler Werkzeuge und Verfahren im Gesellschaftsrecht (ABl. L 186 vom 11.7.2019, S. 80).

[2] **Amtl. Anm.:** Notifiziert gemäß der Richtlinie (EU) 2015/1535 des Europäischen Parlaments und des Rates vom 9. September 2015 über ein Informationsverfahren auf dem Gebiet der technischen Vorschriften und der Vorschriften für die Dienste der Informationsgesellschaft (ABl. L 241 vom 17.9.2015, S. 1).

Nichtamtliche Inhaltsübersicht

Erstes Buch. Handelsstand

Erster Abschnitt. Kaufleute

§ 1[1)] **[Istkaufmann]** (1) Kaufmann im Sinne dieses Gesetzbuchs ist, wer ein Handelsgewerbe betreibt.

(2) Handelsgewerbe ist jeder Gewerbebetrieb, es sei denn, daß das Unternehmen nach Art oder Umfang einen in kaufmännischer Weise eingerichteten Geschäftsbetrieb nicht erfordert.

[1)] § 1 Abs. 2 neu gef. durch G v. 22.6.1998 (BGBl. I S. 1474).

§ 2[1] [Kannkaufmann] [1]Ein gewerbliches Unternehmen, dessen Gewerbebetrieb nicht schon nach § 1 Abs. 2 Handelsgewerbe ist, gilt als Handelsgewerbe im Sinne dieses Gesetzbuchs, wenn die Firma des Unternehmens in das Handelsregister eingetragen ist. [2]Der Unternehmer ist berechtigt, aber nicht verpflichtet, die Eintragung nach den für die Eintragung kaufmännischer Firmen geltenden Vorschriften herbeizuführen. [3]Ist die Eintragung erfolgt, so findet eine Löschung der Firma auch auf Antrag des Unternehmers statt, sofern nicht die Voraussetzung des § 1 Abs. 2 eingetreten ist.

§ 3[2] [Land- und Forstwirtschaft; Kannkaufmann] (1) Auf den Betrieb der Land- und Forstwirtschaft finden die Vorschriften des § 1 keine Anwendung.

(2) Für ein land- oder forstwirtschaftliches Unternehmen, das nach Art und Umfang einen in kaufmännischer Weise eingerichteten Geschäftsbetrieb erfordert, gilt § 2 mit der Maßgabe, daß nach Eintragung in das Handelsregister eine Löschung der Firma nur nach den allgemeinen Vorschriften stattfindet, welche für die Löschung kaufmännischer Firmen gelten.

(3) Ist mit dem Betrieb der Land- oder Forstwirtschaft ein Unternehmen verbunden, das nur ein Nebengewerbe des land- oder forstwirtschaftlichen Unternehmens darstellt, so finden auf das im Nebengewerbe betriebene Unternehmen die Vorschriften der Absätze 1 und 2 entsprechende Anwendung.

§ 4[3] *(aufgehoben)*

§ 5[4] [Kaufmann kraft Eintragung] Ist eine Firma im Handelsregister eingetragen, so kann gegenüber demjenigen, welcher sich auf die Eintragung beruft, nicht geltend gemacht werden, daß das unter der Firma betriebene Gewerbe kein Handelsgewerbe sei.

§ 6[5] [Handelsgesellschaften; Formkaufmann] (1) Die in betreff der Kaufleute gegebenen Vorschriften finden auch auf die Handelsgesellschaften Anwendung.

(2) Die Rechte und Pflichten eines Vereins, dem das Gesetz ohne Rücksicht auf den Gegenstand des Unternehmens die Eigenschaft eines Kaufmanns beilegt, bleiben unberührt, auch wenn die Voraussetzungen des § 1 Abs. 2 nicht vorliegen.

§ 7 [Kaufmannseigenschaft und öffentliches Recht] Durch die Vorschriften des öffentlichen Rechtes, nach welchen die Befugnis zum Gewerbebetrieb ausgeschlossen oder von gewissen Voraussetzungen abhängig gemacht ist, wird die Anwendung der die Kaufleute betreffenden Vorschriften dieses Gesetzbuchs nicht berührt.

Zweiter Abschnitt.[6] Handelsregister; Unternehmensregister

§ 8[7] Handelsregister. (1) Das Handelsregister wird von den Gerichten elektronisch geführt.

---

[1] § 2 neu gef. durch G v. 22.6.1998 (BGBl. I S. 1474).

[2] § 3 neu gef. durch G v. 13.5.1976 (BGBl. I S. 1197); Abs. 2 neu gef. durch G v. 22.6.1998 (BGBl. I S. 1474).

[3] § 4 aufgeh. durch G v. 22.6.1998 (BGBl. I S. 1474).

[4] § 5 geänd. durch G v. 22.6.1998 (BGBl. I S. 1474).

[5] § 6 Abs. 2 geänd. durch G v. 22.6.1998 (BGBl. I S. 1474).

[6] 2. Abschnitt Überschrift geänd. mWv 1.1.2007 durch G v. 10.11.2006 (BGBl. I S. 2553).

[7] § 8 neu gef. mWv 1.1.2007 durch G v. 10.11.2006 (BGBl. I S. 2553).

(2) Andere Datensammlungen dürfen nicht unter Verwendung oder Beifügung der Bezeichnung „Handelsregister" in den Verkehr gebracht werden.

§ 8a[1)] Eintragungen in das Handelsregister; Verordnungsermächtigung.

(1) Eine Eintragung in das Handelsregister wird wirksam, sobald sie in den für die Handelsregistereintragungen bestimmten Datenspeicher aufgenommen ist und auf Dauer inhaltlich unverändert in lesbarer Form wiedergegeben werden kann.

(2) [1] Die Landesregierungen werden ermächtigt, durch Rechtsverordnung nähere Bestimmungen über die elektronische Führung des Handelsregisters, die elektronische Anmeldung, die elektronische Einreichung von Dokumenten sowie deren Aufbewahrung zu treffen, soweit nicht durch das Bundesministerium der Justiz und für Verbraucherschutz nach § 387 Abs. 2 des Gesetzes über das Verfahren in Familiensachen und in den Angelegenheiten der freiwilligen Gerichtsbarkeit[2)] entsprechende Vorschriften erlassen werden. [2] Dabei können sie auch Einzelheiten der Datenübermittlung regeln sowie die Form zu übermittelnder elektronischer Dokumente festlegen, um die Eignung für die Bearbeitung durch das Gericht sicherzustellen. [3] Die Landesregierungen können die Ermächtigung durch Rechtsverordnung auf die Landesjustizverwaltungen übertragen.

§ 8b[3) 4)] Unternehmensregister. (1) Das Unternehmensregister wird vorbehaltlich einer Regelung nach § 9a Abs. 1 vom Bundesministerium der Justiz und für Verbraucherschutz elektronisch geführt.

(2) Über die Internetseite des Unternehmensregisters sind zugänglich:
1. Eintragungen im Handelsregister und zum Handelsregister eingereichte Dokumente;
2. Eintragungen im Genossenschaftsregister und zum Genossenschaftsregister eingereichte Dokumente;
3. Eintragungen im Partnerschaftsregister und zum Partnerschaftsregister eingereichte Dokumente;
4. Unterlagen der Rechnungslegung und Unternehmensberichte, die nach diesem Gesetz, dem Publizitätsgesetz[5)], dem Eisenbahnregulierungsgesetz, dem Energiewirtschaftsgesetz[6)], dem Entgelttransparenzgesetz[7)], dem Kapitalanlagegesetzbuch, dem Telekommunikationsgesetz, dem Vermögensanlagengesetz

---

[1)] § 8a neu gef. mWv 1.1.2007 durch G v. 10.11.2006 (BGBl. I S. 2553), Abs. 2 tritt bereits mWv 16.11.2006 in Kraft; Abs. 2 Satz 1 geänd. mWv 1.9.2009 durch G v. 17.12.2008 (BGBl. I S. 2586); Abs. 2 Satz 1 geänd. mWv 8.9.2015 durch VO v. 31.8.2015 (BGBl. I S. 1474).

[2)] Nr. **112**.

[3)] § 8b eingef. mWv 1.1.2007 durch G v. 10.11.2006 (BGBl. I S. 2553); Abs. 2 Nr. 9 neu gef., Abs. 3 Sätze 3–5 angef. mWv 20.1.2007 durch G v. 5.1.2007 (BGBl. I S. 10); Abs. 2 Nr. 7 geänd. mWv 1.6.2012 durch G v. 6.12.2011 (BGBl. I S. 2481); Abs. 2 Nr. 5, 7 und 8 geänd. mWv 1.4.2012 durch G v. 22.12. 2011 (BGBl. I S. 3044); Abs. 2 Nr. 8 geänd. mWv 22.7.2013 durch G v. 4.7.2013 (BGBl. I S. 1981); Abs. 1 geänd. mWv 8.9.2015 durch VO v. 31.8.2015 (BGBl. I S. 1474); Abs. 2 Nr. 9 und Abs. 3 Satz 3 geänd. mWv 26.11.2015 durch G v. 20.11.2015 (BGBl. I S. 2029); Abs. 2 Nr. 9 und Abs. 3 Satz 3 geänd. mWv 2.7.2016 durch G v. 30.6.2016 (BGBl. I S. 1514); Abs. 2 Nr. 11 geänd. mWv 21.4.2018 durch G v. 13.4.2017 (BGBl. I S. 866); Abs. 2 Nr. 9, Abs. 3 Sätze 3 und 5 geänd. mWv 3.1.2018 durch G v. 23.6. 2017 (BGBl. I S. 1693); Abs. 2 Nr. 1–3 geänd., Nr. 4 neu gef., Nr. 9 und 11 geänd., Nr. 12 und 13 angef., Abs. 3 Satz 1 Nr. 1 und 2 neu gef., Nr. 3 angef., Satz 2 geänd., Sätze 3 und 4 eingef., bish. Sätze 3–5 werden Sätze 5–7, neue Sätze 5 und 6 geänd., Abs. 4 bish. Satz 1 geänd., Satz 2 aufgeh., Abs. 5 angef. mWv 1.8.2022 durch G v. 5.7.2021 (BGBl. I S. 3338).

[4)] Beachte hierzu Übergangsvorschriften in Art. 75 und 88 EGHGB (Nr. **50a**).

[5)] Nr. **52b**.

[6)] **Sartorius Nr. 830.**

[7)] **Loseblatt-Textsammlung Arbeitsrecht Nr. 93.**

oder dem Wertpapierhandelsgesetz[1] offengelegt wurden, mit Ausnahme der zur dauerhaften Hinterlegung eingestellten Unterlagen;
5. gesellschaftsrechtliche Bekanntmachungen im Bundesanzeiger;
6. im Aktionärsforum veröffentlichte Eintragungen nach § 127a des Aktiengesetzes[2];
7. Veröffentlichungen von Unternehmen nach dem Wertpapierhandelsgesetz oder dem Vermögensanlagengesetz im Bundesanzeiger, von Bietern, Gesellschaften, Vorständen und Aufsichtsräten nach dem Wertpapiererwerbs- und Übernahmegesetz im Bundesanzeiger sowie Veröffentlichungen nach der Börsenzulassungs-Verordnung im Bundesanzeiger;
8. Bekanntmachungen und Veröffentlichungen von Kapitalverwaltungsgesellschaften und extern verwalteten Investmentgesellschaften nach dem Kapitalanlagegesetzbuch, dem Investmentgesetz und dem Investmentsteuergesetz im Bundesanzeiger;
9. Veröffentlichungen und sonstige der Öffentlichkeit zur Verfügung gestellte Informationen nach den §§ 5, 26 Absatz 1 und 2, § 40 Absatz 1, den §§ 41, 46 Absatz 2, den §§ 50, 51 Absatz 2 und § 127 des Wertpapierhandelsgesetzes, sofern die Veröffentlichung nicht bereits über Nummer 7 in das Unternehmensregister eingestellt wird,
10. Mitteilungen über kapitalmarktrechtliche Veröffentlichungen an die Bundesanstalt für Finanzdienstleistungsaufsicht, sofern die Veröffentlichung selbst nicht bereits über Nummer 7 oder Nummer 9 in das Unternehmensregister eingestellt wird;
11. Bekanntmachungen der Insolvenzgerichte nach § 9 der Insolvenzordnung[3], ausgenommen Verfahren nach dem Zehnten Teil der Insolvenzordnung;
12. Registerbekanntmachungen aus dem Handels-, Genossenschafts- und Partnerschaftsregister;
13. Bekanntmachungen der Bundesanstalt für Finanzdienstleistungsaufsicht nach § 107 Absatz 1 Satz 6, § 109 Absatz 2 Satz 1 und 5, Absatz 3 Satz 2 des Wertpapierhandelsgesetzes und nach § 31 Absatz 4 des Vermögensanlagengesetzes.

(3) [1] Zur Einstellung in das Unternehmensregister sind dem Unternehmensregister zu übermitteln:
1. die Daten nach Absatz 2 Nummer 5 bis 8 durch den Betreiber des Bundesanzeigers,
2. die Daten nach Absatz 2 Nummer 4, 9 und 10 sowie diejenigen Unterlagen, die dauerhaft hinterlegt werden sollen, durch den jeweils Offenlegungs- oder Veröffentlichungspflichtigen oder den von ihm mit der Veranlassung der Offenlegung oder Veröffentlichung beauftragten Dritten,
3. die Daten nach Absatz 2 Nummer 13 durch die Bundesanstalt für Finanzdienstleistungsaufsicht.

[2] Die Landesjustizverwaltungen übermitteln die Daten nach Absatz 2 Nummer 1 bis 3, 11 und 12 zum Unternehmensregister, soweit die Übermittlung für die Eröffnung eines Zugangs zu den Originaldaten über die Internetseite des Unternehmensregisters erforderlich ist. [3] Die das Unternehmensregister führende Stelle

---
[1] **Habersack, Deutsche Gesetze ErgBd. Nr. 58.**
[2] Nr. **51**.
[3] Nr. **110**.

stellt dem Betreiber des Bundesanzeigers die nach Satz 2 von den Landesjustizverwaltungen übermittelten Daten zur Verfügung, soweit dies für die Erfüllung der Aufgabe der Zuordnung von Einreichungen beim Betreiber des Bundesanzeigers nach Absatz 2 Nummer 5 bis 8 erforderlich ist. [4] Die Daten dürfen vom Betreiber des Bundesanzeigers nur für diese Zwecke verwendet werden. [5] Die Bundesanstalt für Finanzdienstleistungsaufsicht überwacht die Übermittlung der Veröffentlichungen und der sonstigen der Öffentlichkeit zur Verfügung gestellten Informationen nach den §§ 5, 26 Absatz 1 und 2, § 40 Absatz 1, den §§ 41, 46 Absatz 2, den §§ 50, 51 Absatz 2, § 114 Absatz 1 bis § 116 Absatz 2, den §§ 117, 118 Absatz 4 und § 127 des Wertpapierhandelsgesetzes an das Unternehmensregister zur Einstellung und kann Anordnungen treffen, die zu ihrer Durchsetzung geeignet und erforderlich sind. [6] Die Bundesanstalt kann die gebotene Übermittlung der in Satz 5 genannten Veröffentlichungen, der Öffentlichkeit zur Verfügung gestellten Informationen und Mitteilung auf Kosten des Pflichtigen vornehmen, wenn die Übermittlungspflicht nicht, nicht richtig, nicht vollständig oder nicht in der vorgeschriebenen Weise erfüllt wird. [7] Für die Überwachungstätigkeit der Bundesanstalt gelten § 6 Absatz 3 Satz 1 und 3, Absatz 15 und 16, die §§ 13, 18 und 21 des Wertpapierhandelsgesetzes entsprechend.

(4) Die Führung des Unternehmensregisters schließt die Erteilung von Ausdrucken sowie die Beglaubigung entsprechend § 9 Abs. 3 und 4 hinsichtlich der im Unternehmensregister eingestellten Unterlagen der Rechnungslegung und Unternehmensberichte im Sinn des Absatzes 2 Nr. 4 ein.

(5) Die Führung des Unternehmensregisters schließt auch den Informationsaustausch nach § 9c ein.

§ 9[1) 2)] Einsichtnahme in das Handelsregister und das Unternehmensregister. (1) [1] Die Einsichtnahme in das Handelsregister sowie in die zum Handelsregister eingereichten Dokumente ist jedem zu Informationszwecken durch einzelne Abrufe gestattet. [2] Die Landesjustizverwaltungen bestimmen das elektronische Informations- und Kommunikationssystem, über das die Daten aus den Handelsregistern abrufbar sind, und sind für die Abwicklung des elektronischen Abrufverfahrens zuständig. [3] Die Landesregierung kann die Zuständigkeit durch Rechtsverordnung abweichend regeln; sie kann diese Ermächtigung durch Rechtsverordnung auf die Landesjustizverwaltung übertragen. [4] Die Länder können ein länderübergreifendes, zentrales elektronisches Informations- und Kommunikationssystem bestimmen. [5] Sie können auch eine Übertragung der Abwicklungsaufgaben auf die zuständige Stelle eines anderen Landes sowie mit dem Betreiber des Unternehmensregisters eine Übertragung der Abwicklungsaufgaben auf das Unternehmensregister vereinbaren.

(2) Sind Dokumente nur in Papierform vorhanden, kann die elektronische Übermittlung nur für solche Schriftstücke verlangt werden, die weniger als zehn Jahre vor dem Zeitpunkt der Antragstellung zum Handelsregister eingereicht wurden.

(3) [1] Die Übereinstimmung der übermittelten Daten mit dem Inhalt des Handelsregisters und den zum Handelsregister eingereichten Dokumenten wird auf Antrag durch das Gericht beglaubigt. [2] Dafür hat eine Authentifizierung durch

---

[1)] § 9 neu gef. mWv 1.1.2007 durch G v. 10.11.2006 (BGBl. I S. 2553); Abs. 6 Satz 3 angef. mWv 28.12.2012 durch G v. 20.12.2012 (BGBl. I S. 2751); Abs. 1 Satz 1 geänd., Abs. 3 Satz 2 und Abs. 6 Satz 3 neu gef. mWv 1.8.2022 durch G v. 5.7.2021 (BGBl. I S. 3338).

[2)] Beachte hierzu Übergangsvorschrift in Art. 88 EGHGB (Nr. **50a**).

einen Vertrauensdienst nach der Verordnung (EU) Nr. 910/2014 des Europäischen Parlaments und des Rates vom 23. Juli 2014 über elektronische Identifizierung und Vertrauensdienste für elektronische Transaktionen im Binnenmarkt und zur Aufhebung der Richtlinie 1999/93/EG (ABl. L 257 vom 28.8.2014, S. 73; L 23 vom 29.1.2015, S. 19; L 155 vom 14.6.2016, S. 44) zu erfolgen.

(4) [1] Von den Eintragungen und den eingereichten Dokumenten kann ein Ausdruck verlangt werden. [2] Von den zum Handelsregister eingereichten Schriftstücken, die nur in Papierform vorliegen, kann eine Abschrift gefordert werden. [3] Die Abschrift ist von der Geschäftsstelle zu beglaubigen und der Ausdruck als amtlicher Ausdruck zu fertigen, wenn nicht auf die Beglaubigung verzichtet wird.

(5) Das Gericht hat auf Verlangen eine Bescheinigung darüber zu erteilen, dass bezüglich des Gegenstandes einer Eintragung weitere Eintragungen nicht vorhanden sind oder dass eine bestimmte Eintragung nicht erfolgt ist.

(6) [1] Für die Einsichtnahme in das Unternehmensregister gilt Absatz 1 Satz 1 entsprechend. [2] Anträge nach den Absätzen 2 bis 5 können auch über das Unternehmensregister an das Gericht vermittelt werden. [3] Die Einsichtnahme in die beim Unternehmensregister zur dauerhaften Hinterlegung eingestellten Daten erfolgt nur auf Antrag durch Übermittlung einer Kopie.

§ 9a[1)] Übertragung der Führung des Unternehmensregisters; Verordnungsermächtigung. (1) [1] Das Bundesministerium der Justiz und für Verbraucherschutz wird ermächtigt, durch Rechtsverordnung mit Zustimmung des Bundesrates einer juristischen Person des Privatrechts die Aufgaben nach § 8b Abs. 1 zu übertragen. [2] Der Beliehene erlangt die Stellung einer Justizbehörde des Bundes. [3] Zur Erstellung von Beglaubigungen führt der Beliehene ein Dienstsiegel; nähere Einzelheiten hierzu können in der Rechtsverordnung nach Satz 1 geregelt werden. [4] Die Dauer der Beleihung ist zu befristen; sie soll fünf Jahre nicht unterschreiten; Kündigungsrechte aus wichtigem Grund sind vorzusehen. [5] Eine juristische Person des Privatrechts darf nur beliehen werden, wenn sie grundlegende Erfahrungen mit der Veröffentlichung von kapitalmarktrechtlichen Informationen und gerichtlichen Mitteilungen, insbesondere Handelsregisterdaten, hat und ihr eine ausreichende technische und finanzielle Ausstattung zur Verfügung steht, die die Gewähr für den langfristigen und sicheren Betrieb des Unternehmensregisters bietet.

(2) [1] Das Bundesministerium der Justiz und für Verbraucherschutz wird ermächtigt, durch Rechtsverordnung mit Zustimmung des Bundesrates Einzelheiten der Datenübermittlung zwischen den Behörden der Länder und dem Unternehmensregister einschließlich Vorgaben über Datenformate zu regeln. [2] Abweichungen von den Verfahrensregelungen durch Landesrecht sind ausgeschlossen.

(3) [1] Das Bundesministerium der Justiz und für Verbraucherschutz wird ermächtigt, durch Rechtsverordnung ohne Zustimmung des Bundesrates die technischen Einzelheiten zu Aufbau und Führung des Unternehmensregisters,die technischen Einzelheiten zur Anmeldung und Identifikation von Nutzern des Unternehmensregisters, Einzelheiten der Datenübermittlung einschließlich Vorgaben über Datenformate, die nicht unter Absatz 2 fallen, Einzelheiten der Prüfung der übermittelten Daten, Löschungsfristen für die im Unternehmensregister gespeicherten Daten, Überwachungsrechte der Bundesanstalt für Finanzdienstleistungsaufsicht

---

[1)] § 9a neu gef. mWv 16.11.2006 durch G v. 10.11.2006 (BGBl. I S. 2553); Abs. 1 Satz 1, Abs. 2 Satz 1 und Abs. 3 Satz 1 geänd. mWv 8.9.2015 durch VO v. 31.8.2015 (BGBl. I S. 1474); Abs. 3 Satz 1 geänd. mWv 1.8.2022 durch G v. 5.7.2021 (BGBl. I S. 3338).

gegenüber dem Unternehmensregister hinsichtlich der Übermittlung, Einstellung, Verwaltung, Verarbeitung und des Abrufs kapitalmarktrechtlicher Daten einschließlich der Zusammenarbeit mit amtlich bestellten Speicherungssystemen anderer Mitgliedstaaten der Europäischen Union oder anderer Vertragsstaaten des Abkommens über den Europäischen Wirtschaftsraum im Rahmen des Aufbaus eines europaweiten Netzwerks zwischen den Speicherungssystemen, die Zulässigkeit sowie Art und Umfang von Auskunftsdienstleistungen mit den im Unternehmensregister gespeicherten Daten, die über die mit der Führung des Unternehmensregisters verbundenen Aufgaben nach diesem Gesetz hinausgehen, zu regeln. [2] Soweit Regelungen getroffen werden, die kapitalmarktrechtliche Daten berühren, ist die Rechtsverordnung nach Satz 1 im Einvernehmen mit dem Bundesministerium der Finanzen zu erlassen. [3] Die Rechtsverordnung nach Satz 1 hat dem schutzwürdigen Interesse der Unternehmen am Ausschluss einer zweckändernden Verwendung der im Register gespeicherten Daten angemessen Rechnung zu tragen.

§ 9b[1)] Europäisches System der Registervernetzung. (1) [1] Folgende Informationen und Unterlagen, soweit sie Kapitalgesellschaften betreffen oder Zweigniederlassungen von Kapitalgesellschaften, die dem Recht eines anderen Mitgliedstaates der Europäischen Union oder eines anderen Vertragsstaates des Abkommens über den Europäischen Wirtschaftsraum unterliegen, sind auch über das Europäische Justizportal zugänglich:
1. Eintragungen im Handelsregister,
2. Registerbekanntmachungen,
3. zum Handelsregister eingereichte Dokumente,
4. Unterlagen der Rechnungslegung nach § 325 sowie
5. eine Verschmelzungs-, Spaltungs- oder Formwechselbescheinigung nach § 316 Absatz 1 Satz 4, § 329 Satz 3 oder § 343 Absatz 1 Satz 4 des Umwandlungsgesetzes[2)].

[2] Hierzu übermitteln die Landesjustizverwaltungen die Daten des Handelsregisters und die das Unternehmensregister führende Stelle übermittelt die Daten der Rechnungslegungsunterlagen jeweils an die zentrale Europäische Plattform nach Artikel 22 Absatz 1 der Richtlinie (EU) 2017/1132 des Europäischen Parlaments und des Rates vom 14. Juni 2017 über bestimmte Aspekte des Gesellschaftsrechts (ABl. L 169 vom 30.6.2017, S. 46), die zuletzt durch die Richtlinie (EU) 2019/2121 (ABl. L 321 vom 12.12.2019, S. 1; L 20 vom 24.1.2020, S. 24) geändert worden ist, soweit die Übermittlung für die Eröffnung eines Zugangs zu den Originaldaten über den Suchdienst auf der Internetseite des Europäischen Justizportals erforderlich ist. [3] Die Zugänglichmachung der Informationen und Unterlagen über das Europäische Justizportal erfolgt nach Maßgabe der Bestimmungen der Durchführungsverordnung (EU) 2021/1042 der Kommission vom 18. Juni 2021 mit Durchführungsbestimmungen zur Richtlinie (EU) 2017/1132 des Europäischen Parlaments und des Rates in Bezug auf technische Spezifikationen und Verfahren für das System der Registervernetzung und zur Aufhebung der Durch-

---

1) § 9b eingef. mWv 31.12.2014 durch G v. 22.12.2014 (BGBl. I S. 2409); Überschrift, Abs. 1 Satz 2, Abs. 2 Satz 3 Nr. 3, 4 geänd., Nr. 5, 6 und Satz 4 angef., Abs. 3 Satz 1 geänd., Abs. 4 neu gef. mWv 1.8.2022 durch G v. 5.7.2021 (BGBl. I S. 3338); Abs. 1 Satz 1 neu gef., Satz 3 angef., Abs. 2 Satz 3 einl. Satzteil geänd., Nr. 4 und Satz 4 neu gef., Abs. 4 Satz 1 geänd. mWv 1.3.2023 durch G v. 22.2.2023 (BGBl. 2023 I Nr. 51).

2) Nr. **52a**.

führungsverordnung (EU) 2020/2244 der Kommission (ABl. L 225 vom 25.6. 2021, S. 7).

(2) [1] Das Registergericht, bei dem das Registerblatt einer Kapitalgesellschaft oder Zweigniederlassung einer Kapitalgesellschaft im Sinne des Absatzes 1 Satz 1 geführt wird, nimmt am Informationsaustausch zwischen den Registern über die zentrale Europäische Plattform teil. [2] Den Kapitalgesellschaften und Zweigniederlassungen von Kapitalgesellschaften im Sinne des Absatzes 1 Satz 1 ist zu diesem Zweck eine einheitliche europäische Kennung zuzuordnen. [3] Das Registergericht übermittelt nach Maßgabe der folgenden Absätze an die zentrale Europäische Plattform die Informationen und Unterlagen über

1. die Eintragung der Eröffnung, Einstellung oder Aufhebung eines Insolvenzverfahrens über das Vermögen der Gesellschaft,
2. die Eintragung der Auflösung der Gesellschaft und die Eintragung über den Schluss der Liquidation oder Abwicklung oder über die Fortsetzung der Gesellschaft,
3. die Löschung der Gesellschaft,
4. die Verschmelzungs-, Spaltungs- oder Formwechselbescheinigung nach § 316 Absatz 1 Satz 4, § 329 Satz 3 oder § 343 Absatz 1 Satz 4 des Umwandlungsgesetzes, das Wirksamwerden einer grenzüberschreitenden Umwandlung sowie die Eintragung der aus einer grenzüberschreitenden Spaltung hervorgehenden, neuen Gesellschaft oder die Eintragung der grenzüberschreitenden Spaltung zur Aufnahme im Register der übernehmenden Gesellschaft,
5. die Eintragung der Errichtung der Zweigniederlassung und die Eintragung der Aufhebung der Zweigniederlassung sowie
6. die Änderung folgender Daten der Gesellschaft oder der Zweigniederlassung:
   a) der Firma der Gesellschaft oder der Zweigniederlassung,
   b) des Sitzes der Gesellschaft oder der Geschäftsanschrift der Zweigniederlassung,
   c) der Rechtsform der Gesellschaft,
   d) der Eintragungsnummer der Gesellschaft oder der Zweigniederlassung,
   e) der Personen, die als gesetzlich vorgesehenes Gesellschaftsorgan oder als Mitglieder eines solchen Organs befugt sind, die Gesellschaft gerichtlich und außergerichtlich zu vertreten, oder die an der Verwaltung, Beaufsichtigung oder Kontrolle der Gesellschaft teilnehmen.

[4] Die Übermittlung der Informationen und Unterlagen erfolgt nach Maßgabe der Bestimmungen der Durchführungsverordnung (EU) 2021/1042.

(3) [1] Die Landesjustizverwaltungen bestimmen das elektronische Informations- und Kommunikationssystem, über das die Daten aus dem Handelsregister zugänglich gemacht (Absatz 1) und im Rahmen des Informationsaustauschs zwischen den Registern übermittelt und empfangen werden (Absatz 2), und sie sind, vorbehaltlich der Zuständigkeit der das Unternehmensregister führenden Stelle nach Absatz 1 Satz 2, für die Abwicklung des Datenverkehrs nach den Absätzen 1 und 2 zuständig. [2] § 9 Absatz 1 Satz 3 bis 5 gilt entsprechend.

(4) [1] Die das Unternehmensregister führende Stelle übermittelt nach den Vorgaben der Durchführungsverordnung (EU) 2021/1042 eine Änderung der Unterlagen der Rechnungslegung, die eine Kapitalgesellschaft mit Sitz im Inland offengelegt hat (§ 325 Absatz 1b Satz 1), unverzüglich an die zentrale Europäische Plattform, wenn die Kapitalgesellschaft eine Zweigniederlassung errichtet hat, die dem Recht eines anderen Mitgliedstaates der Europäischen Union oder eines

anderen Vertragsstaates des Abkommens über den Europäischen Wirtschaftsraum unterliegt. ²Empfängt die das Unternehmensregister führende Stelle über das Europäische System der Registervernetzung Daten zu einer Änderung der Unterlagen der Rechnungslegung einer Kapitalgesellschaft, die dem Recht eines anderen Mitgliedstaates der Europäischen Union oder eines anderen Vertragsstaates des Abkommens über den Europäischen Wirtschaftsraum unterliegt und die eine inländische Zweigniederlassung errichtet hat, so bestätigt die registerführende Stelle den Eingang der Daten über das Europäische System der Registervernetzung.

§ 9c[1) 2)] **Informationsaustausch über disqualifizierte Personen über das Europäische System der Registervernetzung.** (1) ¹Die das Unternehmensregister führende Stelle ist die zuständige Stelle für die Beantwortung eines über die zentrale Europäische Plattform gemäß § 9b Absatz 1 Satz 2 eingehenden Ersuchens eines anderen Mitgliedstaates der Europäischen Union oder eines anderen Vertragsstaates des Abkommens über den Europäischen Wirtschaftsraum nach Artikel 13i der Richtlinie (EU) 2017/1132 um Informationen, die relevant sind für die Disqualifikation einer Person

1. als Geschäftsführer einer Gesellschaft mit beschränkter Haftung gemäß § 6 Absatz 2 Satz 2 Nummer 2 und 3 des Gesetzes über die Gesellschaften mit beschränkter Haftung[3)] oder
2. als Mitglied des Vorstands einer Aktiengesellschaft gemäß § 76 Absatz 3 Satz 2 Nummer 2 und 3 des Aktiengesetzes[4)].

²Auf Anfrage eines Registergerichts führt die zuständige Stelle ein Ersuchen nach Artikel 13i der Richtlinie (EU) 2017/1132 gegenüber anderen Mitgliedstaaten der Europäischen Union oder anderen Vertragsstaaten des Abkommens über den Europäischen Wirtschaftsraum durch und leitet die erhaltenen Antworten an das anfragende Registergericht weiter.

(2) Die zuständige Stelle erhält zum Zweck der Beantwortung eines Ersuchens die für die Beantwortung erforderliche Auskunft aus dem Bundeszentralregister nach § 57a Absatz 4 des Bundeszentralregistergesetzes[5)] und aus dem Gewerbezentralregister nach § 150c Absatz 3 der Gewerbeordnung[6)].

(3) Die Beantwortung und die Durchführung eines Ersuchens erfolgen gemäß den Bestimmungen der Durchführungsverordnung (EU) 2020/2244 sowie einer nach Absatz 6 erlassenen Verordnung.

(4) ¹Die Beantwortung eines Ersuchens ist beschränkt auf die Angabe gemäß Artikel 13i Absatz 4 Satz 1 der Richtlinie (EU) 2017/1132,

1. ob die betroffene Person disqualifiziert ist
   a) gemäß § 6 Absatz 2 Satz 2 Nummer 2 und 3 des Gesetzes über die Gesellschaften mit beschränkter Haftung als Geschäftsführer einer Gesellschaft mit beschränkter Haftung oder
   b) gemäß § 76 Absatz 3 Satz 2 Nummer 2 und 3 des Aktiengesetzes als Mitglied des Vorstands einer Aktiengesellschaft oder

---

1) § 9c eingef. mWv 1.8.2022 durch G v. 5.7.2021 (BGBl. I S. 3338).
2) Beachte hierzu Übergangsvorschrift in Art. 88 EGHGB (Nr. **50a**).
3) Nr. **52**.
4) Nr. **51**.
5) Nr. **92**.
6) **Sartorius Nr. 800.**

2. ob entsprechende Informationen im Bundeszentralregister oder Gewerbezentralregister enthalten sind.

[2] Weitergehende Informationen über eine Disqualifikation der betroffenen Person werden durch die das Unternehmensregister führende Stelle über die zentrale Europäische Plattform nicht übermittelt.

(5) [1] Die zuständige Stelle darf die von einem ersuchenden Mitgliedstaat, von einem Registergericht oder nach Absatz 2 übermittelten personenbezogenen Daten der betroffenen Personen für die Zwecke der Beantwortung und der Durchführung eines Ersuchens verarbeiten. [2] Die personenbezogenen Daten der betroffenen Personen sind von der zuständigen Stelle unverzüglich zu löschen, sobald und soweit diese nicht mehr für die Beantwortung oder die Durchführung des Ersuchens erforderlich sind.

(6) Durch Rechtsverordnung nach § 9a Absatz 3 können auch die erforderlichen Bestimmungen in Bezug auf die Beantwortung und die Durchführung der Ersuchen durch die zuständige Stelle getroffen werden, einschließlich der Bestimmungen über

(Fortsetzung nächstes Blatt)

Zweiter Titel.[1] Ordnungsgelder

§ 335[2) 3)] Festsetzung von Ordnungsgeld; Verordnungsermächtigungen.

(1) [1] Gegen die Mitglieder des vertretungsberechtigten Organs einer Kapitalgesellschaft, die

1. § 325 über die Pflicht zur Offenlegung des Jahresabschlusses, des Lageberichts, des Konzernabschlusses, des Konzernlageberichts und anderer Unterlagen der Rechnungslegung oder
2. § 325a über die Pflicht zur Offenlegung der Rechnungslegungsunterlagen der Hauptniederlassung

nicht befolgen, ist wegen des pflichtwidrigen Unterlassens der rechtzeitigen Offenlegung vom Bundesamt für Justiz (Bundesamt) ein Ordnungsgeldverfahren nach den Absätzen 2 bis 6 durchzuführen; im Fall der Nummer 2 treten die in § 13e Absatz 2 Satz 5 Nummer 3 genannten Personen, sobald sie angemeldet sind, an die Stelle der Mitglieder des vertretungsberechtigten Organs der Kapitalgesellschaft. [2] Das Ordnungsgeldverfahren kann auch gegen die Kapitalgesellschaft durchgeführt werden, für die die Mitglieder des vertretungsberechtigten Organs die in Satz 1 Nr. 1 und 2 genannten Pflichten zu erfüllen haben. [3] Dem Verfahren steht nicht entgegen, dass eine der Offenlegung vorausgehende Pflicht, insbesondere die Aufstellung des Jahres- oder Konzernabschlusses oder die unverzügliche Erteilung des Prüfauftrags, noch nicht erfüllt ist. [4] Das Ordnungsgeld beträgt mindestens zweitausendfünfhundert und höchstens fünfundzwanzigtausend Euro. [5] Eingenommene Ordnungsgelder fließen dem Bundesamt zu.

(1a) [1] Ist die Kapitalgesellschaft kapitalmarktorientiert im Sinne des § 264d, beträgt das Ordnungsgeld höchstens den höheren der folgenden Beträge:

1. zehn Millionen Euro,
2. 5 Prozent des jährlichen Gesamtumsatzes, den die Kapitalgesellschaft im der Behördenentscheidung vorausgegangenen Geschäftsjahr erzielt hat, oder
3. das Zweifache des aus der unterlassenen Offenlegung gezogenen wirtschaftlichen Vorteils; der wirtschaftliche Vorteil umfasst erzielte Gewinne und vermiedene Verluste und kann geschätzt werden.

[2] Wird das Ordnungsgeld einem Mitglied des gesetzlichen Vertretungsorgans der Kapitalgesellschaft angedroht, beträgt das Ordnungsgeld abweichend von Satz 1 höchstens den höheren der folgenden Beträge:

1. zwei Millionen Euro oder

---

[1] Überschrift 2. Titel eingef. mWv 19.4.2017 durch G v. 11.4.2017 (BGBl. I S. 802).

[2] § 335 neu gef. mWv 1.1.2007 durch G v. 10.11.2006 (BGBl. I S. 2553); Abs. 2a eingef. mWv 18.12.2007 durch G v. 10.12.2007 (BGBl. I S. 2833); Abs. 2 Satz 1 geänd. mWv 1.9.2009 durch G v. 17.12.2008 (BGBl. I S. 2586, geänd. durch G v. 25.5.2009, BGBl. I S. 1102); Abs. 5a eingef. mWv 29.5.2009 durch G v. 25.5.2009 (BGBl. I S. 1102); Abs. 3 Sätze 4 und 5 aufgeh., bish. Sätze 6 und 7 werden Sätze 4 und 5, Abs. 4 und 5 neu gef., Abs. 5a aufgeh., Abs. 6 Satz 1 neu gef. mWv 10.10.2013 durch G v. 4.10.2013 (BGBl. I S. 3746); Abs. 1 Satz 4 geänd. mWv 10.7.2015 durch G v. 3.7.2015 (BGBl. I S. 1114); Abs. 1 Satz 4 geänd., Abs. 1a–1d eingef. mWv 26.11.2015 durch G v. 20.11.2015 (BGBl. I S. 2029); Abs. 1 Satz 1 abschl. Satzteil, Abs. 1a Satz 1 Nr. 2 geänd., Abs. 1b Satz 2 neu gef. mWv 19.4.2017 durch G v. 11.4.2017 (BGBl. I S. 802); Abs. 7 angef. mWv 13.7.2017, Überschrift geänd., Abs. 2a neu gef. mWv 1.1.2018 durch G v. 5.7.2017 (BGBl. I S. 2208); Abs. 7 Satz 1 Nr. 5 Buchst. c geänd. mWv 1.11.2019 durch G v. 21.6.2019 (BGBl. I S. 846); Abs. 1b Satz 1 Nr. 1 geänd. mWv 26.6.2021 durch G v. 12.5.2021 (BGBl. I S. 990); Abs. 2 Satz 3 neu gef. mWv 16.3.2023 durch G v. 10.3.2023 (BGBl. 2023 I Nr. 64).

[3] Beachte hierzu Übergangsvorschriften in Art. 75 und 80 EGHGB (Nr. **50a**).

2. das Zweifache des aus der unterlassenen Offenlegung gezogenen Vorteils; der wirtschaftliche Vorteil umfasst erzielte Gewinne und vermiedene Verluste und kann geschätzt werden.

(1b) [1] Gesamtumsatz im Sinne des Absatzes 1a Satz 1 Nummer 2 ist

1. im Falle von Kreditinstituten, Zahlungsinstituten, Wertpapierinstituten und Finanzdienstleistungsinstituten im Sinne des § 340 der sich aus dem auf das Institut anwendbaren nationalen Recht im Einklang mit Artikel 27 Nummer 1, 3, 4, 6 und 7 oder Artikel 28 Nummer B1, B2, B3, B4 und B7 der Richtlinie 86/635/EWG des Rates vom 8. Dezember 1986 über den Jahresabschluss und den konsolidierten Abschluss von Banken und anderen Finanzinstituten (ABl. L 372 vom 31.12.1986, S. 1) ergebende Gesamtbetrag, abzüglich der Umsatzsteuer und sonstiger direkt auf diese Erträge erhobener Steuern,
2. im Falle von Versicherungsunternehmen der sich aus dem auf das Versicherungsunternehmen anwendbaren nationalen Recht im Einklang mit Artikel 63 der Richtlinie 91/674/EWG des Rates vom 19. Dezember 1991 über den Jahresabschluss und den konsolidierten Abschluss von Versicherungsunternehmen (ABl. L 374 vom 31.12.1991, S. 7) ergebende Gesamtbetrag, abzüglich der Umsatzsteuer und sonstiger direkt auf diese Erträge erhobener Steuern,
3. im Übrigen der Betrag der Umsatzerlöse nach § 277 Absatz 1 oder der Nettoumsatzerlöse nach Maßgabe des auf das Unternehmen anwendbaren nationalen Rechts im Einklang mit Artikel 2 Nummer 5 der Richtlinie 2013/34/EU.

[2] Handelt es sich bei der Kapitalgesellschaft um ein Mutterunternehmen oder um ein Tochterunternehmen im Sinne von § 290, ist anstelle des Gesamtumsatzes der Kapitalgesellschaft der Gesamtumsatz im Konzernabschluss des Mutterunternehmens maßgeblich, der für den größten Kreis von Unternehmen aufgestellt wird. [3] Wird der Konzernabschluss für den größten Kreis von Unternehmen nicht nach den in Satz 1 genannten Vorschriften aufgestellt, ist der Gesamtumsatz nach Maßgabe der den in Satz 1 Nummer 1 bis 3 vergleichbaren Posten des Konzernabschlusses zu ermitteln. [4] Ist ein Jahresabschluss oder Konzernabschluss für das maßgebliche Geschäftsjahr nicht verfügbar, ist der Jahres- oder Konzernabschluss für das unmittelbar vorausgehende Geschäftsjahr maßgeblich; ist auch dieser nicht verfügbar, kann der Gesamtumsatz geschätzt werden.

(1c) Soweit dem Bundesamt Ermessen bei der Höhe eines Ordnungsgeldes zusteht, hat es auch frühere Verstöße der betroffenen Person zu berücksichtigen.

(1d) [1] Das Bundesamt unterrichtet die Bundesanstalt für Finanzdienstleistungsaufsicht unverzüglich über jedes Ordnungsgeld, das gemäß Absatz 1 gegen eine Kapitalgesellschaft im Sinne des § 264d oder gegen ein Mitglied ihrer Vertretungsorgane festgesetzt wird. [2] Wird gegen eine solche Ordnungsgeldfestsetzung Beschwerde eingelegt, unterrichtet das Bundesamt die Bundesanstalt für Finanzdienstleistungsaufsicht über diesen Umstand sowie über den Ausgang des Beschwerdeverfahrens.

(2) [1] Auf das Verfahren sind die §§ 15 bis 19, § 40 Abs. 1, § 388 Abs. 1, § 389 Abs. 3, § 390 Abs. 2 bis 6 des Gesetzes über das Verfahren in Familiensachen und in den Angelegenheiten der freiwilligen Gerichtsbarkeit[1)] sowie im Übrigen § 11 Nr. 1 und 2, § 12 Abs. 1 Nr. 1 bis 3, Abs. 2 und 3, §§ 14, 15, 20 Abs. 1 und 3, § 21 Abs. 1, §§ 23 und 26 des Verwaltungsverfahrensgesetzes[2)] nach Maßgabe der nachfolgenden

---

[1)] Nr. **112**.
[2)] **Sartorius Nr. 100.**

Absätze entsprechend anzuwenden. [2] Das Ordnungsgeldverfahren ist ein Justizverwaltungsverfahren. [3] Zur Vertretung der Beteiligten sind auch befugt

1. Wirtschaftsprüfer und vereidigte Buchprüfer,
2. Steuerberater und Steuerbevollmächtigte,
3. Personen und Vereinigungen im Sinne der §§ 3a und 3c des Steuerberatungsgesetzes im Rahmen ihrer Befugnisse nach § 3a des Steuerberatungsgesetzes,
4. zu beschränkter geschäftsmäßiger Hilfeleistung in Steuersachen nach den §§ 3d und 3e des Steuerberatungsgesetzes berechtigte Personen im Rahmen dieser Befugnisse sowie
5. Gesellschaften im Sinne des § 3 Satz 1 Nummer 2 und 3 des Steuerberatungsgesetzes, die durch Personen im Sinne des § 3 Satz 2 des Steuerberatungsgesetzes handeln.

(2a) [1] Die Akten einschließlich der Verfahrensakten in der Zwangsvollstreckung werden elektronisch geführt. [2] Auf die elektronische Aktenführung und die elektronische Kommunikation ist § 110c des Gesetzes über Ordnungswidrigkeiten entsprechend anzuwenden, jedoch dessen Satz 1

1. nicht in Verbindung mit dessen Satz 2 und § 32b der Strafprozessordnung auf
   a) die Androhung eines Ordnungsgeldes nach Absatz 3 Satz 1,
   b) die Kostenentscheidung nach Absatz 3 Satz 2 und
   c) den Erlass von Zwischenverfügungen;
2. nicht in Verbindung mit den §§ 32d und 32e Absatz 3 Satz 1 und 2 der Strafprozessordnung auf das Verfahren insgesamt sowie
3. einschließlich dessen Sätze 2 und 3 nicht auf die Beitreibung nach dem Justizbeitreibungsgesetz.

[3] Satz 2 gilt entsprechend auch für Verfügungen im Sinne der Absätze 3 und 4, die automatisiert erlassen werden können.

(3) [1] Den in Absatz 1 Satz 1 und 2 bezeichneten Beteiligten ist unter Androhung eines Ordnungsgeldes in bestimmter Höhe aufzugeben, innerhalb einer Frist von sechs Wochen vom Zugang der Androhung an ihrer gesetzlichen Verpflichtung nachzukommen oder die Unterlassung mittels Einspruchs gegen die Verfügung zu rechtfertigen. [2] Mit der Androhung des Ordnungsgeldes sind den Beteiligten zugleich die Kosten des Verfahrens aufzuerlegen. [3] Der Einspruch kann auf Einwendungen gegen die Entscheidung über die Kosten beschränkt werden. [4] Der Einspruch gegen die Androhung des Ordnungsgeldes und gegen die Entscheidung über die Kosten hat keine aufschiebende Wirkung. [5] Führt der Einspruch zu einer Einstellung des Verfahrens, ist zugleich auch die Kostenentscheidung nach Satz 2 aufzuheben.

(4) [1] Wenn die Beteiligten nicht spätestens sechs Wochen nach dem Zugang der Androhung der gesetzlichen Pflicht entsprochen oder die Unterlassung mittels Einspruchs gerechtfertigt haben, ist das Ordnungsgeld festzusetzen und zugleich die frühere Verfügung unter Androhung eines erneuten Ordnungsgeldes zu wiederholen. [2] Haben die Beteiligten die gesetzliche Pflicht erst nach Ablauf der Sechswochenfrist erfüllt, hat das Bundesamt das Ordnungsgeld wie folgt herabzusetzen:

1. auf einen Betrag von 500 Euro, wenn die Beteiligten von dem Recht einer Kleinstkapitalgesellschaft nach § 326 Absatz 2 Gebrauch gemacht haben;
2. auf einen Betrag von 1 000 Euro, wenn es sich um eine kleine Kapitalgesellschaft im Sinne des § 267 Absatz 1 handelt;

3. auf einen Betrag von 2500 Euro, wenn ein höheres Ordnungsgeld angedroht worden ist und die Voraussetzungen der Nummern 1 und 2 nicht vorliegen, oder
4. jeweils auf einen geringeren Betrag, wenn die Beteiligten die Sechswochenfrist nur geringfügig überschritten haben.

[3] Bei der Herabsetzung sind nur Umstände zu berücksichtigen, die vor der Entscheidung des Bundesamtes eingetreten sind.

(5) [1] Waren die Beteiligten unverschuldet gehindert, in der Sechswochenfrist nach Absatz 4 Einspruch einzulegen oder ihrer gesetzlichen Verpflichtung nachzukommen, hat ihnen das Bundesamt auf Antrag Wiedereinsetzung in den vorigen Stand zu gewähren. [2] Das Verschulden eines Vertreters ist der vertretenen Person zuzurechnen. [3] Ein Fehlen des Verschuldens wird vermutet, wenn eine Rechtsbehelfsbelehrung unterblieben ist oder fehlerhaft ist. [4] Der Antrag auf Wiedereinsetzung ist binnen zwei Wochen nach Wegfall des Hindernisses schriftlich beim Bundesamt zu stellen. [5] Die Tatsachen zur Begründung des Antrags sind bei der Antragstellung oder im Verfahren über den Antrag glaubhaft zu machen. [6] Die versäumte Handlung ist spätestens sechs Wochen nach Wegfall des Hindernisses nachzuholen. [7] Ist innerhalb eines Jahres seit dem Ablauf der Sechswochenfrist nach Absatz 4 weder Wiedereinsetzung beantragt noch die versäumte Handlung nachgeholt worden, kann Wiedereinsetzung nicht mehr gewährt werden. [8] Die Wiedereinsetzung ist nicht anfechtbar. [9] Haben die Beteiligten Wiedereinsetzung nicht beantragt oder ist die Ablehnung des Wiedereinsetzungsantrags bestandskräftig geworden, können sich die Beteiligten mit der Beschwerde nicht mehr darauf berufen, dass sie unverschuldet gehindert waren, in der Sechswochenfrist Einspruch einzulegen oder ihrer gesetzlichen Verpflichtung nachzukommen.

(6) [1] Liegen dem Bundesamt in einem Verfahren nach den Absätzen 1 bis 5 keine Anhaltspunkte über die Einstufung einer Gesellschaft im Sinne des § 267 Absatz 1 bis 3 oder des § 267a vor, kann es den in Absatz 1 Satz 1 und 2 bezeichneten Beteiligten aufgeben, die Bilanzsumme nach Abzug eines auf der Aktivseite ausgewiesenen Fehlbetrags (§ 268 Absatz 3), die Umsatzerlöse (§ 277 Absatz 1) und die durchschnittliche Zahl der Arbeitnehmer (§ 267 Absatz 5) für das betreffende Geschäftsjahr und für diejenigen Geschäftsjahre, die für die Einstufung erforderlich sind, anzugeben. [2] Unterbleiben die Angaben nach Satz 1, so wird für das weitere Verfahren vermutet, dass die Erleichterungen der §§ 326 und 327 nicht in Anspruch genommen werden können. [3] Die Sätze 1 und 2 gelten für den Konzernabschluss und den Konzernlagebericht entsprechend mit der Maßgabe, dass an die Stelle der §§ 267, 326 und 327 der § 293 tritt.

(7) [1] Das Bundesministerium der Justiz und für Verbraucherschutz kann zur näheren Ausgestaltung der elektronischen Aktenführung und elektronischen Kommunikation nach Absatz 2a in der ab dem 1. Januar 2018 geltenden Fassung durch Rechtsverordnung, die nicht der Zustimmung des Bundesrates bedarf,
1. die Weiterführung von Akten in Papierform gestatten, die bereits vor Einführung der elektronischen Aktenführung in Papierform angelegt wurden,
2. die organisatorischen und dem Stand der Technik entsprechenden technischen Rahmenbedingungen für die elektronische Aktenführung einschließlich der einzuhaltenden Anforderungen des Datenschutzes, der Datensicherheit und der Barrierefreiheit festlegen,
3. die Standards für die Übermittlung elektronischer Akten zwischen dem Bundesamt und einer anderen Behörde oder einem Gericht näher bestimmen,
4. die Standards für die Einsicht in elektronische Akten vorgeben,

§ 355 [Laufende Rechnung, Kontokorrent] (1) Steht jemand mit einem Kaufmanne derart in Geschäftsverbindung, daß die aus der Verbindung entspringenden beiderseitigen Ansprüche und Leistungen nebst Zinsen in Rechnung gestellt und in regelmäßigen Zeitabschnitten durch Verrechnung und Feststellung des für den einen oder anderen Teil sich ergebenden Überschusses ausgeglichen werden (laufende Rechnung, Kontokorrent), so kann derjenige, welchem bei dem Rechnungsabschluß ein Überschuß gebührt, von dem Tage des Abschlusses an Zinsen von dem Überschusse verlangen, auch soweit in der Rechnung Zinsen enthalten sind.

(2) Der Rechnungsabschluß geschieht jährlich einmal, sofern nicht ein anderes bestimmt ist.

(3) Die laufende Rechnung kann im Zweifel auch während der Dauer einer Rechnungsperiode jederzeit mit der Wirkung gekündigt werden, daß derjenige, welchem nach der Rechnung ein Überschuß gebührt, dessen Zahlung beanspruchen kann.

§ 356 [Sicherheiten] (1) Wird eine Forderung, die durch Pfand, Bürgschaft oder in anderer Weise gesichert ist, in die laufende Rechnung aufgenommen, so wird der Gläubiger durch die Anerkennung des Rechnungsabschlusses nicht gehindert, aus der Sicherheit insoweit Befriedigung zu suchen, als sein Guthaben aus der laufenden Rechnung und die Forderung sich decken.

(2) Haftet ein Dritter für eine in die laufende Rechnung aufgenommene Forderung als Gesamtschuldner, so findet auf die Geltendmachung der Forderung gegen ihn die Vorschrift des Absatzes 1 entsprechende Anwendung.

§ 357 [Pfändung des Saldos] [1] Hat der Gläubiger eines Beteiligten die Pfändung und Überweisung des Anspruchs auf dasjenige erwirkt, was seinem Schuldner als Überschuß aus der laufenden Rechnung zukommt, so können dem Gläubiger gegenüber Schuldposten, die nach der Pfändung durch neue Geschäfte entstehen, nicht in Rechnung gestellt werden. [2] Geschäfte, die auf Grund eines schon vor der Pfändung bestehenden Rechtes oder einer schon vor diesem Zeitpunkte bestehenden Verpflichtung des Drittschuldners vorgenommen werden, gelten nicht als neue Geschäfte im Sinne dieser Vorschrift.

§ 358 [Zeit der Leistung] Bei Handelsgeschäften kann die Leistung nur während der gewöhnlichen Geschäftszeit bewirkt und gefordert werden.

§ 359 [Vereinbarte Zeit der Leistung; „acht Tage"] (1) Ist als Zeit der Leistung das Frühjahr oder der Herbst oder ein in ähnlicher Weise bestimmter Zeitpunkt vereinbart, so entscheidet im Zweifel der Handelsgebrauch des Ortes der Leistung.

(2) Ist eine Frist von acht Tagen vereinbart, so sind hierunter im Zweifel volle acht Tage zu verstehen.

§ 360 [Gattungsschuld] Wird eine nur der Gattung nach bestimmte Ware geschuldet, so ist Handelsgut mittlerer Art und Güte zu leisten.

§ 361 [Maß, Gewicht, Währung, Zeitrechnung und Entfernungen] Maß, Gewicht, Währung, Zeitrechnung und Entfernungen, die an dem Orte gelten, wo der Vertrag erfüllt werden soll, sind im Zweifel als die vertragsmäßigen zu betrachten.

§ 362 [Schweigen des Kaufmanns auf Anträge] (1) [1] Geht einem Kaufmanne, dessen Gewerbebetrieb die Besorgung von Geschäften für andere mit sich bringt, ein Antrag über die Besorgung solcher Geschäfte von jemand zu, mit dem er in Geschäftsverbindung steht, so ist er verpflichtet, unverzüglich zu antworten; sein Schweigen gilt als Annahme des Antrags. [2] Das gleiche gilt, wenn einem Kaufmann ein Antrag über die Besorgung von Geschäften von jemand zugeht, dem gegenüber er sich zur Besorgung solcher Geschäfte erboten hat.

(2) Auch wenn der Kaufmann den Antrag ablehnt, hat er die mitgesendeten Waren auf Kosten des Antragstellers, soweit er für diese Kosten gedeckt ist und soweit es ohne Nachteil für ihn geschehen kann, einstweilen vor Schaden zu bewahren.

§ 363[1)] [Kaufmännische Orderpapiere] (1) [1] Anweisungen, die auf einen Kaufmann über die Leistung von Geld, Wertpapieren oder anderen vertretbaren Sachen ausgestellt sind, ohne daß darin die Leistung von einer Gegenleistung abhängig gemacht ist, können durch Indossament übertragen werden, wenn sie an Order lauten. [2] Dasselbe gilt von Verpflichtungsscheinen, die von einem Kaufmann über Gegenstände der bezeichneten Art an Order ausgestellt sind, ohne daß darin die Leistung von einer Gegenleistung abhängig gemacht ist.

(2) Ferner können Konnossemente der Verfrachter, Ladescheine der Frachtführer, Lagerscheine sowie Transportversicherungspolicen durch Indossament übertragen werden, wenn sie an Order lauten.

§ 364 [Indossament] (1) Durch das Indossament gehen alle Rechte aus dem indossierten Papier auf den Indossatar über.

(2) Dem legitimierten Besitzer der Urkunde kann der Schuldner nur solche Einwendungen entgegensetzen, welche die Gültigkeit seiner Erklärung in der Urkunde betreffen oder sich aus dem Inhalte der Urkunde ergeben oder ihm unmittelbar gegen den Besitzer zustehen.

(3) Der Schuldner ist nur gegen Aushändigung der quittierten Urkunde zur Leistung verpflichtet.

§ 365[2)] [Anwendung des Wechselrechts; Aufgebotsverfahren] (1) In betreff der Form des Indossaments, in betreff der Legitimation des Besitzers und der Prüfung der Legitimation sowie in betreff der Verpflichtung des Besitzers zur Herausgabe, finden die Vorschriften der Artikel 13, 14 Absatz 2, Artikel 16 und 40 Absatz 3 Satz 2 des Wechselgesetzes[3)] entsprechende Anwendung.

(2) [1] Ist die Urkunde vernichtet oder abhanden gekommen, so unterliegt sie der Kraftloserklärung im Wege des Aufgebotsverfahrens. [2] Ist das Aufgebotsverfahren eingeleitet, so kann der Berechtigte, wenn er bis zur Kraftloserklärung Sicherheit bestellt, Leistung nach Maßgabe der Urkunde von dem Schuldner verlangen.

§ 365a[4)] [Elektronische Transportversicherungspolice] [1] Der Transportversicherungspolice nach § 363 Absatz 2 gleichgestellt ist eine elektronische Aufzeichnung, die dieselben Funktionen erfüllt wie die Transportversicherungspolice, sofern sichergestellt ist, dass die Authentizität und Integrität der Aufzeichnung

---

[1)] § 363 Abs. 2 geänd. durch G v. 10.8.1937 (RGBl. I S. 891), G v. 21.6.1972 (BGBl. I S. 966) und G v. 25.6.1998 (BGBl. I S. 1588).

[2)] § 365 Abs. 1 geänd. mWv 1.3.2023 durch G v. 22.2.2023 (BGBl. 2023 I Nr. 51).

[3)] **Habersack, Deutsche Gesetze ErgBd. Nr. 54.**

[4)] § 365a eingef. mWv 1.3.2023 durch G v. 22.2.2023 (BGBl. 2023 I Nr. 51).

gewahrt bleiben (elektronische Transportversicherungspolice). [2] Das Bundesministerium der Justiz wird ermächtigt, im Einvernehmen mit dem Bundesministerium des Innern und für Heimat durch Rechtsverordnung, die nicht der Zustimmung des Bundesrates bedarf, die Einzelheiten der Ausstellung, Vorlage, Rückgabe und Übertragung einer elektronischen Transportversicherungspolice sowie die Einzelheiten des Verfahrens einer nachträglichen Eintragung in eine elektronische Transportversicherungspolice zu regeln.

§ 366[1)] [Gutgläubiger Erwerb von beweglichen Sachen] (1) Veräußert oder verpfändet ein Kaufmann im Betriebe seines Handelsgewerbes eine ihm nicht gehörige bewegliche Sache, so finden die Vorschriften des Bürgerlichen Gesetzbuchs[2)] zugunsten derjenigen, welche Rechte von einem Nichtberechtigten herleiten, auch dann Anwendung, wenn der gute Glaube des Erwerbers die Befugnis des Veräußerers oder Verpfänders, über die Sache für den Eigentümer zu verfügen, betrifft.

(2) Ist die Sache mit dem Rechte eines Dritten belastet, so finden die Vorschriften des Bürgerlichen Gesetzbuchs zugunsten derjenigen, welche Rechte von einem Nichtberechtigen herleiten, auch dann Anwendung, wenn der gute Glaube die Befugnis des Veräußerers oder Verpfänders, ohne Vorbehalt des Rechtes über die Sache zu verfügen, betrifft.

(3) [1] Das gesetzliche Pfandrecht des Kommissionärs, des Frachtführers oder Verfrachters, des Spediteurs und des Lagerhalters steht hinsichtlich des Schutzes des guten Glaubens einem gemäß Absatz 1 durch Vertrag erworbenen Pfandrecht gleich. [2] Satz 1 gilt jedoch nicht für das gesetzliche Pfandrecht an Gut, das nicht Gegenstand des Vertrages ist, aus dem die durch das Pfandrecht zu sichernde Forderung herrührt.

§ 367[3)] [Gutgläubiger Erwerb gewisser Wertpapiere] (1) [1] Wird ein Inhaberpapier, das dem Eigentümer gestohlen worden, verlorengegangen oder sonst abhanden gekommen ist, an einen Kaufmann, der Bankier- oder Geldwechslergeschäfte betreibt, veräußert oder verpfändet, so gilt dessen guter Glaube als ausgeschlossen, wenn zur Zeit der Veräußerung oder Verpfändung der Verlust des Papiers im Bundesanzeiger bekanntgemacht und seit dem Ablauf des Jahres, in dem die Veröffentlichung erfolgt ist, nicht mehr als ein Jahr verstrichen war. [2] Für Veröffentlichungen vor dem 1. Januar 2007 tritt an die Stelle des Bundesanzeigers der Bundesanzeiger in Papierform. [3] Inhaberpapieren stehen an Order lautende Anleiheschuldverschreibungen sowie Namensaktien und Zwischenscheine gleich, falls sie mit einem Blankoindossament versehen sind.

(2) Der gute Glaube des Erwerbers wird durch die Veröffentlichung nach Absatz 1 nicht ausgeschlossen, wenn der Erwerber die Veröffentlichung infolge besonderer Umstände nicht kannte und seine Unkenntnis nicht auf grober Fahrlässigkeit beruht.

(3) Auf Zins-, Renten- und Gewinnanteilscheine, die nicht später als in dem nächsten auf die Veräußerung oder Verpfändung folgenden Einlösungstermin fällig

---

1) § 366 Abs. 3 neu gef. mWv 25.4.2013 durch G v. 20.4.2013 (BGBl. I S. 831).

2) Nr. **20**.

3) § 367 neu gef. durch G v. 17.5.1950 (BGBl. S. 183); Abs. 1 Satz 1, Abs. 2 geänd., Abs. 1 Satz 2 eingef., bish. Satz 2 wird Satz 3 mWv 1.1.2007 durch G v. 10.11.2006 (BGBl. I S. 2553); Abs. 1 Satz 3 geänd. mWv 30.11.2007 durch G v. 23.11.2007 (BGBl. I S. 2614); Abs. 1 Sätze 1 und 2 geänd. mWv 1.4. 2012 durch G v. 22.12.2011 (BGBl. I S. 3044).

werden, auf unverzinsliche Inhaberpapiere, die auf Sicht zahlbar sind, und auf Banknoten sind diese Vorschriften nicht anzuwenden.

§ 368[1] **[Pfandverkauf]** (1) Bei dem Verkauf eines Pfandes tritt, wenn die Verpfändung auf der Seite des Pfandgläubigers und des Verpfänders ein Handelsgeschäft ist, an die Stelle der in § 1234 des Bürgerlichen Gesetzbuchs[2] bestimmten Frist von einem Monat eine solche von einer Woche.

(2) Diese Vorschrift ist auf das gesetzliche Pfandrecht des Kommissionärs, des Frachtführers oder Verfrachters, des Spediteurs und des Lagerhalters entsprechend anzuwenden, auf das Pfandrecht des Frachtführers, Verfrachters und Spediteurs auch dann, wenn nur auf ihrer Seite der Vertrag ein Handelsgeschäft ist.

(Fortsetzung nächstes Blatt)

[1] § 368 Abs. 2 neu gef. mWv 25.4.2013 durch G v. 20.4.2013 (BGBl. I S. 831).
[2] Nr. **20**.

Lfd. Nr.	Änderndes Gesetz	Datum	Fundstelle	Betroffen	Hinweis
84.	Art. 1 G zur Umsetzung der zweiten AktionärsrechteRL (ARUG II)[1]	12.12. 2019	BGBl. I S. 2637	§§ 67, 87, 107, 113, 118, 119, 120, 121, 123, 124, 125, 129, 135, 142, 176, 186, 214, 243, 246a, 256, 261a, 311, 400, 405	geänd. mWv 1.1.2020
				5. Teil 1. Abschnitt Überschrift	neu gef. mWv 1.1.2020
				§§ 67a, 67b, 67c, 67d, 67e, 67f, 87a, 111a, 111b, 111c, 120a, 134a, 134b, 134c, 134d, 162	eingef. mWv 1.1.2020
				§ 128	aufgeh. mit Ablauf des 31.12. 2019
85.	Art. 15 Sanierungs- und Insolvenzrechtsfortentwicklungs G[2]	22.12. 2020	BGBl. I S. 3256	§§ 92, 93, 116, 302	geänd. mWv 1.1.2021
86.	Art. 15 Abs. 22 G zur Reform des Vormundschafts- und Betreuungsrechts	4.5.2021	BGBl. I S. 882	§§ 76, 100	geänd. mWv 1.1.2023
87.	Art. 7 Abs. 6 G zur Umsetzung der RL (EU) 2019/2034 über die Beaufsichtigung von Wertpapierinstituten[3]	12.5.2021	BGBl. I S. 990	§§ 70, 71, 71a, 71e, 131, 134a, 256, 258	geänd. mWv 26.6.2021
88.	Art. 15 FinanzmarktintegritätsstärkungsG	3.6.2021	BGBl. I S. 1534	§§ 91, 100, 107, 109, 124, 143, 209, 256, 258, 293d, 404a, 405, 407, 407a	geänd. mWv 1.7.2021
				§ 93	geänd. mWv 1.1.2022
89.	Art. 7 G zur Ergänzung und Änd. der Regelungen für die gleichberechtigte Teilhabe von Frauen an Führungspositionen in der Privatwirtschaft und im öffentlichen Dienst	7.8.2021	BGBl. I S. 3311	§§ 76, 84, 85, 95, 107, 111	geänd. mWv 12.8.2021
				§ 393a	eingef. mWv 12.8.2021

[1] **Amtl. Anm.:** Dieses Gesetz dient der Umsetzung der Richtlinie (EU) 2017/828 des Europäischen Parlaments und des Rates vom 17. Mai 2017 zur Änderung der Richtlinie 2007/36/EG im Hinblick auf die Förderung der langfristigen Mitwirkung der Aktionäre (ABl. L 132 vom 20.5.2017, S. 1).

[2] **Amtl. Anm.:** Dieses Gesetz dient der weiteren Umsetzung der Richtlinie (EU) 2019/1023 des Europäischen Parlaments und des Rates vom 20. Juni 2019 über präventive Restrukturierungsrahmen, über Entschuldung und über Tätigkeitsverbote sowie über Maßnahmen zur Steigerung der Effizienz von Restrukturierungs-, Insolvenz- und Entschuldungsverfahren und zur Änderung der Richtlinie (EU) 2017/1132 (Richtlinie über Restrukturierung und Insolvenz) (ABl. L 172 vom 26.6.2019, S. 18).

[3] **Amtl. Anm.:** Dieses Gesetz dient der Umsetzung der Richtlinie (EU) 2019/2034 des Europäischen Parlaments und des Rates vom 27. November 2019 über die Beaufsichtigung von Wertpapierfirmen und zur Änderung der Richtlinien 2002/87/EG, 2009/65/EG, 2011/61/EU, 2013/36/EU, 2014/59/EU und 2014/65/EU (ABl. L 314 vom 5.12.2019, S. 64) sowie der Anpassung der nationalen Gesetze und Verordnungen an die Verordnung (EU) 2019/2033 des Europäischen Parlaments und des Rates vom 27. November 2019 über die Aufsichtsanforderungen an Wertpapierfirmen und zur Änderung der Verordnungen (EU) Nr. 1093/2010, (EU) Nr. 575/2013, (EU) Nr. 600/2014 und (EU) Nr. 806/2014 (ABl. L 314 vom 5.12.2019, S. 1; L 20 vom 24.1.2020, S. 26).

Lfd. Nr.	Änderndes Gesetz	Datum	Fundstelle	Betroffen	Hinweis
90.	Art. 18 G zur Umsetzung der Digitalisierungsrichtlinie (DiRUG)[1]	5.7.2021	BGBl. I S. 3338	§§ 37, 76, 81, 225, 233, 256, 265, 303, 321	geänd. mWv 1.8.2022
91.	Art. 61 Personengesellschaftsrechtsmodernisierungs G (MoPeG)	10.8.2021	BGBl. I S. 3436	§§ 67, 289	geänd. mWv 1.1.2024
92.	Art. 2 G zur Einführung virtueller Hauptversammlungen von Aktiengesellschaften und Änderung genossenschafts- sowie insolvenz- und restrukturierungsrechtlicher Vorschriften	20.7.2022	BGBl. I S. 1166	§§ 67f, 71, 111a, 121, 126, 129, 130, 131, 132, 176, 186, 241, 242, 243, 245, 246a, 251	geänd. mWv 27.7.2022
				§§ 118a, 130a	eingef. mWv 27.7.2022
93.	Art. 3 Abs. 3 G zur Umsetzung der Bestimmungen der UmwandlungsRL über die Mitbestimmung der Arbeitnehmer bei grenzüberschreitenden Umwandlungen, Verschmelzungen und Spaltungen[2]	4.1.2023	BGBl. 2023 I Nr. 10	§§ 96, 100, 101, 103, 119	geänd. mWv 31.1.2023
94.	Art. 7 G zur Umsetzung der UmwandlungsRL und zur Änd. weiterer Gesetze[3]	22.2.2023	BGBl. 2023 I Nr. 51	§§ 71, 76	geänd. mWv 1.3.2023

Vorbemerkung:
Die Änderungen durch G v. 10.8.2021 (BGBl. I S. 3436) treten erst mWv 1.1.2024 in Kraft und sind im Text noch nicht berücksichtigt.

[1] **Amtl. Anm.:** Dieses Gesetz dient der Umsetzung der Richtlinie (EU) 2019/1151 des Europäischen Parlaments und des Rates vom 20. Juni 2019 zur Änderung der Richtlinie (EU) 2017/1132 im Hinblick auf den Einsatz digitaler Werkzeuge und Verfahren im Gesellschaftsrecht (ABl. L 186 vom 11.7.2019, S. 80).

[2] **Amtl. Anm.:** Dieses Gesetz dient der Umsetzung der Richtlinie (EU) 2019/2121 des Europäischen Parlaments und des Rates vom 27. November 2019 zur Änderung der Richtlinie (EU) 2017/1132 in Bezug auf grenzüberschreitende Umwandlungen, Verschmelzungen und Spaltungen (ABl. L 321 vom 12.12.2019, S. 1; L 20 vom 24.1.2020, S. 24).

[3] **Amtl. Anm.:** Die Artikel 1, 2, 3, 7, 8 und 9 dieses Gesetzes dienen der Umsetzung der Richtlinie (EU) 2019/2121 des Europäischen Parlaments und des Rates vom 27. November 2019 zur Änderung der Richtlinie (EU) 2017/1132 in Bezug auf grenzüberschreitende Umwandlungen, Verschmelzungen und Spaltungen (ABl. L 321 vom 12.12.2019, S. 1; L 20 vom 24.1.2020, S. 24).

§ 67f[1) 2)] **Kosten; Verordnungsermächtigung.** (1) [1]Vorbehaltlich der Regelungen in Satz 2 trägt die Gesellschaft die Kosten für die nach den §§ 67a bis 67d, auch in Verbindung mit § 125 Absatz 1, 2 und 5, und nach § 118 Absatz 1 Satz 3 bis 5 sowie Absatz 2 Satz 2 und § 118a Absatz 1 Satz 4 notwendigen Aufwendungen der Intermediäre, soweit diese auf Methoden beruhen, die dem jeweiligen Stand der Technik entsprechen. [2]Die folgenden Kosten sind hiervon ausgenommen:

1. die Kosten für die notwendigen Aufwendungen der Letztintermediäre für die nichtelektronische Übermittlung von Informationen an den Aktionär gemäß § 67b Absatz 1 Satz 1 und
2. bei der Gesellschaft, die Namensaktien ausgegeben hat, die Kosten für die notwendigen Aufwendungen der Intermediäre für die Übermittlung und Weiterleitung von Informationen vom im Aktienregister eingetragenen Intermediär an den Aktionär nach § 125 Absatz 2 und 5 in Verbindung mit den §§ 67a und 67b.

[3]Die Intermediäre legen die Entgelte für die Aufwendungen für jede Dienstleistung, die nach den §§ 67a bis 67e, § 118 Absatz 1 Satz 3 bis 5 sowie Absatz 2 Satz 2, § 118a Absatz 1 Satz 4, § 125 Absatz 1 Satz 1, Absatz 2 und 5 und § 129 Absatz 5 erbracht wird, offen. [4]Die Offenlegung erfolgt getrennt gegenüber der Gesellschaft und denjenigen Aktionären, für die sie die Dienstleistung erbringen. [5]Unterschiede zwischen den Entgelten für die Ausübung von Rechten im Inland und in grenzüberschreitenden Fällen sind nur zulässig, wenn sie gerechtfertigt sind und den Unterschieden bei den tatsächlichen Kosten, die für die Erbringung der Dienstleistungen entstanden sind, entsprechen.

(2) Unbeschadet sonstiger Regelungen nach diesem Gesetz sind für die Pflichten nach den §§ 67a bis 67e, 125 Absatz 1 Satz 1, Absatz 2 und 5 sowie für die Bestätigungen nach § 118 Absatz 1 Satz 3 bis 5 sowie Absatz 2 Satz 2, § 118a Absatz 1 Satz 4 und § 129 Absatz 5 die Anforderungen der Durchführungsverordnung (EU) 2018/1212 zu beachten.

(3) [1]Das Bundesministerium der Justiz und für Verbraucherschutz wird ermächtigt, im Einvernehmen mit dem Bundesministerium für Wirtschaft und Energie und dem Bundesministerium der Finanzen durch Rechtsverordnung die Einzelheiten für den Ersatz von Aufwendungen der Intermediäre durch die Gesellschaft für die folgenden Handlungen zu regeln:

1. die Übermittlung der Angaben gemäß § 67 Absatz 4,
2. die Übermittlung und Weiterleitung von Informationen und Mitteilungen gemäß den §§ 67a bis 67d, 118 Absatz 1 Satz 3 bis 5 sowie Absatz 2 Satz 2, § 118a Absatz 1 Satz 4 und § 129 Absatz 5 und
3. die Vervielfältigung, Übermittlung und Weiterleitung der Mitteilungen gemäß § 125 Absatz 1, 2 und 5 in Verbindung mit den §§ 67a und 67b.

[2]Es können Pauschbeträge festgesetzt werden. [3]Die Rechtsverordnung bedarf nicht der Zustimmung des Bundesrates.

§ 68[3)] **Übertragung von Namensaktien. Vinkulierung.** (1) [1]Namensaktien können auch durch Indossament übertragen werden. [2]Für die Form des Indos-

---

[1)] § 67f eingef. mWv 1.1.2020 durch G v. 12.12.2019 (BGBl. I S. 2637); Abs. 1 Sätze 1 und 3, Abs. 2 und 3 Satz 1 Nr. 2 geänd. mWv 27.7.2022 durch G v. 20.7.2022 (BGBl. I S. 1166).

[2)] Beachte hierzu Übergangsvorschrift in § 26j EGAktG (Nr. **51a**).

[3)] § 68 Überschrift und Abs. 1 Satz 1 geänd., Abs. 3 aufgeh., bish. Abs. 4 wird Abs. 3 und neu gef., bish. Abs. 5 wird Abs. 4 mWv 25.1.2001 durch G v. 18.1.2001 (BGBl. I S. 123).

saments, den Rechtsausweis des Inhabers und seine Verpflichtung zur Herausgabe gelten sinngemäß Artikel 12, 13 und 16 des Wechselgesetzes[1)].

(2) [1]Die Satzung kann die Übertragung an die Zustimmung der Gesellschaft binden. [2]Die Zustimmung erteilt der Vorstand. [3]Die Satzung kann jedoch bestimmen, daß der Aufsichtsrat oder die Hauptversammlung über die Erteilung der Zustimmung beschließt. [4]Die Satzung kann die Gründe bestimmen, aus denen die Zustimmung verweigert werden darf.

(3) Bei Übertragung durch Indossament ist die Gesellschaft verpflichtet, die Ordnungsmäßigkeit der Reihe der Indossamente, nicht aber die Unterschriften zu prüfen.

(4) Diese Vorschriften gelten sinngemäß für Zwischenscheine.

§ 69 Rechtsgemeinschaft an einer Aktie. (1) Steht eine Aktie mehreren Berechtigten zu, so können sie die Rechte aus der Aktie nur durch einen gemeinschaftlichen Vertreter ausüben.

(2) Für die Leistungen auf die Aktie haften sie als Gesamtschuldner.

(3) [1]Hat die Gesellschaft eine Willenserklärung dem Aktionär gegenüber abzugeben, so genügt, wenn die Berechtigten der Gesellschaft keinen gemeinschaftlichen Vertreter benannt haben, die Abgabe der Erklärung gegenüber einem Berechtigten. [2]Bei mehreren Erben eines Aktionärs gilt dies nur für Willenserklärungen, die nach Ablauf eines Monats seit dem Anfall der Erbschaft abgegeben werden.

§ 70[2)] Berechnung der Aktienbesitzzeit. [1]Ist die Ausübung von Rechten aus der Aktie davon abhängig, dass der Aktionär während eines bestimmten Zeitraums Inhaber der Aktie gewesen ist, so steht dem Eigentum ein Anspruch auf Übereignung gegen ein Kreditinstitut, ein Finanzdienstleistungsinstitut, ein Wertpapierinstitut oder ein nach § 53 Absatz 1 Satz 1 oder § 53b Absatz 1 Satz 1 oder Absatz 7 des Kreditwesengesetzes tätiges Unternehmen gleich. [2]Die Eigentumszeit eines Rechtsvorgängers wird dem Aktionär zugerechnet, wenn er die Aktie unentgeltlich, von seinem Treuhänder, als Gesamtrechtsnachfolger, bei Auseinandersetzung einer Gemeinschaft oder bei einer Bestandsübertragung nach § 13 des Versicherungsaufsichtsgesetzes oder § 14 des Gesetzes über Bausparkassen erworben hat.

§ 71[3)] Erwerb eigener Aktien. (1) Die Gesellschaft darf eigene Aktien nur erwerben,

1. wenn der Erwerb notwendig ist, um einen schweren, unmittelbar bevorstehenden Schaden von der Gesellschaft abzuwenden,

---

[1)] **Habersack, Deutsche Gesetze ErgBd. Nr. 54.**

[2)] § 70 Satz 2 geänd. durch G v. 29.3.1983 (BGBl. I S. 377); Satz 2 geänd. mWv 1.1.2016 durch G v. 1.4. 2015 (BGBl. I S. 434); Satz 1 neu gef. mWv 26.6.2021 durch G v. 12.5.2021 (BGBl. I S. 990).

[3)] § 71 neu gef. durch G v. 13.12.1978 (BGBl. I S. 1959); Abs. 2 Satz 2 geänd. durch G v. 19.12.1985 (BGBl. I S. 2355); Abs. 1 Nr. 2, 5 und 6 geänd., Nr. 7 angef., Abs. 2 Satz 3 geänd. durch G v. 26.7.1994 (BGBl. I S. 1749); Abs. 1 Nr. 3 neu gef. durch G v. 28.10.1994 (BGBl. I S. 3210); Abs. 1 Nr. 7 geänd. durch G v. 22.10.1997 (BGBl. I S. 2567); Abs. 2 Satz 1 neu gef., Abs. 2 Satz 3 und Abs. 3 Satz 1 geänd. durch G v. 25.3.1998 (BGBl. I S. 590); Abs. 1 Nr. 6 und 7 geänd., Nr. 8 angef., Abs. 2 Sätze 1 und 3, Abs. 3 Satz 1 geänd., Abs. 3 Satz 3 angef. durch G v. 27.4.1998 (BGBl. I S. 786); Abs. 3 Satz 3 geänd. mWv 1.5.2002 durch G v. 22.4.2002 (BGBl. I S. 1310); Abs. 2 Satz 2 neu gef. mWv 29.5.2009 durch G v. 25.5.2009 (BGBl. I S. 1102); Abs. 1 Nr. 7 und 8 geänd., Abs. 3 Satz 3 aufgeh. mWv 1.9.2009 durch G v. 30.7.2009 (BGBl. I S. 2479); Abs. 1 Nr. 7 geänd. mWv 26.6.2021 durch G v. 12.5.2021 (BGBl. I S. 990); Abs. 1 Nr. 4 geänd. mWv 27.7.2022 durch G v. 20.7.2022 (BGBl. I S. 1166); Abs. 1 Nr. 3 geänd. mWv 1.3.2023 durch G v. 22.2.2023 (BGBl. 2023 I Nr. 51).

2. wenn die Aktien Personen, die im Arbeitsverhältnis zu der Gesellschaft oder einem mit ihr verbundenen Unternehmen stehen oder standen, zum Erwerb angeboten werden sollen,
3. wenn der Erwerb geschieht, um Aktionäre nach § 305 Abs. 2, § 320b oder nach § 29 Abs. 1, § 125 Satz 1 in Verbindung mit § 29 Abs. 1, § 207 Abs. 1 Satz 1, § 313 Absatz 1, auch in Verbindung mit § 327, oder § 340 Absatz 1 des Umwandlungsgesetzes[1] abzufinden,
4. wenn der Erwerb unentgeltlich geschieht oder ein Kreditinstitut oder Wertpapierinstitut mit dem Erwerb eine Einkaufskommission ausführt,
5. durch Gesamtrechtsnachfolge,
6. auf Grund eines Beschlusses der Hauptversammlung zur Einziehung nach den Vorschriften über die Herabsetzung des Grundkapitals,
7. wenn sie ein Kreditinstitut, ein Finanzdienstleistungsinstitut, ein Wertpapierinstitut oder ein Finanzunternehmen ist, aufgrund eines Beschlusses der Hauptversammlung zum Zwecke des Wertpapierhandels. Der Beschluß muß bestimmen, daß der Handelsbestand der zu diesem Zweck zu erwerbenden Aktien fünf vom Hundert des Grundkapitals am Ende jeden Tages nicht übersteigen darf; er muß den niedrigsten und höchsten Gegenwert festlegen. Die Ermächtigung darf höchstens fünf Jahre gelten; oder
8. aufgrund einer höchstens fünf Jahre geltenden Ermächtigung der Hauptversammlung, die den niedrigsten und höchsten Gegenwert sowie den Anteil am Grundkapital, der zehn vom Hundert nicht übersteigen darf, festlegt. Als Zweck ist der Handel in eigenen Aktien ausgeschlossen. § 53a ist auf Erwerb und Veräußerung anzuwenden. Erwerb und Veräußerung über die Börse genügen dem. Eine andere Veräußerung kann die Hauptversammlung beschließen; § 186 Abs. 3, 4 und § 193 Abs. 2 Nr. 4 sind in diesem Fall entsprechend anzuwenden. Die Hauptversammlung kann den Vorstand ermächtigen, die eigenen Aktien ohne weiteren Hauptversammlungsbeschluß einzuziehen.

(2) [1] Auf die zu den Zwecken nach Absatz 1 Nr. 1 bis 3, 7 und 8 erworbenen Aktien dürfen zusammen mit anderen Aktien der Gesellschaft, welche die Gesellschaft bereits erworben hat und noch besitzt, nicht mehr als zehn vom Hundert des Grundkapitals entfallen. [2] Dieser Erwerb ist ferner nur zulässig, wenn die Gesellschaft im Zeitpunkt des Erwerbs eine Rücklage in Höhe der Aufwendungen für den Erwerb bilden könnte, ohne das Grundkapital oder eine nach Gesetz oder Satzung zu bildende Rücklage zu mindern, die nicht zur Zahlung an die Aktionäre verwandt werden darf. [3] In den Fällen des Absatzes 1 Nr. 1, 2, 4, 7 und 8 ist der Erwerb nur zulässig, wenn auf die Aktien der Ausgabebetrag voll geleistet ist.

(3) [1] In den Fällen des Absatzes 1 Nr. 1 und 8 hat der Vorstand die nächste Hauptversammlung über die Gründe und den Zweck des Erwerbs, über die Zahl der erworbenen Aktien und den auf sie entfallenden Betrag des Grundkapitals, über deren Anteil am Grundkapital sowie über den Gegenwert der Aktien zu unterrichten. [2] Im Falle des Absatzes 1 Nr. 2 sind die Aktien innerhalb eines Jahres nach ihrem Erwerb an die Arbeitnehmer auszugeben.

(4) [1] Ein Verstoß gegen die Absätze 1 oder 2 macht den Erwerb eigener Aktien nicht unwirksam. [2] Ein schuldrechtliches Geschäft über den Erwerb eigener Aktien ist jedoch nichtig, soweit der Erwerb gegen die Absätze 1 oder 2 verstößt.

---

[1] Nr. **52a**.

§ 71a[1)] Umgehungsgeschäfte. (1) [1]Ein Rechtsgeschäft, das die Gewährung eines Vorschusses oder eines Darlehens oder die Leistung einer Sicherheit durch die Gesellschaft an einen anderen zum Zweck des Erwerbs von Aktien dieser Gesellschaft zum Gegenstand hat, ist nichtig. [2]Dies gilt nicht für Rechtsgeschäfte im Rahmen der laufenden Geschäfte von Kreditinstituten, von Finanzdienstleistungsinstituten oder von Wertpapierinstituten sowie für die Gewährung eines Vorschusses oder eines Darlehens oder für die Leistung einer Sicherheit zum Zweck des Erwerbs von Aktien durch Arbeitnehmer der Gesellschaft oder eines mit ihr verbundenen Unternehmens; auch in diesen Fällen ist das Rechtsgeschäft jedoch nichtig, wenn die Gesellschaft im Zeitpunkt des Erwerbs eine Rücklage in Höhe der Aufwendungen für den Erwerb nicht bilden könnte, ohne das Grundkapital oder eine nach Gesetz oder Satzung zu bildende Rücklage zu mindern, die nicht zur Zahlung an die Aktionäre verwandt werden darf. [3]Satz 1 gilt zudem nicht für Rechtsgeschäfte bei Bestehen eines Beherrschungs- oder Gewinnabführungsvertrags (§ 291).

(2) Nichtig ist ferner ein Rechtsgeschäft zwischen der Gesellschaft und einem anderen, nach dem dieser berechtigt oder verpflichtet sein soll, Aktien der Gesellschaft für Rechnung der Gesellschaft oder eines abhängigen oder eines in ihrem Mehrheitsbesitz stehenden Unternehmens zu erwerben, soweit der Erwerb durch die Gesellschaft gegen § 71 Abs. 1 oder 2 verstoßen würde.

§ 71b[2)] Rechte aus eigenen Aktien. Aus eigenen Aktien stehen der Gesellschaft keine Rechte zu.

§ 71c[3)] Veräußerung und Einziehung eigener Aktien. (1) Hat die Gesellschaft eigene Aktien unter Verstoß gegen § 71 Abs. 1 oder 2 erworben, so müssen sie innerhalb eines Jahres nach ihrem Erwerb veräußert werden.

(2) Entfallen auf die Aktien, welche die Gesellschaft nach § 71 Abs. 1 in zulässiger Weise erworben hat und noch besitzt, mehr als zehn vom Hundert des Grundkapitals, so muß der Teil der Aktien, der diesen Satz übersteigt, innerhalb von drei Jahren nach dem Erwerb der Aktien veräußert werden.

(3) Sind eigene Aktien innerhalb der in den Absätzen 1 und 2 vorgesehenen Fristen nicht veräußert worden, so sind sie nach § 237 einzuziehen.

§ 71d[4)] Erwerb eigener Aktien durch Dritte. [1]Ein im eigenen Namen, jedoch für Rechnung der Gesellschaft handelnder Dritter darf Aktien der Gesellschaft nur erwerben oder besitzen, soweit dies der Gesellschaft nach § 71 Abs. 1 Nr. 1 bis 5, 7 und 8 und Abs. 2 gestattet wäre. [2]Gleiches gilt für den Erwerb oder den Besitz von Aktien der Gesellschaft durch ein abhängiges oder ein im Mehrheitsbesitz der Gesellschaft stehendes Unternehmen sowie für den Erwerb oder den Besitz durch einen Dritten, der im eigenen Namen, jedoch für Rechnung eines abhängigen oder eines im Mehrheitsbesitz der Gesellschaft stehenden Unternehmens handelt. [3]Bei der Berechnung des Anteils am Grundkapital nach § 71 Abs. 2 Satz 1 und § 71c

---

[1)] § 71a eingef. durch G v. 13.12.1978 (BGBl. I S. 1959); Abs. 1 Satz 2 geänd. durch G v. 19.12.1985 (BGBl. I S. 2355); Abs. 1 Satz 2 geänd. durch G v. 22.10.1997 (BGBl. I S. 2567); Abs. 1 Satz 3 angef. mWv 1.11.2008 durch G v. 23.10.2008 (BGBl. I S. 2026); Abs. 1 Satz 2 geänd. mWv 29.5.2009 durch G v. 25.5. 2009 (BGBl. I S. 1102); Abs. 1 Satz 2 geänd. mWv 26.6.2021 durch G v. 12.5.2021 (BGBl. I S. 990).

[2)] § 71b eingef. durch G v. 13.12.1978 (BGBl. I S. 1959).

[3)] § 71c eingef. durch G v. 13.12.1978 (BGBl. I S. 1959); Abs. 2 geänd. durch G v. 25.3.1998 (BGBl. I S. 590).

[4)] § 71d eingef. durch G v. 13.12.1978 (BGBl. I S. 1959); Satz 1 geänd. durch G v. 26.7.1994 (BGBl. I S. 1749); Satz 3 geänd. durch G v. 25.3.1998 (BGBl. I S. 590); Satz 1 geänd. durch G v. 27.4.1998 (BGBl. I S. 786).

Abs. 2 gelten diese Aktien als Aktien der Gesellschaft. [4] Im übrigen gelten § 71 Abs. 3 und 4, §§ 71a bis 71c sinngemäß. [5] Der Dritte oder das Unternehmen hat der Gesellschaft auf ihr Verlangen das Eigentum an den Aktien zu verschaffen. [6] Die Gesellschaft hat den Gegenwert der Aktien zu erstatten.

§ 71e[1)] Inpfandnahme eigener Aktien. (1) [1] Dem Erwerb eigener Aktien nach § 71 Abs. 1 und 2, § 71d steht es gleich, wenn eigene Aktien als Pfand genommen werden. [2] Jedoch darf ein Kreditinstitut, ein Finanzdienstleistungsinstitut oder ein Wertpapierinstitut im Rahmen der laufenden Geschäfte eigene Aktien bis zu dem in § 71 Abs. 2 Satz 1 bestimmten Anteil am Grundkapital als Pfand nehmen. [3] § 71a gilt sinngemäß.

(2) [1] Ein Verstoß gegen Absatz 1 macht die Inpfandnahme eigener Aktien unwirksam, wenn auf sie der Ausgabebetrag noch nicht voll geleistet ist. [2] Ein schuldrechtliches Geschäft über die Inpfandnahme eigener Aktien ist nichtig, soweit der Erwerb gegen Absatz 1 verstößt.

§ 72[2)] Kraftloserklärung von Aktien im Aufgebotsverfahren. (1) [1] Ist eine Aktie oder ein Zwischenschein abhanden gekommen oder vernichtet, so kann die Urkunde im Aufgebotsverfahren nach dem Gesetz über das Verfahren in Familiensachen und in den Angelegenheiten der freiwilligen Gerichtsbarkeit[3)] für kraftlos erklärt werden. [2] § 799 Abs. 2 und § 800 des Bürgerlichen Gesetzbuchs[4)] gelten sinngemäß.

(2) Sind Gewinnanteilscheine auf den Inhaber ausgegeben, so erlischt mit der Kraftloserklärung der Aktie oder des Zwischenscheins auch der Anspruch aus den noch nicht fälligen Gewinnanteilscheinen.

(3) Die Kraftloserklärung einer Aktie nach §§ 73 oder 226 steht der Kraftloserklärung der Urkunde nach Absatz 1 nicht entgegen.

§ 73[5)] Kraftloserklärung von Aktien durch die Gesellschaft. (1) [1] Ist der Inhalt von Aktienurkunden durch eine Veränderung der rechtlichen Verhältnisse unrichtig geworden, so kann die Gesellschaft die Aktien, die trotz Aufforderung nicht zur Berichtigung oder zum Umtausch bei ihr eingereicht sind, mit Genehmigung des Gerichts für kraftlos erklären. [2] Beruht die Unrichtigkeit auf einer Änderung des Nennbetrags der Aktien, so können sie nur dann für kraftlos erklärt werden, wenn der Nennbetrag zur Herabsetzung des Grundkapitals herabgesetzt ist. [3] Namensaktien können nicht deshalb für kraftlos erklärt werden, weil die Bezeichnung des Aktionärs unrichtig geworden ist. [4] Gegen die Entscheidung des Gerichts ist die Beschwerde zulässig; eine Anfechtung der Entscheidung, durch die die Genehmigung erteilt wird, ist ausgeschlossen.

(2) [1] Die Aufforderung, die Aktien einzureichen, hat die Kraftloserklärung anzudrohen und auf die Genehmigung des Gerichts hinzuweisen. [2] Die Kraftloserklärung kann nur erfolgen, wenn die Aufforderung in der in § 64 Abs. 2 für die Nachfrist vorgeschriebenen Weise bekanntgemacht worden ist. [3] Die Kraftloserklärung geschieht durch Bekanntmachung in den Gesellschaftsblättern. [4] In der Be-

---

1) § 71e eingef. durch G v. 13.12.1978 (BGBl. I S. 1959); Abs. 1 Satz 2 geänd. durch G v. 22.10.1997 (BGBl. I S. 2567); Abs. 1 Satz 2, Abs. 2 Satz 1 geänd. durch G v. 25.3.1998 (BGBl. I S. 590); Abs. 1 Satz 2 geänd. mWv 26.6.2021 durch G v. 12.5.2021 (BGBl. I S. 990).

2) § 72 Abs. 1 Satz 1 geänd. mWv 1.9.2009 durch G v. 17.12.2008 (BGBl. I S. 2586).

3) Nr. **112**.

4) Nr. **20**.

5) § 73 Abs. 3 Satz 1 geänd. durch G v. 27.4.1998 (BGBl. I S. 786); Abs. 1 Satz 4 geänd. mWv 1.9.2009 durch G v. 17.12.2008 (BGBl. I S. 2586).

kanntmachung sind die für kraftlos erklärten Aktien so zu bezeichnen, daß sich aus der Bekanntmachung ohne weiteres ergibt, ob eine Aktie für kraftlos erklärt ist.

(3) [1] An Stelle der für kraftlos erklärten Aktien sind, vorbehaltlich einer Satzungsregelung nach § 10 Abs. 5, neue Aktien auszugeben und dem Berechtigten auszuhändigen oder, wenn ein Recht zur Hinterlegung besteht, zu hinterlegen. [2] Die Aushändigung oder Hinterlegung ist dem Gericht anzuzeigen.

(4) Soweit zur Herabsetzung des Grundkapitals Aktien zusammengelegt werden, gilt § 226.

§ 74 Neue Urkunden an Stelle beschädigter oder verunstalteter Aktien oder Zwischenscheine. [1] Ist eine Aktie oder ein Zwischenschein so beschädigt oder verunstaltet, daß die Urkunde zum Umlauf nicht mehr geeignet ist, so kann der Berechtigte, wenn der wesentliche Inhalt und die Unterscheidungsmerkmale der Urkunde noch sicher zu erkennen sind, von der Gesellschaft die Erteilung einer neuen Urkunde gegen Aushändigung der alten verlangen. [2] Die Kosten hat er zu tragen und vorzuschießen.

§ 75 Neue Gewinnanteilscheine. Neue Gewinnanteilscheine dürfen an den Inhaber des Erneuerungsscheins nicht ausgegeben werden, wenn der Besitzer der Aktie oder des Zwischenscheins der Ausgabe widerspricht; sie sind dem Besitzer der Aktie oder des Zwischenscheins auszuhändigen, wenn er die Haupturkunde vorlegt.

Vierter Teil. Verfassung der Aktiengesellschaft

Erster Abschnitt. Vorstand

§ 76[1)] [2)] Leitung der Aktiengesellschaft. (1) Der Vorstand hat unter eigener Verantwortung die Gesellschaft zu leiten.

(2) [1] Der Vorstand kann aus einer oder mehreren Personen bestehen. [2] Bei Gesellschaften mit einem Grundkapital von mehr als drei Millionen Euro hat er aus mindestens zwei Personen zu bestehen, es sei denn, die Satzung bestimmt, daß er aus einer Person besteht. [3] Die Vorschriften über die Bestellung eines Arbeitsdirektors bleiben unberührt.[3)]

[1)] § 76 Abs. 3 Sätze 2 und 3 angef. durch G v. 4.7.1980 (BGBl. I S. 836); Abs. 3 Satz 2 eingef., bish. Sätze 2 und 3 werden Sätze 3 und 4 durch G v. 12.9.1990 (BGBl. I S. 2002); Abs. 2 Satz 2 geänd. durch G v. 9.6. 1998 (BGBl. I S. 1242); Abs. 3 Sätze 2 und 3 neu gef., Satz 4 aufgeh. mWv 1.11.2008 durch G v. 23.10.2008 (BGBl. I S. 2026); Abs. 4 angef. mWv 1.5.2015 durch G v. 24.4.2015 (BGBl. I S. 642); Abs. 3 Satz 2 Nr. 1 geänd. mWv 1.1.2023 durch G v. 4.5.2021 (BGBl. I S. 882); Abs. 3a, Abs. 4 Sätze 2–4 eingef., bish. Sätze 2–4 werden Sätze 5–7 mWv 12.8.2021 durch G v. 7.8.2021 (BGBl. I S. 3311); Abs. 3 Satz 3 eingef., bish. Satz 3 wird Satz 4 mWv 1.8.2022 durch G v. 5.7.2021 (BGBl. I S. 3338); Abs. 3 Satz 2 Nr. 3 Buchst. d geänd. mWv 1.3.2023 durch G v. 22.2.2023 (BGBl. 2023 I Nr. 51).

[2)] Beachte hierzu Übergangsvorschriften in §§ 26l und 26m EGAktG (Nr. **51a**).

[3)] Siehe das
- G über die Mitbestimmung der Arbeitnehmer (MitbestimmungsG – MitbestG) **(Habersack, Deutsche Gesetze ErgBd. Nr. 82a)**
- G über die Mitbestimmung der Arbeitnehmer in den Aufsichtsräten und Vorständen der Unternehmen des Bergbaus und der Eisen und Stahl erzeugenden Industrie (sog. Montan-MitbestimmungsG) **(Habersack, Deutsche Gesetze ErgBd. Nr. 82b)**
- G zur Ergänzung des Gesetzes über die Mitbestimmung der Arbeitnehmer in den Aufsichtsräten und Vorständen der Unternehmen des Bergbaus und der Eisen und Stahl erzeugenden Industrie (sog. Montan-MitbestimmungsergänzungsG) **(Habersack, Deutsche Gesetze ErgBd. Nr. 82c)**

(3) [1] Mitglied des Vorstands kann nur eine natürliche, unbeschränkt geschäftsfähige Person sein. [2] Mitglied des Vorstands kann nicht sein, wer

1. als Betreuter bei der Besorgung seiner Vermögensangelegenheiten ganz oder teilweise einem Einwilligungsvorbehalt (§ 1825 des Bürgerlichen Gesetzbuchs[1)]) unterliegt,
2. aufgrund eines gerichtlichen Urteils oder einer vollziehbaren Entscheidung einer Verwaltungsbehörde einen Beruf, einen Berufszweig, ein Gewerbe oder einen Gewerbezweig nicht ausüben darf, sofern der Unternehmensgegenstand ganz oder teilweise mit dem Gegenstand des Verbots übereinstimmt,
3. wegen einer oder mehrerer vorsätzlich begangener Straftaten
   a) des Unterlassens der Stellung des Antrags auf Eröffnung des Insolvenzverfahrens (Insolvenzverschleppung),
   b) nach den §§ 283 bis 283d des Strafgesetzbuchs[2)] (Insolvenzstraftaten),
   c) der falschen Angaben nach § 399 dieses Gesetzes oder § 82 des Gesetzes betreffend die Gesellschaften mit beschränkter Haftung[3)],
   d) der unrichtigen Darstellung nach § 400 dieses Gesetzes, § 331 des Handelsgesetzbuchs[4)], § 346 des Umwandlungsgesetzes[5)] oder § 17 des Publizitätsgesetzes[6)],
   e) nach den §§ 263 bis 264a oder den §§ 265b bis 266a des Strafgesetzbuchs zu einer Freiheitsstrafe von mindestens einem Jahr

   verurteilt worden ist; dieser Ausschluss gilt für die Dauer von fünf Jahren seit der Rechtskraft des Urteils, wobei die Zeit nicht eingerechnet wird, in welcher der Täter auf behördliche Anordnung in einer Anstalt verwahrt worden ist.

[3] Satz 2 Nummer 2 gilt entsprechend, wenn die Person in einem anderen Mitgliedstaat der Europäischen Union oder einem anderen Vertragsstaat des Abkommens über den Europäischen Wirtschaftsraum einem vergleichbaren Verbot unterliegt. [4] Satz 2 Nr. 3 gilt entsprechend bei einer Verurteilung im Ausland wegen einer Tat, die mit den in Satz 2 Nr. 3 genannten Taten vergleichbar ist.

(3a) [1] Besteht der Vorstand bei börsennotierten Gesellschaften, für die das Mitbestimmungsgesetz[7)], das Gesetz über die Mitbestimmung der Arbeitnehmer in den Aufsichtsräten und Vorständen der Unternehmen des Bergbaus und der Eisen und Stahl erzeugenden Industrie[8)] in der im Bundesgesetzblatt Teil III, Gliederungsnummer 801-2, veröffentlichten bereinigten Fassung – Montan-Mitbestimmungsgesetz – oder das Gesetz zur Ergänzung des Gesetzes über die Mitbestimmung der Arbeitnehmer in den Aufsichtsräten und Vorständen der Unternehmen des Bergbaus und der Eisen und Stahl erzeugenden Industrie[9)] in der im Bundesgesetzblatt Teil III, Gliederungsnummer 801-3, veröffentlichten bereinigten Fassung – Mitbestimmungsergänzungsgesetz – gilt, aus mehr als drei Personen, so muss mindestens eine Frau und mindestens ein Mann Mitglied des Vorstands sein. [2] Eine Bestellung eines Vorstandsmitglieds unter Verstoß gegen dieses Beteiligungsgebot ist nichtig.

[1)] Nr. **20**.
[2)] Nr. **85**.
[3)] Nr. **52**.
[4)] Nr. **50**.
[5)] Nr. **52a**.
[6)] Nr. **52b**.
[7)] **Habersack, Deutsche Gesetze ErgBd. Nr. 82a.**
[8)] **Habersack, Deutsche Gesetze ErgBd. Nr. 82b.**
[9)] **Habersack, Deutsche Gesetze ErgBd. Nr. 82c.**

(4) [1] Der Vorstand von Gesellschaften, die börsennotiert sind oder der Mitbestimmung unterliegen, legt für den Frauenanteil in den beiden Führungsebenen unterhalb des Vorstands Zielgrößen fest. [2] Die Zielgrößen müssen den angestrebten Frauenanteil an der jeweiligen Führungsebene beschreiben und bei Angaben in Prozent vollen Personenzahlen entsprechen. [3] Legt der Vorstand für den Frauenanteil auf einer der Führungsebenen die Zielgröße Null fest, so hat er diesen Beschluss klar und verständlich zu begründen. [4] Die Begründung muss ausführlich die Erwägungen darlegen, die der Entscheidung zugrunde liegen. [5] Liegt der Frauenanteil bei Festlegung der Zielgrößen unter 30 Prozent, so dürfen die Zielgrößen den jeweils erreichten Anteil nicht mehr unterschreiten. [6] Gleichzeitig sind Fristen zur Erreichung der Zielgrößen festzulegen. [7] Die Fristen dürfen jeweils nicht länger als fünf Jahre sein.

§ 77 Geschäftsführung. (1) [1] Besteht der Vorstand aus mehreren Personen, so sind sämtliche Vorstandsmitglieder nur gemeinschaftlich zur Geschäftsführung befugt. [2] Die Satzung oder die Geschäftsordnung des Vorstands kann Abweichendes bestimmen; es kann jedoch nicht bestimmt werden, daß ein oder mehrere Vorstandsmitglieder Meinungsverschiedenheiten im Vorstand gegen die Mehrheit seiner Mitglieder entscheiden.

(2) [1] Der Vorstand kann sich eine Geschäftsordnung geben, wenn nicht die Satzung den Erlaß der Geschäftsordnung dem Aufsichtsrat übertragen hat oder der Aufsichtsrat eine Geschäftsordnung für den Vorstand erläßt. [2] Die Satzung kann Einzelfragen der Geschäftsordnung bindend regeln. [3] Beschlüsse des Vorstands über die Geschäftsordnung müssen einstimmig gefaßt werden.

§ 78[1)] Vertretung. (1) [1] Der Vorstand vertritt die Gesellschaft gerichtlich und außergerichtlich. [2] Hat eine Gesellschaft keinen Vorstand (Führungslosigkeit), wird die Gesellschaft für den Fall, dass ihr gegenüber Willenserklärungen abgegeben oder Schriftstücke zugestellt werden, durch den Aufsichtsrat vertreten.

(2) [1] Besteht der Vorstand aus mehreren Personen, so sind, wenn die Satzung nichts anderes bestimmt, sämtliche Vorstandsmitglieder nur gemeinschaftlich zur Vertretung der Gesellschaft befugt. [2] Ist eine Willenserklärung gegenüber der Gesellschaft abzugeben, so genügt die Abgabe gegenüber einem Vorstandsmitglied oder im Fall des Absatzes 1 Satz 2 gegenüber einem Aufsichtsratsmitglied. [3] An die Vertreter der Gesellschaft nach Absatz 1 können unter der im Handelsregister eingetragenen Geschäftsanschrift Willenserklärungen gegenüber der Gesellschaft abgegeben und Schriftstücke für die Gesellschaft zugestellt werden. [4] Unabhängig hiervon können die Abgabe und die Zustellung auch unter der eingetragenen Anschrift der empfangsberechtigten Person nach § 39 Abs. 1 Satz 2 erfolgen.

(3) [1] Die Satzung kann auch bestimmen, daß einzelne Vorstandsmitglieder allein oder in Gemeinschaft mit einem Prokuristen zur Vertretung der Gesellschaft befugt sind. [2] Dasselbe kann der Aufsichtsrat bestimmen, wenn die Satzung ihn hierzu ermächtigt hat. [3] Absatz 2 Satz 2 gilt in diesen Fällen sinngemäß.

(4) [1] Zur Gesamtvertretung befugte Vorstandsmitglieder können einzelne von ihnen zur Vornahme bestimmter Geschäfte oder bestimmter Arten von Geschäften ermächtigen. [2] Dies gilt sinngemäß, wenn ein einzelnes Vorstandsmitglied in Gemeinschaft mit einem Prokuristen zur Vertretung der Gesellschaft befugt ist.

[1)] § 78 Abs. 1 Satz 2 angef., Abs. 2 Satz 2 geänd., Sätze 3 und 4 angef. mWv 1.11.2008 durch G v. 23.10. 2008 (BGBl. I S. 2026).

Lfd. Nr.	Änderndes Gesetz	Datum	Fundstelle	Betroffen	Hinweis
40.	Art. 76 FGG-ReformG	17.12. 2008	BGBl. I S. 2586	§§ 60, 66, 71, 74	geänd. mWv 1.9.2009
41.	Art. 8 Bilanzrechtsmodernisierungs G[1]	25.5.2009	BGBl. I S. 1102	§§ 33, 52, 57f	geänd. mWv 29.5.2009
42.	Art. 14b G zur Umsetzung der Aktionärsrechterichtlinie (ARUG)[2]	30.7.2009	BGBl. I S. 2479	§§ 10, 57n, 58, 58a, 58e, 58f, 65, 67, 73	geänd. mWv 1.9.2009
43.	Art. 5 G zur Angemessenheit der Vorstandsvergütung (VorstAG)	31.7.2009	BGBl. I S. 2509	§ 52	geänd. mWv 5.8.2009
44.	Art. 2 Abs. 51 G zur Änd. von Vorschriften über Verkündung und Bekanntmachungen sowie der ZPO, des EGZPO und der AO	22.12. 2011	BGBl. I S. 3044	§ 12	geänd. mWv 1.4.2012
45.	Art. 7 EhrenamtsstärkungsG	21.3.2013	BGBl. I S. 556	§ 4	geänd. mWv 29.3.2013
46.	Art. 27 2. KostenrechtsmodernisierungsG	23.7.2013	BGBl. I S. 2586	§ 51b	geänd. mWv 1.8.2013
47.	Art. 15 G für die gleichber. Teilhabe von Frauen und Männern an Führungspositionen in der Privatwirtschaft u. im öffentl. Dienst	24.4.2015	BGBl. I S. 642	Inhaltsübersicht, § 52	geänd. mWv 1.5.2015
				§ 36	neu gef. mWv 1.5.2015
48.	Art. 6 Bilanzrichtlinie-UmsetzungsG	17.7.2015	BGBl. I S. 1245	§ 29	geänd. mWv 23.7.2015
49.	Art. 5 Aktienrechtsnovelle 2016	22.12. 2015	BGBl. I S. 2565	§ 52	geänd. mWv 31.12.2015
50.	Art. 8 AbschlussprüfungsreformG	10.5.2016	BGBl. I S. 1142	Inhaltsübersicht, § 52	geänd. mWv 17.6.2016
				§§ 86, 87, 88	eingef. mWv 17.6.2016
51.	Art. 14 G zur Umsetzung der Vierten EU-GeldwäscheRL, zur Ausf. der EU-GeldtransferVO u. zur Neuorganisation der Zentralstelle für Finanztransaktionsuntersuchungen[3]	23.6.2017	BGBl. I S. 1822	Inhaltsübersicht, §§ 8, 40	geänd. mWv 26.6.2017
52.	Art. 10 G zur Umsetzung der Zweiten ZahlungsdiensteRL[4]	17.7.2017	BGBl. I S. 2446	§§ 86, 87	geänd. mWv 22.7.2017

[1] **Amtl. Anm.:** *(abgedruckt in Änderungstabelle Nr.* **50***)*

[2] **Amtl. Anm.:** *(abgedruckt in Änderungstabelle Nr.* **51***)*

[3] **Amtl. Anm.:** Dieses Gesetz dient der Umsetzung der Richtlinie (EU) 2015/849 des Europäischen Parlaments und des Rates vom 20. Mai 2015 zur Verhinderung der Nutzung des Finanzsystems zum Zwecke der Geldwäsche und der Terrorismusfinanzierung, zur Änderung der Verordnung (EU) Nr. 648/2012 des Europäischen Parlaments und des Rates und zur Aufhebung der Richtlinie 2005/60/EG des Europäischen Parlaments und des Rates und der Richtlinie 2006/70/EG der Kommission (ABl. L 141 vom 5.6.2015, S. 73).

[4] **Amtl. Anm.:** Dieses Gesetz dient der Umsetzung der Richtlinie (EU) 2015/2366 des Europäischen Parlaments und des Rates vom 25. November 2015 über Zahlungsdienste im Binnenmarkt, zur Änderung der Richtlinien 2002/65/EG, 2009/110/EG und 2013/36/EU und der Verordnung (EU) Nr. 1093/2010 sowie zur Aufhebung der Richtlinie 2007/64/EG (ABl. L 337 vom 23.12.2015, S. 35; L 169 vom 28.6.2016, S. 18).

Lfd. Nr.	Änderndes Gesetz	Datum	Fundstelle	Betroffen	Hinweis
53.	Art. 16 Sanierungs- und Insolvenzrechtsfortentwicklungs G[1]	22.12. 2020	BGBl. I S. 3256	Inhaltsübersicht, § 71	geänd. mWv 1.1.2021
				§ 64	aufgeh. mit Ablauf des 31.12. 2020
54.	Art. 15 Abs. 23 G zur Reform des Vormundschafts- und Betreuungsrechts	4.5.2021	BGBl. I S. 882	§ 6	geänd. mWv 1.1.2023
55.	Art. 18 Finanzmarktintegritätsstärkungs G	3.6.2021	BGBl. I S. 1534	§§ 57f, 87	geänd. mWv 1.7.2021
				§ 86	neu gef. mWv 1.7.2021
56.	Art. 10 G zur Ergänzung und Änd. der Regelungen für die gleichberechtigte Teilhabe von Frauen an Führungspositionen in der Privatwirtschaft und im öffentlichen Dienst	7.8.2021	BGBl. I S. 3311	Inhaltsübersicht, §§ 36, 38, 52, Abschnitt 7	geänd. mWv 12.8.2021
				Abschnitt 6 (§ 77a)	eingef. mWv 12.8.2021
57.	Art. 20 G zur Umsetzung der Digitalisierungsrichtlinie (DiRUG)[2]	5.7.2021	BGBl. I S. 3338	Inhaltsübersicht, §§ 2, 6, 8, 39, 40, 58d, 66, 67, Anl. 1	geänd. mWv 1.8.2022
				Anl. 2	eingef. mWv 1.8.2022
58.	Art. 64 Personengesellschaftsrechtsmodernisierungs G (MoPeG)	10.8.2021	BGBl. I S. 3436	§ 40	geänd. mWv 1.1.2024
59.	Art. 5, 6 G zur Ergänzung der Regelungen zur Umsetzung der DigitalisierungsRL und zur Änd. weiterer Vorschriften[3]	15.7.2022	BGBl. I S. 1146	§§ 2, 48	geänd. mWv 1.8.2022
				§§ 2, 53, 55, 57	geänd. mWv 1.8.2023
60.	Art. 9 G zur Umsetzung der UmwandlungsRL und zur Änd. weiterer Gesetze[4]	22.2.2023	BGBl. 2023 I Nr. 51	§§ 6, 33	geänd. mWv 1.3.2023

[1] **Amtl. Anm.:** Dieses Gesetz dient der weiteren Umsetzung der Richtlinie (EU) 2019/1023 des Europäischen Parlaments und des Rates vom 20. Juni 2019 über präventive Restrukturierungsrahmen, über Entschuldung und über Tätigkeitsverbote sowie über Maßnahmen zur Steigerung der Effizienz von Restrukturierungs-, Insolvenz- und Entschuldungsverfahren und zur Änderung der Richtlinie (EU) 2017/1132 (Richtlinie über Restrukturierung und Insolvenz) (ABl. L 172 vom 26.6.2019, S. 18).

[2] **Amtl. Anm.:** Dieses Gesetz dient der Umsetzung der Richtlinie (EU) 2019/1151 des Europäischen Parlaments und des Rates vom 20. Juni 2019 zur Änderung der Richtlinie (EU) 2017/1132 im Hinblick auf den Einsatz digitaler Werkzeuge und Verfahren im Gesellschaftsrecht (ABl. L 186 vom 11.7.2019, S. 80).

[3] **Amtl. Anm.:** Notifiziert gemäß der Richtlinie (EU) 2015/1535 des Europäischen Parlaments und des Rates vom 9. September 2015 über ein Informationsverfahren auf dem Gebiet der technischen Vorschriften und der Vorschriften für die Dienste der Informationsgesellschaft (ABl. L 241 vom 17.9.2015, S. 1).

[4] **Amtl. Anm.:** Die Artikel 1, 2, 3, 7, 8 und 9 dieses Gesetzes dienen der Umsetzung der Richtlinie (EU) 2019/2121 des Europäischen Parlaments und des Rates vom 27. November 2019 zur Änderung der Richtlinie (EU) 2017/1132 in Bezug auf grenzüberschreitende Umwandlungen, Verschmelzungen und Spaltungen (ABl. L 321 vom 12.12.2019, S. 1; L 20 vom 24.1.2020, S. 24).

Vorbemerkung:
Die Änderung durch G v. 10.8.2021 (BGBl. I S. 3436) tritt erst mWv 1.1. 2024 in Kraft und ist im Text noch nicht berücksichtigt.
Die Änderungen durch G v. 15.7.2022 (BGBl. I S. 1146) treten teilweise erst mWv 1.8.2023 in Kraft und sind insoweit im Text noch nicht berücksichtigt.

Inhaltsübersicht[1)]

[1)] Inhaltsübersicht eingef. mWv 1.11.2008 durch G v. 23.10.2008 (BGBl. I S. 2026); geänd. mWv 1.5. 2015 durch G v. 24.4.2015 (BGBl. I S. 642); mWv 17.6.2016 durch G v. 10.5.2016 (BGBl. I S. 1142); mWv 26.6.2017 durch G v. 23.6.2017 (BGBl. I S. 1822); mWv 1.1.2021 durch G v. 22.12.2020 (BGBl. I S. 3256); mWv 12.8.2021 durch G v. 7.8.2021 (BGBl. I S. 3311); mWv 1.8.2022 durch G v. 5.7.2021 (BGBl. I S. 3338).

Abschnitt 1.[1] Errichtung der Gesellschaft

§ 1[2] Zweck; Gründerzahl. Gesellschaften mit beschränkter Haftung können nach Maßgabe der Bestimmungen dieses Gesetzes zu jedem gesetzlich zulässigen Zweck durch eine oder mehrere Personen errichtet werden.

§ 2[3] Form des Gesellschaftsvertrags. (1) [1]Der Gesellschaftsvertrag bedarf notarieller Form. [2]Er ist von sämtlichen Gesellschaftern zu unterzeichnen.

(1a) [1]Die Gesellschaft kann in einem vereinfachten Verfahren gegründet werden, wenn sie höchstens drei Gesellschafter und einen Geschäftsführer hat. [2]Für die Gründung im vereinfachten Verfahren ist das in Anlage 1 bestimmte Musterprotokoll zu verwenden. [3]Darüber hinaus dürfen keine vom Gesetz abweichenden Bestimmungen getroffen werden. [4]Das Musterprotokoll gilt zugleich als Gesellschafterliste. [5]Im Übrigen finden auf das Musterprotokoll die Vorschriften dieses Gesetzes über den Gesellschaftsvertrag entsprechende Anwendung.

(2) [1]Die Unterzeichnung durch Bevollmächtigte ist nur auf Grund einer notariell errichteten oder beglaubigten Vollmacht zulässig. [2]Die notarielle Errichtung der Vollmacht kann auch mittels Videokommunikation gemäß den §§ 16a bis 16e des Beurkundungsgesetzes[4] erfolgen.

(3) [1]Die notarielle Beurkundung des Gesellschaftsvertrags kann im Fall einer Gründung ohne Sacheinlagen auch mittels Videokommunikation gemäß den §§ 16a bis 16e des Beurkundungsgesetzes erfolgen. [2]In diesem Fall genügen abweichend von Absatz 1 Satz 2 für die Unterzeichnung die qualifizierten elektronischen Signaturen der mittels Videokommunikation an der Beurkundung teil-

---

[1] Siehe hierzu auch das MitbestimmungsG **(Habersack, Deutsche Gesetze ErgBd. Nr. 82a)**, das Montan-MitbestimmungsG **(Habersack, Deutsche Gesetze ErgBd. Nr. 82b)** und das MitbestimmungsergänzungsG **(Habersack, Deutsche Gesetze ErgBd. Nr. 82c)**.

[2] § 1 neu gef. durch G v. 4.7.1980 (BGBl. I S. 836).

[3] § 2 Abs. 1 Satz 1 neu gef. durch G v. 4.7.1980 (BGBl. I S. 836); Abs. 2 geänd. durch G v. 28.8.1969 (BGBl. I S. 1513); Abs. 1a eingef. mWv 1.11.2008 durch G v. 23.10.2008 (BGBl. I S. 2026); Abs. 1a Satz 2 geänd., Abs. 3 angef. mWv 1.8.2022 durch G v. 5.7.2021 (BGBl. I S. 3338); Abs. 2 Satz 2 angef., Abs. 3 Satz 1 geänd., Sätze 3 und 4 eingef., bish. Sätze 3 und 4 werden Sätze 5 und 6 mWv 1.8.2022 durch G v. 15.7.2022 (BGBl. I S. 1146).

[4] Nr. **23**.

nehmenden Gesellschafter. [3] Sonstige Willenserklärungen, welche nicht der notariellen Form bedürfen, können mittels Videokommunikation gemäß den §§ 16a bis 16e des Beurkundungsgesetzes beurkundet werden; sie müssen in die nach Satz 1 errichtete elektronische Niederschrift aufgenommen werden. [4] Satz 3 ist auf einstimmig gefasste Beschlüsse entsprechend anzuwenden. [5] Die Gründung mittels Videokommunikation kann auch im Wege des vereinfachten Verfahrens nach Absatz 1a oder unter Verwendung der in Anlage 2 bestimmten Musterprotokolle erfolgen. [6] Bei Verwendung der in Anlage 2 bestimmten Musterprotokolle gilt Absatz 1a Satz 3 bis 5 entsprechend.

§ 3[1)] Inhalt des Gesellschaftsvertrags. (1) Der Gesellschaftsvertrag muß enthalten:

1. die Firma und den Sitz der Gesellschaft,
2. den Gegenstand des Unternehmens,
3. den Betrag des Stammkapitals,
4. die Zahl und die Nennbeträge der Geschäftsanteile, die jeder Gesellschafter gegen Einlage auf das Stammkapital (Stammeinlage) übernimmt.

(2) Soll das Unternehmen auf eine gewisse Zeit beschränkt sein oder sollen den Gesellschaftern außer der Leistung von Kapitaleinlagen noch andere Verpflichtungen gegenüber der Gesellschaft auferlegt werden, so bedürfen auch diese Bestimmungen der Aufnahme in den Gesellschaftsvertrag.

§ 4[2)] Firma. [1] Die Firma der Gesellschaft muß, auch wenn sie nach § 22 des Handelsgesetzbuchs[3)] oder nach anderen gesetzlichen Vorschriften fortgeführt wird, die Bezeichnung „Gesellschaft mit beschränkter Haftung" oder eine allgemein verständliche Abkürzung dieser Bezeichnung enthalten. [2] Verfolgt die Gesellschaft ausschließlich und unmittelbar steuerbegünstigte Zwecke nach den §§ 51 bis 68 der Abgabenordnung kann die Abkürzung „gGmbH" lauten.

§ 4a[4)] Sitz der Gesellschaft. Sitz der Gesellschaft ist der Ort im Inland, den der Gesellschaftsvertrag bestimmt.

§ 5[5)] Stammkapital; Geschäftsanteil. (1) Das Stammkapital der Gesellschaft muß mindestens fünfundzwanzigtausend Euro betragen.

(2) [1] Der Nennbetrag jedes Geschäftsanteils muss auf volle Euro lauten. [2] Ein Gesellschafter kann bei Errichtung der Gesellschaft mehrere Geschäftsanteile übernehmen.

(3) [1] Die Höhe der Nennbeträge der einzelnen Geschäftsanteile kann verschieden bestimmt werden. [2] Die Summe der Nennbeträge aller Geschäftsanteile muss mit dem Stammkapital übereinstimmen.

(4) [1] Sollen Sacheinlagen geleistet werden, so müssen der Gegenstand der Sacheinlage und der Nennbetrag des Geschäftsanteils, auf den sich die Sacheinlage

[1)] § 3 Abs. 1 Nr. 4 neu gef. mWv 1.11.2008 durch G v. 23.10.2008 (BGBl. I S. 2026).

[2)] § 4 neu gef. durch G v. 22.6.1998 (BGBl. I S. 1474); Satz 2 angef. mWv 29.3.2013 durch G v. 21.3.2013 (BGBl. I S. 556).

[3)] Nr. **50**.

[4)] § 4a eingef. durch G v. 22.6.1998 (BGBl. I S. 1474); bish. Abs. 1 geänd., Abs. 2 aufgeh. mWv 1.11.2008 durch G v. 23.10.2008 (BGBl. I S. 2026).

[5)] § 5 Abs. 1 neu gef. durch G v. 28.6.1926 (RGBl. I S. 315); Abs. 1 geänd., Abs. 4 neu gef. durch G v. 4.7.1980 (BGBl. I S. 836); Abs. 1 geänd. durch G v. 9.6.1998 (BGBl. I S. 1242); Abs. 1 und Abs. 4 Satz 1 geänd., Abs. 2 und 3 neu gef. mWv 1.11.2008 durch G v. 23.10.2008 (BGBl. I S. 2026).

bezieht, im Gesellschaftsvertrag festgesetzt werden. [2] Die Gesellschafter haben in einem Sachgründungsbericht die für die Angemessenheit der Leistungen für Sacheinlagen wesentlichen Umstände darzulegen und beim Übergang eines Unternehmens auf die Gesellschaft die Jahresergebnisse der beiden letzten Geschäftsjahre anzugeben.

§ 5a[1)] Unternehmergesellschaft. (1) Eine Gesellschaft, die mit einem Stammkapital gegründet wird, das den Betrag des Mindeststammkapitals nach § 5 Abs. 1 unterschreitet, muss in der Firma abweichend von § 4 die Bezeichnung „Unternehmergesellschaft (haftungsbeschränkt)" oder „UG (haftungsbeschränkt)" führen.

(2) [1] Abweichend von § 7 Abs. 2 darf die Anmeldung erst erfolgen, wenn das Stammkapital in voller Höhe eingezahlt ist. [2] Sacheinlagen sind ausgeschlossen.

(3) [1] In der Bilanz des nach den §§ 242, 264 des Handelsgesetzbuchs[2)] aufzustellenden Jahresabschlusses ist eine gesetzliche Rücklage zu bilden, in die ein Viertel des um einen Verlustvortrag aus dem Vorjahr geminderten Jahresüberschusses einzustellen ist. [2] Die Rücklage darf nur verwandt werden

1. für Zwecke des § 57c;
2. zum Ausgleich eines Jahresfehlbetrags, soweit er nicht durch einen Gewinnvortrag aus dem Vorjahr gedeckt ist;
3. zum Ausgleich eines Verlustvortrags aus dem Vorjahr, soweit er nicht durch einen Jahresüberschuss gedeckt ist.

(4) Abweichend von § 49 Abs. 3 muss die Versammlung der Gesellschafter bei drohender Zahlungsunfähigkeit unverzüglich einberufen werden.

(5) Erhöht die Gesellschaft ihr Stammkapital so, dass es den Betrag des Mindeststammkapitals nach § 5 Abs. 1 erreicht oder übersteigt, finden die Absätze 1 bis 4 keine Anwendung mehr; die Firma nach Absatz 1 darf beibehalten werden.

§ 6[3)] [4)] Geschäftsführer. (1) Die Gesellschaft muß einen oder mehrere Geschäftsführer haben.

(2) [1] Geschäftsführer kann nur eine natürliche, unbeschränkt geschäftsfähige Person sein. [2] Geschäftsführer kann nicht sein, wer

1. als Betreuter bei der Besorgung seiner Vermögensangelegenheiten ganz oder teilweise einem Einwilligungsvorbehalt (§ 1825 des Bürgerlichen Gesetzbuchs[5)]) unterliegt,
2. aufgrund eines gerichtlichen Urteils oder einer vollziehbaren Entscheidung einer Verwaltungsbehörde einen Beruf, einen Berufszweig, ein Gewerbe oder einen Gewerbezweig nicht ausüben darf, sofern der Unternehmensgegenstand ganz oder teilweise mit dem Gegenstand des Verbots übereinstimmt,

---

[1)] § 5a eingef. mWv 1.11.2008 durch G v. 23.10.2008 (BGBl. I S. 2026).

[2)] Nr. **50**.

[3)] § 6 Abs. 2 eingef., bish. Abs. 2 und 3 werden Abs. 3 und 4 durch G v. 4.7.1980 (BGBl. I S. 836); Abs. 2 Satz 2 eingef., bish. Sätze 2 und 3 werden Sätze 3 und 4 durch G v. 12.9.1990 (BGBl. I S. 2002); Abs. 2 Sätze 2 und 3 neu gef., Satz 4 aufgeh., Abs. 5 angef. mWv 1.11.2008 durch G v. 23.10.2008 (BGBl. I S. 2026); Abs. 2 Satz 2 Nr. 1 geänd. mWv 1.1.2023 durch G v. 4.5.2021 (BGBl. I S. 882); Abs. 2 Satz 3 eingef., bish. Satz 3 wird Satz 4 mWv 1.8.2022 durch G v. 5.7.2021 (BGBl. I S. 3338); Abs. 2 Satz 2 Nr. 3 Buchst. d geänd. mWv 1.3.2023 durch G v. 22.2.2023 (BGBl. 2023 I Nr. 51).

[4)] Beachte hierzu Übergangsvorschrift in § 11 EGGmbHG (Nr. **52/1**).

[5)] Nr. **20**.

3. wegen einer oder mehrerer vorsätzlich begangener Straftaten
   a) des Unterlassens der Stellung des Antrags auf Eröffnung des Insolvenzverfahrens (Insolvenzverschleppung),
   b) nach den §§ 283 bis 283d des Strafgesetzbuchs[1] (Insolvenzstraftaten),
   c) der falschen Angaben nach § 82 dieses Gesetzes oder § 399 des Aktiengesetzes[2],
   d) der unrichtigen Darstellung nach § 400 des Aktiengesetzes, § 331 des Handelsgesetzbuchs[3], § 346 des Umwandlungsgesetzes[4] oder § 17 des Publizitätsgesetzes[5] oder
   e) nach den §§ 263 bis 264a oder den §§ 265b bis 266a des Strafgesetzbuchs zu einer Freiheitsstrafe von mindestens einem Jahr

   verurteilt worden ist; dieser Ausschluss gilt für die Dauer von fünf Jahren seit der Rechtskraft des Urteils, wobei die Zeit nicht eingerechnet wird, in welcher der Täter auf behördliche Anordnung in einer Anstalt verwahrt worden ist.

[3] Satz 2 Nummer 2 gilt entsprechend, wenn die Person in einem anderen Mitgliedstaat der Europäischen Union oder einem anderen Vertragsstaat des Abkommens über den Europäischen Wirtschaftsraum einem vergleichbaren Verbot unterliegt. [4] Satz 2 Nr. 3 gilt entsprechend bei einer Verurteilung im Ausland wegen einer Tat, die mit den in Satz 2 Nr. 3 genannten Taten vergleichbar ist.

(3) [1] Zu Geschäftsführern können Gesellschafter oder andere Personen bestellt werden. [2] Die Bestellung erfolgt entweder im Gesellschaftsvertrag oder nach Maßgabe der Bestimmungen des dritten Abschnitts.

(4) Ist im Gesellschaftsvertrag bestimmt, daß sämtliche Gesellschafter zur Geschäftsführung berechtigt sein sollen, so gelten nur die der Gesellschaft bei Festsetzung dieser Bestimmung angehörenden Personen als die bestellten Geschäftsführer.

(5) Gesellschafter, die vorsätzlich oder grob fahrlässig einer Person, die nicht Geschäftsführer sein kann, die Führung der Geschäfte überlassen, haften der Gesellschaft solidarisch für den Schaden, der dadurch entsteht, dass diese Person die ihr gegenüber der Gesellschaft bestehenden Obliegenheiten verletzt.

§ 7[6] Anmeldung der Gesellschaft. (1) Die Gesellschaft ist bei dem Gericht, in dessen Bezirk sie ihren Sitz hat, zur Eintragung in das Handelsregister anzumelden.

(2) [1] Die Anmeldung darf erst erfolgen, wenn auf jeden Geschäftsanteil, soweit nicht Sacheinlagen vereinbart sind, ein Viertel des Nennbetrags eingezahlt ist. [2] Insgesamt muß auf das Stammkapital mindestens soviel eingezahlt sein, daß der Gesamtbetrag der eingezahlten Geldeinlagen zuzüglich des Gesamtnennbetrags der Geschäftsanteile, für die Sacheinlagen zu leisten sind, die Hälfte des Mindeststammkapitals gemäß § 5 Abs. 1 erreicht.

(3) Die Sacheinlagen sind vor der Anmeldung der Gesellschaft zur Eintragung in das Handelsregister so an die Gesellschaft zu bewirken, daß sie endgültig zur freien Verfügung der Geschäftsführer stehen.

---

[1] Nr. **85**.
[2] Nr. **51**.
[3] Nr. **50**.
[4] Nr. **52a**.
[5] Nr. **52b**.
[6] § 7 Abs. 2 neu gef., Abs. 3 angef. durch G v. 4.7.1980 (BGBl. I S. 836); Abs. 2 Satz 2 geänd. durch G v. 9.6.1998 (BGBl. I S. 1242); Abs. 2 Sätze 1 und 2 geänd., Satz 3 aufgeh. mWv 1.11.2008 durch G v. 23.10.2008 (BGBl. I S. 2026).

§ 8[1) 2)] Inhalt der Anmeldung. (1) Der Anmeldung müssen beigefügt sein:

1. der Gesellschaftsvertrag und im Fall des § 2 Abs. 2 die Vollmachten der Vertreter, welche den Gesellschaftsvertrag unterzeichnet haben, oder eine beglaubigte Abschrift dieser Urkunden,
2. die Legitimation der Geschäftsführer, sofern dieselben nicht im Gesellschaftsvertrag bestellt sind,
3. eine von den Anmeldenden unterschriebene oder mit den qualifizierten elektronischen Signaturen der Anmeldenden versehene Liste der Gesellschafter nach den Vorgaben des § 40,
4. im Fall des § 5 Abs. 4 die Verträge, die den Festsetzungen zugrunde liegen oder zu ihrer Ausführung geschlossen worden sind, und der Sachgründungsbericht,
5. wenn Sacheinlagen vereinbart sind, Unterlagen darüber, daß der Wert der Sacheinlagen den Nennbetrag der dafür übernommenen Geschäftsanteile erreicht.

(2) [1] In der Anmeldung ist die Versicherung abzugeben, daß die in § 7 Abs. 2 und 3 bezeichneten Leistungen auf die Geschäftsanteile bewirkt sind und daß der Gegenstand der Leistungen sich endgültig in der freien Verfügung der Geschäftsführer befindet. [2] Das Gericht kann bei erheblichen Zweifeln an der Richtigkeit der Versicherung Nachweise wie insbesondere die Vorlage von Einzahlungsbelegen eines in der Europäischen Union niedergelassenen Finanzinstituts oder Zahlungsdienstleisters verlangen.

(3) [1] In der Anmeldung haben die Geschäftsführer zu versichern, daß keine Umstände vorliegen, die ihrer Bestellung nach § 6 Abs. 2 Satz 2 Nr. 2 und 3 sowie Satz 3 und 4 entgegenstehen, und daß sie über ihre unbeschränkte Auskunftspflicht gegenüber dem Gericht belehrt worden sind. [2] Die Belehrung nach § 53 Abs. 2 des Bundeszentralregistergesetzes[3)] kann schriftlich vorgenommen werden; sie kann auch durch einen Notar oder einen im Ausland bestellten Notar, durch einen Vertreter eines vergleichbaren rechtsberatenden Berufs oder einen Konsularbeamten erfolgen.

(4) In der Anmeldung sind ferner anzugeben:

1. eine inländische Geschäftsanschrift,
2. Art und Umfang der Vertretungsbefugnis der Geschäftsführer.

(5) Für die Einreichung von Unterlagen nach diesem Gesetz gilt § 12 Abs. 2 des Handelsgesetzbuchs[4)] entsprechend.

§ 9[5)] Überbewertung der Sacheinlagen. (1) [1] Erreicht der Wert einer Sacheinlage im Zeitpunkt der Anmeldung der Gesellschaft zur Eintragung in das

---

[1)] § 8 Abs. 1 Nr. 4 und 5 eingef., bish. Nr. 4 wird Nr. 6, Abs. 2 neu gef. durch G v. 4.7.1980 (BGBl. I S. 836); Abs. 3 eingef., bish. Abs. 3 wird Abs. 4 durch G v. 15.8.1969 (BGBl. I S. 1146); Abs. 3 eingef., bish. Abs. 3 und 4 werden Abs. 4 und 5 durch G v. 4.7.1980 (BGBl. I S. 836); Abs. 3 Satz 1 geänd. durch G v. 12.9.1990 (BGBl. I S. 2002); Abs. 5 neu gef. mWv 1.1.2007 durch G v. 10.11.2006 (BGBl. I S. 2553); Abs. 1 Nr. 5 geänd., Nr. 6 aufgeh., Abs. 2 Satz 1, Abs. 3 Satz 1 geänd., Satz 2 neu gef., Abs. 4 neu gef. mWv 1.11.2008 durch G v. 23.10.2008 (BGBl. I S. 2026); Abs. 1 Nr. 3 neu gef. mWv 26.6.2017 durch G v. 23.6.2017 (BGBl. I S. 1822); Abs. 1 Nr. 3 geänd., Abs. 2 Satz 2 neu gef., Abs. 3 Satz 1 geänd. mWv 1.8. 2022 durch G v. 5.7.2021 (BGBl. I S. 3338).

[2)] Beachte hierzu Übergangsvorschriften in §§ 8 und 11 EGGmbHG (Nr. **52/1**).

[3)] Nr. **92**.

[4)] Nr. **50**.

[5)] § 9 neu gef. durch G v. 4.7.1980 (BGBl. I S. 836); Abs. 2 geänd. mWv 15.12.2004 durch G v. 9.12. 2004 (BGBl. I S. 3214); Abs. 1 Satz 1 geänd., Satz 2 angef., Abs. 2 geänd. mWv 1.11.2008 durch G v. 23.10.2008 (BGBl. I S. 2026).

Handelsregister nicht den Nennbetrag des dafür übernommenen Geschäftsanteils, hat der Gesellschafter in Höhe des Fehlbetrags eine Einlage in Geld zu leisten. [2] Sonstige Ansprüche bleiben unberührt.

(2) Der Anspruch der Gesellschaft nach Absatz 1 Satz 1 verjährt in zehn Jahren seit der Eintragung der Gesellschaft in das Handelsregister.

§ 9a[1)] Ersatzansprüche der Gesellschaft. (1) Werden zum Zweck der Errichtung der Gesellschaft falsche Angaben gemacht, so haben die Gesellschafter und Geschäftsführer der Gesellschaft als Gesamtschuldner fehlende Einzahlungen zu leisten, eine Vergütung, die nicht unter den Gründungsaufwand aufgenommen ist, zu ersetzen und für den sonst entstehenden Schaden Ersatz zu leisten.

(2) Wird die Gesellschaft von Gesellschaftern durch Einlagen oder Gründungsaufwand vorsätzlich oder aus grober Fahrlässigkeit geschädigt, so sind ihr alle Gesellschafter als Gesamtschuldner zum Ersatz verpflichtet.

(3) Von diesen Verpflichtungen ist ein Gesellschafter oder ein Geschäftsführer befreit, wenn er die die Ersatzpflicht begründenden Tatsachen weder kannte noch bei Anwendung der Sorgfalt eines ordentlichen Geschäftsmannes kennen mußte.

(4) [1] Neben den Gesellschaftern sind in gleicher Weise Personen verantwortlich, für deren Rechnung die Gesellschafter Geschäftsanteile übernommen haben. [2] Sie können sich auf ihre eigene Unkenntnis nicht wegen solcher Umstände berufen, die ein für ihre Rechnung handelnder Gesellschafter kannte oder bei Anwendung der Sorgfalt eines ordentlichen Geschäftsmannes kennen mußte.

§ 9b[2)] Verzicht auf Ersatzansprüche. (1) [1] Ein Verzicht der Gesellschaft auf Ersatzansprüche nach § 9a oder ein Vergleich der Gesellschaft über diese Ansprüche ist unwirksam, soweit der Ersatz zur Befriedigung der Gläubiger der Gesellschaft erforderlich ist. [2] Dies gilt nicht, wenn der Ersatzpflichtige zahlungsunfähig ist und sich zur Abwendung des Insolvenzverfahrens mit seinen Gläubigern vergleicht oder wenn die Ersatzpflicht in einem Insolvenzplan geregelt wird.

(2) [1] Ersatzansprüche der Gesellschaft nach § 9a verjähren in fünf Jahren. [2] Die Verjährung beginnt mit der Eintragung der Gesellschaft in das Handelsregister oder, wenn die zum Ersatz verpflichtende Handlung später begangen worden ist, mit der Vornahme der Handlung.

§ 9c[3)] Ablehnung der Eintragung. (1) [1] Ist die Gesellschaft nicht ordnungsgemäß errichtet und angemeldet, so hat das Gericht die Eintragung abzulehnen. [2] Dies gilt auch, wenn Sacheinlagen nicht unwesentlich überbewertet worden sind.

(2) Wegen einer mangelhaften, fehlenden oder nichtigen Bestimmung des Gesellschaftsvertrages darf das Gericht die Eintragung nach Absatz 1 nur ablehnen, soweit diese Bestimmung, ihr Fehlen oder ihre Nichtigkeit

1. Tatsachen oder Rechtsverhältnisse betrifft, die nach § 3 Abs. 1 oder auf Grund anderer zwingender gesetzlicher Vorschriften in dem Gesellschaftsvertrag bestimmt sein müssen oder die in das Handelsregister einzutragen oder von dem Gericht bekanntzumachen sind,

---

[1)] § 9a eingef. durch G v. 4.7.1980 (BGBl. I S. 836); Abs. 4 Satz 1 geänd. mWv 1.11.2008 durch G v. 23.10.2008 (BGBl. I S. 2026).

[2)] § 9b eingef. durch G v. 4.7.1980 (BGBl. I S. 836); Abs. 1 Satz 2 neu gef. durch G v. 5.10.1994 (BGBl. I S. 2911).

[3)] § 9c eingef. durch G v. 4.7.1980 (BGBl. I S. 836); Abs. 2 angef. durch G v. 22.6.1998 (BGBl. I S. 1474); Abs. 1 Satz 2 geänd. mWv 1.11.2008 durch G v. 23.10.2008 (BGBl. I S. 2026).

2. Vorschriften verletzt, die ausschließlich oder überwiegend zum Schutze der Gläubiger der Gesellschaft oder sonst im öffentlichen Interesse gegeben sind, oder
3. die Nichtigkeit des Gesellschaftsvertrages zur Folge hat.

§ 10[1] Inhalt der Eintragung. (1) [1] Bei der Eintragung in das Handelsregister sind die Firma und der Sitz der Gesellschaft, eine inländische Geschäftsanschrift, der Gegenstand des Unternehmens, die Höhe des Stammkapitals, der Tag des Abschlusses des Gesellschaftsvertrages und die Personen der Geschäftsführer anzugeben. [2] Ferner ist einzutragen, welche Vertretungsbefugnis die Geschäftsführer haben.

(2) [1] Enthält der Gesellschaftsvertrag Bestimmungen über die Zeitdauer der Gesellschaft oder über das genehmigte Kapital, so sind auch diese Bestimmungen einzutragen. [2] Wenn eine Person, die für Willenserklärungen und Zustellungen an die Gesellschaft empfangsberechtigt ist, mit einer inländischen Anschrift zur Eintragung in das Handelsregister angemeldet wird, sind auch diese Angaben einzutragen; Dritten gegenüber gilt die Empfangsberechtigung als fortbestehend, bis sie im Handelsregister gelöscht und die Löschung bekannt gemacht worden ist, es sei denn, dass die fehlende Empfangsberechtigung dem Dritten bekannt war.

§ 11 Rechtszustand vor der Eintragung. (1) Vor der Eintragung in das Handelsregister des Sitzes der Gesellschaft besteht die Gesellschaft mit beschränkter Haftung als solche nicht.

(2) Ist vor der Eintragung im Namen der Gesellschaft gehandelt worden, so haften die Handelnden persönlich und solidarisch.

§ 12[2] Bekanntmachungen der Gesellschaft. [1] Bestimmt das Gesetz oder der Gesellschaftsvertrag, dass von der Gesellschaft etwas bekannt zu machen ist, so erfolgt die Bekanntmachung im Bundesanzeiger (Gesellschaftsblatt). [2] Daneben kann der Gesellschaftsvertrag andere öffentliche Blätter oder elektronische Informationsmedien als Gesellschaftsblätter bezeichnen.

Abschnitt 2. Rechtsverhältnisse der Gesellschaft und der Gesellschafter

§ 13 Juristische Person; Handelsgesellschaft. (1) Die Gesellschaft mit beschränkter Haftung als solche hat selbständig ihre Rechte und Pflichten; sie kann Eigentum und andere dingliche Rechte an Grundstücken erwerben, vor Gericht klagen und verklagt werden.

(2) Für die Verbindlichkeiten der Gesellschaft haftet den Gläubigern derselben nur das Gesellschaftsvermögen.

(3) Die Gesellschaft gilt als Handelsgesellschaft im Sinne des Handelsgesetzbuchs[3].

---

[1] § 10 Abs. 1 Satz 2 angef., Abs. 2 neu gef. durch G v. 15.8.1969 (BGBl. I S. 1146); Abs. 3 aufgeh. mWv 1.1.2007 durch G v. 10.11.2006 (BGBl. I S. 2553); Abs. 1 Satz 1 geänd., Abs. 2 Satz 2 angef. mWv 1.11.2008 durch G v. 23.10.2008 (BGBl. I S. 2026); Abs. 2 Satz 1 neu gef. mWv 1.9.2009 durch G v. 30.7.2009 (BGBl. I S. 2479).

[2] § 12 eingef. mWv 1.4.2005 durch G v. 22.3.2005 (BGBl. I S. 837); Satz 3 angef. mWv 1.1.2007 durch G v. 10.11.2006 (BGBl. I S. 2553); Satz 1 geänd., Satz 3 aufgeh. mWv 1.4.2012 durch G v. 22.12.2011 (BGBl. I S. 3044).

[3] Nr. **50**.

§ 14[1] Einlagepflicht. [1]Auf jeden Geschäftsanteil ist eine Einlage zu leisten. [2]Die Höhe der zu leistenden Einlage richtet sich nach dem bei der Errichtung der Gesellschaft im Gesellschaftsvertrag festgesetzten Nennbetrag des Geschäftsanteils. [3]Im Fall der Kapitalerhöhung bestimmt sich die Höhe der zu leistenden Einlage nach dem in der Übernahmeerklärung festgesetzten Nennbetrag des Geschäftsanteils.

§ 15[2] Übertragung von Geschäftsanteilen. (1) Die Geschäftsanteile sind veräußerlich und vererblich.

(2) Erwirbt ein Gesellschafter zu seinem ursprünglichen Geschäftsanteil weitere Geschäftsanteile, so behalten dieselben ihre Selbständigkeit.

(3) Zur Abtretung von Geschäftsanteilen durch Gesellschafter bedarf es eines in notarieller Form geschlossenen Vertrages.

(4) [1]Der notariellen Form bedarf auch eine Vereinbarung, durch welche die Verpflichtung eines Gesellschafters zur Abtretung eines Geschäftsanteils begründet wird. [2]Eine ohne diese Form getroffene Vereinbarung wird jedoch durch den nach Maßgabe des vorigen Absatzes geschlossenen Abtretungsvertrag gültig.

(5) Durch den Gesellschaftsvertrag kann die Abtretung der Geschäftsanteile an weitere Voraussetzungen geknüpft, insbesondere von der Genehmigung der Gesellschaft abhängig gemacht werden.

§ 16[3] [4] Rechtsstellung bei Wechsel der Gesellschafter oder Veränderung des Umfangs ihrer Beteiligung; Erwerb vom Nichtberechtigten. (1) [1]Im Verhältnis zur Gesellschaft gilt im Fall einer Veränderung in den Personen der Gesellschafter oder des Umfangs ihrer Beteiligung als Inhaber eines Geschäftsanteils nur, wer als solcher in der im Handelsregister aufgenommenen Gesellschafterliste (§ 40) eingetragen ist. [2]Eine vom Erwerber in Bezug auf das Gesellschaftsverhältnis vorgenommene Rechtshandlung gilt als von Anfang an wirksam, wenn die Liste unverzüglich nach Vornahme der Rechtshandlung in das Handelsregister aufgenommen wird.

(2) Für Einlageverpflichtungen, die in dem Zeitpunkt rückständig sind, ab dem der Erwerber gemäß Absatz 1 Satz 1 im Verhältnis zur Gesellschaft als Inhaber des Geschäftsanteils gilt, haftet der Erwerber neben dem Veräußerer.

(3) [1]Der Erwerber kann einen Geschäftsanteil oder ein Recht daran durch Rechtsgeschäft wirksam vom Nichtberechtigten erwerben, wenn der Veräußerer als Inhaber des Geschäftsanteils in der im Handelsregister aufgenommenen Gesellschafterliste eingetragen ist. [2]Dies gilt nicht, wenn die Liste zum Zeitpunkt des Erwerbs hinsichtlich des Geschäftsanteils weniger als drei Jahre unrichtig und die Unrichtigkeit dem Berechtigten nicht zuzurechnen ist. [3]Ein gutgläubiger Erwerb ist ferner nicht möglich, wenn dem Erwerber die mangelnde Berechtigung bekannt oder infolge grober Fahrlässigkeit unbekannt ist oder der Liste ein Widerspruch zugeordnet ist. [4]Die Zuordnung eines Widerspruchs erfolgt aufgrund einer einstweiligen Verfügung oder aufgrund einer Bewilligung desjenigen, gegen dessen Berechtigung sich der Widerspruch richtet. [5]Eine Gefährdung des Rechts des Widersprechenden muss nicht glaubhaft gemacht werden.

---

[1] § 14 neu gef. mWv 1.11.2008 durch G v. 23.10.2008 (BGBl. I S. 2026).

[2] § 15 Abs. 3 und Abs. 4 Satz 1 geänd. durch G v. 28.8.1969 (BGBl. I S. 1513).

[3] § 16 neu gef. mWv 1.11.2008 durch G v. 23.10.2008 (BGBl. I S. 2026).

[4] Beachte hierzu Übergangsvorschrift in § 3 EGGmbHG (Nr. **52/1**).

§ 17[1] (weggefallen)

§ 18 Mitberechtigung am Geschäftsanteil. (1) Steht ein Geschäftsanteil mehreren Mitberechtigten ungeteilt zu, so können sie die Rechte aus demselben nur gemeinschaftlich ausüben.

(2) Für die auf den Geschäftsanteil zu bewirkenden Leistungen haften sie der Gesellschaft solidarisch.

(3) [1] Rechtshandlungen, welche die Gesellschaft gegenüber dem Inhaber des Anteils vorzunehmen hat, sind, sofern nicht ein gemeinsamer Vertreter der Mitberechtigten vorhanden ist, wirksam, wenn sie auch nur gegenüber einem Mitberechtigten vorgenommen werden. [2] Gegenüber mehreren Erben eines Gesellschafters findet diese Bestimmung nur in bezug auf Rechtshandlungen Anwendung, welche nach Ablauf eines Monats seit dem Anfall der Erbschaft vorgenommen werden.

§ 19[2] [3] **Leistung der Einlagen.** (1) Die Einzahlungen auf die Geschäftsanteile sind nach dem Verhältnis der Geldeinlagen zu leisten.

(2) [1] Von der Verpflichtung zur Leistung der Einlagen können die Gesellschafter nicht befreit werden. [2] Gegen den Anspruch der Gesellschaft ist die Aufrechnung nur zulässig mit einer Forderung aus der Überlassung von Vermögensgegenständen, deren Anrechnung auf die Einlageverpflichtung nach § 5 Abs. 4 Satz 1 vereinbart worden ist. [3] An dem Gegenstand einer Sacheinlage kann wegen Forderungen, welche sich nicht auf den Gegenstand beziehen, kein Zurückbehaltungsrecht geltend gemacht werden.

(3) Durch eine Kapitalherabsetzung können die Gesellschafter von der Verpflichtung zur Leistung von Einlagen höchstens in Höhe des Betrags befreit werden, um den das Stammkapital herabgesetzt worden ist.

---

[1] § 17 aufgeh. mWv 1.11.2008 durch G v. 23.10.2008 (BGBl. I S. 2026).

[2] § 19 neu gef. durch G v. 4.7.1980 (BGBl. I S. 836); Abs. 4 Satz 2 aufgeh. durch G v. 18.12.1991 (BGBl. I S. 2206); Abs. 6 angef. mWv 15.12.2004 durch G v. 9.12.2004 (BGBl. I S. 3214); Abs. 1 und Abs. 2 Satz 2 geänd., Abs. 4 und 5 neu gef. mWv 1.11.2008 durch G v. 23.10.2008 (BGBl. I S. 2026).

[3] Beachte hierzu Übergangsvorschrift in § 3 Abs. 4 EGGmbHG (Nr. **52/1**). § 19 in der bis zum 31.10. 2008 geltenden Fassung lautete:

„**§ 19 [Einzahlungen auf die Stammeinlage]** (1) Die Einzahlungen auf die Stammeinlagen sind nach dem Verhältnis der Geldeinlagen zu leisten.

(2) [1] Von der Verpflichtung zur Leistung der Einlagen können die Gesellschafter nicht befreit werden. [2] Gegen den Anspruch der Gesellschaft ist die Aufrechnung nicht zulässig. [3] An dem Gegenstand einer Sacheinlage kann wegen Forderungen, welche sich nicht auf den Gegenstand beziehen, kein Zurückbehaltungsrecht geltend gemacht werden.

(3) Durch eine Kapitalherabsetzung können die Gesellschafter von der Verpflichtung zur Leistung von Einlagen höchstens in Höhe des Betrags befreit werden, um den das Stammkapital herabgesetzt worden ist.

(4) Vereinigen sich innerhalb von drei Jahren nach der Eintragung der Gesellschaft in das Handelsregister alle Geschäftsanteile in der Hand eines Gesellschafters oder daneben in der Hand der Gesellschaft, so hat der Gesellschafter innerhalb von drei Monaten seit der Vereinigung der Geschäftsanteile alle Geldeinlagen voll einzuzahlen oder der Gesellschaft für die Zahlung der noch ausstehenden Beträge eine Sicherung zu bestellen oder einen Teil der Geschäftsanteile an einen Dritten zu übertragen.

(5) Eine Leistung auf die Stammeinlage, welche nicht in Geld besteht oder welche durch Aufrechnung einer für die Überlassung von Vermögensgegenständen zu gewährenden Vergütung bewirkt wird, befreit den Gesellschafter von seiner Verpflichtung nur, soweit sie in Ausführung einer nach § 5 Abs. 4 Satz 1 getroffenen Bestimmung erfolgt.

(6) [1] Der Anspruch der Gesellschaft auf Leistung der Einlagen verjährt in zehn Jahren von seiner Entstehung an. [2] Wird das Insolvenzverfahren über das Vermögen der Gesellschaft eröffnet, so tritt die Verjährung nicht vor Ablauf von sechs Monaten ab dem Zeitpunkt der Eröffnung ein."

(4) [1] Ist eine Geldeinlage eines Gesellschafters bei wirtschaftlicher Betrachtung und aufgrund einer im Zusammenhang mit der Übernahme der Geldeinlage getroffenen Abrede vollständig oder teilweise als Sacheinlage zu bewerten (verdeckte Sacheinlage), so befreit dies den Gesellschafter nicht von seiner Einlageverpflichtung. [2] Jedoch sind die Verträge über die Sacheinlage und die Rechtshandlungen zu ihrer Ausführung nicht unwirksam. [3] Auf die fortbestehende Geldeinlagepflicht des Gesellschafters wird der Wert des Vermögensgegenstandes im Zeitpunkt der Anmeldung der Gesellschaft zur Eintragung in das Handelsregister oder im Zeitpunkt seiner Überlassung an die Gesellschaft, falls diese später erfolgt, angerechnet. [4] Die Anrechnung erfolgt nicht vor Eintragung der Gesellschaft in das Handelsregister. [5] Die Beweislast für die Werthaltigkeit des Vermögensgegenstandes trägt der Gesellschafter.

(5) [1] Ist vor der Einlage eine Leistung an den Gesellschafter vereinbart worden, die wirtschaftlich einer Rückzahlung der Einlage entspricht und die nicht als verdeckte Sacheinlage im Sinne von Absatz 4 zu beurteilen ist, so befreit dies den Gesellschafter von seiner Einlageverpflichtung nur dann, wenn die Leistung durch einen vollwertigen Rückgewähranspruch gedeckt ist, der jederzeit fällig ist oder durch fristlose Kündigung durch die Gesellschaft fällig werden kann. [2] Eine solche Leistung oder die Vereinbarung einer solchen Leistung ist in der Anmeldung nach § 8 anzugeben.

(6) [1] Der Anspruch der Gesellschaft auf Leistung der Einlagen verjährt in zehn Jahren von seiner Entstehung an. [2] Wird das Insolvenzverfahren über das Vermögen der Gesellschaft eröffnet, so tritt die Verjährung nicht vor Ablauf von sechs Monaten ab dem Zeitpunkt der Eröffnung ein.

§ 20 Verzugszinsen. Ein Gesellschafter, welcher den auf die Stammeinlage eingeforderten Betrag nicht zur rechten Zeit einzahlt, ist zur Entrichtung von Verzugszinsen von Rechts wegen verpflichtet.

§ 21 Kaduzierung. (1) [1] Im Fall verzögerter Einzahlung kann an den säumigen Gesellschafter eine erneute Aufforderung zur Zahlung binnen einer zu bestimmenden Nachfrist unter Androhung seines Ausschlusses mit dem Geschäftsanteil, auf welchen die Zahlung zu erfolgen hat, erlassen werden. [2] Die Aufforderung erfolgt mittels eingeschriebenen Briefes. [3] Die Nachfrist muß mindestens einen Monat betragen.

(2) [1] Nach fruchtlosem Ablauf der Frist ist der säumige Gesellschafter seines Geschäftsanteils und der geleisteten Teilzahlungen zugunsten der Gesellschaft verlustig zu erklären. [2] Die Erklärung erfolgt mittels eingeschriebenen Briefes.

(3) Wegen des Ausfalls, welchen die Gesellschaft an dem rückständigen Betrag oder den später auf den Geschäftsanteil eingeforderten Beträgen der Stammeinlage erleidet, bleibt ihr der ausgeschlossene Gesellschafter verhaftet.

§ 22[1)] Haftung der Rechtsvorgänger. (1) Für eine von dem ausgeschlossenen Gesellschafter nicht erfüllte Einlageverpflichtung haftet der Gesellschaft auch der letzte und jeder frühere Rechtsvorgänger des Ausgeschlossenen, der im Verhältnis zu ihr als Inhaber des Geschäftsanteils gilt.

(2) Ein früherer Rechtsvorgänger haftet nur, soweit die Zahlung von dessen Rechtsnachfolger nicht zu erlangen ist; dies ist bis zum Beweis des Gegenteils anzunehmen, wenn der letztere die Zahlung nicht bis zum Ablauf eines Monats

[1)] § 22 Abs. 1 und 3 neu gef. mWv 1.11.2008 durch G v. 23.10.2008 (BGBl. I S. 2026).

geleistet hat, nachdem an ihn die Zahlungsaufforderung und an den Rechtsvorgänger die Benachrichtigung von derselben erfolgt ist.

(3) [1] Die Haftung des Rechtsvorgängers ist auf die innerhalb der Frist von fünf Jahren auf die Einlageverpflichtung eingeforderten Leistungen beschränkt. [2] Die Frist beginnt mit dem Tag, ab welchem der Rechtsnachfolger im Verhältnis zur Gesellschaft als Inhaber des Geschäftsanteils gilt.

(4) Der Rechtsvorgänger erwirbt gegen Zahlung des rückständigen Betrages den Geschäftsanteil des ausgeschlossenen Gesellschafters.

§ 23 Versteigerung des Geschäftsanteils. [1] Ist die Zahlung des rückständigen Betrages von Rechtsvorgängern nicht zu erlangen, so kann die Gesellschaft den Geschäftsanteil im Wege öffentlicher Versteigerung verkaufen lassen. [2] Eine andere Art des Verkaufs ist nur mit Zustimmung des ausgeschlossenen Gesellschafters zulässig.

§ 24 Aufbringung von Fehlbeträgen. [1] Soweit eine Stammeinlage weder von den Zahlungspflichtigen eingezogen, noch durch Verkauf des Geschäftsanteils gedeckt werden kann, haben die übrigen Gesellschafter den Fehlbetrag nach Verhältnis ihrer Geschäftsanteile aufzubringen. [2] Beiträge, welche von einzelnen Gesellschaftern nicht zu erlangen sind, werden nach dem bezeichneten Verhältnis auf die übrigen verteilt.

§ 25 Zwingende Vorschriften. Von den in den §§ 21 bis 24 bezeichneten Rechtsfolgen können die Gesellschafter nicht befreit werden.

§ 26[1)] Nachschusspflicht. (1) Im Gesellschaftsvertrag kann bestimmt werden, daß die Gesellschafter über die Nennbeträge der Geschäftsanteile hinaus die Einforderung von weiteren Einzahlungen (Nachschüssen) beschließen können.

(2) Die Einzahlung der Nachschüsse hat nach Verhältnis der Geschäftsanteile zu erfolgen.

(3) Die Nachschußpflicht kann im Gesellschaftsvertrag auf einen bestimmten, nach Verhältnis der Geschäftsanteile festzusetzenden Betrag beschränkt werden.

§ 27 Unbeschränkte Nachschusspflicht. (1) [1] Ist die Nachschußpflicht nicht auf einen bestimmten Betrag beschränkt, so hat jeder Gesellschafter, falls er die Stammeinlage vollständig eingezahlt hat, das Recht, sich von der Zahlung des auf den Geschäftsanteil eingeforderten Nachschusses dadurch zu befreien, daß er innerhalb eines Monats nach der Aufforderung zur Einzahlung den Geschäftsanteil der Gesellschaft zur Befriedigung aus demselben zur Verfügung stellt. [2] Ebenso kann die Gesellschaft, wenn der Gesellschafter binnen der angegebenen Frist weder von der bezeichneten Befugnis Gebrauch macht, noch die Einzahlung leistet, demselben mittels eingeschriebenen Briefes erklären, daß sie den Geschäftsanteil als zur Verfügung gestellt betrachte.

(2) [1] Die Gesellschaft hat den Geschäftsanteil innerhalb eines Monats nach der Erklärung des Gesellschafters oder der Gesellschaft im Wege öffentlicher Versteigerung verkaufen zu lassen. [2] Eine andere Art des Verkaufs ist nur mit Zustimmung des Gesellschafters zulässig. [3] Ein nach Deckung der Verkaufskosten und des rückständigen Nachschusses verbleibender Überschuß gebührt dem Gesellschafter.

---

1) § 26 Abs. 1 geänd. mWv 1.11.2008 durch G v. 23.10.2008 (BGBl. I S. 2026).

(3) [1] Ist die Befriedigung der Gesellschaft durch den Verkauf nicht zu erlangen, so fällt der Geschäftsanteil der Gesellschaft zu. [2] Dieselbe ist befugt, den Anteil für eigene Rechnung zu veräußern.

(4) Im Gesellschaftsvertrag kann die Anwendung der vorstehenden Bestimmungen auf den Fall beschränkt werden, daß die auf den Geschäftsanteil eingeforderten Nachschüsse einen bestimmten Betrag überschreiten.

§ 28 Beschränkte Nachschusspflicht. (1) [1] Ist die Nachschußpflicht auf einen bestimmten Betrag beschränkt, so finden, wenn im Gesellschaftsvertrag nicht ein anderes festgesetzt ist, im Fall verzögerter Einzahlung von Nachschüssen die auf die Einzahlung der Stammeinlagen bezüglichen Vorschriften der §§ 21 bis 23 entsprechende Anwendung. [2] Das gleiche gilt im Fall des § 27 Abs. 4 auch bei unbeschränkter Nachschußpflicht, soweit die Nachschüsse den im Gesellschaftsvertrag festgesetzten Betrag nicht überschreiten.

(2) Im Gesellschaftsvertrag kann bestimmt werden, daß die Einforderung von Nachschüssen, auf deren Zahlung die Vorschriften der §§ 21 bis 23 Anwendung finden, schon vor vollständiger Einforderung der Stammeinlagen zulässig ist.

§ 29[1)] Ergebnisverwendung. (1) [1] Die Gesellschafter haben Anspruch auf den Jahresüberschuß zuzüglich eines Gewinnvortrags und abzüglich eines Verlustvortrags, soweit der sich ergebende Betrag nicht nach Gesetz oder Gesellschaftsvertrag, durch Beschluß nach Absatz 2 oder als zusätzlicher Aufwand auf Grund des Beschlusses über die Verwendung des Ergebnisses von der Verteilung unter die Gesellschafter ausgeschlossen ist. [2] Wird die Bilanz unter Berücksichtigung der teilweisen Ergebnisverwendung aufgestellt oder werden Rücklagen aufgelöst, so haben die Gesellschafter abweichend von Satz 1 Anspruch auf den Bilanzgewinn.

(2) Im Beschluß über die Verwendung des Ergebnisses können die Gesellschafter, wenn der Gesellschaftsvertrag nichts anderes bestimmt, Beträge in Gewinnrücklagen einstellen oder als Gewinn vortragen.

(3) [1] Die Verteilung erfolgt nach Verhältnis der Geschäftsanteile. [2] Im Gesellschaftsvertrag kann ein anderer Maßstab der Verteilung festgesetzt werden.

(4) [1] Unbeschadet der Absätze 1 und 2 und abweichender Gewinnverteilungsabreden nach Absatz 3 Satz 2 können die Geschäftsführer mit Zustimmung des Aufsichtsrats oder der Gesellschafter den Eigenkapitalanteil von Wertaufholungen bei Vermögensgegenständen des Anlage- und Umlaufvermögens in andere Gewinnrücklagen einstellen. [2] Der Betrag dieser Rücklagen ist in der Bilanz gesondert auszuweisen; er kann auch im Anhang angegeben werden.

§ 30[2)] Kapitalerhaltung. (1) [1] Das zur Erhaltung des Stammkapitals erforderliche Vermögen der Gesellschaft darf an die Gesellschafter nicht ausgezahlt werden. [2] Satz 1 gilt nicht bei Leistungen, die bei Bestehen eines Beherrschungs- oder Gewinnabführungsvertrags (§ 291 des Aktiengesetzes[3)]) erfolgen, oder durch einen vollwertigen Gegenleistungs- oder Rückgewähranspruch gegen den Gesellschafter gedeckt sind. [3] Satz 1 ist zudem nicht anzuwenden auf die Rückgewähr eines

---

[1)] § 29 Abs. 1 neu gef., Abs. 2 eingef., bish. Abs. 2 wird Abs. 3, Abs. 4 angef. durch G v. 19.12.1985 (BGBl. I S. 2355); Abs. 4 Satz 1 geänd., Satz 2 neu gef. mWv 23.7.2015 durch G v. 17.7.2015 (BGBl. I S. 1245).

[2)] § 30 Abs. 2 Satz 2 geänd. mWv 1.4.2005 durch G v. 22.3.2005 (BGBl. I S. 837); Abs. 1 neu gef. mWv 1.11.2008 durch G v. 23.10.2008 (BGBl. I S. 2026).

[3)] Nr. **51**.

Gesellschafterdarlehens und Leistungen auf Forderungen aus Rechtshandlungen, die einem Gesellschafterdarlehen wirtschaftlich entsprechen.

(2) [1] Eingezahlte Nachschüsse können, soweit sie nicht zur Deckung eines Verlustes am Stammkapital erforderlich sind, an die Gesellschafter zurückgezahlt werden. [2] Die Zurückzahlung darf nicht vor Ablauf von drei Monaten erfolgen, nachdem der Rückzahlungsbeschluß nach § 12 bekanntgemacht ist. [3] Im Fall des § 28 Abs. 2 ist die Zurückzahlung von Nachschüssen vor der Volleinzahlung des Stammkapitals unzulässig. [4] Zurückgezahlte Nachschüsse gelten als nicht eingezogen.

§ 31[1)] Erstattung verbotener Rückzahlungen. (1) Zahlungen, welche den Vorschriften des § 30 zuwider geleistet sind, müssen der Gesellschaft erstattet werden.

(2) War der Empfänger in gutem Glauben, so kann die Erstattung nur insoweit verlangt werden, als sie zur Befriedigung der Gesellschaftsgläubiger erforderlich ist.

(3) [1] Ist die Erstattung von dem Empfänger nicht zu erlangen, so haften für den zu erstattenden Betrag, soweit er zur Befriedigung der Gesellschaftsgläubiger erforderlich ist, die übrigen Gesellschafter nach Verhältnis ihrer Geschäftsanteile. [2] Beiträge, welche von einzelnen Gesellschaftern nicht zu erlangen sind, werden nach dem bezeichneten Verhältnis auf die übrigen verteilt.

(4) Zahlungen, welche auf Grund der vorstehenden Bestimmungen zu leisten sind, können den Verpflichteten nicht erlassen werden.

(5) [1] Die Ansprüche der Gesellschaft verjähren in den Fällen des Absatzes 1 in zehn Jahren sowie in den Fällen des Absatzes 3 in fünf Jahren. [2] Die Verjährung beginnt mit dem Ablauf des Tages, an welchem die Zahlung, deren Erstattung beansprucht wird, geleistet ist. [3] In den Fällen des Absatzes 1 findet § 19 Abs. 6 Satz 2 entsprechende Anwendung.

(6) [1] Für die in den Fällen des Absatzes 3 geleistete Erstattung einer Zahlung sind den Gesellschaftern die Geschäftsführer, welchen in betreff der geleisteten Zahlung ein Verschulden zur Last fällt, solidarisch zum Ersatz verpflichtet. [2] Die Bestimmungen in § 43 Abs. 1 und 4 finden entsprechende Anwendung.

§ 32 Rückzahlung von Gewinn. Liegt die in § 31 Abs. 1 bezeichnete Voraussetzung nicht vor, so sind die Gesellschafter in keinem Fall verpflichtet, Beträge, welche sie in gutem Glauben als Gewinnanteile bezogen haben, zurückzuzahlen.

§§ 32a, 32b[2) 3)] (weggefallen)

[1)] § 31 Abs. 5 neu gef., Abs. 6 Satz 2 angef. mWv 15.12.2004 durch G v. 9.12.2004 (BGBl. I S. 3214).

[2)] §§ 32a und 32b aufgeh. mWv 1.11.2008 durch G v. 23.10.2008 (BGBl. I S. 2026).

[3)] Beachte hierzu Übergangsvorschrift in § 3 EGGmbHG (Nr. **52/1**). §§ 32a und 32b in der bis zum 31.10.2008 geltenden Fassung lauteten:

„**§ 32a [Rückgewähr von Darlehen]** (1) Hat ein Gesellschafter der Gesellschaft in einem Zeitpunkt, in dem ihr die Gesellschafter als ordentliche Kaufleute Eigenkapital zugeführt hätten (Krise der Gesellschaft), statt dessen ein Darlehen gewährt, so kann er den Anspruch auf Rückgewähr des Darlehens im Insolvenzverfahren über das Vermögen der Gesellschaft nur als nachrangiger Insolvenzgläubiger geltend machen.

(2) Hat ein Dritter der Gesellschaft in einem Zeitpunkt, in dem ihr die Gesellschafter als ordentliche Kaufleute Eigenkapital zugeführt hätten, statt dessen ein Darlehen gewährt und hat ihm ein Gesellschafter für die Rückgewähr des Darlehens eine Sicherung bestellt oder hat er sich dafür verbürgt, so kann der Dritte im Insolvenzverfahren über das Vermögen der Gesellschaft nur für den Betrag verhältnismäßige Befriedigung verlangen, mit dem er bei der Inanspruchnahme der Sicherung oder des Bürgen ausgefallen ist. →

§ 33[1)] Erwerb eigener Geschäftsanteile. (1) Die Gesellschaft kann eigene Geschäftsanteile, auf welche die Einlagen noch nicht vollständig geleistet sind, nicht erwerben oder als Pfand nehmen.

(2) [1] Eigene Geschäftsanteile, auf welche die Einlage vollständig geleistet ist, darf sie nur erwerben, sofern sie im Zeitpunkt des Erwerbs eine Rücklage in Höhe der Aufwendungen für den Erwerb bilden könnte, ohne das Stammkapital oder eine nach dem Gesellschaftsvertrag zu bildende Rücklage zu mindern, die nicht zur Zahlung an die Gesellschafter verwandt werden darf. [2] Als Pfand nehmen darf sie solche Geschäftsanteile nur, soweit der Gesamtbetrag der durch Inpfandnahme eigener Geschäftsanteile gesicherten Forderungen oder, wenn der Wert der als Pfand genommenen Geschäftsanteile niedriger ist, dieser Betrag nicht höher ist als das über das Stammkapital hinaus vorhandene Vermögen. [3] Ein Verstoß gegen die Sätze 1 und 2 macht den Erwerb oder die Inpfandnahme der Geschäftsanteile nicht unwirksam; jedoch ist das schuldrechtliche Geschäft über einen verbotswidrigen Erwerb oder eine verbotswidrige Inpfandnahme nichtig.

(3) Der Erwerb eigener Geschäftsanteile ist ferner zulässig zur Abfindung von Gesellschaftern nach § 29 Absatz 1, nach § 125 Satz 1 in Verbindung mit § 29 Absatz 1, nach § 207 Absatz 1, nach § 313 Absatz 1, nach § 327 in Verbindung mit § 313 Absatz 1 und nach § 340 Absatz 1 des Umwandlungsgesetzes[2)], sofern der Erwerb binnen sechs Monaten nach dem Wirksamwerden der Umwandlung oder nach der Rechtskraft der gerichtlichen Entscheidung erfolgt und die Gesellschaft im Zeitpunkt des Erwerbs eine Rücklage in Höhe der Aufwendungen für

(Fortsetzung nächstes Blatt)

(Fortsetzung der Anm. von voriger Seite)

(3) [1] Diese Vorschriften gelten sinngemäß für andere Rechtshandlungen eines Gesellschafters oder eines Dritten, die der Darlehensgewährung nach Absatz 1 oder 2 wirtschaftlich entsprechen. [2] Die Regeln über den Eigenkapitalersatz gelten nicht für den nicht geschäftsführenden Gesellschafter, der mit zehn vom Hundert oder weniger am Stammkapital beteiligt ist. [3] Erwirbt ein Darlehensgeber in der Krise der Gesellschaft Geschäftsanteile zum Zweck der Überwindung der Krise, führt dies für seine bestehenden oder neugewährten Kredite nicht zur Anwendung der Regeln über den Eigenkapitalersatz.

§ 32b [Haftung für zurückgezahlte Darlehen] [1] Hat die Gesellschaft im Fall des § 32a Abs. 2, 3 das Darlehen im letzten Jahr vor dem Antrag auf Eröffnung des Insolvenzverfahrens oder nach diesem Antrag zurückgezahlt, so hat der Gesellschafter, der die Sicherung bestellt hatte oder als Bürge haftete, der Gesellschaft den zurückgezahlten Betrag zu erstatten; § 146 der Insolvenzordnung gilt entsprechend. [2] Die Verpflichtung besteht nur bis zur Höhe des Betrags, mit dem der Gesellschafter als Bürge haftete oder der dem Wert der von ihm bestellten Sicherung im Zeitpunkt der Rückzahlung des Darlehens entspricht. [3] Der Gesellschafter wird von der Verpflichtung frei, wenn er die Gegenstände, die dem Gläubiger als Sicherung gedient hatten, der Gesellschaft zu ihrer Befriedigung zur Verfügung stellt. [4] Diese Vorschriften gelten sinngemäß für andere Rechtshandlungen, die der Darlehensgewährung wirtschaftlich entsprechen."

[1)] § 33 neu gef. durch G v. 4.7.1980 (BGBl. I S. 836); Abs. 2 Satz 1 geänd. durch G v. 19.12.1985 (BGBl. I S. 2355); Abs. 3 angef. durch G v. 28.10.1994 (BGBl. I S. 3210); Abs. 2 Satz 1 und Abs. 3 neu gef. mWv 29.5.2009 durch G v. 25.5.2009 (BGBl. I S. 1102); Abs. 3 geänd. mWv 1.3.2023 durch G v. 22.2.2023 (BGBl. 2023 I Nr. 51).

[2)] Nr. **52a**.

52a. Umwandlungsgesetz (UmwG)[1)]

Vom 28. Oktober 1994
(BGBl. I S. 3210, ber. 1995 I S. 428)

FNA 4120-9-2

Lfd. Nr.	Änderndes Gesetz	Datum	Fundstelle	Betroffen	Hinweis
1.	Art. 2 StückaktienG	25.3.1998	BGBl. I S. 590	§§ 15, 46, 51, 67, 68, 69, 241, 242, 243, 258, 263, 267, 269, 273, 276, 291, 294	geänd. mWv 1.4.1998
2.	Art. 3 § 4 Euro-EinführungsG	9.6.1998	BGBl. I S. 1242	§§ 46, 54, 55, 243, 258, 263, 273, 318	geänd. mWv 1.1.1999
3.	Art. 7 HandelsrechtsreformG	22.6.1998	BGBl. I S. 1474	§§ 18, 122, 200, 228	geänd. mWv 1.7.1998
4.	Art. 1 G zur Änd. des UmwandlungsG, des PartnerschaftsgesellschaftsG und anderer Gesetze	22.7.1998	BGBl. I S. 1878	Inhaltsübersicht, §§ 2, 3, 5, 16, 18, 26, 29, 37, 2. Buch 2. Teil 1. Abschnitt Überschrift, §§ 43, 46, 51, 52, 57, 69, 74, 80, 99, 104, 126, 130, 131, 137, 191, 200, 5. Buch 2. Teil 1. Abschnitt Überschrift, §§ 217, 226, 228, 233, 234, 270, 282, 290, 300, 307, 313, 315, 316	geänd. mWv 1.8.1998
				§§ 33, 211	neu gef. mWv 1.8.1998
				2. Buch 2. Teil 1. Abschnitt 1. UAbschnitt Überschrift, 2. UAbschnitt (§§ 45a–45e), 5. Buch 2. Teil 1. Abschnitt 1. UAbschnitt Überschrift, 2. UAbschnitt (§§ 225a–225c)	eingef. mWv 1.8.1998
5.	Art. 5 NamensaktienG	18.1.2001	BGBl. I S. 123	§ 316	geänd. mWv 25.1.2001
6.	Art. 26 G RechtsgeschäftsmodernisierungsG	13.7.2001	BGBl. I S. 1542	§§ 89, 182, 216, 230, 256, 260, 267	geänd. mWv 1.8.2001
7.	Art. 3 BetrVerf-ReformG	23.7.2001	BGBl. I S. 1852	§ 322	geänd. mWv 28.7.2001
				§ 321	aufgeh. mWv 28.7.2001
8.	Art. 5 Abs. 17 SchuldrechtsmodernisierungsG[2)]	26.11. 2001	BGBl. I S. 3138	§§ 45, 133, 157, 224	geänd. mWv 1.1.2002
9.	Art. 5 G zur Änd. des SeemannsG u. anderer G[3)]	23.3.2002	BGBl. I S. 1163	§ 324	geänd. mWv 1.4.2002

[1)] Verkündet als Art. 1 UmwandlungsrechtsbereinigungsG v. 28.10.1994 (BGBl. I S. 3210); Inkrafttreten gem. Art. 20 dieses G am 1.1.1995.

[2)] **Amtl. Anm.:** *(abgedruckt in Änderungstabelle Nr.* **50***)*

[3)] **Amtl. Anm.:** […] Artikel 4 und 5 des Gesetzes dienen der Umsetzung der Richtlinie 2001/23/EG des Rates vom 12. März 2001 zur Angleichung der Rechtsvorschriften der Mitgliedstaaten über die Wahrung von Ansprüchen der Arbeitnehmer beim Übergang von Unternehmen, Betrieben oder Unternehmens- oder Betriebsteilen (ABl. EG Nr. L 82 S. 16) betreffend Artikel 7 Abs. 6.

Lfd. Nr.	Änderndes Gesetz	Datum	Fundstelle	Betroffen	Hinweis
10.	Art. 4 Spruchverfahrensneuordnungs G	12.6.2003	BGBl. I S. 838	Inhaltsübersicht, §§ 10, 15, 34, 60, 196, 212, 7. und 8. Buch	geänd. mWv 1.9.2003
				6. Buch (§§ 305–312)	aufgeh. mWv 1.9.2003
11.	Art. 8 Abs. 10 BilanzrechtsreformG	4.12.2004	BGBl. I S. 3166	§§ 11, 313	geänd. mWv 10.12.2004
12.	Art. 10 G zur Anpassung von Verjährungsvorschriften an das SchuldrechtsmodernisierungsG	9.12.2004	BGBl. I S. 3214	§ 93	geänd. mWv 15.12.2004
13.	Art. 14 SCE-EinführungsG	14.8.2006	BGBl. I S. 1911	§§ 1, 2, 26, 37, 57, 74, 79, 80, 81, 82, 84, 85, 87, 88, 89, 90, 92, 93, 95, 97, 98, 107, 130, 137, 147, 148, 200, 218, 222, 252, 253, 254, 255, 256, 258, 259, 260, 262, 263, 264, 270, 271, 284, 288, 289, 315	geänd. mWv 18.8.2006
14.	Art. 8 G über elektronische Handelsregister und Genossenschaftsregister sowie das Unternehmensregister	10.11. 2006	BGBl. I S. 2553	§§ 15, 19, 22, 25, 26, 27, , 31, 45, 61, 87, 88, 91, 94, 95, 104, 111, 117, 118, 119, 130, 133, 137, 157, 186, 187, 188, 201, 205, 209, 224, 231, 256, 271, 287, 319	geänd. mWv 1.1.2007
				§§ 77, 279, 297	aufgeh. mWv 1.1.2007
15.	Art. 1 Zweites ÄndG[1]	19.4.2007	BGBl. I S. 542	Inhaltsübersicht, §§ 4, 16, 17, 19, 29, 35, 44, 48, 51, 52, 54, 59, 67, 68, 105, 125, 130, 131, 133, 134, 141, 151, 192, 197, 198, 213, 228, 234, 238, 245, 247, 251, 260, 274, 283, 316	geänd. mWv 25.4.2007
				2. Buch 2. Teil 10. Abschnitt (§§ 122a–122l), § 314a	eingef. mWv 25.4.2007
				§ 132	aufgeh. mWv 25.4.2007
16.	Art. 17 G zur Modernisierung des GmbH-Rechts und zur Bekämpfung von Missbräuchen	23.10. 2008	BGBl. I S. 2026	§§ 46, 51, 54, 55, 241, 242, 243, 258, 273	geänd. mWv 1.11.2008
17.	Art. 73 FGG-ReformG	17.12. 2008	BGBl. I S. 2586	§§ 10, 26	geänd. mWv 1.9.2009
18.	Art. 13 Abs. 4 BilanzrechtsmodernisierungsG	25.5.2009	BGBl. I S. 1102	§ 11	geänd. mWv 29.5.2009

[1] **Amtl. Anm.:** Artikel 1 dieses Gesetzes dient, soweit er Regelungen über die grenzüberschreitende Verschmelzung von Kapitalgesellschaften enthält, der Umsetzung der Richtlinie 2005/56/EG des Europäischen Parlaments und des Rates vom 26. Oktober 2005 über die Verschmelzung von Kapitalgesellschaften aus verschiedenen Mitgliedstaaten (ABl. EU Nr. L 310 S. 1).

Lfd. Nr.	Änderndes Gesetz	Datum	Fundstelle	Betroffen	Hinweis
19.	Art. 4 G zur Umsetzung der AktionärsrechteRL (ARUG)[1]	30.7.2009	BGBl. I S. 2479	§§ 15, 16, 17, 62, 63, 64, 69, 87, 199, 230, 232, 251, 256, 260, 274, 283, 292	geänd. mWv 1.9.2009
				§ 321	eingef. mWv 1.9.2009
20.	Art. 5 G zur Erleichterung elektronischer Anmeldungen zum Vereinsregister und anderer vereinsrechtl. Änd.	24.9.2009	BGBl. I S. 3145	§§ 103, 275	geänd. mWv 30.9.2009
21.	Art. 1 Drittes G zur Änd. des UmwandlungsG[2]	11.7.2011	BGBl. I S. 1338	§§ 52, 56, 62, 63, 64, 69, 75, 82, 101, 112, 125, 230, 313, 321	geänd. mWv 15.7.2011
				§ 143	neu gef. mWv 15.7.2011
22.	Art. 2 Abs. 48 G zur Änd. von Vorschriften über Verkündung und Bekanntmachungen sowie der ZPO, des EGZPO und der AO	22.12. 2011	BGBl. I S. 3044	§§ 26, 31, 104, 118, 119, 186, 187, 188, 209, 231	geänd. mWv 1.4.2012
23.	Art. 2 Abs. 32 G zur Modernisierung der Finanzaufsicht über Versicherungen	1.4.2015	BGBl. I S. 434	§§ 118, 291, 315	geänd. mWv 1.1.2016
24.	Art. 22 G für die gleichberechtigte Teilhabe von Frauen und Männern an Führungspositionen in der Privatwirtschaft und im öffentlichen Dienst	24.4.2015	BGBl. I S. 642	§ 76	geänd. mWv 1.5.2015
25.	Art. 24 Abs. 15 Zweites FinanzmarktnovellierungsG	23.6.2017	BGBl. I S. 1693	§ 63	geänd. mWv 3.1.2018
26.	Art. 5 G zum Bürokratieabbau und zur Förderung der Transparenz bei Genossenschaften	17.7.2017	BGBl. I S. 2434	§§ 82, 105, 260	geänd. mWv 22.7.2017
27.	Art. 1 Viertes ÄndG	19.12. 2018	BGBl. I S. 2694	Inhaltsübersicht, Überschrift 2. Buch 2. Teil 10. Abschnitt, §§ 122a, 122b, 122c, 122e, 122f	geänd. mWv 1.1.2019
				§ 122m	eingef. mWv 1.1.2019
28.	Art. 14 FinanzmarktintegritätsstärkungsG	3.6.2021	BGBl. I S. 1534	§§ 11, 321	geänd. mWv 1.7.2021
29.	Art. 17 G zur Umsetzung der Digitalisierungsrichtlinie (DiRUG)[3]	5.7.2021	BGBl. I S. 3338	§§ 19, 22, 137, 201	geänd. mWv 1.8.2022

[1] **Amtl. Anm.:** *(abgedruckt in Änderungstabelle Nr.* **51***)*

[2] **Amtl. Anm.:** Artikel 1 und 2 dieses Gesetzes dienen der Umsetzung der Richtlinie 2009/109/EG des Europäischen Parlaments und des Rates vom 16. September 2009 zur Änderung der Richtlinien 77/91/EWG, 78/855/EWG und 82/891/EWG des Rates sowie der Richtlinie 2005/56/EG hinsichtlich der Berichts- und Dokumentationspflicht bei Verschmelzungen und Spaltungen (ABl. L 259 vom 2.10.2009, S. 14).

[3] **Amtl. Anm.:** Dieses Gesetz dient der Umsetzung der Richtlinie (EU) 2019/1151 des Europäischen Parlaments und des Rates vom 20. Juni 2019 zur Änderung der Richtlinie (EU) 2017/1132 im Hinblick auf den Einsatz digitaler Werkzeuge und Verfahren im Gesellschaftsrecht (ABl. L 186 vom 11.7.2019, S. 80).

Lfd. Nr.	Änderndes Gesetz	Datum	Fundstelle	Betroffen	Hinweis
30.	Art. 60 PersonengesellschaftsrechtsmodernisierungsG (MoPeG)	10.8.2021	BGBl. I S. 3436	Inhaltsübersicht, §§ 3, 16, 2. Buch 2. Teil 1. Abschnitt 2. und 3. UAbschnitt Überschrift, §§ 45c, 45e, 51, 52, 69, 122f, 157, 191, 224, 228, 234	geänd. mWv 1.1.2024
				§§ 41, 42, 5. Buch 2. Teil 1. Abschnitt 1. UAbschnitt Überschrift, §§ 214, 235	neu gef. mWv 1.1.2024
				2. Buch 2. Teil 1. Abschnitt 1. UAbschnitt (§§ 39, 39a, 39b, 39c, 39d, 39e, 39f)	eingef. mWv 1.1.2024
				Bish. § 39, §§ 43, 44, 45	aufgeh. mit Ablauf des 31.12. 2023
31.	Art. 1 G zur Umsetzung der UmwandlungsRL und zur Änd. weiterer Gesetze[1]	22.2.2023	BGBl. 2023 I Nr. 51	Inhaltsübersicht, §§ 8, 9, 12, 14, 15, 17, 29, 32, 33, 34, 48, 55, 60, 61, 62, 63, 64, 69, 73, 76, 85, 116, 127, 133, 135, 142, 192, 193, 194, 195, 196, 199, 202, 203, 207, 210, 212, 214, 215, 216, 217, 218, 221, 225a, 225b, 226, 230, 232, 233, 234, 239, 240, 241, 242, 243, 244, 252, 253, 255, 258, 261, 262, 263, 270, 272, 275, 276, 284, 285, 288, 291, 293, 294, 7. Buch Überschrift, §§ 346, 347, 348, 349, 350, 8. Buch Überschrift, §§ 351, 352, 353, 354, 355	geänd. mWv 1.3.2023
				§§ 125, 132, 211	neu gef. mWv 1.3.2023
				§§ 35a, 72a, 72b, 132a, 142a, 248a, 6. Buch (§§ 305 –345), § 355	eingef. mWv 1.3.2023
				2. Buch 2. Teil 10. Abschnitt (§§ 122a–122m)	aufgeh. mit Ablauf des 28.2. 2023

Vorbemerkung:
Die Änderungen durch G v. 10.8.2021 (BGBl. I S. 3436) treten erst mWv 1.1.2024 in Kraft und sind im Text noch nicht berücksichtigt.

[1] **Amtl. Anm.:** Die Artikel 1, 2, 3, 7, 8 und 9 dieses Gesetzes dienen der Umsetzung der Richtlinie (EU) 2019/2121 des Europäischen Parlaments und des Rates vom 27. November 2019 zur Änderung der Richtlinie (EU) 2017/1132 in Bezug auf grenzüberschreitende Umwandlungen, Verschmelzungen und Spaltungen (ABl. L 321 vom 12.12.2019, S. 1; L 20 vom 24.1.2020, S. 24).

Inhaltsübersicht[1]

[1] Inhaltsübersicht geänd. mWv 1.8.1998 durch G v. 22.7.1998 (BGBl. I S. 1878); mWv 1.9.2003 durch G v. 12.6.2003 (BGBl. I S. 838); mWv 25.4.2007 durch G v. 19.4.2007 (BGBl. I S. 542); mWv 1.1.2019 durch G v. 19.12.2018 (BGBl. I S. 2694); mWv 1.3.2023 durch G v. 22.2.2023 (BGBl. 2023 I Nr. 51).

Erstes Buch. Möglichkeiten von Umwandlungen

§ 1[1)] Arten der Umwandlung; gesetzliche Beschränkungen (1) Rechtsträger mit Sitz im Inland können umgewandelt werden
1. durch Verschmelzung;
2. durch Spaltung (Aufspaltung, Abspaltung, Ausgliederung);
3. durch Vermögensübertragung;
4. durch Formwechsel.

(2) Eine Umwandlung im Sinne des Absatzes 1 ist außer in den in diesem Gesetz geregelten Fällen nur möglich, wenn sie durch ein anderes Bundesgesetz oder ein Landesgesetz ausdrücklich vorgesehen ist.

(3) [1] Von den Vorschriften dieses Gesetzes kann nur abgewichen werden, wenn dies ausdrücklich zugelassen ist. [2] Ergänzende Bestimmungen in Verträgen, Satzungen oder Willenserklärungen sind zulässig, es sei denn, daß dieses Gesetz eine abschließende Regelung enthält.

Zweites Buch. Verschmelzung

Erster Teil. Allgemeine Vorschriften

Erster Abschnitt. Möglichkeit der Verschmelzung

§ 2[2)] Arten der Verschmelzung. Rechtsträger können unter Auflösung ohne Abwicklung verschmolzen werden
1. im Wege der Aufnahme durch Übertragung des Vermögens eines Rechtsträgers oder mehrerer Rechtsträger (übertragende Rechtsträger) als Ganzes auf einen anderen bestehenden Rechtsträger (übernehmender Rechtsträger) oder
2. im Wege der Neugründung durch Übertragung der Vermögen zweier oder mehrerer Rechtsträger (übertragende Rechtsträger) jeweils als Ganzes auf einen neuen, von ihnen dadurch gegründeten Rechtsträger

gegen Gewährung von Anteilen oder Mitgliedschaften des übernehmenden oder neuen Rechtsträgers an die Anteilsinhaber (Gesellschafter, Partner, Aktionäre oder Mitglieder) der übertragenden Rechtsträger.

§ 3[3)] Verschmelzungsfähige Rechtsträger. (1) An Verschmelzungen können als übertragende, übernehmende oder neue Rechtsträger beteiligt sein:
1. Personenhandelsgesellschaften (offene Handelsgesellschaften, Kommanditgesellschaften) und Partnerschaftsgesellschaften;
2. Kapitalgesellschaften (Gesellschaften mit beschränkter Haftung, Aktiengesellschaften, Kommanditgesellschaften auf Aktien);
3. eingetragene Genossenschaften;
4. eingetragene Vereine (§ 21 des Bürgerlichen Gesetzbuchs[4)]);
5. genossenschaftliche Prüfungsverbände;
6. Versicherungsvereine auf Gegenseitigkeit.

[1)] § 1 Abs. 3 Satz 2 geänd. mWv 18.8.2006 durch G v. 14.8.2006 (BGBl. I S. 1911).

[2)] § 2 geänd. mWv 1.8.1998 durch G v. 22.7.1998 (BGBl. I S. 1878); geänd. mWv 18.8.2006 durch G v. 14.8.2006 (BGBl. I S. 1911).

[3)] § 3 Abs. 1 Nr. 1 geänd. mWv 1.8.1998 durch G v. 22.7.1998 (BGBl. I S. 1878).

[4)] Nr. **20**.

(2) An einer Verschmelzung können ferner beteiligt sein:

1. wirtschaftliche Vereine (§ 22 des Bürgerlichen Gesetzbuchs), soweit sie übertragender Rechtsträger sind;
2. natürliche Personen, die als Alleingesellschafter einer Kapitalgesellschaft deren Vermögen übernehmen.

(3) An der Verschmelzung können als übertragende Rechtsträger auch aufgelöste Rechtsträger beteiligt sein, wenn die Fortsetzung dieser Rechtsträger beschlossen werden könnte.

(4) Die Verschmelzung kann sowohl unter gleichzeitiger Beteiligung von Rechtsträgern derselben Rechtsform als auch von Rechtsträgern unterschiedlicher Rechtsform erfolgen, soweit nicht etwas anderes bestimmt ist.

Zweiter Abschnitt. Verschmelzung durch Aufnahme

§ 4[1] Verschmelzungsvertrag. (1) [1]Die Vertretungsorgane der an der Verschmelzung beteiligten Rechtsträger schließen einen Verschmelzungsvertrag. [2]§ 311b Abs. 2 des Bürgerlichen Gesetzbuchs[2] gilt für ihn nicht.

(2) Soll der Vertrag nach einem der nach § 13 erforderlichen Beschlüsse geschlossen werden, so ist vor diesem Beschluß ein schriftlicher Entwurf des Vertrags aufzustellen.

§ 5[3] Inhalt des Verschmelzungsvertrags. (1) Der Vertrag oder sein Entwurf muß mindestens folgende Angaben enthalten:

1. den Namen oder die Firma und den Sitz der an der Verschmelzung beteiligten Rechtsträger;
2. die Vereinbarung über die Übertragung des Vermögens jedes übertragenden Rechtsträgers als Ganzes gegen Gewährung von Anteilen oder Mitgliedschaften an dem übernehmenden Rechtsträger;
3. das Umtauschverhältnis der Anteile und gegebenenfalls die Höhe der baren Zuzahlung oder Angaben über die Mitgliedschaft bei dem übernehmenden Rechtsträger;
4. die Einzelheiten für die Übertragung der Anteile des übernehmenden Rechtsträgers oder über den Erwerb der Mitgliedschaft bei dem übernehmenden Rechtsträger;
5. den Zeitpunkt, von dem an diese Anteile oder die Mitgliedschaften einen Anspruch auf einen Anteil am Bilanzgewinn gewähren, sowie alle Besonderheiten in bezug auf diesen Anspruch;
6. den Zeitpunkt, von dem an die Handlungen der übertragenden Rechtsträger als für Rechnung des übernehmenden Rechtsträgers vorgenommen gelten (Verschmelzungsstichtag);
7. die Rechte, die der übernehmende Rechtsträger einzelnen Anteilsinhabern sowie den Inhabern besonderer Rechte wie Anteile ohne Stimmrecht, Vorzugsaktien, Mehrstimmrechtsaktien, Schuldverschreibungen und Genußrechte gewährt, oder die für diese Personen vorgesehenen Maßnahmen;
8. jeden besonderen Vorteil, der einem Mitglied eines Vertretungsorgans oder eines Aufsichtsorgans der an der Verschmelzung beteiligten Rechtsträger, einem ge-

---

[1] § 4 Abs. 1 Satz 2 geänd. mWv 25.4.2007 durch G v. 19.4.2007 (BGBl. I S. 542).

[2] Nr. **20**.

[3] § 5 Abs. 1 Nr. 8 geänd. mWv 1.8.1998 durch G v. 22.7.1998 (BGBl. I S. 1878).

schäftsführenden Gesellschafter, einem Partner, einem Abschlußprüfer oder einem Verschmelzungsprüfer gewährt wird;

9. die Folgen der Verschmelzung für die Arbeitnehmer und ihre Vertretungen sowie die insoweit vorgesehenen Maßnahmen.

(2) Befinden sich alle Anteile eines übertragenden Rechtsträgers in der Hand des übernehmenden Rechtsträgers, so entfallen die Angaben über den Umtausch der Anteile (Absatz 1 Nr. 2 bis 5), soweit sie die Aufnahme dieses Rechtsträgers betreffen.

(3) Der Vertrag oder sein Entwurf ist spätestens einen Monat vor dem Tage der Versammlung der Anteilsinhaber jedes beteiligten Rechtsträgers, die gemäß § 13 Abs. 1 über die Zustimmung zum Verschmelzungsvertrag beschließen soll, dem zuständigen Betriebsrat dieses Rechtsträgers zuzuleiten.

§ 6 Form des Verschmelzungsvertrags. Der Verschmelzungsvertrag muß notariell beurkundet werden.

§ 7 Kündigung des Verschmelzungsvertrags. [1] Ist der Verschmelzungsvertrag unter einer Bedingung geschlossen worden und ist diese binnen fünf Jahren nach Abschluß des Vertrags nicht eingetreten, so kann jeder Teil den Vertrag nach fünf Jahren mit halbjähriger Frist kündigen; im Verschmelzungsvertrag kann eine kürzere Zeit als fünf Jahre vereinbart werden. [2] Die Kündigung kann stets nur für den Schluß des Geschäftsjahres des Rechtsträgers, dem gegenüber sie erklärt wird, ausgesprochen werden.

§ 8[1)] Verschmelzungsbericht. (1) [1] Die Vertretungsorgane jedes der an der Verschmelzung beteiligten Rechtsträger haben einen ausführlichen schriftlichen Bericht (Verschmelzungsbericht) zu erstatten, in dem Folgendes rechtlich und wirtschaftlich erläutert und begründet wird:

1. die Verschmelzung,
2. der Verschmelzungsvertrag oder sein Entwurf im Einzelnen, insbesondere
   a) das Umtauschverhältnis der Anteile einschließlich der zu seiner Ermittlung gewählten Bewertungsmethoden oder die Angaben über die Mitgliedschaft bei dem übernehmenden Rechtsträger sowie
   b) die Höhe einer anzubietenden Barabfindung einschließlich der zu ihrer Ermittlung gewählten Bewertungsmethoden.

[2] Der Verschmelzungsbericht kann von den Vertretungsorganen auch gemeinsam erstattet werden. [3] Auf besondere Schwierigkeiten bei der Bewertung der Rechtsträger sowie auf die Folgen für die Beteiligung der Anteilsinhaber ist hinzuweisen. [4] Ist ein an der Verschmelzung beteiligter Rechtsträger ein verbundenes Unternehmen im Sinne des § 15 des Aktiengesetzes[2)], so sind in dem Bericht auch Angaben über alle für die Verschmelzung wesentlichen Angelegenheiten der anderen verbundenen Unternehmen zu machen. [5] Auskunftspflichten der Vertretungsorgane erstrecken sich auch auf diese Angelegenheiten.

[1)] § 8 Abs. 1 Satz 1 neu gef., Satz 2 eingef., bish. Sätze 2–4 werden Sätze 3–5, Abs. 3 Satz 1 geänd., Satz 3 angef. mWv 1.3.2023 durch G v. 22.2.2023 (BGBl. 2023 I Nr. 51).

[2)] Nr. **51**.

(2) [1] In den Bericht brauchen Tatsachen nicht aufgenommen zu werden, deren Bekanntwerden geeignet ist, einem der beteiligten Rechtsträger oder einem verbundenen Unternehmen einen nicht unerheblichen Nachteil zuzufügen. [2] In diesem Falle sind in dem Bericht die Gründe, aus denen die Tatsachen nicht aufgenommen worden sind, darzulegen.

(3) [1] Der Bericht ist nicht erforderlich, wenn alle Anteilsinhaber des beteiligten Rechtsträgers auf seine Erstattung verzichten. [2] Die Verzichtserklärungen sind notariell zu beurkunden. [3] Der Bericht ist ferner nicht erforderlich

1. für den übertragenden und den übernehmenden Rechtsträger, wenn
   a) sich alle Anteile des übertragenden Rechtsträgers in der Hand des übernehmenden Rechtsträgers befinden oder
   b) sich alle Anteile des übertragenden und des übernehmenden Rechtsträgers in der Hand desselben Rechtsträgers befinden, sowie
2. für denjenigen an der Verschmelzung beteiligten Rechtsträger, der nur einen Anteilsinhaber hat.

§ 9[1)] Prüfung der Verschmelzung. (1) Soweit in diesem Gesetz vorgeschrieben, ist der Verschmelzungsvertrag oder sein Entwurf durch einen oder mehrere sachverständige Prüfer (Verschmelzungsprüfer) zu prüfen.

(2) § 8 Abs. 3 ist entsprechend anzuwenden.

§ 10[2)] Bestellung der Verschmelzungsprüfer. (1) [1] Die Verschmelzungsprüfer werden auf Antrag des Vertretungsorgans vom Gericht ausgewählt und bestellt. [2] Sie können auf gemeinsamen Antrag der Vertretungsorgane für mehrere oder alle beteiligten Rechtsträger gemeinsam bestellt werden. [3] Für den Ersatz von Auslagen und für die Vergütung der vom Gericht bestellten Prüfer gilt § 318 Abs. 5 des Handelsgesetzbuchs[3)].

(2) [1] Zuständig ist jedes Landgericht, in dessen Bezirk ein übertragender Rechtsträger seinen Sitz hat. [2] Ist bei dem Landgericht eine Kammer für Handelssachen gebildet, so entscheidet deren Vorsitzender an Stelle der Zivilkammer.

(3) Auf das Verfahren ist das Gesetz über das Verfahren in Familiensachen und in den Angelegenheiten der freiwilligen Gerichtsbarkeit[4)] anzuwenden, soweit in den folgenden Absätzen nichts anderes bestimmt ist.

(4) [1] Gegen die Entscheidung findet die Beschwerde statt. [2] Sie kann nur durch Einreichung einer von einem Rechtsanwalt unterzeichneten Beschwerdeschrift eingelegt werden.

(5) [1] Die Landesregierung kann die Entscheidung über die Beschwerde durch Rechtsverordnung für die Bezirke mehrerer Oberlandesgerichte einem der Oberlandesgerichte oder dem Obersten Landesgericht übertragen, wenn dies der Sicherung einer einheitlichen Rechtsprechung dient. [2] Die Landesregierung kann die Ermächtigung auf die Landesjustizverwaltung übertragen.

[1)] § 9 Abs. 2 aufgeh., bish. Abs. 3 wird Abs. 2 mWv 1.3.2023 durch G v. 22.2.2023 (BGBl. 2023 I Nr. 51).

[2)] § 10 Abs. 4–7 angef. mWv 18.6.2003, Abs. 1 Sätze 1 und 2 sowie Abs. 3 neu gef. mWv 1.9.2003 durch G v. 12.6.2003 (BGBl. I S. 838); Abs. 3 geänd., Abs. 4 und 6 aufgeh., bish. Abs. 5 wird Abs. 4 und Satz 1 geänd., bish. Abs. 7 wird Abs 5 mWv 1.9.2009 durch G v. 17.12.2008 (BGBl. I S. 2586).

[3)] Nr. **50**.

[4)] Nr. **112**.

§ 11[1)] Stellung und Verantwortlichkeit der Verschmelzungsprüfer.

(1) [1] Für die Auswahl und das Auskunftsrecht der Verschmelzungsprüfer gelten § 319 Abs. 1 bis 4, § 319b Abs. 1, § 320 Abs. 1 Satz 2 und Abs. 2 Satz 1 und 2 des Handelsgesetzbuchs[2)] entsprechend. [2] Soweit Rechtsträger betroffen sind, die Unternehmen von öffentlichem Interesse nach § 316a Satz 2 des Handelsgesetzbuchs sind, gilt für die Auswahl der Verschmelzungsprüfer neben Satz 1 auch Artikel 5 Absatz 1 der Verordnung (EU) Nr. 537/2014 des Europäischen Parlaments und des Rates vom 16. April 2014 über spezifische Anforderungen an die Abschlussprüfung bei Unternehmen von öffentlichem Interesse und zur Aufhebung des Beschlusses 2005/909/EG der Kommission (ABl. L 158 vom 27.5.2014, S. 77; L 170 vom 11.6.2014, S. 66) entsprechend mit der Maßgabe, dass an die Stelle der in Artikel 5 Absatz 1 Unterabsatz 1 Buchstabe a und b der Verordnung (EU) Nr. 537/2014 genannten Zeiträume der Zeitraum zwischen dem Beginn des Geschäftsjahres, welches dem Geschäftsjahr vorausgeht, in dem der Verschmelzungsvertrag geschlossen wurde, und dem Zeitpunkt, in dem der Verschmelzungsprüfer den Prüfungsbericht nach § 12 erstattet hat, tritt. [3] Soweit Rechtsträger betroffen sind, für die keine Pflicht zur Prüfung des Jahresabschlusses besteht, gilt Satz 1 entsprechend. [4] Dabei findet § 267 Abs. 1 bis 3 des Handelsgesetzbuchs für die Umschreibung der Größenklassen entsprechende Anwendung. [5] Das Auskunftsrecht besteht gegenüber allen an der Verschmelzung beteiligten Rechtsträgern und gegenüber einem Konzernunternehmen sowie einem abhängigen und einem herrschenden Unternehmen.

(2) [1] Für die Verantwortlichkeit der Verschmelzungsprüfer, ihrer Gehilfen und der bei der Prüfung mitwirkenden gesetzlichen Vertreter einer Prüfungsgesellschaft gilt § 323 des Handelsgesetzbuchs entsprechend. [2] Die Verantwortlichkeit besteht gegenüber den an der Verschmelzung beteiligten Rechtsträgern und deren Anteilsinhabern.

§ 12[3)] Prüfungsbericht. (1) [1] Die Verschmelzungsprüfer haben über das Ergebnis der Prüfung schriftlich zu berichten. [2] Der Prüfungsbericht kann auch gemeinsam erstattet werden.

(2) [1] Der Prüfungsbericht ist mit einer Erklärung darüber abzuschließen, ob das vorgeschlagene Umtauschverhältnis der Anteile, gegebenenfalls die Höhe der baren Zuzahlung oder die Mitgliedschaft bei dem übernehmenden Rechtsträger als Gegenwert angemessen ist. [2] Dabei ist anzugeben,

1. nach welchen Methoden das vorgeschlagene Umtauschverhältnis ermittelt worden ist;
2. aus welchen Gründen die Anwendung dieser Methoden angemessen ist;
3. welches Umtauschverhältnis oder welcher Gegenwert sich bei der Anwendung verschiedener Methoden, sofern mehrere angewandt worden sind, jeweils ergeben würde; zugleich ist darzulegen, welches Gewicht den verschiedenen Methoden bei der Bestimmung des vorgeschlagenen Umtauschverhältnisses oder des Gegenwerts und der ihnen zugrundeliegenden Werte beigemessen worden ist und, falls in den an der Verschmelzung beteiligten Rechtsträgern

---

[1)] § 11 Abs. 1 Satz 1 geänd. mWv 10.12.2004 durch G v. 4.12.2004 (BGBl. I S. 3166); Abs. 1 Satz 1 geänd. mWv 29.5.2009 durch G v. 25.5.2009 (BGBl. I S. 1102); Abs. 1 Satz 1 geänd., Satz 2 eingef., bish. Sätze 2–4 werden Sätze 3–5 mWv 1.7.2021 durch G v. 3.6.2021 (BGBl. I S. 1534).

[2)] Nr. **50**.

[3)] § 12 Abs. 2 Satz 2 Nr. 3 geänd., Nr. 4 angef. mWv 1.3.2023 durch G v. 22.2.2023 (BGBl. 2023 I Nr. 51).

unterschiedliche Methoden verwendet worden sind, ob die Verwendung unterschiedlicher Methoden gerechtfertigt war;
4. welche besonderen Schwierigkeiten bei der Bewertung der Rechtsträger aufgetreten sind.

(3) § 8 Abs. 2 und 3 ist entsprechend anzuwenden.

§ 13 Beschlüsse über den Verschmelzungsvertrag. (1) [1]Der Verschmelzungsvertrag wird nur wirksam, wenn die Anteilsinhaber der beteiligten Rechtsträger ihm durch Beschluß (Verschmelzungsbeschluß) zustimmen. [2]Der Beschluß kann nur in einer Versammlung der Anteilsinhaber gefaßt werden.

(2) Ist die Abtretung der Anteile eines übertragenden Rechtsträgers von der Genehmigung bestimmter einzelner Anteilsinhaber abhängig, so bedarf der Verschmelzungsbeschluß dieses Rechtsträgers zu seiner Wirksamkeit ihrer Zustimmung.

(3) [1]Der Verschmelzungsbeschluß und die nach diesem Gesetz erforderlichen Zustimmungserklärungen einzelner Anteilsinhaber einschließlich der erforderlichen Zustimmungserklärungen nicht erschienener Anteilsinhaber müssen notariell beurkundet werden. [2]Der Vertrag oder sein Entwurf ist dem Beschluß als Anlage beizufügen. [3]Auf Verlangen hat der Rechtsträger jedem Anteilsinhaber auf dessen Kosten unverzüglich eine Abschrift des Vertrags oder seines Entwurfs und der Niederschrift des Beschlusses zu erteilen.

§ 14[1)] Befristung und Ausschluß von Klagen gegen den Verschmelzungsbeschluß. (1) Eine Klage gegen die Wirksamkeit eines Verschmelzungsbeschlusses muß binnen eines Monats nach der Beschlußfassung erhoben werden.

(2) Eine Klage gegen die Wirksamkeit des Verschmelzungsbeschlusses kann nicht darauf gestützt werden, dass das Umtauschverhältnis der Anteile nicht angemessen ist oder dass die Mitgliedschaft bei dem übernehmenden Rechtsträger kein angemessener Gegenwert für die Anteile oder die Mitgliedschaft bei dem übertragenden Rechtsträger ist.

§ 15[2)] Verbesserung des Umtauschverhältnisses. (1) [1]Ist das Umtauschverhältnis der Anteile nicht angemessen oder ist die Mitgliedschaft bei dem übernehmenden Rechtsträger kein angemessener Gegenwert für den Anteil oder für die Mitgliedschaft bei einem übertragenden Rechtsträger, so kann jeder Anteilsinhaber, dessen Recht, gegen die Wirksamkeit des Verschmelzungsbeschlusses Klage zu erheben, nach § 14 Absatz 2 ausgeschlossen ist, von dem übernehmenden Rechtsträger einen Ausgleich durch bare Zuzahlung verlangen; die Zuzahlungen können den zehnten Teil des auf die gewährten Anteile entfallenden Betrags des Grund- oder Stammkapitals übersteigen. [2]Die angemessene Zuzahlung wird auf Antrag durch das Gericht nach den Vorschriften des Spruchverfahrensgesetzes[3)] bestimmt.

(2) [1]Die bare Zuzahlung ist nach Ablauf des Tages, an dem die Eintragung der Verschmelzung in das Register des Sitzes des übernehmenden Rechtsträgers nach § 19 Abs. 3 bekannt gemacht worden ist, mit jährlich 5 Prozentpunkten über dem

---

[1)] § 14 Abs. 2 neu gef. mWv 1.3.2023 durch G v. 22.2.2023 (BGBl. 2023 I Nr. 51).

[2)] § 15 Abs 1 geänd. mWv 1.4.1998 durch G v. 25.3.1998 (BGBl. I S. 590); Abs. 1 Satz 2 angef. mWv 1.9.2003 durch G v. 12.6.2003 (BGBl. I S. 838); Abs. 2 Satz 1 geänd. mWv 1.1.2007 durch G v. 10.11. 2006 (BGBl. I S. 2553); Abs. 1 Satz 1 neu gef. mWv 1.3.2023 durch G v. 22.2.2023 (BGBl. 2023 I Nr. 51).

[3)] **Habersack, Deutsche Gesetze ErgBd. Nr. 51b.**

jeweiligen Basiszinssatz nach § 247 des Bürgerlichen Gesetzbuchs[1] zu verzinsen. [2]Die Geltendmachung eines weiteren Schadens ist nicht ausgeschlossen.

§ 16[2] Anmeldung der Verschmelzung. (1) [1]Die Vertretungsorgane jedes der an der Verschmelzung beteiligten Rechtsträger haben die Verschmelzung zur Eintragung in das Register (Handelsregister, Partnerschaftsregister, Genossenschaftsregister oder Vereinsregister) des Sitzes ihres Rechtsträgers anzumelden. [2]Das Vertretungsorgan des übernehmenden Rechtsträgers ist berechtigt, die Verschmelzung auch zur Eintragung in das Register des Sitzes jedes der übertragenden Rechtsträger anzumelden.

(2) [1]Bei der Anmeldung haben die Vertretungsorgane zu erklären, daß eine Klage gegen die Wirksamkeit eines Verschmelzungsbeschlusses nicht oder nicht fristgemäß erhoben oder eine solche Klage rechtskräftig abgewiesen oder zurückgenommen worden ist; hierüber haben die Vertretungsorgane dem Registergericht auch nach der Anmeldung Mitteilung zu machen. [2]Liegt die Erklärung nicht vor, so darf die Verschmelzung nicht eingetragen werden, es sei denn, daß die klageberechtigten Anteilsinhaber durch notariell beurkundete Verzichtserklärung auf die Klage gegen die Wirksamkeit des Verschmelzungsbeschlusses verzichten.

(3) [1]Der Erklärung nach Absatz 2 Satz 1 steht es gleich, wenn nach Erhebung einer Klage gegen die Wirksamkeit eines Verschmelzungsbeschlusses das Gericht auf Antrag des Rechtsträgers, gegen dessen Verschmelzungsbeschluß sich die Klage richtet, durch Beschluß festgestellt hat, daß die Erhebung der Klage der Eintragung nicht entgegensteht. [2]Auf das Verfahren sind § 247 des Aktiengesetzes[3], die §§ 82, 83 Abs. 1 und § 84 der Zivilprozessordnung[4] sowie die im ersten Rechtszug für das Verfahren vor den Landgerichten geltenden Vorschriften der Zivilprozessordnung entsprechend anzuwenden, soweit nichts Abweichendes bestimmt ist. [3]Ein Beschluss nach Satz 1 ergeht, wenn

1. die Klage unzulässig oder offensichtlich unbegründet ist oder
2. der Kläger nicht binnen einer Woche nach Zustellung des Antrags durch Urkunden nachgewiesen hat, dass er seit Bekanntmachung der Einberufung einen anteiligen Betrag von mindestens 1 000 Euro hält oder
3. das alsbaldige Wirksamwerden der Verschmelzung vorrangig erscheint, weil die vom Antragsteller dargelegten wesentlichen Nachteile für die an der Verschmelzung beteiligten Rechtsträger und ihre Anteilsinhaber nach freier Überzeugung des Gerichts die Nachteile für den Antragsgegner überwiegen, es sei denn, es liegt eine besondere Schwere des Rechtsverstoßes vor.

[4]Der Beschluß kann in dringenden Fällen ohne mündliche Verhandlung ergehen. [5]Der Beschluss soll spätestens drei Monate nach Antragstellung ergehen; Verzögerungen der Entscheidung sind durch unanfechtbaren Beschluss zu begründen. [6]Die vorgebrachten Tatsachen, auf Grund derer der Beschluß nach Satz 3 ergehen kann, sind glaubhaft zu machen. [7]Über den Antrag entscheidet ein Senat des Oberlandesgerichts, in dessen Bezirk die Gesellschaft ihren Sitz hat. [8]Eine Über-

---

[1] Nr. **20**.

[2] § 16 Abs. 1 Satz 1 geänd. mWv 1.8.1998 durch G v. 22.7.1998 (BGBl. I S. 1878); Abs. 3 Satz 4 eingef., bish. Sätze 4 und 5 werden Sätze 5 und 6, Satz 7 eingef., bish. Satz 6 wird Satz 8 mWv 25.4.2007 durch G v. 19.4.2007 (BGBl. I S. 542); Abs. 3 Satz 1 geänd., Satz 2 eingef., bish. Satz 2 wird Satz 3 und neu gef., bish. Sätze 3–5 werden Sätze 4–6, neuer Satz 6 geänd., bish. Sätze 6 und 7 werden Sätze 7 und 8 und neu gef., Satz 9 eingef., bish. Satz 8 wird Satz 10 mWv 1.9.2009 durch G v. 30.7.2009 (BGBl. I S. 2479).

[3] Nr. **51**.

[4] Nr. **100**.

tragung auf den Einzelrichter ist ausgeschlossen; einer Güteverhandlung bedarf es nicht. [9] Der Beschluss ist unanfechtbar. [10] Erweist sich die Klage als begründet, so ist der Rechtsträger, der den Beschluß erwirkt hat, verpflichtet, dem Antragsgegner den Schaden zu ersetzen, der ihm aus einer auf dem Beschluß beruhenden Eintragung der Verschmelzung entstanden ist; als Ersatz des Schadens kann nicht die Beseitigung der Wirkungen der Eintragung der Verschmelzung im Register des Sitzes des übernehmenden Rechtsträgers verlangt werden.

§ 17[1)] Anlagen der Anmeldung. (1) Der Anmeldung sind in Ausfertigung oder öffentlich beglaubigter Abschrift oder, soweit sie nicht notariell zu beurkunden sind, in Urschrift oder Abschrift der Verschmelzungsvertrag, die Niederschriften der Verschmelzungsbeschlüsse, die nach diesem Gesetz erforderlichen Zustimmungserklärungen einzelner Anteilsinhaber einschließlich der Zustimmungserklärungen nicht erschienener Anteilsinhaber, der Verschmelzungsbericht, der Prüfungsbericht oder die Verzichtserklärungen nach § 8 Abs. 3, § 9 Absatz 2, § 12 Abs. 3, § 54 Abs. 1 Satz 3 oder § 68 Abs. 1 Satz 3, ein Nachweis über die rechtzeitige Zuleitung des Verschmelzungsvertrages oder seines Entwurfs an den zuständigen Betriebsrat beizufügen.

(2) [1] Der Anmeldung zum Register des Sitzes jedes der übertragenden Rechtsträger ist ferner eine Bilanz dieses Rechtsträgers beizufügen (Schlußbilanz). [2] Für diese Bilanz gelten die Vorschriften über die Jahresbilanz und deren Prüfung entsprechend. [3] Sie braucht nicht bekanntgemacht zu werden. [4] Das Registergericht darf die Verschmelzung nur eintragen, wenn die Bilanz auf einen höchstens acht Monate vor der Anmeldung liegenden Stichtag aufgestellt worden ist.

§ 18[2)] Firma oder Name des übernehmenden Rechtsträgers. (1) Der übernehmende Rechtsträger darf die Firma eines der übertragenden Rechtsträger, dessen Handelsgeschäft er durch die Verschmelzung erwirbt, mit oder ohne Beifügung eines das Nachfolgeverhältnis andeutenden Zusatzes fortführen.

(2) Ist an einem der übertragenden Rechtsträger eine natürliche Person beteiligt, die an dem übernehmenden Rechtsträger nicht beteiligt wird, so darf der übernehmende Rechtsträger den Namen dieses Anteilsinhabers nur dann in der nach Absatz 1 fortgeführten oder in der neu gebildeten Firma verwenden, wenn der betroffene Anteilsinhaber oder dessen Erben ausdrücklich in die Verwendung einwilligen.

(3) [1] Ist eine Partnerschaftsgesellschaft an der Verschmelzung beteiligt, gelten für die Fortführung der Firma oder des Namens die Absätze 1 und 2 entsprechend. [2] Eine Firma darf als Name einer Partnerschaftsgesellschaft nur unter den Voraussetzungen des § 2 Abs. 1 des Partnerschaftsgesellschaftsgesetzes[3)] fortgeführt werden. [3] § 1 Abs. 3 und § 11 des Partnerschaftsgesellschaftsgesetzes sind entsprechend anzuwenden.

[1)] § 17 Abs. 1 geänd. mWv 25.4.2007 durch G v. 19.4.2007 (BGBl. I S. 542); Abs. 1 geänd. mWv 1.9. 2009 durch G v. 30.7.2009 (BGBl. I S. 2479); Abs. 1 geänd. mWv 1.3.2023 durch G v. 22.2.2023 (BGBl. 2023 I Nr. 51).

[2)] § 18 Abs. 1 Sätze 2 und 3 sowie Abs. 2 aufgeh., bish. Abs. 3 wird Abs. 2 und geänd. durch G v. 22.6. 1998 (BGBl. I S. 1474); Überschrift geänd., Abs. 3 angef. mWv 1.8.1998 durch G v. 22.7.1998 (BGBl. I S. 1878).

[3)] Nr. **50b**.

§ 19[1] **Eintragung und Bekanntmachung der Verschmelzung.** (1) [1]Die Verschmelzung darf in das Register des Sitzes des übernehmenden Rechtsträgers erst eingetragen werden, nachdem sie im Register des Sitzes jedes der übertragenden Rechtsträger eingetragen worden ist. [2]Die Eintragung im Register des Sitzes jedes der übertragenden Rechtsträger ist mit dem Vermerk zu versehen, daß die Verschmelzung erst mit der Eintragung im Register des Sitzes des übernehmenden Rechtsträgers wirksam wird, sofern die Eintragungen in den Registern aller beteiligten Rechtsträger nicht am selben Tag erfolgen.

(2) [1]Das Gericht des Sitzes des übernehmenden Rechtsträgers hat von Amts wegen dem Gericht des Sitzes jedes der übertragenden Rechtsträger den Tag der Eintragung der Verschmelzung mitzuteilen. [2]Nach Eingang der Mitteilung hat das Gericht des Sitzes jedes der übertragenden Rechtsträger von Amts wegen den Tag der Eintragung der Verschmelzung im Register des Sitzes des übernehmenden Rechtsträgers im Register des Sitzes des übertragenden Rechtsträgers zu vermerken und die bei ihm aufbewahrten Dokumente dem Gericht des Sitzes des übernehmenden Rechtsträgers zur Aufbewahrung zu übermitteln.

(3) Das Gericht des Sitzes jedes der an der Verschmelzung beteiligten Rechtsträger hat jeweils die von ihm vorgenommene Eintragung der Verschmelzung von Amts wegen nach § 10 des Handelsgesetzbuchs[2] bekanntzumachen.

§ 20 Wirkungen der Eintragung. (1) Die Eintragung der Verschmelzung in das Register des Sitzes des übernehmenden Rechtsträgers hat folgende Wirkungen:

1. Das Vermögen der übertragenden Rechtsträger geht einschließlich der Verbindlichkeiten auf den übernehmenden Rechtsträger über.
2. [1]Die übertragenden Rechtsträger erlöschen. [2]Einer besonderen Löschung bedarf es nicht.
3. [1]Die Anteilsinhaber der übertragenden Rechtsträger werden Anteilsinhaber des übernehmenden Rechtsträgers; dies gilt nicht, soweit der übernehmende Rechtsträger oder ein Dritter, der im eigenen Namen, jedoch für Rechnung dieses Rechtsträgers handelt, Anteilsinhaber des übertragenden Rechtsträgers ist oder der übertragende Rechtsträger eigene Anteile innehat oder ein Dritter, der im eigenen Namen, jedoch für Rechnung dieses Rechtsträgers handelt, dessen Anteilsinhaber ist. [2]Rechte Dritter an den Anteilen oder Mitgliedschaften der übertragenden Rechtsträger bestehen an den an ihre Stelle tretenden Anteilen oder Mitgliedschaften des übernehmenden Rechtsträgers weiter.
4. Der Mangel der notariellen Beurkundung des Verschmelzungsvertrags und gegebenenfalls erforderlicher Zustimmungs- oder Verzichtserklärungen einzelner Anteilsinhaber wird geheilt.

(2) Mängel der Verschmelzung lassen die Wirkungen der Eintragung nach Absatz 1 unberührt.

§ 21 Wirkung auf gegenseitige Verträge. Treffen bei einer Verschmelzung aus gegenseitigen Verträgen, die zur Zeit der Verschmelzung von keiner Seite vollständig erfüllt sind, Abnahme-, Lieferungs- oder ähnliche Verpflichtungen zusammen, die miteinander unvereinbar sind oder die beide zu erfüllen eine

---

[1] § 19 Abs. 2 Satz 2 geänd., Abs. 3 Satz 2 aufgeh., bish. Satz 1 geänd. mWv 1.1.2007 durch G v. 10.11. 2006 (BGBl. I S. 2553); Abs. 1 Satz 2 geänd. mWv 25.4.2007 durch G v. 19.4.2007 (BGBl. I S. 542); Abs. 3 geänd. mWv 1.8.2022 durch G v. 5.7.2021 (BGBl. I S. 3338).

[2] Nr. **50**.

schwere Unbilligkeit für den übernehmenden Rechtsträger bedeuten würde, so bestimmt sich der Umfang der Verpflichtungen nach Billigkeit unter Würdigung der vertraglichen Rechte aller Beteiligten.

§ 22[1] **Gläubigerschutz.** (1) [1]Den Gläubigern der an der Verschmelzung beteiligten Rechtsträger ist, wenn sie binnen sechs Monaten nach dem Tag, an dem die Eintragung der Verschmelzung in das Register des Sitzes desjenigen Rechtsträgers, dessen Gläubiger sie sind, nach § 19 Abs. 3 bekannt gemacht worden ist, ihren Anspruch nach Grund und Höhe schriftlich anmelden, Sicherheit zu leisten, soweit sie nicht Befriedigung verlangen können. [2]Dieses Recht steht den Gläubigern jedoch nur zu, wenn sie glaubhaft machen, daß durch die Verschmelzung die Erfüllung ihrer Forderung gefährdet wird. [3]Die Gläubiger sind in einer Bekanntmachung zu der jeweiligen Eintragung auf dieses Recht hinzuweisen.

(2) Das Recht, Sicherheitsleistung zu verlangen, steht Gläubigern nicht zu, die im Falle der Insolvenz ein Recht auf vorzugsweise Befriedigung aus einer Deckungsmasse haben, die nach gesetzlicher Vorschrift zu ihrem Schutz errichtet und staatlich überwacht ist.

§ 23 Schutz der Inhaber von Sonderrechten. Den Inhabern von Rechten in einem übertragenden Rechtsträger, die kein Stimmrecht gewähren, insbesondere den Inhabern von Anteilen ohne Stimmrecht, von Wandelschuldverschreibungen, von Gewinnschuldverschreibungen und von Genußrechten, sind gleichwertige Rechte in dem übernehmenden Rechtsträger zu gewähren.

§ 24 Wertansätze des übernehmenden Rechtsträgers. In den Jahresbilanzen des übernehmenden Rechtsträgers können als Anschaffungskosten im Sinne des § 253 Abs. 1 des Handelsgesetzbuchs[2] auch die in der Schlußbilanz eines übertragenden Rechtsträgers angesetzten Werte angesetzt werden.

§ 25[3] **Schadenersatzpflicht der Verwaltungsträger der übertragenden Rechtsträger.** (1) [1]Die Mitglieder des Vertretungsorgans und, wenn ein Aufsichtsorgan vorhanden ist, des Aufsichtsorgans eines übertragenden Rechtsträgers sind als Gesamtschuldner zum Ersatz des Schadens verpflichtet, den dieser Rechtsträger, seine Anteilsinhaber oder seine Gläubiger durch die Verschmelzung erleiden. [2]Mitglieder der Organe, die bei der Prüfung der Vermögenslage der Rechtsträger und beim Abschluß des Verschmelzungsvertrags ihre Sorgfaltspflicht beobachtet haben, sind von der Ersatzpflicht befreit.

(2) [1]Für diese Ansprüche sowie weitere Ansprüche, die sich für und gegen den übertragenden Rechtsträger nach den allgemeinen Vorschriften auf Grund der Verschmelzung ergeben, gilt dieser Rechtsträger als fortbestehend. [2]Forderungen und Verbindlichkeiten vereinigen sich insoweit durch die Verschmelzung nicht.

(3) Die Ansprüche aus Absatz 1 verjähren in fünf Jahren seit dem Tage, an dem die Eintragung der Verschmelzung in das Register des Sitzes des übernehmenden Rechtsträgers nach § 19 Abs. 3 bekannt gemacht worden ist.

---

[1] § 22 Abs. 1 Satz 1 geänd. mWv 1.1.2007 durch G v. 10.11.2006 (BGBl. I S. 2553); Abs. 1 Satz 3 neu gef. mWv 1.8.2022 durch G v. 5.7.2021 (BGBl. I S. 3338).

[2] Nr. **50**.

[3] § 25 Abs. 3 geänd. mWv 1.1.2007 durch G v. 10.11.2006 (BGBl. I S. 2553).

§ 26[1)] Geltendmachung des Schadenersatzanspruchs. (1) [1] Die Ansprüche nach § 25 Abs. 1 und 2 können nur durch einen besonderen Vertreter geltend gemacht werden. [2] Das Gericht des Sitzes eines übertragenden Rechtsträgers hat einen solchen Vertreter auf Antrag eines Anteilsinhabers oder eines Gläubigers dieses Rechtsträgers zu bestellen. [3] Gläubiger sind nur antragsberechtigt, wenn sie von dem übernehmenden Rechtsträger keine Befriedigung erlangen können. [4] Gegen die Entscheidung findet die Beschwerde statt.

(2) [1] Der Vertreter hat unter Hinweis auf den Zweck seiner Bestellung die Anteilsinhaber und Gläubiger des betroffenen übertragenden Rechtsträgers aufzufordern, die Ansprüche nach § 25 Abs. 1 und 2 binnen einer angemessenen Frist, die mindestens einen Monat betragen soll, anzumelden. [2] Die Aufforderung ist im Bundesanzeiger und, wenn der Gesellschaftsvertrag, der Partnerschaftsvertrag oder die Satzung andere Blätter für die öffentlichen Bekanntmachungen des übertragenden Rechtsträgers bestimmt hatte, auch in diesen Blättern bekanntzumachen.

(3) [1] Der Vertreter hat den Betrag, der aus der Geltendmachung der Ansprüche eines übertragenden Rechtsträgers erzielt wird, zur Befriedigung der Gläubiger dieses Rechtsträgers zu verwenden, soweit die Gläubiger nicht durch den übernehmenden Rechtsträger befriedigt oder sichergestellt sind. [2] Für die Verteilung gelten die Vorschriften über die Verteilung, die im Falle der Abwicklung eines Rechtsträgers in der Rechtsform des übertragenden Rechtsträgers anzuwenden sind, entsprechend. [3] Gläubiger und Anteilsinhaber, die sich nicht fristgemäß gemeldet haben, werden bei der Verteilung nicht berücksichtigt.

(4) [1] Der Vertreter hat Anspruch auf Ersatz angemessener barer Auslagen und auf Vergütung für seine Tätigkeit. [2] Die Auslagen und die Vergütung setzt das Gericht fest. [3] Es bestimmt nach den gesamten Verhältnissen des einzelnen Falles nach freiem Ermessen, in welchem Umfange die Auslagen und die Vergütung von beteiligten Anteilsinhabern und Gläubigern zu tragen sind. [4] Gegen die Entscheidung findet die Beschwerde statt; die Rechtsbeschwerde ist ausgeschlossen. [5] Aus der rechtskräftigen Entscheidung findet die Zwangsvollstreckung nach der Zivilprozeßordnung[2)] statt.

§ 27[3)] Schadenersatzpflicht der Verwaltungsträger des übernehmenden Rechtsträgers. Ansprüche auf Schadenersatz, die sich auf Grund der Verschmelzung gegen ein Mitglied des Vertretungsorgans oder, wenn ein Aufsichtsorgan vorhanden ist, des Aufsichtsorgans des übernehmenden Rechtsträgers ergeben, verjähren in fünf Jahren seit dem Tage, an dem die Eintragung der Verschmelzung in das Register des Sitzes des übernehmenden Rechtsträgers nach § 19 Abs. 3 bekannt gemacht worden ist.

§ 28 Unwirksamkeit des Verschmelzungsbeschlusses eines übertragenden Rechtsträgers. Nach Eintragung der Verschmelzung in das Register des Sitzes des übernehmenden Rechtsträgers ist eine Klage gegen die Wirksamkeit des

---

[1)] § 26 Abs. 2 Satz 2 geänd. mWv 1.8.1998 durch G v. 22.7.1998 (BGBl. I S. 1878); Abs. 2 Satz 2 geänd. mWv 18.8.2006 durch G v. 14.8.2006 (BGBl. I S. 1911); Abs. 2 Satz 2 geänd. mWv 1.1.2007 durch G v. 10.11.2006 (BGBl. I S. 2553); Abs. 1 Satz 4 geänd., Abs 4 Satz 4 neu gef. mWv 1.9.2009 durch G v. 17.12.2008 (BGBl. I S. 2586); Abs. 2 Satz 2 geänd. mWv 1.4.2012 durch G v. 22.12.2011 (BGBl. I S. 3044).

[2)] Nr. **100**.

[3)] § 27 geänd. mWv 1.1.2007 durch G v. 10.11.2006 (BGBl. I S. 2553).

Verschmelzungsbeschlusses eines übertragenden Rechtsträgers gegen den übernehmenden Rechtsträger zu richten.

§ 29[1)] Abfindungsangebot im Verschmelzungsvertrag. (1) [1]Bei der Verschmelzung eines Rechtsträgers im Wege der Aufnahme durch einen Rechtsträger anderer Rechtsform oder bei der Verschmelzung einer börsennotierten Aktiengesellschaft auf eine nicht börsennotierte Aktiengesellschaft hat der übertragende Rechtsträger im Verschmelzungsvertrag oder in seinem Entwurf jedem Anteilsinhaber, der gegen den Verschmelzungsbeschluß des übertragenden Rechtsträgers Widerspruch zur Niederschrift erklärt, den Erwerb seiner Anteile oder Mitgliedschaften gegen eine angemessene Barabfindung anzubieten; § 71 Abs. 4 Satz 2 des Aktiengesetzes[2)] und § 33 Abs. 2 Satz 3 zweiter Halbsatz erste Alternative des Gesetzes betreffend die Gesellschaften mit beschränkter Haftung[3)] sind insoweit nicht anzuwenden. [2]Das gleiche gilt, wenn bei einer Verschmelzung von Rechtsträgern derselben Rechtsform die Anteile oder Mitgliedschaften an dem übernehmenden Rechtsträger Verfügungsbeschränkungen unterworfen sind. [3]Kann der übernehmende Rechtsträger auf Grund seiner Rechtsform eigene Anteile oder Mitgliedschaften nicht erwerben, so ist die Barabfindung für den Fall anzubieten, daß der Anteilsinhaber sein Ausscheiden aus dem Rechtsträger erklärt. [4]Eine erforderliche Bekanntmachung des Verschmelzungsvertrags oder seines Entwurfs als Gegenstand der Beschlußfassung muß den Wortlaut dieses Angebots enthalten. [5]Der übernehmende Rechtsträger hat die Kosten für eine Übertragung zu tragen.

(2) Dem Widerspruch zur Niederschrift im Sinne des Absatzes 1 steht es gleich, wenn ein nicht erschienener Anteilsinhaber zu der Versammlung der Anteilsinhaber zu Unrecht nicht zugelassen worden ist oder die Versammlung nicht ordnungsgemäß einberufen oder der Gegenstand der Beschlußfassung nicht ordnungsgemäß bekanntgemacht worden ist.

§ 30 Inhalt des Anspruchs auf Barabfindung und Prüfung der Barabfindung. (1) [1]Die Barabfindung muß die Verhältnisse des übertragenden Rechtsträgers im Zeitpunkt der Beschlußfassung über die Verschmelzung berücksichtigen. [2]§ 15 Abs. 2 ist auf die Barabfindung entsprechend anzuwenden.

(2) [1]Die Angemessenheit einer anzubietenden Barabfindung ist stets durch Verschmelzungsprüfer zu prüfen. [2]Die §§ 10 bis 12 sind entsprechend anzuwenden. [3]Die Berechtigten können auf die Prüfung oder den Prüfungsbericht verzichten; die Verzichtserklärungen sind notariell zu beurkunden.

§ 31[4)] Annahme des Angebots. [1]Das Angebot nach § 29 kann nur binnen zwei Monaten nach dem Tage angenommen werden, an dem die Eintragung der Verschmelzung in das Register des Sitzes des übernehmenden Rechtsträgers nach § 19 Abs. 3 bekannt gemacht worden ist. [2]Ist nach § 34 ein Antrag auf Bestimmung der Barabfindung durch das Gericht gestellt worden, so kann das Angebot binnen zwei Monaten nach dem Tage angenommen werden, an dem die Entscheidung im Bundesanzeiger bekanntgemacht worden ist.

---

1) § 29 Abs. 1 Satz 2 neu gef. mWv 1.8.1998 durch G v. 22.7.1998 (BGBl. I S. 1878); Abs. 1 Satz 1 geänd. mWv 25.4.2007 durch G v. 19.4.2007 (BGBl. I S. 542); Abs. 1 Satz 1 geänd. mWv 1.3.2023 durch G v. 22.2.2023 (BGBl. 2023 I Nr. 51).

2) Nr. **51**.

3) Nr. **52**.

4) § 31 Sätze 1 und 2 geänd. mWv 1.1.2007 durch G v. 10.11.2006 (BGBl. I S. 2553); Satz 2 geänd. mWv 1.4.2012 durch G v. 22.12.2011 (BGBl. I S. 3044).

§ 32[1)] Ausschluß von Klagen gegen den Verschmelzungsbeschluß. Eine Klage gegen die Wirksamkeit des Verschmelzungsbeschlusses eines übertragenden Rechtsträgers kann nicht darauf gestützt werden, daß das Angebot nach § 29 nicht angemessen ist oder daß die Barabfindung im Verschmelzungsvertrag nicht oder nicht ordnungsgemäß angeboten worden ist.

§ 33[2)] Anderweitige Veräußerung. Einer anderweitigen Veräußerung des Anteils durch einen Anteilsinhaber, der nach § 29 Adressat des Abfindungsangebots ist, stehen nach Fassung des Verschmelzungsbeschlusses bis zum Ablauf der in § 31 Satz 1 bestimmten Frist Verfügungsbeschränkungen bei den beteiligten Rechtsträgern nicht entgegen.

§ 34[3)] Gerichtliche Nachprüfung der Abfindung. [1] Macht ein Anteilsinhaber geltend, daß eine im Verschmelzungsvertrag oder in seinem Entwurf bestimmte Barabfindung, die ihm nach § 29 anzubieten war, nicht angemessen sei, so hat auf seinen Antrag das Gericht nach den Vorschriften des Spruchverfahrensgesetzes[4)] die angemessene Barabfindung zu bestimmen. [2] Das gleiche gilt, wenn die Barabfindung nicht oder nicht ordnungsgemäß angeboten worden ist.

§ 35[5)] Bezeichnung unbekannter Aktionäre; Ruhen des Stimmrechts. [1] Unbekannte Aktionäre einer übertragenden Aktiengesellschaft oder Kommanditgesellschaft auf Aktien sind im Verschmelzungsvertrag, bei Anmeldungen zur Eintragung in ein Register oder bei der Eintragung in eine Liste von Anteilsinhabern durch die Angabe des insgesamt auf sie entfallenden Teils des Grundkapitals der Gesellschaft und der auf sie nach der Verschmelzung entfallenden Anteile zu bezeichnen, soweit eine Benennung der Anteilsinhaber für den übernehmenden Rechtsträger gesetzlich vorgeschrieben ist; eine Bezeichnung in dieser Form ist nur zulässig für Anteilsinhaber, deren Anteile zusammen den zwanzigsten Teil des Grundkapitals der übertragenden Gesellschaft nicht überschreiten. [2] Werden solche Anteilsinhaber später bekannt, so sind Register oder Listen von Amts wegen zu berichtigen. [3] Bis zu diesem Zeitpunkt kann das Stimmrecht aus den betreffenden Anteilen in dem übernehmenden Rechtsträger nicht ausgeübt werden.

§ 35a[6)] Interessenausgleich und Betriebsübergang. (1) Kommt ein Interessenausgleich nach § 112 des Betriebsverfassungsgesetzes[7)] zustande, in dem diejenigen Arbeitnehmer namentlich bezeichnet werden, die nach der Verschmelzung einem bestimmten Betrieb oder Betriebsteil zugeordnet werden, so kann die Zuordnung der Arbeitnehmer durch das Arbeitsgericht nur auf grobe Fehlerhaftigkeit überprüft werden.

(2) § 613a Absatz 1 und 4 bis 6 des Bürgerlichen Gesetzbuchs[8)] bleibt durch die Wirkungen der Eintragung einer Verschmelzung unberührt.

[1)] § 32 geänd. mWv 1.3.2023 durch G v. 22.2.2023 (BGBl. 2023 I Nr. 51).

[2)] § 33 neu gef. mWv 1.8.1998 durch G v. 22.7.1998 (BGBl. I S. 1878); geänd. mWv 1.3.2023 durch G v. 22.2.2023 (BGBl. 2023 I Nr. 51).

[3)] § 34 Satz 1 geänd. mWv 1.9.2003 durch G v. 12.6.2003 (BGBl. I S. 838); Satz 1 geänd. mWv 1.3.2023 durch G v. 22.2.2023 (BGBl. 2023 I Nr. 51).

[4)] **Habersack, Deutsche Gesetze ErgBd. Nr. 51b.**

[5)] § 35 neu gef. mWv 25.4.2007 durch G v. 19.4.2007 (BGBl. I S. 542).

[6)] § 35a eingef. mWv 1.3.2023 durch G v. 22.2.2023 (BGBl. 2023 I Nr. 51).

[7)] **Habersack, Deutsche Gesetze ErgBd. Nr. 82.**

[8)] Nr. **20**.

Dritter Abschnitt. Verschmelzung durch Neugründung

§ 36 Anzuwendende Vorschriften. (1) [1] Auf die Verschmelzung durch Neugründung sind die Vorschriften des Zweiten Abschnitts mit Ausnahme des § 16 Abs. 1 und des § 27 entsprechend anzuwenden. [2] An die Stelle des übernehmenden Rechtsträgers tritt der neue Rechtsträger, an die Stelle der Eintragung der Verschmelzung in das Register des Sitzes des übernehmenden Rechtsträgers tritt die Eintragung des neuen Rechtsträgers in das Register.

(2) [1] Auf die Gründung des neuen Rechtsträgers sind die für dessen Rechtsform geltenden Gründungsvorschriften anzuwenden, soweit sich aus diesem Buch nichts anderes ergibt. [2] Den Gründern stehen die übertragenden Rechtsträger gleich. [3] Vorschriften, die für die Gründung eine Mindestzahl der Gründer vorschreiben, sind nicht anzuwenden.

§ 37[1)] Inhalt des Verschmelzungsvertrags. In dem Verschmelzungsvertrag muß der Gesellschaftsvertrag, der Partnerschaftsvertrag oder die Satzung des neuen Rechtsträgers enthalten sein oder festgestellt werden.

§ 38 Anmeldung der Verschmelzung und des neuen Rechtsträgers.
(1) Die Vertretungsorgane jedes der übertragenden Rechtsträger haben die Verschmelzung zur Eintragung in das Register des Sitzes ihres Rechtsträgers anzumelden.

(2) Die Vertretungsorgane aller übertragenden Rechtsträger haben den neuen Rechtsträger bei dem Gericht, in dessen Bezirk er seinen Sitz haben soll, zur Eintragung in das Register anzumelden.

Zweiter Teil. Besondere Vorschriften

Erster Abschnitt. Verschmelzung unter Beteiligung von Personengesellschaften

Erster Unterabschnitt.[2)] Verschmelzung unter Beteiligung von Personenhandelsgesellschaften

§ 39 Ausschluß der Verschmelzung. Eine aufgelöste Personenhandelsgesellschaft kann sich nicht als übertragender Rechtsträger an einer Verschmelzung beteiligen, wenn die Gesellschafter nach § 145 des Handelsgesetzbuchs[3)] eine andere Art der Auseinandersetzung als die Abwicklung oder als die Verschmelzung vereinbart haben.

§ 40 Inhalt des Verschmelzungsvertrags. (1) [1] Der Verschmelzungsvertrag oder sein Entwurf hat zusätzlich für jeden Anteilsinhaber eines übertragenden Rechtsträgers zu bestimmen, ob ihm in der übernehmenden oder der neuen Personenhandelsgesellschaft die Stellung eines persönlich haftenden Gesellschafters oder eines Kommanditisten gewährt wird. [2] Dabei ist der Betrag der Einlage jedes Gesellschafters festzusetzen.

(2) [1] Anteilsinhabern eines übertragenden Rechtsträgers, die für dessen Verbindlichkeiten nicht als Gesamtschuldner persönlich unbeschränkt haften, ist die Stellung eines Kommanditisten zu gewähren. [2] Abweichende Bestimmungen sind nur

---

[1)] § 37 geänd. mWv 1.8.1998 durch G v. 22.7.1998 (BGBl. I S. 1878); geänd. mWv 18.8.2006 durch G v. 14.8.2006 (BGBl. I S. 1911).

[2)] 1. UAbschnitt Überschrift eingef. mWv 1.8.1998 durch G v. 22.7.1998 (BGBl. I S. 1878).

[3)] Nr. **50**.

wirksam, wenn die betroffenen Anteilsinhaber dem Verschmelzungsbeschluß des übertragenden Rechtsträgers zustimmen.

§ 41 Verschmelzungsbericht. Ein Verschmelzungsbericht ist für eine an der Verschmelzung beteiligte Personenhandelsgesellschaft nicht erforderlich, wenn alle Gesellschafter dieser Gesellschaft zur Geschäftsführung berechtigt sind.

§ 42 Unterrichtung der Gesellschafter. Der Verschmelzungsvertrag oder sein Entwurf und der Verschmelzungsbericht sind den Gesellschaftern, die von der Geschäftsführung ausgeschlossen sind, spätestens zusammen mit der Einberufung der Gesellschafterversammlung, die gemäß § 13 Abs. 1 über die Zustimmung zum Verschmelzungsvertrag beschließen soll, zu übersenden.

§ 43[1)] Beschluß der Gesellschafterversammlung. (1) Der Verschmelzungsbeschluß der Gesellschafterversammlung bedarf der Zustimmung aller anwesenden Gesellschafter; ihm müssen auch die nicht erschienenen Gesellschafter zustimmen.

(2) [1] Der Gesellschaftsvertrag kann eine Mehrheitsentscheidung der Gesellschafter vorsehen. [2] Die Mehrheit muß mindestens drei Viertel der abgegebenen Stimmen betragen. [3] Widerspricht ein Anteilsinhaber eines übertragenden Rechtsträgers, der für dessen Verbindlichkeiten persönlich unbeschränkt haftet, der Verschmelzung, so ist ihm in der übernehmenden oder der neuen Personenhandelsgesellschaft die Stellung eines Kommanditisten zu gewähren; das gleiche gilt für einen Anteilsinhaber der übernehmenden Personenhandelsgesellschaft, der für deren Verbindlichkeiten persönlich unbeschränkt haftet, wenn er der Verschmelzung widerspricht.

§ 44[2)] Prüfung der Verschmelzung. [1] Im Fall des § 43 Abs. 2 ist der Verschmelzungsvertrag oder sein Entwurf für eine Personenhandelsgesellschaft nach den §§ 9 bis 12 zu prüfen, wenn dies einer ihrer Gesellschafter innerhalb einer Frist von einer Woche verlangt, nachdem er die in § 42 genannten Unterlagen erhalten hat. [2] Die Kosten der Prüfung trägt die Gesellschaft.

§ 45[3)] Zeitliche Begrenzung der Haftung persönlich haftender Gesellschafter. (1) Überträgt eine Personenhandelsgesellschaft ihr Vermögen durch Verschmelzung auf einen Rechtsträger anderer Rechtsform, dessen Anteilsinhaber für die Verbindlichkeiten dieses Rechtsträgers nicht unbeschränkt haften, so haftet ein Gesellschafter der Personenhandelsgesellschaft für ihre Verbindlichkeiten, wenn sie vor Ablauf von fünf Jahren nach der Verschmelzung fällig und daraus Ansprüche gegen ihn in einer in § 197 Abs. 1 Nr. 3 bis 5 des Bürgerlichen Gesetzbuchs[4)] bezeichneten Art festgestellt sind oder eine gerichtliche oder behördliche Vollstreckungshandlung vorgenommen oder beantragt wird; bei öffentlich-rechtlichen Verbindlichkeiten genügt der Erlass eines Verwaltungsakts.

(2) [1] Die Frist beginnt mit dem Tage, an dem die Eintragung der Verschmelzung in das Register des Sitzes des übernehmenden Rechtsträgers nach § 19 Abs. 3 bekannt gemacht worden ist. [2] Die für die Verjährung geltenden §§ 204, 206, 210, 211 und 212 Abs. 2 und 3 des Bürgerlichen Gesetzbuchs sind entsprechend anzuwenden.

---

1) § 43 Abs. 2 Satz 2 neu gef. mWv 1.8.1998 durch G v. 22.7.1998 (BGBl. I S. 1878).

2) § 44 neu gef. mWv 25.4.2007 durch G v. 19.4.2007 (BGBl. I S. 542).

3) § 45 Abs. 1, Abs. 2 Satz 2 und Abs. 3 geänd. mWv 1.1.2002 durch G v. 26.11.2001 (BGBl. I S. 3138); Abs. 2 Satz 1 geänd. mWv 1.1.2007 durch G v. 10.11.2006 (BGBl. I S. 2553).

4) Nr. **20**.

(3) Einer Feststellung in einer in § 197 Abs. 1 Nr. 3 bis 5 des Bürgerlichen Gesetzbuchs bezeichneten Art bedarf es nicht, soweit der Gesellschafter den Anspruch schriftlich anerkannt hat.

(4) Die Absätze 1 bis 3 sind auch anzuwenden, wenn der Gesellschafter in dem Rechtsträger anderer Rechtsform geschäftsführend tätig wird.

Zweiter Unterabschnitt.[1] Verschmelzung unter Beteiligung von Partnerschaftsgesellschaften

§ 45a[1] Möglichkeit der Verschmelzung. [1] Eine Verschmelzung auf eine Partnerschaftsgesellschaft ist nur möglich, wenn im Zeitpunkt ihres Wirksamwerdens alle Anteilsinhaber übertragender Rechtsträger natürliche Personen sind, die einen Freien Beruf ausüben (§ 1 Abs. 1 und 2 des Partnerschaftsgesellschaftsgesetzes[2]). [2] § 1 Abs. 3 des Partnerschaftsgesellschaftsgesetzes bleibt unberührt.

§ 45b[1] Inhalt des Verschmelzungsvertrages. (1) Der Verschmelzungsvertrag oder sein Entwurf hat zusätzlich für jeden Anteilsinhaber eines übertragenden Rechtsträgers den Namen und den Vornamen sowie den in der übernehmenden Partnerschaftsgesellschaft ausgeübten Beruf und den Wohnort jedes Partners zu enthalten.

(2) § 35 ist nicht anzuwenden.

§ 45c[1] Verschmelzungsbericht und Unterrichtung der Partner. [1] Ein Verschmelzungsbericht ist für eine an der Verschmelzung beteiligte Partnerschaftsgesellschaft nur erforderlich, wenn ein Partner gemäß § 6 Abs. 2 des Partnerschaftsgesellschaftsgesetzes[2] von der Geschäftsführung ausgeschlossen ist. [2] Von der Geschäftsführung ausgeschlossene Partner sind entsprechend § 42 zu unterrichten.

§ 45d[1] Beschluß der Gesellschafterversammlung. (1) Der Verschmelzungsbeschluß der Gesellschafterversammlung bedarf der Zustimmung aller anwesenden Partner; ihm müssen auch die nicht erschienenen Partner zustimmen.

(2) [1] Der Partnerschaftsvertrag kann eine Mehrheitsentscheidung der Partner vorsehen. [2] Die Mehrheit muß mindestens drei Viertel der abgegebenen Stimmen betragen.

§ 45e[1] Anzuwendende Vorschriften. [1] Die §§ 39 und 45 sind entsprechend anzuwenden. [2] In den Fällen des § 45d Abs. 2 ist auch § 44 entsprechend anzuwenden.

Zweiter Abschnitt. Verschmelzung unter Beteiligung von Gesellschaften mit beschränkter Haftung

Erster Unterabschnitt. Verschmelzung durch Aufnahme

§ 46[3] Inhalt des Verschmelzungsvertrags. (1) [1] Der Verschmelzungsvertrag oder sein Entwurf hat zusätzlich für jeden Anteilsinhaber eines übertragenden Rechtsträgers den Nennbetrag des Geschäftsanteils zu bestimmen, den die übernehmende Gesellschaft mit beschränkter Haftung ihm zu gewähren hat. [2] Der Nennbetrag kann abweichend von dem Betrag festgesetzt werden, der auf die

---

[1] 2. UAbschnitt (§§ 45a–45e) eingef. mWv 1.8.1998 durch G v. 22.7.1998 (BGBl. I S. 1878).

[2] Nr. **50b**.

[3] § 46 Abs. 1 Satz 2 neu gef. mWv 1.4.1998 durch G v. 25.3.1998 (BGBl. I S. 590); Abs. 3 geänd. mWv 1.8.1998 durch G v. 22.7.1998 (BGBl. I S. 1878); Abs. 1 Satz 3 neu gef. mWv 1.11.2008 durch G v. 23.10.2008 (BGBl. I S. 2026).

Aktien einer übertragenden Aktiengesellschaft oder Kommanditgesellschaft auf Aktien als anteiliger Betrag ihres Grundkapitals entfällt. [3] Er muss auf volle Euro lauten.

(2) Sollen die zu gewährenden Geschäftsanteile im Wege der Kapitalerhöhung geschaffen und mit anderen Rechten und Pflichten als sonstige Geschäftsanteile der übernehmenden Gesellschaft mit beschränkter Haftung ausgestattet werden, so sind auch die Abweichungen im Verschmelzungsvertrag oder in seinem Entwurf festzusetzen.

(3) Sollen Anteilsinhaber eines übertragenden Rechtsträgers schon vorhandene Geschäftsanteile der übernehmenden Gesellschaft erhalten, so müssen die Anteilsinhaber und die Nennbeträge der Geschäftsanteile, die sie erhalten sollen, im Verschmelzungsvertrag oder in seinem Entwurf besonders bestimmt werden.

§ 47 Unterrichtung der Gesellschafter. Der Verschmelzungsvertrag oder sein Entwurf und der Verschmelzungsbericht sind den Gesellschaftern spätestens zusammen mit der Einberufung der Gesellschafterversammlung, die gemäß § 13 Abs. 1 über die Zustimmung beschließen soll, zu übersenden.

§ 48[1)] Prüfung der Verschmelzung. [1] Der Verschmelzungsvertrag oder sein Entwurf ist für eine Gesellschaft mit beschränkter Haftung nach den §§ 9 bis 12 zu prüfen, wenn dies einer ihrer Gesellschafter innerhalb einer Frist von einer Woche verlangt, nachdem er die in § 47 genannten Unterlagen erhalten hat. [2] Liegt ein fristgerechtes Verlangen nach Satz 1 vor, so ist der Prüfungsbericht den Gesellschaftern innerhalb der zur Einberufung der Gesellschafterversammlung geltenden Frist zu übersenden. [3] Die Kosten der Prüfung trägt die Gesellschaft.

§ 49 Vorbereitung der Gesellschafterversammlung. (1) Die Geschäftsführer haben in der Einberufung der Gesellschafterversammlung, die gemäß § 13 Abs. 1 über die Zustimmung zum Verschmelzungsvertrag beschließen soll, die Verschmelzung als Gegenstand der Beschlußfassung anzukündigen.

(2) Von der Einberufung an sind in dem Geschäftsraum der Gesellschaft die Jahresabschlüsse und die Lageberichte der an der Verschmelzung beteiligten Rechtsträger für die letzten drei Geschäftsjahre zur Einsicht durch die Gesellschafter auszulegen.

(3) Die Geschäftsführer haben jedem Gesellschafter auf Verlangen jederzeit Auskunft auch über alle für die Verschmelzung wesentlichen Angelegenheiten der anderen beteiligten Rechtsträger zu geben.

§ 50 Beschluß der Gesellschafterversammlung. (1) [1] Der Verschmelzungsbeschluß der Gesellschafterversammlung bedarf einer Mehrheit von mindestens drei Vierteln der abgegebenen Stimmen. [2] Der Gesellschaftsvertrag kann eine größere Mehrheit und weitere Erfordernisse bestimmen.

(2) Werden durch die Verschmelzung auf dem Gesellschaftsvertrag beruhende Minderheitsrechte eines einzelnen Gesellschafters einer übertragenden Gesellschaft oder die einzelnen Gesellschaftern einer solchen Gesellschaft nach dem Gesellschaftsvertrag zustehenden besonderen Rechte in der Geschäftsführung der Gesellschaft, bei der Bestellung der Geschäftsführer oder hinsichtlich eines Vorschlagsrechts für die Geschäftsführung beeinträchtigt, so bedarf der Verschmelzungsbeschluß dieser übertragenden Gesellschaft der Zustimmung dieser Gesellschafter.

[1)] § 48 neu gef. mWv 25.4.2007 durch G v. 19.4.2007 (BGBl. I S. 542); Satz 2 eingef., bish. Satz 2 wird Satz 3 mWv 1.3.2023 durch G v. 22.2.2023 (BGBl. 2023 I Nr. 51).

§ 51[1] Zustimmungserfordernisse in Sonderfällen. (1) [1]Ist an der Verschmelzung eine Gesellschaft mit beschränkter Haftung, auf deren Geschäftsanteile nicht alle zu leistenden Einlagen in voller Höhe bewirkt sind, als übernehmender Rechtsträger beteiligt, so bedarf der Verschmelzungsbeschluß eines übertragenden Rechtsträgers der Zustimmung aller bei der Beschlußfassung anwesenden Anteilsinhaber dieses Rechtsträgers. [2]Ist der übertragende Rechtsträger eine Personenhandelsgesellschaft, eine Partnerschaftsgesellschaft oder eine Gesellschaft mit beschränkter Haftung, so bedarf der Verschmelzungsbeschluß auch der Zustimmung der nicht erschienenen Gesellschafter. [3]Wird eine Gesellschaft mit beschränkter Haftung, auf deren Geschäftsanteile nicht alle zu leistenden Einlagen in voller Höhe bewirkt sind, von einer Gesellschaft mit beschränkter Haftung durch Verschmelzung aufgenommen, bedarf der Verschmelzungsbeschluss der Zustimmung aller Gesellschafter der übernehmenden Gesellschaft.

(2) Wird der Nennbetrag der Geschäftsanteile nach § 46 Abs. 1 Satz 2 abweichend vom Betrag der Aktien festgesetzt, so muss der Festsetzung jeder Aktionär zustimmen, der sich nicht mit seinem gesamten Anteil beteiligen kann.

§ 52[2] Anmeldung der Verschmelzung. [1]Bei der Anmeldung der Verschmelzung zur Eintragung in das Register haben die Vertretungsorgane der an der Verschmelzung beteiligten Rechtsträger im Falle des § 51 Abs. 1 auch zu erklären, daß dem Verschmelzungsbeschluß jedes der übertragenden Rechtsträger alle bei der Beschlußfassung anwesenden Anteilsinhaber dieses Rechtsträgers und, sofern der übertragende Rechtsträger eine Personenhandelsgesellschaft, eine Partnerschaftsgesellschaft oder eine Gesellschaft mit beschränkter Haftung ist, auch die nicht erschienenen Gesellschafter dieser Gesellschaft zugestimmt haben. [2]Wird eine Gesellschaft mit beschränkter Haftung, auf deren Geschäftsanteile nicht alle zu leistenden Einlagen in voller Höhe bewirkt sind, von einer Gesellschaft mit beschränkter Haftung durch Verschmelzung aufgenommen, so ist auch zu erklären, dass alle Gesellschafter dieser Gesellschaft dem Verschmelzungsbeschluss zugestimmt haben.

§ 53 Eintragung bei Erhöhung des Stammkapitals. Erhöht die übernehmende Gesellschaft zur Durchführung der Verschmelzung ihr Stammkapital, so darf die Verschmelzung erst eingetragen werden, nachdem die Erhöhung des Stammkapitals im Register eingetragen worden ist.

§ 54[3] Verschmelzung ohne Kapitalerhöhung. (1) [1]Die übernehmende Gesellschaft darf zur Durchführung der Verschmelzung ihr Stammkapital nicht erhöhen, soweit

1. sie Anteile eines übertragenden Rechtsträgers innehat;
2. ein übertragender Rechtsträger eigene Anteile innehat oder
3. ein übertragender Rechtsträger Geschäftsanteile dieser Gesellschaft innehat, auf welche die Einlagen nicht in voller Höhe bewirkt sind.

---

[1] § 51 Abs. 1 Satz 2 geänd. mWv 1.8.1998 durch G v. 22.7.1998 (BGBl. I S. 1878); Abs. 1 Satz 3 neu gef. mWv 25.4.2007 durch G v. 19.4.2007 (BGBl. I S. 542); Abs. 2 neu gef. mWv 1.11.2008 durch G v. 23.10.2008 (BGBl. I S. 2026).

[2] § 52 Abs. 1 geänd. mWv 1.8.1998 durch G v. 22.7.1998 (BGBl. I S. 1878); Abs. 1 Satz 2 angef. mWv 25.4.2007 durch G v. 19.4.2007 (BGBl. I S. 542); Abs. 2 aufgeh. mWv 15.7.2011 durch G v. 11.7.2011 (BGBl. I S. 1338).

[3] § 54 Abs. 3 Satz 1 geänd. mWv 1.1.1999 durch G v. 9.6.1998 (BGBl. I S. 1242); Abs. 1 Satz 3 angef. mWv 25.4.2007 durch G v. 19.4.2007 (BGBl. I S. 542); Abs. 3 Satz 1 geänd. mWv 1.11.2008 durch G v. 23.10.2008 (BGBl. I S. 2026).

[2] Die übernehmende Gesellschaft braucht ihr Stammkapital nicht zu erhöhen, soweit

1. sie eigene Geschäftsanteile innehat oder
2. ein übertragender Rechtsträger Geschäftsanteile dieser Gesellschaft innehat, auf welche die Einlagen bereits in voller Höhe bewirkt sind.

[3] Die übernehmende Gesellschaft darf von der Gewährung von Geschäftsanteilen absehen, wenn alle Anteilsinhaber eines übertragenden Rechtsträgers darauf verzichten; die Verzichtserklärungen sind notariell zu beurkunden.

(2) Absatz 1 gilt entsprechend, wenn Inhaber der dort bezeichneten Anteile ein Dritter ist, der im eigenen Namen, jedoch in einem Fall des Absatzes 1 Satz 1 Nr. 1 oder des Absatzes 1 Satz 2 Nr. 1 für Rechnung der übernehmenden Gesellschaft oder in einem der anderen Fälle des Absatzes 1 für Rechnung des übertragenden Rechtsträgers handelt.

(3) [1] Soweit zur Durchführung der Verschmelzung Geschäftsanteile der übernehmenden Gesellschaft, die sie selbst oder ein übertragender Rechtsträger innehat, geteilt werden müssen, um sie den Anteilsinhabern eines übertragenden Rechtsträgers gewähren zu können, sind Bestimmungen des Gesellschaftsvertrags, welche die Teilung der Geschäftsanteile der übernehmenden Gesellschaft ausschließen oder erschweren, nicht anzuwenden; jedoch muss der Nennbetrag jedes Teils der Geschäftsanteile auf volle Euro lauten. [2] Satz 1 gilt entsprechend, wenn Inhaber der Geschäftsanteile ein Dritter ist, der im eigenen Namen, jedoch für Rechnung der übernehmenden Gesellschaft oder eines übertragenden Rechtsträgers handelt.

(4) Im Verschmelzungsvertrag festgesetzte bare Zuzahlungen dürfen nicht den zehnten Teil des Gesamtnennbetrags der gewährten Geschäftsanteile der übernehmenden Gesellschaft übersteigen.

§ 55[1)] Verschmelzung mit Kapitalerhöhung. (1) Erhöht die übernehmende Gesellschaft zur Durchführung der Verschmelzung ihr Stammkapital, so sind § 55 Abs. 1, §§ 56a, 57 Abs. 2, Abs. 3 Nr. 1 des Gesetzes betreffend die Gesellschaften mit beschränkter Haftung[2)] nicht anzuwenden.

(2) Der Anmeldung der Kapitalerhöhung zum Register sind außer den in § 57 Abs. 3 Nr. 2 und 3 des Gesetzes betreffend die Gesellschaften mit beschränkter Haftung bezeichneten Schriftstücken der Verschmelzungsvertrag und die Niederschriften der Verschmelzungsbeschlüsse in Ausfertigung oder öffentlich beglaubigter Abschrift beizufügen.

(3) Für den Beschluss über die Kapitalerhöhung nach Absatz 1 gilt § 14 Absatz 2 entsprechend.

Zweiter Unterabschnitt. Verschmelzung durch Neugründung

§ 56[3)] Anzuwendende Vorschriften. Auf die Verschmelzung durch Neugründung sind die Vorschriften des Ersten Unterabschnitts mit Ausnahme der §§ 51 bis 53, 54 Absatz 1 bis 3 sowie des § 55 entsprechend anzuwenden.

[1)] § 55 Abs. 1 Satz 2 aufgeh. mWv 1.11.2008 durch G v. 23.10.2008 (BGBl. I S. 2026); Abs. 3 angef. mWv 1.3.2023 durch G v. 22.2.2023 (BGBl. 2023 I Nr. 51).

[2)] Nr. **52**.

[3)] § 56 geänd. mWv 15.7.2011 durch G v. 11.7.2011 (BGBl. I S. 1338).

§ 57[1] **Inhalt des Gesellschaftsvertrags.** In den Gesellschaftsvertrag sind Festsetzungen über Sondervorteile, Gründungsaufwand, Sacheinlagen und Sachübernahmen, die in den Gesellschaftsverträgen, Partnerschaftsverträgen oder Satzungen übertragender Rechtsträger enthalten waren, zu übernehmen.

§ 58 Sachgründungsbericht. (1) In dem Sachgründungsbericht (§ 5 Abs. 4 des Gesetzes betreffend die Gesellschaften mit beschränkter Haftung[2]) sind auch der Geschäftsverlauf und die Lage der übertragenden Rechtsträger darzulegen.

(2) Ein Sachgründungsbericht ist nicht erforderlich, soweit eine Kapitalgesellschaft oder eine eingetragene Genossenschaft übertragender Rechtsträger ist.

§ 59[3] **Verschmelzungsbeschlüsse.** [1] Der Gesellschaftsvertrag der neuen Gesellschaft wird nur wirksam, wenn ihm die Anteilsinhaber jedes der übertragenden Rechtsträger durch Verschmelzungsbeschluß zustimmen. [2] Dies gilt entsprechend für die Bestellung der Geschäftsführer und der Mitglieder des Aufsichtsrats der neuen Gesellschaft, soweit sie von den Anteilsinhabern der übertragenden Rechtsträger zu wählen sind.

Dritter Abschnitt. Verschmelzung unter Beteiligung von Aktiengesellschaften

Erster Unterabschnitt. Verschmelzung durch Aufnahme

§ 60[4] **Prüfung der Verschmelzung; Bestellung der Verschmelzungsprüfer.** [1] Der Verschmelzungsvertrag oder sein Entwurf ist für jede Aktiengesellschaft nach den §§ 9 bis 12 zu prüfen. [2] § 9 Absatz 2 und § 12 Absatz 3 in Verbindung mit § 8 Absatz 3 Satz 1 und 2 gelten mit der Maßgabe, dass der Verzicht aller Anteilsinhaber aller beteiligten Rechtsträger erforderlich ist.

§ 61[5] **Bekanntmachung des Verschmelzungsvertrags.** [1] Der Verschmelzungsvertrag oder sein Entwurf ist vor der Hauptversammlung, die gemäß § 13 Abs. 1 über die Zustimmung beschließen soll, zum Register einzureichen. [2] Das Gericht hat in der Bekanntmachung nach § 10 des Handelsgesetzbuchs[6] einen Hinweis darauf bekanntzumachen, daß der Vertrag oder sein Entwurf beim Handelsregister eingereicht worden ist. [3] Die Hauptversammlung darf erst einen Monat nach der Bekanntmachung über die Zustimmung zum Verschmelzungsvertrag gemäß § 13 beschließen.

§ 62[7] **Konzernverschmelzungen.** (1) [1] Befinden sich mindestens neun Zehntel des Stammkapitals oder des Grundkapitals einer übertragenden Kapitalgesellschaft in der Hand einer übernehmenden Aktiengesellschaft, so ist ein Verschmelzungsbeschluß der übernehmenden Aktiengesellschaft zur Aufnahme dieser übertragenden Gesellschaft nicht erforderlich. [2] Eigene Anteile der übertragenden Ge-

---

[1] § 57 geänd. mWv 1.8.1998 durch G v. 22.7.1998 (BGBl. I S. 1878); geänd. mWv 18.8.2006 durch G v. 14.8.2006 (BGBl. I S. 1911).

[2] Nr. **52**.

[3] § 59 Satz 2 geänd. mWv 25.4.2007 durch G v. 19.4.2007 (BGBl. I S. 542).

[4] § 60 Abs. 2 und 3 aufgeh. mWv 1.9.2003 durch G v. 12.6.2003 (BGBl. I S. 838); Satz 2 angef. mWv 1.3.2023 durch G v. 22.2.2023 (BGBl. 2023 I Nr. 51).

[5] § 61 Satz 2 geänd. mWv 1.1.2007 durch G v. 10.11.2006 (BGBl. I S. 2553); Satz 1 geänd., Satz 3 angef. mWv 1.3.2023 durch G v. 22.2.2023 (BGBl. 2023 I Nr. 51).

[6] Nr. **50**.

[7] § 62 Abs. 3 Satz 7 angef. mWv 1.9.2009 durch G v. 30.7.2009 (BGBl. I S. 2479); Überschrift neu gef., Abs. 3 Satz 7 eingef., bish. Satz 7 wird Satz 8, Abs. 4 und 5 angef. mWv 15.7.2011 durch G v. 11.7.2011 (BGBl. I S. 1338); Abs. 4 Sätze 3 und 4 neu gef., Satz 5 angef. mWv 1.3.2023 durch G v. 22.2.2023 (BGBl. 2023 I Nr. 51).

sellschaft und Anteile, die einem anderen für Rechnung dieser Gesellschaft gehören, sind vom Stammkapital oder Grundkapital abzusetzen.

(2) [1] Absatz 1 gilt nicht, wenn Aktionäre der übernehmenden Gesellschaft, deren Anteile zusammen den zwanzigsten Teil des Grundkapitals dieser Gesellschaft erreichen, die Einberufung einer Hauptversammlung verlangen, in der über die Zustimmung zu der Verschmelzung beschlossen wird. [2] Die Satzung kann das Recht, die Einberufung der Hauptversammlung zu verlangen, an den Besitz eines geringeren Teils am Grundkapital der übernehmenden Gesellschaft knüpfen.

(3) [1] Einen Monat vor dem Tage der Gesellschafterversammlung oder der Hauptversammlung der übertragenden Gesellschaft, die gemäß § 13 Abs. 1 über die Zustimmung zum Verschmelzungsvertrag beschließen soll, sind in dem Geschäftsraum der übernehmenden Gesellschaft zur Einsicht der Aktionäre die in § 63 Abs. 1 bezeichneten Unterlagen auszulegen. [2] Gleichzeitig hat der Vorstand der übernehmenden Gesellschaft einen Hinweis auf die bevorstehende Verschmelzung in den Gesellschaftsblättern der übernehmenden Gesellschaft bekanntzumachen und den Verschmelzungsvertrag oder seinen Entwurf zum Register der übernehmenden Gesellschaft einzureichen; § 61 Satz 2 ist entsprechend anzuwenden. [3] Die Aktionäre sind in der Bekanntmachung nach Satz 2 erster Halbsatz auf ihr Recht nach Absatz 2 hinzuweisen. [4] Der Anmeldung der Verschmelzung zur Eintragung in das Handelsregister ist der Nachweis der Bekanntmachung beizufügen. [5] Der Vorstand hat bei der Anmeldung zu erklären, ob ein Antrag nach Absatz 2 gestellt worden ist. [6] Auf Verlangen ist jedem Aktionär der übernehmenden Gesellschaft unverzüglich und kostenlos eine Abschrift der in Satz 1 bezeichneten Unterlagen zu erteilen. [7] Die Unterlagen können dem Aktionär mit dessen Einwilligung auf dem Wege elektronischer Kommunikation übermittelt werden. [8] Die Verpflichtungen nach den Sätzen 1 und 6 entfallen, wenn die in Satz 1 bezeichneten Unterlagen für denselben Zeitraum über die Internetseite der Gesellschaft zugänglich sind.

(4) [1] Befindet sich das gesamte Stamm- oder Grundkapital einer übertragenden Kapitalgesellschaft in der Hand einer übernehmenden Aktiengesellschaft, so ist ein Verschmelzungsbeschluss des Anteilsinhabers der übertragenden Kapitalgesellschaft nicht erforderlich. [2] Ein solcher Beschluss ist auch nicht erforderlich in Fällen, in denen nach Absatz 5 Satz 1 ein Übertragungsbeschluss gefasst und mit einem Vermerk nach Absatz 5 Satz 7 in das Handelsregister eingetragen wurde. [3] Die §§ 47, 49, 61 und 63 Absatz 1 Nummer 1 bis 3 sind auf die übertragende Kapitalgesellschaft nicht anzuwenden. [4] Absatz 3 gilt mit der Maßgabe, dass die dort genannten Verpflichtungen spätestens einen Monat vor dem Tag der Eintragung der Verschmelzung in das Register des übernehmenden Rechtsträgers zu erfüllen sind. [5] Spätestens bis zu diesem Zeitpunkt ist auch die in § 5 Absatz 3 genannte Zuleitungsverpflichtung zu erfüllen.

(5) [1] In Fällen des Absatzes 1 kann die Hauptversammlung einer übertragenden Aktiengesellschaft innerhalb von drei Monaten nach Abschluss des Verschmelzungsvertrages einen Beschluss nach § 327a Absatz 1 Satz 1 des Aktiengesetzes[1)] fassen, wenn der übernehmenden Gesellschaft (Hauptaktionär) Aktien in Höhe von neun Zehnteln des Grundkapitals gehören. [2] Der Verschmelzungsvertrag oder sein Entwurf muss die Angabe enthalten, dass im Zusammenhang mit der Verschmelzung ein Ausschluss der Minderheitsaktionäre der übertragenden Gesellschaft erfolgen soll. [3] Absatz 3 gilt mit der Maßgabe, dass die dort genannten Verpflichtungen nach Abschluss des Verschmelzungsvertrages für die Dauer eines

---

[1)] Nr. **51**.

Monats zu erfüllen sind. [4]Spätestens bei Beginn dieser Frist ist die in § 5 Absatz 3 genannte Zuleitungsverpflichtung zu erfüllen. [5]Der Verschmelzungsvertrag oder sein Entwurf ist gemäß § 327c Absatz 3 des Aktiengesetzes zur Einsicht der Aktionäre auszulegen. [6]Der Anmeldung des Übertragungsbeschlusses (§ 327e Absatz 1 des Aktiengesetzes) ist der Verschmelzungsvertrag in Ausfertigung oder öffentlich beglaubigter Abschrift oder sein Entwurf beizufügen. [7]Die Eintragung des Übertragungsbeschlusses ist mit dem Vermerk zu versehen, dass er erst gleichzeitig mit der Eintragung der Verschmelzung im Register des Sitzes der übernehmenden Aktiengesellschaft wirksam wird. [8]Im Übrigen bleiben die §§ 327a bis 327f des Aktiengesetzes unberührt.

§ 63[1)] Vorbereitung der Hauptversammlung. (1) Von der Einberufung der Hauptversammlung an, die gemäß § 13 Abs. 1 über die Zustimmung zum Verschmelzungsvertrag beschließen soll, spätestens aber ab einem Monat vor dem Tag der Hauptversammlung, sind in dem Geschäftsraum der Gesellschaft zur Einsicht der Aktionäre auszulegen

1. der Verschmelzungsvertrag oder sein Entwurf;
2. die Jahresabschlüsse und die Lageberichte der an der Verschmelzung beteiligten Rechtsträger für die letzten drei Geschäftsjahre;
3. falls sich der letzte Jahresabschluß auf ein Geschäftsjahr bezieht, das mehr als sechs Monate vor dem Abschluß des Verschmelzungsvertrags oder der Aufstellung des Entwurfs abgelaufen ist, eine Bilanz auf einen Stichtag, der nicht vor dem ersten Tag des dritten Monats liegt, der dem Abschluß oder der Aufstellung vorausgeht (Zwischenbilanz);
4. die nach § 8 erstatteten Verschmelzungsberichte;
5. die nach § 60 in Verbindung mit § 12 erstatteten Prüfungsberichte.

(2) [1]Die Zwischenbilanz (Absatz 1 Nr. 3) ist nach den Vorschriften aufzustellen, die auf die letzte Jahresbilanz des Rechtsträgers angewendet worden sind. [2]Eine körperliche Bestandsaufnahme ist nicht erforderlich. [3]Die Wertansätze der letzten Jahresbilanz dürfen übernommen werden. [4]Dabei sind jedoch Abschreibungen, Wertberichtigungen und Rückstellungen sowie wesentliche, aus den Büchern nicht ersichtliche Veränderungen der wirklichen Werte von Vermögensgegenständen bis zum Stichtag der Zwischenbilanz zu berücksichtigen. [5]§ 8 Absatz 3 Satz 1 und Satz 2 ist entsprechend anzuwenden. [6]Die Zwischenbilanz muss auch dann nicht aufgestellt werden, wenn die Gesellschaft seit dem letzten Jahresabschluss einen Halbjahresfinanzbericht gemäß § 115 des Wertpapierhandelsgesetzes[2)] veröffentlicht hat. [7]Der Halbjahresfinanzbericht tritt zum Zwecke der Vorbereitung der Hauptversammlung an die Stelle der Zwischenbilanz.

(3) [1]Auf Verlangen ist jedem Aktionär unverzüglich und kostenlos eine Abschrift der in Absatz 1 bezeichneten Unterlagen zu erteilen. [2]Die Unterlagen können dem Aktionär mit dessen Einwilligung auf dem Wege elektronischer Kommunikation übermittelt werden.

(4) Die Verpflichtungen nach den Absätzen 1 und 3 entfallen, wenn die in Absatz 1 bezeichneten Unterlagen für denselben Zeitraum über die Internetseite der Gesellschaft zugänglich sind.

[1)] § 63 Abs. 4 angef. mWv 1.9.2009 durch G v. 30.7.2009 (BGBl. I S. 2479); Abs. 2 Sätze 5–7, Abs. 3 Satz 2 angef. mWv 15.7.2011 durch G v. 11.7.2011 (BGBl. I S. 1338); Abs. 2 Satz 6 geänd. mWv 3.1. 2018 durch G v. 23.6.2017 (BGBl. I S. 1693); Abs. 1 einl. Satzteil, Abs. 2 Satz 5 geänd. mWv 1.3.2023 durch G v. 22.2.2023 (BGBl. 2023 I Nr. 51).

[2)] **Habersack, Deutsche Gesetze ErgBd. Nr. 58.**

§ 64[1)] Durchführung der Hauptversammlung. (1) [1] In der Hauptversammlung sind die in § 63 Absatz 1 bezeichneten Unterlagen zugänglich zu machen. [2] Der Vorstand hat den Verschmelzungsvertrag oder seinen Entwurf zu Beginn der Verhandlung mündlich zu erläutern und über jede wesentliche Veränderung des Vermögens der Gesellschaft zu unterrichten, die seit dem Abschluss des Verschmelzungsvertrages oder der Aufstellung des Entwurfs eingetreten ist. [3] Der Vorstand hat über solche Veränderungen auch die Vertretungsorgane der anderen beteiligten Rechtsträger zu unterrichten; diese haben ihrerseits die Anteilsinhaber des von ihnen vertretenen Rechtsträgers vor der Beschlussfassung zu unterrichten. [4] § 8 Absatz 3 Satz 1 und Satz 2 ist entsprechend anzuwenden.

(2) Jedem Aktionär ist auf Verlangen in der Hauptversammlung Auskunft auch über alle für die Verschmelzung wesentlichen Angelegenheiten der anderen beteiligten Rechtsträger zu geben.

§ 65 Beschluß der Hauptversammlung. (1) [1] Der Verschmelzungsbeschluß der Hauptversammlung bedarf einer Mehrheit, die mindestens drei Viertel des bei der Beschlußfassung vertretenen Grundkapitals umfaßt. [2] Die Satzung kann eine größere Kapitalmehrheit und weitere Erfordernisse bestimmen.

(2) [1] Sind mehrere Gattungen von Aktien vorhanden, so bedarf der Beschluß der Hauptversammlung zu seiner Wirksamkeit der Zustimmung der stimmberechtigten Aktionäre jeder Gattung. [2] Über die Zustimmung haben die Aktionäre jeder Gattung einen Sonderbeschluß zu fassen. [3] Für diesen gilt Absatz 1.

§ 66 Eintragung bei Erhöhung des Grundkapitals. Erhöht die übernehmende Gesellschaft zur Durchführung der Verschmelzung ihr Grundkapital, so darf die Verschmelzung erst eingetragen werden, nachdem die Durchführung der Erhöhung des Grundkapitals im Register eingetragen worden ist.

§ 67[2)] Anwendung der Vorschriften über die Nachgründung. [1] Wird der Verschmelzungsvertrag in den ersten zwei Jahren seit Eintragung der übernehmenden Gesellschaft in das Register geschlossen, so ist § 52 Abs. 3, 4, 6 bis 9 des Aktiengesetzes[3)] über die Nachgründung entsprechend anzuwenden. [2] Dies gilt nicht, wenn auf die zu gewährenden Aktien nicht mehr als der zehnte Teil des Grundkapitals dieser Gesellschaft entfällt oder wenn diese Gesellschaft ihre Rechtsform durch Formwechsel einer Gesellschaft mit beschränkter Haftung erlangt hat, die zuvor bereits seit mindestens zwei Jahren im Handelsregister eingetragen war. [3] Wird zur Durchführung der Verschmelzung das Grundkapital erhöht, so ist der Berechnung das erhöhte Grundkapital zugrunde zu legen.

§ 68[4)] Verschmelzung ohne Kapitalerhöhung. (1) [1] Die übernehmende Gesellschaft darf zur Durchführung der Verschmelzung ihr Grundkapital nicht erhöhen, soweit

1. sie Anteile eines übertragenden Rechtsträgers innehat;
2. ein übertragender Rechtsträger eigene Anteile innehat oder

---

[1)] § 64 Abs. 1 neu gef. mWv 15.7.2011 durch G v. 11.7.2011 (BGBl. I S. 1338); Abs. 1 Satz 4 geänd. mWv 1.3.2023 durch G v. 22.2.2023 (BGBl. 2023 I Nr. 51).

[2)] § 67 Satz 2 neu gef. mWv 1.4.1998 durch G v. 25.3.1998 (BGBl. I S. 590); Sätze 1 und 2 geänd. mWv 25.4.2007 durch G v. 19.4.2007 (BGBl. I S. 542).

[3)] Nr. **51**.

[4)] § 68 Abs. 1 Satz 1 Nr. 3, Satz 2 Nr. 2 und Abs. 3 geänd. mWv 1.4.1998 durch G v. 25.3.1998 (BGBl. I S. 590); Abs. 1 Satz 3 angef. mWv 25.4.2007 durch G v. 19.4.2007 (BGBl. I S. 542).

3. ein übertragender Rechtsträger Aktien dieser Gesellschaft besitzt, auf die der Ausgabebetrag nicht voll geleistet ist.

²Die übernehmende Gesellschaft braucht ihr Grundkapital nicht zu erhöhen, soweit

1. sie eigene Aktien besitzt oder
2. ein übertragender Rechtsträger Aktien dieser Gesellschaft besitzt, auf die der Ausgabebetrag bereits voll geleistet ist.

³Die übernehmende Gesellschaft darf von der Gewährung von Aktien absehen, wenn alle Anteilsinhaber eines übertragenden Rechtsträgers darauf verzichten; die Verzichtserklärungen sind notariell zu beurkunden.

(2) Absatz 1 gilt entsprechend, wenn Inhaber der dort bezeichneten Anteile ein Dritter ist, der im eigenen Namen, jedoch in einem Fall des Absatzes 1 Satz 1 Nr. 1 oder des Absatzes 1 Satz 2 Nr. 1 für Rechnung der übernehmenden Gesellschaft oder in einem der anderen Fälle des Absatzes 1 für Rechnung des übertragenden Rechtsträgers handelt.

(3) Im Verschmelzungsvertrag festgesetzte bare Zuzahlungen dürfen nicht den zehnten Teil des auf die gewährten Aktien der übernehmenden Gesellschaft entfallenden anteiligen Betrags ihres Grundkapitals übersteigen.

§ 69[1] **Verschmelzung mit Kapitalerhöhung.** (1) ¹Erhöht die übernehmende Gesellschaft zur Durchführung der Verschmelzung ihr Grundkapital, so sind § 182 Abs. 4, § 184 Abs. 1 Satz 2, §§ 185, 186, 187 Abs. 1, § 188 Abs. 2 und 3 Nr. 1 des Aktiengesetzes[2] nicht anzuwenden; eine Prüfung der Sacheinlage nach § 183 Abs. 3 des Aktiengesetzes findet nur statt, soweit übertragende Rechtsträger die Rechtsform einer Personenhandelsgesellschaft, einer Partnerschaftsgesellschaft oder eines rechtsfähigen Vereins haben, wenn Vermögensgegenstände in der Schlußbilanz eines übertragenden Rechtsträgers höher bewertet worden sind als in dessen letzter Jahresbilanz, wenn die in einer Schlußbilanz angesetzten Werte nicht als Anschaffungskosten in den Jahresbilanzen der übernehmenden Gesellschaft angesetzt werden oder wenn das Gericht Zweifel hat, ob der Wert der Sacheinlage den geringsten Ausgabebetrag der dafür zu gewährenden Aktien erreicht. ²Dies gilt auch dann, wenn das Grundkapital durch Ausgabe neuer Aktien auf Grund der Ermächtigung nach § 202 des Aktiengesetzes erhöht wird. ³In diesem Fall ist außerdem § 203 Abs. 3 des Aktiengesetzes nicht anzuwenden. ⁴Zum Prüfer kann der Verschmelzungsprüfer bestellt werden.

(2) Der Anmeldung der Kapitalerhöhung zum Register sind außer den in § 188 Abs. 3 Nr. 2 und 3 des Aktiengesetzes bezeichneten Schriftstücken der Verschmelzungsvertrag und die Niederschriften der Verschmelzungsbeschlüsse in Ausfertigung oder öffentlich beglaubigter Abschrift beizufügen.

(3) Für den Beschluss über die Kapitalerhöhung nach Absatz 1 gilt § 14 Absatz 2 entsprechend.

§ 70 Geltendmachung eines Schadenersatzanspruchs. Die Bestellung eines besonderen Vertreters nach § 26 Abs. 1 Satz 2 können nur solche Aktionäre einer

---

[1] § 69 Abs. 1 Satz 1 geänd. mWv 1.4.1998 durch G v. 25.3.1998 (BGBl. I S. 590); Abs. 1 Satz 1 geänd. mWv 1.8.1998 durch G v. 22.7.1998 (BGBl. I S. 1878); Abs. 1 Satz 1 geänd. mWv 1.9.2009 durch G v. 30.7.2009 (BGBl. I S. 2479); Abs. 1 Satz 4 angef., Abs. 2 geänd. mWv 15.7.2011 durch G v. 11.7.2011 (BGBl. I S. 1338); Abs. 3 angef. mWv 1.3.2023 durch G v. 22.2.2023 (BGBl. 2023 I Nr. 51).

[2] Nr. **51**.

übertragenden Gesellschaft beantragen, die ihre Aktien bereits gegen Anteile des übernehmenden Rechtsträgers umgetauscht haben.

§ 71 Bestellung eines Treuhänders. (1) [1] Jeder übertragende Rechtsträger hat für den Empfang der zu gewährenden Aktien und der baren Zuzahlungen einen Treuhänder zu bestellen. [2] Die Verschmelzung darf erst eingetragen werden, wenn der Treuhänder dem Gericht angezeigt hat, daß er im Besitz der Aktien und der im Verschmelzungsvertrag festgesetzten baren Zuzahlungen ist.

(2) § 26 Abs. 4 ist entsprechend anzuwenden.

§ 72 Umtausch von Aktien. (1) [1] Für den Umtausch der Aktien einer übertragenden Gesellschaft gilt § 73 Abs. 1 und 2 des Aktiengesetzes[1)], bei Zusammenlegung von Aktien dieser Gesellschaft § 226 Abs. 1 und 2 des Aktiengesetzes über die Kraftloserklärung von Aktien entsprechend. [2] Einer Genehmigung des Gerichts bedarf es nicht.

(2) Ist der übernehmende Rechtsträger ebenfalls eine Aktiengesellschaft, so gelten ferner § 73 Abs. 3 des Aktiengesetzes sowie bei Zusammenlegung von Aktien § 73 Abs. 4 und § 226 Abs. 3 des Aktiengesetzes entsprechend.

§ 72a[2)] Gewährung zusätzlicher Aktien. (1) [1] Im Verschmelzungsvertrag können die beteiligten Rechtsträger erklären, dass anstelle einer baren Zuzahlung (§ 15) zusätzliche Aktien der übernehmenden Gesellschaft gewährt werden. [2] Der Anspruch auf Gewährung zusätzlicher Aktien wird nicht dadurch ausgeschlossen, dass die übernehmende Gesellschaft nach Eintragung der Verschmelzung

1. ihr Vermögen oder Teile hiervon im Wege der Verschmelzung oder Spaltung ganz oder teilweise auf eine Aktiengesellschaft oder auf eine Kommanditgesellschaft auf Aktien übertragen hat oder
2. im Wege eines Formwechsels die Rechtsform einer Kommanditgesellschaft auf Aktien erhalten hat.

(2) [1] Neue Aktien, die nach Eintragung der Verschmelzung im Rahmen einer Kapitalerhöhung aus Gesellschaftsmitteln auf Grund eines unangemessenen Umtauschverhältnisses nicht gewährt wurden, und nach Eintragung der Verschmelzung erfolgte Kapitalherabsetzungen ohne Rückzahlung von Teilen des Grundkapitals sind bei dem Anspruch auf Gewährung zusätzlicher Aktien zu berücksichtigen. [2] Bezugsrechte, die den anspruchsberechtigten Aktionären bei einer nach Eintragung der Verschmelzung erfolgten Kapitalerhöhung gegen Einlagen auf Grund eines unangemessenen Umtauschverhältnisses nicht zustanden, sind ihnen nachträglich einzuräumen. [3] Die anspruchsberechtigten Aktionäre müssen ihr Bezugsrecht nach Satz 2 gegenüber der Gesellschaft binnen eines Monats nach Eintritt der Rechtskraft der Entscheidung des Gerichts (§ 11 Absatz 1 des Spruchverfahrensgesetzes[3)]) ausüben.

(3) Anstelle zusätzlicher Aktien ist den anspruchsberechtigten Aktionären Ausgleich durch eine bare Zuzahlung gemäß § 15 Absatz 1 Satz 1 zu gewähren,

1. soweit das angemessene Umtauschverhältnis trotz Gewährung zusätzlicher Aktien nicht hergestellt werden kann oder
2. wenn die Gewährung zusätzlicher Aktien unmöglich geworden ist.

---

1) Nr. **51**.
2) § 72a eingef. mWv 1.3.2023 durch G v. 22.2.2023 (BGBl. 2023 I Nr. 51).
3) **Habersack, Deutsche Gesetze ErgBd. Nr. 51b.**

(4) Anstelle zusätzlicher Aktien ist denjenigen Aktionären, die anlässlich einer nach Eintragung der Verschmelzung erfolgten strukturverändernden Maßnahme aus der Gesellschaft ausgeschieden sind, eine Entschädigung in Geld unter Berücksichtigung der von der Gesellschaft zu gewährenden Abfindung zu leisten.

(5) Zusätzlich zur Gewährung zusätzlicher Aktien ist den anspruchsberechtigten Aktionären eine Entschädigung in Geld zu leisten für Gewinne oder einen angemessenen Ausgleich gemäß § 304 des Aktiengesetzes[1)], soweit diese auf Grund eines unangemessenen Umtauschverhältnisses nicht ausgeschüttet oder geleistet worden sind.

(6) [1] Die folgenden Ansprüche der anspruchsberechtigten Aktionäre sind mit jährlich 5 Prozentpunkten über dem Basiszinssatz gemäß § 247 des Bürgerlichen Gesetzbuchs[2)] zu verzinsen:

1. der Anspruch auf Gewährung zusätzlicher Aktien nach den Absätzen 1 und 2 unter Zugrundelegung des bei einer baren Zuzahlung gemäß § 15 Absatz 1 und 2 Satz 1 geschuldeten Betrags nach Ablauf von drei Monaten nach Entscheidung des Gerichts (§ 11 Absatz 1 des Spruchverfahrensgesetzes),
2. der Anspruch auf Gewährung einer baren Zuzahlung gemäß Absatz 3 ab der Eintragung der Verschmelzung,
3. die Ansprüche auf eine Entschädigung in Geld gemäß den Absätzen 4 und 5 ab dem Zeitpunkt, zu dem die Abfindung oder der Anspruch auf Gewinnausschüttung oder die wiederkehrende Leistung fällig geworden wäre.

[2] In den Fällen des § 72b endet der Zinslauf, sobald der Treuhänder gemäß § 72b Absatz 3 die Aktien, die bare Zuzahlung oder die Entschädigung in Geld empfangen hat.

(7) [1] Die Absätze 1 bis 6 schließen die Geltendmachung eines weiteren Schadens nicht aus. [2] Das Risiko der Beschaffung der zusätzlich zu gewährenden Aktien trägt die Gesellschaft.

§ 72b[3)] Kapitalerhöhung zur Gewährung zusätzlicher Aktien. (1) [1] Die gemäß § 72a Absatz 1 Satz 1 und Absatz 2 Satz 1 zusätzlich zu gewährenden Aktien können nach Maßgabe der Absätze 1 bis 4 durch eine Kapitalerhöhung gegen Sacheinlage geschaffen werden. [2] Gegenstand der Sacheinlage ist der Anspruch der anspruchsberechtigten Aktionäre auf Gewährung zusätzlicher Aktien, der durch gerichtliche Entscheidung (§ 11 Absatz 1 des Spruchverfahrensgesetzes[4)]) oder gerichtlichen Vergleich (§ 11 Absatz 2 bis 4 des Spruchverfahrensgesetzes) festgestellt wurde; der Anspruch erlischt mit Eintragung der Durchführung der Kapitalerhöhung (§ 189 des Aktiengesetzes[1)]). [3] Wird der Anspruch durch gerichtliche Entscheidung (§ 11 Absatz 1 des Spruchverfahrensgesetzes) festgestellt, kann die Sacheinlage nicht geleistet werden, bevor die Rechtskraft eingetreten ist.

(2) [1] Anstelle der Festsetzungen nach § 183 Absatz 1 Satz 1 und § 205 Absatz 2 Satz 1 des Aktiengesetzes genügt

1. die Bestimmung, dass die auf Grund der zu bezeichnenden gerichtlichen Entscheidung oder des zu bezeichnenden gerichtlich protokollierten Vergleichs festgestellten Ansprüche der anspruchsberechtigten Aktionäre auf Gewährung zusätzlicher Aktien eingebracht werden, sowie

---

1) Nr. **51**.
2) Nr. **20**.
3) § 72b eingef. mWv 1.3.2023 durch G v. 22.2.2023 (BGBl. 2023 I Nr. 51).
4) **Habersack, Deutsche Gesetze ErgBd. Nr. 51b.**

2. die Angabe des auf Grund der gerichtlichen Entscheidung oder des Vergleichs zu gewährenden Nennbetrags, bei Stückaktien die Zahl der zu gewährenden Aktien.

[2] § 182 Absatz 4 sowie die §§ 186, 187 und 203 Absatz 3 des Aktiengesetzes sind nicht anzuwenden.

(3) [1] Die übernehmende Gesellschaft hat einen Treuhänder zu bestellen. Dieser ist ermächtigt, im eigenen Namen

1. die Ansprüche auf Gewährung zusätzlicher Aktien an die übernehmende Gesellschaft abzutreten,
2. die zusätzlich zu gewährenden Aktien zu zeichnen,
3. die gemäß § 72a zusätzlich zu gewährenden Aktien, baren Zuzahlungen und Entschädigungen in Geld in Empfang zu nehmen sowie
4. alle von den anspruchsberechtigten Aktionären abzugebenden Erklärungen abzugeben, soweit diese für den Erwerb der Aktien erforderlich sind.

[2] § 26 Absatz 4 ist entsprechend anzuwenden.

(4) [1] Den Anmeldungen nach den §§ 184 und 188 des Aktiengesetzes ist in Ausfertigung oder öffentlich beglaubigter Abschrift die gerichtliche Entscheidung oder der gerichtlich protokollierte Vergleich, aus der oder dem sich der zusätzlich zu gewährende Nennbetrag oder bei Stückaktien die Zahl der zusätzlich zu gewährenden Aktien ergibt, beizufügen. [2] § 188 Absatz 3 Nummer 2 des Aktiengesetzes ist nicht anzuwenden.

(5) § 182 Absatz 4 sowie die §§ 186, 187 und 203 Absatz 3 des Aktiengesetzes sind nicht anzuwenden auf Kapitalerhöhungen, die durchgeführt werden, um zusätzliche Aktien auf Grund gemäß § 72a Absatz 2 Satz 3 ausgeübter Bezugsrechte zu gewähren.

(6) Für den Beschluss über die Kapitalerhöhung nach Absatz 1 gilt § 14 Absatz 2 entsprechend.

Zweiter Unterabschnitt. Verschmelzung durch Neugründung

§ 73[1)] Anzuwendende Vorschriften. Auf die Verschmelzung durch Neugründung sind die Vorschriften des Ersten Unterabschnitts mit Ausnahme der §§ 66, 68 Abs. 1 und 2 und des § 69 entsprechend anzuwenden.

§ 74[2)] Inhalt der Satzung. [1] In die Satzung sind Festsetzungen über Sondervorteile, Gründungsaufwand, Sacheinlagen und Sachübernahmen, die in den Gesellschaftsverträgen, Partnerschaftsverträgen oder Satzungen übertragender Rechtsträger enthalten waren, zu übernehmen. [2] § 26 Abs. 4 und 5 des Aktiengesetzes[3)] bleibt unberührt.

§ 75[4)] Gründungsbericht und Gründungsprüfung. (1) [1] In dem Gründungsbericht (§ 32 des Aktiengesetzes[3)]) sind auch der Geschäftsverlauf und die Lage der übertragenden Rechtsträger darzustellen. [2] Zum Gründungsprüfer (§ 33 Absatz 2 des Aktiengesetzes) kann der Verschmelzungsprüfer bestellt werden.

[1)] § 73 geänd. mWv 1.3.2023 durch G v. 22.2.2023 (BGBl. 2023 I Nr. 51).

[2)] § 74 Satz 1 geänd. mWv 1.8.1998 durch G v. 22.7.1998 (BGBl. I S. 1878); Satz 1 geänd. mWv 18.8.2006 durch G v. 14.8.2006 (BGBl. I S. 1911).

[3)] Nr. **51**.

[4)] § 75 Abs. 1 Satz 2 angef., Abs. 2 geänd. mWv 15.7.2011 durch G v. 11.7.2011 (BGBl. I S. 1338).

(2) Ein Gründungsbericht und eine Gründungsprüfung sind nicht erforderlich, soweit eine Kapitalgesellschaft oder eine eingetragene Genossenschaft übertragender Rechtsträger ist.

§ 76[1] Verschmelzungsbeschlüsse. [1] Die Satzung der neuen Gesellschaft wird nur wirksam, wenn ihr die Anteilsinhaber jedes der übertragenden Rechtsträger durch Verschmelzungsbeschluß zustimmen. [2] Dies gilt entsprechend für die Bestellung der Mitglieder des Aufsichtsrats der neuen Gesellschaft, soweit diese nach § 31 des Aktiengesetzes[2] zu wählen sind. [3] Auf eine übertragende Aktiengesellschaft ist § 124 Abs. 2 Satz 3, Abs. 3 Satz 1 und 3 des Aktiengesetzes entsprechend anzuwenden.

§ 77[3] *(aufgehoben)*

Vierter Abschnitt. Verschmelzung unter Beteiligung von Kommanditgesellschaften auf Aktien

§ 78 Anzuwendende Vorschriften. [1] Auf Verschmelzungen unter Beteiligung von Kommanditgesellschaften auf Aktien sind die Vorschriften des Dritten Abschnitts entsprechend anzuwenden. [2] An die Stelle der Aktiengesellschaft und ihres Vorstands treten die Kommanditgesellschaft auf Aktien und die zu ihrer Vertretung ermächtigten persönlich haftenden Gesellschafter. [3] Der Verschmelzungsbeschluß bedarf auch der Zustimmung der persönlich haftenden Gesellschafter; die Satzung der Kommanditgesellschaft auf Aktien kann eine Mehrheitsentscheidung dieser Gesellschafter vorsehen. [4] Im Verhältnis zueinander gelten Aktiengesellschaften und Kommanditgesellschaften auf Aktien nicht als Rechtsträger anderer Rechtsform im Sinne der §§ 29 und 34.

Fünfter Abschnitt. Verschmelzung unter Beteiligung eingetragener Genossenschaften

Erster Unterabschnitt. Verschmelzung durch Aufnahme

§ 79[4] Möglichkeit der Verschmelzung. Ein Rechtsträger anderer Rechtsform kann im Wege der Aufnahme mit einer eingetragenen Genossenschaft nur verschmolzen werden, wenn eine erforderliche Änderung der Satzung der übernehmenden Genossenschaft gleichzeitig mit der Verschmelzung beschlossen wird.

§ 80[5] Inhalt des Verschmelzungsvertrags bei Aufnahme durch eine Genossenschaft. (1) [1] Der Verschmelzungsvertrag oder sein Entwurf hat bei Verschmelzungen im Wege der Aufnahme durch eine eingetragene Genossenschaft für die Festlegung des Umtauschverhältnisses der Anteile (§ 5 Abs. 1 Nr. 3) die Angabe zu enthalten,

1. daß jedes Mitglied einer übertragenden Genossenschaft mit einem Geschäftsanteil bei der übernehmenden Genossenschaft beteiligt wird, sofern die Satzung dieser Genossenschaft die Beteiligung mit mehr als einem Geschäftsanteil nicht zuläßt, oder

---

[1] § 76 Abs. 2 Satz 3 geänd. mWv 1.5.2015 durch G v. 24.4.2015 (BGBl. I S. 642); Abs. 1 aufgeh. mWv 1.3.2023 durch G v. 22.2.2023 (BGBl. 2023 I Nr. 51).

[2] Nr. **51**.

[3] § 77 aufgeh. mWv 1.1.2007 durch G v. 10.11.2006 (BGBl. I S. 2553).

[4] § 79 geänd. mWv 18.8.2006 durch G v. 14.8.2006 (BGBl. I S. 1911).

[5] § 80 Abs. 1 Satz 1 Nr. 2 geänd. mWv 1.8.1998 durch G v. 22.7.1998 (BGBl. I S. 1878); Abs. 1 Satz 1 Nr. 1 und 2 geänd. mWv 18.8.2006 durch G v. 14.8.2006 (BGBl. I S. 1911).

2. daß jedes Mitglied einer übertragenden Genossenschaft mit mindestens einem und im übrigen mit so vielen Geschäftsanteilen bei der übernehmenden Genossenschaft beteiligt wird, wie durch Anrechnung seines Geschäftsguthabens bei der übertragenden Genossenschaft als voll eingezahlt anzusehen sind, sofern die Satzung der übernehmenden Genossenschaft die Beteiligung eines Mitglieds mit mehreren Geschäftsanteilen zuläßt oder die Mitglieder zur Übernahme mehrerer Geschäftsanteile verpflichtet; der Verschmelzungsvertrag oder sein Entwurf kann eine andere Berechnung der Zahl der zu gewährenden Geschäftsanteile vorsehen.

2 Bei Verschmelzungen im Wege der Aufnahme eines Rechtsträgers anderer Rechtsform durch eine eingetragene Genossenschaft hat der Verschmelzungsvertrag oder sein Entwurf zusätzlich für jeden Anteilsinhaber eines solchen Rechtsträgers den Betrag des Geschäftsanteils und die Zahl der Geschäftsanteile anzugeben, mit denen er bei der Genossenschaft beteiligt wird.

(2) Der Verschmelzungsvertrag oder sein Entwurf hat für jede übertragende Genossenschaft den Stichtag der Schlußbilanz anzugeben.

§ 81[1)] Gutachten des Prüfungsverbandes. (1) 1 Vor der Einberufung der Generalversammlung, die gemäß § 13 Abs. 1 über die Zustimmung zum Verschmelzungsvertrag beschließen soll, ist für jede beteiligte Genossenschaft eine gutachtliche Äußerung des Prüfungsverbandes einzuholen, ob die Verschmelzung mit den Belangen der Mitglieder und der Gläubiger der Genossenschaft vereinbar ist (Prüfungsgutachten). 2 Das Prüfungsgutachten kann für mehrere beteiligte Genossenschaften auch gemeinsam erstattet werden.

(2) Liegen die Voraussetzungen des Artikels 25 Abs. 1 des Einführungsgesetzes zum Handelsgesetzbuche[2)] in der Fassung des Artikels 21 § 5 Abs. 2 des Gesetzes vom 25. Juli 1988 (BGBl. I S. 1093) vor, so kann die Prüfung der Verschmelzung (§§ 9 bis 12) für die dort bezeichneten Rechtsträger auch von dem zuständigen Prüfungsverband durchgeführt werden.

§ 82[3)] Vorbereitung der Generalversammlung. (1) 1 Von der Einberufung der Generalversammlung an, die gemäß § 13 Abs. 1 über die Zustimmung zum Verschmelzungsvertrag beschließen soll, sind auch in dem Geschäftsraum jeder beteiligten Genossenschaft die in § 63 Abs. 1 Nr. 1 bis 4 bezeichneten Unterlagen sowie die nach § 81 erstatteten Prüfungsgutachten zur Einsicht der Mitglieder auszulegen. 2 Dazu erforderliche Zwischenbilanzen sind gemäß § 63 Absatz 2 Satz 1 bis 4 aufzustellen.

(2) Auf Verlangen ist jedem Mitglied unverzüglich und kostenlos eine Abschrift der in Absatz 1 bezeichneten Unterlagen zu erteilen.

(3) Die Verpflichtungen nach Absatz 1 Satz 1 und Absatz 2 entfallen, wenn die in Absatz 1 Satz 1 bezeichneten Unterlagen für denselben Zeitraum über die Internetseite der Genossenschaft zugänglich sind.

§ 83 Durchführung der Generalversammlung. (1) 1 In der Generalversammlung sind die in § 63 Abs. 1 Nr. 1 bis 4 bezeichneten Unterlagen sowie die nach § 81 erstatteten Prüfungsgutachten auszulegen. 2 Der Vorstand hat den Verschmel-

---

1) § 81 Abs. 1 Satz 1 geänd. mWv 18.8.2006 durch G v. 14.8.2006 (BGBl. I S. 1911).

2) Nr. **50a**.

3) § 82 Abs. 1 Satz 1 und Abs. 2 geänd. mWv 18.8.2006 durch G v. 14.8.2006 (BGBl. I S. 1911); Abs. 1 Satz 2 geänd. mWv 15.7.2011 durch G v. 11.7.2011 (BGBl. I S. 1338); Abs. 3 angef. mWv 22.7.2017 durch G v. 17.7.2017 (BGBl. I S. 2434).

zungsvertrag oder seinen Entwurf zu Beginn der Verhandlung mündlich zu erläutern. [3] § 64 Abs. 2 ist entsprechend anzuwenden.

(2) [1] Das für die beschließende Genossenschaft erstattete Prüfungsgutachten ist in der Generalversammlung zu verlesen. [2] Der Prüfungsverband ist berechtigt, an der Generalversammlung beratend teilzunehmen.

§ 84[1)] Beschluß der Generalversammlung. [1] Der Verschmelzungsbeschluß der Generalversammlung bedarf einer Mehrheit von drei Vierteln der abgegebenen Stimmen. [2] Die Satzung kann eine größere Mehrheit und weitere Erfordernisse bestimmen.

§ 85[2)] Verbesserung des Umtauschverhältnisses. (1) § 14 Absatz 2 und § 15 sind nicht anzuwenden auf Mitglieder einer übernehmenden Genossenschaft.

(2) Bei der Verschmelzung von Genossenschaften miteinander ist § 15 nur anzuwenden, wenn und soweit das Geschäftsguthaben eines Mitglieds in der übernehmenden Genossenschaft niedriger als das Geschäftsguthaben in der übertragenden Genossenschaft ist.

(3) Der Anspruch nach § 15 kann auch durch Zuschreibung auf das Geschäftsguthaben erfüllt werden, soweit nicht der Gesamtbetrag der Geschäftsanteile des Mitglieds bei der übernehmenden Genossenschaft überschritten wird.

§ 86 Anlagen der Anmeldung. (1) Der Anmeldung der Verschmelzung ist außer den sonst erforderlichen Unterlagen auch das für die anmeldende Genossenschaft erstattete Prüfungsgutachten in Urschrift oder in öffentlich beglaubigter Abschrift beizufügen.

(2) Der Anmeldung zur Eintragung in das Register des Sitzes des übernehmenden Rechtsträgers ist ferner jedes andere für eine übertragende Genossenschaft erstattete Prüfungsgutachten in Urschrift oder in öffentlich beglaubigter Abschrift beizufügen.

§ 87[3)] Anteilstausch. (1) [1] Auf Grund der Verschmelzung ist jedes Mitglied einer übertragenden Genossenschaft entsprechend dem Verschmelzungsvertrag an dem übernehmenden Rechtsträger beteiligt. [2] Eine Verpflichtung, bei einer übernehmenden Genossenschaft weitere Geschäftsanteile zu übernehmen, bleibt unberührt. [3] Rechte Dritter an den Geschäftsguthaben bei einer übertragenden Genossenschaft bestehen an den Anteilen oder Mitgliedschaften des übernehmenden Rechtsträgers anderer Rechtsform weiter, die an die Stelle der Geschäftsanteile der übertragenden Genossenschaft treten. [4] Rechte Dritter an den Anteilen oder Mitgliedschaften des übertragenden Rechtsträgers bestehen an den bei der übernehmenden Genossenschaft erlangten Geschäftsguthaben weiter.

(2) [1] Übersteigt das Geschäftsguthaben, das das Mitglied bei einer übertragenden Genossenschaft hatte, den Gesamtbetrag der Geschäftsanteile, mit denen es nach Absatz 1 bei einer übernehmenden Genossenschaft beteiligt ist, so ist der übersteigende Betrag nach Ablauf von sechs Monaten seit dem Tage, an dem die Eintragung der Verschmelzung in das Register des Sitzes der übernehmenden

---

[1)] § 84 Satz 2 geänd. mWv 18.8.2006 durch G v. 14.8.2006 (BGBl. I S. 1911).

[2)] § 85 Abs. 1 und 2 geänd. mWv 18.8.2006 durch G v. 14.8.2006 (BGBl. I S. 1911); Abs. 1 eingef., bish. Abs. 1 und 2 werden Abs. 2 und 3 mWv 1.3.2023 durch G v. 22.2.2023 (BGBl. 2023 I Nr. 51).

[3)] § 87 Abs. 1 Satz 1, Abs. 2 Satz 1 und Abs. 3 geänd. mWv 18.8.2006 durch G v. 14.8.2006 (BGBl. I S. 1911); Abs. 2 Satz 1 geänd. mWv 1.1.2007 durch G v. 10.11.2006 (BGBl. I S. 2553); Abs. 2 Satz 1 geänd. mWv 1.9.2009 durch G v. 30.7.2009 (BGBl. I S. 2479).

Genossenschaft nach § 19 Abs. 3 bekannt gemacht worden ist, an das Mitglied auszuzahlen; die Auszahlung darf jedoch nicht erfolgen, bevor die Gläubiger, die sich nach § 22 gemeldet haben, befriedigt oder sichergestellt sind. [2]Im Verschmelzungsvertrag festgesetzte bare Zuzahlungen dürfen nicht den zehnten Teil des Gesamtnennbetrags der gewährten Geschäftsanteile der übernehmenden Genossenschaft übersteigen.

(3) Für die Berechnung des Geschäftsguthabens, das dem Mitglied bei einer übertragenden Genossenschaft zugestanden hat, ist deren Schlußbilanz maßgebend.

§ 88[1)] Geschäftsguthaben bei der Aufnahme von Kapitalgesellschaften und rechtsfähigen Vereinen. (1) [1]Ist an der Verschmelzung eine Kapitalgesellschaft als übertragender Rechtsträger beteiligt, so ist jedem Anteilsinhaber dieser Gesellschaft als Geschäftsguthaben bei der übernehmenden Genossenschaft der Wert der Geschäftsanteile oder der Aktien gutzuschreiben, mit denen er an der übertragenden Gesellschaft beteiligt war. [2]Für die Feststellung des Wertes dieser Beteiligung ist die Schlußbilanz der übertragenden Gesellschaft maßgebend. [3]Übersteigt das durch die Verschmelzung erlangte Geschäftsguthaben eines Mitglieds den Gesamtbetrag der Geschäftsanteile, mit denen es bei der übernehmenden Genossenschaft beteiligt ist, so ist der übersteigende Betrag nach Ablauf von sechs Monaten seit dem Tage, an dem die Eintragung der Verschmelzung in das Register des Sitzes der übernehmenden Genossenschaft nach § 19 Abs. 3 bekannt gemacht worden ist, an das Mitglied auszuzahlen; die Auszahlung darf jedoch nicht erfolgen, bevor die Gläubiger, die sich nach § 22 gemeldet haben, befriedigt oder sichergestellt sind.

(2) Ist an der Verschmelzung ein rechtsfähiger Verein als übertragender Rechtsträger beteiligt, so kann jedem Mitglied dieses Vereins als Geschäftsguthaben bei der übernehmenden Genossenschaft höchstens der Nennbetrag der Geschäftsanteile gutgeschrieben werden, mit denen es an der übernehmenden Genossenschaft beteiligt ist.

§ 89[2)] Eintragung der Genossen in die Mitgliederliste; Benachrichtigung.

(1) [1]Die übernehmende Genossenschaft hat jedes neue Mitglied nach der Eintragung der Verschmelzung in das Register des Sitzes der übernehmenden Genossenschaft unverzüglich in die Mitgliederliste einzutragen und hiervon unverzüglich zu benachrichtigen. [2]Sie hat ferner die Zahl der Geschäftsanteile des Mitglieds einzutragen, sofern das Mitglied mit mehr als einem Geschäftsanteil beteiligt ist.

(2) Die übernehmende Genossenschaft hat jedem Anteilsinhaber eines übertragenden Rechtsträgers, bei unbekannten Aktionären dem Treuhänder der übertragenden Gesellschaft, unverzüglich in Textform mitzuteilen:

1. den Betrag des Geschäftsguthabens bei der übernehmenden Genossenschaft;
2. den Betrag des Geschäftsanteils bei der übernehmenden Genossenschaft;
3. die Zahl der Geschäftsanteile, mit denen der Anteilsinhaber bei der übernehmenden Genossenschaft beteiligt ist;

---

1) § 88 Abs. 1 Satz 3 geänd. mWv 18.8.2006 durch G v. 14.8.2006 (BGBl. I S. 1911); Abs. 1 Satz 3 geänd. mWv 1.1.2007 durch G v. 10.11.2006 (BGBl. I S. 2553).

2) § 89 Abs. 2 geänd. mWv 1.8.2001 durch G v. 13.7.2001 (BGBl. I S. 1542); Abs. 1 Sätze 1 und 2, Abs. 2 Nr. 4 und 5 geänd. mWv 18.8.2006 durch G v. 14.8.2006 (BGBl. I S. 1911).

4. den Betrag der von dem Mitglied nach Anrechnung seines Geschäftsguthabens noch zu leistenden Einzahlung oder den Betrag, der ihm nach § 87 Abs. 2 oder nach § 88 Abs. 1 auszuzahlen ist, sowie
5. den Betrag der Haftsumme der übernehmenden Genossenschaft, sofern deren Mitglieder Nachschüsse bis zu einer Haftsumme zu leisten haben.

§ 90[1] Ausschlagung durch einzelne Anteilsinhaber. (1) Die §§ 29 bis 34 sind auf die Mitglieder einer übertragenden Genossenschaft nicht anzuwenden.

(2) Auf der Verschmelzungswirkung beruhende Anteile und Mitgliedschaften an dem übernehmenden Rechtsträger gelten als nicht erworben, wenn sie ausgeschlagen werden.

(3) [1] Das Recht zur Ausschlagung hat jedes Mitglied einer übertragenden Genossenschaft, wenn es in der Generalversammlung oder als Vertreter in der Vertreterversammlung, die gemäß § 13 Abs. 1 über die Zustimmung zum Verschmelzungsvertrag beschließen soll,
1. erscheint und gegen den Verschmelzungsbeschluß Widerspruch zur Niederschrift erklärt oder
2. nicht erscheint, sofern es zu der Versammlung zu Unrecht nicht zugelassen worden ist oder die Versammlung nicht ordnungsgemäß einberufen oder der Gegenstand der Beschlußfassung nicht ordnungsgemäß bekanntgemacht worden ist.

[2] Wird der Verschmelzungsbeschluß einer übertragenden Genossenschaft von einer Vertreterversammlung gefaßt, so steht das Recht zur Ausschlagung auch jedem anderen Mitglied dieser Genossenschaft zu, das im Zeitpunkt der Beschlußfassung nicht Vertreter ist.

§ 91[2] Form und Frist der Ausschlagung. (1) Die Ausschlagung ist gegenüber dem übernehmenden Rechtsträger schriftlich zu erklären.

(2) Die Ausschlagung kann nur binnen sechs Monaten nach dem Tage erklärt werden, an dem die Eintragung der Verschmelzung in das Register des Sitzes des übernehmenden Rechtsträgers nach § 19 Abs. 3 bekannt gemacht worden ist.

(3) Die Ausschlagung kann nicht unter einer Bedingung oder einer Zeitbestimmung erklärt werden.

§ 92[3] Eintragung der Ausschlagung in die Mitgliederliste. (1) Die übernehmende Genossenschaft hat jede Ausschlagung unverzüglich in die Mitgliederliste einzutragen und das Mitglied von der Eintragung unverzüglich zu benachrichtigen.

(2) Die Ausschlagung wird in dem Zeitpunkt wirksam, in dem die Ausschlagungserklärung dem übernehmenden Rechtsträger zugeht.

§ 93[4] Auseinandersetzung. (1) [1] Mit einem früheren Mitglied, dessen Beteiligung an dem übernehmenden Rechtsträger nach § 90 Abs. 2 als nicht erworben

---

[1] § 90 Abs. 1, Abs. 3 Satz 1 einleit. Satzteil und Nr. 2 sowie Satz 2 geänd. mWv 18.8.2006 durch G v. 14.8.2006 (BGBl. I S. 1911).

[2] § 91 Abs. 2 geänd. mWv 1.1.2007 durch G v. 10.11.2006 (BGBl. I S. 2553).

[3] § 92 Abs. 1 geänd. mWv 18.8.2006 durch G v. 14.8.2006 (BGBl. I S. 1911).

[4] § 93 Abs. 4 aufgeh. mWv 15.12.2004 durch G v. 9.12.2004 (BGBl. I S. 3214); Abs. 1 Satz 1, Abs. 2, Abs. 3 Sätze 1 und 2 geänd. mWv 18.8.2006 durch G v. 14.8.2006 (BGBl. I S. 1911).

gilt, hat der übernehmende Rechtsträger sich auseinanderzusetzen. [2]Maßgebend ist die Schlußbilanz der übertragenden Genossenschaft.

(2) Dieses Mitglied kann die Auszahlung des Geschäftsguthabens, das es bei der übertragenden Genossenschaft hatte, verlangen; an den Rücklagen und dem sonstigen Vermögen der übertragenden Genossenschaft hat es vorbehaltlich des § 73 Abs. 3 des Genossenschaftsgesetzes[1)] keinen Anteil, auch wenn sie bei der Verschmelzung den Geschäftsguthaben anderer Mitglieder, die von dem Recht zur Ausschlagung keinen Gebrauch machen, zugerechnet werden.

(3) [1]Reichen die Geschäftsguthaben und die in der Schlußbilanz einer übertragenden Genossenschaft ausgewiesenen Rücklagen zur Deckung eines in dieser Bilanz ausgewiesenen Verlustes nicht aus, so kann der übernehmende Rechtsträger von dem früheren Mitglied, dessen Beteiligung als nicht erworben gilt, die Zahlung des anteiligen Fehlbetrags verlangen, wenn und soweit dieses Mitglied im Falle der Insolvenz Nachschüsse an die übertragende Genossenschaft zu leisten gehabt hätte. [2]Der anteilige Fehlbetrag wird, falls die Satzung der übertragenden Genossenschaft nichts anderes bestimmt, nach der Zahl ihrer Mitglieder berechnet.

§ 94[2)] Auszahlung des Auseinandersetzungsguthabens. Ansprüche auf Auszahlung des Geschäftsguthabens nach § 93 Abs. 2 sind binnen sechs Monaten seit der Ausschlagung zu befriedigen; die Auszahlung darf jedoch nicht erfolgen, bevor die Gläubiger, die sich nach § 22 gemeldet haben, befriedigt oder sichergestellt sind, und nicht vor Ablauf von sechs Monaten seit dem Tag, an dem die Eintragung der Verschmelzung in das Register des Sitzes des übernehmenden Rechtsträgers nach § 19 Abs. 3 bekannt gemacht worden ist.

§ 95[3)] Fortdauer der Nachschußpflicht. (1) [1]Ist die Haftsumme bei einer übernehmenden Genossenschaft geringer, als sie bei einer übertragenden Genossenschaft war, oder haften den Gläubigern eines übernehmenden Rechtsträgers nicht alle Anteilsinhaber dieses Rechtsträgers unbeschränkt, so haben zur Befriedigung der Gläubiger der übertragenden Genossenschaft diejenigen Anteilsinhaber, die Mitglieder der übertragenden Genossenschaft waren, weitere Nachschüsse bis zur Höhe der Haftsumme bei der übertragenden Genossenschaft zu leisten, sofern die Gläubiger, die sich nach § 22 gemeldet haben, wegen ihrer Forderung Befriedigung oder Sicherstellung auch nicht aus den von den Mitgliedern eingezogenen Nachschüssen erlangen können. [2]Für die Einziehung der Nachschüsse gelten die §§ 105 bis 115a des Genossenschaftsgesetzes[1)] entsprechend.

(2) Absatz 1 ist nur anzuwenden, wenn das Insolvenzverfahren über das Vermögen des übernehmenden Rechtsträgers binnen zwei Jahren nach dem Tage eröffnet wird, an dem die Eintragung der Verschmelzung in das Register des Sitzes dieses Rechtsträgers nach § 19 Abs. 3 bekannt gemacht worden ist.

Zweiter Unterabschnitt. Verschmelzung durch Neugründung

§ 96 Anzuwendende Vorschriften. Auf die Verschmelzung durch Neugründung sind die Vorschriften des Ersten Unterabschnitts entsprechend anzuwenden.

[1)] Nr. **53**.

[2)] § 94 geänd. mWv 1.1.2007 durch G v. 10.11.2006 (BGBl. I S. 2553).

[3)] § 95 Abs. 1 Sätze 1 und 2 geänd. mWv 18.8.2006 durch G v. 14.8.2006 (BGBl. I S. 1911); Abs. 2 geänd. mWv 1.1.2007 durch G v. 10.11.2006 (BGBl. I S. 2553).

§ 97[1] Pflichten der Vertretungsorgane der übertragenden Rechtsträger.

(1) Die Satzung der neuen Genossenschaft ist durch sämtliche Mitglieder des Vertretungsorgans jedes der übertragenden Rechtsträger aufzustellen und zu unterzeichnen.

(2) [1]Die Vertretungsorgane aller übertragenden Rechtsträger haben den ersten Aufsichtsrat der neuen Genossenschaft zu bestellen. [2]Das gleiche gilt für die Bestellung des ersten Vorstands, sofern nicht durch die Satzung der neuen Genossenschaft anstelle der Wahl durch die Generalversammlung eine andere Art der Bestellung des Vorstands festgesetzt ist.

§ 98[2] Verschmelzungsbeschlüsse. [1]Die Satzung der neuen Genossenschaft wird nur wirksam, wenn ihm die Anteilsinhaber jedes der übertragenden Rechtsträger durch Verschmelzungsbeschluß zustimmen. [2]Dies gilt entsprechend für die Bestellung der Mitglieder des Vorstands und des Aufsichtsrats der neuen Genossenschaft, für die Bestellung des Vorstands jedoch nur, wenn dieser von den Vertretungsorganen aller übertragenden Rechtsträger bestellt worden ist.

Sechster Abschnitt. Verschmelzung unter Beteiligung rechtsfähiger Vereine

§ 99[3] Möglichkeit der Verschmelzung. (1) Ein rechtsfähiger Verein kann sich an einer Verschmelzung nur beteiligen, wenn die Satzung des Vereins oder Vorschriften des Landesrechts nicht entgegenstehen.

(2) Ein eingetragener Verein darf im Wege der Verschmelzung Rechtsträger anderer Rechtsform nicht aufnehmen und durch die Verschmelzung solcher Rechtsträger nicht gegründet werden.

§ 100 Prüfung der Verschmelzung. [1]Der Verschmelzungsvertrag oder sein Entwurf ist für einen wirtschaftlichen Verein nach den §§ 9 bis 12 zu prüfen. [2]Bei einem eingetragenen Verein ist diese Prüfung nur erforderlich, wenn mindestens zehn vom Hundert der Mitglieder sie schriftlich verlangen.

§ 101[4] Vorbereitung der Mitgliederversammlung. (1) [1]Von der Einberufung der Mitgliederversammlung an, die gemäß § 13 Abs. 1 über die Zustimmung zum Verschmelzungsvertrag beschließen soll, sind in dem Geschäftsraum des Vereins die in § 63 Abs. 1 Nr. 1 bis 4 bezeichneten Unterlagen sowie ein nach § 100 erforderlicher Prüfungsbericht zur Einsicht der Mitglieder auszulegen. [2]Dazu erforderliche Zwischenbilanzen sind gemäß § 63 Absatz 2 Satz 1 bis 4 aufzustellen.

(2) Auf Verlangen ist jedem Mitglied unverzüglich und kostenlos eine Abschrift der in Absatz 1 bezeichneten Unterlagen zu erteilen.

§ 102 Durchführung der Mitgliederversammlung. [1]In der Mitgliederversammlung sind die in § 63 Abs. 1 Nr. 1 bis 4 bezeichneten Unterlagen sowie ein nach § 100 erforderlicher Prüfungsbericht auszulegen. [2]§ 64 Abs. 1 Satz 2 und Abs. 2 ist entsprechend anzuwenden.

§ 103[5] Beschluß der Mitgliederversammlung. [1]Der Verschmelzungsbeschluß der Mitgliederversammlung bedarf einer Mehrheit von drei Vierteln der

---

[1] § 97 Abs. 1, Abs. 2 Satz 2 geänd. mWv 18.8.2006 durch G v. 14.8.2006 (BGBl. I S. 1911).
[2] § 98 Satz 1 geänd. mWv 18.8.2006 durch G v. 14.8.2006 (BGBl. I S. 1911).
[3] § 99 Abs. 2 neu gef. mWv 1.8.1998 durch G v. 22.7.1998 (BGBl. I S. 1878).
[4] § 101 Abs. 1 Satz 2 geänd. mWv 15.7.2011 durch G v. 11.7.2011 (BGBl. I S. 1338).
[5] § 103 Satz 1 geänd. mWv 30.9.2009 durch G v. 24.9.2009 (BGBl. I S. 3145).

abgegebenen Stimmen. [2]Die Satzung kann eine größere Mehrheit und weitere Erfordernisse bestimmen.

§ 104[1)] Bekanntmachung der Verschmelzung. (1) [1]Ist ein übertragender wirtschaftlicher Verein nicht in ein Handelsregister eingetragen, so hat sein Vorstand die bevorstehende Verschmelzung durch den Bundesanzeiger bekanntzumachen. [2]Die Bekanntmachung im Bundesanzeiger tritt an die Stelle der Eintragung im Register. [3]Sie ist mit einem Vermerk zu versehen, daß die Verschmelzung erst mit der Eintragung im Register des Sitzes des übernehmenden Rechtsträgers wirksam wird. [4]Die §§ 16 und 17 Abs. 1 und § 19 Abs. 1 Satz 2, Abs. 2 und Abs. 3 sind nicht anzuwenden, soweit sie sich auf die Anmeldung und Eintragung dieses übertragenden Vereins beziehen.

(2) Die Schlußbilanz eines solchen übertragenden Vereins ist der Anmeldung zum Register des Sitzes des übernehmenden Rechtsträgers beizufügen.

§ 104a Ausschluß der Barabfindung in bestimmten Fällen. Die §§ 29 bis 34 sind auf die Verschmelzung eines eingetragenen Vereins, der nach § 5 Abs. 1 Nr. 9 des Körperschaftsteuergesetzes von der Körperschaftsteuer befreit ist, nicht anzuwenden.

Siebenter Abschnitt. Verschmelzung genossenschaftlicher Prüfungsverbände

§ 105[2)] Möglichkeit der Verschmelzung. [1]Genossenschaftliche Prüfungsverbände können nur miteinander verschmolzen werden. [2]Ein genossenschaftlicher Prüfungsverband kann ferner als übernehmender Verband einen rechtsfähigen Verein aufnehmen, wenn bei diesem die Voraussetzungen des § 63b Absatz 2 des Genossenschaftsgesetzes[3)] bestehen und die in § 107 Abs. 2 genannte Behörde dem Verschmelzungsvertrag zugestimmt hat.

§ 106 Vorbereitung, Durchführung und Beschluß der Mitgliederversammlung. Auf die Vorbereitung, die Durchführung und den Beschluß der Mitgliederversammlung sind die §§ 101 bis 103 entsprechend anzuwenden.

§ 107[4)] Pflichten der Vorstände. (1) [1]Die Vorstände beider Verbände haben die Verschmelzung gemeinschaftlich unverzüglich zur Eintragung in die Register des Sitzes jedes Verbandes anzumelden, soweit der Verband eingetragen ist. [2]Ist der übertragende Verband nicht eingetragen, so ist § 104 entsprechend anzuwenden.

(2) Die Vorstände haben ferner gemeinschaftlich den für die Verleihung des Prüfungsrechts zuständigen obersten Landesbehörden die Eintragung unverzüglich mitzuteilen.

(3) Der Vorstand des übernehmenden Verbandes hat die Mitglieder unverzüglich von der Eintragung zu benachrichtigen.

§ 108 Austritt von Mitgliedern des übertragenden Verbandes. Tritt ein ehemaliges Mitglied des übertragenden Verbandes gemäß § 39 des Bürgerlichen

---

[1)] § 104 Abs. 1 Satz 1 geänd. mWv 1.8.1998 durch G v. 22.7.1998 (BGBl. I S. 1878); Abs. 1 Sätze 1, 2 und 4 geänd. mWv 1.1.2007 durch G v. 10.11.2006 (BGBl. I S. 2553); Abs. 1 Sätze 1 und 2 geänd. mWv 1.4.2012 durch G v. 22.12.2011 (BGBl. I S. 3044).

[2)] § 105 neu gef. mWv 25.4.2007 durch G v. 19.4.2007 (BGBl. I S. 542); Satz 2 geänd. mWv 22.7.2017 durch G v. 17.7.2017 (BGBl. I S. 2434).

[3)] Nr. **53**.

[4)] § 107 Abs. 2 geänd. mWv 18.8.2006 durch G v. 14.8.2006 (BGBl. I S. 1911).

Gesetzbuchs[1] aus dem übernehmenden Verband aus, so sind Bestimmungen der Satzung des übernehmenden Verbandes, die gemäß § 39 Abs. 2 des Bürgerlichen Gesetzbuchs eine längere Kündigungsfrist als zum Schlusse des Geschäftsjahres vorsehen, nicht anzuwenden.

Achter Abschnitt. Verschmelzung von Versicherungsvereinen auf Gegenseitigkeit

Erster Unterabschnitt. Möglichkeit der Verschmelzung

§ 109 Verschmelzungsfähige Rechtsträger. [1] Versicherungsvereine auf Gegenseitigkeit können nur miteinander verschmolzen werden. [2] Sie können ferner im Wege der Verschmelzung durch eine Aktiengesellschaft, die den Betrieb von Versicherungsgeschäften zum Gegenstand hat (Versicherungs-Aktiengesellschaft), aufgenommen werden.

Zweiter Unterabschnitt. Verschmelzung durch Aufnahme

§ 110 Inhalt des Verschmelzungsvertrags. Sind nur Versicherungsvereine auf Gegenseitigkeit an der Verschmelzung beteiligt, braucht der Verschmelzungsvertrag oder sein Entwurf die Angaben nach § 5 Abs. 1 Nr. 3 bis 5 und 7 nicht zu enthalten.

§ 111[2] Bekanntmachung des Verschmelzungsvertrags. [1] Der Verschmelzungsvertrag oder sein Entwurf ist vor der Einberufung der obersten Vertretung, die gemäß § 13 Abs. 1 über die Zustimmung zum Verschmelzungsvertrag beschließen soll, zum Register einzureichen. [2] Das Gericht hat in der Bekanntmachung nach § 10 des Handelsgesetzbuchs[3] einen Hinweis darauf bekanntzumachen, daß der Vertrag oder sein Entwurf beim Handelsregister eingereicht worden ist.

§ 112[4] Vorbereitung, Durchführung und Beschluß der Versammlung der obersten Vertretung. (1) [1] Von der Einberufung der Versammlung der obersten Vertretung an, die gemäß § 13 Abs. 1 über die Zustimmung zum Verschmelzungsvertrag beschließen soll, sind in dem Geschäftsraum des Vereins die in § 63 Abs. 1 bezeichneten Unterlagen zur Einsicht der Mitglieder auszulegen. [2] Dazu erforderliche Zwischenbilanzen sind gemäß § 63 Absatz 2 Satz 1 bis 4 aufzustellen.

(2) [1] In der Versammlung der obersten Vertretung sind die in § 63 Abs. 1 bezeichneten Unterlagen auszulegen. [2] § 64 Abs. 1 Satz 2 und Abs. 2 ist entsprechend anzuwenden.

(3) [1] Der Verschmelzungsbeschluß der obersten Vertretung bedarf einer Mehrheit von drei Vierteln der abgegebenen Stimmen. [2] Die Satzung kann eine größere Mehrheit und weitere Erfordernisse bestimmen.

§ 113 Keine gerichtliche Nachprüfung. Sind nur Versicherungsvereine auf Gegenseitigkeit an der Verschmelzung beteiligt, findet eine gerichtliche Nachprüfung des Umtauschverhältnisses der Mitgliedschaften nicht statt.

---

[1] Nr. **20**.
[2] § 111 Satz 2 geänd. mWv 1.1.2007 durch G v. 10.11.2006 (BGBl. I S. 2553).
[3] Nr. **50**.
[4] § 112 Abs. 1 Satz 2 geänd. mWv 15.7.2011 durch G v. 11.7.2011 (BGBl. I S. 1338).

Dritter Unterabschnitt. Verschmelzung durch Neugründung

§ 114 Anzuwendende Vorschriften. Auf die Verschmelzung durch Neugründung sind die Vorschriften des Zweiten Unterabschnitts entsprechend anzuwenden, soweit sich aus den folgenden Vorschriften nichts anderes ergibt.

§ 115 Bestellung der Vereinsorgane. [1] Die Vorstände der übertragenden Vereine haben den ersten Aufsichtsrat des neuen Rechtsträgers und den Abschlußprüfer für das erste Voll- oder Rumpfgeschäftsjahr zu bestellen. [2] Die Bestellung bedarf notarieller Beurkundung. [3] Der Aufsichtsrat bestellt den ersten Vorstand.

§ 116[1)] Beschlüsse der obersten Vertretungen. (1) [1] Die Satzung des neuen Rechtsträgers und die Bestellung seiner Aufsichtsratsmitglieder bedürfen der Zustimmung der übertragenden Vereine durch Verschmelzungsbeschlüsse. [2] Die §§ 76 und 112 Absatz 3 sind entsprechend anzuwenden.

(2) [1] In der Bekanntmachung der Tagesordnung eines Vereins ist der wesentliche Inhalt des Verschmelzungsvertrags bekanntzumachen. [2] In der Bekanntmachung haben der Vorstand und der Aufsichtsrat, zur Wahl von Aufsichtsratsmitgliedern und Prüfern nur der Aufsichtsrat, Vorschläge zur Beschlußfassung zu machen. [3] Hat der Aufsichtsrat auch aus Aufsichtsratsmitgliedern der Arbeitnehmer zu bestehen, so bedürfen Beschlüsse des Aufsichtsrats über Vorschläge zur Wahl von Aufsichtsratsmitgliedern nur der Mehrheit der Stimmen der Aufsichtsratsmitglieder der Mitglieder des Vereins.

§ 117[2)] Entstehung und Bekanntmachung des neuen Vereins. [1] Vor der Eintragung in das Register besteht ein neuer Verein als solcher nicht. [2] Wer vor der Eintragung des Vereins in seinem Namen handelt, haftet persönlich; handeln mehrere, so haften sie als Gesamtschuldner.

Vierter Unterabschnitt. Verschmelzung kleinerer Vereine

§ 118[3)] Anzuwendende Vorschriften. [1] Auf die Verschmelzung kleinerer Vereine im Sinne des § 210 des Versicherungsaufsichtsgesetzes sind die Vorschriften des Zweiten und des Dritten Unterabschnitts entsprechend anzuwenden. [2] Dabei treten bei kleineren Vereinen an die Stelle der Anmeldung zur Eintragung in das Register der Antrag an die Aufsichtsbehörde auf Genehmigung, an die Stelle der Eintragung in das Register und ihrer Bekanntmachung die Bekanntmachung im Bundesanzeiger nach § 119.

§ 119[4)] Bekanntmachung der Verschmelzung. Sobald die Verschmelzung von allen beteiligten Aufsichtsbehörden genehmigt worden ist, macht die für den übernehmenden kleineren Verein zuständige Aufsichtsbehörde, bei einer Verschmelzung durch Neugründung eines kleineren Vereins die für den neuen Verein zuständige Aufsichtsbehörde die Verschmelzung und ihre Genehmigung im Bundesanzeiger bekannt.

[1)] § 116 Abs. 1 Satz 2 geänd. mWv 1.3.2023 durch G v. 22.2.2023 (BGBl. 2023 I Nr. 51).

[2)] § 117 Abs. 2 aufgeh. mWv 1.1.2007 durch G v. 10.11.2006 (BGBl. I S. 2553).

[3)] § 118 Satz 2 geänd. mWv 1.1.2007 durch G v. 10.11.2006 (BGBl. I S. 2553); Satz 2 geänd. mWv 1.4.2012 durch G v. 22.12.2011 (BGBl. I S. 3044); Satz 1 geänd. mWv 1.1.2016 durch G v. 1.4.2015 (BGBl. I S. 434).

[4)] § 119 geänd. mWv 1.1.2007 durch G v. 10.11.2006 (BGBl. I S. 2553); geänd. mWv 1.4.2012 durch G v. 22.12.2011 (BGBl. I S. 3044).

Neunter Abschnitt. Verschmelzung von Kapitalgesellschaften mit dem Vermögen eines Alleingesellschafters

§ 120 Möglichkeit der Verschmelzung. (1) Ist eine Verschmelzung nach den Vorschriften des Ersten bis Achten Abschnitts nicht möglich, so kann eine Kapitalgesellschaft im Wege der Aufnahme mit dem Vermögen eines Gesellschafters oder eines Aktionärs verschmolzen werden, sofern sich alle Geschäftsanteile oder alle Aktien der Gesellschaft in der Hand des Gesellschafters oder Aktionärs befinden.

(2) Befinden sich eigene Anteile in der Hand der Kapitalgesellschaft, so werden sie bei der Feststellung der Voraussetzungen der Verschmelzung dem Gesellschafter oder Aktionär zugerechnet.

§ 121 Anzuwendende Vorschriften. Auf die Kapitalgesellschaft sind die für ihre Rechtsform geltenden Vorschriften des Ersten und Zweiten Teils anzuwenden.

§ 122[1] Eintragung in das Handelsregister. (1) Ein noch nicht in das Handelsregister eingetragener Alleingesellschafter oder Alleinaktionär ist nach den Vorschriften des Handelsgesetzbuchs[2] in das Handelsregister einzutragen; § 18 Abs. 1 bleibt unberührt.

(2) Kommt eine Eintragung nicht in Betracht, treten die in § 20 genannten Wirkungen durch die Eintragung der Verschmelzung in das Register des Sitzes der übertragenden Kapitalgesellschaft ein.

Zehnter Abschnitt.[3] *(aufgehoben)*

§§ 122a–122m[3] *(aufgehoben)*

Drittes Buch. Spaltung

Erster Teil. Allgemeine Vorschriften

Erster Abschnitt. Möglichkeit der Spaltung

§ 123 Arten der Spaltung. (1) Ein Rechtsträger (übertragender Rechtsträger) kann unter Auflösung ohne Abwicklung sein Vermögen aufspalten

1. zur Aufnahme durch gleichzeitige Übertragung der Vermögensteile jeweils als Gesamtheit auf andere bestehende Rechtsträger (übernehmende Rechtsträger) oder
2. zur Neugründung durch gleichzeitige Übertragung der Vermögensteile jeweils als Gesamtheit auf andere, von ihm dadurch gegründete neue Rechtsträger

gegen Gewährung von Anteilen oder Mitgliedschaften dieser Rechtsträger an die Anteilsinhaber des übertragenden Rechtsträgers (Aufspaltung).

(2) Ein Rechtsträger (übertragender Rechtsträger) kann von seinem Vermögen einen Teil oder mehrere Teile abspalten

1. zur Aufnahme durch Übertragung dieses Teils oder dieser Teile jeweils als Gesamtheit auf einen bestehenden oder mehrere bestehende Rechtsträger (übernehmende Rechtsträger) oder

---

[1] § 122 Abs. 1 geänd., Abs. 2 angef. mWv 1.7.1998 durch G v. 22.6.1998 (BGBl. I S. 1474).
[2] Nr. **50**.
[3] 10. Abschnitt (§§ 122a–122m) aufgeh. mWv 1.3.2023 durch G v. 22.2.2023 (BGBl. 2023 I Nr. 51).

2. zur Neugründung durch Übertragung dieses Teils oder dieser Teile jeweils als Gesamtheit auf einen oder mehrere, von ihm dadurch gegründeten neuen oder gegründete neue Rechtsträger

gegen Gewährung von Anteilen oder Mitgliedschaften dieses Rechtsträgers oder dieser Rechtsträger an die Anteilsinhaber des übertragenden Rechtsträgers (Abspaltung).

(3) Ein Rechtsträger (übertragender Rechtsträger) kann aus seinem Vermögen einen Teil oder mehrere Teile ausgliedern

1. zur Aufnahme durch Übertragung dieses Teils oder dieser Teile jeweils als Gesamtheit auf einen bestehenden oder mehrere bestehende Rechtsträger (übernehmende Rechtsträger) oder
2. zur Neugründung durch Übertragung dieses Teils oder dieser Teile jeweils als Gesamtheit auf einen oder mehrere, von ihm dadurch gegründeten neuen oder gegründete neue Rechtsträger

gegen Gewährung von Anteilen oder Mitgliedschaften dieses Rechtsträgers oder dieser Rechtsträger an den übertragenden Rechtsträger (Ausgliederung).

(4) Die Spaltung kann auch durch gleichzeitige Übertragung auf bestehende und neue Rechtsträger erfolgen.

§ 124 Spaltungsfähige Rechtsträger. (1) An einer Aufspaltung oder einer Abspaltung können als übertragende, übernehmende oder neue Rechtsträger die in § 3 Abs. 1 genannten Rechtsträger sowie als übertragende Rechtsträger wirtschaftliche Vereine, an einer Ausgliederung können als übertragende, übernehmende oder neue Rechtsträger die in § 3 Abs. 1 genannten Rechtsträger sowie als übertragende Rechtsträger wirtschaftliche Vereine, Einzelkaufleute, Stiftungen sowie Gebietskörperschaften oder Zusammenschlüsse von Gebietskörperschaften, die nicht Gebietskörperschaften sind, beteiligt sein.

(2) § 3 Abs. 3 und 4 ist auf die Spaltung entsprechend anzuwenden.

§ 125[1] Anzuwendende Vorschriften. (1) [1]Soweit sich aus diesem Buch nichts anderes ergibt, sind die Vorschriften des Zweiten Buches auf die Spaltung mit folgenden Ausnahmen entsprechend anzuwenden:

1. mit Ausnahme des § 62 Absatz 5,
2. bei Aufspaltung mit Ausnahme der § 9 Absatz 2 und § 12 Absatz 3 jeweils in Verbindung mit § 8 Absatz 3 Satz 3 Nummer 1 Buchstabe a,
3. bei Abspaltung und Ausgliederung mit Ausnahme des § 18,
4. bei Ausgliederung mit Ausnahme der §§ 29 bis 34, des § 54 Absatz 1 Satz 1, des § 68 Absatz 1 Satz 1 und des § 71 und für die Anteilsinhaber des übertragenden Rechtsträgers mit Ausnahme des § 14 Absatz 2 und des § 15.

[2]Eine Prüfung im Sinne der §§ 9 bis 12 findet bei Ausgliederung nicht statt. [3]Bei Abspaltung ist § 133 für die Verbindlichkeit nach § 29 anzuwenden.

(2) An die Stelle der übertragenden Rechtsträger tritt der übertragende Rechtsträger, an die Stelle des übernehmenden oder neuen Rechtsträgers treten gegebenenfalls die übernehmenden oder neuen Rechtsträger.

---

[1] § 125 neu gef. mWv 1.3.2023 durch G v. 22.2.2023 (BGBl. 2023 I Nr. 51).

Zweiter Abschnitt. Spaltung zur Aufnahme

§ 126[1)] Inhalt des Spaltungs- und Übernahmevertrags. (1) Der Spaltungs- und Übernahmevertrag oder sein Entwurf muß mindestens folgende Angaben enthalten:

1. den Namen oder die Firma und den Sitz der an der Spaltung beteiligten Rechtsträger;
2. die Vereinbarung über die Übertragung der Teile des Vermögens des übertragenden Rechtsträgers jeweils als Gesamtheit gegen Gewährung von Anteilen oder Mitgliedschaften an den übernehmenden Rechtsträgern;
3. bei Aufspaltung und Abspaltung das Umtauschverhältnis der Anteile und gegebenenfalls die Höhe der baren Zuzahlung oder Angaben über die Mitgliedschaft bei den übernehmenden Rechtsträgern;
4. bei Aufspaltung und Abspaltung die Einzelheiten für die Übertragung der Anteile der übernehmenden Rechtsträger oder über den Erwerb der Mitgliedschaft bei den übernehmenden Rechtsträgern;
5. den Zeitpunkt, von dem an diese Anteile oder die Mitgliedschaft einen Anspruch auf einen Anteil am Bilanzgewinn gewähren, sowie alle Besonderheiten in bezug auf diesen Anspruch;
6. den Zeitpunkt, von dem an die Handlungen des übertragenden Rechtsträgers als für Rechnung jedes der übernehmenden Rechtsträger vorgenommen gelten (Spaltungsstichtag);
7. die Rechte, welche die übernehmenden Rechtsträger einzelnen Anteilsinhabern sowie den Inhabern besonderer Rechte wie Anteile ohne Stimmrecht, Vorzugsaktien, Mehrstimmrechtsaktien, Schuldverschreibungen und Genußrechte gewähren, oder die für diese Personen vorgesehenen Maßnahmen;
8. jeden besonderen Vorteil, der einem Mitglied eines Vertretungsorgans oder eines Aufsichtsorgans der an der Spaltung beteiligten Rechtsträger, einem geschäftsführenden Gesellschafter, einem Partner, einem Abschlußprüfer oder einem Spaltungsprüfer gewährt wird;
9. die genaue Bezeichnung und Aufteilung der Gegenstände des Aktiv- und Passivvermögens, die an jeden der übernehmenden Rechtsträger übertragen werden, sowie der übergehenden Betriebe und Betriebsteile unter Zuordnung zu den übernehmenden Rechtsträgern;
10. bei Aufspaltung und Abspaltung die Aufteilung der Anteile oder Mitgliedschaften jedes der beteiligten Rechtsträger auf die Anteilsinhaber des übertragenden Rechtsträgers sowie den Maßstab für die Aufteilung;
11. die Folgen der Spaltung für die Arbeitnehmer und ihre Vertretungen sowie die insoweit vorgesehenen Maßnahmen.

(2) [1] Soweit für die Übertragung von Gegenständen im Falle der Einzelrechtsnachfolge in den allgemeinen Vorschriften eine besondere Art der Bezeichnung bestimmt ist, sind diese Regelungen auch für die Bezeichnung der Gegenstände des Aktiv- und Passivvermögens (Absatz 1 Nr. 9) anzuwenden. [2] § 28 der Grundbuchordnung[2)] ist zu beachten. [3] Im übrigen kann auf Urkunden wie Bilanzen und Inventare Bezug genommen werden, deren Inhalt eine Zuweisung des einzelnen Gegenstandes ermöglicht; die Urkunden sind dem Spaltungs- und Übernahmevertrag als Anlagen beizufügen.

[1)] § 126 Abs. 1 Nr. 8 und 10 geänd. mWv 1.8.1998 durch G v. 22.7.1998 (BGBl. I S. 1878).
[2)] Nr. **114**.

(3) Der Vertrag oder sein Entwurf ist spätestens einen Monat vor dem Tag der Versammlung der Anteilsinhaber jedes beteiligten Rechtsträgers, die gemäß § 125 in Verbindung mit § 13 Abs. 1 über die Zustimmung zum Spaltungs- und Übernahmevertrag beschließen soll, dem zuständigen Betriebsrat dieses Rechtsträgers zuzuleiten.

§ 127[1)] **Spaltungsbericht.** [1] Die Vertretungsorgane jedes der an der Spaltung beteiligten Rechtsträger haben einen ausführlichen schriftlichen Bericht zu erstatten, in dem die Spaltung, der Vertrag oder sein Entwurf im einzelnen und bei Aufspaltung und Abspaltung insbesondere das Umtauschverhältnis der Anteile und die bei seiner Ermittlung gewählten Bewertungsmethoden oder die Angaben über die Mitgliedschaften bei den übernehmenden Rechtsträgern, der Maßstab für ihre Aufteilung sowie die Höhe einer anzubietenden Barabfindung und die zu ihrer Ermittlung gewählten Bewertungsmethoden rechtlich und wirtschaftlich erläutert und begründet werden (Spaltungsbericht); der Bericht kann von den Vertretungsorganen auch gemeinsam erstattet werden. [2] § 8 Absatz 1 Satz 3 bis 5, Absatz 2 und 3 ist entsprechend anzuwenden; bei Aufspaltung ist § 8 Absatz 3 Satz 3 Nummer 1 Buchstabe a nicht anzuwenden.

§ 128 Zustimmung zur Spaltung in Sonderfällen. [1] Werden bei Aufspaltung oder Abspaltung die Anteile oder Mitgliedschaften der übernehmenden Rechtsträger den Anteilsinhabern des übertragenden Rechtsträgers nicht in dem Verhältnis zugeteilt, das ihrer Beteiligung an dem übertragenden Rechtsträger entspricht, so wird der Spaltungs- und Übernahmevertrag nur wirksam, wenn ihm alle Anteilsinhaber des übertragenden Rechtsträgers zustimmen. [2] Bei einer Spaltung zur Aufnahme ist der Berechnung des Beteiligungsverhältnisses der jeweils zu übertragende Teil des Vermögens zugrunde zu legen.

§ 129 Anmeldung der Spaltung. Zur Anmeldung der Spaltung ist auch das Vertretungsorgan jedes der übernehmenden Rechtsträger berechtigt.

§ 130[2)] **Eintragung der Spaltung.** (1) [1] Die Spaltung darf in das Register des Sitzes des übertragenden Rechtsträgers erst eingetragen werden, nachdem sie im Register des Sitzes jedes der übernehmenden Rechtsträger eingetragen worden ist. [2] Die Eintragung im Register des Sitzes jedes der übernehmenden Rechtsträger ist mit dem Vermerk zu versehen, daß die Spaltung erst mit der Eintragung im Register des Sitzes des übertragenden Rechtsträgers wirksam wird, sofern die Eintragungen in den Registern aller beteiligten Rechtsträger nicht am selben Tag erfolgen.

(2) [1] Das Gericht des Sitzes des übertragenden Rechtsträgers hat von Amts wegen dem Gericht des Sitzes jedes der übernehmenden Rechtsträger den Tag der Eintragung der Spaltung mitzuteilen sowie einen Registerauszug und den Gesellschaftsvertrag, den Partnerschaftsvertrag oder die Satzung des übertragenden Rechtsträgers in Abschrift, als Ausdruck oder elektronisch zu übermitteln. [2] Nach Eingang der Mitteilung hat das Gericht des Sitzes jedes der übernehmenden Rechtsträger von Amts wegen den Tag der Eintragung der Spaltung im Register des Sitzes des übertragenden Rechtsträgers zu vermerken.

[1)] § 127 Satz 1 geänd., Satz 2 neu gef. mWv 1.3.2023 durch G v. 22.2.2023 (BGBl. 2023 I Nr. 51).

[2)] § 130 Überschrift und Abs. 2 Satz 1 geänd. durch G v. 22.7.1998 (BGBl. I S. 1878); Abs. 2 Satz 1 geänd. mWv 18.8.2006 durch G v. 14.8.2006 (BGBl. I S. 1911); Abs. 2 Satz 1 geänd. mWv 1.1.2007 durch G v. 10.11.2006 (BGBl. I S. 2553); Abs. 1 Satz 2 geänd. mWv 25.4.2007 durch G v. 19.4.2007 (BGBl. I S. 542).

§ 131[1] **Wirkungen der Eintragung.** (1) Die Eintragung der Spaltung in das Register des Sitzes des übertragenden Rechtsträgers hat folgende Wirkungen:

1. Das Vermögen des übertragenden Rechtsträgers, bei Abspaltung und Ausgliederung der abgespaltene oder ausgegliederte Teil oder die abgespaltenen oder ausgegliederten Teile des Vermögens einschließlich der Verbindlichkeiten gehen entsprechend der im Spaltungs- und Übernahmevertrag vorgesehenen Aufteilung jeweils als Gesamtheit auf die übernehmenden Rechtsträger über.
2. [1] Bei der Aufspaltung erlischt der übertragende Rechtsträger. [2] Einer besonderen Löschung bedarf es nicht.
3. [1] Bei Aufspaltung und Abspaltung werden die Anteilsinhaber des übertragenden Rechtsträgers entsprechend der im Spaltungs- und Übernahmevertrag vorgesehenen Aufteilung Anteilsinhaber der beteiligten Rechtsträger; dies gilt nicht, soweit der übernehmende Rechtsträger oder ein Dritter, der im eigenen Namen, jedoch für Rechnung dieses Rechtsträgers handelt, Anteilsinhaber des übertragenden Rechtsträgers ist oder der übertragende Rechtsträger eigene Anteile innehat oder ein Dritter, der im eigenen Namen, jedoch für Rechnung dieses Rechtsträgers handelt, dessen Anteilsinhaber ist. [2] Rechte Dritter an den Anteilen oder Mitgliedschaften des übertragenden Rechtsträgers bestehen an den an ihre Stelle tretenden Anteilen oder Mitgliedschaften der übernehmenden Rechtsträger weiter. [3] Bei Ausgliederung wird der übertragende Rechtsträger entsprechend dem Ausgliederungs- und Übernahmevertrag Anteilsinhaber der übernehmenden Rechtsträger.
4. Der Mangel der notariellen Beurkundung des Spaltungs- und Übernahmevertrags und gegebenenfalls erforderlicher Zustimmungs- oder Verzichtserklärungen einzelner Anteilsinhaber wird geheilt.

(2) Mängel der Spaltung lassen die Wirkungen der Eintragung nach Absatz 1 unberührt.

(3) Ist bei einer Aufspaltung ein Gegenstand im Vertrag keinem der übernehmenden Rechtsträger zugeteilt worden und läßt sich die Zuteilung auch nicht durch Auslegung des Vertrags ermitteln, so geht der Gegenstand auf alle übernehmenden Rechtsträger in dem Verhältnis über, das sich aus dem Vertrag für die Aufteilung des Überschusses der Aktivseite der Schlußbilanz über deren Passivseite ergibt; ist eine Zuteilung des Gegenstandes an mehrere Rechtsträger nicht möglich, so ist sein Gegenwert in dem bezeichneten Verhältnis zu verteilen.

§ 132[2] **Kündigungsschutzrecht.** (1) Führen an einer Spaltung beteiligte Rechtsträger nach dem Wirksamwerden der Spaltung einen Betrieb gemeinsam, so gilt dieser als Betrieb im Sinne des Kündigungsschutzrechts.

(2) Die kündigungsrechtliche Stellung eines Arbeitnehmers, der vor dem Wirksamwerden einer Spaltung zu dem übertragenden Rechtsträger in einem Arbeitsverhältnis steht, verschlechtert sich auf Grund der Spaltung für die Dauer von zwei Jahren ab dem Zeitpunkt ihres Wirksamwerdens nicht.

§ 132a[3] **Mitbestimmungsbeibehaltung.** (1) [1] Entfallen durch Abspaltung oder Ausgliederung bei einem übertragenden Rechtsträger die gesetzlichen Voraussetzungen für die Beteiligung der Arbeitnehmer im Aufsichtsrat, so sind die

---

[1] § 131 Abs. 1 Nr. 3 geänd. mWv 1.8.1998 durch G v. 22.7.1998 (BGBl. I S. 1878); Abs. 1 Nr. 1 geänd. mWv 25.4.2007 durch G v. 19.4.2007 (BGBl. I S. 542).

[2] § 132 neu gef. mWv 1.3.2023 durch G v. 22.2.2023 (BGBl. 2023 I Nr. 51).

[3] § 132a eingef. mWv 1.3.2023 durch G v. 22.2.2023 (BGBl. 2023 I Nr. 51).

vor der Spaltung geltenden Vorschriften noch für einen Zeitraum von fünf Jahren nach dem Wirksamwerden der Abspaltung oder Ausgliederung anzuwenden. [2]Dies gilt nicht, wenn die betreffenden Vorschriften eine Mindestzahl von Arbeitnehmern voraussetzen und die danach berechnete Zahl der Arbeitnehmer des übertragenden Rechtsträgers auf weniger als in der Regel ein Viertel dieser Mindestzahl sinkt.

(2) [1]Hat die Spaltung eines Rechtsträgers die Spaltung eines Betriebes zur Folge und entfallen für die aus der Spaltung hervorgegangenen Betriebe Rechte oder Beteiligungsrechte des Betriebsrats, so kann durch Betriebsvereinbarung oder Tarifvertrag die Fortgeltung dieser Rechte oder Beteiligungsrechte vereinbart werden. [2]Die §§ 9 und 27 des Betriebsverfassungsgesetzes[1)] bleiben unberührt.

§ 133[2)] Schutz der Gläubiger und der Inhaber von Sonderrechten.

(1) [1]Für die Verbindlichkeiten des übertragenden Rechtsträgers, die vor dem Wirksamwerden der Spaltung begründet worden sind, haften die an der Spaltung beteiligten Rechtsträger als Gesamtschuldner. [2]Die §§ 25, 26 und 28 des Handelsgesetzbuchs[3)] sowie § 125 in Verbindung mit § 22 bleiben unberührt; zur Sicherheitsleistung ist nur der an der Spaltung beteiligte Rechtsträger verpflichtet, gegen den sich der Anspruch richtet.

(2) [1]Für die Erfüllung der Verpflichtung nach § 125 in Verbindung mit § 23 haften die an der Spaltung beteiligten Rechtsträger als Gesamtschuldner. [2]Bei Abspaltung und Ausgliederung können die gleichwertigen Rechte im Sinne des § 125 in Verbindung mit § 23 auch in dem übertragenden Rechtsträger gewährt werden.

(3) [1]Diejenigen Rechtsträger, denen die Verbindlichkeiten nach Absatz 1 Satz 1 im Spaltungs- und Übernahmevertrag nicht zugewiesen worden sind, haften für diese Verbindlichkeiten, wenn sie vor Ablauf von fünf Jahren nach der Spaltung fällig und daraus Ansprüche gegen sie in einer in § 197 Abs. 1 Nr. 3 bis 5 des Bürgerlichen Gesetzbuchs[4)] bezeichneten Art festgestellt sind oder eine gerichtliche oder behördliche Vollstreckungshandlung vorgenommen oder beantragt wird; bei öffentlich-rechtlichen Verbindlichkeiten genügt der Erlass eines Verwaltungsakts. [2]Die Haftung der in Satz 1 bezeichneten Rechtsträger ist beschränkt auf den Wert des ihnen am Tag des Wirksamwerdens zugeteilten Nettoaktivvermögens. [3]Für vor dem Wirksamwerden der Spaltung begründete Versorgungsverpflichtungen auf Grund des Betriebsrentengesetzes[5)] beträgt die in Satz 1 genannte Frist zehn Jahre.

(4) [1]Die Frist beginnt mit dem Tage, an dem die Eintragung der Spaltung in das Register des Sitzes des übertragenden Rechtsträgers nach § 125 in Verbindung mit § 19 Abs. 3 bekannt gemacht worden ist. [2]Die für die Verjährung geltenden §§ 204, 206, 210, 211 und 212 Abs. 2 und 3 des Bürgerlichen Gesetzbuchs sind entsprechend anzuwenden.

[1)] **Habersack, Deutsche Gesetze ErgBd. Nr. 82.**

[2)] § 133 Abs. 3 Satz 1, Abs. 4 Satz 2 und Abs. 5 geänd. mWv 1.1.2002 durch G v. 26.11.2001 (BGBl. I S. 3138); Abs. 4 Satz 1 geänd. mWv 1.1.2007 durch G v. 10.11.2006 (BGBl. I S. 2553); Abs. 3 Satz 2 angef. mWv 25.4.2007 durch G v. 19.4.2007 (BGBl. I S. 542); Abs. 3 Satz 2 eingef., bish. Satz 2 wird Satz 3 mWv 1.3.2023 durch G v. 22.2.2023 (BGBl. 2023 I Nr. 51).

[3)] Nr. **50**.

[4)] Nr. **20**.

[5)] **Loseblatt-Textsammlung Arbeitsrecht Nr. 180.**

(5) Einer Feststellung in einer in § 197 Abs. 1 Nr. 3 bis 5 des Bürgerlichen Gesetzbuchs bezeichneten Art bedarf es nicht, soweit die in Absatz 3 bezeichneten Rechtsträger den Anspruch schriftlich anerkannt haben.

(6) [1] Die Ansprüche nach Absatz 2 verjähren in fünf Jahren. [2] Für den Beginn der Verjährung gilt Absatz 4 Satz 1 entsprechend.

§ 134[1)] **Schutz der Gläubiger in besonderen Fällen.** (1) [1] Spaltet ein Rechtsträger sein Vermögen in der Weise, daß die zur Führung eines Betriebes notwendigen Vermögensteile im wesentlichen auf einen übernehmenden oder mehrere übernehmende oder auf einen neuen oder mehrere neue Rechtsträger übertragen werden und die Tätigkeit dieses Rechtsträgers oder dieser Rechtsträger sich im wesentlichen auf die Verwaltung dieser Vermögensteile beschränkt (Anlagegesellschaft), während dem übertragenden Rechtsträger diese Vermögensteile bei der Führung seines Betriebes zur Nutzung überlassen werden (Betriebsgesellschaft), und sind an den an der Spaltung beteiligten Rechtsträgern im wesentlichen dieselben Personen beteiligt, so haftet die Anlagegesellschaft auch für die Forderungen der Arbeitnehmer der Betriebsgesellschaft als Gesamtschuldner, die binnen fünf Jahren nach dem Wirksamwerden der Spaltung auf Grund der §§ 111 bis 113 des Betriebsverfassungsgesetzes[2)] begründet werden. [2] Dies gilt auch dann, wenn die Vermögensteile bei dem übertragenden Rechtsträger verbleiben und dem übernehmenden oder neuen Rechtsträger oder den übernehmenden oder neuen Rechtsträgern zur Nutzung überlassen werden.

(2) Die gesamtschuldnerische Haftung nach Absatz 1 gilt auch für vor dem Wirksamwerden der Spaltung begründete Versorgungsverpflichtungen auf Grund des Betriebsrentengesetzes[3)].

(3) Für die Ansprüche gegen die Anlagegesellschaft nach den Absätzen 1 und 2 gilt § 133 Abs. 3 Satz 1, Abs. 4 und 5 entsprechend mit der Maßgabe, daß die Frist fünf Jahre nach dem in § 133 Abs. 4 Satz 1 bezeichneten Tage beginnt.

Dritter Abschnitt. Spaltung zur Neugründung

§ 135[4)] **Anzuwendende Vorschriften.** (1) [1] Auf die Spaltung eines Rechtsträgers zur Neugründung sind die Vorschriften des Zweiten Abschnitts entsprechend anzuwenden, jedoch mit Ausnahme der §§ 129 und 130 Abs. 2 sowie der nach § 125 entsprechend anzuwendenden §§ 4, 7 und 16 Abs. 1 und des § 27. [2] An die Stelle der übernehmenden Rechtsträger treten die neuen Rechtsträger, an die Stelle der Eintragung der Spaltung im Register des Sitzes jeder der übernehmenden Rechtsträger tritt die Eintragung jedes der neuen Rechtsträger in das Register.

(2) [1] Auf die Gründung der neuen Rechtsträger sind die für die jeweilige Rechtsform des neuen Rechtsträgers geltenden Gründungsvorschriften anzuwenden, soweit sich aus diesem Buch nichts anderes ergibt. [2] Den Gründern steht der übertragende Rechtsträger gleich. [3] Vorschriften, die für die Gründung eine Mindestzahl der Gründer *vorschreibt*[5)], sind nicht anzuwenden.

(3) Bei einer Ausgliederung zur Neugründung ist ein Spaltungsbericht nicht erforderlich.

[1)] § 134 Abs. 2 und 3 geänd. mWv 25.4.2007 durch G v. 19.4.2007 (BGBl. I S. 542).
[2)] **Habersack, Deutsche Gesetze ErgBd. Nr. 82.**
[3)] **Loseblatt-Textsammlung Arbeitsrecht Nr. 180.**
[4)] § 135 Abs. 3 angef. mWv 1.3.2023 durch G v. 22.2.2023 (BGBl. 2023 I Nr. 51).
[5)] Richtig wohl: „vorschreiben".

§ 136 Spaltungsplan. [1]Das Vertretungsorgan des übertragenden Rechtsträgers hat einen Spaltungsplan aufzustellen. [2]Der Spaltungsplan tritt an die Stelle des Spaltungs- und Übernahmevertrags.

§ 137[1)] Anmeldung und Eintragung der neuen Rechtsträger und der Spaltung. (1) Das Vertretungsorgan des übertragenden Rechtsträgers hat jeden der neuen Rechtsträger bei dem Gericht, in dessen Bezirk er seinen Sitz haben soll, zur Eintragung in das Register anzumelden.

(2) Das Vertretungsorgan des übertragenden Rechtsträgers hat die Spaltung zur Eintragung in das Register des Sitzes des übertragenden Rechtsträgers anzumelden.

(3) [1]Das Gericht des Sitzes jedes der neuen Rechtsträger hat von Amts wegen dem Gericht des Sitzes des übertragenden Rechtsträgers den Tag der Eintragung des neuen Rechtsträgers mitzuteilen. [2]Nach Eingang der Mitteilungen für alle neuen Rechtsträger hat das Gericht des Sitzes des übertragenden Rechtsträgers die Spaltung einzutragen sowie von Amts wegen den Zeitpunkt der Eintragung den Gerichten des Sitzes jedes der neuen Rechtsträger mitzuteilen sowie ihnen einen Registerauszug und den Gesellschaftsvertrag, den Partnerschaftsvertrag oder die Satzung des übertragenden Rechtsträgers in Abschrift, als Ausdruck oder elektronisch zu übermitteln. [3]Der Zeitpunkt der Eintragung der Spaltung ist in den Registern des Sitzes jedes der neuen Rechtsträger von Amts wegen einzutragen.

Zweiter Teil. Besondere Vorschriften

Erster Abschnitt. Spaltung unter Beteiligung von Gesellschaften mit beschränkter Haftung

§ 138 Sachgründungsbericht. Ein Sachgründungsbericht (§ 5 Abs. 4 des Gesetzes betreffend die Gesellschaften mit beschränkter Haftung[2)]) ist stets erforderlich.

§ 139 Herabsetzung des Stammkapitals. [1]Ist zur Durchführung der Abspaltung oder der Ausgliederung eine Herabsetzung des Stammkapitals einer übertragenden Gesellschaft mit beschränkter Haftung erforderlich, so kann diese auch in vereinfachter Form vorgenommen werden. [2]Wird das Stammkapital herabgesetzt, so darf die Abspaltung oder die Ausgliederung erst eingetragen werden, nachdem die Herabsetzung des Stammkapitals im Register eingetragen worden ist.

§ 140 Anmeldung der Abspaltung oder der Ausgliederung. Bei der Anmeldung der Abspaltung oder der Ausgliederung zur Eintragung in das Register des Sitzes einer übertragenden Gesellschaft mit beschränkter Haftung haben deren Geschäftsführer auch zu erklären, daß die durch Gesetz und Gesellschaftsvertrag vorgesehenen Voraussetzungen für die Gründung dieser Gesellschaft unter Berücksichtigung der Abspaltung oder der Ausgliederung im Zeitpunkt der Anmeldung vorliegen.

[1)] § 137 Abs. 3 Satz 2 geänd. mWv 1.8.1998 durch G v. 22.7.1998 (BGBl. I S. 1878); Abs. 3 Satz 2 geänd. mWv 18.8.2006 durch G v. 14.8.2006 (BGBl. I S. 1911); Abs. 3 Satz 2 geänd. mWv 1.1.2007 durch G v. 10.11.2006 (BGBl. I S. 2553); Abs. 3 Satz 3 geänd. mWv 1.8.2022 durch G v. 5.7.2021 (BGBl. I S. 3338).

[2)] Nr. **52**.

Zweiter Abschnitt. Spaltung unter Beteiligung von Aktiengesellschaften und Kommanditgesellschaften auf Aktien

§ 141[1)] Ausschluss der Spaltung. Eine Aktiengesellschaft oder eine Kommanditgesellschaft auf Aktien, die noch nicht zwei Jahre im Register eingetragen ist, kann außer durch Ausgliederung zur Neugründung nicht gespalten werden.

§ 142[2)] Spaltung mit Kapitalerhöhung; Spaltungsbericht. (1) § 69 ist mit der Maßgabe anzuwenden, daß eine Prüfung der Sacheinlage nach § 183 Abs. 3 des Aktiengesetzes[3)] stets stattzufinden hat; § 183a des Aktiengesetzes ist anzuwenden.

(2) In dem Spaltungsbericht ist gegebenenfalls auf den Bericht über die Prüfung von Sacheinlagen bei einer übernehmenden Aktiengesellschaft nach § 183 Abs. 3 des Aktiengesetzes sowie auf das Register, bei dem dieser Bericht zu hinterlegen ist, hinzuweisen.

§ 142a[4)] Verpflichtungen nach § 72a. Verpflichtungen des übertragenden Rechtsträgers zur Gewährung zusätzlicher Aktien gemäß § 72a Absatz 1 Satz 1 und Absatz 2 Satz 1 gehen ungeachtet ihrer Zuweisung im Spaltungs- und Übernahmevertrag oder im Spaltungsplan entsprechend der Aufteilung der Anteile der anspruchsberechtigten Aktionäre gemäß § 126 Absatz 1 Nummer 10, auch in Verbindung mit § 135 Absatz 1 und § 136 Satz 2, ganz oder teilweise auf die übernehmende oder neue Aktiengesellschaft oder Kommanditgesellschaft auf Aktien über.

§ 143[5)] Verhältniswahrende Spaltung zur Neugründung. Erfolgt die Gewährung von Aktien an der neu gegründeten Aktiengesellschaft oder an den neu gegründeten Aktiengesellschaften (§ 123 Absatz 1 Nummer 2, Absatz 2 Nummer 2) im Verhältnis zur Beteiligung der Aktionäre an der übertragenden Aktiengesellschaft, so sind die §§ 8 bis 12 sowie 63 Absatz 1 Nummer 3 bis 5 nicht anzuwenden.

§ 144 Gründungsbericht und Gründungsprüfung. Ein Gründungsbericht (§ 32 des Aktiengesetzes[3)]) und eine Gründungsprüfung (§ 33 Abs. 2 des Aktiengesetzes) sind stets erforderlich.

§ 145 Herabsetzung des Grundkapitals. [1] Ist zur Durchführung der Abspaltung oder der Ausgliederung eine Herabsetzung des Grundkapitals einer übertragenden Aktiengesellschaft oder Kommanditgesellschaft auf Aktien erforderlich, so kann diese auch in vereinfachter Form vorgenommen werden. [2] Wird das Grundkapital herabgesetzt, so darf die Abspaltung oder die Ausgliederung erst eingetragen werden, nachdem die Durchführung der Herabsetzung des Grundkapitals im Register eingetragen worden ist.

§ 146 Anmeldung der Abspaltung oder der Ausgliederung. (1) Bei der Anmeldung der Abspaltung oder der Ausgliederung zur Eintragung in das Register des Sitzes einer übertragenden Aktiengesellschaft hat deren Vorstand oder einer Kommanditgesellschaft auf Aktien haben deren zu ihrer Vertretung ermächtigten

---

1) § 141 neu gef. mWv 25.4.2007 durch G v. 19.4.2007 (BGBl. I S. 542).
2) § 142 Abs. 1 geänd. mWv 1.3.2023 durch G v. 22.2.2023 (BGBl. 2023 I Nr. 51).
3) Nr. **51**.
4) § 142a eingef. mWv 1.3.2023 durch G v. 22.2.2023 (BGBl. 2023 I Nr. 51).
5) § 143 neu gef. mWv 15.7.2011 durch G v. 11.7.2011 (BGBl. I S. 1338).

persönlich haftenden Gesellschafter auch zu erklären, daß die durch Gesetz und Satzung vorgesehenen Voraussetzungen für die Gründung dieser Gesellschaft unter Berücksichtigung der Abspaltung oder der Ausgliederung im Zeitpunkt der Anmeldung vorliegen.

(2) Der Anmeldung der Abspaltung oder der Ausgliederung sind außer den sonst erforderlichen Unterlagen auch beizufügen:

1. der Spaltungsbericht nach § 127;
2. bei Abspaltung der Prüfungsbericht nach § 125 in Verbindung mit § 12.

Dritter Abschnitt. Spaltung unter Beteiligung eingetragener Genossenschaften

§ 147[1] Möglichkeit der Spaltung. Die Spaltung eines Rechtsträgers anderer Rechtsform zur Aufnahme von Teilen seines Vermögens durch eine eingetragene Genossenschaft kann nur erfolgen, wenn eine erforderliche Änderung der Satzung der übernehmenden Genossenschaft gleichzeitig mit der Spaltung beschlossen wird.

§ 148[2] Anmeldung der Abspaltung oder der Ausgliederung. (1) Bei der Anmeldung der Abspaltung oder der Ausgliederung zur Eintragung in das Register des Sitzes einer übertragenden Genossenschaft hat deren Vorstand auch zu erklären, daß die durch Gesetz und Satzung vorgesehenen Voraussetzungen für die Gründung dieser Genossenschaft unter Berücksichtigung der Abspaltung oder der Ausgliederung im Zeitpunkt der Anmeldung vorliegen.

(2) Der Anmeldung der Abspaltung oder der Ausgliederung sind außer den sonst erforderlichen Unterlagen auch beizufügen:

1. der Spaltungsbericht nach § 127;
2. das Prüfungsgutachten nach § 125 in Verbindung mit § 81.

Vierter Abschnitt. Spaltung unter Beteiligung rechtsfähiger Vereine

§ 149 Möglichkeit der Spaltung. (1) Ein rechtsfähiger Verein kann sich an einer Spaltung nur beteiligen, wenn die Satzung des Vereins oder Vorschriften des Landesrechts nicht entgegenstehen.

(2) Ein eingetragener Verein kann als übernehmender Rechtsträger im Wege der Spaltung nur andere eingetragene Vereine aufnehmen oder mit ihnen einen eingetragenen Verein gründen.

Fünfter Abschnitt. Spaltung unter Beteiligung genossenschaftlicher Prüfungsverbände

§ 150 Möglichkeit der Spaltung. Die Aufspaltung genossenschaftlicher Prüfungsverbände oder die Abspaltung oder Ausgliederung von Teilen eines solchen Verbandes kann nur zur Aufnahme der Teile eines Verbandes (übertragender Verband) durch einen anderen Verband (übernehmender Verband), die Ausgliederung auch zur Aufnahme von Teilen des Verbandes durch eine oder zur Neugründung einer Kapitalgesellschaft erfolgen.

---

[1] § 147 geänd. mWv 18.8.2006 durch G v. 14.8.2006 (BGBl. I S. 1911).
[2] § 148 Abs. 1 geänd. mWv 18.8.2006 durch G v. 14.8.2006 (BGBl. I S. 1911).

Sechster Abschnitt. Spaltung unter Beteiligung von Versicherungsvereinen auf Gegenseitigkeit

§ 151[1)] **Möglichkeit der Spaltung.** [1]Die Spaltung unter Beteiligung von Versicherungsvereinen auf Gegenseitigkeit kann nur durch Aufspaltung oder Abspaltung und nur in der Weise erfolgen, daß die Teile eines übertragenden Vereins auf andere bestehende oder neue Versicherungsvereine auf Gegenseitigkeit oder auf Versicherungs-Aktiengesellschaften übergehen. [2]Ein Versicherungsverein auf Gegenseitigkeit kann ferner im Wege der Ausgliederung einen Vermögensteil auf eine bestehende oder neue Gesellschaft mit beschränkter Haftung oder eine bestehende oder neue Aktiengesellschaft übertragen, sofern damit keine Übertragung von Versicherungsverträgen verbunden ist.

Siebenter Abschnitt. Ausgliederung aus dem Vermögen eines Einzelkaufmanns

Erster Unterabschnitt. Möglichkeit der Ausgliederung

§ 152 Übernehmende oder neue Rechtsträger. [1]Die Ausgliederung des von einem Einzelkaufmann betriebenen Unternehmens, dessen Firma im Handelsregister eingetragen ist, oder von Teilen desselben aus dem Vermögen dieses Kaufmanns kann nur zur Aufnahme dieses Unternehmens oder von Teilen dieses Unternehmens durch Personenhandelsgesellschaften, Kapitalgesellschaften oder eingetragene Genossenschaften oder zur Neugründung von Kapitalgesellschaften erfolgen. [2]Sie kann nicht erfolgen, wenn die Verbindlichkeiten des Einzelkaufmanns sein Vermögen übersteigen.

Zweiter Unterabschnitt. Ausgliederung zur Aufnahme

§ 153 Ausgliederungsbericht. Ein Ausgliederungsbericht ist für den Einzelkaufmann nicht erforderlich.

§ 154 Eintragung der Ausgliederung. Das Gericht des Sitzes des Einzelkaufmanns hat die Eintragung der Ausgliederung auch dann abzulehnen, wenn offensichtlich ist, daß die Verbindlichkeiten des Einzelkaufmanns sein Vermögen übersteigen.

§ 155 Wirkungen der Ausgliederung. [1]Erfaßt die Ausgliederung das gesamte Unternehmen des Einzelkaufmanns, so bewirkt die Eintragung der Ausgliederung nach § 131 das Erlöschen der von dem Einzelkaufmann geführten Firma. [2]Das Erlöschen der Firma ist von Amts wegen in das Register einzutragen.

§ 156 Haftung des Einzelkaufmanns. [1]Durch den Übergang der Verbindlichkeiten auf übernehmende oder neue Gesellschaften wird der Einzelkaufmann von der Haftung für die Verbindlichkeiten nicht befreit. [2]§ 418 des Bürgerlichen Gesetzbuchs[2)] ist nicht anzuwenden.

§ 157[3)] **Zeitliche Begrenzung der Haftung für übertragene Verbindlichkeiten.** (1) [1]Der Einzelkaufmann haftet für die im Ausgliederungs- und Übernahmevertrag aufgeführten Verbindlichkeiten, wenn sie vor Ablauf von fünf Jahren nach der Ausgliederung fällig und daraus Ansprüche gegen ihn in einer in § 197

[1)] § 151 Satz 2 geänd. mWv 25.4.2007 durch G v. 19.4.2007 (BGBl. I S. 542).

[2)] Nr. **20**.

[3)] § 157 Abs. 1 Satz 1, Abs. 2 Satz 2 und Abs. 3 geänd. mWv 1.1.2002 durch G v. 26.11.2001 (BGBl. I S. 3138); Abs. 2 Satz 1 geänd. mWv 1.1.2007 durch G v. 10.11.2006 (BGBl. I S. 2553).

Abs. 1 Nr. 3 bis 5 des Bürgerlichen Gesetzbuchs[1] bezeichneten Art festgestellt sind oder eine gerichtliche oder behördliche Vollstreckungshandlung vorgenommen oder beantragt wird; bei öffentlich-rechtlichen Verbindlichkeiten genügt der Erlass eines Verwaltungsakts. [2] Eine Haftung des Einzelkaufmanns als Gesellschafter des aufnehmenden Rechtsträgers nach § 128 des Handelsgesetzbuchs[2] bleibt unberührt.

(2) [1] Die Frist beginnt mit dem Tage, an dem die Eintragung der Ausgliederung in das Register des Sitzes des Einzelkaufmanns nach § 125 in Verbindung mit § 19 Abs. 3 bekannt gemacht worden ist. [2] Die für die Verjährung geltenden §§ 204, 206, 210, 211 und 212 Abs. 2 und 3 des Bürgerlichen Gesetzbuchs sind entsprechend anzuwenden.

(3) Einer Feststellung in einer in § 197 Abs. 1 Nr. 3 bis 5 des Bürgerlichen Gesetzbuchs bezeichneten Art bedarf es nicht, soweit der Einzelkaufmann den Anspruch schriftlich anerkannt hat.

(4) Die Absätze 1 bis 3 sind auch anzuwenden, wenn der Einzelkaufmann in dem Rechtsträger anderer Rechtsform geschäftsführend tätig wird.

Dritter Unterabschnitt. Ausgliederung zur Neugründung

§ 158 Anzuwendende Vorschriften. Auf die Ausgliederung zur Neugründung sind die Vorschriften des Zweiten Unterabschnitts entsprechend anzuwenden, soweit sich aus diesem Unterabschnitt nichts anderes ergibt.

§ 159 Sachgründungsbericht, Gründungsbericht und Gründungsprüfung. (1) Auf den Sachgründungsbericht (§ 5 Abs. 4 des Gesetzes betreffend die Gesellschaften mit beschränkter Haftung[3]) ist § 58 Abs. 1, auf den Gründungsbericht (§ 32 des Aktiengesetzes[4]) § 75 Abs. 1 entsprechend anzuwenden.

(2) Im Falle der Gründung einer Aktiengesellschaft oder einer Kommanditgesellschaft auf Aktien haben die Prüfung durch die Mitglieder des Vorstands und des Aufsichtsrats (§ 33 Abs. 1 des Aktiengesetzes) sowie die Prüfung durch einen oder mehrere Prüfer (§ 33 Abs. 2 des Aktiengesetzes) sich auch darauf zu erstrecken, ob die Verbindlichkeiten des Einzelkaufmanns sein Vermögen übersteigen.

(3) [1] Zur Prüfung, ob die Verbindlichkeiten des Einzelkaufmanns sein Vermögen übersteigen, hat der Einzelkaufmann den Prüfern eine Aufstellung vorzulegen, in der sein Vermögen seinen Verbindlichkeiten gegenübergestellt ist. [2] Die Aufstellung ist zu gliedern, soweit das für die Prüfung notwendig ist. [3] § 320 Abs. 1 Satz 2 und Abs. 2 Satz 1 des Handelsgesetzbuchs[2] gilt entsprechend, wenn Anlaß für die Annahme besteht, daß in der Aufstellung aufgeführte Vermögensgegenstände überbewertet oder Verbindlichkeiten nicht oder nicht vollständig aufgeführt worden sind.

§ 160 Anmeldung und Eintragung. (1) Die Anmeldung nach § 137 Abs. 1 ist von dem Einzelkaufmann und den Geschäftsführern oder den Mitgliedern des Vorstands und des Aufsichtsrats einer neuen Gesellschaft vorzunehmen.

(2) Die Eintragung der Gesellschaft ist abzulehnen, wenn die Verbindlichkeiten des Einzelkaufmanns sein Vermögen übersteigen.

---

[1] Nr. **20**.
[2] Nr. **50**.
[3] Nr. **52**.
[4] Nr. **51**.

Achter Abschnitt. Ausgliederung aus dem Vermögen rechtsfähiger Stiftungen

§ 161 Möglichkeit der Ausgliederung. Die Ausgliederung des von einer rechtsfähigen Stiftung (§ 80 des Bürgerlichen Gesetzbuchs[1]) betriebenen Unternehmens oder von Teilen desselben aus dem Vermögen dieser Stiftung kann nur zur Aufnahme dieses Unternehmens oder von Teilen dieses Unternehmens durch Personenhandelsgesellschaften oder Kapitalgesellschaften oder zur Neugründung von Kapitalgesellschaften erfolgen.

§ 162 Ausgliederungsbericht. (1) Ein Ausgliederungsbericht ist nur erforderlich, wenn die Ausgliederung nach § 164 Abs. 1 der staatlichen Genehmigung bedarf oder wenn sie bei Lebzeiten des Stifters von dessen Zustimmung abhängig ist.

(2) Soweit nach § 164 Abs. 1 die Ausgliederung der staatlichen Genehmigung oder der Zustimmung des Stifters bedarf, ist der Ausgliederungsbericht der zuständigen Behörde und dem Stifter zu übermitteln.

§ 163 Beschluß über den Vertrag. (1) Auf den Ausgliederungsbeschluß sind die Vorschriften des Stiftungsrechts für die Beschlußfassung über Satzungsänderungen entsprechend anzuwenden.

(2) Sofern das nach Absatz 1 anzuwendende Stiftungsrecht nicht etwas anderes bestimmt, muß der Ausgliederungsbeschluß von dem für die Beschlußfassung über Satzungsänderungen nach der Satzung zuständigen Organ oder, wenn ein solches Organ nicht bestimmt ist, vom Vorstand der Stiftung einstimmig gefaßt werden.

(3) Der Beschluß und die Zustimmung nach den Absätzen 1 und 2 müssen notariell beurkundet werden.

§ 164 Genehmigung der Ausgliederung. (1) Die Ausgliederung bedarf der staatlichen Genehmigung, sofern das Stiftungsrecht dies vorsieht.

(2) Soweit die Ausgliederung nach Absatz 1 der staatlichen Genehmigung nicht bedarf, hat das Gericht des Sitzes der Stiftung die Eintragung der Ausgliederung auch dann abzulehnen, wenn offensichtlich ist, daß die Verbindlichkeiten der Stiftung ihr Vermögen übersteigen.

§ 165 Sachgründungsbericht und Gründungsbericht. Auf den Sachgründungsbericht (§ 5 Abs. 4 des Gesetzes betreffend die Gesellschaften mit beschränkter Haftung[2]) ist § 58 Abs. 1, auf den Gründungsbericht (§ 32 des Aktiengesetzes[3]) § 75 Abs. 1 entsprechend anzuwenden.

§ 166 Haftung der Stiftung. [1] Durch den Übergang der Verbindlichkeiten auf übernehmende oder neue Gesellschaften wird die Stiftung von der Haftung für die Verbindlichkeiten nicht befreit. [2] § 418 des Bürgerlichen Gesetzbuchs[1] ist nicht anzuwenden.

§ 167 Zeitliche Begrenzung der Haftung für übertragene Verbindlichkeiten. Auf die zeitliche Begrenzung der Haftung der Stiftung für die im Ausgliederungs- und Übernahmevertrag aufgeführten Verbindlichkeiten ist § 157 entsprechend anzuwenden.

---

[1] Nr. **20**.
[2] Nr. **52**.
[3] Nr. **51**.

Neunter Abschnitt. Ausgliederung aus dem Vermögen von Gebietskörperschaften oder Zusammenschlüssen von Gebietskörperschaften

§ 168 Möglichkeit der Ausgliederung. Die Ausgliederung eines Unternehmens, das von einer Gebietskörperschaft oder von einem Zusammenschluß von Gebietskörperschaften, der nicht Gebietskörperschaft ist, betrieben wird, aus dem Vermögen dieser Körperschaft oder dieses Zusammenschlusses kann nur zur Aufnahme dieses Unternehmens durch eine Personenhandelsgesellschaft, eine Kapitalgesellschaft oder eine eingetragene Genossenschaft oder zur Neugründung einer Kapitalgesellschaft oder einer eingetragenen Genossenschaft sowie nur dann erfolgen, wenn das für die Körperschaft oder den Zusammenschluß maßgebende Bundes- oder Landesrecht einer Ausgliederung nicht entgegensteht.

§ 169 Ausgliederungsbericht; Ausgliederungsbeschluß. [1]Ein Ausgliederungsbericht ist für die Körperschaft oder den Zusammenschluß nicht erforderlich. [2]Das Organisationsrecht der Körperschaft oder des Zusammenschlusses bestimmt, ob und unter welchen Voraussetzungen ein Ausgliederungsbeschluß erforderlich ist.

§ 170 Sachgründungsbericht und Gründungsbericht. Auf den Sachgründungsbericht (§ 5 Abs. 4 des Gesetzes betreffend die Gesellschaften mit beschränkter Haftung[1]) ist § 58 Abs. 1, auf den Gründungsbericht (§ 32 des Aktiengesetzes[2]) § 75 Abs. 1 entsprechend anzuwenden.

§ 171 Wirksamwerden der Ausgliederung. Die Wirkungen der Ausgliederung nach § 131 treten mit deren Eintragung in das Register des Sitzes des übernehmenden Rechtsträgers oder mit der Eintragung des neuen Rechtsträgers ein.

§ 172 Haftung der Körperschaft oder des Zusammenschlusses. [1]Durch den Übergang der Verbindlichkeiten auf den übernehmenden oder neuen Rechtsträger wird die Körperschaft oder der Zusammenschluß von der Haftung für die Verbindlichkeiten nicht befreit. [2]§ 418 des Bürgerlichen Gesetzbuchs[3] ist nicht anzuwenden.

§ 173 Zeitliche Begrenzung der Haftung für übertragene Verbindlichkeiten. Auf die zeitliche Begrenzung der Haftung für die im Ausgliederungs- und Übernahmevertrag aufgeführten Verbindlichkeiten ist § 157 entsprechend anzuwenden.

Viertes Buch. Vermögensübertragung

Erster Teil. Möglichkeit der Vermögensübertragung

§ 174 Arten der Vermögensübertragung. (1) Ein Rechtsträger (übertragender Rechtsträger) kann unter Auflösung ohne Abwicklung sein Vermögen als Ganzes auf einen anderen bestehenden Rechtsträger (übernehmender Rechtsträger) gegen Gewährung einer Gegenleistung an die Anteilsinhaber des übertragenden Rechtsträgers, die nicht in Anteilen oder Mitgliedschaften besteht, übertragen (Vollübertragung).

---

[1] Nr. **52**.
[2] Nr. **51**.
[3] Nr. **20**.

(2) Ein Rechtsträger (übertragender Rechtsträger) kann

1. unter Auflösung ohne Abwicklung sein Vermögen aufspalten durch gleichzeitige Übertragung der Vermögensteile jeweils als Gesamtheit auf andere bestehende Rechtsträger,
2. von seinem Vermögen einen Teil oder mehrere Teile abspalten durch Übertragung dieses Teils oder dieser Teile jeweils als Gesamtheit auf einen oder mehrere bestehende Rechtsträger oder
3. aus seinem Vermögen einen Teil oder mehrere Teile ausgliedern durch Übertragung dieses Teils oder dieser Teile jeweils als Gesamtheit auf einen oder mehrere bestehende Rechtsträger

gegen Gewährung der in Absatz 1 bezeichneten Gegenleistung in den Fällen der Nummer 1 oder 2 an die Anteilsinhaber des übertragenden Rechtsträgers, im Falle der Nummer 3 an den übertragenden Rechtsträger (Teilübertragung).

§ 175 Beteiligte Rechtsträger. Eine Vollübertragung ist oder Teilübertragungen sind jeweils nur möglich

1. von einer Kapitalgesellschaft auf den Bund, ein Land, eine Gebietskörperschaft oder einen Zusammenschluß von Gebietskörperschaften;
2. a) von einer Versicherungs-Aktiengesellschaft auf Versicherungsvereine auf Gegenseitigkeit oder auf öffentlich-rechtliche Versicherungsunternehmen;
   b) von einem Versicherungsverein auf Gegenseitigkeit auf Versicherungs-Aktiengesellschaften oder auf öffentlich-rechtliche Versicherungsunternehmen;
   c) von einem öffentlich-rechtlichen Versicherungsunternehmen auf Versicherungs-Aktiengesellschaften oder auf Versicherungsvereine auf Gegenseitigkeit.

Zweiter Teil. Übertragung des Vermögens oder von Vermögensteilen einer Kapitalgesellschaft auf die öffentliche Hand

Erster Abschnitt. Vollübertragung

§ 176 Anwendung der Verschmelzungsvorschriften. (1) Bei einer Vollübertragung nach § 175 Nr. 1 sind auf die übertragende Kapitalgesellschaft die für die Verschmelzung durch Aufnahme einer solchen übertragenden Gesellschaft jeweils geltenden Vorschriften des Zweiten Buches entsprechend anzuwenden, soweit sich aus den folgenden Vorschriften nichts anderes ergibt.

(2) [1] Die Angaben im Übertragungsvertrag nach § 5 Abs. 1 Nr. 4, 5 und 7 entfallen. [2] An die Stelle des Registers des Sitzes des übernehmenden Rechtsträgers tritt das Register des Sitzes der übertragenden Gesellschaft. [3] An die Stelle des Umtauschverhältnisses der Anteile treten Art und Höhe der Gegenleistung. [4] An die Stelle des Anspruchs nach § 23 tritt ein Anspruch auf Barabfindung; auf diesen sind § 29 Abs. 1, § 30 und § 34 entsprechend anzuwenden.

(3) [1] Mit der Eintragung der Vermögensübertragung in das Handelsregister des Sitzes der übertragenden Gesellschaft geht deren Vermögen einschließlich der Verbindlichkeiten auf den übernehmenden Rechtsträger über. [2] Die übertragende Gesellschaft erlischt; einer besonderen Löschung bedarf es nicht.

(4) Die Beteiligung des übernehmenden Rechtsträgers an der Vermögensübertragung richtet sich nach den für ihn geltenden Vorschriften.

Zweiter Abschnitt. Teilübertragung

§ 177 Anwendung der Spaltungsvorschriften. (1) Bei einer Teilübertragung nach § 175 Nr. 1 sind auf die übertragende Kapitalgesellschaft die für die Aufspaltung, Abspaltung oder Ausgliederung zur Aufnahme von Teilen einer solchen übertragenden Gesellschaft geltenden Vorschriften des Dritten Buches sowie die dort für entsprechend anwendbar erklärten Vorschriften des Zweiten Buches auf den vergleichbaren Vorgang entsprechend anzuwenden, soweit sich aus den folgenden Vorschriften nichts anderes ergibt.

(2) [1] § 176 Abs. 2 bis 4 ist entsprechend anzuwenden. [2] An die Stelle des § 5 Abs. 1 Nr. 4, 5 und 7 tritt § 126 Abs. 1 Nr. 4, 5, 7 und 10.

Dritter Teil. Vermögensübertragung unter Versicherungsunternehmen

Erster Abschnitt. Übertragung des Vermögens einer Aktiengesellschaft auf Versicherungsvereine auf Gegenseitigkeit oder öffentlich-rechtliche Versicherungsunternehmen

Erster Unterabschnitt. Vollübertragung

§ 178 Anwendung der Verschmelzungsvorschriften. (1) Bei einer Vollübertragung nach § 175 Nr. 2 Buchstabe a sind auf die beteiligten Rechtsträger die für die Verschmelzung durch Aufnahme einer Aktiengesellschaft und die für einen übernehmenden Versicherungsverein im Falle der Verschmelzung jeweils geltenden Vorschriften des Zweiten Buches entsprechend anzuwenden, soweit sich aus den folgenden Vorschriften nichts anderes ergibt.

(2) § 176 Abs. 2 bis 4 ist entsprechend anzuwenden.

(3) Das für ein übernehmendes öffentlich-rechtliches Versicherungsunternehmen maßgebende Bundes- oder Landesrecht bestimmt, ob der Vertrag über die Vermögensübertragung zu seiner Wirksamkeit auch der Zustimmung eines anderen als des zur Vertretung befugten Organs des öffentlich-rechtlichen Versicherungsunternehmens oder einer anderen Stelle und welcher Erfordernisse die Zustimmung bedarf.

Zweiter Unterabschnitt. Teilübertragung

§ 179 Anwendung der Spaltungsvorschriften. (1) Bei einer Teilübertragung nach § 175 Nr. 2 Buchstabe a sind auf die beteiligten Rechtsträger die für die Aufspaltung, Abspaltung oder Ausgliederung zur Aufnahme von Teilen einer Aktiengesellschaft und die für übernehmende Versicherungsvereine auf Gegenseitigkeit im Falle der Aufspaltung, Abspaltung oder Ausgliederung von Vermögensteilen geltenden Vorschriften des Dritten Buches und die dort für entsprechend anwendbar erklärten Vorschriften des Zweiten Buches auf den vergleichbaren Vorgang entsprechend anzuwenden, soweit sich aus den folgenden Vorschriften nichts anderes ergibt.

(2) § 176 Abs. 2 bis 4 sowie § 178 Abs. 3 sind entsprechend anzuwenden.

Zweiter Abschnitt. Übertragung des Vermögens eines Versicherungsvereins auf Gegenseitigkeit auf Aktiengesellschaften oder öffentlich-rechtliche Versicherungsunternehmen

Erster Unterabschnitt. Vollübertragung

§ 180 Anwendung der Verschmelzungsvorschriften. (1) Bei einer Vollübertragung nach § 175 Nr. 2 Buchstabe b sind auf die beteiligten Rechtsträger die für die Verschmelzung durch Aufnahme eines Versicherungsvereins und die für eine übernehmende Aktiengesellschaft im Falle der Verschmelzung jeweils geltenden Vorschriften des Zweiten Buches entsprechend anzuwenden, soweit sich aus den folgenden Vorschriften nichts anderes ergibt.

(2) § 176 Abs. 2 bis 4 sowie § 178 Abs. 3 sind entsprechend anzuwenden.

(3) Hat ein Mitglied oder ein Dritter nach der Satzung des Vereins ein unentziehbares Recht auf den Abwicklungsüberschuß oder einen Teil davon, so bedarf der Beschluß über die Vermögensübertragung der Zustimmung des Mitglieds oder des Dritten; die Zustimmung muß notariell beurkundet werden.

§ 181 Gewährung der Gegenleistung. (1) Der übernehmende Rechtsträger ist zur Gewährung einer angemessenen Gegenleistung verpflichtet, wenn dies unter Berücksichtigung der Vermögens- und Ertragslage des übertragenden Vereins im Zeitpunkt der Beschlußfassung der obersten Vertretung gerechtfertigt ist.

(2) [1] In dem Beschluß, durch den dem Übertragungsvertrag zugestimmt wird, ist zu bestimmen, daß bei der Verteilung der Gegenleistung jedes Mitglied zu berücksichtigen ist, das dem Verein seit mindestens drei Monaten vor dem Beschluß angehört hat. [2] Ferner sind in dem Beschluß die Maßstäbe festzusetzen, nach denen die Gegenleistung auf die Mitglieder zu verteilen ist.

(3) [1] Jedes berechtigte Mitglied erhält eine Gegenleistung in gleicher Höhe. [2] Eine andere Verteilung kann nur nach einem oder mehreren der folgenden Maßstäbe festgesetzt werden:

1. die Höhe der Versicherungssumme,
2. die Höhe der Beiträge,
3. die Höhe der Deckungsrückstellung in der Lebensversicherung,
4. der in der Satzung des Vereins bestimmte Maßstab für die Verteilung des Überschusses,
5. der in der Satzung des Vereins bestimmte Maßstab für die Verteilung des Vermögens,
6. die Dauer der Mitgliedschaft.

(4) Ist eine Gegenleistung entgegen Absatz 1 nicht vereinbart worden, so ist sie auf Antrag vom Gericht zu bestimmen; § 30 Abs. 1 und § 34 sind entsprechend anzuwenden.

§ 182[1)] Unterrichtung der Mitglieder. [1] Sobald die Vermögensübertragung wirksam geworden ist, hat das Vertretungsorgan des übernehmenden Rechtsträgers allen Mitgliedern, die dem Verein seit mindestens drei Monaten vor dem Beschluß der obersten Vertretung über die Vermögensübertragung angehört haben, den Wortlaut des Vertrags in Textform mitzuteilen. [2] In der Mitteilung ist auf die Möglichkeit hinzuweisen, die gerichtliche Bestimmung der angemessenen Gegenleistung zu verlangen.

[1)] § 182 Satz 1 geänd. mWv 1.8.2001 durch G v. 13.7.2001 (BGBl. I S. 1542).

§ 183 Bestellung eines Treuhänders. (1) [1]Ist für die Vermögensübertragung eine Gegenleistung vereinbart worden, so hat der übertragende Verein einen Treuhänder für deren Empfang zu bestellen. [2]Die Vermögensübertragung darf erst eingetragen werden, wenn der Treuhänder dem Gericht angezeigt hat, daß er im Besitz der Gegenleistung ist.

(2) [1]Bestimmt das Gericht nach § 181 Abs. 4 die Gegenleistung, so hat es von Amts wegen einen Treuhänder für deren Empfang zu bestellen. [2]Die Gegenleistung steht zu gleichen Teilen den Mitgliedern zu, die dem Verein seit mindestens drei Monaten vor dem Beschluß der obersten Vertretung über die Vermögensübertragung angehört haben. [3]§ 26 Abs. 4 ist entsprechend anzuwenden.

Zweiter Unterabschnitt. Teilübertragung

§ 184 Anwendung der Spaltungsvorschriften. (1) Bei einer Teilübertragung nach § 175 Nr. 2 Buchstabe b sind auf die beteiligten Rechtsträger die für die Aufspaltung, Abspaltung oder Ausgliederung zur Aufnahme von Teilen eines Versicherungsvereins auf Gegenseitigkeit und die für übernehmende Aktiengesellschaften im Falle der Aufspaltung, Abspaltung oder Ausgliederung geltenden Vorschriften des Dritten Buches und die dort für entsprechend anwendbar erklärten Vorschriften des Zweiten Buches auf den vergleichbaren Vorgang entsprechend anzuwenden, soweit sich aus den folgenden Vorschriften nichts anderes ergibt.

(2) § 176 Abs. 2 bis 4 sowie § 178 Abs. 3 sind entsprechend anzuwenden.

Dritter Abschnitt. Übertragung des Vermögens eines kleineren Versicherungsvereins auf Gegenseitigkeit auf eine Aktiengesellschaft oder auf ein öffentlich-rechtliches Versicherungsunternehmen

§ 185 Möglichkeit der Vermögensübertragung. Ein kleinerer Versicherungsverein auf Gegenseitigkeit kann sein Vermögen nur im Wege der Vollübertragung auf eine Versicherungs-Aktiengesellschaft oder auf ein öffentlich-rechtliches Versicherungsunternehmen übertragen.

§ 186[1)] Anzuwendende Vorschriften. [1]Auf die Vermögensübertragung sind die Vorschriften des Zweiten Abschnitts entsprechend anzuwenden. [2]Dabei treten bei kleineren Vereinen an die Stelle der Anmeldung zur Eintragung in das Register der Antrag an die Aufsichtsbehörde auf Genehmigung, an die Stelle der Eintragung in das Register und ihrer Bekanntmachung die Bekanntmachung im Bundesanzeiger nach § 187.

§ 187[2)] Bekanntmachung der Vermögensübertragung. Sobald die Vermögensübertragung von allen beteiligten Aufsichtsbehörden genehmigt worden ist, macht bei einer Vermögensübertragung auf ein öffentlich-rechtliches Versicherungsunternehmen die für den übertragenden kleineren Verein zuständige Aufsichtsbehörde die Vermögensübertragung und ihre Genehmigung im Bundesanzeiger bekannt.

[1)] § 186 Satz 2 geänd. mWv 1.1.2007 durch G v. 10.11.2006 (BGBl. I S. 2553); Satz 2 geänd. mWv 1.4. 2012 durch G v. 22.12.2011 (BGBl. I S. 3044).

[2)] § 187 geänd. mWv 1.1.2007 durch G v. 10.11.2006 (BGBl. I S. 2553); geänd. mWv 1.4.2012 durch G v. 22.12.2011 (BGBl. I S. 3044).

Vierter Abschnitt. Übertragung des Vermögens eines öffentlich-rechtlichen Versicherungsunternehmens auf Aktiengesellschaften oder Versicherungsvereine auf Gegenseitigkeit

Erster Unterabschnitt. Vollübertragung

§ 188[1)] Anwendung der Verschmelzungsvorschriften. (1) Bei einer Vollübertragung nach § 175 Nr. 2 Buchstabe c sind auf die übernehmenden Rechtsträger die für die Verschmelzung durch Aufnahme geltenden Vorschriften des Zweiten Buches sowie auf das übertragende Versicherungsunternehmen § 176 Abs. 3 entsprechend anzuwenden, soweit sich aus den folgenden Vorschriften nichts anderes ergibt.

(2) § 176 Abs. 2 und 4 sowie § 178 Abs. 3 sind entsprechend anzuwenden.

(3) [1] An die Stelle der Anmeldung zur Eintragung in das Register treten bei den öffentlich-rechtlichen Versicherungsunternehmen der Antrag an die Aufsichtsbehörde auf Genehmigung, an die Stelle der Eintragung in das Register und ihrer Bekanntmachung die Bekanntmachung nach Satz 2. [2] Die für das öffentlich-rechtliche Versicherungsunternehmen zuständige Aufsichtsbehörde macht, sobald die Vermögensübertragung von allen beteiligten Aufsichtsbehörden genehmigt worden ist, die Übertragung und ihre Genehmigung im Bundesanzeiger bekannt.

Zweiter Unterabschnitt. Teilübertragung

§ 189 Anwendung der Spaltungsvorschriften. (1) Bei einer Teilübertragung nach § 175 Nr. 2 Buchstabe c sind auf die übernehmenden Rechtsträger die für die Aufspaltung, Abspaltung oder Ausgliederung zur Aufnahme geltenden Vorschriften des Dritten Buches und die dort für entsprechend anwendbar erklärten Vorschriften des Zweiten Buches auf den vergleichbaren Vorgang sowie auf das übertragende Versicherungsunternehmen § 176 Abs. 3 entsprechend anzuwenden, soweit sich aus den folgenden Vorschriften nichts anderes ergibt.

(2) § 176 Abs. 2 und 4, § 178 Abs. 3 sowie § 188 Abs. 3 sind entsprechend anzuwenden.

Fünftes Buch. Formwechsel

Erster Teil. Allgemeine Vorschriften

§ 190 Allgemeiner Anwendungsbereich. (1) Ein Rechtsträger kann durch Formwechsel eine andere Rechtsform erhalten.

(2) Soweit nicht in diesem Buch etwas anderes bestimmt ist, gelten die Vorschriften über den Formwechsel nicht für Änderungen der Rechtsform, die in anderen Gesetzen vorgesehen oder zugelassen sind.

§ 191[2)] Einbezogene Rechtsträger. (1) Formwechselnde Rechtsträger können sein:

1. Personenhandelsgesellschaften (§ 3 Abs. 1 Nr. 1) und Partnerschaftsgesellschaften;
2. Kapitalgesellschaften (§ 3 Abs. 1 Nr. 2);
3. eingetragene Genossenschaften;

---

1) § 188 Abs. 3 Satz 2 geänd. mWv 1.1.2007 durch G v. 10.11.2006 (BGBl. I S. 2553); Abs. 3 Satz 2 geänd. mWv 1.4.2012 durch G v. 22.12.2011 (BGBl. I S. 3044).

2) § 191 Abs. 1 Nr. 1, Abs. 2 Nr. 2 geänd. mWv 1.8.1998 durch G v. 22.7.1998 (BGBl. I S. 1878).

4. rechtsfähige Vereine;
5. Versicherungsvereine auf Gegenseitigkeit;
6. Körperschaften und Anstalten des öffentlichen Rechts.

(2) Rechtsträger neuer Rechtsform können sein:
1. Gesellschaften des bürgerlichen Rechts;
2. Personenhandelsgesellschaften und Partnerschaftsgesellschaften;
3. Kapitalgesellschaften;
4. eingetragene Genossenschaften.

(3) Der Formwechsel ist auch bei aufgelösten Rechtsträgern möglich, wenn ihre Fortsetzung in der bisherigen Rechtsform beschlossen werden könnte.

§ 192[1)] Formwechselbericht. (1) [1]Das Vertretungsorgan des formwechselnden Rechtsträgers hat einen ausführlichen schriftlichen Bericht zu erstatten, in dem der Formwechsel und insbesondere die künftige Beteiligung der Anteilsinhaber an dem Rechtsträger sowie die Höhe einer anzubietenden Barabfindung und die zu ihrer Ermittlung gewählten Bewertungsmethoden rechtlich und wirtschaftlich erläutert und begründet werden (Formwechselbericht). [2]§ 8 Absatz 1 Satz 3 bis 5 und Abs. 2 ist entsprechend anzuwenden. [3]Der Formwechselbericht muß einen Entwurf des Formwechselbeschlusses enthalten.

(2) [1]Ein Formwechselbericht ist nicht erforderlich, wenn an dem formwechselnden Rechtsträger nur ein Anteilsinhaber beteiligt ist oder wenn alle Anteilsinhaber auf seine Erstattung verzichten. [2]Die Verzichtserklärungen sind notariell zu beurkunden.

§ 193[2)] Formwechselbeschluss. (1) [1]Für den Formwechsel ist ein Beschluß der Anteilsinhaber des formwechselnden Rechtsträgers (Formwechselbeschluss) erforderlich. [2]Der Beschluß kann nur in einer Versammlung der Anteilsinhaber gefaßt werden.

(2) Ist die Abtretung der Anteile des formwechselnden Rechtsträgers von der Genehmigung einzelner Anteilsinhaber abhängig, so bedarf der Formwechselbeschluss zu seiner Wirksamkeit ihrer Zustimmung.

(3) [1]Der Formwechselbeschluss und die nach diesem Gesetz erforderlichen Zustimmungserklärungen einzelner Anteilsinhaber einschließlich der erforderlichen Zustimmungserklärungen nicht erschienener Anteilsinhaber müssen notariell beurkundet werden. [2]Auf Verlangen ist jedem Anteilsinhaber auf seine Kosten unverzüglich eine Abschrift der Niederschrift des Beschlusses zu erteilen.

§ 194[3)] Inhalt des Formwechselbeschlusses. (1) In dem Formwechselbeschluss müssen mindestens bestimmt werden:
1. die Rechtsform, die der Rechtsträger durch den Formwechsel erlangen soll;
2. der Name oder die Firma des Rechtsträgers neuer Rechtsform;

[1)] § 192 Abs. 2 aufgeh., bish. Abs. 3 wird Abs. 2 mWv 25.4.2007 durch G v. 19.4.2007 (BGBl. I S. 542); Überschrift, Abs. 1 Sätze 1–3 und Abs. 2 Satz 1 geänd. mWv 1.3.2023 durch G v. 22.2.2023 (BGBl. 2023 I Nr. 51).

[2)] § 193 Überschrift, Abs. 1 Satz 1, Abs. 2 und 3 Satz 1 geänd. mWv 1.3.2023 durch G v. 22.2.2023 (BGBl. 2023 I Nr. 51).

[3)] § 194 Überschrift, Abs. 1 einl. Satzteil, Nr. 6 und Abs. 2 geänd. mWv 1.3.2023 durch G v. 22.2.2023 (BGBl. 2023 I Nr. 51).

3. eine Beteiligung der bisherigen Anteilsinhaber an dem Rechtsträger nach den für die neue Rechtsform geltenden Vorschriften, soweit ihre Beteiligung nicht nach diesem Buch entfällt;
4. Zahl, Art und Umfang der Anteile oder der Mitgliedschaften, welche die Anteilsinhaber durch den Formwechsel erlangen sollen oder die einem beitretenden persönlich haftenden Gesellschafter eingeräumt werden sollen;
5. die Rechte, die einzelnen Anteilsinhabern sowie den Inhabern besonderer Rechte wie Anteile ohne Stimmrecht, Vorzugsaktien, Mehrstimmrechtsaktien, Schuldverschreibungen und Genußrechte in dem Rechtsträger gewährt werden sollen, oder die Maßnahmen, die für diese Personen vorgesehen sind;
6. ein Abfindungsangebot nach § 207, sofern nicht der Formwechselbeschluss zu seiner Wirksamkeit der Zustimmung aller Anteilsinhaber bedarf oder an dem formwechselnden Rechtsträger nur ein Anteilsinhaber beteiligt ist;
7. die Folgen des Formwechsels für die Arbeitnehmer und ihre Vertretungen sowie die insoweit vorgesehenen Maßnahmen.

(2) Der Entwurf des Formwechselbeschlusses ist spätestens einen Monat vor dem Tage der Versammlung der Anteilsinhaber, die den Formwechsel beschließen soll, dem zuständigen Betriebsrat des formwechselnden Rechtsträgers zuzuleiten.

§ 195[1)] Befristung und Ausschluß von Klagen gegen den Formwechselbeschluss. (1) Eine Klage gegen die Wirksamkeit des Formwechselbeschlusses muß binnen eines Monats nach der Beschlußfassung erhoben werden.

(2) Eine Klage gegen die Wirksamkeit des Formwechselbeschlusses kann nicht darauf gestützt werden, daß die in dem Beschluß bestimmten Anteile an dem Rechtsträger neuer Rechtsform nicht angemessen sind oder daß die Mitgliedschaft kein ausreichender Gegenwert für die Anteile oder die Mitgliedschaft bei dem formwechselnden Rechtsträger ist.

§ 196[2)] Verbesserung des Beteiligungsverhältnisses. [1]Sind die in dem Formwechselbeschluss bestimmten Anteile an dem Rechtsträger neuer Rechtsform nicht angemessen oder ist die Mitgliedschaft bei diesem kein ausreichender Gegenwert für die Anteile oder die Mitgliedschaft bei dem formwechselnden Rechtsträger, so kann jeder Anteilsinhaber, dessen Recht, gegen die Wirksamkeit des Formwechselbeschlusses Klage zu erheben, nach § 195 Abs. 2 ausgeschlossen ist, von dem Rechtsträger einen Ausgleich durch bare Zuzahlung verlangen. [2]Die angemessene Zuzahlung wird auf Antrag durch das Gericht nach den Vorschriften des Spruchverfahrensgesetzes[3)] bestimmt. [3]§ 15 Abs. 2 ist entsprechend anzuwenden.

§ 197[4)] Anzuwendende Gründungsvorschriften. [1]Auf den Formwechsel sind die für die neue Rechtsform geltenden Gründungsvorschriften anzuwenden, soweit sich aus diesem Buch nichts anderes ergibt. [2]Vorschriften, die für die Gründung eine Mindestzahl der Gründer vorschreiben, sowie die Vorschriften über die Bildung und Zusammensetzung des ersten Aufsichtsrats sind nicht an-

---

[1)] § 195 Überschrift, Abs. 1 und 2 geänd. mWv 1.3.2023 durch G v. 22.2.2023 (BGBl. 2023 I Nr. 51).

[2)] § 196 Satz 2 eingef., bish. Satz 2 wird Satz 3 mWv 1.9.2003 durch G v. 12.6.2003 (BGBl. I S. 838); Satz 1 geänd. mWv 1.3.2023 durch G v. 22.2.2023 (BGBl. 2023 I Nr. 51).

[3)] **Habersack, Deutsche Gesetze ErgBd. Nr. 51b.**

[4)] § 197 Satz 3 angef. mWv 25.4.2007 durch G v. 19.4.2007 (BGBl. I S. 542).

zuwenden. [3]Beim Formwechsel eines Rechtsträgers in eine Aktiengesellschaft ist § 31 des Aktiengesetzes[1)] anwendbar.

§ 198[2)] Anlagen des Formwechsels. (1) Die neue Rechtsform des Rechtsträgers ist zur Eintragung in das Register, in dem der formwechselnde Rechtsträger eingetragen ist, anzumelden.

(2) [1]Ist der formwechselnde Rechtsträger nicht in einem Register eingetragen, so ist der Rechtsträger neuer Rechtsform bei dem zuständigen Gericht zur Eintragung in das für die neue Rechtsform maßgebende Register anzumelden. [2]Das gleiche gilt, wenn sich durch den Formwechsel die Art des für den Rechtsträger maßgebenden Registers ändert oder durch eine mit dem Formwechsel verbundene Sitzverlegung die Zuständigkeit eines anderen Registergerichts begründet wird. [3]Im Falle des Satzes 2 ist die Umwandlung auch zur Eintragung in das Register anzumelden, in dem der formwechselnde Rechtsträger eingetragen ist. [4]Diese Eintragung ist mit dem Vermerk zu versehen, daß die Umwandlung erst mit der Eintragung des Rechtsträgers neuer Rechtsform in das für diese maßgebende Register wirksam wird, sofern die Eintragungen in den Registern aller beteiligten Rechtsträger nicht am selben Tag erfolgen. [5]Der Rechtsträger neuer Rechtsform darf erst eingetragen werden, nachdem die Umwandlung nach den Sätzen 3 und 4 eingetragen worden ist.

(3) § 16 Abs. 2 und 3 ist entsprechend anzuwenden.

§ 199[3)] Anlagen der Anmeldung. Der Anmeldung der neuen Rechtsform oder des Rechtsträgers neuer Rechtsform sind in Ausfertigung oder öffentlich beglaubigter Abschrift oder, soweit sie nicht notariell zu beurkunden sind, in Urschrift oder Abschrift außer den sonst erforderlichen Unterlagen auch die Niederschrift des Formwechselbeschlusses, die nach diesem Gesetz erforderlichen Zustimmungserklärungen einzelner Anteilsinhaber einschließlich der Zustimmungserklärungen nicht erschienener Anteilsinhaber, der Formwechselbericht oder die Erklärungen über den Verzicht auf seine Erstellung, ein Nachweis über die Zuleitung nach § 194 Abs. 2 beizufügen.

§ 200[4)] Firma oder Name des Rechtsträgers. (1) [1]Der Rechtsträger neuer Rechtsform darf seine bisher geführte Firma beibehalten, soweit sich aus diesem Buch nichts anderes ergibt. [2]Zusätzliche Bezeichnungen, die auf die Rechtsform der formwechselnden Gesellschaft hinweisen, dürfen auch dann nicht verwendet werden, wenn der Rechtsträger die bisher geführte Firma beibehält.

(2) Auf eine nach dem Formwechsel beibehaltene Firma ist § 19 des Handelsgesetzbuchs[5)], § 4 des Gesetzes betreffend die Gesellschaften mit beschränkter Haftung[6)], §§ 4, 279 des Aktiengesetzes[1)] oder § 3 des Genossenschaftsgesetzes[7)] entsprechend anzuwenden.

[1)] Nr. **51**.

[2)] § 198 Abs. 2 Satz 4 geänd. mWv 25.4.2007 durch G v. 19.4.2007 (BGBl. I S. 542).

[3)] § 199 geänd. mWv 1.9.2009 durch G v. 30.7.2009 (BGBl. I S. 2479); geänd. mWv 1.3.2023 durch G v. 22.2.2023 (BGBl. 2023 I Nr. 51).

[4)] § 200 Abs 1 Satz 2 aufgeh., bish. Satz 3 wird Satz 2, Abs. 2 neu gef., Abs. 3 aufgeh., bish. Abs. 4 und 5 werden Abs. 3 und 4 durch G v. 22.6.1998 (BGBl. I S. 1474); Überschrift geänd., Abs. 4 eingef., bish. Abs. 4 wird Abs. 5 mWv 1.8.1998 durch G v. 22.7.1998 (BGBl. I S. 1878); Abs. 2 geänd. mWv 18.8.2006 durch G v. 14.8.2006 (BGBl. I S. 1911).

[5)] Nr. **50**.

[6)] Nr. **52**.

[7)] Nr. **53**.

(3) War an dem formwechselnden Rechtsträger eine natürliche Person beteiligt, deren Beteiligung an dem Rechtsträger neuer Rechtsform entfällt, so darf der Name dieses Anteilsinhabers nur dann in der beibehaltenen bisherigen oder in der neu gebildeten Firma verwendet werden, wenn der betroffene Anteilsinhaber oder dessen Erben ausdrücklich in die Verwendung des Namens einwilligen.

(4) [1] Ist formwechselnder Rechtsträger oder Rechtsträger neuer Rechtsform eine Partnerschaftsgesellschaft, gelten für die Beibehaltung oder Bildung der Firma oder des Namens die Absätze 1 und 3 entsprechend. [2] Eine Firma darf als Name einer Partnerschaftsgesellschaft nur unter den Voraussetzungen des § 2 Abs. 1 des Partnerschaftsgesellschaftsgesetzes[1)] beibehalten werden. [3] § 1 Abs. 3 und § 11 des Partnerschaftsgesellschaftsgesetzes sind entsprechend anzuwenden.

(5) Durch den Formwechsel in eine Gesellschaft des bürgerlichen Rechts erlischt die Firma der formwechselnden Gesellschaft.

§ 201[2)] Bekanntmachung des Formwechsels. Das für die Anmeldung der neuen Rechtsform oder des Rechtsträgers neuer Rechtsform zuständige Gericht hat die Eintragung der neuen Rechtsform oder des Rechtsträgers neuer Rechtsform nach § 10 des Handelsgesetzbuchs[3)] bekanntzumachen.

§ 202[4)] Wirkungen der Eintragung. (1) Die Eintragung der neuen Rechtsform in das Register hat folgende Wirkungen:

1. Der formwechselnde Rechtsträger besteht in der in dem Formwechselbeschluss bestimmten Rechtsform weiter.
2. [1] Die Anteilsinhaber des formwechselnden Rechtsträgers sind an dem Rechtsträger nach den für die neue Rechtsform geltenden Vorschriften beteiligt, soweit ihre Beteiligung nicht nach diesem Buch entfällt. [2] Rechte Dritter an den Anteilen oder Mitgliedschaften des formwechselnden Rechtsträgers bestehen an den an ihre Stelle tretenden Anteilen oder Mitgliedschaften des Rechtsträgers neuer Rechtsform weiter.
3. Der Mangel der notariellen Beurkundung des Formwechselbeschlusses und gegebenenfalls erforderlicher Zustimmungs- oder Verzichtserklärungen einzelner Anteilsinhaber wird geheilt.

(2) Die in Absatz 1 bestimmten Wirkungen treten in den Fällen des § 198 Abs. 2 mit der Eintragung des Rechtsträgers neuer Rechtsform in das Register ein.

(3) Mängel des Formwechsels lassen die Wirkungen der Eintragung der neuen Rechtsform oder des Rechtsträgers neuer Rechtsform in das Register unberührt.

§ 203[5)] Amtsdauer von Aufsichtsratsmitgliedern. [1] Wird bei einem Formwechsel bei dem Rechtsträger neuer Rechtsform in gleicher Weise wie bei dem formwechselnden Rechtsträger ein Aufsichtsrat gebildet und zusammengesetzt, so bleiben die Mitglieder des Aufsichtsrats für den Rest ihrer Wahlzeit als Mitglieder des Aufsichtsrats des Rechtsträgers neuer Rechtsform im Amt. [2] Die Anteilsinhaber des formwechselnden Rechtsträgers können im Formwechselbeschluss für ihre Aufsichtsratsmitglieder die Beendigung des Amtes bestimmen.

---

1) Nr. **50b**.

2) § 201 Satz 2 aufgeh., bish. Satz 1 geänd. mWv 1.1.2007 durch G v. 10.11.2006 (BGBl. I S. 2553); geänd. mWv 1.8.2022 durch G v. 5.7.2021 (BGBl. I S. 3338).

3) Nr. **50**.

4) § 202 Abs. 1 Nr. 1 und 3 geänd. mWv 1.3.2023 durch G v. 22.2.2023 (BGBl. 2023 I Nr. 51).

5) § 203 Satz 2 geänd. mWv 1.3.2023 durch G v. 22.2.2023 (BGBl. 2023 I Nr. 51).

§ 204 Schutz der Gläubiger und der Inhaber von Sonderrechten. Auf den Schutz der Gläubiger ist § 22, auf den Schutz der Inhaber von Sonderrechten § 23 entsprechend anzuwenden.

§ 205[1)] Schadenersatzpflicht der Verwaltungsträger des formwechselnden Rechtsträgers. (1) [1]Die Mitglieder des Vertretungsorgans und, wenn ein Aufsichtsorgan vorhanden ist, des Aufsichtsorgans des formwechselnden Rechtsträgers sind als Gesamtschuldner zum Ersatz des Schadens verpflichtet, den der Rechtsträger, seine Anteilsinhaber oder seine Gläubiger durch den Formwechsel erleiden. [2]§ 25 Abs. 1 Satz 2 ist entsprechend anzuwenden.

(2) Die Ansprüche nach Absatz 1 verjähren in fünf Jahren seit dem Tage, an dem die anzumeldende Eintragung der neuen Rechtsform oder des Rechtsträgers neuer Rechtsform in das Register bekannt gemacht worden ist.

§ 206 Geltendmachung des Schadenersatzanspruchs. [1]Die Ansprüche nach § 205 Abs. 1 können nur durch einen besonderen Vertreter geltend gemacht werden. [2]Das Gericht des Sitzes des Rechtsträgers neuer Rechtsform hat einen solchen Vertreter auf Antrag eines Anteilsinhabers oder eines Gläubigers des formwechselnden Rechtsträgers zu bestellen. [3]§ 26 Abs. 1 Satz 3 und 4, Abs. 2, Abs. 3 Satz 2 und 3 und Abs. 4 ist entsprechend anzuwenden; an die Stelle der Blätter für die öffentlichen Bekanntmachungen des übertragenden Rechtsträgers treten die entsprechenden Blätter des Rechtsträgers neuer Rechtsform.

§ 207[2)] Angebot der Barabfindung. (1) [1]Der formwechselnde Rechtsträger hat jedem Anteilsinhaber, der gegen den Formwechselbeschluss Widerspruch zur Niederschrift erklärt, den Erwerb seiner umgewandelten Anteile oder Mitgliedschaften gegen eine angemessene Barabfindung anzubieten; § 71 Abs. 4 Satz 2 des Aktiengesetzes[3)] und die Anordnung der Nichtigkeit des schuldrechtlichen Geschäfts über einen verbotswidrigen Erwerb nach § 33 Absatz 2 Satz 3 des Gesetzes betreffend die Gesellschaften mit beschränkter Haftung[4)] sind insoweit nicht anzuwenden. [2]Kann der Rechtsträger auf Grund seiner neuen Rechtsform eigene Anteile oder Mitgliedschaften nicht erwerben, so ist die Barabfindung für den Fall anzubieten, daß der Anteilsinhaber sein Ausscheiden aus dem Rechtsträger erklärt. [3]Der Rechtsträger hat die Kosten für eine Übertragung zu tragen.

(2) § 29 Abs. 2 ist entsprechend anzuwenden.

§ 208 Inhalt des Anspruchs auf Barabfindung und Prüfung der Barabfindung. Auf den Anspruch auf Barabfindung ist § 30 entsprechend anzuwenden.

§ 209[5)] Annahme des Angebots. [1]Das Angebot nach § 207 kann nur binnen zwei Monaten nach dem Tage angenommen werden, an dem die Eintragung der neuen Rechtsform oder des Rechtsträgers neuer Rechtsform in das Register bekannt gemacht worden ist. [2]Ist nach § 212 ein Antrag auf Bestimmung der Barabfindung durch das Gericht gestellt worden, so kann das Angebot binnen zwei Monaten nach dem Tage angenommen werden, an dem die Entscheidung im Bundesanzeiger bekanntgemacht worden ist.

[1)] § 205 Abs. 2 geänd. mWv 1.1.2007 durch G v. 10.11.2006 (BGBl. I S. 2553).

[2)] § 207 Abs. 1 Satz 1 geänd. mWv 1.3.2023 durch G v. 22.2.2023 (BGBl. 2023 I Nr. 51).

[3)] Nr. **51**.

[4)] Nr. **52**.

[5)] § 209 Sätze 1 und 2 geänd. mWv 1.1.2007 durch G v. 10.11.2006 (BGBl. I S. 2553); Satz 2 geänd. mWv 1.4.2012 durch G v. 22.12.2011 (BGBl. I S. 3044).

§ 210[1] **Ausschluß von Klagen gegen den Formwechselbeschluss.** Eine Klage gegen die Wirksamkeit des Formwechselbeschlusses kann nicht darauf gestützt werden, daß das Angebot nach § 207 nicht angemessen oder daß die Barabfindung im Formwechselbeschluss nicht oder nicht ordnungsgemäß angeboten worden ist.

§ 211[2] **Anderweitige Veräußerung.** Einer anderweitigen Veräußerung des Anteils durch einen Anteilsinhaber, der nach § 207 Adressat des Abfindungsangebots ist, stehen nach Fassung des Formwechselbeschlusses bis zum Ablauf der in § 209 Satz 1 bestimmten Frist Verfügungsbeschränkungen nicht entgegen.

§ 212[3] **Gerichtliche Nachprüfung der Abfindung.** [1] Macht ein Anteilsinhaber geltend, daß eine im Formwechselbeschluss bestimmte Barabfindung, die ihm nach § 207 Abs. 1 anzubieten war, nicht angemessen sei, so hat auf seinen Antrag das Gericht nach den Vorschriften des Spruchverfahrensgesetzes[4] die angemessene Barabfindung zu bestimmen. [2] Das gleiche gilt, wenn die Barabfindung nicht oder nicht ordnungsgemäß angeboten worden ist.

§ 213[5] **Unbekannte Aktionäre.** Auf unbekannte Aktionäre ist § 35 entsprechend anzuwenden.

Zweiter Teil. Besondere Vorschriften

Erster Abschnitt.[6] Formwechsel von Personengesellschaften

Erster Unterabschnitt.[7] Formwechsel von Personenhandelsgesellschaften

§ 214[8] **Möglichkeit des Formwechsels.** (1) Eine Personenhandelsgesellschaft kann auf Grund eines Formwechselbeschlusses nach diesem Gesetz nur die Rechtsform einer Kapitalgesellschaft oder einer eingetragenen Genossenschaft erlangen.

(2) Eine aufgelöste Personenhandelsgesellschaft kann die Rechtsform nicht wechseln, wenn die Gesellschafter nach § 145 des Handelsgesetzbuchs[9] eine andere Art der Auseinandersetzung als die Abwicklung oder als den Formwechsel vereinbart haben.

§ 215[10] ***Umwandlungsbericht***[11] Ein Formwechselbericht ist nicht erforderlich, wenn alle Gesellschafter der formwechselnden Gesellschaft zur Geschäftsführung berechtigt sind.

---

[1] § 210 Überschrift und Wortlaut geänd. mWv 1.3.2023 durch G v. 22.2.2023 (BGBl. 2023 I Nr. 51).
[2] § 211 neu gef. mWv 1.3.2023 durch G v. 22.2.2023 (BGBl. 2023 I Nr. 51).
[3] § 212 Satz 1 geänd. mWv 1.9.2003 durch G v. 12.6.2003 (BGBl. I S. 838); Satz 1 geänd. mWv 1.3.2023 durch G v. 22.2.2023 (BGBl. 2023 I Nr. 51).
[4] **Habersack, Deutsche Gesetze ErgBd. Nr. 51b.**
[5] § 213 neu gef. mWv 25.4.2007 durch G v. 19.4.2007 (BGBl. I S. 542).
[6] Erster Abschnitt Überschrift neu gef. mWv 1.8.1998 durch G v. 22.7.1998 (BGBl. I S. 1878).
[7] Erster UAbschnitt Überschrift eingef. mWv 1.8.1998 durch G v. 22.7.1998 (BGBl. I S. 1878).
[8] § 214 Abs. 1 geänd. mWv 1.3.2023 durch G v. 22.2.2023 (BGBl. 2023 I Nr. 51).
[9] Nr. **50**.
[10] § 215 geänd. mWv 1.3.2023 durch G v. 22.2.2023 (BGBl. 2023 I Nr. 51).
[11] Richtig wohl: „Formwechselbericht".

§ 216[1] Unterrichtung der Gesellschafter. Das Vertretungsorgan der formwechselnden Gesellschaft hat allen von der Geschäftsführung ausgeschlossenen Gesellschaftern spätestens zusammen mit der Einberufung der Gesellschafterversammlung, die den Formwechsel beschließen soll, diesen Formwechsel als Gegenstand der Beschlußfassung in Textform anzukündigen und einen nach diesem Buch erforderlichen Formwechselbericht sowie ein Abfindungsangebot nach § 207 zu übersenden.

§ 217[2] Beschluß der Gesellschafterversammlung. (1) [1] Der Formwechselbeschluss der Gesellschafterversammlung bedarf der Zustimmung aller anwesenden Gesellschafter; ihm müssen auch die nicht erschienenen Gesellschafter zustimmen. [2] Der Gesellschaftsvertrag der formwechselnden Gesellschaft kann eine Mehrheitsentscheidung der Gesellschafter vorsehen. [3] Die Mehrheit muß mindestens drei Viertel der abgegebenen Stimmen betragen.

(2) Die Gesellschafter, die im Falle einer Mehrheitsentscheidung für den Formwechsel gestimmt haben, sind in der Niederschrift über den Formwechselbeschluss namentlich aufzuführen.

(3) Dem Formwechsel in eine Kommanditgesellschaft auf Aktien müssen alle Gesellschafter zustimmen, die in dieser Gesellschaft die Stellung eines persönlich haftenden Gesellschafters haben sollen.

§ 218[3] Inhalt des Formwechselbeschlusses. (1) [1] In dem Formwechselbeschluss muß auch der Gesellschaftsvertrag der Gesellschaft mit beschränkter Haftung oder die Satzung der Genossenschaft enthalten sein oder die Satzung der Aktiengesellschaft oder der Kommanditgesellschaft auf Aktien festgestellt werden. [2] Eine Unterzeichnung der Satzung durch die Mitglieder ist nicht erforderlich.

(2) Der Beschluss zum Formwechsel in eine Kommanditgesellschaft auf Aktien muß vorsehen, daß sich an dieser Gesellschaft mindestens ein Gesellschafter der formwechselnden Gesellschaft als persönlich haftender Gesellschafter beteiligt oder daß der Gesellschaft mindestens ein persönlich haftender Gesellschafter beitritt.

(3) [1] Der Beschluss zum Formwechsel in eine Genossenschaft muß die Beteiligung jedes Mitglieds mit mindestens einem Geschäftsanteil vorsehen. [2] In dem Beschluß kann auch bestimmt werden, daß jedes Mitglied bei der Genossenschaft mit mindestens einem und im übrigen mit so vielen Geschäftsanteilen, wie sie durch Anrechnung seines Geschäftsguthabens bei dieser Genossenschaft als voll eingezahlt anzusehen sind, beteiligt wird.

§ 219 Rechtsstellung als Gründer. [1] Bei der Anwendung der Gründungsvorschriften stehen den Gründern die Gesellschafter der formwechselnden Gesellschaft gleich. [2] Im Falle einer Mehrheitsentscheidung treten an die Stelle der Gründer die Gesellschafter, die für den Formwechsel gestimmt haben, sowie beim Formwechsel in eine Kommanditgesellschaft auf Aktien auch beitretende persönlich haftende Gesellschafter.

---

[1] § 216 geänd. mWv 1.8.2001 durch G v. 13.7.2001 (BGBl. I S. 1542); geänd. mWv 1.3.2023 durch G v. 22.2.2023 (BGBl. 2023 I Nr. 51).

[2] § 217 Abs. 1 Satz 3 neu gef. mWv 1.8.1998 durch G v. 22.7.1998 (BGBl. I S. 1878); Abs. 1 Satz 1 und Abs. 2 geänd. mWv 1.3.2023 durch G v. 22.2.2023 (BGBl. 2023 I Nr. 51).

[3] § 218 Abs. 1 Sätze 1 und 2, Abs. 3 Sätze 1 und 2 geänd. mWv 18.8.2006 durch G v. 14.8.2006 (BGBl. I S. 1911); Überschrift, Abs. 1 Satz 1, Abs. 2 und 3 Satz 1 geänd. mWv 1.3.2023 durch G v. 22.2.2023 (BGBl. 2023 I Nr. 51).

§ 220 Kapitalschutz. (1) Der Nennbetrag des Stammkapitals einer Gesellschaft mit beschränkter Haftung oder des Grundkapitals einer Aktiengesellschaft oder einer Kommanditgesellschaft auf Aktien darf das nach Abzug der Schulden verbleibende Vermögen der formwechselnden Gesellschaft nicht übersteigen.

(2) In dem Sachgründungsbericht beim Formwechsel in eine Gesellschaft mit beschränkter Haftung oder in dem Gründungsbericht beim Formwechsel in eine Aktiengesellschaft oder in eine Kommanditgesellschaft auf Aktien sind auch der bisherige Geschäftsverlauf und die Lage der formwechselnden Gesellschaft darzulegen.

(3) [1] Beim Formwechsel in eine Aktiengesellschaft oder in eine Kommanditgesellschaft auf Aktien hat die Gründungsprüfung durch einen oder mehrere Prüfer (§ 33 Abs. 2 des Aktiengesetzes[1)]) in jedem Fall stattzufinden. [2] Die für Nachgründungen in § 52 Abs. 1 des Aktiengesetzes bestimmte Frist von zwei Jahren beginnt mit dem Wirksamwerden des Formwechsels.

§ 221[2)] Beitritt persönlich haftender Gesellschafter. [1] Der in einem Beschluss zum Formwechsel in eine Kommanditgesellschaft auf Aktien vorgesehene Beitritt eines Gesellschafters, welcher der formwechselnden Gesellschaft nicht angehört hat, muß notariell beurkundet werden. [2] Die Satzung der Kommanditgesellschaft auf Aktien ist von jedem beitretenden persönlich haftenden Gesellschafter zu genehmigen.

§ 222[3)] Anmeldung des Formwechsels. (1) [1] Die Anmeldung nach § 198 einschließlich der Anmeldung der Satzung der Genossenschaft ist durch alle Mitglieder des künftigen Vertretungsorgans sowie, wenn der Rechtsträger nach den für die neue Rechtsform geltenden Vorschriften einen Aufsichtsrat haben muß, auch durch alle Mitglieder dieses Aufsichtsrats vorzunehmen. [2] Zugleich mit der Genossenschaft sind die Mitglieder ihres Vorstandes zur Eintragung in das Register anzumelden.

(2) Ist der Rechtsträger neuer Rechtsform eine Aktiengesellschaft oder eine Kommanditgesellschaft auf Aktien, so haben die Anmeldung nach Absatz 1 auch alle Gesellschafter vorzunehmen, die nach § 219 den Gründern dieser Gesellschaft gleichstehen.

(3) Die Anmeldung der Umwandlung zur Eintragung in das Register nach § 198 Abs. 2 Satz 3 kann auch von den zur Vertretung der formwechselnden Gesellschaft ermächtigten Gesellschaftern vorgenommen werden.

§ 223 Anlagen der Anmeldung. Der Anmeldung der neuen Rechtsform oder des Rechtsträgers neuer Rechtsform sind beim Formwechsel in eine Kommanditgesellschaft auf Aktien außer den sonst erforderlichen Unterlagen auch die Urkunden über den Beitritt aller beitretenden persönlich haftenden Gesellschafter in Ausfertigung oder öffentlich beglaubigter Abschrift beizufügen.

§ 224[4)] Fortdauer und zeitliche Begrenzung der persönlichen Haftung.

(1) Der Formwechsel berührt nicht die Ansprüche der Gläubiger der Gesellschaft gegen einen ihrer Gesellschafter aus Verbindlichkeiten der formwechselnden

---

[1)] Nr. **51**.

[2)] *§ 221 Satz 1* geänd. mWv 1.3.2023 durch G v. 22.2.2023 (BGBl. 2023 I Nr. 51).

[3)] § 222 Abs. 1 Satz 1 geänd. mWv 18.8.2006 durch G v. 14.8.2006 (BGBl. I S. 1911).

[4)] § 224 Abs. 2, Abs. 3 Satz 2 und Abs. 4 geänd. mWv 1.1.2002 durch G v. 26.11.2001 (BGBl. I S. 3138); Abs. 3 Satz 1 geänd. mWv 1.1.2007 durch G v. 10.11.2006 (BGBl. I S. 2553).

Gesellschaft, für die dieser im Zeitpunkt des Formwechsels nach § 128 des Handelsgesetzbuchs[1] persönlich haftet.

(2) Der Gesellschafter haftet für diese Verbindlichkeiten, wenn sie vor Ablauf von fünf Jahren nach dem Formwechsel fällig und daraus Ansprüche gegen ihn in einer in § 197 Abs. 1 Nr. 3 bis 5 des Bürgerlichen Gesetzbuchs[2] bezeichneten Art festgestellt sind oder eine gerichtliche oder behördliche Vollstreckungshandlung vorgenommen oder beantragt wird; bei öffentlich-rechtlichen Verbindlichkeiten genügt der Erlass eines Verwaltungsakts.

(3) [1] Die Frist beginnt mit dem Tage, an dem die Eintragung der neuen Rechtsform oder des Rechtsträgers neuer Rechtsform in das Register bekannt gemacht worden ist. [2] Die für die Verjährung geltenden §§ 204, 206, 210, 211 und 212 Abs. 2 und 3 des Bürgerlichen Gesetzbuchs sind entsprechend anzuwenden.

(4) Einer Feststellung in einer in § 197 Abs. 1 Nr. 3 bis 5 des Bürgerlichen Gesetzbuchs bezeichneten Art bedarf es nicht, soweit der Gesellschafter den Anspruch schriftlich anerkannt hat.

(5) Die Absätze 1 bis 4 sind auch anzuwenden, wenn der Gesellschafter in dem Rechtsträger anderer Rechtsform geschäftsführend tätig wird.

§ 225 Prüfung des Abfindungsangebots. [1] Im Falle des § 217 Abs. 1 Satz 2 ist die Angemessenheit der angebotenen Barabfindung nach § 208 in Verbindung mit § 30 Abs. 2 nur auf Verlangen eines Gesellschafters zu prüfen. [2] Die Kosten trägt die Gesellschaft.

Zweiter Unterabschnitt.[3] Formwechsel von Partnerschaftsgesellschaften

§ 225a[4] Möglichkeit des Formwechsels. Eine Partnerschaftsgesellschaft kann auf Grund eines Formwechselbeschlusses nach diesem Gesetz nur die Rechtsform einer Kapitalgesellschaft oder einer eingetragenen Genossenschaft erlangen.

§ 225b[5] Formwechselbericht und Unterrichtung der Partner. [1] Ein Formwechselbericht ist nur erforderlich, wenn ein Partner der formwechselnden Partnerschaft gemäß § 6 Abs. 2 des Partnerschaftsgesellschaftsgesetzes[6] von der Geschäftsführung ausgeschlossen ist. [2] Von der Geschäftsführung ausgeschlossene Partner sind entsprechend § 216 zu unterrichten.

§ 225c[3] Anzuwendende Vorschriften. Auf den Formwechsel einer Partnerschaftsgesellschaft sind § 214 Abs. 2 und die §§ 217 bis 225 entsprechend anzuwenden.

---

[1] Nr. **50**.
[2] Nr. **20**.
[3] 2. UAbschnitt (§§ 225a–225c) eingef. mWv 1.8.1998 durch G v. 22.7.1998 (BGBl. I S. 1878).
[4] § 225a eingef. mWv 1.8.1998 durch G v. 22.7.1998 (BGBl. I S. 1878); geänd. mWv 1.3.2023 durch G v. 22.2.2023 (BGBl. 2023 I Nr. 51).
[5] § 225b eingef. mWv 1.8.1998 durch G v. 22.7.1998 (BGBl. I S. 1878); Überschrift und Satz 1 geänd. mWv 1.3.2023 durch G v. 22.2.2023 (BGBl. 2023 I Nr. 51).
[6] Nr. **50b**.

Zweiter Abschnitt. Formwechsel von Kapitalgesellschaften

Erster Unterabschnitt. Allgemeine Vorschriften

§ 226[1] **Möglichkeit des Formwechsels.** Eine Kapitalgesellschaft kann auf Grund eines Formwechselbeschlusses nach diesem Gesetz nur die Rechtsform einer Gesellschaft des bürgerlichen Rechts, einer Personenhandelsgesellschaft, einer Partnerschaftsgesellschaft, einer anderen Kapitalgesellschaft oder einer eingetragenen Genossenschaft erlangen.

§ 227 Nicht anzuwendende Vorschriften. Die §§ 207 bis 212 sind beim Formwechsel einer Kommanditgesellschaft auf Aktien nicht auf deren persönlich haftende Gesellschafter anzuwenden.

Zweiter Unterabschnitt. Formwechsel in eine Personengesellschaft

§ 228[2] **Möglichkeit des Formwechsels.** (1) Durch den Formwechsel kann eine Kapitalgesellschaft die Rechtsform einer Personenhandelsgesellschaft nur erlangen, wenn der Unternehmensgegenstand im Zeitpunkt des Wirksamwerdens des Formwechsels den Vorschriften über die Gründung einer offenen Handelsgesellschaft (§ 105 Abs. 1 und 2 des Handelsgesetzbuchs[3]) genügt.

(2) [1] Ein Formwechsel in eine Partnerschaftsgesellschaft ist nur möglich, wenn im Zeitpunkt seines Wirksamwerdens alle Anteilsinhaber des formwechselnden Rechtsträgers natürliche Personen sind, die einen Freien Beruf ausüben (§ 1 Abs. 1 und 2 des Partnerschaftsgesellschaftsgesetzes[4]). [2] § 1 Abs. 3 des Partnerschaftsgesellschaftsgesetzes bleibt unberührt.

§ 229[5] *(aufgehoben)*

§ 230[6] **Vorbereitung der Versammlung der Anteilsinhaber.** (1) Die Geschäftsführer einer formwechselnden Gesellschaft mit beschränkter Haftung haben allen Gesellschaftern spätestens zusammen mit der Einberufung der Gesellschafterversammlung, die den Formwechsel beschließen soll, diesen Formwechsel als Gegenstand der Beschlußfassung in Textform anzukündigen und den Formwechselbericht zu übersenden.

(2) [1] Der Formwechselbericht einer Aktiengesellschaft oder einer Kommanditgesellschaft auf Aktien ist von der Einberufung der Hauptversammlung an, die den Formwechsel beschließen soll, in dem Geschäftsraum der Gesellschaft zur Einsicht der Aktionäre auszulegen. [2] Auf Verlangen ist jedem Aktionär und jedem von der Geschäftsführung ausgeschlossenen persönlich haftenden Gesellschafter unverzüglich und kostenlos eine Abschrift des Formwechselberichts zu erteilen. [3] Der Formwechselbericht kann dem Aktionär und dem von der Geschäftsführung ausgeschlossenen persönlich haftenden Gesellschafter mit seiner Einwilligung auf dem

---

[1] § 226 geänd. mWv 1.8.1998 durch G v. 22.7.1998 (BGBl. I S. 1878); geänd. mWv 1.3.2023 durch G v. 22.2.2023 (BGBl. 2023 I Nr. 51).

[2] § 228 Abs. 1 geänd. durch G v. 22.6.1998 (BGBl. I S. 1474); Überschrift neu gef., Abs. 3 angef. mWv 1.8.1998 durch G v. 22.7.1998 (BGBl. I S. 1878); Abs. 2 aufgeh., bish. Abs. 3 wird Abs. 2 mWv 25.4.2007 durch G v. 19.4.2007 (BGBl. I S. 542).

[3] Nr. **50**.

[4] Nr. **50b**.

[5] § 229 aufgeh. mWv 25.4.2007 durch G v. 19.4.2007 (BGBl. I S. 542).

[6] § 230 Abs. 1 geänd. mWv 1.8.2001 durch G v. 13.7.2001 (BGBl. I S. 1542); Abs. 2 Satz 3 angef. mWv 1.9.2009 durch G v. 30.7.2009 (BGBl. I S. 2479); Abs. 2 Satz 3 eingef., bish. Satz 3 wird Satz 4 mWv 15.7.2011 durch G v. 11.7.2011 (BGBl. I S. 1338); Abs. 1 und 2 Sätze 1–4 geänd. mWv 1.3.2023 durch G v. 22.2.2023 (BGBl. 2023 I Nr. 51).

Wege elektronischer Kommunikation übermittelt werden. [4]Die Verpflichtungen nach den Sätzen 1 und 2 entfallen, wenn der Formwechselbericht für denselben Zeitraum über die Internetseite der Gesellschaft zugänglich ist.

§ 231[1)] Mitteilung des Abfindungsangebots. [1]Das Vertretungsorgan der formwechselnden Gesellschaft hat den Gesellschaftern oder Aktionären spätestens zusammen mit der Einberufung der Gesellschafterversammlung oder der Hauptversammlung, die den Formwechsel beschließen soll, das Abfindungsangebot nach § 207 zu übersenden. [2]Der Übersendung steht es gleich, wenn das Abfindungsangebot im Bundesanzeiger und den sonst bestimmten Gesellschaftsblättern bekanntgemacht wird.

§ 232[2)] Durchführung der Versammlung der Anteilsinhaber. (1) [1]In der Gesellschafterversammlung oder in der Hauptversammlung, die den Formwechsel beschließen soll, ist der Formwechselbericht auszulegen. [2]In der Hauptversammlung kann der Formwechselbericht auch auf andere Weise zugänglich gemacht werden.

(2) Der Entwurf des Formwechselbeschlusses einer Aktiengesellschaft oder einer Kommanditgesellschaft auf Aktien ist von deren Vertretungsorgan zu Beginn der Verhandlung mündlich zu erläutern.

§ 233[3)] Beschluß der Versammlung der Anteilsinhaber. (1) Der Formwechselbeschluss der Gesellschafterversammlung oder der Hauptversammlung bedarf, wenn die formwechselnde Gesellschaft die Rechtsform einer Gesellschaft des bürgerlichen Rechts, einer offenen Handelsgesellschaft oder einer Partnerschaftsgesellschaft erlangen soll, der Zustimmung aller anwesenden Gesellschafter oder Aktionäre; ihm müssen auch die nicht erschienenen Anteilsinhaber zustimmen.

(2) [1]Soll die formwechselnde Gesellschaft in eine Kommanditgesellschaft umgewandelt werden, so bedarf der Formwechselbeschluss einer Mehrheit von mindestens drei Vierteln der bei der Gesellschafterversammlung einer Gesellschaft mit beschränkter Haftung abgegebenen Stimmen oder des bei der Beschlußfassung einer Aktiengesellschaft oder einer Kommanditgesellschaft auf Aktien vertretenen Grundkapitals; § 50 Abs. 2 und § 65 Abs. 2 sind entsprechend anzuwenden. [2]Der Gesellschaftsvertrag oder die Satzung der formwechselnden Gesellschaft kann eine größere Mehrheit und weitere Erfordernisse bestimmen. [3]Dem Formwechsel müssen alle Gesellschafter oder Aktionäre zustimmen, die in der Kommanditgesellschaft die Stellung eines persönlich haftenden Gesellschafters haben sollen.

(3) [1]Dem Formwechsel einer Kommanditgesellschaft auf Aktien müssen ferner deren persönlich haftende Gesellschafter zustimmen. [2]Die Satzung der formwechselnden Gesellschaft kann für den Fall des Formwechsels in eine Kommanditgesellschaft eine Mehrheitsentscheidung dieser Gesellschafter vorsehen. [3]Jeder dieser Gesellschafter kann sein Ausscheiden aus dem Rechtsträger für den Zeitpunkt erklären, in dem der Formwechsel wirksam wird.

[1)] § 231 Satz 2 geänd. mWv 1.1.2007 durch G v. 10.11.2006 (BGBl. I S. 2553); Satz 2 geänd. mWv 1.4.2012 durch G v. 22.12.2011 (BGBl. I S. 3044).

[2)] § 232 Abs. 1 Satz 2 angef. mWv 1.9.2009 durch G v. 30.7.2009 (BGBl. I S. 2479); Abs. 1 Sätze 1 und 2, Abs. 2 geänd. mWv 1.3.2023 durch G v. 22.2.2023 (BGBl. 2023 I Nr. 51).

[3)] § 233 Abs. 1 geänd. mWv 1.8.1998 durch G v. 22.7.1998 (BGBl. I S. 1878); Abs. 1 und 2 Satz 1 geänd. mWv 1.3.2023 durch G v. 22.2.2023 (BGBl. 2023 I Nr. 51).

§ 234[1)] Inhalt des Formwechselbeschlusses. In dem Formwechselbeschluss müssen auch enthalten sein:

1. die Bestimmung des Sitzes der Personengesellschaft;
2. beim Formwechsel in eine Kommanditgesellschaft die Angabe der Kommanditisten sowie des Betrages der Einlage eines jeden von ihnen;
3. der Gesellschaftsvertrag der Personengesellschaft. Beim Formwechsel in eine Partnerschaftsgesellschaft ist § 213 auf den Partnerschaftsvertrag nicht anzuwenden.

§ 235 Anmeldung des Formwechsels. (1) [1]Beim Formwechsel in eine Gesellschaft des bürgerlichen Rechts ist statt der neuen Rechtsform die Umwandlung der Gesellschaft zur Eintragung in das Register, in dem die formwechselnde Gesellschaft eingetragen ist, anzumelden. [2]§ 198 Abs. 2 ist nicht anzuwenden.

(2) Die Anmeldung nach Absatz 1 oder nach § 198 ist durch das Vertretungsorgan der formwechselnden Gesellschaft vorzunehmen.

§ 236 Wirkungen des Formwechsels. Mit dem Wirksamwerden des Formwechsels einer Kommanditgesellschaft auf Aktien scheiden persönlich haftende Gesellschafter, die nach § 233 Abs. 3 Satz 3 ihr Ausscheiden aus dem Rechtsträger erklärt haben, aus der Gesellschaft aus.

§ 237 Fortdauer und zeitliche Begrenzung der persönlichen Haftung. Erlangt ein persönlich haftender Gesellschafter einer formwechselnden Kommanditgesellschaft auf Aktien beim Formwechsel in eine Kommanditgesellschaft die Rechtsstellung eines Kommanditisten, so ist auf seine Haftung für die im Zeitpunkt des Formwechsels begründeten Verbindlichkeiten der formwechselnden Gesellschaft § 224 entsprechend anzuwenden.

Dritter Unterabschnitt. Formwechsel in eine Kapitalgesellschaft anderer Rechtsform

§ 238[2)] Vorbereitung der Versammlung der Anteilsinhaber. [1]Auf die Vorbereitung der Gesellschafterversammlung oder der Hauptversammlung, die den Formwechsel beschließen soll, sind die §§ 230 und 231 entsprechend anzuwenden. [2]§ 192 Abs. 2 bleibt unberührt.

§ 239[3)] Durchführung der Versammlung der Anteilsinhaber. (1) [1]In der Gesellschafterversammlung oder in der Hauptversammlung, die den Formwechsel beschließen soll, ist der Formwechselbericht auszulegen. [2]In der Hauptversammlung kann der Formwechselbericht auch auf andere Weise zugänglich gemacht werden.

(2) Der Entwurf des Formwechselbeschlusses einer Aktiengesellschaft oder einer Kommanditgesellschaft auf Aktien ist von deren Vertretungsorgan zu Beginn der Verhandlung mündlich zu erläutern.

[1)] § 234 Nr. 2 geänd., Nr. 3 angef. mWv 1.8.1998 durch G v. 22.7.1998 (BGBl. I S. 1878); Nr. 3 neu gef. mWv 25.4.2007 durch G v. 19.4.2007 (BGBl. I S. 542); Überschrift und einl. Satzteil geänd. mWv 1.3.2023 durch G v. 22.2.2023 (BGBl. 2023 I Nr. 51).

[2)] § 238 Satz 2 neu gef., Satz 3 aufgeh. mWv 25.4.2007 durch G v. 19.4.2007 (BGBl. I S. 542).

[3)] § 239 Abs. 1 Satz 2 angef. mWv 1.9.2009 durch G v. 30.7.2009 (BGBl. I S. 2479); Abs. 1 Sätze 1 und 2, Abs. 2 geänd. mWv 1.3.2023 durch G v. 22.2.2023 (BGBl. 2023 I Nr. 51).

§ 240[1] Beschluß der Versammlung der Anteilsinhaber. (1) [1]Der Formwechselbeschluss bedarf einer Mehrheit von mindestens drei Vierteln der bei der Gesellschafterversammlung einer Gesellschaft mit beschränkter Haftung abgegebenen Stimmen oder des bei der Beschlußfassung einer Aktiengesellschaft oder einer Kommanditgesellschaft auf Aktien vertretenen Grundkapitals; § 65 Abs. 2 ist entsprechend anzuwenden. [2]Der Gesellschaftsvertrag oder die Satzung der formwechselnden Gesellschaft kann eine größere Mehrheit und weitere Erfordernisse, beim Formwechsel einer Kommanditgesellschaft auf Aktien in eine Aktiengesellschaft auch eine geringere Mehrheit bestimmen.

(2) [1]Dem Formwechsel einer Gesellschaft mit beschränkter Haftung oder einer Aktiengesellschaft in eine Kommanditgesellschaft auf Aktien müssen alle Gesellschafter oder Aktionäre zustimmen, die in der Gesellschaft neuer Rechtsform die Stellung eines persönlich haftenden Gesellschafters haben sollen. [2]Auf den Beitritt persönlich haftender Gesellschafter ist § 221 entsprechend anzuwenden.

(3) [1]Dem Formwechsel einer Kommanditgesellschaft auf Aktien müssen ferner deren persönlich haftende Gesellschafter zustimmen. [2]Die Satzung der formwechselnden Gesellschaft kann eine Mehrheitsentscheidung dieser Gesellschafter vorsehen.

§ 241[2] Zustimmungserfordernisse beim Formwechsel einer Gesellschaft mit beschränkter Haftung. (1) Werden durch den Formwechselbeschluss einer formwechselnden Gesellschaft mit beschränkter Haftung die Aktien in der Satzung der Aktiengesellschaft oder der Kommanditgesellschaft auf Aktien auf einen höheren als den Mindestbetrag nach § 8 Abs. 2 oder 3 des Aktiengesetzes[3] und abweichend vom Nennbetrag der Geschäftsanteile der formwechselnden Gesellschaft gestellt, so muß dem jeder Gesellschafter zustimmen, der sich nicht dem Gesamtnennbetrag seiner Geschäftsanteile entsprechend beteiligen kann.

(2) Auf das Erfordernis der Zustimmung einzelner Gesellschafter ist ferner § 50 Abs. 2 entsprechend anzuwenden.

(3) Sind einzelnen Gesellschaftern außer der Leistung von Kapitaleinlagen noch andere Verpflichtungen gegenüber der Gesellschaft auferlegt und können diese wegen der einschränkenden Bestimmung des § 55 des Aktiengesetzes bei dem Formwechsel nicht aufrechterhalten werden, so bedarf der Formwechsel auch der Zustimmung dieser Gesellschafter.

§ 242[4] Zustimmungserfordernis beim Formwechsel einer Aktiengesellschaft oder einer Kommanditgesellschaft auf Aktien. Wird durch den Formwechselbeschluss einer formwechselnden Aktiengesellschaft oder Kommanditgesellschaft auf Aktien der Nennbetrag der Geschäftsanteile in dem Gesellschaftsvertrag der Gesellschaft mit beschränkter Haftung abweichend vom Betrag der Aktien festgesetzt, so muß der Festsetzung jeder Aktionär zustimmen, der sich nicht mit seinem gesamten Anteil beteiligen kann.

---

[1] § 240 Abs. 1 Satz 1 geänd. mWv 1.3.2023 durch G v. 22.2.2023 (BGBl. 2023 I Nr. 51).

[2] § 241 Abs. 1 Satz 1 neu gef. mWv 1.4.1998 durch G v. 25.3.1998 (BGBl. I S. 590); Abs. 1 Satz 2 aufgeh. mWv 1.11.2008 durch G v. 23.10.2008 (BGBl. I S. 2026); Abs. 1 geänd. mWv 1.3.2023 durch G v. 22.2.2023 (BGBl. 2023 I Nr. 51).

[3] Nr. **51**.

[4] § 242 geänd. mWv 1.4.1998 durch G v. 25.3.1998 (BGBl. I S. 590); geänd. mWv 1.11.2008 durch G v. 23.10.2008 (BGBl. I S. 2026); geänd. mWv 1.3.2023 durch G v. 22.2.2023 (BGBl. 2023 I Nr. 51).

§ 243[1] Inhalt des Formwechselbeschlusses. (1) [1] Auf den Formwechselbeschluss ist § 218 entsprechend anzuwenden. [2] Festsetzungen über Sondervorteile, Gründungsaufwand, Sacheinlagen und Sachübernahmen, die in dem Gesellschaftsvertrag oder in der Satzung der formwechselnden Gesellschaft enthalten sind, sind in den Gesellschaftsvertrag oder in die Satzung der Gesellschaft neuer Rechtsform zu übernehmen. [3] § 26 Abs. 4 und 5 des Aktiengesetzes[2] bleibt unberührt.

(2) Vorschriften anderer Gesetze über die Änderung des Stammkapitals oder des Grundkapitals bleiben unberührt.

(3) [1] In dem Gesellschaftsvertrag oder in der Satzung der Gesellschaft neuer Rechtsform kann der auf die Anteile entfallende Betrag des Stamm- oder Grundkapitals abweichend vom Betrag der Anteile der formwechselnden Gesellschaft festgesetzt werden. [2] Bei einer Gesellschaft mit beschränkter Haftung muss er auf volle Euro lauten.

§ 244[3] Niederschrift über den Formwechselbeschluss; Gesellschaftsvertrag. (1) In der Niederschrift über den Formwechselbeschluss sind die Personen, die nach § 245 Abs. 1 bis 3 den Gründern der Gesellschaft gleichstehen, namentlich aufzuführen.

(2) Beim Formwechsel einer Aktiengesellschaft oder einer Kommanditgesellschaft auf Aktien in eine Gesellschaft mit beschränkter Haftung braucht der Gesellschaftsvertrag von den Gesellschaftern nicht unterzeichnet zu werden.

§ 245[4] Rechtsstellung als Gründer; Kapitalschutz. (1) [1] Bei einem Formwechsel einer Gesellschaft mit beschränkter Haftung in eine Aktiengesellschaft oder in eine Kommanditgesellschaft auf Aktien treten bei der Anwendung der Gründungsvorschriften des Aktiengesetzes[2] an die Stelle der Gründer die Gesellschafter, die für den Formwechsel gestimmt haben, sowie beim Formwechsel einer Gesellschaft mit beschränkter Haftung in eine Kommanditgesellschaft auf Aktien auch beitretende persönlich haftende Gesellschafter. [2] § 220 ist entsprechend anzuwenden. [3] § 52 des Aktiengesetzes ist nicht anzuwenden, wenn die Gesellschaft mit beschränkter Haftung vor dem Wirksamwerden des Formwechsels bereits länger als zwei Jahre in das Register eingetragen war.

(2) [1] Beim Formwechsel einer Aktiengesellschaft in eine Kommanditgesellschaft auf Aktien treten bei der Anwendung der Gründungsvorschriften des Aktiengesetzes an die Stelle der Gründer die persönlich haftenden Gesellschafter der Gesellschaft neuer Rechtsform. [2] § 220 ist entsprechend anzuwenden. [3] § 52 des Aktiengesetzes ist nicht anzuwenden.

(3) [1] Beim Formwechsel einer Kommanditgesellschaft auf Aktien in eine Aktiengesellschaft treten bei der Anwendung der Gründungsvorschriften des Aktiengesetzes an die Stelle der Gründer die persönlich haftenden Gesellschafter der formwechselnden Gesellschaft. [2] § 220 ist entsprechend anzuwenden. [3] § 52 des Aktiengesetzes ist nicht anzuwenden.

---

[1] § 243 Abs. 3 Sätze 1 und 2 geänd. mWv 1.4.1998 durch G v. 25.3.1998 (BGBl. I S. 590); Abs. 3 Satz 2 neu gef. mWv 1.11.2008 durch G v. 23.10.2008 (BGBl. I S. 2026); Überschrift, Abs. 1 Satz 1 geänd. mWv 1.3.2023 durch G v. 22.2.2023 (BGBl. 2023 I Nr. 51).

[2] Nr. **51**.

[3] § 244 Überschrift und Abs. 1 geänd. mWv 1.3.2023 durch G v. 22.2.2023 (BGBl. 2023 I Nr. 51).

[4] § 245 Abs. 1 Satz 3, Abs. 2 Satz 3 und Abs. 3 Satz 3 angef. mWv 25.4.2007 durch G v. 19.4.2007 (BGBl. I S. 542).

(4) Beim Formwechsel einer Aktiengesellschaft oder einer Kommanditgesellschaft auf Aktien in eine Gesellschaft mit beschränkter Haftung ist ein Sachgründungsbericht nicht erforderlich.

§ 246 Anmeldung des Formwechsels. (1) Die Anmeldung nach § 198 ist durch das Vertretungsorgan der formwechselnden Gesellschaft vorzunehmen.

(2) Zugleich mit der neuen Rechtsform oder mit dem Rechtsträger neuer Rechtsform sind die Geschäftsführer der Gesellschaft mit beschränkter Haftung, die Vorstandsmitglieder der Aktiengesellschaft oder die persönlich haftenden Gesellschafter der Kommanditgesellschaft auf Aktien zur Eintragung in das Register anzumelden.

(3) § 8 Abs. 2 des Gesetzes betreffend die Gesellschaften mit beschränkter Haftung[1] und § 37 Abs. 1 des Aktiengesetzes[2] sind auf die Anmeldung nach § 198 nicht anzuwenden.

§ 247[3] Wirkungen des Formwechsels. (1) Durch den Formwechsel wird das bisherige Stammkapital einer formwechselnden Gesellschaft mit beschränkter Haftung zum Grundkapital der Gesellschaft neuer Rechtsform oder das bisherige Grundkapital einer formwechselnden Aktiengesellschaft oder Kommanditgesellschaft auf Aktien zum Stammkapital der Gesellschaft neuer Rechtsform.

(2) Durch den Formwechsel einer Kommanditgesellschaft auf Aktien scheiden deren persönlich haftende Gesellschafter als solche aus der Gesellschaft aus.

§ 248 Umtausch der Anteile. (1) Auf den Umtausch der Geschäftsanteile einer formwechselnden Gesellschaft mit beschränkter Haftung gegen Aktien ist § 73 des Aktiengesetzes[2], bei Zusammenlegung von Geschäftsanteilen § 226 des Aktiengesetzes über die Kraftloserklärung von Aktien entsprechend anzuwenden.

(2) Auf den Umtausch der Aktien einer formwechselnden Aktiengesellschaft oder Kommanditgesellschaft auf Aktien gegen Geschäftsanteile einer Gesellschaft mit beschränkter Haftung ist § 73 Abs. 1 und 2 des Aktiengesetzes, bei Zusammenlegung von Aktien § 226 Abs. 1 und 2 des Aktiengesetzes über die Kraftloserklärung von Aktien entsprechend anzuwenden.

(3) Einer Genehmigung des Gerichts bedarf es nicht.

§ 248a[4] Gewährung zusätzlicher Aktien. [1]Die §§ 72a und 72b gelten für einen Formwechsel in eine Aktiengesellschaft oder eine Kommanditgesellschaft auf Aktien entsprechend. [2]Der Formwechselbeschluss hat die Erklärung gemäß § 72a Absatz 1 Satz 1 zu enthalten.

§ 249 Gläubigerschutz. Auf den Formwechsel einer Kommanditgesellschaft auf Aktien in eine Gesellschaft mit beschränkter Haftung oder in eine Aktiengesellschaft ist auch § 224 entsprechend anzuwenden.

§ 250 Nicht anzuwendende Vorschriften. Die §§ 207 bis 212 sind auf den Formwechsel einer Aktiengesellschaft in eine Kommanditgesellschaft auf Aktien oder einer Kommanditgesellschaft auf Aktien in eine Aktiengesellschaft nicht anzuwenden.

---

[1] Nr. **52**.

[2] Nr. **51**.

[3] § 247 Abs. 2 aufgeh., bish. Abs. 3 wird Abs. 2 mWv 25.4.2007 durch G v. 19.4.2007 (BGBl. I S. 542).

[4] § 248a eingef. mWv 1.3.2023 durch G v. 22.2.2023 (BGBl. 2023 I Nr. 51).

Vierter Unterabschnitt. Formwechsel in eine eingetragene Genossenschaft

§ 251[1)] Vorbereitung und Durchführung der Versammlung der Anteilsinhaber. (1) [1] Auf die Vorbereitung der Gesellschafterversammlung oder der Hauptversammlung, die den Formwechsel beschließen soll, sind die §§ 229 bis 231 entsprechend anzuwenden. [2] § 192 Abs. 2 bleibt unberührt.

(2) Auf die Gesellschafterversammlung oder die Hauptversammlung, die den Formwechsel beschließen soll, ist § 239 Abs. 1 Satz 1, auf die Hauptversammlung auch § 239 Abs. 1 Satz 2 und Abs. 2 entsprechend anzuwenden.

§ 252[2)] Beschluß der Versammlung der Anteilsinhaber. (1) Der Formwechselbeschluss der Gesellschafterversammlung oder der Hauptversammlung bedarf, wenn die Satzung der Genossenschaft eine Verpflichtung der Mitglieder zur Leistung von Nachschüssen vorsieht, der Zustimmung aller anwesenden Gesellschafter oder Aktionäre; ihm müssen auch die nicht erschienenen Anteilsinhaber zustimmen.

(2) [1] Sollen die Mitglieder nicht zur Leistung von Nachschüssen verpflichtet werden, so bedarf der Formwechselbeschluss einer Mehrheit von mindestens drei Vierteln der bei der Gesellschafterversammlung einer Gesellschaft mit beschränkter Haftung abgegebenen Stimmen oder des bei der Beschlußfassung einer Aktiengesellschaft oder einer Kommanditgesellschaft auf Aktien vertretenen Grundkapitals; § 50 Abs. 2 und § 65 Abs. 2 sind entsprechend anzuwenden. [2] Der Gesellschaftsvertrag oder die Satzung der formwechselnden Gesellschaft kann eine größere Mehrheit und weitere Erfordernisse bestimmen.

(3) Auf den Formwechsel einer Kommanditgesellschaft auf Aktien ist § 240 Abs. 3 entsprechend anzuwenden.

§ 253[3)] Inhalt des Formwechselbeschlusses. (1) [1] In dem Formwechselbeschluss muß auch die Satzung der Genossenschaft enthalten sein. [2] Eine Unterzeichnung der Satzung durch die Mitglieder ist nicht erforderlich.

(2) [1] Der Formwechselbeschluss muß die Beteiligung jedes Mitglieds mit mindestens einem Geschäftsanteil vorsehen. [2] In dem Beschluß kann auch bestimmt werden, daß jedes Mitglied bei der Genossenschaft mit mindestens einem und im übrigen mit so vielen Geschäftsanteilen, wie sie durch Anrechnung seines Geschäftsguthabens bei dieser Genossenschaft als voll eingezahlt anzusehen sind, beteiligt wird.

§ 254[4)] Anmeldung des Formwechsels. (1) Die Anmeldung nach § 198 einschließlich der Anmeldung der Satzung der Genossenschaft ist durch das Vertretungsorgan der formwechselnden Gesellschaft vorzunehmen.

---

1) § 251 Abs. 1 Satz 2 geänd. mWv 25.4.2007 durch G v. 19.4.2007 (BGBl. I S. 542); Abs. 2 geänd. mWv 1.9.2009 durch G v. 30.7.2009 (BGBl. I S. 2479).

2) § 252 Abs. 1 und Abs. 2 Satz 1 geänd. mWv 18.8.2006 durch G v. 14.8.2006 (BGBl. I S. 1911); Abs. 1 und 2 Satz 1 geänd. mWv 1.3.2023 durch G v. 22.2.2023 (BGBl. 2023 I Nr. 51).

3) § 253 Abs. 1 Sätze 1 und 2, Abs. 2 Sätze 1 und 2 geänd. mWv 18.8.2006 durch G v. 14.8.2006 (BGBl. I S. 1911); Überschrift, Abs. 1 Satz 1, Abs. 2 Satz 1 geänd. mWv 1.3.2023 durch G v. 22.2.2023 (BGBl. 2023 I Nr. 51).

4) § 254 Abs. 1 geänd. mWv 18.8.2006 durch G v. 14.8.2006 (BGBl. I S. 1911).

(2) Zugleich mit der Genossenschaft sind die Mitglieder ihres Vorstandes zur Eintragung in das Register anzumelden.

§ 255[1] Wirkungen des Formwechsels. (1) [1]Jeder Anteilsinhaber, der die Rechtsstellung eines Mitglieds erlangt, ist bei der Genossenschaft nach Maßgabe des Formwechselbeschlusses beteiligt. [2]Eine Verpflichtung zur Übernahme weiterer Geschäftsanteile bleibt unberührt. [3]§ 202 Abs. 1 Nr. 2 Satz 2 ist mit der Maßgabe anzuwenden, daß die an den bisherigen Anteilen bestehenden Rechte Dritter an den durch den Formwechsel erlangten Geschäftsguthaben weiterbestehen.

(2) Das Gericht darf eine Auflösung der Genossenschaft von Amts wegen nach § 80 des Genossenschaftsgesetzes[2] nicht vor Ablauf eines Jahres seit dem Wirksamwerden des Formwechsels aussprechen.

(3) Durch den Formwechsel einer Kommanditgesellschaft auf Aktien scheiden deren persönlich haftende Gesellschafter als solche aus dem Rechtsträger aus.

§ 256[3] Geschäftsguthaben; Benachrichtigung der Mitglieder. (1) Jedem Mitglied ist als Geschäftsguthaben der Wert der Geschäftsanteile oder der Aktien gutzuschreiben, mit denen es an der formwechselnden Gesellschaft beteiligt war.

(2) [1]Übersteigt das durch den Formwechsel erlangte Geschäftsguthaben eines Mitglieds den Gesamtbetrag der Geschäftsanteile, mit denen es bei der Genossenschaft beteiligt ist, so ist der übersteigende Betrag nach Ablauf von sechs Monaten seit dem Tage, an dem die Eintragung der Genossenschaft in das Register bekannt gemacht worden ist, an das Mitglied auszuzahlen. [2]Die Auszahlung darf jedoch nicht erfolgen, bevor die Gläubiger, die sich nach § 204 in Verbindung mit § 22 gemeldet haben, befriedigt oder sichergestellt sind.

(3) Die Genossenschaft hat jedem Mitglied unverzüglich nach der Bekanntmachung der Eintragung der Genossenschaft in das Register in Textform mitzuteilen:

1. den Betrag seines Geschäftsguthabens;
2. den Betrag und die Zahl der Geschäftsanteile, mit denen es bei der Genossenschaft beteiligt ist;
3. den Betrag der von dem Mitglied nach Anrechnung seines Geschäftsguthabens noch zu leistenden Einzahlung oder den Betrag, der nach Absatz 2 an das Mitglied auszuzahlen ist;
4. den Betrag der Haftsumme der Genossenschaft, sofern die Mitglieder Nachschüsse bis zu einer Haftsumme zu leisten haben.

§ 257 Gläubigerschutz. Auf den Formwechsel einer Kommanditgesellschaft auf Aktien ist auch § 224 entsprechend anzuwenden.

---

[1] § 255 Abs. 1 Satz 1 und Abs. 2 geänd. mWv 18.8.2006 durch G v. 14.8.2006 (BGBl. I S. 1911); Abs. 1 Satz 1 geänd. mWv 1.3.2023 durch G v. 22.2.2023 (BGBl. 2023 I Nr. 51).

[2] Nr. **53**.

[3] § 256 Abs. 3 einl. Satzteil geänd. mWv 1.8.2001 durch G v. 13.7.2001 (BGBl. I S. 1542); Überschrift, Abs. 1, Abs. 2 Satz 1, Abs. 3 einl. Satzteil, Nr. 3 und 4 geänd. mWv 18.8.2006 durch G v. 14.8.2006 (BGBl. I S. 1911); Abs. 2 Satz 1 geänd. mWv 1.1.2007 durch G v. 10.11.2006 (BGBl. I S. 2553); Abs. 3 Nr. 2 und 3 geänd. mWv 1.9.2009 durch G v. 30.7.2009 (BGBl. I S. 2479).

Dritter Abschnitt. Formwechsel eingetragener Genossenschaften

§ 258[1)] Möglichkeit des Formwechsels. (1) Eine eingetragene Genossenschaft kann auf Grund eines Formwechselbeschlusses nach diesem Gesetz nur die Rechtsform einer Kapitalgesellschaft erlangen.

(2) Der Formwechsel ist nur möglich, wenn auf jedes Mitglied, das an der Gesellschaft neuer Rechtsform beteiligt wird, als beschränkt haftender Gesellschafter ein Geschäftsanteil, dessen Nennbetrag auf volle Euro lautet, oder als Aktionär mindestens eine volle Aktie entfällt.

§ 259[2)] Gutachten des Prüfungsverbandes. Vor der Einberufung der Generalversammlung, die den Formwechsel beschließen soll, ist eine gutachtliche Äußerung des Prüfungsverbandes einzuholen, ob der Formwechsel mit den Belangen der Mitglieder und der Gläubiger der Genossenschaft vereinbar ist, insbesondere ob bei der Festsetzung des Stammkapitals oder des Grundkapitals § 263 Abs. 2 Satz 2 und § 264 Abs. 1 beachtet sind (Prüfungsgutachten).

§ 260[3)] Vorbereitung der Generalversammlung. (1) [1]Der Vorstand der formwechselnden Genossenschaft hat allen Mitgliedern spätestens zusammen mit der Einberufung der Generalversammlung, die den Formwechsel beschließen soll, diesen Formwechsel als Gegenstand der Beschlußfassung in Textform anzukündigen. [2]In der Ankündigung ist auf die für die Beschlußfassung nach § 262 Abs. 1 erforderlichen Mehrheiten sowie auf die Möglichkeit der Erhebung eines Widerspruchs und die sich daraus ergebenden Rechte hinzuweisen.

(2) [1]Auf die Vorbereitung der Generalversammlung sind § 230 Absatz 2 und § 231 entsprechend anzuwenden. [2]§ 192 Abs. 2 bleibt unberührt.

(3) [1]In dem Geschäftsraum der formwechselnden Genossenschaft ist von der Einberufung der Generalversammlung an, die den Formwechsel beschließen soll, außer den sonst erforderlichen Unterlagen auch das nach § 259 erstattete Prüfungsgutachten zur Einsicht der Mitglieder auszulegen. [2]Auf Verlangen ist jedem Mitglied unverzüglich und kostenlos eine Abschrift dieses Prüfungsgutachtens zu erteilen. [3]Die Verpflichtungen nach den Sätzen 1 und 2 entfallen, wenn das Prüfungsgutachten für denselben Zeitraum über die Internetseite der Genossenschaft zugänglich ist.

§ 261[4)] Durchführung der Generalversammlung. (1) [1]In der Generalversammlung, die den Formwechsel beschließen soll, ist der Formwechselbericht, sofern er nach diesem Buch erforderlich ist, und das nach § 259 erstattete Prüfungsgutachten auszulegen. [2]Der Vorstand hat den Formwechselbeschluss zu Beginn der Verhandlung mündlich zu erläutern.

[1)] § 258 Abs. 2 geänd. mWv 1.4.1998 durch G v. 25.3.1998 (BGBl. I S. 590); Abs. 2 geänd. mWv 1.1.1999 durch G v. 9.6.1998 (BGBl. I S. 1242); Abs. 2 geänd. mWv 18.8.2006 durch G v. 14.8.2006 (BGBl. I S. 1911); Abs. 2 geänd. mWv 1.11.2008 durch G v. 23.10.2008 (BGBl. I S. 2026); Abs. 1 geänd. mWv 1.3.2023 durch G v. 22.2.2023 (BGBl. 2023 I Nr. 51).

[2)] § 259 geänd. mWv 18.8.2006 durch G v. 14.8.2006 (BGBl. I S. 1911).

[3)] § 260 Abs. 1 Satz 1 geänd. mWv 1.8.2001 durch G v. 13.7.2001 (BGBl. I S. 1542); Abs. 1 Satz 1, Abs. 3 Sätze 1 und 2 geänd. mWv 18.8.2006 durch G v. 14.8.2006 (BGBl. I S. 1911); Abs. 2 Satz 2 geänd. mWv 25.4.2007 durch G v. 19.4.2007 (BGBl. I S. 542); Abs. 2 Satz 1 geänd. mWv 1.9.2009 durch G v. 30.7.2009 (BGBl. I S. 2479); Abs. 2 Satz 1, Abs. 3 Satz 1 geänd., Satz 3 angef. mWv 22.7.2017 durch G v. 17.7.2017 (BGBl. I S. 2434).

[4)] § 261 Abs. 1 Sätze 1 und 2 geänd. mWv 1.3.2023 durch G v. 22.2.2023 (BGBl. 2023 I Nr. 51).

(2) [1]Das Prüfungsgutachten ist in der Generalversammlung zu verlesen. [2]Der Prüfungsverband ist berechtigt, an der Generalversammlung beratend teilzunehmen.

§ 262[1)] Beschluß der Generalversammlung. (1) [1]Der Formwechselbeschluss der Generalversammlung bedarf einer Mehrheit von mindestens drei Vierteln der abgegebenen Stimmen. [2]Er bedarf einer Mehrheit von neun Zehnteln der abgegebenen Stimmen, wenn spätestens bis zum Ablauf des dritten Tages vor der Generalversammlung mindestens 100 Mitglieder, bei Genossenschaften mit weniger als 1 000 Mitgliedern ein Zehntel der Mitglieder, durch eingeschriebenen Brief Widerspruch gegen den Formwechsel erhoben haben. [3]Die Satzung kann größere Mehrheiten und weitere Erfordernisse bestimmen.

(2) Auf den Formwechsel in eine Kommanditgesellschaft auf Aktien ist § 240 Abs. 2 entsprechend anzuwenden.

§ 263[2)] Inhalt des Formwechselbeschlusses. (1) Auf den Formwechselbeschluss sind auch die §§ 218, 243 Abs. 3 und § 244 Abs. 2 entsprechend anzuwenden.

(2) [1]In dem Beschluß ist bei der Festlegung von Zahl, Art und Umfang der Anteile (§ 194 Abs. 1 Nr. 4) zu bestimmen, daß an dem Stammkapital oder an dem Grundkapital der Gesellschaft neuer Rechtsform jedes Mitglied, das die Rechtsstellung eines beschränkt haftenden Gesellschafters oder eines Aktionärs erlangt, in dem Verhältnis beteiligt wird, in dem am Ende des letzten vor der Beschlußfassung über den Formwechsel abgelaufenen Geschäftsjahres sein Geschäftsguthaben zur Summe der Geschäftsguthaben aller Mitglieder gestanden hat, die durch den Formwechsel Gesellschafter oder Aktionäre geworden sind. [2]Der Nennbetrag des Grundkapitals ist so zu bemessen, daß auf jedes Mitglied möglichst volle Aktien entfallen.

(3) [1]Die Geschäftsanteile einer Gesellschaft mit beschränkter Haftung sollen auf einen höheren Nennbetrag als hundert Euro nur gestellt werden, soweit auf die Mitglieder der formwechselnden Genossenschaft volle Geschäftsanteile mit dem höheren Nennbetrag entfallen. [2]Aktien können auf einen höheren Betrag als den Mindestbetrag nach § 8 Abs. 2 und 3 des Aktiengesetzes[3)] nur gestellt werden, soweit volle Aktien mit dem höheren Betrag auf die Mitglieder entfallen. [3]Wird das Vertretungsorgan der Aktiengesellschaft oder der Kommanditgesellschaft auf Aktien in der Satzung ermächtigt, das Grundkapital bis zu einem bestimmten Nennbetrag durch Ausgabe neuer Aktien gegen Einlagen zu erhöhen, so darf die Ermächtigung nicht vorsehen, daß das Vertretungsorgan über den Ausschluß des Bezugsrechts entscheidet.

§ 264[4)] Kapitalschutz. (1) Der Nennbetrag des Stammkapitals einer Gesellschaft mit beschränkter Haftung oder des Grundkapitals einer Aktiengesellschaft oder einer Kommanditgesellschaft auf Aktien darf das nach Abzug der Schulden verbleibende Vermögen der formwechselnden Genossenschaft nicht übersteigen.

[1)] § 262 Abs. 1 Sätze 2 und 3 geänd. mWv 18.8.2006 durch G v. 14.8.2006 (BGBl. I S. 1911); Abs. 1 Satz 1 geänd. mWv 1.3.2023 durch G v. 22.2.2023 (BGBl. 2023 I Nr. 51).

[2)] § 263 Abs. 2 Satz 2 neu gef., Abs. 3 Satz 2 geänd. mWv 1.4.1998 durch G v. 25.3.1998 (BGBl. I S. 590); Abs. 3 Satz 1 mWv 1.1.1999 geänd. durch G v. 9.6.1998 (BGBl. I S. 1242); Abs. 2 Sätze 1 und 2, Abs. 3 Sätze 1 und 2 geänd. mWv 18.8.2006 durch G v. 14.8.2006 (BGBl. I S. 1911); Überschrift und Abs. 1 geänd. mWv 1.3.2023 durch G v. 22.2.2023 (BGBl. 2023 I Nr. 51).

[3)] Nr. **51**.

[4)] § 264 Abs. 2 und Abs. 3 Satz 2 geänd. mWv 18.8.2006 durch G v. 14.8.2006 (BGBl. I S. 1911).

(2) Beim Formwechsel in eine Gesellschaft mit beschränkter Haftung sind die Mitglieder der formwechselnden Genossenschaft nicht verpflichtet, einen Sachgründungsbericht zu erstatten.

(3) [1] Beim Formwechsel in eine Aktiengesellschaft oder in eine Kommanditgesellschaft auf Aktien hat die Gründungsprüfung durch einen oder mehrere Prüfer (§ 33 Abs. 2 des Aktiengesetzes[1)]) in jedem Fall stattzufinden. [2] Jedoch sind die Mitglieder der formwechselnden Genossenschaft nicht verpflichtet, einen Gründungsbericht zu erstatten; die §§ 32, 35 Abs. 1 und 2 und § 46 des Aktiengesetzes sind nicht anzuwenden. [3] Die für Nachgründungen in § 52 Abs. 1 des Aktiengesetzes bestimmte Frist von zwei Jahren beginnt mit dem Wirksamwerden des Formwechsels.

§ 265 Anmeldung des Formwechsels. [1] Auf die Anmeldung nach § 198 ist § 222 Abs. 1 Satz 1 und Abs. 3 entsprechend anzuwenden. [2] Der Anmeldung ist das nach § 259 erstattete Prüfungsgutachten in Urschrift oder in öffentlich beglaubigter Abschrift beizufügen.

§ 266 Wirkungen des Formwechsels. (1) [1] Durch den Formwechsel werden die bisherigen Geschäftsanteile zu Anteilen an der Gesellschaft neuer Rechtsform und zu Teilrechten. [2] § 202 Abs. 1 Nr. 2 Satz 2 ist mit der Maßgabe anzuwenden, daß die an den bisherigen Geschäftsguthaben bestehenden Rechte Dritter an den durch den Formwechsel erlangten Anteilen und Teilrechten weiterbestehen.

(2) Teilrechte, die durch den Formwechsel entstehen, sind selbständig veräußerlich und vererblich.

(3) [1] Die Rechte aus einer Aktie einschließlich des Anspruchs auf Ausstellung einer Aktienurkunde können nur ausgeübt werden, wenn Teilrechte, die zusammen eine volle Aktie ergeben, in einer Hand vereinigt sind oder wenn mehrere Berechtigte, deren Teilrechte zusammen eine volle Aktie ergeben, sich zur Ausübung der Rechte zusammenschließen. [2] Der Rechtsträger soll die Zusammenführung von Teilrechten zu vollen Aktien vermitteln.

§ 267[2)] Benachrichtigung der Anteilsinhaber. (1) [1] Das Vertretungsorgan der Gesellschaft neuer Rechtsform hat jedem Anteilsinhaber unverzüglich nach der Bekanntmachung der Eintragung der Gesellschaft in das Register deren Inhalt sowie die Zahl und, mit Ausnahme von Stückaktien, den Nennbetrag der Anteile und des Teilrechts, die auf ihn entfallen sind, in Textform mitzuteilen. [2] Dabei soll auf die Vorschriften über Teilrechte in § 266 hingewiesen werden.

(2) [1] Zugleich mit der Mitteilung ist deren wesentlicher Inhalt in den Gesellschaftsblättern bekanntzumachen. [2] Der Hinweis nach Absatz 1 Satz 2 braucht in die Bekanntmachung nicht aufgenommen zu werden.

§ 268 Aufforderung an die Aktionäre; Veräußerung von Aktien. (1) [1] In der Mitteilung nach § 267 sind Aktionäre aufzufordern, die ihnen zustehenden Aktien abzuholen. [2] Dabei ist darauf hinzuweisen, daß die Gesellschaft berechtigt ist, Aktien, die nicht binnen sechs Monaten seit der Bekanntmachung der Aufforderung in den Gesellschaftsblättern abgeholt werden, nach dreimaliger Androhung für Rechnung der Beteiligten zu veräußern. [3] Dieser Hinweis braucht nicht

---

[1)] Nr. **51**.

[2)] § 267 Abs. 1 Satz 1 geänd. mWv 1.4.1998 durch G v. 25.3.1998 (BGBl. I S. 590); Abs. 1 Satz 1 und Abs. 2 Satz 1 geänd. mWv 1.8.2001 durch G v. 13.7.2001 (BGBl. I S. 1542).

in die Bekanntmachung der Aufforderung in den Gesellschaftsblättern aufgenommen zu werden.

(2) [1] Nach Ablauf von sechs Monaten seit der Bekanntmachung der Aufforderung in den Gesellschaftsblättern hat die Gesellschaft neuer Rechtsform die Veräußerung der nicht abgeholten Aktien anzudrohen. [2] Die Androhung ist dreimal in Abständen von mindestens einem Monat in den Gesellschaftsblättern bekanntzumachen. [3] Die letzte Bekanntmachung muß vor dem Ablauf von einem Jahr seit der Bekanntmachung der Aufforderung ergehen.

(3) [1] Nach Ablauf von sechs Monaten seit der letzten Bekanntmachung der Androhung hat die Gesellschaft die nicht abgeholten Aktien für Rechnung der Beteiligten zum amtlichen Börsenpreis durch Vermittlung eines Kursmaklers und beim Fehlen eines Börsenpreises durch öffentliche Versteigerung zu veräußern. [2] § 226 Abs. 3 Satz 2 bis 6 des Aktiengesetzes[1)] ist entsprechend anzuwenden.

§ 269[2)] Hauptversammlungsbeschlüsse; genehmigtes Kapital. [1] Solange beim Formwechsel in eine Aktiengesellschaft oder in eine Kommanditgesellschaft auf Aktien die abgeholten oder nach § 268 Abs. 3 veräußerten Aktien nicht insgesamt mindestens sechs Zehntel des Grundkapitals erreichen, kann die Hauptversammlung der Gesellschaft neuer Rechtsform keine Beschlüsse fassen, die nach Gesetz oder Satzung einer Kapitalmehrheit bedürfen. [2] Das Vertretungsorgan der Gesellschaft darf während dieses Zeitraums von einer Ermächtigung zu einer Erhöhung des Grundkapitals keinen Gebrauch machen.

§ 270[3)] Abfindungsangebot. (1) Das Abfindungsangebot nach § 207 Abs. 1 Satz 1 gilt auch für jedes Mitglied, das dem Formwechsel bis zum Ablauf des dritten Tages vor dem Tage, an dem der Formwechselbeschluss gefaßt worden ist, durch eingeschriebenen Brief widersprochen hat.

(2) [1] Zu dem Abfindungsangebot ist eine gutachtliche Äußerung des Prüfungsverbandes einzuholen. [2] § 30 Abs. 2 Satz 2 und 3 ist nicht anzuwenden.

§ 271[4)] Fortdauer der Nachschußpflicht. [1] Wird über das Vermögen der Gesellschaft neuer Rechtsform binnen zwei Jahren nach dem Tage, an dem ihre Eintragung in das Register bekannt gemacht worden ist, das Insolvenzverfahren eröffnet, so ist jedes Mitglied, das durch den Formwechsel die Rechtsstellung eines beschränkt haftenden Gesellschafters oder eines Aktionärs erlangt hat, im Rahmen der Satzung der formwechselnden Genossenschaft (§ 6 Nr. 3 des Genossenschaftsgesetzes[5)]) zu Nachschüssen verpflichtet, auch wenn es seinen Geschäftsanteil oder seine Aktie veräußert hat. [2] Die §§ 105 bis 115a des Genossenschaftsgesetzes sind mit der Maßgabe entsprechend anzuwenden, daß nur solche Verbindlichkeiten der Gesellschaft zu berücksichtigen sind, die bereits im Zeitpunkt des Formwechsels begründet waren.

[1)] Nr. **51**.

[2)] § 269 Satz 1 geänd. mWv 1.4.1998 durch G v. 25.3.1998 (BGBl. I S. 590).

[3)] § 270 Abs. 2 angef. mWv 1.8.1998 durch G v. 22.7.1998 (BGBl. I S. 1878); Abs. 1 geänd. mWv 18.8.2006 durch G v. 14.8.2006 (BGBl. I S. 1911); Abs. 1 geänd. mWv 1.3.2023 durch G v. 22.2.2023 (BGBl. 2023 I Nr. 51).

[4)] § 271 Sätze 1 und 2 geänd. mWv 18.8.2006 durch G v. 14.8.2006 (BGBl. I S. 1911); Satz 1 geänd. mWv 1.1.2007 durch G v. 10.11.2006 (BGBl. I S. 2553).

[5)] Nr. **53**.

Vierter Abschnitt. Formwechsel rechtsfähiger Vereine

Erster Unterabschnitt. Allgemeine Vorschriften

§ 272[1] **Möglichkeit des Formwechsels.** (1) Ein rechtsfähiger Verein kann auf Grund eines Formwechselbeschlusses nur die Rechtsform einer Kapitalgesellschaft oder einer eingetragenen Genossenschaft erlangen.

(2) Ein Verein kann die Rechtsform nur wechseln, wenn seine Satzung oder Vorschriften des Landesrechts nicht entgegenstehen.

Zweiter Unterabschnitt. Formwechsel in eine Kapitalgesellschaft

§ 273[2] **Möglichkeit des Formwechsels.** Der Formwechsel ist nur möglich, wenn auf jedes Mitglied, das an der Gesellschaft neuer Rechtsform beteiligt wird, als beschränkt haftender Gesellschafter ein Geschäftsanteil, dessen Nennbetrag auf volle Euro lautet, oder als Aktionär mindestens eine volle Aktie entfällt.

§ 274[3] **Vorbereitung und Durchführung der Mitgliederversammlung.** (1) [1] Auf die Vorbereitung der Mitgliederversammlung, die den Formwechsel beschließen soll, sind die §§ 229, 230 Abs. 2 Satz 1 und 2, § 231 Satz 1 und § 260 Abs. 1 entsprechend anzuwenden. [2] § 192 Abs. 2 bleibt unberührt.

(2) Auf die Mitgliederversammlung, die den Formwechsel beschließen soll, ist § 239 Abs. 1 Satz 1 und Abs. 2 entsprechend anzuwenden.

§ 275[4] **Beschluß der Mitgliederversammlung.** (1) Der Formwechselbeschluss der Mitgliederversammlung bedarf, wenn der Zweck des Rechtsträgers geändert werden soll (§ 33 Abs. 1 Satz 2 des Bürgerlichen Gesetzbuchs[5]), der Zustimmung aller anwesenden Mitglieder; ihm müssen auch die nicht erschienenen Mitglieder zustimmen.

(2) [1] In anderen Fällen bedarf der Formwechselbeschluss einer Mehrheit von mindestens drei Vierteln der abgegebenen Stimmen. [2] Er bedarf einer Mehrheit von mindestens neun Zehnteln der abgegebenen Stimmen, wenn spätestens bis zum Ablauf des dritten Tages vor der Mitgliederversammlung wenigstens hundert Mitglieder, bei Vereinen mit weniger als tausend Mitgliedern ein Zehntel der Mitglieder, durch eingeschriebenen Brief Widerspruch gegen den Formwechsel erhoben haben. [3] Die Satzung kann größere Mehrheiten und weitere Erfordernisse bestimmen.

(3) Auf den Formwechsel in eine Kommanditgesellschaft auf Aktien ist § 240 Abs. 2 entsprechend anzuwenden.

§ 276[6] **Inhalt des Formwechselbeschlusses.** (1) Auf den Formwechselbeschluss sind auch die §§ 218, 243 Abs. 3, § 244 Abs. 2 und § 263 Abs. 2 Satz 2, Abs. 3 entsprechend anzuwenden.

---

[1] § 272 Abs. 1 geänd. mWv 1.3.2023 durch G v. 22.2.2023 (BGBl. 2023 I Nr. 51).

[2] § 273 geänd. mWv 1.4.1998 durch G v. 25.3.1998 (BGBl. I S. 590); geänd. mWv 1.1.1999 durch G v. 9.6.1998 (BGBl. I S. 1242); geänd. mWv 1.11.2008 durch G v. 23.10.2008 (BGBl. I S. 2026).

[3] § 274 Abs. 1 Satz 2 geänd. mWv 25.4.2007 durch G v. 19.4.2007 (BGBl. I S. 542); Abs. 1 Satz 1, Abs. 2 geänd. mWv 1.9.2009 durch G v. 30.7.2009 (BGBl. I S. 2479).

[4] § 275 Abs. 2 Sätze 1 und 2 geänd. mWv 30.9.2009 durch G v. 24.9.2009 (BGBl. I S. 3145); Abs. 1 und 2 Satz 1 geänd. mWv 1.3.2023 durch G v. 22.2.2023 (BGBl. 2023 I Nr. 51).

[5] Nr. **20**.

[6] § 276 Abs. 2 Satz 2 aufgeh. mWv 1.4.1998 durch G v. 25.3.1998 (BGBl. I S. 590); Überschrift und Abs. 1 geänd. mWv 1.3.2023 durch G v. 22.2.2023 (BGBl. 2023 I Nr. 51).

(2) Die Beteiligung der Mitglieder am Stammkapital oder am Grundkapital der Gesellschaft neuer Rechtsform darf, wenn nicht alle Mitglieder einen gleich hohen Anteil erhalten sollen, nur nach einem oder mehreren der folgenden Maßstäbe festgesetzt werden:

1. bei Vereinen, deren Vermögen in übertragbare Anteile zerlegt ist, der Nennbetrag oder der Wert dieser Anteile;
2. die Höhe der Beiträge;
3. bei Vereinen, die zu ihren Mitgliedern oder einem Teil der Mitglieder in vertraglichen Geschäftsbeziehungen stehen, der Umfang der Inanspruchnahme von Leistungen des Vereins durch die Mitglieder oder der Umfang der Inanspruchnahme von Leistungen der Mitglieder durch den Verein;
4. ein in der Satzung bestimmter Maßstab für die Verteilung des Überschusses;
5. ein in der Satzung bestimmter Maßstab für die Verteilung des Vermögens;
6. die Dauer der Mitgliedschaft.

§ 277 Kapitalschutz. Bei der Anwendung der für die neue Rechtsform maßgebenden Gründungsvorschriften ist auch § 264 entsprechend anzuwenden.

§ 278 Anmeldung des Formwechsels. (1) Auf die Anmeldung nach § 198 ist § 222 Abs. 1 und 3 entsprechend anzuwenden.

(2) [1] Ist der formwechselnde Verein nicht in ein Handelsregister eingetragen, so hat sein Vorstand den bevorstehenden Formwechsel durch das in der Vereinssatzung für Veröffentlichungen bestimmte Blatt, in Ermangelung eines solchen durch dasjenige Blatt bekanntzumachen, das für Bekanntmachungen des Amtsgerichts bestimmt ist, in dessen Bezirk der formwechselnde Verein seinen Sitz hat. [2] Die Bekanntmachung tritt an die Stelle der Eintragung der Umwandlung in das Register nach § 198 Abs. 2 Satz 3. [3] § 50 Abs. 1 Satz 4 des Bürgerlichen Gesetzbuchs[1)] ist entsprechend anzuwenden.

§ 279[2)] *(aufgehoben)*

§ 280 Wirkungen des Formwechsels. [1] Durch den Formwechsel werden die bisherigen Mitgliedschaften zu Anteilen an der Gesellschaft neuer Rechtsform und zu Teilrechten. [2] § 266 Abs. 1 Satz 2, Abs. 2 und 3 ist entsprechend anzuwenden.

§ 281 Benachrichtigung der Anteilsinhaber; Veräußerung von Aktien; Hauptversammlungsbeschlüsse. (1) Auf die Benachrichtigung der Anteilsinhaber durch die Gesellschaft, auf die Aufforderung von Aktionären zur Abholung der ihnen zustehenden Aktien und auf die Veräußerung nicht abgeholter Aktien sind die §§ 267 und 268 entsprechend anzuwenden.

(2) Auf Beschlüsse der Hauptversammlung der Gesellschaft neuer Rechtsform sowie auf eine Ermächtigung des Vertretungsorgans zur Erhöhung des Grundkapitals ist § 269 entsprechend anzuwenden.

§ 282[3)] **Abfindungsangebot.** (1) Auf das Abfindungsangebot nach § 207 Abs. 1 Satz 1 ist § 270 Abs. 1 entsprechend anzuwenden.

[1)] Nr. **20**.
[2)] § 279 aufgeh. mWv 1.1.2007 durch G v. 10.11.2006 (BGBl. I S. 2553).
[3)] § 282 Abs. 1 geänd. mWv 1.8.1998 durch G v. 22.7.1998 (BGBl. I S. 1878).

(2) Absatz 1 und die §§ 207 bis 212 sind auf den Formwechsel eines eingetragenen Vereins, der nach § 5 Abs. 1 Nr. 9 des Körperschaftsteuergesetzes von der Körperschaftsteuer befreit ist, nicht anzuwenden.

Dritter Unterabschnitt. Formwechsel in eine eingetragene Genossenschaft

§ 283[1)] Vorbereitung und Durchführung der Mitgliederversammlung.

(1) [1] Auf die Vorbereitung der Mitgliederversammlung, die den Formwechsel beschließen soll, sind die §§ 229 und 230 Abs. 2 Satz 1 und 2, § 231 Satz 1 und § 260 Abs. 1 entsprechend anzuwenden. [2] § 192 Abs. 2 bleibt unberührt.

(2) Auf die Mitgliederversammlung, die den Formwechsel beschließen soll, ist § 239 Abs. 1 Satz 1 und Abs. 2 entsprechend anzuwenden.

§ 284[2)] Beschluß der Mitgliederversammlung. [1] Der Formwechselbeschluss der Mitgliederversammlung bedarf, wenn der Zweck des Rechtsträgers geändert werden soll (§ 33 Abs. 1 Satz 2 des Bürgerlichen Gesetzbuchs[3)]) oder wenn die Satzung der Genossenschaft eine Verpflichtung der Mitglieder der Genossenschaft zur Leistung von Nachschüssen vorsieht, der Zustimmung aller anwesenden Mitglieder; ihm müssen auch die nicht erschienenen Mitglieder zustimmen. [2] Im übrigen ist § 275 Abs. 2 entsprechend anzuwenden.

§ 285[4)] Inhalt des Formwechselbeschlusses. (1) Auf den Formwechselbeschluss ist auch § 253 Abs. 1 und Abs. 2 Satz 1 entsprechend anzuwenden.

(2) Sollen bei der Genossenschaft nicht alle Mitglieder mit der gleichen Zahl von Geschäftsanteilen beteiligt werden, so darf die unterschiedlich hohe Beteiligung nur nach einem oder mehreren der in § 276 Abs. 2 Satz 1 bezeichneten Maßstäbe festgesetzt werden.

§ 286 Anmeldung des Formwechsels. Auf die Anmeldung nach § 198 sind die §§ 254 und 278 Abs. 2 entsprechend anzuwenden.

§ 287[5)] *(aufgehoben)*

§ 288[6)] Wirkungen des Formwechsels. (1) [1] Jedes Mitglied, das die Rechtsstellung eines Mitglieds der Genossenschaft erlangt, ist bei der Genossenschaft nach Maßgabe des Formwechselbeschlusses beteiligt. [2] Eine Verpflichtung zur Übernahme weiterer Geschäftsanteile bleibt unberührt. [3] § 255 Abs. 1 Satz 3 ist entsprechend anzuwenden.

(2) Das Gericht darf eine Auflösung der Genossenschaft von Amts wegen nach § 80 des Genossenschaftsgesetzes[7)] nicht vor Ablauf eines Jahres seit dem Wirksamwerden des Formwechsels aussprechen.

[1)] § 283 Abs. 1 Satz 2 geänd. mWv 25.4.2007 durch G v. 19.4.2007 (BGBl. I S. 542); Abs. 1 Satz 1, Abs. 2 geänd. mWv 1.9.2009 durch G v. 30.7.2009 (BGBl. I S. 2479).

[2)] § 284 Satz 1 geänd. mWv 18.8.2006 durch G v. 14.8.2006 (BGBl. I S. 1911); Satz 1 geänd. mWv 1.3.2023 durch G v. 22.2.2023 (BGBl. 2023 I Nr. 51).

[3)] Nr. **20**.

[4)] § 285 Überschrift und Abs. 1 geänd. mWv 1.3.2023 durch G v. 22.2.2023 (BGBl. 2023 I Nr. 51).

[5)] § 287 aufgeh. mWv 1.1.2007 durch G v. 10.11.2006 (BGBl. I S. 2553).

[6)] § 288 Abs. 1 Satz 1 und Abs. 2 geänd. mWv 18.8.2006 durch G v. 14.8.2006 (BGBl. I S. 1911); Abs. 1 Satz 1 geänd. mWv 1.3.2023 durch G v. 22.2.2023 (BGBl. 2023 I Nr. 51).

[7)] Nr. **53**.

§ 289[1] Geschäftsguthaben; Benachrichtigung der Mitglieder. (1) Jedem Mitglied der Genossenschaft kann als Geschäftsguthaben auf Grund des Formwechsels höchstens der Nennbetrag der Geschäftsanteile gutgeschrieben werden, mit denen es bei der Genossenschaft beteiligt ist.

(2) § 256 Abs. 3 ist entsprechend anzuwenden.

§ 290[2] Abfindungsangebot. Auf das Abfindungsangebot nach § 207 Abs. 1 Satz 2 sind § 270 Abs. 1 sowie § 282 Abs. 2 entsprechend anzuwenden.

Fünfter Abschnitt. Formwechsel von Versicherungsvereinen auf Gegenseitigkeit

§ 291[3] Möglichkeit des Formwechsels. (1) Ein Versicherungsverein auf Gegenseitigkeit, der kein kleinerer Verein im Sinne des § 210 des Versicherungsaufsichtsgesetzes ist, kann auf Grund eines Formwechselbeschlusses nur die Rechtsform einer Aktiengesellschaft erlangen.

(2) Der Formwechsel ist nur möglich, wenn auf jedes Mitglied des Vereins, das an der Aktiengesellschaft beteiligt wird, mindestens eine volle Aktie entfällt.

§ 292[4] Vorbereitung und Durchführung der Versammlung der obersten Vertretung. (1) Auf die Vorbereitung der Versammlung der obersten Vertretung, die den Formwechsel beschließen soll, sind die §§ 229 und 230 Abs. 2 Satz 1 und 2, § 231 Satz 1 und § 260 Abs. 1 entsprechend anzuwenden.

(2) Auf die Durchführung der Versammlung der obersten Vertretung, die den Formwechsel beschließen soll, ist § 239 Abs. 1 Satz 1 und Abs. 2 entsprechend anzuwenden.

§ 293[5] Beschluß der obersten Vertretung. [1] Der Formwechselbeschluss der obersten Vertretung bedarf einer Mehrheit von mindestens drei Vierteln der abgegebenen Stimmen. [2] Er bedarf einer Mehrheit von neun Zehnteln der abgegebenen Stimmen, wenn spätestens bis zum Ablauf des dritten Tages vor der Versammlung der obersten Vertretung wenigstens hundert Mitglieder des Vereins durch eingeschriebenen Brief Widerspruch gegen den Formwechsel erhoben haben. [3] Die Satzung kann größere Mehrheiten und weitere Erfordernisse bestimmen.

§ 294[6] Inhalt des Formwechselbeschlusses. (1) [1] Auf den Formwechselbeschluss sind auch § 218 Abs. 1 und § 263 Abs. 3 Satz 2 und 3 entsprechend anzuwenden. [2] In dem Formwechselbeschluss kann bestimmt werden, daß Mitglieder, die dem formwechselnden Verein weniger als drei Jahre vor der Beschlußfassung über den Formwechsel angehören, von der Beteiligung an der Aktiengesellschaft ausgeschlossen sind.

(2) [1] Das Grundkapital der Aktiengesellschaft ist in der Höhe des Grundkapitals vergleichbarer Versicherungsunternehmen in der Rechtsform der Aktiengesellschaft festzusetzen. [2] Würde die Aufsichtsbehörde einer neu zu gründenden Ver-

---

[1] § 289 Überschrift und Abs. 1 geänd. mWv 18.8.2006 durch G v. 14.8.2006 (BGBl. I S. 1911).

[2] § 290 geänd. mWv 1.8.1998 durch G v. 22.7.1998 (BGBl. I S. 1878).

[3] § 291 Abs. 2 geänd. mWv 1.4.1998 durch G v. 25.3.1998 (BGBl. I S. 590); Abs. 1 geänd. mWv 1.1.2016 durch G v. 1.4.2015 (BGBl. I S. 434); Abs. 1 geänd. mWv 1.3.2023 durch G v. 22.2.2023 (BGBl. 2023 I Nr. 51).

[4] § 292 Abs. 1 und 2 geänd. mWv 1.9.2009 durch G v. 30.7.2009 (BGBl. I S. 2479).

[5] § 293 Satz 1 geänd. mWv 1.3.2023 durch G v. 22.2.2023 (BGBl. 2023 I Nr. 51).

[6] § 294 Abs. 2 Satz 3 geänd., Abs 3 Satz 2 aufgeh. mWv 1.4.1998 durch G v. 25.3.1998 (BGBl. I S. 590); Überschrift, Abs. 1 Sätze 1 und 2 geänd. mWv 1.3.2023 durch G v. 22.2.2023 (BGBl. 2023 I Nr. 51).

sicherungs-Aktiengesellschaft die Erlaubnis zum Geschäftsbetrieb nur bei Festsetzung eines höheren Grundkapitals erteilen, so ist das Grundkapital auf diesen Betrag festzusetzen, soweit dies nach den Vermögensverhältnissen des formwechselnden Vereins möglich ist. [3] Ist eine solche Festsetzung nach den Vermögensverhältnissen des Vereins nicht möglich, so ist der Nennbetrag des Grundkapitals so zu bemessen, daß auf jedes Mitglied, das die Rechtsstellung eines Aktionärs erlangt, möglichst volle Aktien entfallen.

(3) Die Beteiligung der Mitglieder am Grundkapital der Aktiengesellschaft darf, wenn nicht alle Mitglieder einen gleich hohen Anteil erhalten sollen, nur nach einem oder mehreren der folgenden Maßstäbe festgesetzt werden:

1. die Höhe der Versicherungssumme;
2. die Höhe der Beiträge;
3. die Höhe der Deckungsrückstellung in der Lebensversicherung;
4. der in der Satzung bestimmte Maßstab für die Verteilung des Überschusses;
5. ein in der Satzung bestimmter Maßstab für die Verteilung des Vermögens;
6. die Dauer der Mitgliedschaft.

§ 295 Kapitalschutz. Bei der Anwendung der Gründungsvorschriften des Aktiengesetzes[1)] ist auch § 264 Abs. 1 und 3 entsprechend anzuwenden.

§ 296 Anmeldung des Formwechsels. Auf die Anmeldung nach § 198 ist § 246 Abs. 1 und 2 entsprechend anzuwenden.

§ 297[2)] *(aufgehoben)*

§ 298 Wirkungen des Formwechsels. [1] Durch den Formwechsel werden die bisherigen Mitgliedschaften zu Aktien und Teilrechten. [2] § 266 Abs. 1 Satz 2, Abs. 2 und 3 ist entsprechend anzuwenden.

§ 299 Benachrichtigung der Aktionäre; Veräußerung von Aktien; Hauptversammlungsbeschlüsse. (1) Auf die Benachrichtigung der Aktionäre durch die Gesellschaft ist § 267, auf die Aufforderung zur Abholung der ihnen zustehenden Aktien und auf die Veräußerung nicht abgeholter Aktien ist § 268 entsprechend anzuwenden.

(2) [1] Auf Beschlüsse der Hauptversammlung der Aktiengesellschaft sowie auf eine Ermächtigung des Vorstandes zur Erhöhung des Grundkapitals ist § 269 entsprechend anzuwenden. [2] Die Aufsichtsbehörde kann Ausnahmen von der entsprechenden Anwendung des § 269 Satz 1 zulassen, wenn dies erforderlich ist, um zu verhindern, daß der Aktiengesellschaft erhebliche Nachteile entstehen.

§ 300[3)] **Abfindungsangebot.** Auf das Abfindungsangebot nach § 207 Abs. 1 Satz 1 ist § 270 Abs. 1 entsprechend anzuwenden.

Sechster Abschnitt. Formwechsel von Körperschaften und Anstalten des öffentlichen Rechts

§ 301 Möglichkeit des Formwechsels. (1) Soweit gesetzlich nichts anderes bestimmt ist, kann eine Körperschaft oder Anstalt des öffentlichen Rechts durch Formwechsel nur die Rechtsform einer Kapitalgesellschaft erlangen.

---

1) Nr. **51**.
2) § 297 aufgeh. mWv 1.1.2007 durch G v. 10.11.2006 (BGBl. I S. 2553).
3) § 300 geänd. mWv 1.8.1998 durch G v. 22.7.1998 (BGBl. I S. 1878).

(2) Der Formwechsel ist nur möglich, wenn die Körperschaft oder Anstalt rechtsfähig ist und das für sie maßgebende Bundes- oder Landesrecht einen Formwechsel vorsieht oder zuläßt.

§ 302 Anzuwendende Vorschriften. [1] Die Vorschriften des Ersten Teils sind auf den Formwechsel nur anzuwenden, soweit sich aus dem für die formwechselnde Körperschaft oder Anstalt maßgebenden Bundes- oder Landesrecht nichts anderes ergibt. [2] Nach diesem Recht richtet es sich insbesondere, auf welche Weise der Gesellschaftsvertrag oder die Satzung der Gesellschaft neuer Rechtsform abgeschlossen oder festgestellt wird, wer an dieser Gesellschaft als Anteilsinhaber beteiligt wird und welche Person oder welche Personen den Gründern der Gesellschaft gleichstehen; die §§ 28 und 29 des Aktiengesetzes[1)] sind nicht anzuwenden.

§ 303 Kapitalschutz; Zustimmungserfordernisse. (1) Außer den für die neue Rechtsform maßgebenden Gründungsvorschriften ist auch § 220 entsprechend anzuwenden.

(2) [1] Ein Formwechsel in eine Kommanditgesellschaft auf Aktien bedarf der Zustimmung aller Anteilsinhaber, die in dieser Gesellschaft die Stellung eines persönlich haftenden Gesellschafters haben sollen. [2] Auf den Beitritt persönlich haftender Gesellschafter ist § 221 entsprechend anzuwenden.

§ 304 Wirksamwerden des Formwechsels. [1] Der Formwechsel wird mit der Eintragung der Kapitalgesellschaft in das Handelsregister wirksam. [2] Mängel des Formwechsels lassen die Wirkungen der Eintragung unberührt.

Sechstes Buch.[2)] Grenzüberschreitende Umwandlung

Erster Teil.[2)] Grenzüberschreitende Verschmelzung

§ 305[2)] Grenzüberschreitende Verschmelzung. (1) Eine grenzüberschreitende Verschmelzung ist eine Verschmelzung, bei der mindestens eine der beteiligten Gesellschaften dem Recht eines anderen Mitgliedstaats der Europäischen Union oder eines anderen Vertragsstaats des Abkommens über den Europäischen Wirtschaftsraum unterliegt.

(2) [1] Auf die Beteiligung einer Kapitalgesellschaft (§ 3 Absatz 1 Nummer 2) an einer grenzüberschreitenden Verschmelzung sind die Vorschriften des Ersten Teils und des Zweiten, Dritten und Vierten Abschnitts des Zweiten Teils des Zweiten Buches entsprechend anzuwenden, soweit sich aus diesem Teil nichts anderes ergibt. [2] Auf die Beteiligung einer Personenhandelsgesellschaft (§ 3 Absatz 1 Nummer 1) an einer grenzüberschreitenden Verschmelzung sind die Vorschriften des Ersten Teils und des Ersten Unterabschnitts des Ersten Abschnitts des Zweiten Teils des Zweiten Buches entsprechend anzuwenden, soweit sich aus diesem Teil nichts anderes ergibt.

§ 306[2)] Verschmelzungsfähige Gesellschaften. (1) An einer grenzüberschreitenden Verschmelzung können beteiligt sein:

1. als übertragende, übernehmende oder neue Gesellschaften Kapitalgesellschaften im Sinne des Artikels 119 Nummer 1 der Richtlinie (EU) 2017/1132 des Europäischen Parlaments und des Rates vom 14. Juni 2017 über bestimmte

---

[1)] Nr. **51**.
[2)] 6. Buch (§§ 305–345) eingef. mWv 1.3.2023 durch G v. 22.2.2023 (BGBl. 2023 I Nr. 51).

Aspekte des Gesellschaftsrechts (ABl. L 169 vom 30.6.2017, S. 46), die zuletzt durch die Verordnung (EU) 2021/23 (ABl. L 22 vom 22.1.2021, S. 1) geändert worden ist, die

a) nach dem Recht eines Mitgliedstaats der Europäischen Union oder eines anderen Vertragsstaats des Abkommens über den Europäischen Wirtschaftsraum gegründet worden sind und

b) ihren satzungsmäßigen Sitz, ihre Hauptverwaltung oder ihre Hauptniederlassung in einem Mitgliedstaat der Europäischen Union oder einem anderen Vertragsstaat des Abkommens über den Europäischen Wirtschaftsraum haben, sowie

2. als übernehmende oder neue Gesellschaften Personenhandelsgesellschaften im Sinne des § 3 Absatz 1 Nummer 1 mit in der Regel nicht mehr als 500 Arbeitnehmern.

(2) [1] An einer grenzüberschreitenden Verschmelzung können nicht beteiligt sein:

1. Genossenschaften, selbst wenn sie nach dem Recht eines anderen Mitgliedstaats der Europäischen Union oder eines anderen Vertragsstaats des Abkommens über den Europäischen Wirtschaftsraum unter die Definition des Artikels 2 Nummer 1 der Richtlinie fallen, sowie

2. Gesellschaften,

a) deren Zweck es ist, die vom Publikum bei ihnen eingelegten Gelder nach dem Grundsatz der Risikostreuung gemeinsam anzulegen, und

b) deren Anteile auf Verlangen der Anteilsinhaber unmittelbar oder mittelbar zulasten des Vermögens der Gesellschaft zurückgenommen oder ausgezahlt werden.

[2] Den Rücknahmen oder Auszahlungen im Sinne des Satzes 1 Nummer 2 Buchstabe b gleichgestellt sind Handlungen, mit denen eine solche Gesellschaft sicherstellen will, dass der Börsenwert ihrer Anteile nicht erheblich von deren Nettoinventarwert abweicht.

§ 307[1)] Verschmelzungsplan. (1) [1] Das Vertretungsorgan einer beteiligten Gesellschaft stellt zusammen mit den Vertretungsorganen der übrigen beteiligten Gesellschaften einen gemeinsamen Verschmelzungsplan auf.

(2) Der Verschmelzungsplan oder sein Entwurf muss mindestens folgende Angaben enthalten:

1. Rechtsform, Firma und Sitz der übertragenden und übernehmenden oder neuen Gesellschaft,
2. das Umtauschverhältnis der Gesellschaftsanteile und gegebenenfalls die Höhe der baren Zuzahlungen,
3. die Einzelheiten hinsichtlich der Übertragung der Gesellschaftsanteile der übernehmenden oder neuen Gesellschaft,
4. die voraussichtlichen Auswirkungen der Verschmelzung auf die Beschäftigung,
5. den Zeitpunkt, von dem an die Gesellschaftsanteile deren Inhabern das Recht auf Beteiligung am Gewinn gewähren, sowie alle Besonderheiten, die eine Auswirkung auf dieses Recht haben,

---

[1)] 6. Buch (§§ 305–345) eingef. mWv 1.3.2023 durch G v. 22.2.2023 (BGBl. 2023 I Nr. 51).

6. den Zeitpunkt, von dem an die Handlungen der übertragenden Gesellschaften unter dem Gesichtspunkt der Rechnungslegung als für Rechnung der übernehmenden oder neuen Gesellschaft vorgenommen gelten (Verschmelzungsstichtag),
7. die Rechte, die die übernehmende oder neue Gesellschaft den mit Sonderrechten ausgestatteten Gesellschaftern und den Inhabern von anderen Wertpapieren als Gesellschaftsanteilen gewährt, oder die für diese Personen vorgeschlagenen Maßnahmen,
8. etwaige besondere Vorteile, die den Mitgliedern der Verwaltungs-, Leitungs-, Aufsichts- oder Kontrollorgane der an der Verschmelzung beteiligten Gesellschaften gewährt werden,
9. sofern einschlägig den Errichtungsakt der aus der grenzüberschreitenden Verschmelzung hervorgehenden Gesellschaft und, falls sie Gegenstand eines gesonderten Aktes ist, die Satzung,
10. gegebenenfalls Angaben zu dem Verfahren, nach dem die Einzelheiten über die Beteiligung der Arbeitnehmer an der Festlegung ihrer Mitbestimmungsrechte in der aus der grenzüberschreitenden Verschmelzung hervorgehenden Gesellschaft geregelt werden,
11. Angaben zur Bewertung des Aktiv- und Passivvermögens, das auf die übernehmende oder neue Gesellschaft übertragen wird,
12. den Stichtag derjenigen Bilanzen der an der Verschmelzung beteiligten Gesellschaften, die zur Festlegung der Bedingungen der Verschmelzung verwendet werden,
13. die Einzelheiten zum Angebot einer Barabfindung gemäß § 313,
14. Angaben über Sicherheiten, die den Gläubigern angeboten werden,
15. im Fall der Verschmelzung auf eine Personenhandelsgesellschaft gemäß § 306 Absatz 1 Nummer 2
    a) für jeden Anteilsinhaber eines übertragenden Rechtsträgers die Bestimmung, ob ihm in der übernehmenden oder der neuen Personenhandelsgesellschaft die Stellung eines persönlich haftenden Gesellschafters oder eines Kommanditisten gewährt wird,
    b) der festgesetzte Betrag der Einlage jedes Gesellschafters,
16. Informationen über die Auswirkungen der grenzüberschreitenden Verschmelzung auf Betriebsrenten und Betriebsrentenanwartschaften.

(3) Die Angaben über den Umtausch der Anteile (Absatz 2 Nummer 2, 3 und 5) und die Einzelheiten zum Angebot einer Barabfindung (Absatz 2 Nummer 13) entfallen, wenn

1. sich alle Anteile der übertragenden Gesellschaft in der Hand der übernehmenden Gesellschaft befinden oder
2. den Anteilsinhabern der übertragenden Gesellschaft keine Anteile gewährt werden und dieselbe Person
   a) alle Anteile der übertragenden und der übernehmenden Gesellschaft besitzt,
   b) alle Anteile an solchen Gesellschaften besitzt, die gemeinsam alle Anteile an der übertragenden oder an der übernehmenden Gesellschaft besitzen, oder
   c) alle Anteile an solchen Gesellschaften besitzt, bei denen sich die Inhaberschaft an Anteilen bis zu der übertragenden oder der übernehmenden Gesellschaft fortsetzt.

(4) Der Verschmelzungsplan muss notariell beurkundet werden.

§ 308[1)] Bekanntmachung des Verschmelzungsplans. (1) [1]Der Verschmelzungsplan oder sein Entwurf ist zum Register einzureichen. [2]Das Gericht hat in der Bekanntmachung nach § 10 des Handelsgesetzbuchs[2)] unverzüglich die folgenden Angaben bekannt zu machen:

1. einen Hinweis darauf, dass der Verschmelzungsplan oder sein Entwurf beim Handelsregister eingereicht worden ist,
2. Rechtsform, Firma und Sitz der an der grenzüberschreitenden Verschmelzung beteiligten Gesellschaften,
3. die Register, bei denen die an der grenzüberschreitenden Verschmelzung beteiligten Gesellschaften eingetragen sind, sowie die jeweilige Registernummer,
4. einen Hinweis an folgende Personen, dass sie der jeweiligen Gesellschaft spätestens fünf Arbeitstage vor dem Tag der Gesellschafterversammlung Bemerkungen zum Verschmelzungsplan übermitteln können:
   a) an die Anteilsinhaber und Gläubiger der an der grenzüberschreitenden Verschmelzung beteiligten Gesellschaften sowie
   b) an die zuständigen Betriebsräte der an der grenzüberschreitenden Verschmelzung beteiligten Gesellschaften oder, soweit es keinen Betriebsrat gibt, an die Arbeitnehmer der an der grenzüberschreitenden Verschmelzung beteiligten Gesellschaften.

[3]Die bekannt zu machenden Angaben sind dem Register bei Einreichung des Verschmelzungsplans oder seines Entwurfs mitzuteilen. [4]Die Versammlung der Anteilsinhaber darf erst einen Monat nach der Bekanntmachung über die Zustimmung zu dem Verschmelzungsplan gemäß § 13 beschließen.

(2) Ist ein Verschmelzungsbeschluss der Anteilsinhaber der übertragenden Gesellschaft gemäß § 312 Absatz 2 in Verbindung mit § 307 Absatz 3 nicht erforderlich, so hat die übertragende Gesellschaft den Verschmelzungsplan spätestens einen Monat vor dem Tag, an dem der Verschmelzungsplan beurkundet wird, zum Register einzureichen.

(3) Ist ein Verschmelzungsbeschluss der Anteilsinhaber der übertragenden Gesellschaft erforderlich, ein Verschmelzungsbeschluss der Anteilsinhaber der übernehmenden Gesellschaft hingegen gemäß § 62 Absatz 1 nicht erforderlich, so hat die übernehmende Gesellschaft den Verschmelzungsplan einen Monat vor der Versammlung der Anteilsinhaber der übertragenden Gesellschaft, die gemäß § 13 über die Zustimmung beschließen soll, zum Register einzureichen.

(4) Ist gemäß § 312 Absatz 2 und § 62 Absatz 1 weder ein Verschmelzungsbeschluss der Anteilsinhaber der übertragenden Gesellschaft noch ein Verschmelzungsbeschluss der Anteilsinhaber der übernehmenden Gesellschaft erforderlich, so hat die übernehmende Gesellschaft den Verschmelzungsplan spätestens einen Monat vor dem Tag, an dem der Verschmelzungsplan beurkundet wird, zum Register einzureichen.

§ 309[1)] Verschmelzungsbericht. (1) [1]Die Vertretungsorgane der beteiligten Gesellschaften erstellen einen Verschmelzungsbericht. [2]In diesem sind für die Anteilsinhaber und Arbeitnehmer der an der Verschmelzung beteiligten Gesellschaft die rechtlichen und wirtschaftlichen Aspekte der grenzüberschreitenden Verschmelzung und die Auswirkungen der grenzüberschreitenden Verschmelzung auf die Arbeitnehmer zu erläutern und zu begründen.

[1)] 6. Buch (§§ 305–345) eingef. mWv 1.3.2023 durch G v. 22.2.2023 (BGBl. 2023 I Nr. 51).
[2)] Nr. **50**.

(2) [1] In einem allgemeinen Abschnitt werden mindestens die Auswirkungen der grenzüberschreitenden Verschmelzung auf die künftige Geschäftstätigkeit der Gesellschaft und ihrer etwaigen Tochtergesellschaften erläutert und begründet. [2] Daneben enthält der Bericht einen anteilsinhaberspezifischen Abschnitt nach Absatz 4 und einen arbeitnehmerspezifischen Abschnitt nach Absatz 5.

(3) [1] Die Gesellschaft kann entscheiden, ob sie anstelle eines einheitlichen Berichts gesonderte Berichte für Anteilsinhaber und Arbeitnehmer erstellt. [2] Der Bericht für Anteilsinhaber besteht aus dem allgemeinen Abschnitt und dem anteilsinhaberspezifischen Abschnitt. [3] Der Bericht für Arbeitnehmer besteht aus dem allgemeinen Abschnitt und dem arbeitnehmerspezifischen Abschnitt.

(4) In dem anteilsinhaberspezifischen Abschnitt wird über die in § 8 Absatz 1 genannten Berichtsinhalte hinaus mindestens Folgendes erläutert und begründet:

1. die Auswirkungen der grenzüberschreitenden Verschmelzung auf die Anteilsinhaber sowie
2. die Rechte und Rechtsbehelfe für Anteilsinhaber gemäß § 305 Absatz 2 in Verbindung mit § 15 und gegebenenfalls mit § 72a, sowie gemäß § 313 dieses Gesetzes und § 1 Nummer 4 des Spruchverfahrensgesetzes[1)].

(5) In dem arbeitnehmerspezifischen Abschnitt wird mindestens Folgendes erläutert und begründet:

1. die Auswirkungen der grenzüberschreitenden Verschmelzung auf die Arbeitsverhältnisse sowie gegebenenfalls die Maßnahmen, um diese Arbeitsverhältnisse zu sichern,
2. wesentliche Änderungen der anwendbaren Beschäftigungsbedingungen oder der Standorte der Niederlassungen der Gesellschaft sowie
3. die Auswirkungen der unter den Nummern 1 und 2 genannten Faktoren auf etwaige Tochtergesellschaften der an der grenzüberschreitenden Verschmelzung beteiligten Gesellschaft.

(6) [1] Der Bericht für die Anteilsinhaber ist in den Fällen des § 8 Absatz 3 nicht erforderlich. [2] Der Bericht für die Anteilsinhaber der übertragenden Gesellschaft ist ferner nicht erforderlich in den Fällen des § 307 Absatz 3 Nummer 2 Buchstabe b und c. [3] Der Bericht für die Arbeitnehmer ist nicht erforderlich, wenn die an der Verschmelzung beteiligte Gesellschaft und ihre etwaigen Tochtergesellschaften keine anderen Arbeitnehmer haben als diejenigen, die dem Vertretungsorgan angehören. [4] Ein Verschmelzungsbericht ist insgesamt nicht erforderlich, wenn die Voraussetzungen der Sätze 1 oder 2 und des Satzes 3 vorliegen.

§ 310[2)] Zugänglichmachung des Verschmelzungsberichts. (1) [1] Der einheitliche Bericht ist den Anteilsinhabern und den zuständigen Betriebsräten der an der grenzüberschreitenden Verschmelzung beteiligten Gesellschaften oder, sofern es in der jeweiligen Gesellschaft keinen Betriebsrat gibt, den Arbeitnehmern spätestens sechs Wochen vor der Versammlung der Anteilsinhaber, die nach § 13 über die Zustimmung zum Verschmelzungsplan beschließen soll, elektronisch zugänglich zu machen. [2] Erstellt die Gesellschaft gesonderte Berichte, ist innerhalb der genannten Frist den Anteilsinhabern der Bericht für die Anteilsinhaber und dem Betriebsrat oder, sofern es in der jeweiligen Gesellschaft keinen Betriebsrat gibt, den Arbeitnehmern der Bericht für die Arbeitnehmer zugänglich zu machen. [3] Falls zu dem in Satz 1 bestimmten Zeitpunkt der Verschmelzungsplan oder sein

---

[1)] **Habersack, Deutsche Gesetze ErgBd. Nr. 51b.**
[2)] 6. Buch (§§ 305–345) eingef. mWv 1.3.2023 durch G v. 22.2.2023 (BGBl. 2023 I Nr. 51).

Entwurf bereits vorliegt, ist dieser gemeinsam mit dem Verschmelzungsbericht zugänglich zu machen.

(2) [1] Ist ein Verschmelzungsbeschluss der übernehmenden Gesellschaft gemäß § 62 Absatz 1 nicht erforderlich, so muss der Bericht spätestens sechs Wochen vor dem Tag der Versammlung der Anteilsinhaber der übertragenden Gesellschaft zugänglich gemacht werden. [2] Ist in den Fällen des § 308 Absatz 2 und 4 der gesonderte Bericht für die Arbeitnehmer erforderlich, so ist dieser zu den in § 308 Absatz 2 und 4 bestimmten Zeitpunkten elektronisch zugänglich zu machen.

(3) Erhält das Vertretungsorgan der an der grenzüberschreitenden Verschmelzung beteiligten Gesellschaft spätestens eine Woche vor der Versammlung der Anteilsinhaber, die nach § 13 über die Zustimmung zum Verschmelzungsplan beschließen soll, in Textform eine Stellungnahme des zuständigen Betriebsrats oder, sofern es in der Gesellschaft keinen Betriebsrat gibt, der Arbeitnehmer, so unterrichtet die Gesellschaft ihre Anteilsinhaber hiervon unverzüglich nach Fristablauf durch elektronische Zugänglichmachung des einheitlichen Berichts oder des Berichts für die Arbeitnehmer jeweils unter Beifügung einer Kopie der Stellungnahme.

§ 311[1)] Verschmelzungsprüfung. (1) [1] Der Verschmelzungsplan oder sein Entwurf ist nach den §§ 9 bis 12 zu prüfen; die §§ 44 und 48 sind nicht anzuwenden. [2] Der Prüfungsbericht muss den Anteilsinhabern spätestens einen Monat vor dem Tag der Versammlung der Anteilsinhaber, die nach § 13 über die Zustimmung zum Verschmelzungsplan beschließen soll, zugänglich gemacht werden.

(2) [1] § 9 Absatz 2 und § 12 Absatz 3, jeweils in Verbindung mit § 8 Absatz 3 gelten mit der Maßgabe, dass ein Verzicht aller Anteilsinhaber aller beteiligten Rechtsträger erforderlich ist. [2] Verschmelzungsprüfung und Prüfungsbericht sind ferner nicht erforderlich in den Fällen des § 307 Absatz 3 Nummer 2 Buchstabe b und c.

§ 312[1)] Zustimmung der Anteilsinhaber. (1) Die Anteilsinhaber können ihre Zustimmung nach § 13 davon abhängig machen, dass die Art und Weise der Mitbestimmung der Arbeitnehmer der übernehmenden oder neuen Gesellschaft ausdrücklich von ihnen bestätigt wird.

(2) In den Fällen des § 307 Absatz 3 ist ein Verschmelzungsbeschluss der Anteilsinhaber der übertragenden Gesellschaft nicht erforderlich.

(3) Die Versammlung der Anteilsinhaber nimmt den Verschmelzungsbericht, den Prüfungsbericht und etwaige Stellungnahmen nach § 308 Absatz 1 Satz 2 Nummer 4 zur Kenntnis, bevor sie die Zustimmung zum Verschmelzungsplan beschließt.

§ 313[1)] Barabfindung. (1) [1] Unterliegt die übernehmende oder neue Gesellschaft nicht dem deutschen Recht, so hat die übertragende Gesellschaft im Verschmelzungsplan oder in seinem Entwurf jedem Anteilsinhaber, der gegen den Verschmelzungsbeschluss der Gesellschaft Widerspruch zur Niederschrift erklärt, den Erwerb seiner Anteile gegen eine angemessene Barabfindung anzubieten; nicht anzuwenden sind insoweit § 71 Absatz 4 Satz 2 des Aktiengesetzes[2)] sowie die Anordnung der Nichtigkeit des schuldrechtlichen Geschäfts über einen ver-

---

[1)] 6. Buch (§§ 305–345) eingef. mWv 1.3.2023 durch G v. 22.2.2023 (BGBl. 2023 I Nr. 51).
[2)] Nr. **51**.

botswidrigen Erwerb nach § 33 Absatz 2 Satz 3 des Gesetzes betreffend die Gesellschaften mit beschränkter Haftung[1)]. [2] Das Abfindungsangebot steht unter der aufschiebenden Bedingung des Wirksamwerdens der grenzüberschreitenden Verschmelzung. [3] Im Verschmelzungsplan oder seinem Entwurf sind eine Postanschrift und eine elektronische Adresse anzugeben, an welche die Mitteilung nach Absatz 2 und die Annahmeerklärung nach Absatz 3 Satz 1 übermittelt werden können. [4] § 29 Absatz 1 Satz 4 und 5 sowie Absatz 2, § 30 Absatz 1 und die §§ 32 bis 34 gelten entsprechend.

(2) Ein Anteilsinhaber, der die Annahme des Abfindungsangebots nach Absatz 1 Satz 1 beabsichtigt, hat der Gesellschaft seine Absicht spätestens einen Monat nach dem Tag, an dem die Versammlung der Anteilsinhaber der übertragenden Gesellschaft die Zustimmung zum Verschmelzungsplan beschlossen hat, mitzuteilen.

(3) [1] Das Angebot kann bis spätestens zwei Monate nach dem Tag, an dem die Versammlung der Anteilsinhaber der übertragenden Gesellschaft die Zustimmung zum Verschmelzungsplan beschlossen hat, angenommen werden. [2] Die Annahme ist ausgeschlossen, wenn die Mitteilung nach Absatz 2 nicht rechtzeitig erfolgt ist. [3] Erfolgt die Annahme vor Ablauf der Mitteilungsfrist gemäß Absatz 2, so ist die Mitteilung nicht mehr erforderlich. [4] § 15 Absatz 4 des Gesetzes betreffend die Gesellschaften mit beschränkter Haftung bleibt unberührt.

(4) Anteilsinhaber, die das Angebot nach Maßgabe des Absatzes 3 angenommen haben, werden abweichend von § 20 Absatz 1 Nummer 3 Satz 1 mit Wirksamwerden der Verschmelzung nicht Anteilsinhaber der übernehmenden oder neuen Gesellschaft.

(5) [1] Die übernehmende oder neue Gesellschaft hat die Barabfindung spätestens zwei Wochen, nachdem die Verschmelzung wirksam geworden ist, an die Anteilsinhaber, die das Angebot nach Maßgabe des Absatzes 3 angenommen haben, zu zahlen. [2] § 314 ist auf den Abfindungsanspruch dieser Anteilsinhaber entsprechend anzuwenden.

(6) [1] Die Angemessenheit einer nach Absatz 1 anzubietenden Barabfindung ist stets zu prüfen. [2] § 311 ist entsprechend anzuwenden.

§ 314[2)] Schutz der Gläubiger der übertragenden Gesellschaft. (1) Der Gläubiger einer übertragenden Gesellschaft kann verlangen, dass ihm Sicherheit geleistet wird für eine Forderung, die

1. vor der Bekanntmachung des Verschmelzungsplans oder seines Entwurfs entstanden, aber im Zeitpunkt der Bekanntmachung noch nicht fällig geworden ist, und
2. deren Erfüllung durch die Verschmelzung gefährdet wird.

(2) Die Voraussetzungen des Anspruchs nach Absatz 1 sind gegenüber dem zuständigen Gericht glaubhaft zu machen.

(3) Der Anspruch auf Sicherheitsleistung erlischt, wenn er nicht innerhalb von drei Monaten ab Bekanntmachung des Verschmelzungsplans gerichtlich geltend gemacht wurde.

(4) [1] Geleistete Sicherheiten sind freizugeben, wenn das Verschmelzungsverfahren gescheitert ist. [2] Das ist insbesondere dann der Fall, wenn

---

1) Nr. **52**.
2) 6. Buch (§§ 305–345) eingef. mWv 1.3.2023 durch G v. 22.2.2023 (BGBl. 2023 I Nr. 51).

1. die Entscheidung des Gerichts über die Ablehnung der Eintragung gemäß § 316 Absatz 1 rechtskräftig ist,
2. die Ablehnung der Entscheidung über die Eintragung der Verschmelzung im Register der übernehmenden oder neuen Gesellschaft nicht mehr angefochten werden kann oder
3. das Verfahren auf Eintragung gemäß § 316 Absatz 1 oder nach dieser Eintragung das Verfahren auf Eintragung der Verschmelzung im Register der übernehmenden oder neuen Gesellschaft auf andere Weise endgültig beendet worden ist.

(5) Ausschließlich zuständig für Streitigkeiten über den Anspruch auf Sicherheitsleistung nach Absatz 1 sowie über die Freigabe nach Absatz 4 ist das Gericht, dessen Bezirk das für die Erteilung der Vorabbescheinigung zuständige Registergericht angehört.

§ 315[1)] Anmeldung der Verschmelzung. (1) Das Vertretungsorgan einer übertragenden Gesellschaft hat das Vorliegen der sie betreffenden Voraussetzungen für die grenzüberschreitende Verschmelzung zur Eintragung bei dem Register des Sitzes der Gesellschaft anzumelden.

(2) § 16 Absatz 2 und 3 und § 17 gelten entsprechend mit der Maßgabe, dass in Abschrift zusätzlich Folgendes beizufügen ist:

1. der Anmeldung etwaige Bemerkungen nach § 308 Absatz 1 Satz 2 Nummer 4 und
2. dem einheitlichen Bericht oder dem Bericht für die Arbeitnehmer eine etwaige Stellungnahme gemäß § 310 Absatz 3.

(3) [1] Die Mitglieder des Vertretungsorgans haben zu versichern, dass

1. allen Gläubigern die gemäß § 307 Absatz 2 Nummer 14 angebotene Sicherheit geleistet wurde,
2. die Rechte der Arbeitnehmer gemäß § 308 Absatz 1 Satz 2 Nummer 4 Buchstabe b sowie gemäß § 310 Absatz 1 und 3 eingehalten wurden,
3. ein zur Verhandlung über die künftige Mitbestimmung durchzuführendes Verfahren nach den Umsetzungsvorschriften zu Artikel 133 Absatz 3 und 4 der Richtlinie (EU) 2017/1132 bereits begonnen hat oder dass die Leitungen der beteiligten Gesellschaften entschieden haben, die Auffangregelung dieser Richtlinie ohne vorhergehende Verhandlung unmittelbar anzuwenden, und
4. sich die übertragende Gesellschaft nicht im Zustand der Zahlungsunfähigkeit, der drohenden Zahlungsunfähigkeit oder der Überschuldung gemäß § 17 Absatz 2, § 18 Absatz 2 oder § 19 Absatz 2 der Insolvenzordnung[2)] befindet.

[2] Kann die Versicherung nach Satz 1 Nummer 4 nicht abgegeben werden, hat das Vertretungsorgan mitzuteilen, welche der dort genannten Tatbestände erfüllt sind und ob ein Insolvenzverfahren beantragt oder eröffnet wurde. [3] Nach Eröffnung des Insolvenzverfahrens trifft diese Pflicht den Insolvenzverwalter; wurde ein vorläufiger Insolvenzverwalter bestellt und dem Schuldner ein allgemeines Verfügungsverbot auferlegt, so trifft die Pflicht den vorläufigen Insolvenzverwalter.

(4) [1] Das Vertretungsorgan teilt dem Registergericht Folgendes mit:

1. die Zahl der Arbeitnehmer zum Zeitpunkt des Abschlusses des Verschmelzungsplans,

---

1) 6. Buch (§§ 305–345) eingef. mWv 1.3.2023 durch G v. 22.2.2023 (BGBl. 2023 I Nr. 51).
2) Nr. **110**.

2. die Zahl der Tochtergesellschaften und ihre jeweiligen geografischen Standorte sowie
3. das Bestehen von Verbindlichkeiten gegenüber der öffentlichen Hand.

(5) Das nach § 314 Absatz 5 zuständige Gericht teilt dem Registergericht auf Anforderung mit, ob innerhalb der Frist des § 314 Absatz 3 eine Sicherheitsleistung gerichtlich geltend gemacht wurde.

§ 316[1)] Verschmelzungsbescheinigung. (1) [1] Das Gericht prüft innerhalb von drei Monaten nach der Anmeldung gemäß § 315 Absatz 1 und 2, ob für die übertragende Gesellschaft die Voraussetzungen für die grenzüberschreitende Verschmelzung vorliegen. [2] Die Eintragung enthält die Bezeichnung des Verschmelzungsverfahrens und der an ihm beteiligten Gesellschaften sowie die Feststellung, dass alle einschlägigen Voraussetzungen erfüllt und alle erforderlichen Verfahren und Formalitäten erledigt sind. [3] Die Eintragung ist mit dem Vermerk zu versehen, dass die grenzüberschreitende Verschmelzung unter den Voraussetzungen des Rechts desjenigen Staates wirksam wird, dem die übernehmende oder neue Gesellschaft unterliegt. [4] Über die Eintragung stellt das Gericht von Amts wegen eine Verschmelzungsbescheinigung aus.

(2) [1] Die Eintragung gemäß Absatz 1 darf nicht vor Ablauf der Fristen gemäß § 313 Absatz 3 Satz 1 und § 314 Absatz 3 vorgenommen werden. [2] Haben alle Anteilsinhaber der übertragenden Gesellschaft der Verschmelzung zugestimmt, darf die Eintragung bereits vor Ablauf der Frist des § 313 Absatz 3 Satz 1 erfolgen. [3] Wurde ein Anspruch auf Sicherheitsleistung nach § 314 Absatz 1 gerichtlich geltend gemacht, so darf die Eintragung gemäß Absatz 1 nicht vorgenommen werden,

1. bevor die den Antrag ablehnende Entscheidung rechtskräftig ist,
2. die in der Entscheidung festgelegte Sicherheit geleistet wurde oder
3. die den Antrag teilweise ablehnende Entscheidung rechtskräftig ist und die in der Entscheidung festgelegte Sicherheit geleistet wurde.

[4] Die Leistung der Sicherheit ist dem Gericht in geeigneter Form nachzuweisen. [5] Auf Verlangen des Gerichts haben die Mitglieder des Vertretungsorgans zu versichern, dass die in der Entscheidung festgelegte Sicherheit geleistet wurde.

(3) [1] In dem Verfahren nach Absatz 1 muss das Gericht bei Vorliegen von Anhaltspunkten prüfen, ob die grenzüberschreitende Verschmelzung zu missbräuchlichen oder betrügerischen Zwecken, die dazu führen oder führen sollen, sich Unionsrecht oder nationalem Recht zu entziehen oder es zu umgehen, oder zu kriminellen Zwecken vorgenommen werden soll. [2] Liegen solche Zwecke vor, so lehnt es die Eintragung gemäß Absatz 1 ab. [3] Ist es für die Prüfung notwendig, zusätzliche Informationen zu berücksichtigen oder zusätzliche Ermittlungen durchzuführen, so kann die in Absatz 1 Satz 1 vorgesehene Frist um höchstens drei Monate verlängert werden. [4] Anhaltspunkte im Sinne von Satz 1 liegen insbesondere vor, wenn

1. ein gemäß Artikel 133 Absatz 2 bis 4 der Richtlinie (EU) 2017/1132 durchzuführendes Verhandlungsverfahren erst auf Aufforderung des Gerichts eingeleitet worden ist;

[1)] 6. Buch (§§ 305–345) eingef. mWv 1.3.2023 durch G v. 22.2.2023 (BGBl. 2023 I Nr. 51).

2. die Zahl der Arbeitnehmer mindestens vier Fünftel des für die Unternehmensmitbestimmung maßgeblichen Schwellenwerts beträgt, im Zielland keine Wertschöpfung erbracht wird und der Verwaltungssitz in Deutschland verbleibt;
3. eine ausländische Gesellschaft durch die grenzüberschreitende Verschmelzung Schuldnerin von Betriebsrenten oder -anwartschaften wird und diese Gesellschaft kein anderweitiges operatives Geschäft hat.

(4) Ist es wegen der Komplexität des Verfahrens ausnahmsweise nicht möglich, die Prüfung innerhalb der in Absatz 1 Satz 1 oder Absatz 3 Satz 3 vorgesehenen Fristen vorzunehmen, so hat das Gericht den Anmelder vor Ende der Frist über die Gründe für eine Verzögerung zu unterrichten.

(5) Nach Eingang einer Mitteilung des Registers, in dem die übernehmende oder neue Gesellschaft eingetragen ist, über das Wirksamwerden der Verschmelzung hat das Gericht des Sitzes der übertragenden Gesellschaft den Tag des Wirksamwerdens zu vermerken und die bei ihm aufbewahrten elektronischen Dokumente diesem Register zu übermitteln.

§ 317[1)] Informationen des Registergerichts. [1] Soweit dies für die Prüfung gemäß § 316 erforderlich ist, kann das Gericht

1. von der Gesellschaft Informationen und Unterlagen verlangen,
2. von öffentlichen inländischen Stellen Informationen und Unterlagen verlangen und von öffentlichen Stellen eines anderen Mitgliedstaats der Europäischen Union oder eines anderen Vertragsstaats des Abkommens über den Europäischen Wirtschaftsraum mit Zuständigkeiten in den von der grenzüberschreitenden Verschmelzung betroffenen Bereichen die notwendigen Informationen und Unterlagen erbitten,
3. von einem eingesetzten besonderen Verhandlungsgremium Informationen und Unterlagen verlangen,
4. einen unabhängigen Sachverständigen zuziehen sowie
5. im Rahmen der Prüfung des § 316 Absatz 3 eine in dem sich verschmelzenden Unternehmen vertretene Gewerkschaft anhören.

[2] Ist eine inländische öffentliche Stelle in einem von einer grenzüberschreitenden Verschmelzung betroffenen Bereich zuständig, kann sie der für die Ausstellung einer Verschmelzungsbescheinigung zuständigen Stelle eines anderen Mitgliedstaats der Europäischen Union oder eines anderen Vertragsstaats des Abkommens über den Europäischen Wirtschaftsraum auf deren Ersuchen die notwendigen Informationen und Unterlagen übermitteln.

§ 318[1)] Eintragung der grenzüberschreitenden Hereinverschmelzung.

(1) [1] Bei einer Verschmelzung durch Aufnahme hat das Vertretungsorgan der übernehmenden Gesellschaft die Verschmelzung zur Eintragung in das Register der übernehmenden Gesellschaft und bei einer Verschmelzung durch Neugründung haben die Vertretungsorgane der übertragenden Gesellschaften die neue Gesellschaft zur Eintragung in das Register des Sitzes der übernehmenden oder neuen Gesellschaft anzumelden. [2] Der Anmeldung sind in der Form des § 17 Absatz 1 der gemeinsame Verschmelzungsplan und gegebenenfalls die Vereinbarung über die Beteiligung der Arbeitnehmer beizufügen. [3] Auf die übernehmende Gesellschaft und die Prüfung der sie betreffenden Eintragungsvoraussetzungen sind § 315 Absatz 2, 3 Satz 1 Nummer 2 und 3 sowie Absatz 4, § 316 Absatz 1

[1)] 6. Buch (§§ 305–345) eingef. mWv 1.3.2023 durch G v. 22.2.2023 (BGBl. 2023 I Nr. 51).

Satz 1, Absatz 3 und 4 und § 317 Satz 1 entsprechend anzuwenden. [4] § 16 Absatz 2 und 3 und § 17 sind auf die übertragenden Gesellschaften nicht anzuwenden.

(2) [1] Die über das Europäische System der Registervernetzung übermittelte Verschmelzungsbescheinigung wird als Nachweis der ordnungsgemäßen Erledigung der vorangehenden Verfahren und Formalitäten nach dem Recht desjenigen Staates, dem die übertragende Gesellschaft unterliegt, anerkannt. [2] Ist an der Verschmelzung eine Personenhandelsgesellschaft gemäß § 306 Absatz 1 Nummer 2 beteiligt, ist ergänzend zu den Unterlagen gemäß Absatz 1 ein Nachweis über die Eintragung der Verschmelzung im Register der übertragenden Gesellschaft vorzulegen. [3] Ohne diese Verschmelzungsbescheinigung darf die grenzüberschreitende Verschmelzung nicht in das Register eingetragen werden.

(3) Das Registergericht prüft insbesondere, ob

1. die Eintragungsvoraussetzungen, die die übernehmende Gesellschaft betreffen, vorliegen,
2. die an der grenzüberschreitenden Verschmelzung beteiligten Gesellschaften einem gemeinsamen, gleichlautenden Verschmelzungsplan zugestimmt haben,
3. gegebenenfalls eine Vereinbarung über die Beteiligung der Arbeitnehmer geschlossen worden ist sowie
4. bei einer Verschmelzung durch Neugründung, ob die Vorschriften zur Gründung der neuen Gesellschaft eingehalten worden sind.

(4) [1] Das Gericht des Sitzes der übernehmenden oder neuen Gesellschaft hat den Tag des Wirksamwerdens der Verschmelzung von Amts wegen jedem Register über das Europäische System der Registervernetzung mitzuteilen, bei dem eine der übertragenden Gesellschaften ihre Unterlagen zu hinterlegen hatte. [2] Ist an der Verschmelzung eine Personenhandelsgesellschaft gemäß § 306 Absatz 1 Nummer 2 beteiligt, hat das Gericht des Sitzes der übernehmenden Gesellschaft den Tag des Wirksamwerdens der Verschmelzung von Amts wegen jedem Register gemäß Satz 1 auf andere Weise mitzuteilen.

§ 319[1)] Austritt des Vereinigten Königreichs Großbritannien und Nordirland aus der Europäischen Union. Unterliegt die übernehmende oder neue Gesellschaft dem deutschen Recht, so gilt als grenzüberschreitende Verschmelzung im Sinne dieses Teils auch eine solche, an der eine übertragende Gesellschaft beteiligt ist, die dem Recht des Vereinigten Königreichs Großbritannien und Nordirland unterliegt, sofern

1. der Verschmelzungsplan nach § 307 Absatz 4 vor dem Ausscheiden des Vereinigten Königreichs Großbritannien und Nordirland aus der Europäischen Union oder vor dem Ablauf eines Übergangszeitraums, innerhalb dessen das Vereinigte Königreich Großbritannien und Nordirland in der Bundesrepublik Deutschland weiterhin als Mitgliedstaat der Europäischen Union gilt, notariell beurkundet worden ist, und
2. die Verschmelzung unverzüglich, spätestens aber zwei Jahre nach diesem Zeitpunkt mit den erforderlichen Unterlagen zur Registereintragung angemeldet wird.

[1)] 6. Buch (§§ 305–345) eingef. mWv 1.3.2023 durch G v. 22.2.2023 (BGBl. 2023 I Nr. 51).

Zweiter Teil.[1] Grenzüberschreitende Spaltung

§ 320[1] Grenzüberschreitende Spaltung. (1) Spaltungen, bei denen mindestens eine der beteiligten Gesellschaften dem Recht eines anderen Mitgliedstaats der Europäischen Union oder eines anderen Vertragsstaats des Abkommens über den Europäischen Wirtschaftsraum unterliegt (grenzüberschreitende Spaltungen), im Sinne dieses Gesetzes sind ausschließlich

1. Spaltungen zur Neugründung im Sinne des § 123 Absatz 1 Nummer 2, Absatz 2 Nummer 2 oder Absatz 3 Nummer 2 sowie
2. nach Maßgabe des § 332 Spaltungen zur Aufnahme im Sinne des § 123 Absatz 1 Nummer 1, Absatz 2 Nummer 1 oder Absatz 3 Nummer 1.

(2) Auf die Beteiligung einer Kapitalgesellschaft (§ 3 Absatz 1 Nummer 2) an einer grenzüberschreitenden Spaltung sind die Vorschriften des Ersten Teils des Dritten Buches sowie des Ersten und Zweiten Abschnitts des Zweiten Teils des Dritten Buches entsprechend anzuwenden, soweit sich aus diesem Teil nichts anderes ergibt.

(3) § 143 ist auf grenzüberschreitende Spaltungen nicht anzuwenden.

§ 321[1] Spaltungsfähige Gesellschaften. An einer grenzüberschreitenden Spaltung können als übertragende oder neue Gesellschaften Kapitalgesellschaften nach Anhang II zur Richtlinie (EU) 2017/1132 beteiligt sein, wenn sie

1. nach dem Recht eines Mitgliedstaats der Europäischen Union oder eines anderen Vertragsstaats des Abkommens über den Europäischen Wirtschaftsraum gegründet worden sind und
2. ihren satzungsmäßigen Sitz, ihre Hauptverwaltung oder ihre Hauptniederlassung in einem Mitgliedstaat der Europäischen Union oder einem anderen Vertragsstaat des Abkommens über den Europäischen Wirtschaftsraum haben.

§ 306 Absatz 2 Satz 1 Nummer 2 gilt entsprechend.

§ 322[1] Spaltungsplan. (1) Das Vertretungsorgan der übertragenden Gesellschaft stellt einen Spaltungsplan auf.

(2) Der Spaltungsplan oder sein Entwurf enthalten mindestens neben den in § 307 Absatz 2 Nummer 1 bis 14 und 16 genannten Angaben die folgenden Angaben:

1. den vorgesehenen indikativen Zeitplan für die Spaltung,
2. bei Abspaltung und Ausgliederung etwaige Satzungsänderungen der übertragenden Gesellschaft,
3. eine genaue Beschreibung der Gegenstände des Aktiv- und Passivvermögens der übertragenden Gesellschaft sowie eine Erklärung, wie diese Gegenstände des Aktiv- und Passivvermögens den neuen Gesellschaften zugeteilt werden sollen oder ob sie im Fall einer Abspaltung oder Ausgliederung bei der übertragenden Gesellschaft verbleiben sollen, einschließlich Vorschriften über die Behandlung von Gegenständen des Aktiv- und Passivvermögens, die im Spaltungsplan nicht ausdrücklich zugeteilt werden, wie etwa Gegenstände des Aktiv- oder Passivvermögens, die zum Zeitpunkt der Erstellung des Plans nicht bekannt sind,
4. Angaben zur Bewertung des bei der übertragenden Gesellschaft verbleibenden Aktiv- und Passivvermögens sowie

---

[1] 6. Buch (§§ 305–345) eingef. mWv 1.3.2023 durch G v. 22.2.2023 (BGBl. 2023 I Nr. 51).

5. bei Aufspaltung oder Abspaltung die Aufteilung der Anteile der übertragenden Gesellschaft und der neuen Gesellschaften auf die Anteilsinhaber der übertragenden Gesellschaft sowie den Maßstab für die Aufteilung.

(3) Bei einer Ausgliederung sind die Angaben gemäß § 307 Absatz 2 Nummer 2, 3, 5, 7 und 13 nicht erforderlich.

(4) Der Spaltungsplan muss notariell beurkundet werden.

§ 323[1)] **Bekanntmachung des Spaltungsplans.** § 308 Absatz 1 gilt für die Bekanntmachung des Spaltungsplans oder seines Entwurfs entsprechend.

§ 324[1)] **Spaltungsbericht.** (1) [1] Das Vertretungsorgan der übertragenden Gesellschaft erstellt einen Spaltungsbericht. [2] § 309 Absatz 1 bis 5 und § 310 Absatz 1 und 3 gelten für den Spaltungsbericht entsprechend.

(2) [1] In den Fällen des § 8 Absatz 3 Satz 1, 2 und 3 Nummer 2 und des § 135 Absatz 3 ist der Bericht für die Anteilsinhaber nicht erforderlich. [2] Der Bericht für die Arbeitnehmer ist nicht erforderlich, wenn die übertragende Gesellschaft und ihre etwaigen Tochtergesellschaften keine anderen Arbeitnehmer haben als diejenigen, die dem Vertretungsorgan angehören. [3] Der Spaltungsbericht ist insgesamt entbehrlich, wenn die Voraussetzungen der Sätze 1 und 2 vorliegen.

§ 325[1)] **Spaltungsprüfung.** [1] Der Spaltungsplan oder sein Entwurf sind nach den §§ 9 bis 12 zu prüfen; § 48 ist nicht anzuwenden. [2] Der Prüfungsbericht muss den Anteilsinhabern spätestens einen Monat vor dem Tag der Versammlung der Anteilsinhaber, die nach § 13 über die Zustimmung zum Spaltungsplan beschließen soll, zugänglich gemacht werden.

§ 326[1)] **Zustimmung der Anteilsinhaber.** (1) Die Anteilsinhaber können ihre Zustimmung nach § 13 davon abhängig machen, dass die Art und Weise der Mitbestimmung der Arbeitnehmer der neuen Gesellschaft ausdrücklich von ihnen bestätigt wird.

(2) Die Versammlung der Anteilsinhaber nimmt den Spaltungsbericht, den Prüfungsbericht und etwaige Stellungnahmen nach § 323 in Verbindung mit § 308 Absatz 1 Satz 2 Nummer 4 zur Kenntnis, bevor sie die Zustimmung zum Spaltungsplan beschließt.

(3) Werden bei einer Aufspaltung oder Abspaltung die Anteile der neuen Gesellschaft den Anteilsinhabern der übertragenden Gesellschaft nicht in dem Verhältnis zugeteilt, das ihrer Beteiligung an der übertragenden Gesellschaft entspricht, so wird der Spaltungsplan nur dann wirksam, wenn ihm diejenigen Anteilsinhaber zustimmen, für die die Zuteilung nachteilig ist.

§ 327[1)] **Barabfindung.** [1] § 313 gilt für die übertragende Gesellschaft entsprechend. [2] Bei einer Ausgliederung ist ein Abfindungsangebot nicht erforderlich.

§ 328[1)] **Schutz der Gläubiger der übertragenden Gesellschaft.** § 314 gilt für die übertragende Gesellschaft und ihre Gläubiger entsprechend.

§ 329[1)] **Anmeldung und Spaltungsbescheinigung.** [1] Die §§ 315 bis 317 sind mit Ausnahme des § 315 Absatz 3 Satz 1 Nummer 3 zweite Alternative sowie des § 316 Absatz 1 Satz 2, 3 und 4 entsprechend anzuwenden. [2] Die Eintragung ist mit dem Vermerk zu versehen, dass die grenzüberschreitende Spaltung erst mit ihrer

---

[1)] 6. Buch (§§ 305–345) eingef. mWv 1.3.2023 durch G v. 22.2.2023 (BGBl. 2023 I Nr. 51).

Eintragung gemäß § 330 wirksam wird. ³Über die Eintragung stellt das Gericht von Amts wegen eine Spaltungsbescheinigung aus.

§ 330[1)] Eintragung der grenzüberschreitenden Hinausspaltung. (1) ¹Die Anmeldung zur Eintragung gemäß § 329 in Verbindung mit § 315 gilt als Anmeldung zur Eintragung der grenzüberschreitenden Spaltung gemäß § 137 Absatz 2. ²Die grenzüberschreitende Spaltung darf in das Register des Sitzes der übertragenden Gesellschaft erst eingetragen werden, nachdem jede der neuen Gesellschaften in das für sie zuständige Register eingetragen worden ist.

(2) Das Gericht des Sitzes der übertragenden Gesellschaft hat dem Register des Sitzes jeder der neuen Gesellschaften das Wirksamwerden der grenzüberschreitenden Spaltung über das Europäische System der Registervernetzung mitzuteilen.

§ 331[1)] Eintragung der neuen Gesellschaft. (1) ¹Das Vertretungsorgan der übertragenden Gesellschaft hat die neue Gesellschaft zur Eintragung in das Register des Sitzes der neuen Gesellschaft anzumelden. ²Der Anmeldung sind in der Form des § 17 Absatz 1 der Spaltungsplan und gegebenenfalls die Vereinbarung über die Beteiligung der Arbeitnehmer beizufügen. ³§ 16 Absatz 2 und 3 sowie § 17 sind auf die übertragende Gesellschaft nicht anzuwenden.

(2) ¹Die über das Europäische System der Registervernetzung übermittelte Spaltungsbescheinigung wird als Nachweis der ordnungsgemäßen Erledigung der vorangehenden Verfahren und Formalitäten nach dem Recht desjenigen Staates, dem die übertragende Gesellschaft unterliegt, anerkannt. ²Ohne diese Spaltungsbescheinigung kann die grenzüberschreitende Spaltung nicht in das Register eingetragen werden.

(3) Die Prüfung der Eintragungsvoraussetzungen erstreckt sich insbesondere darauf, ob gegebenenfalls eine Vereinbarung über die Beteiligung der Arbeitnehmer geschlossen worden ist und ob die Vorschriften zur Gründung der neuen Gesellschaft eingehalten worden sind.

(4) ¹Die Eintragung der neuen Gesellschaft ist mit dem Vermerk zu versehen, dass sie unter den Voraussetzungen wirksam wird, unter denen die grenzüberschreitende Spaltung nach dem Recht des Staates, dem die übertragende Gesellschaft unterliegt, wirksam wird. ²Das Gericht des Sitzes der neuen Gesellschaft hat von Amts wegen dem Gericht des Sitzes der übertragenden Gesellschaft mitzuteilen, dass die neue Gesellschaft eingetragen wurde.

(5) Nach Eingang der Mitteilung des Registers, in dem die übertragende Gesellschaft eingetragen ist, über das Wirksamwerden der grenzüberschreitenden Spaltung ist in dem Register des Sitzes der neuen Gesellschaft der Tag des Wirksamwerdens der Spaltung einzutragen.

§ 332[1)] Spaltung zur Aufnahme. ¹Die Bestimmungen dieses Teils sind auf eine grenzüberschreitende Spaltung zur Aufnahme im Sinne des § 320 Absatz 1 Nummer 2 entsprechend anzuwenden, wenn in der übertragenden Gesellschaft und den übernehmenden Gesellschaften

1. im Fall der Spaltung einer inländischen Gesellschaft jeweils in den sechs Monaten vor Bekanntmachung des Spaltungsplans durchschnittlich weniger als 400 Arbeitnehmer,
2. im Fall der Aufnahme durch eine inländische Gesellschaft jeweils in den sechs Monaten vor Offenlegung des Spaltungsplans durchschnittlich weniger als vier

---

[1)] 6. Buch (§§ 305–345) eingef. mWv 1.3.2023 durch G v. 22.2.2023 (BGBl. 2023 I Nr. 51).

Fünftel der Zahl der Arbeitnehmer, die für eine Mitbestimmung nach dem Recht des Staates maßgeblich sind, dem die übertragende Gesellschaft unterliegt,

beschäftigt sind. [2]Ergeben sich Besonderheiten aus dem Umstand, dass mehrere Gesellschaften beteiligt sind, so sind ergänzend die Bestimmungen des Ersten Teils über die grenzüberschreitende Verschmelzung entsprechend anzuwenden.

Dritter Teil.[1)] Grenzüberschreitender Formwechsel

§ 333[1)] Grenzüberschreitender Formwechsel. (1) Ein grenzüberschreitender Formwechsel ist der Wechsel einer nach dem Recht eines Mitgliedstaats der Europäischen Union oder eines Vertragsstaats des Abkommens über den Europäischen Wirtschaftsraum gegründeten Gesellschaft in eine Rechtsform nach dem Recht eines anderen Mitgliedstaats der Europäischen Union oder Vertragsstaats des Abkommens über den Europäischen Wirtschaftsraums, unter Verlegung des satzungsmäßigen Sitzes in diesen Staat.

(2) Auf den grenzüberschreitenden Formwechsel einer Kapitalgesellschaft (§ 3 Absatz 1 Nummer 2) sind vorbehaltlich der Absätze 3 und 4 die folgenden Vorschriften des Fünften Buches entsprechend anzuwenden, soweit sich aus diesem Teil nichts anderes ergibt:
1. die Vorschriften des Ersten Teils sowie
2. die Vorschriften des Ersten und Dritten Unterabschnitts des Zweiten Abschnitts des Zweiten Teils.

(3) [1]§ 245 Absatz 1 Satz 3, Absatz 2 Satz 3 und Absatz 3 Satz 3 ist nicht anzuwenden. [2]§ 245 Absatz 4 ist nur dann anzuwenden, wenn die formwechselnde Gesellschaft eine im Anhang I zur Richtlinie (EU) 2017/1132 über bestimmte Aspekte des Gesellschaftsrechts genannte Rechtsform hat. [3]Im Fall des Satzes 2 ist § 52 des Aktiengesetzes[2)] mit der Maßgabe anzuwenden, dass an die Stelle des Zeitpunkts der Eintragung der Gesellschaft neuer Rechtsform der Zeitpunkt der Eintragung der formwechselnden Gesellschaft in das für sie zuständige Register tritt.

(4) § 195 Absatz 2 und § 196 sind nicht anzuwenden.

§ 334[1)] Formwechselfähige Gesellschaften. [1]Im Rahmen eines grenzüberschreitenden Formwechsels können formwechselnde Gesellschaften und Gesellschaften neuer Rechtsform Kapitalgesellschaften mit einer in Anhang II zur Richtlinie (EU) 2017/1132 genannten Rechtsform sein, wenn sie
1. nach dem Recht eines Mitgliedstaats der Europäischen Union oder eines anderen Vertragsstaats des Abkommens über den Europäischen Wirtschaftsraum gegründet worden sind und
2. ihren satzungsmäßigen Sitz, ihre Hauptverwaltung oder ihre Hauptniederlassung in einem Mitgliedstaat der Europäischen Union oder einem anderen Vertragsstaat des Abkommens über den Europäischen Wirtschaftsraum haben.

[2]§ 306 Absatz 2 Satz 1 Nummer 2 gilt entsprechend.

§ 335[1)] Formwechselplan. (1) Das Vertretungsorgan der grenzüberschreitend formwechselnden Gesellschaft stellt einen Formwechselplan auf.

[1)] 6. Buch (§§ 305–345) eingef. mWv 1.3.2023 durch G v. 22.2.2023 (BGBl. 2023 I Nr. 51).
[2)] Nr. **51**.

(2) Der Formwechselplan oder sein Entwurf muss mindestens folgende Angaben enthalten:

1. Rechtsform, Firma und Sitz der formwechselnden Gesellschaft,
2. die Rechtsform, die die Gesellschaft durch den Formwechsel erlangen soll,
3. die Firma und den Sitz der Gesellschaft neuer Rechtsform,
4. sofern einschlägig den Errichtungsakt der Gesellschaft neuer Rechtsform und, falls sie Gegenstand eines gesonderten Aktes ist, die Satzung,
5. den vorgesehenen indikativen Zeitplan für den grenzüberschreitenden Formwechsel,
6. die Beteiligung der bisherigen Anteilsinhaber an dem Rechtsträger nach den für die neue Rechtsform geltenden Vorschriften sowie Zahl, Art und Umfang der Anteile, welche die Anteilsinhaber durch den Formwechsel erlangen sollen,
7. die Rechte, die die Gesellschaft neuer Rechtsform den mit Sonderrechten ausgestatteten Anteilsinhabern und den Inhabern von anderen Wertpapieren als Gesellschaftsanteilen gewährt, oder die für diese Personen vorgeschlagenen Maßnahmen,
8. die Sicherheiten, die den Gläubigern angeboten werden,
9. die etwaigen besonderen Vorteile, die den Mitgliedern der Verwaltungs-, Leitungs- , Aufsichts- oder Kontrollorgane der Gesellschaft gewährt werden,
10. eine Darstellung der Förderungen oder Beihilfen, die die Gesellschaft in den letzten fünf Jahren erhalten hat,
11. die Einzelheiten zum Angebot einer Barabfindung gemäß § 340,
12. die voraussichtlichen Auswirkungen des grenzüberschreitenden Formwechsels auf die Beschäftigung der Arbeitnehmer,
13. gegebenenfalls Angaben zu dem Verfahren, nach dem die Einzelheiten der Beteiligung der Arbeitnehmer an der Festlegung ihrer Mitbestimmungsrechte in der Gesellschaft neuer Rechtsform geregelt werden, sowie
14. die Auswirkungen des grenzüberschreitenden Formwechsels auf Betriebsrenten und Betriebsrentenanwartschaften.

(3) Der Formwechselplan muss notariell beurkundet werden.

§ 336[1] Bekanntmachung des Formwechselplans. § 308 Absatz 1 gilt für die Bekanntmachung des Formwechselplans und seines Entwurfs entsprechend.

§ 337[1] Formwechselbericht. (1) § 309 Absatz 1, 2, 3 und 5 sowie § 310 Absatz 1, 2 und 3 gelten für den Formwechselbericht entsprechend.

(2) In dem anteilsinhaberspezifischen Abschnitt wird über die in § 192 Absatz 1 genannten Berichtsinhalte hinaus mindestens Folgendes erläutert und begründet:

1. die Auswirkungen des grenzüberschreitenden Formwechsels auf die Anteilsinhaber sowie
2. die Rechte und Rechtsbehelfe der Anteilsinhaber gemäß § 340 dieses Gesetzes und gemäß § 1 Nummer 4 des Spruchverfahrensgesetzes[2].

(3) [1]Der Bericht für die Anteilsinhaber ist in den Fällen des § 192 Absatz 2 nicht erforderlich. [2]Der Bericht für die Arbeitnehmer ist nicht erforderlich, wenn

---

[1] 6. Buch (§§ 305–345) eingef. mWv 1.3.2023 durch G v. 22.2.2023 (BGBl. 2023 I Nr. 51).
[2] **Habersack, Deutsche Gesetze ErgBd. Nr. 51b.**

die Gesellschaft und ihre etwaigen Tochtergesellschaften keine anderen Arbeitnehmer haben als diejenigen, die dem Vertretungsorgan angehören. [3] Der Formwechselbericht ist insgesamt nicht erforderlich, wenn die Voraussetzungen der Sätze 1 und 2 vorliegen.

§ 338[1)] Formwechselprüfung. (1) [1] Der Formwechselplan oder sein Entwurf ist nach den §§ 9 bis 11 und 12 Absatz 1 zu prüfen. [2] § 48 ist nicht anzuwenden. [3] Der Prüfungsbericht muss den Anteilsinhabern spätestens einen Monat vor dem Tag der Versammlung der Anteilsinhaber, die über die Zustimmung zum Formwechselplan beschließen soll, zugänglich gemacht werden.

(2) § 9 Absatz 2 und § 12 Absatz 3 jeweils in Verbindung mit § 8 Absatz 3 Satz 1, 2 und 3 Nummer 2 sind entsprechend anzuwenden.

§ 339[1)] Zustimmung der Anteilsinhaber. (1) Die Anteilsinhaber können ihre Zustimmung zum Formwechselplan nach § 193 Absatz 1 davon abhängig machen, dass die Art und Weise der Mitbestimmung der Arbeitnehmer der Gesellschaft neuer Rechtsform ausdrücklich von ihnen bestätigt wird.

(2) Die Versammlung der Anteilsinhaber nimmt den Formwechselbericht, den Prüfungsbericht und etwaige Stellungnahmen nach § 336 in Verbindung mit § 308 Absatz 1 Satz 2 Nummer 4 zur Kenntnis, bevor sie die Zustimmung zum Formwechselplan beschließt.

§ 340[1)] Barabfindung. (1) [1] Die formwechselnde Gesellschaft hat im Formwechselplan oder seinem Entwurf jedem Anteilsinhaber, der gegen den Zustimmungsbeschluss der Anteilsinhaber Widerspruch zur Niederschrift erklärt, den Erwerb seiner Anteile oder Mitgliedschaften gegen eine angemessene Barabfindung anzubieten; nicht anzuwenden sind insoweit § 71 Absatz 4 Satz 2 des Aktiengesetzes[2)] und die Anordnung der Nichtigkeit des schuldrechtlichen Geschäfts über einen verbotswidrigen Erwerb nach § 33 Absatz 2 Satz 3 des Gesetzes betreffend die Gesellschaften mit beschränkter Haftung[3)]. [2] Das Abfindungsangebot steht unter der aufschiebenden Bedingung des Wirksamwerdens des grenzüberschreitenden Formwechsels. [3] Im Formwechselplan oder seinem Entwurf sind eine Postanschrift sowie eine elektronische Adresse anzugeben, an welche die Mitteilung nach Absatz 2 Satz 1 und die Annahmeerklärung nach Absatz 3 Satz 1 übermittelt werden können. [4] § 207 Absatz 1 Satz 2 und 3, Absatz 2 sowie § 208 in Verbindung mit § 30 Absatz 1 und den §§ 210 bis 212 gelten entsprechend.

(2) Ein Anteilsinhaber, der die Annahme des Abfindungsangebots nach Absatz 1 Satz 1 beabsichtigt, hat der Gesellschaft seine Absicht spätestens einen Monat nach dem Tag, an dem die Versammlung der Anteilsinhaber die Zustimmung zum Formwechselplan beschlossen hat, mitzuteilen.

(3) [1] Das Abfindungsangebot kann bis spätestens zwei Monate nach dem Tag, an dem die Versammlung der Anteilsinhaber der formwechselnden Gesellschaft die Zustimmung zum Formwechselplan beschlossen hat, angenommen werden. [2] Die Annahme ist ausgeschlossen, wenn die Mitteilung nach Absatz 2 nicht rechtzeitig erfolgt ist. [3] Erfolgt die Annahme vor Ablauf der Mitteilungsfrist nach Absatz 2, so ist die Mitteilung nicht mehr erforderlich. [4] § 15 Absatz 4 des Gesetzes betreffend die Gesellschaften mit beschränkter Haftung bleibt unberührt.

[1)] 6. Buch (§§ 305–345) eingef. mWv 1.3.2023 durch G v. 22.2.2023 (BGBl. 2023 I Nr. 51).
[2)] Nr. **51**.
[3)] Nr. **52**.

(4) Anteilsinhaber, die das Abfindungsangebot nach Maßgabe des Absatzes 3 angenommen haben, werden abweichend von § 202 Absatz 1 Nummer 2 mit Wirksamwerden des Formwechsels nicht Anteilsinhaber der Gesellschaft neuer Rechtsform.

(5) [1] Die Gesellschaft neuer Rechtsform hat die Barabfindung spätestens zwei Wochen nachdem der Formwechsel wirksam geworden ist an die Anteilsinhaber, die das Angebot nach Maßgabe des Absatzes 3 angenommen haben, zu zahlen. [2] § 341 ist auf den Abfindungsanspruch dieser Anteilsinhaber entsprechend anzuwenden.

(6) [1] Die Angemessenheit einer nach Absatz 1 anzubietenden Barabfindung ist stets zu prüfen. [2] § 12 Absatz 2 und § 338 sind entsprechend anzuwenden.

§ 341[1)] Gläubigerschutz. (1) § 314 gilt für die formwechselnde Gesellschaft und ihre Gläubiger entsprechend.

(2) [1] Für Klagen von Gläubigern wegen einer Forderung gegen die formwechselnde Gesellschaft sind unbeschadet unionsrechtlicher Vorschriften auch die deutschen Gerichte international zuständig, sofern die Forderung vor der Bekanntmachung des Formwechselplans oder seines Entwurfs entstanden ist und die Klage innerhalb von zwei Jahren nach Wirksamwerden des grenzüberschreitenden Formwechsels erhoben wird. [2] Der Gerichtsstand im Inland bestimmt sich nach dem letzten Sitz des formwechselnden Rechtsträgers.

§ 342[1)] Anmeldung des Formwechsels. (1) Das Vertretungsorgan der Gesellschaft hat das Vorliegen der Voraussetzungen für den grenzüberschreitenden Formwechsel zur Eintragung in das Register, in dem der formwechselnde Rechtsträger eingetragen ist, anzumelden.

(2) § 198 Absatz 3 in Verbindung mit § 16 Absatz 2 und 3 sowie § 199 gelten entsprechend mit der Maßgabe, dass zusätzlich

1. der Anmeldung
   a) der Formwechselplan in Ausfertigung oder öffentlich beglaubigter Abschrift sowie
   b) etwaige Bemerkungen nach § 336 in Verbindung mit § 308 Absatz 1 Satz 2 Nummer 4 in Abschrift und
2. dem einheitlichen Bericht oder dem Bericht für die Arbeitnehmer eine etwaige Stellungnahme gemäß § 337 Absatz 1 in Verbindung mit § 310 Absatz 3 in Abschrift

beizufügen sind.

(3) [1] Die Mitglieder des Vertretungsorgans haben zu versichern, dass

1. allen Gläubigern die gemäß § 335 Absatz 2 Nummer 8 angebotene Sicherheit geleistet wurde,
2. die Rechte der Arbeitnehmer gemäß § 336 in Verbindung mit § 308 Absatz 1 Satz 2 Nummer 4 Buchstabe b sowie gemäß § 337 Absatz 1 in Verbindung mit § 310 Absatz 1 und 3 eingehalten wurden,
3. ein zur Verhandlung über die künftige Mitbestimmung durchzuführendes Verfahren nach den Umsetzungsvorschriften zu Artikel 86l Absatz 3 und 4 der Richtlinie (EU) 2017/1132 begonnen hat und

---

1) 6. Buch (§§ 305–345) eingef. mWv 1.3.2023 durch G v. 22.2.2023 (BGBl. 2023 I Nr. 51).

4. sich die Gesellschaft nicht im Zustand der Zahlungsunfähigkeit, der drohenden Zahlungsunfähigkeit oder der Überschuldung gemäß § 17 Absatz 2, § 18 Absatz 2 oder § 19 Absatz 2 der Insolvenzordnung[1)] befindet.

[2] Kann die Versicherung nach Satz 1 Nummer 4 nicht abgegeben werden, hat das Vertretungsorgan mitzuteilen, welcher der dort genannten Tatbestände erfüllt ist und ob ein Insolvenzverfahren beantragt oder eröffnet wurde. [3] Nach Eröffnung des Insolvenzverfahrens trifft diese Pflicht den Insolvenzverwalter; wurde ein vorläufiger Insolvenzverwalter bestellt und dem Schuldner ein allgemeines Verfügungsverbot auferlegt, so trifft die Pflicht den vorläufigen Insolvenzverwalter.

(4) Das Vertretungsorgan teilt dem Registergericht Folgendes mit:

1. die Zahl der Arbeitnehmer zum Zeitpunkt der Aufstellung des Formwechselplans,
2. die Zahl der Tochtergesellschaften und ihre jeweiligen geografischen Standorte sowie
3. das Bestehen von Verbindlichkeiten gegenüber der öffentlichen Hand.

(5) Das nach § 341 Absatz 1 in Verbindung mit § 314 Absatz 5 zuständige Gericht teilt dem Registergericht auf Anforderung mit, ob innerhalb der Frist des § 341 Absatz 1 in Verbindung mit § 314 Absatz 3 eine Sicherheitsleistung gerichtlich geltend gemacht wurde.

§ 343[2)] Formwechselbescheinigung. (1) [1] Das Gericht prüft innerhalb von drei Monaten nach der Anmeldung gemäß § 342 Absatz 1 und 2, ob für die Gesellschaft die Voraussetzungen für den grenzüberschreitenden Formwechsel vorliegen. [2] Die Eintragung enthält die Bezeichnung des Formwechselverfahrens und der formwechselnden Gesellschaft sowie die Feststellung, dass alle einschlägigen Voraussetzungen erfüllt und alle Verfahren und Formalitäten erledigt wurden. [3] Die Eintragung ist mit dem Vermerk zu versehen, dass der grenzüberschreitende Formwechsel unter den Voraussetzungen des Rechts desjenigen Staates wirksam wird, in den die Gesellschaft ihren Sitz verlegt. [4] Über die Eintragung stellt das Gericht von Amts wegen eine Formwechselbescheinigung aus.

(2) [1] Die Eintragung gemäß Absatz 1 darf nicht vor Ablauf der Fristen gemäß § 340 Absatz 3 Satz 1 und gemäß § 341 Absatz 1 in Verbindung mit § 314 Absatz 3 vorgenommen werden. [2] Haben alle Anteilsinhaber dem Formwechsel zugestimmt, darf die Eintragung bereits vor Ablauf der Frist des § 340 Absatz 3 Satz 1 erfolgen. [3] Wurde ein Anspruch auf Sicherheitsleistung gemäß § 341 Absatz 1 in Verbindung mit § 314 Absatz 3 gerichtlich geltend gemacht, so darf die Eintragung gemäß Absatz 1 nicht vorgenommen werden,

1. bevor die den Antrag ablehnende Entscheidung rechtskräftig ist,
2. die in der Entscheidung festgelegte Sicherheit geleistet wurde oder
3. die den Antrag teilweise ablehnende Entscheidung rechtskräftig ist und die in der Entscheidung festgelegte Sicherheit geleistet wurde.

[4] Die Leistung der Sicherheit ist dem Gericht in geeigneter Form nachzuweisen Auf Verlangen des Gerichts haben die Mitglieder des Vertretungsorgans zu versichern, dass die in der Entscheidung festgelegte Sicherheit geleistet wurde.

(3) [1] In dem Verfahren nach Absatz 1 muss das Gericht bei Vorliegen von Anhaltspunkten prüfen, ob der grenzüberschreitende Formwechsel zu missbräuch-

[1)] Nr. **110**.
[2)] 6. Buch (§§ 305–345) eingef. mWv 1.3.2023 durch G v. 22.2.2023 (BGBl. 2023 I Nr. 51).

lichen oder betrügerischen Zwecken, die dazu führen oder führen sollen, sich dem Recht der Europäischen Union oder nationalem Recht zu entziehen oder es zu umgehen, oder zu kriminellen Zwecken vorgenommen werden soll. [2] Liegen solche Zwecke vor, so lehnt es die Eintragung gemäß Absatz 1 ab. [3] Ist es für die Prüfung notwendig, zusätzliche Informationen zu berücksichtigen oder zusätzliche Ermittlungen durchzuführen, so kann die in Absatz 1 Satz 1 vorgesehene Frist um höchstens drei Monate verlängert werden. [4] Anhaltspunkte im Sinne von Satz 1 liegen insbesondere vor, wenn

1. ein gemäß Artikel 86l Absatz 2 bis 4 der Richtlinie (EU) 2017/1132 durchzuführendes Verhandlungsverfahren erst auf Aufforderung des Gerichts eingeleitet worden ist;
2. die Zahl der Arbeitnehmer mindestens vier Fünftel des für die Unternehmensmitbestimmung maßgeblichen Schwellenwerts beträgt, im Zielland keine Wertschöpfung erbracht wird und der Verwaltungssitz in Deutschland verbleibt;
3. die Gesellschaft nach dem grenzüberschreitenden Formwechsel Schuldnerin von Betriebsrenten oder -anwartschaften ist und kein anderweitiges operatives Geschäft hat.

(4) Ist es wegen der Komplexität des Verfahrens ausnahmsweise nicht möglich, die Prüfung innerhalb der in Absatz 1 Satz 1 oder Absatz 3 Satz 3 vorgesehenen Fristen vorzunehmen, so hat das Gericht den Anmeldenden vor Ende des Zeitraums über die Gründe für die Verzögerung zu unterrichten.

(5) Nach Eingang der Mitteilung des Registers, in das die Gesellschaft neuer Rechtsform eingetragen ist, über das Wirksamwerden des grenzüberschreitenden Formwechsels hat das Gericht des Sitzes der formwechselnden Gesellschaft den Tag des Wirksamwerdens zu vermerken.

§ 344[1)] Informationen des Registergerichts. [1] Soweit dies für die Prüfung gemäß § 343 erforderlich ist, kann das Gericht

1. von der Gesellschaft Informationen und Unterlagen verlangen,
2. von öffentlichen inländischen Stellen Informationen und Unterlagen verlangen und von öffentlichen Stellen eines anderen Mitgliedstaats der Europäischen Union oder eines anderen Vertragsstaats des Abkommens über den Europäischen Wirtschaftsraum mit Zuständigkeiten in den verschiedenen vom grenzüberschreitenden Formwechsel betroffenen Bereichen die notwendigen Informationen und Unterlagen erbitten,
3. von einem eingesetzten besonderen Verhandlungsgremium Informationen und Unterlagen verlangen,
4. einen unabhängigen Sachverständigen zuziehen sowie
5. im Rahmen der Prüfung des § 343 Absatz 3 eine in dem formwechselnden Unternehmen vertretene Gewerkschaft anhören.

[2] Ist eine inländische öffentliche Stelle in einem von dem grenzüberschreitenden Formwechsel betroffenen Bereich zuständig, so kann sie der für die Ausstellung einer Formwechselbescheinigung zuständigen Stelle eines anderen Mitgliedstaats der Europäischen Union oder eines anderen Vertragsstaats des Abkommens über den Europäischen Wirtschaftsraum auf deren Ersuchen die notwendigen Informationen und Unterlagen übermitteln.

---

1) 6. Buch (§§ 305–345) eingef. mWv 1.3.2023 durch G v. 22.2.2023 (BGBl. 2023 I Nr. 51).

§ 345[1] Eintragung des grenzüberschreitenden Hereinformwechsels.

(1) [1] Das Vertretungsorgan der formwechselnden Gesellschaft hat die Gesellschaft neuer Rechtsform bei dem zuständigen Gericht zur Eintragung in das für die Rechtsform maßgebende Register anzumelden. [2] Der Anmeldung sind in der Form des § 17 Absatz 1 der Formwechselplan und gegebenenfalls die Vereinbarung über die Beteiligung der Arbeitnehmer beizufügen. [3] § 198 Absatz 3 und § 199 sind auf die formwechselnde Gesellschaft nicht anzuwenden.

(2) [1] Die über das Europäische System der Registervernetzung übermittelte Formwechselbescheinigung wird als Nachweis der ordnungsgemäßen Erledigung der vorangehenden Verfahren und Formalitäten nach dem Recht desjenigen Staates, dem die formwechselnde Gesellschaft unterliegt, anerkannt. [2] Ohne die Formwechselbescheinigung kann der grenzüberschreitende Formwechsel nicht in das Register eingetragen werden.

(3) Die Prüfung der Eintragungsvoraussetzungen erstreckt sich insbesondere darauf, ob gegebenenfalls eine Vereinbarung über die Beteiligung der Arbeitnehmer geschlossen worden ist und ob die Vorschriften zur Gründung der Gesellschaft neuer Rechtsform eingehalten worden sind.

(4) Das Gericht des Sitzes der Gesellschaft neuer Rechtsform hat das Wirksamwerden des grenzüberschreitenden Formwechsels dem Register mitzuteilen, in dem die formwechselnde Gesellschaft ihre Unterlagen zu hinterlegen hatte.

Siebentes Buch.[2] Strafvorschriften und Zwangsgelder

§ 346[3] Unrichtige Darstellung. (1) Mit Freiheitsstrafe bis zu drei Jahren oder mit Geldstrafe wird bestraft, wer als Mitglied eines Vertretungsorgans, als vertretungsberechtigter Gesellschafter oder Partner, als Mitglied eines Aufsichtsrats oder als Abwickler eines an einer Umwandlung beteiligten Rechtsträgers bei dieser Umwandlung

1. die Verhältnisse des Rechtsträgers einschließlich seiner Beziehungen zu verbundenen Unternehmen in einem in diesem Gesetz vorgesehenen Bericht (Verschmelzungsbericht, Spaltungsbericht, Übertragungsbericht, Formwechselbericht), in Darstellungen oder Übersichten über den Vermögensstand, in Vorträgen oder Auskünften in der Versammlung der Anteilsinhaber unrichtig wiedergibt oder verschleiert, wenn die Tat nicht in § 331 Nr. 1 oder Nr. 1a des Handelsgesetzbuchs[4] mit Strafe bedroht ist, oder
2. in Aufklärungen und Nachweisen, die nach den Vorschriften dieses Gesetzes einem Verschmelzungs-, Spaltungs- oder Übertragungsprüfer zu geben sind, unrichtige Angaben macht oder die Verhältnisse des Rechtsträgers einschließlich seiner Beziehungen zu verbundenen Unternehmen unrichtig wiedergibt oder verschleiert.

(2) Ebenso wird bestraft, wer als Geschäftsführer einer Gesellschaft mit beschränkter Haftung, als Mitglied des Vorstands einer Aktiengesellschaft, als zur

---

[1] 6. Buch (§§ 305–345) eingef. mWv 1.3.2023 durch G v. 22.2.2023 (BGBl. 2023 I Nr. 51).

[2] Früheres 7. Buch wird 6. Buch mWv 1.9.2003 durch G v. 12.6.2003 (BGBl. I S. 838); bish. 6. Buch wird 7. Buch mWv 1.3.2023 durch G v. 22.2.2023 (BGBl. 2023 I Nr. 51).

[3] Früherer § 313 Abs. 1 einl. Satzteil geänd. mWv 1.8.1998 durch G v. 22.7.1998 (BGBl. I S. 1878); Abs. 1 Nr. 1 geänd. mWv 10.12.2004 durch G v. 4.12.2004 (BGBl. I S. 3166); Abs. 2 geänd. mWv 15.7.2011 durch G v. 11.7.2011 (BGBl. I S. 1338); bish. § 313 wird § 346 und Abs. 1 Nr. 1 geänd. mWv 1.3.2023 durch G v. 22.2.2023 (BGBl. 2023 I Nr. 51).

[4] Nr. **50**.

Vertretung ermächtigter persönlich haftender Gesellschafter einer Kommanditgesellschaft auf Aktien oder als Abwickler einer solchen Gesellschaft in einer Erklärung nach § 52 über die Zustimmung der Anteilsinhaber dieses Rechtsträgers oder in einer Erklärung nach § 140 oder § 146 Abs. 1 über die Deckung des Stammkapitals oder Grundkapitals der übertragenden Gesellschaft unrichtige Angaben macht oder seiner Erklärung zugrunde legt.

§ 347[1] **Verletzung der Berichtspflicht.** (1) Mit Freiheitsstrafe bis zu drei Jahren oder mit Geldstrafe wird bestraft, wer als Verschmelzungs-, Spaltungs- oder Übertragungsprüfer oder als Gehilfe eines solchen Prüfers über das Ergebnis einer aus Anlaß einer Umwandlung erforderlichen Prüfung falsch berichtet oder erhebliche Umstände in dem Prüfungsbericht verschweigt.

(2) Handelt der Täter gegen Entgelt oder in der Absicht, sich oder einen anderen zu bereichern oder einen anderen zu schädigen, so ist die Strafe Freiheitsstrafe bis zu fünf Jahren oder Geldstrafe.

§ 348[2] **Falsche Angaben.** Mit Freiheitsstrafe bis zu drei Jahren oder mit Geldstrafe wird bestraft, wer

1. entgegen § 315 Absatz 3 Satz 1 Nummer 1 oder 4 oder § 316 Absatz 2 Satz 5, jeweils auch in Verbindung mit § 329 Satz 1, entgegen § 342 Absatz 3 Satz 1 Nummer 1 oder 4 oder § 343 Absatz 2 Satz 5 eine Versicherung nicht richtig abgibt oder
2. entgegen § 315 Absatz 3 Satz 2, auch in Verbindung mit § 329 Satz 1, oder entgegen § 342 Absatz 3 Satz 2 eine Mitteilung nicht richtig macht.

§ 349[3] **Verletzung der Geheimhaltungspflicht.** (1) Mit Freiheitsstrafe bis zu einem Jahr oder mit Geldstrafe wird bestraft, wer ein Geheimnis eines an einer Umwandlung beteiligten Rechtsträgers, namentlich ein Betriebs- oder Geschäftsgeheimnis, das ihm in seiner Eigenschaft als

1. Mitglied des Vertretungsorgans, vertretungsberechtigter Gesellschafter oder Partner, Mitglied eines Aufsichtsrats oder Abwickler dieses oder eines anderen an der Umwandlung beteiligten Rechtsträgers,
2. Verschmelzungs-, Spaltungs- oder Übertragungsprüfer oder Gehilfe eines solchen Prüfers

bekannt geworden ist, unbefugt offenbart, wenn die Tat im Falle der Nummer 1 nicht in § 85 des Gesetzes betreffend die Gesellschaften mit beschränkter Haftung[4], § 404 des Aktiengesetzes[5] oder § 151 des Genossenschaftsgesetzes[6], im Falle der Nummer 2 nicht in § 333 des Handelsgesetzbuchs[7] mit Strafe bedroht ist.

(2) [1] Handelt der Täter gegen Entgelt oder in der Absicht, sich oder einen anderen zu bereichern oder einen anderen zu schädigen, so ist die Strafe Freiheits-

---

[1] Bish. § 314 wird § 347 mWv 1.3.2023 durch G v. 22.2.2023 (BGBl. 2023 I Nr. 51).

[2] Bish. § 314a wird § 348 und neu gef. mWv 1.3.2023 durch G v. 22.2.2023 (BGBl. 2023 I Nr. 51).

[3] Früherer § 315 Abs. 1 Nr. 1, Abs. 3 Satz 2 und Abs. 3 Satz 3 geänd. mWv 1.8.1998 durch G v. 22.7. 1998 (BGBl. I S. 1878); Abs. 1 abschl. Satzteil geänd. mWv 18.8.2006 durch G v. 14.8.2006 (BGBl. I S. 1911); Abs. 1 abschl. Satzteil geänd. mWv 1.1.2016 durch G v. 1.4.2015 (BGBl. I S. 434); bish. § 315 wird § 347 mWv 1.3.2023 durch G v. 22.2.2023 (BGBl. 2023 I Nr. 51).

[4] Nr. **52**.

[5] Nr. **51**.

[6] Nr. **53**.

[7] Nr. **50**.

strafe bis zu zwei Jahren oder Geldstrafe. [2] Ebenso wird bestraft, wer ein Geheimnis der in Absatz 1 bezeichneten Art, namentlich ein Betriebs- oder Geschäftsgeheimnis, das ihm unter den Voraussetzungen des Absatzes 1 bekannt geworden ist, unbefugt verwertet.

(3) [1] Die Tat wird nur auf Antrag eines der an der Umwandlung beteiligten Rechtsträger verfolgt. [2] Hat ein Mitglied eines Vertretungsorgans, ein vertretungsberechtigter Gesellschafter oder Partner oder ein Abwickler die Tat begangen, so sind auch ein Aufsichtsrat oder ein nicht vertretungsberechtigter Gesellschafter oder Partner antragsberechtigt. [3] Hat ein Mitglied eines Aufsichtsrats die Tat begangen, sind auch die Mitglieder des Vorstands, die vertretungsberechtigten Gesellschafter oder Partner oder die Abwickler antragsberechtigt.

§ 350[1)] Zwangsgelder. (1) [1] Mitglieder eines Vertretungsorgans, vertretungsberechtigte Gesellschafter, vertretungsberechtigte Partner oder Abwickler, die § 13 Abs. 3 Satz 3 sowie § 125 Satz 1, § 176 Abs. 1, § 177 Abs. 1, § 178 Abs. 1, § 179 Abs. 1, § 180 Abs. 1, § 184 Abs. 1, § 186 Satz 1, § 188 Abs. 1 und § 189 Abs. 1, jeweils in Verbindung mit § 13 Abs. 3 Satz 3, sowie § 193 Abs. 3 Satz 2 nicht befolgen, sind hierzu von dem zuständigen Registergericht durch Festsetzung von Zwangsgeld anzuhalten; § 14 des Handelsgesetzbuchs[2)] bleibt unberührt. [2] Das einzelne Zwangsgeld darf den Betrag von fünftausend Euro nicht übersteigen.

(2) Die Anmeldungen einer Umwandlung zu dem zuständigen Register nach § 16 Absatz 1, den §§ 38, 129 und 137 Absatz 1 und 2, § 176 Absatz 1, § 177 Absatz 1, § 178 Absatz 1, § 179 Absatz 1, § 180 Absatz 1, § 184 Absatz 1, den §§ 186 und 188 Absatz 1, § 189 Absatz 1, den §§ 198, 222, 235, 246, 254, 265 und 278 Absatz 1, den §§ 286, 296 und § 315, auch in Verbindung mit § 329 Satz 1, § 318 Absatz 1, auch in Verbindung mit § 329 Satz 1, § 331 Absatz 1, den §§ 342 sowie § 345 Absatz 1 werden durch Festsetzung von Zwangsgeld nicht erzwungen.

Achtes Buch.[3)] Übergangs- und Schlußvorschriften

§ 351[4)] Umwandlung alter juristischer Personen. [1] Eine juristische Person im Sinne des Artikels 163 des Einführungsgesetzes zum Bürgerlichen Gesetzbuche[5)] kann nach den für wirtschaftliche Vereine geltenden Vorschriften dieses Gesetzes umgewandelt werden. [2] Hat eine solche juristische Person keine Mitglieder, so kann sie nach den für Stiftungen geltenden Vorschriften dieses Gesetzes umgewandelt werden.

§ 352[6)] Eingeleitete Umwandlungen; Umstellung auf den Euro. (1) [1] Die Vorschriften dieses Gesetzes sind nicht auf solche Umwandlungen anzuwenden, zu deren Vorbereitung bereits vor dem 1. Januar 1995 ein Vertrag oder eine Erklärung beurkundet oder notariell beglaubigt oder eine Versammlung der Anteilsinhaber

---

[1)] Früherer § 316 Abs. 1 Satz 1 geänd. mWv 1.8.1998 durch G v. 22.7.1998 (BGBl. I S. 1878); Abs. 1 Satz 2 geänd. mWv 25.1.2001 durch G v. 18.1.2001 (BGBl. I S. 123); bish. § 316 wird § 350 und Abs. 2 neu gef. mWv 1.3.2023 durch G v. 22.2.2023 (BGBl. 2023 I Nr. 51).

[2)] Nr. **50**.

[3)] Früheres 8. Buch wird 7. Buch mWv 1.9.2003 durch G v. 12.6.2003 (BGBl. I S. 838); bish. 7. Buch wird 8. Buch mWv 1.3.2023 durch G v. 22.2.2023 (BGBl. 2023 I Nr. 51).

[4)] Bish. § 317 wird § 351 mWv 1.3.2023 durch G v. 22.2.2023 (BGBl. 2023 I Nr. 51).

[5)] Nr. **21**.

[6)] Früherer § 318 Überschrift neu gef., Abs. 2 angef. mWv 1.1.1999 durch G v. 9.6.1998 (BGBl. I S. 1242); bish. § 318 wird § 352 mWv 1.3.2023 durch G v. 22.2.2023 (BGBl. 2023 I Nr. 51).

einberufen worden ist. [2] Für diese Umwandlungen bleibt es bei der Anwendung der bis zu diesem Tage geltenden Vorschriften.

(2) [1] Wird eine Umwandlung nach dem 31. Dezember 1998 in das Handelsregister eingetragen, so erfolgt eine Neufestsetzung der Nennbeträge von Anteilen einer Kapitalgesellschaft als übernehmendem Rechtsträger, deren Anteile noch der bis dahin gültigen Nennbetragseinteilungen entsprechen, nach den bis zu diesem Zeitpunkt geltenden Vorschriften. [2] Wo dieses Gesetz für einen neuen Rechtsträger oder einen Rechtsträger neuer Rechtsform auf die jeweils geltenden Gründungsvorschriften verweist oder bei dem Formwechsel in eine Kapitalgesellschaft anderer Rechtsform die Vorschriften anderer Gesetze über die Änderung des Stammkapitals oder des Grundkapitals unberührt läßt, gilt dies jeweils auch für die entsprechenden Überleitungsvorschriften zur Einführung des Euro im Einführungsgesetz zum Aktiengesetz[1)] und im Gesetz betreffend die Gesellschaften mit beschränkter Haftung[2)]; ist ein neuer Rechtsträger oder ein Rechtsträger neuer Rechtsform bis zum 31. Dezember 1998 zur Eintragung in das Handelsregister angemeldet worden, bleibt es bei der Anwendung der bis zu diesem Tage geltenden Gründungsvorschriften.

§ 353[3)] Enthaftung bei Altverbindlichkeiten. [1] Die §§ 45, 133 Abs. 1, 3 bis 5, §§ 157, 167, 173, 224, 237, 249 und 257 sind auch auf vor dem 1. Januar 1995 entstandene Verbindlichkeiten anzuwenden, wenn

1. die Umwandlung danach in das Register eingetragen wird und
2. die Verbindlichkeiten nicht später als vier Jahre nach dem Zeitpunkt, an dem die Eintragung der Umwandlung in das Register bekannt gemacht worden ist, fällig werden oder nach Inkrafttreten des Gesetzes zur zeitlichen Begrenzung der Nachhaftung von Gesellschaftern vom 18. März 1994 (BGBl. I S. 560) begründet worden sind.

[2] Auf später fällig werdende und vor Inkrafttreten des Gesetzes zur zeitlichen Begrenzung der Nachhaftung von Gesellschaftern vom 18. März 1994 (BGBl. I S. 560) entstandene Verbindlichkeiten sind die §§ 45, 49 Abs. 4, §§ 56, 56f Abs. 2, § 57 Abs. 2 und § 58 Abs. 2 des Umwandlungsgesetzes in der durch Artikel 10 Abs. 8 des Gesetzes vom 19. Dezember 1985 (BGBl. I S. 2355) geänderten Fassung der Bekanntmachung vom 6. November 1969 (BGBl. I S. 2081) mit der Maßgabe anwendbar, daß die Verjährungsfrist ein Jahr beträgt. [3] In den Fällen, in denen das bisher geltende Recht eine Umwandlungsmöglichkeit nicht vorsah, verjähren die in Satz 2 genannten Verbindlichkeiten entsprechend den dort genannten Vorschriften.

§ 320 *alt*[4)] **Aufhebung des Umwandlungsgesetzes 1969.** Das Umwandlungsgesetz in der Fassung der Bekanntmachung vom 6. November 1969 (BGBl. I S. 2081), zuletzt geändert durch Artikel 2 des Gesetzes vom 18. März 1994 (BGBl. I S. 560), wird aufgehoben.

---

1) Nr. **51a**.

2) Nr. **52**.

3) Früherer § 319 Satz 1 Nr. 2 geänd. mWv 1.1.2007 durch G v. 10.11.2006 (BGBl. I S. 2553); bish. § 319 wird § 353 mWv 1.3.2023 durch G v. 22.2.2023 (BGBl. 2023 I Nr. 51).

4) Gem. Art. 1 Nr. 66 G v. 22.2.2023 (BGBl. 2023 I Nr. 51) sollen fünf „§§ 317 bis 321" in vier „§§ 351 bis 354" umbenannt werden. Der Gesetzgeber ging hierbei offenbar fälschlich davon aus, dass der materiell gegenstandslose, im UmwG v. 28.10.1994 (BGBl. I S. 3210) aber enthaltene und damit formell gültige § 320 nicht aufgehoben werden müsse. Dem vermutlichen Willen des Gesetzgebers entsprechend wird hier deshalb *§ 321* in § 354 umbenannt, der nicht aufgehobene § 320 bleibt als „*320 alt*" stehen.

§ 354[1) 2)] Übergangsvorschrift zum Gesetz zur Umsetzung der Aktionärsrechterichtlinie, zum Dritten Gesetz zur Änderung des Umwandlungsgesetzes und zum Finanzmarktintegritätsstärkungsgesetz. (1) Im Fall des § 15 Abs. 2 Satz 1 bleibt es für die Zeit vor dem 1. September 2009 bei dem bis dahin geltenden Zinssatz.

(2) § 16 Abs. 3 Satz 3 Nr. 2 in der Fassung des Gesetzes zur Umsetzung der Aktionärsrechterichtlinie vom 30. Juli 2009 (BGBl. I S. 2479) ist nicht auf Freigabeverfahren und Beschwerdeverfahren anzuwenden, die vor dem 1. September 2009 anhängig waren.

(3) § 62 Absatz 4 und 5, § 63 Absatz 2 Satz 5 bis 7, § 64 Absatz 1 sowie § 143 in der Fassung des Dritten Gesetzes zur Änderung des Umwandlungsgesetzes vom 11. Juli 2011 (BGBl. I S. 1338) sind erstmals auf Umwandlungen anzuwenden, bei denen der Verschmelzungs- oder Spaltungsvertrag nach dem 14. Juli 2011 geschlossen worden ist.

(4) [1] § 11 in der ab 1. Juli 2021 geltenden Fassung ist erstmals auf die Prüfung von Verschmelzungen anzuwenden, deren Verschmelzungsvertrag nach dem 31. Dezember 2021 geschlossen wurde. [2] § 11 in der bis einschließlich 30. Juni 2021 geltenden Fassung ist letztmals auf die Prüfung von Verschmelzungen anzuwenden, deren Verschmelzungsvertrag vor dem 1. Januar 2022 geschlossen wurde.

§ 355[3) 2)] Übergangsvorschrift zum Gesetz zur Umsetzung der Umwandlungsrichtlinie. (1) Eine Verschmelzung, eine Spaltung oder ein Formwechsel kann von den beteiligten Rechtsträgern in Übereinstimmung mit den Bestimmungen des Zweiten, Dritten und Fünften Buches in deren jeweils vor dem 1. März 2023 geltenden Fassung durchgeführt werden, wenn

1. der Verschmelzungsvertrag oder der Spaltungs- und Übernahmevertrag vor dem 1. März 2023 geschlossen, der Verschmelzungs- oder Spaltungsplan vor dem 1. März 2023 aufgestellt oder der Formwechselbeschluss als Umwandlungsbeschluss vor dem 1. März 2023 gefasst wurde und
2. die Umwandlung bis zum 31. Dezember 2023 zur Eintragung angemeldet wurde.

(2) [1] § 14 Absatz 2, § 15 Absatz 1 und § 312 in der ab dem 1. März 2023 geltenden Fassung sind erstmals auf Umwandlungen anzuwenden, für die der Zustimmungsbeschluss der Anteilsinhaber nach dem 28. Februar 2023 gefasst worden ist. [2] § 307 Absatz 2 Nummer 14, die §§ 314 und 316 Absatz 2 in der ab dem 1. März 2023 geltenden Fassung sind erstmals auf grenzüberschreitende Verschmelzungen anzuwenden, für die der Verschmelzungsplan nach dem 28. Februar 2023 bekannt gemacht worden ist.

---

1) Früherer § 321 eingef. mWv 1.9.2009 durch G v. 30.7.2009 (BGBl. I S. 2479); Überschrift geänd., Abs. 3 angef. mWv 15.7.2011 durch G v. 11.7.2011 (BGBl. I S. 1338); Überschrift neu gef., Abs. 4 angef. mWv 1.7.2021 durch G v. 3.6.2021 (BGBl. I S. 1534); bish. § 321 umbenannt mWv 1.3.2023 durch G v. 22.2.2023 (BGBl. 2023 I Nr. 51).

2) Zur §§-Zählung siehe die Anm. zu § 320 alt.

3) § 355 angef. mWv 1.3.2023 durch G v. 22.2.2023 (BGBl. 2023 I Nr. 51).

62. Gesetz über den Versicherungsvertrag (Versicherungsvertragsgesetz – VVG)[1)]

Vom 23. November 2007
(BGBl. I S. 2631)

FNA 7632-6

Lfd. Nr.	Änderndes Gesetz	Datum	Fundstelle	Betroffen	Hinweis
1.	Art. 11 Versicherungsvertrags-ReformG	23.11. 2007	BGBl. I S. 2631	Kapitel 8	geänd. mWv 1.1.2009
2.	Art. 3 Zweites G zur Änd. der PflichtversicherungsG und anderer versicherungsrechtlicher Vorschriften[2)]	10.12. 2007	BGBl. I S. 2833	§§ 114, 117, 119, 124, 168	geänd. mWv 18.12.2007
3.	Art. 9 Pflege-WeiterentwicklungsG	28.5.2008	BGBl. I S. 874	§ 204	geänd. mWv 1.1.2009
4.	Art. 13 Abs. 20 BilanzrechtsmodernisierungsG	25.5.2009	BGBl. I S. 1102	§ 153	geänd. mWv 29.5.2009
5.	Art. 2 Abs. 5 G zur Anpassung der Vorschr. des Internationalen Privatrechts an die VO (EG) Nr. 593/2008	25.6.2009	BGBl. I S. 1574	Inhaltsübersicht, §§ 6, 7, 865, 210 § 216	geänd. mWv 17.12.2009 eingef. mWv 17.12.2009
6.	Art. 13a G zur Änd. arzneimittelrechtlicher und anderer Vorschriften[3)]	17.7.2009	BGBl. I S. 1990	§ 193	geänd. mWv 23.7.2009
7.	BVerfGE	10.6.2009	BGBl. I S. 2127	§ 193	geänd. mWv 1.1.2008
8.	Art. 10 G zur Umsetzung der VerbraucherkreditRL, des zivilrechtlichen Teils der ZahlungsdiensteRL sowie zur Neuordnung der Vorschriften über das Widerrufs- und Rückgaberecht[4)]	29.7.2009	BGBl. I S. 2355	Inhaltsübersicht, §§ 8, 33 Anl.	geänd. mWv 11.6.2010 eingef. mWv 11.6.2010

[1)] Verkündet als Art. 1 G zur Reform des Versicherungsvertragsrechts v. 23.11.2007 (BGBl. I S. 2631); Inkrafttreten gem. Art. 12 dieses G am 1.1.2008; mit Ausnahme des § 7 Abs. 2 und 3, der bereits am 30.11.2007 in Kraft getreten ist.

[2)] **Amtl. Anm.:** Dieses Gesetz dient der Umsetzung der Richtlinie 2005/14/EG des Europäischen Parlaments und des Rates vom 11. Mai 2005 zur Änderung der Richtlinien 72/166/EWG, 84/5/EWG, 88/357/EWG und 90/232/EWG des Rates sowie der Richtlinie 2000/26/EG des Europäischen Parlaments und des Rates über die Kraftfahrzeug-Haftpflichtversicherung (ABl. EU Nr. L 149 S. 14).

[3)] **Amtl. Anm.:** Die Verpflichtungen aus der Richtlinie 98/34/EG des Europäischen Parlaments und des Rates vom 22. Juni 1998 über ein Informationsverfahren auf dem Gebiet der Normen und technischen Vorschriften und der Vorschriften für die Dienste der Informationsgesellschaft (ABl. L 204 vom 21.7.1998, S. 37), die zuletzt durch die Richtlinie 2006/96/EG vom 20. November 2006 (ABl. L 363 vom 20.12.2006, S. 81) geändert worden ist, sind beachtet worden. […]

[4)] **Amtl. Anm.:** Dieses Gesetz dient der Umsetzung folgender Richtlinien:

1. Richtlinie 2007/64/EG des Europäischen Parlaments und des Rates vom 13. November 2007 über Zahlungsdienste im Binnenmarkt, zur Änderung der Richtlinien 97/7/EG, 2002/65/EG, 2005/60/EG und 2006/48/EG sowie zur Aufhebung der Richtlinie 97/5/EG (Zahlungsdiensterichtlinie – ABl. EU Nr. L 319 S. 1),
2. Richtlinie 2008/48/EG des Europäischen Parlaments und des Rates vom 23. April 2008 über Verbraucherkreditverträge und zur Aufhebung der Richtlinie 87/102/EWG des Rates (Verbraucherkreditrichtlinie – ABl. EU Nr. L 133 S. 66).

Lfd. Nr.	Änderndes Gesetz	Datum	Fundstelle	Betroffen	Hinweis
9.	Art. 6 Sozialversicherungs-StabilisierungsG	14.4.2010	BGBl. I S. 410	§ 168	geänd. mWv 17.4.2010
10.	Art. 3 G zur Anpassung der Vorschriften über den Wertersatz bei Widerruf von Fernabsatzverträgen und über verbundene Verträge	27.7.2011	BGBl. I S. 1600	§ 8, Anl.	geänd. mWv 4.8.2011
11.	Art. 2 Abs. 79 G zur Änd. von Vorschriften über Verkündung und Bekanntmachungen sowie der ZPO, des EGZPO und der AO	22.12. 2011	BGBl. I S. 3044	§ 214	geänd. mWv 1.4.2012
12.	Art. 1 G zur Änd. versicherungsrechtlicher Vorschriften[1]	24.4.2013	BGBl. I S. 932, ber. S. 2584	§§ 9, 192, 202, 204, 205 Anl.	geänd. mWv 1.5.2013 geänd. mWv 1.9.2013
13.	Art. 3 G zur Beseitigung sozialer Überforderung bei Beitragsschulden in der Krankenversicherung	15.7.2013	BGBl. I S. 2423	§ 193	geänd. mWv 1.8.2013
14.	Art. 9 G zur Umsetzung der VerbraucherrechteRL und zur Änd. des G zur Regelung der Wohnungsvermittlung[2]	20.9.2013	BGBl. I S. 3642	§§ 6, 8, 49, 211, Anl.	geänd. mWv 13.6.2014
15.	Art. 2 Lebensversicherungs-reformG	1.8.2014	BGBl. I S. 1330	§§ 7, 153	geänd. mWv 7.8.2014
16.	Art. 2 Abs. 49 G zur Modernisierung der Finanzaufsicht über Versicherungen	1.4.2015	BGBl. I S. 434	§§ 153, 154, 169, 192, 193, 203, 210, 211	geänd. mWv 1.1.2016
17.	Art. 8 Abs. 21 Bilanzrichtlinie-UmsetzungsG	17.7.2015	BGBl. I S. 1245	§ 210	geänd. mWv 23.7.2015
18.	Art. 15 G zur Umsetzung der RL über alternative Streitbeilegung in Verbraucherangelegenheiten und zur Durchführung der VO über Online-Streitbeilegung in Verbraucherangelegenheiten[3]	19.2.2016	BGBl. I S. 254	§ 214	geänd. mWv 1.4.2016

[1] **Amtl. Anm.:** Artikel 1 Nummer 1 und 6 dieses Gesetzes dient der Umsetzung von Artikel 6 der Richtlinie 2002/65/EG des Europäischen Parlaments und des Rates vom 23. September 2002 über den Fernabsatz von Finanzdienstleistungen an Verbraucher und zur Änderung der Richtlinie 90/619/EWG des Rates und der Richtlinien 97/7/EG und 98/27/EG (ABl. L 271 vom 9.10.2002, S. 16).

[2] **Amtl. Anm.:** Dieses Gesetz dient der Umsetzung der Richtlinie 2011/83/EU des Europäischen Parlaments und des Rates vom 25. Oktober 2011 über die Rechte der Verbraucher, zur Abänderung der Richtlinie 93/13/EWG des Rates und der Richtlinie 1999/44/EG des Europäischen Parlaments und des Rates sowie zur Aufhebung der Richtlinie 85/577/EWG des Rates und der Richtlinie 97/7/EG des Europäischen Parlaments und des Rates (ABl. L 304 vom 22.11.2011, S. 64).

[3] **Amtl. Anm.:** Dieses Gesetz dient der Umsetzung der Richtlinie 2013/11/EU des Europäischen Parlaments und des Rates vom 21. Mai 2013 über die alternative Beilegung verbraucherrechtlicher Streitigkeiten und zur Änderung der Verordnung (EG) Nr. 2006/2004 und der Richtlinie 2009/22/EG (Richtlinie über alternative Streitbeilegung in Verbraucherangelegenheiten) (ABl. L 165 vom 18.6.2013, S. 63).

Lfd. Nr.	Änderndes Gesetz	Datum	Fundstelle	Betroffen	Hinweis
19.	Art. 20 Abs. 3 BundesteilhabeG	23.12. 2016	BGBl. I S. 3234	§ 193	geänd. mWv 1.1.2020
20.	Art. 1i Heil- und HilfsmittelversorgungsG[1]	4.4.2017	BGBl. I S. 778	§§ 192, 197, 208	geänd. mWv 11.4.2017
21.	Art. 6 Abs. 31 G zur Neuregelung des Mutterschutzrechts[2]	23.5.2017	BGBl. I S. 1228	§ 192	geänd. mWv 1.1.2018
22.	Art. 3 G zur Umsetzung der Richtlinie (EU) 2016/97 über Versicherungsvertrieb[3] und zur Änd. weiterer Gesetze	20.7.2017	BGBl. I S. 2789	Inhaltsübersicht, §§ 6, 7, 59, 61	geänd. mWv 23.2.2018
				§ 66	neu gef. mWv 23.2.2018
				§§ 1a, 6a, 7a, 7b, 7c, 7d	eingef. mWv 23.2.2018
				§ 155	neu gef. mWv 1.7.2018
23.	Art. 15 BetriebsrentenstärkungsG	17.8.2017	BGBl. I S. 3214	§ 150	geänd. mWv 1.1.2018
24.	Art. 2 G zur Änd. von Vorschriften über die außergerichtl. Streitbeilegung in Verbrauchersachen und zur Änd. weiterer Gesetze	30.11. 2019	BGBl. I S. 1942	§ 214	geänd. mWv 6.12.2019
25.	Art. 6 Zweites G zum Schutz der Bevölkerung bei einer epidemischen Lage von nationaler Tragweite	19.5.2020	BGBl. I S. 1018	§ 204	geänd. mWv 23.5.2020
26.	Art. 2 G zur Haftung bei Unfällen mit Anhängern und Gespannen im Straßenverkehr	10.7.2020	BGBl. I S. 1653	§§ 78, 87	geänd. mWv 17.7.2020
27.	Art. 3 G zur Anpassung des Finanzdienstleistungsrechts an die Rechtsprechung des Gerichtshofs der EU vom 11. September 2019 in der Rechtssache C-383/18 und vom 26. März 2020 in der Rechtssache C-66/19	9.6.2021	BGBl. I S. 1666	§§ 7a, 7d, 8	geänd. mWv 15.6.2021
				Anl.	neu gef. mWv 15.6.2021
28.	Art. 4 GesundheitsversorgungsweiterentwicklungsG	11.7.2021	BGBl. I S. 2754	§ 192	geänd. mWv 20.7.2021
29.	Art. 12 Abs. 6 BürgergeldG	16.12. 2022	BGBl. I S. 2328	§ 168	geänd. mWv 1.1.2023

[1] **Amtl. Anm.:** Dieses Gesetz dient der Umsetzung der Richtlinie 2013/55/EU des Europäischen Parlaments und des Rates vom 20. November 2013 zur Änderung der Richtlinie 2005/36/EG über die Anerkennung von Berufsqualifikationen und der Verordnung (EU) Nr. 1024/2012 über die Verwaltungszusammenarbeit mit Hilfe des Binnenmarkt-Informationssystems („IMI-Verordnung") (ABl. L 354 vom 28.12.2013, S. 132).

[2] **Amtl. Anm.:** Dieses Gesetz dient der Umsetzung der Richtlinie 92/85/EWG des Rates vom 19. Oktober 1992 über die Durchführung von Maßnahmen zur Verbesserung der Sicherheit und des Gesundheitsschutzes von schwangeren Arbeitnehmerinnen, Wöchnerinnen und stillenden Arbeitnehmerinnen am Arbeitsplatz (zehnte Einzelrichtlinie im Sinne des Artikels 16 Absatz 1 der Richtlinie 89/391/EWG) (ABl. L 348 vom 28.11.1992, S. 1), die zuletzt durch die Richtlinie 2014/27/EU (ABl. L 65 vom 5.3.2014, S. 1) geändert worden ist.

[3] **Amtl. Anm.:** (ABl. L 26 vom 2.2.2016, S. 19)

Lfd. Nr.	Änderndes Gesetz	Datum	Fundstelle	Betroffen	Hinweis
30.	Art. 17 G zur Umsetzung der UmwandlungsRL und zur Änd. weiterer Gesetze	22.2.2023	BGBl. 2023 I Nr. 51	Inhaltsübersicht, §§ 7, 8	geänd. mWv 1.3.2023
				§ 210a	eingef. mWv 1.3.2023

Inhaltsübersicht[1)]

Teil 1. Allgemeiner Teil

Kapitel 1. Vorschriften für alle Versicherungszweige

Abschnitt 1. Allgemeine Vorschriften

Abschnitt 2. Anzeigepflicht, Gefahrerhöhung, andere Obliegenheiten

Abschnitt 3. Prämie

[1)] Inhaltsübersicht geänd. mWv 17.12.2009 durch G v. 25.6.2009 (BGBl. I S. 1574); geänd. mWv 11.6. 2010 durch G v. 29.7.2009 (BGBl. I S. 2355); geänd. mWv 23.2.2018 und mWv 1.7.2018 durch G v. 20.7.2017 (BGBl. I S. 2789); geänd. mWv 1.3.2023 durch G v. 22.2.2023 (BGBl. 2023 I Nr. 51).

Teil 1. Allgemeiner Teil

Kapitel 1. Vorschriften für alle Versicherungszweige

Abschnitt 1. Allgemeine Vorschriften

§ 1 Vertragstypische Pflichten. [1]Der Versicherer verpflichtet sich mit dem Versicherungsvertrag, ein bestimmtes Risiko des Versicherungsnehmers oder eines Dritten durch eine Leistung abzusichern, die er bei Eintritt des vereinbarten Versicherungsfalles zu erbringen hat. [2]Der Versicherungsnehmer ist verpflichtet, an den Versicherer die vereinbarte Zahlung (Prämie) zu leisten.

§ 1a[1)] Vertriebstätigkeit des Versicherers. (1) [1]Der Versicherer muss bei seiner Vertriebstätigkeit gegenüber Versicherungsnehmern stets ehrlich, redlich und professionell in deren bestmöglichem Interesse handeln. [2]Zur Vertriebstätigkeit gehören

1. Beratung,
2. Vorbereitung von Versicherungsverträgen einschließlich Vertragsvorschlägen,
3. Abschluss von Versicherungsverträgen,
4. Mitwirken bei Verwaltung und Erfüllung von Versicherungsverträgen, insbesondere im Schadensfall.

(2) Absatz 1 gilt auch für die Bereitstellung von Informationen über einen oder mehrere Versicherungsverträge auf Grund von Kriterien, die ein Versicherungsnehmer über eine Website oder andere Medien wählt, ferner für die Erstellung einer Rangliste von Versicherungsprodukten, einschließlich eines Preis- und Produktvergleichs oder eines Rabatts auf den Preis eines Versicherungsvertrags, wenn der Versicherungsnehmer einen Versicherungsvertrag direkt oder indirekt über eine Website oder ein anderes Medium abschließen kann.

(3) [1]Alle Informationen im Zusammenhang mit der Vertriebstätigkeit einschließlich Werbemitteilungen, die der Versicherer an Versicherungsnehmer oder potenzielle Versicherungsnehmer richtet, müssen redlich und eindeutig sein und dürfen nicht irreführend sein. [2]Werbemitteilungen müssen stets eindeutig als solche erkennbar sein.

[1)] § 1a eingef. mWv 23.2.2018 durch G v. 20.7.2017 (BGBl. I S. 2789).

§ 2 Rückwärtsversicherung. (1) Der Versicherungsvertrag kann vorsehen, dass der Versicherungsschutz vor dem Zeitpunkt des Vertragsschlusses beginnt (Rückwärtsversicherung).

(2) [1] Hat der Versicherer bei Abgabe seiner Vertragserklärung davon Kenntnis, dass der Eintritt eines Versicherungsfalles ausgeschlossen ist, steht ihm ein Anspruch auf die Prämie nicht zu. [2] Hat der Versicherungsnehmer bei Abgabe seiner Vertragserklärung davon Kenntnis, dass ein Versicherungsfall schon eingetreten ist, ist der Versicherer nicht zur Leistung verpflichtet.

(3) Wird der Vertrag von einem Vertreter geschlossen, ist in den Fällen des Absatzes 2 sowohl die Kenntnis des Vertreters als auch die Kenntnis des Vertretenen zu berücksichtigen.

(4) § 37 Abs. 2 ist auf die Rückwärtsversicherung nicht anzuwenden.

§ 3 Versicherungsschein. (1) Der Versicherer hat dem Versicherungsnehmer einen Versicherungsschein in Textform, auf dessen Verlangen als Urkunde, zu übermitteln.

(2) Wird der Vertrag nicht durch eine Niederlassung des Versicherers im Inland geschlossen, ist im Versicherungsschein die Anschrift des Versicherers und der Niederlassung, über die der Vertrag geschlossen worden ist, anzugeben.

(3) [1] Ist ein Versicherungsschein abhandengekommen oder vernichtet, kann der Versicherungsnehmer vom Versicherer die Ausstellung eines neuen Versicherungsscheins verlangen. [2] Unterliegt der Versicherungsschein der Kraftloserklärung, ist der Versicherer erst nach der Kraftloserklärung zur Ausstellung verpflichtet.

(4) [1] Der Versicherungsnehmer kann jederzeit vom Versicherer Abschriften der Erklärungen verlangen, die er mit Bezug auf den Vertrag abgegeben hat. [2] Benötigt der Versicherungsnehmer die Abschriften für die Vornahme von Handlungen gegenüber dem Versicherer, die an eine bestimmte Frist gebunden sind, und sind sie ihm nicht schon früher vom Versicherer übermittelt worden, ist der Lauf der Frist vom Zugang des Verlangens beim Versicherer bis zum Eingang der Abschriften beim Versicherungsnehmer gehemmt.

(5) Die Kosten für die Erteilung eines neuen Versicherungsscheins nach Absatz 3 und der Abschriften nach Absatz 4 hat der Versicherungsnehmer zu tragen und auf Verlangen vorzuschießen.

§ 4 Versicherungsschein auf den Inhaber. (1) Auf einen als Urkunde auf den Inhaber ausgestellten Versicherungsschein ist § 808 des Bürgerlichen Gesetzbuchs[1)] anzuwenden.

(2) [1] Ist im Vertrag bestimmt, dass der Versicherer nur gegen Rückgabe eines als Urkunde ausgestellten Versicherungsscheins zu leisten hat, genügt, wenn der Versicherungsnehmer erklärt, zur Rückgabe außerstande zu sein, das öffentlich beglaubigte Anerkenntnis, dass die Schuld erloschen sei. [2] Satz 1 ist nicht anzuwenden, wenn der Versicherungsschein der Kraftloserklärung unterliegt.

§ 5 Abweichender Versicherungsschein. (1) Weicht der Inhalt des Versicherungsscheins von dem Antrag des Versicherungsnehmers oder den getroffenen Vereinbarungen ab, gilt die Abweichung als genehmigt, wenn die Voraussetzungen des Absatzes 2 erfüllt sind und der Versicherungsnehmer nicht innerhalb eines Monats nach Zugang des Versicherungsscheins in Textform widerspricht.

[1)] Nr. **20**.

(2) [1]Der Versicherer hat den Versicherungsnehmer bei Übermittlung des Versicherungsscheins darauf hinzuweisen, dass Abweichungen als genehmigt gelten, wenn der Versicherungsnehmer nicht innerhalb eines Monats nach Zugang des Versicherungsscheins in Textform widerspricht. [2]Auf jede Abweichung und die hiermit verbundenen Rechtsfolgen ist der Versicherungsnehmer durch einen auffälligen Hinweis im Versicherungsschein aufmerksam zu machen.

(3) Hat der Versicherer die Verpflichtungen nach Absatz 2 nicht erfüllt, gilt der Vertrag als mit dem Inhalt des Antrags des Versicherungsnehmers geschlossen.

(4) Eine Vereinbarung, durch die der Versicherungsnehmer darauf verzichtet, den Vertrag wegen Irrtums anzufechten, ist unwirksam.

§ 6[1)] **Beratung des Versicherungsnehmers.** (1) [1]Der Versicherer hat den Versicherungsnehmer, soweit nach der Schwierigkeit, die angebotene Versicherung zu beurteilen, oder der Person des Versicherungsnehmers und dessen Situation hierfür Anlass besteht, nach seinen Wünschen und Bedürfnissen zu befragen und, auch unter Berücksichtigung eines angemessenen Verhältnisses zwischen Beratungsaufwand und der vom Versicherungsnehmer zu zahlenden Prämien, zu beraten sowie die Gründe für jeden zu einer bestimmten Versicherung erteilten Rat anzugeben. [2]Er hat dies unter Berücksichtigung der Komplexität des angebotenen Versicherungsvertrags zu dokumentieren.

(2) Für die Übermittlung des erteilten Rats und der Gründe hierfür gilt § 6a.

(3) [1]Der Versicherungsnehmer kann auf die Beratung und Dokumentation nach den Absätzen 1 und 2 durch eine gesonderte schriftliche Erklärung verzichten, in der er vom Versicherer ausdrücklich darauf hingewiesen wird, dass sich ein Verzicht nachteilig auf seine Möglichkeit auswirken kann, gegen den Versicherer einen Schadensersatzanspruch nach Absatz 5 geltend zu machen. [2]Handelt es sich um einen Vertrag im Fernabsatz im Sinn des § 312c des Bürgerlichen Gesetzbuchs[2)], kann der Versicherungsnehmer in Textform verzichten.

(4) [1]Die Verpflichtung nach Absatz 1 Satz 1 besteht auch nach Vertragsschluss während der Dauer des Versicherungsverhältnisses, soweit für den Versicherer ein Anlass für eine Nachfrage und Beratung des Versicherungsnehmers erkennbar ist; Absatz 3 Satz 2 gilt entsprechend. [2]Der Versicherungsnehmer kann im Einzelfall auf eine Beratung durch schriftliche Erklärung verzichten.

(5) [1]Verletzt der Versicherer eine Verpflichtung nach Absatz 1, 2 oder 4, ist er dem Versicherungsnehmer zum Ersatz des hierdurch entstehenden Schadens verpflichtet. [2]Dies gilt nicht, wenn der Versicherer die Pflichtverletzung nicht zu vertreten hat.

(6) Die Absätze 1 bis 5 sind auf Versicherungsverträge über ein Großrisiko im Sinn des § 210 Absatz 2 nicht anzuwenden, ferner dann nicht, wenn der Vertrag mit dem Versicherungsnehmer von einem Versicherungsmakler vermittelt wird.

§ 6a[3)] **Einzelheiten der Auskunftserteilung.** (1) Der nach § 6 zu erteilende Rat und die Gründe hierfür sind dem Versicherungsnehmer wie folgt zu übermitteln:

1. auf Papier;

[1)] § 6 Abs. 6 geänd. mWv 17.12.2009 durch G v. 25.6.2009 (BGBl. I S. 1574); Abs. 6 geänd. mWv 13.6.2014 durch G v. 20.9.2013 (BGBl. I S. 3642); Abs. 2 neu gef., Abs. 3 Satz 2 angef., Abs. 4 Satz 1 und Abs. 6 geänd. mWv 23.2.2018 durch G v. 20.7.2017 (BGBl. I S. 2789).

[2)] Nr. **20**.

[3)] § 6a eingef. mWv 23.2.2018 durch G v. 20.7.2017 (BGBl. I S. 2789).

2. in klarer, genauer und für den Versicherungsnehmer verständlicher Weise;
3. in einer Amtssprache des Mitgliedstaats, in dem das Risiko belegen ist oder in dem die Verpflichtung eingegangen wird, oder in jeder anderen von den Parteien vereinbarten Sprache und
4. unentgeltlich.

(2) Abweichend von Absatz 1 Nummer 1 dürfen die Auskünfte dem Versicherungsnehmer auch über eines der folgenden Medien erteilt werden:
1. über einen anderen dauerhaften Datenträger als Papier, wenn die Nutzung des dauerhaften Datenträgers im Rahmen des getätigten Geschäfts angemessen ist und der Versicherungsnehmer die Wahl zwischen einer Auskunftserteilung auf Papier oder auf einem dauerhaften Datenträger hatte und sich für diesen Datenträger entschieden hat oder
2. über eine Website, wenn der Zugang für den Versicherungsnehmer personalisiert wird oder wenn folgende Voraussetzungen erfüllt sind:
   a) die Erteilung dieser Auskünfte über eine Website ist im Rahmen des getätigten Geschäfts angemessen;
   b) der Versicherungsnehmer hat der Auskunftserteilung über eine Website zugestimmt;
   c) dem Versicherungsnehmer wurden die Adresse der Website und die dortige Fundstelle der Auskünfte elektronisch mitgeteilt;
   d) es ist gewährleistet, dass diese Auskünfte auf der Website so lange verfügbar bleiben, wie sie für den Versicherungsnehmer vernünftigerweise abrufbar sein müssen.

(3) [1]Die Auskunftserteilung mittels eines anderen dauerhaften Datenträgers als Papier oder über eine Website im Rahmen eines getätigten Geschäfts wird als angemessen erachtet, wenn der Versicherungsnehmer nachweislich regelmäßig Internetzugang hat. [2]Die Mitteilung einer E-Mail-Adresse seitens des Versicherungsnehmers für die Zwecke dieses Geschäfts gilt als solcher Nachweis.

(4) Handelt es sich um einen telefonischen Kontakt, werden, selbst wenn sich der Versicherungsnehmer dafür entschieden hat, die Auskünfte gemäß Absatz 2 auf einem anderen dauerhaften Datenträger als Papier zu erhalten, die Auskünfte dem Versicherungsnehmer gemäß Absatz 1 oder Absatz 2 unmittelbar nach Abschluss des Versicherungsvertrags erteilt.

§ 7[1)] Information des Versicherungsnehmers; Verordnungsermächtigung. (1) [1]Der Versicherer hat dem Versicherungsnehmer rechtzeitig vor Abgabe von dessen Vertragserklärung seine Vertragsbestimmungen einschließlich der Allgemeinen Versicherungsbedingungen sowie die in einer Rechtsverordnung nach Absatz 2 bestimmten Informationen in Textform mitzuteilen. [2]Die Mitteilungen sind in einer dem eingesetzten Kommunikationsmittel entsprechenden Weise klar und verständlich zu übermitteln. [3]Wird der Vertrag auf Verlangen des Versicherungsnehmers telefonisch oder unter Verwendung eines anderen Kommunikationsmittels geschlossen, das die Information in Textform vor der Vertragserklärung des Versicherungsnehmers nicht gestattet, muss die Information unverzüglich nach Vertragsschluss nachgeholt werden; dies gilt auch, wenn der Versicherungsnehmer

[1)] § 7 Abs. 5 Satz 1 geänd. mWv 17.12.2009 durch G v. 25.6.2009 (BGBl. I S. 1574); Abs. 2 Satz 1 einl. Satzteil, Nr. 2 und 3 geänd. mWv 7.8.2014 durch G v. 1.8.2014 (BGBl. I S. 1330); Abs. 2 Satz 2 neu gef., Satz 3 angef. mWv 23.2.2018 durch G v. 20.7.2017 (BGBl. I S. 2789); Überschrift, Abs. 2 Satz 1 einl. Satzteil geänd. mWv 1.3.2023 durch G v. 22.2.2023 (BGBl. 2023 I Nr. 51).

durch eine gesonderte schriftliche Erklärung auf eine Information vor Abgabe seiner Vertragserklärung ausdrücklich verzichtet.

(2) [1] Das Bundesministerium der Justiz wird ermächtigt, im Einvernehmen mit dem Bundesministerium der Finanzen und im Benehmen mit dem Bundesministerium für Umwelt, Naturschutz, nukleare Sicherheit und Verbraucherschutz durch Rechtsverordnung ohne Zustimmung des Bundesrates zum Zweck einer umfassenden Information des Versicherungsnehmers festzulegen,

1. welche Einzelheiten des Vertrags, insbesondere zum Versicherer, zur angebotenen Leistung und zu den Allgemeinen Versicherungsbedingungen sowie zum Bestehen eines Widerrufsrechts, dem Versicherungsnehmer mitzuteilen sind,
2. welche weiteren Informationen dem Versicherungsnehmer bei der Lebensversicherung, insbesondere über die zu erwartenden Leistungen, ihre Ermittlung und Berechnung, über eine Modellrechnung sowie über die Abschluss- und Vertriebskosten und die Verwaltungskosten, soweit eine Verrechnung mit Prämien erfolgt, und über sonstige Kosten mitzuteilen sind,
3. welche weiteren Informationen bei der Krankenversicherung, insbesondere über die Prämienentwicklung und -gestaltung sowie die Abschluss- und Vertriebskosten und die Verwaltungskosten, mitzuteilen sind,
4. was dem Versicherungsnehmer mitzuteilen ist, wenn der Versicherer mit ihm telefonisch Kontakt aufgenommen hat und
5. in welcher Art und Weise die Informationen zu erteilen sind.

[2] Bei der Festlegung der Mitteilungen nach Satz 1 sind die vorgeschriebenen Angaben nach der Richtlinie 92/49/EWG des Rates vom 18. Juni 1992 zur Koordinierung der Rechts- und Verwaltungsvorschriften für die Direktversicherung (mit Ausnahme der Lebensversicherung) sowie zur Änderung der Richtlinien 73/239/EWG und 88/357/EWG (Dritte Richtlinie Schadenversicherung) (ABl. L 228 vom 11.8.1992, S. 1) und der Richtlinie 2002/65/EG des Europäischen Parlaments und des Rates vom 23. September 2002 über den Fernabsatz von Finanzdienstleistungen an Verbraucher und zur Änderung der Richtlinie 90/619/EWG des Rates und der Richtlinien 97/7/EG und 98/27/EG (ABl. L 271 vom 9.10.2002, S. 16) zu beachten. [3] Bei der Festlegung der Mitteilungen nach Satz 1 sind ferner zu beachten:

1. die technischen Durchführungsstandards, die die Europäische Aufsichtsbehörde für das Versicherungswesen und die betriebliche Altersversorgung nach der Richtlinie (EU) 2016/97 des Europäischen Parlaments und des Rates vom 20. Januar 2016 über Versicherungsvertrieb (Neufassung) (ABl. L 26 vom 2.2.2016, S. 19; L 222 vom 17.8.2016, S. 114) erarbeitet und die von der Kommission der Europäischen Union nach Artikel 15 der Verordnung (EU) Nr. 1094/2010 des Europäischen Parlaments und des Rates vom 24. November 2010 zur Errichtung einer Europäischen Aufsichtsbehörde (Europäische Aufsichtsbehörde für das Versicherungswesen und die betriebliche Altersversorgung), zur Änderung des Beschlusses Nr. 716/2009/EG und zur Aufhebung des Beschlusses 2009/79/EG der Kommission (ABl. L 331 vom 15.12.2010, S. 48), die zuletzt durch die Verordnung (EU) Nr. 258/2014 (ABl. L 105 vom 8.4.2014, S. 1) geändert worden ist, erlassen worden sind,
2. die delegierten Rechtsakte, die von der Kommission nach Artikel 29 Absatz 4 Buchstabe b und Artikel 30 Absatz 6 der Richtlinie (EU) 2016/97, jeweils in Verbindung mit Artikel 38 der Richtlinie (EU) 2016/97, erlassen worden sind.

(3) In der Rechtsverordnung nach Absatz 2 ist ferner zu bestimmen, was der Versicherer während der Laufzeit des Vertrags in Textform mitteilen muss; dies gilt insbesondere bei Änderungen früherer Informationen, ferner bei der Krankenversicherung bei Prämienerhöhungen und hinsichtlich der Möglichkeit eines Tarifwechsels sowie bei der Lebensversicherung mit Überschussbeteiligung hinsichtlich der Entwicklung der Ansprüche des Versicherungsnehmers.

(4) Der Versicherungsnehmer kann während der Laufzeit des Vertrags jederzeit vom Versicherer verlangen, dass ihm dieser die Vertragsbestimmungen einschließlich der Allgemeinen Versicherungsbedingungen in einer Urkunde übermittelt; die Kosten für die erste Übermittlung hat der Versicherer zu tragen.

(5) [1] Die Absätze 1 bis 4 sind auf Versicherungsverträge über ein Großrisiko im Sinn des § 210 Absatz 2 nicht anzuwenden. [2] Ist bei einem solchen Vertrag der Versicherungsnehmer eine natürliche Person, hat ihm der Versicherer vor Vertragsschluss das anwendbare Recht und die zuständige Aufsichtsbehörde in Textform mitzuteilen.

§ 7a[1)] Querverkäufe. (1) Wird ein Versicherungsprodukt zusammen mit einem Nebenprodukt oder einer Nebendienstleistung, das oder die keine Versicherung ist, als Paket oder als Teil eines Pakets oder derselben Vereinbarung angeboten, hat der Versicherer den Versicherungsnehmer darüber zu informieren, ob die Bestandteile getrennt voneinander gekauft werden können; ist dies der Fall, stellt er eine Beschreibung der Bestandteile der Vereinbarung oder des Pakets zur Verfügung und erbringt für jeden Bestandteil einen gesonderten Nachweis über Kosten und Gebühren.

(2) Wird ein Paket angeboten, dessen Versicherungsdeckung sich von der Versicherungsdeckung beim getrennten Erwerb seiner Bestandteile unterscheidet, stellt der Versicherer dem Versicherungsnehmer eine Beschreibung der Bestandteile des Pakets und der Art und Weise zur Verfügung, wie ihre Wechselwirkung die Versicherungsdeckung ändert.

(3) [1] Ergänzt ein Versicherungsprodukt eine Dienstleistung, die keine Versicherung ist, oder eine Ware als Teil eines Pakets oder derselben Vereinbarung, bietet der Versicherer dem Versicherungsnehmer die Möglichkeit, die Ware oder die Dienstleistung gesondert zu kaufen. [2] Dies gilt nicht, wenn das Versicherungsprodukt Folgendes ergänzt:

1. eine Wertpapierdienstleistung oder Anlagetätigkeit im Sinne des Artikels 4 Absatz 1 Nummer 2 der Richtlinie 2014/65/EU des Europäischen Parlaments und des Rates,
2. einen Kreditvertrag im Sinne des Artikels 4 Nummer 3 der Richtlinie 2014/17/EU des Europäischen Parlaments und des Rates oder
3. ein Zahlungskonto im Sinne des Artikels 2 Nummer 3 der Richtlinie 2014/92/EU des Europäischen Parlaments und des Rates.

(4) Versicherer haben in den Fällen der Absätze 1 bis 3 die Wünsche und Bedürfnisse des Versicherungsnehmers im Zusammenhang mit den Versicherungsprodukten, die Teil des Pakets oder derselben Vereinbarung sind, zu ermitteln.

(5) [1] Wird eine Restschuldversicherung als Nebenprodukt oder als Teil eines Pakets oder derselben Vereinbarung angeboten, ist der Versicherungsnehmer eine Woche nach Abgabe seiner Vertragserklärung für das Versicherungsprodukt erneut

---

[1)] § 7a eingef. mWv 23.2.2018 durch G v. 20.7.2017 (BGBl. I S. 2789); Abs. 5 Satz 2 geänd. mWv 15.6.2021 durch G v. 9.6.2021 (BGBl. I S. 1666).

in Textform über sein Widerrufsrecht zu belehren. [2]Das Informationsblatt zu Versicherungsprodukten ist dem Versicherungsnehmer mit dieser Belehrung erneut zur Verfügung zu stellen. [3]Die Widerrufsfrist beginnt nicht vor Zugang dieser Unterlagen.

§ 7b[1)] Information bei Versicherungsanlageprodukten. (1) [1]Bei Produkten, die Versicherungsanlageprodukte im Sinne von Artikel 2 Absatz 1 Nummer 17 der Richtlinie (EU) 2016/97 sind, sind dem Versicherungsnehmer angemessene Informationen über den Vertrieb von Versicherungsanlageprodukten und sämtliche Kosten und Gebühren rechtzeitig vor Abschluss des Vertrags zur Verfügung zu stellen. [2]Diese Informationen enthalten mindestens das Folgende:

1. wenn eine Beratung erfolgt, die Information darüber, ob dem Versicherungsnehmer eine regelmäßige Beurteilung der Eignung des Versicherungsanlageprodukts, das diesem Versicherungsnehmer empfohlen wird, gemäß § 7c geboten wird;
2. geeignete Leitlinien und Warnhinweise zu den mit Versicherungsanlageprodukten oder mit bestimmten vorgeschlagenen Anlagestrategien verbundenen Risiken;
3. Informationen über den Vertrieb des Versicherungsanlageprodukts, einschließlich der Beratungskosten und der Kosten des dem Versicherungsnehmer empfohlenen Versicherungsanlageprodukts;
4. wie der Versicherungsnehmer Zahlungen leisten kann, einschließlich Zahlungen Dritter.

(2) [1]Die Informationen über alle Kosten und Gebühren, einschließlich Kosten und Gebühren im Zusammenhang mit dem Vertrieb des Versicherungsanlageprodukts, die nicht durch das zugrunde liegende Marktrisiko verursacht werden, sind in zusammengefasster Form zu erteilen; die Gesamtkosten sowie die kumulative Wirkung auf die Anlagerendite müssen verständlich sein; ferner ist dem Versicherungsnehmer auf sein Verlangen eine Aufstellung der Kosten und Gebühren zur Verfügung zu stellen. [2]Diese Informationen werden dem Versicherungsnehmer während der Laufzeit der Anlage regelmäßig, mindestens aber jährlich, zur Verfügung gestellt.

§ 7c[2)] Beurteilung von Versicherungsanlageprodukten; Berichtspflicht.

(1) [1]Bei einer Beratung zu einem Versicherungsanlageprodukt hat der Versicherer zu erfragen:

1. Kenntnisse und Erfahrungen des Versicherungsnehmers im Anlagebereich in Bezug auf den speziellen Produkttyp oder den speziellen Typ der Dienstleistung,
2. die finanziellen Verhältnisse des Versicherungsnehmers, einschließlich der Fähigkeit des Versicherungsnehmers, Verluste zu tragen, und
3. die Anlageziele, einschließlich der Risikotoleranz des Versicherungsnehmers.

[2]Der Versicherer darf dem Versicherungsnehmer nur Versicherungsanlageprodukte empfehlen, die für diesen geeignet sind und insbesondere dessen Risikotoleranz und dessen Fähigkeit, Verluste zu ertragen, entsprechen. [3]Ein Paket von Dienstleistungen oder Produkten, die gemäß § 7a gebündelt sind, darf der Versicherer bei einer Anlageberatung nur empfehlen, wenn das gesamte Paket für den Kunden geeignet ist.

[1)] § 7b eingef. mWv 23.2.2018 durch G v. 20.7.2017 (BGBl. I S. 2789).
[2)] § 7c eingef. mWv 23.2.2018 durch G v. 20.7.2017 (BGBl. I S. 2789).

(2) [1]Der Versicherer hat stets zu prüfen, ob das Versicherungsprodukt für den Versicherungsnehmer angemessen ist. [2]Zur Beurteilung der Zweckmäßigkeit muss der Versicherer von dem Versicherungsnehmer Informationen über seine Kenntnisse und Erfahrung im Anlagebereich in Bezug auf den speziellen Produkttyp oder den speziellen Typ der Dienstleistung erfragen. [3]Wird ein Paket entsprechend § 7a angeboten, hat der Versicherer zu berücksichtigen, ob das Paket angemessen ist. [4]Ist der Versicherer der Auffassung, dass das Produkt für den Versicherungsnehmer unangemessen ist, warnt er den Versicherungsnehmer. [5]Macht der Versicherungsnehmer die in Absatz 1 Satz 1 genannten Angaben nicht oder macht er unzureichende Angaben zu seinen Kenntnissen und seiner Erfahrung, warnt ihn der Versicherer, dass er wegen unzureichender Angaben nicht beurteilen kann, ob das in Betracht gezogene Produkt für ihn angemessen ist. [6]Diese Warnungen können in einem standardisierten Format erfolgen.

(3) Versicherer können, wenn sie keine Beratung gemäß Absatz 1 leisten, Versicherungsanlageprodukte ohne die in Absatz 2 vorgesehene Prüfung vertreiben, wenn die folgenden Bedingungen erfüllt sind:

1. die Tätigkeiten beziehen sich auf eines der folgenden Versicherungsprodukte:
   a) Verträge, die ausschließlich Anlagerisiken aus Finanzinstrumenten mit sich bringen, die nicht als komplexe Finanzinstrumente im Sinne der Richtlinie 2014/65/EU gelten und keine Struktur aufweisen, die es dem Versicherungsnehmer erschwert, die mit der Anlage einhergehenden Risiken zu verstehen, oder
   b) andere nicht komplexe Versicherungsanlagen;
2. die Vertriebstätigkeit erfolgt auf Veranlassung des Versicherungsnehmers;
3. der Versicherungsnehmer wurde eindeutig darüber informiert, dass der Versicherer bei der Erbringung der Vertriebstätigkeit die Angemessenheit der angebotenen Versicherungsanlageprodukte nicht geprüft hat; eine derartige Warnung kann in standardisierter Form erfolgen;
4. der Versicherer kommt seinen Pflichten zur Vermeidung von Interessenkonflikten nach.

(4) [1]Der Versicherer erstellt eine Aufzeichnung der Vereinbarungen mit dem Versicherungsnehmer über die Rechte und Pflichten der Parteien sowie die Bedingungen, zu denen das Versicherungsunternehmen Dienstleistungen für den Versicherungsnehmer erbringt. [2]Die Rechte und Pflichten der Vertragsparteien können durch einen Verweis auf andere Dokumente oder Rechtstexte geregelt werden.

(5) [1]Der Versicherer muss dem Versicherungsnehmer angemessene Berichte über die erbrachten Dienstleistungen auf einem dauerhaften Datenträger zur Verfügung stellen. [2]Diese Berichte enthalten regelmäßige Mitteilungen an den Versicherungsnehmer, die die Art und die Komplexität der jeweiligen Versicherungsanlageprodukte sowie die Art der für den Versicherungsnehmer erbrachten Dienstleistung berücksichtigen, und gegebenenfalls die Kosten, die mit den getätigten Geschäften und den erbrachten Dienstleistungen verbunden sind. [3]Erbringt der Versicherer eine Beratungsleistung zu einem Versicherungsanlageprodukt, stellt er dem Versicherungsnehmer vor Vertragsabschluss auf einem dauerhaften Datenträger eine Erklärung zur Verfügung, in der die erbrachte Beratungsleistung und die dabei berücksichtigten Präferenzen, Ziele und anderen kundenspezifischen Merkmale aufgeführt sind. [4]§ 6a findet Anwendung; über eine Website kann die Erklärung jedoch nicht erbracht werden. [5]Wenn der Versicherungsvertrag unter Verwendung eines Fernkommunikationsmittels abgeschlossen wird und die vor-

herige Aushändigung der Angemessenheitserklärung nicht möglich ist, kann der Versicherer dem Versicherungsnehmer die Angemessenheitserklärung auf einem dauerhaften Datenträger unverzüglich nach Abschluss des Versicherungsvertrags zur Verfügung stellen, sofern die folgenden Bedingungen erfüllt sind:

1. der Versicherungsnehmer hat dieser Vorgehensweise zugestimmt und
2. der Versicherer hat dem Versicherungsnehmer angeboten, den Zeitpunkt des Vertragsabschlusses zu verschieben, damit der Versicherungsnehmer die Angemessenheitserklärung vorher erhalten kann.

[6] Hat der Versicherer dem Versicherungsnehmer mitgeteilt, dass er eine regelmäßige Beurteilung der Eignung vornehmen werde, muss der regelmäßige Bericht jeweils eine aktualisierte Erklärung dazu enthalten, inwieweit das Versicherungsanlageprodukt den Präferenzen, Zielen und anderen kundenspezifischen Merkmalen des Versicherungsnehmers entspricht.

§ 7d[1)] Beratung, Information und Widerruf bei bestimmten Gruppenversicherungen. [1] Der Versicherungsnehmer eines Gruppenversicherungsvertrags für Restschuldversicherungen hat gegenüber der versicherten Person die Beratungs- und Informationspflichten eines Versicherers. [2] Die versicherte Person hat die Rechte eines Versicherungsnehmers, insbesondere das Widerrufsrecht. [3] Über dieses Widerrufsrecht ist eine Woche nach Abgabe der Vertragserklärung erneut in Textform zu belehren. [4] Das Informationsblatt zu Versicherungsprodukten ist mit dieser Belehrung erneut zur Verfügung zu stellen. [5] Die Widerrufsfrist beginnt nicht vor Zugang dieser Unterlagen.

§ 8[2)] Widerrufsrecht des Versicherungsnehmers; Verordnungsermächtigung. (1) [1] Der Versicherungsnehmer kann seine Vertragserklärung innerhalb von 14 Tagen widerrufen. [2] Der Widerruf ist in Textform gegenüber dem Versicherer zu erklären und muss keine Begründung enthalten; zur Fristwahrung genügt die rechtzeitige Absendung.

(2) [1] Die Widerrufsfrist beginnt zu dem Zeitpunkt, zu dem folgende Unterlagen dem Versicherungsnehmer in Textform zugegangen sind:

1. der Versicherungsschein und die Vertragsbestimmungen einschließlich der Allgemeinen Versicherungsbedingungen sowie die weiteren Informationen, die nach der VVG-Informationspflichtenverordnung mitzuteilen sind, und
2. eine deutlich gestaltete Belehrung über das Widerrufsrecht und über die Rechtsfolgen des Widerrufs, die dem Versicherungsnehmer seine Rechte entsprechend den Erfordernissen des eingesetzten Kommunikationsmittels deutlich macht und die den Namen und die ladungsfähige Anschrift desjenigen, gegenüber dem der Widerruf zu erklären ist, sowie einen Hinweis auf den Fristbeginn und auf die Regelungen des Absatzes 1 Satz 2 enthält.

---

1) § 7d eingef. mWv 23.2.2018 durch G v. 20.7.2017 (BGBl. I S. 2789); Satz 4 geänd. mWv 15.6.2021 durch G v. 9.6.2021 (BGBl. I S. 1666).

2) § 8 Abs. 3 Satz 1 Nr. 4 geänd. mWv 17.12.2009 durch G v. 25.6.2009 (BGBl. I S. 1574); Abs. 1 Satz 1 und Abs. 2 Satz 1 Nr. 2 geänd., Abs. 2 Satz 2 aufgeh., bish. Satz 3 wird Satz 2, Abs. 3 Satz 2 und Abs. 5 neu gef. mWv 11.6.2010 durch G v. 29.7.2009 (BGBl. I S. 2355); Abs. 3 Nr. 2 und 3 geänd. mWv 13.6. 2014 durch G v. 20.9.2013 (BGBl. I S. 3642); Abs. 2 Satz 1 Nr. 1 geänd., Satz 2 eingef., bish. Satz 2 wird Satz 3 und geänd., Abs. 4 aufgeh., bish. Abs. 5 wird Abs. 4 und Satz 2 geänd., Satz 3 angef. mWv 15.6. 2021 durch G v. 9.6.2021 (BGBl. I S. 1666); Überschrift geänd., Abs. 5 angef. mWv 1.3.2023 durch G v. 22.2.2023 (BGBl. 2023 I Nr. 51).

[2]Bei Versicherungsprodukten, für die ein Basisinformationsblatt nach der Verordnung (EU) Nr. 1286/2014 des Europäischen Parlaments und des Rates vom 26. November 2014 über Basisinformationsblätter für verpackte Anlageprodukte für Kleinanleger und Versicherungsanlageprodukte (PRIIP) (ABl. L 352 vom 9.12. 2014, S. 1; L 358 vom 13.12.2014, S. 50), die zuletzt durch die Verordnung (EU) 2019/1156 (ABl. L 188 vom 12.7.2019, S. 55) geändert worden ist, in der jeweils geltenden Fassung oder für die ein PEPP-Basisinformationsblatt nach Artikel 26 der Verordnung (EU) 2019/1238 des Europäischen Parlaments und des Rates vom 20. Juni 2019 über ein Paneuropäisches Privates Pensionsprodukt (PEPP) (ABl. L 198 vom 25.7.2019, S. 1) in der jeweils geltenden Fassung zu erstellen ist, beginnt die Widerrufsfrist nicht, bevor auch das Basisinformationsblatt oder das PEPP-Basisinformationsblatt zur Verfügung gestellt worden ist. [3]Der Nachweis über den Zugang der Unterlagen nach den Sätzen 1 und 2 obliegt dem Versicherer.

(3) [1]Das Widerrufsrecht besteht nicht

1. bei Versicherungsverträgen mit einer Laufzeit von weniger als einem Monat,
2. bei Versicherungsverträgen über vorläufige Deckung, es sei denn, es handelt sich um einen Fernabsatzvertrag im Sinn des § 312c des Bürgerlichen Gesetzbuchs[1)],
3. bei Versicherungsverträgen bei Pensionskassen, die auf arbeitsvertraglichen Regelungen beruhen, es sei denn, es handelt sich um einen Fernabsatzvertrag im Sinn des § 312c des Bürgerlichen Gesetzbuchs,
4. bei Versicherungsverträgen über ein Großrisiko im Sinn des § 210 Absatz 2.

[2]Das Widerrufsrecht erlischt, wenn der Vertrag von beiden Seiten auf ausdrücklichen Wunsch des Versicherungsnehmers vollständig erfüllt ist, bevor der Versicherungsnehmer sein Widerrufsrecht ausgeübt hat.

(4) [1]Die nach Absatz 2 Satz 1 Nr. 2 zu erteilende Belehrung genügt den dort genannten Anforderungen, wenn das Muster der Anlage zu diesem Gesetz in Textform verwendet wird. [2]Der Versicherer darf unter Beachtung von Absatz 2 Satz 1 Nr. 2 von dem Muster abweichen. [3]Beschränkt sich die Abweichung unter Beachtung von Absatz 2 Satz 1 Nummer 2 auf Format und Schriftgröße oder darauf, dass der Versicherer Zusätze wie die Firma oder ein Kennzeichen des Versicherers anbringt, so ist Satz 1 anzuwenden.

(5) Das Bundesministerium der Justiz wird ermächtigt, im Einvernehmen mit dem Bundesministerium der Finanzen und im Benehmen mit dem Bundesministerium für Umwelt, Naturschutz, nukleare Sicherheit und Verbraucherschutz durch Rechtsverordnung ohne Zustimmung des Bundesrates die Informationspflichten nach Abschnitt 2 der Anlage und die dazu erteilten Gestaltungshinweise zu ändern, wenn dies erforderlich ist, um die Informationspflichten nach Abschnitt 2 der Anlage und die dazu erteilten Gestaltungshinweise an eine Änderung der VVG-Informationspflichtenverordnung anzupassen.

(Fortsetzung nächstes Blatt)

---

1) Nr. **20**.

Teil 3. Schlussvorschriften

§ 209 Rückversicherung, Seeversicherung. Die Vorschriften dieses Gesetzes sind auf die Rückversicherung und die Versicherung gegen die Gefahren der Seeschifffahrt (Seeversicherung) nicht anzuwenden.

§ 210[1] Großrisiken, laufende Versicherung. (1) Die Beschränkungen der Vertragsfreiheit nach diesem Gesetz sind auf Großrisiken und auf laufende Versicherungen nicht anzuwenden.

(2) [1] Großrisiken im Sinne dieser Vorschrift sind:

1. Risiken der unter den Nummern 4 bis 7, 10 Buchstabe b sowie den Nummern 11 und 12 der Anlage 1 zum Versicherungsaufsichtsgesetz erfassten Transport- und Haftpflichtversicherungen,
2. Risiken der unter den Nummern 14 und 15 der Anlage 1 zum Versicherungsaufsichtsgesetz erfassten Kredit- und Kautionsversicherungen bei Versicherungsnehmern, die eine gewerbliche, bergbauliche oder freiberufliche Tätigkeit ausüben, wenn die Risiken damit in Zusammenhang stehen, oder
3. Risiken der unter den Nummern 3, 8, 9, 10, 13 und 16 der Anlage 1 zum Versicherungsaufsichtsgesetz erfassten Sach-, Haftpflicht- und sonstigen Schadensversicherungen bei Versicherungsnehmern, die mindestens zwei der folgenden drei Merkmale überschreiten:
   a) 6 200 000 Euro Bilanzsumme,
   b) 12 800 000 Euro Nettoumsatzerlöse,
   c) im Durchschnitt 250 Arbeitnehmer pro Wirtschaftsjahr.

[2] Gehört der Versicherungsnehmer zu einem Konzern, der nach § 290 des Handelsgesetzbuchs[2], nach § 11 des Publizitätsgesetzes[3] vom 15. August 1969 (BGBl. I S. 1189) in der jeweils gültigen Fassung oder nach dem mit den Anforderungen der Richtlinie 2013/34/EU des Europäischen Parlaments und des Rates vom 26. Juni 2013 über den Jahresabschluss, den konsolidierten Abschluss und damit verbundene Berichte von Unternehmen bestimmter Rechtsformen und zur Änderung der Richtlinie 2006/43/EG des Europäischen Parlaments und des Rates und zur Aufhebung der Richtlinien 78/660/EWG und 83/349/EWG des Rates (ABl. L 182 vom 29.6. 2013, S. 19) übereinstimmenden Recht eines anderen Mitgliedstaats der Europäischen Gemeinschaft oder eines anderen Vertragsstaats des Abkommens über den Europäischen Wirtschaftsraum einen Konzernabschluss aufzustellen hat, so sind für die Feststellung der Unternehmensgröße die Zahlen des Konzernabschlusses maßgebend.

§ 210a[4] Elektronische Transportversicherungspolice. Der Urkunde nach § 4 oder § 55 gleichgestellt ist eine elektronische Transportversicherungspolice nach § 365a des Handelsgesetzbuchs[2].

---

[1] § 210 neu gef. mWv 17.12.2009 durch G v. 25.6.2009 (BGBl. I S. 1574); Abs. 2 Satz 1 Nr. 1, 2 und 3 einl. Satzteil geänd. mWv 1.1.2016 durch G v. 1.4.2015 (BGBl. I S. 434); Abs. 2 Satz 2 geänd. mWv 23.7.2015 durch G v. 17.7.2015 (BGBl. I S. 1245).

[2] Nr. **50**.

[3] Nr. **52b**.

[4] § 210a eingef. mWv 1.3.2023 durch G v. 22.2.2023 (BGBl. 2023 I Nr. 51).

§ 211[1] Pensionskassen, kleinere Versicherungsvereine, Versicherungen mit kleineren Beträgen. (1) Die §§ 37, 38, 165, 166, 168 und 169 sind, soweit mit Genehmigung der Aufsichtsbehörde in den Allgemeinen Versicherungsbedingungen abweichende Bestimmungen getroffen sind, nicht anzuwenden auf

1. Versicherungen bei Pensionskassen im Sinn des § 233 Absatz 1 und 2 des Versicherungsaufsichtsgesetzes,
2. Versicherungen, die bei einem Verein genommen werden, der als kleinerer Verein im Sinn des Versicherungsaufsichtsgesetzes anerkannt ist,
3. Lebensversicherungen mit kleineren Beträgen und
4. Unfallversicherungen mit kleineren Beträgen.

(2) Auf die in Absatz 1 Nr. 1 genannten Pensionskassen sind ferner nicht anzuwenden

1. die §§ 6 bis 9, 11, 150 Abs. 2 bis 4 und § 152 Abs. 1 und 2; für die §§ 7 bis 9 und 152 Abs. 1 und 2 gilt dies nicht für Fernabsatzverträge im Sinn des § 312c des Bürgerlichen Gesetzbuchs[2];
2. § 153, soweit mit Genehmigung der Aufsichtsbehörde in den Allgemeinen Versicherungsbedingungen abweichende Bestimmungen getroffen sind; § 153 Abs. 3 Satz 1 ist ferner nicht auf Sterbekassen anzuwenden.

(3) Sind für Versicherungen mit kleineren Beträgen im Sinn von Absatz 1 Nr. 3 und 4 abweichende Bestimmungen getroffen, kann deren Wirksamkeit nicht unter Berufung darauf angefochten werden, dass es sich nicht um Versicherungen mit kleineren Beträgen handele.

§ 212 Fortsetzung der Lebensversicherung nach der Elternzeit. Besteht während einer Elternzeit ein Arbeitsverhältnis ohne Entgelt gemäß § 1a Abs. 4 des Betriebsrentengesetzes[3] fort und wird eine vom Arbeitgeber zugunsten der Arbeitnehmerin oder des Arbeitnehmers abgeschlossene Lebensversicherung wegen Nichtzahlung der während der Elternzeit fälligen Prämien in eine prämienfreie Versicherung umgewandelt, kann die Arbeitnehmerin oder der Arbeitnehmer innerhalb von drei Monaten nach der Beendigung der Elternzeit verlangen, dass die Versicherung zu den vor der Umwandlung vereinbarten Bedingungen fortgesetzt wird.

§ 213 Erhebung personenbezogener Gesundheitsdaten bei Dritten.

(1) Die Erhebung personenbezogener Gesundheitsdaten durch den Versicherer darf nur bei Ärzten, Krankenhäusern und sonstigen Krankenanstalten, Pflegeheimen und Pflegepersonen, anderen Personenversicherern und gesetzlichen Krankenkassen sowie Berufsgenossenschaften und Behörden erfolgen; sie ist nur zulässig, soweit die Kenntnis der Daten für die Beurteilung des zu versichernden Risikos oder der Leistungspflicht erforderlich ist und die betroffene Person eine Einwilligung erteilt hat.

(2) [1] Die nach Absatz 1 erforderliche Einwilligung kann vor Abgabe der Vertragserklärung erteilt werden. [2] Die betroffene Person ist vor einer Erhebung nach Absatz 1 zu unterrichten; sie kann der Erhebung widersprechen.

(3) Die betroffene Person kann jederzeit verlangen, dass eine Erhebung von Daten nur erfolgt, wenn jeweils in die einzelne Erhebung eingewilligt worden ist.

---

[1] § 211 Abs. 2 Nr. 1 geänd. mWv 13.6.2014 durch G v. 20.9.2013 (BGBl. I S. 3642); Abs. 1 Nr. 1 geänd. mWv 1.1.2016 durch G v. 1.4.2015 (BGBl. I S. 434).

[2] Nr. **20**.

[3] **Loseblatt-Textsammlung Arbeitsrecht Nr. 180.**

68. Gesetz über die urheberrechtliche Verantwortlichkeit von Diensteanbietern für das Teilen von Online-Inhalten (Urheberrechts-Diensteanbieter-Gesetz – UrhDaG)[1) 2)]

Vom 31. Mai 2021

(BGBl. I S. 1204, 1215)

FNA 440-19

Inhaltsübersicht

Teil 1. Allgemeine Vorschriften

§ 1 Öffentliche Wiedergabe; Verantwortlichkeit des Diensteanbieters.

(1) Ein Diensteanbieter (§ 2) gibt Werke öffentlich wieder, wenn er der Öffentlichkeit Zugang zu urheberrechtlich geschützten Werken verschafft, die von Nutzern des Dienstes hochgeladen worden sind.

(2) [1] Erfüllt der Diensteanbieter seine Pflichten nach § 4 und den §§ 7 bis 11 nach Maßgabe hoher branchenüblicher Standards unter Beachtung des Grund-

[1)] **Amtl. Anm.:** § 19 Absatz 3 notifiziert gemäß der Richtlinie (EU) 2015/1535 des Europäischen Parlaments und des Rates vom 9. September 2015 über ein Informationsverfahren auf dem Gebiet der technischen Vorschriften und der Vorschriften für die Dienste der Informationsgesellschaft (ABl. L 241 vom 17.9.2015, S. 1).

[2)] Verkündet als Art. 3 G v. 31.5.2021 (BGBl. I S. 1204); Inkrafttreten gem. Art. 5 Satz 2 dieses G am 1.8.2021.

satzes der Verhältnismäßigkeit, so ist er für die öffentliche Wiedergabe urheberrechtlich nicht verantwortlich. [2] Hierbei sind insbesondere zu berücksichtigen
1. die Art, das Publikum und der Umfang des Dienstes,
2. die Art der von den Nutzern des Dienstes hochgeladenen Werke,
3. die Verfügbarkeit geeigneter Mittel zur Erfüllung der Pflichten sowie
4. die Kosten, die dem Diensteanbieter für Mittel nach Nummer 3 entstehen.

(3) Auf § 10 Satz 1 des Telemediengesetzes[1)] kann sich der Diensteanbieter nicht berufen.

(4) Ein Diensteanbieter, dessen Hauptzweck es ist, sich an Urheberrechtsverletzungen zu beteiligen oder sie zu erleichtern, kann sich auf Absatz 2 nicht berufen.

§ 2 Diensteanbieter. (1) Diensteanbieter im Sinne dieses Gesetzes sind Anbieter von Diensten im Sinne des Artikels 1 Absatz 1 Buchstabe b der Richtlinie (EU) 2015/1535 des Europäischen Parlaments und des Rates vom 9. September 2015 über ein Informationsverfahren auf dem Gebiet der technischen Vorschriften und der Vorschriften für die Dienste der Informationsgesellschaft (ABl. L 241 vom 17.9.2015, S. 1), die
1. es als Hauptzweck ausschließlich oder zumindest auch verfolgen, eine große Menge an von Dritten hochgeladenen urheberrechtlich geschützten Inhalten zu speichern und öffentlich zugänglich zu machen,
2. die Inhalte im Sinne der Nummer 1 organisieren,
3. die Inhalte im Sinne der Nummer 1 zum Zweck der Gewinnerzielung bewerben und
4. mit Online-Inhaltediensten um dieselben Zielgruppen konkurrieren.

(2) Startup-Diensteanbieter sind Diensteanbieter mit einem jährlichen Umsatz innerhalb der Europäischen Union von bis zu 10 Millionen Euro, deren Dienste der Öffentlichkeit in der Europäischen Union seit weniger als drei Jahren zur Verfügung stehen.

(3) Kleine Diensteanbieter sind Diensteanbieter mit einem jährlichen Umsatz innerhalb der Europäischen Union von bis zu 1 Million Euro.

(4) [1] Für die Berechnung des Umsatzes von Startup-Diensteanbietern und kleinen Diensteanbietern ist die Empfehlung der Kommission vom 6. Mai 2003 betreffend die Definition der Kleinstunternehmen sowie der kleinen und mittleren Unternehmen anzuwenden (ABl. L 124 vom 20.5.2003, S. 36). [2] Maßgeblich ist jeweils der Umsatz des vorangegangenen Kalenderjahres.

§ 3 Nicht erfasste Dienste. Dieses Gesetz gilt insbesondere nicht für
1. nicht gewinnorientierte Online-Enzyklopädien,
2. nicht gewinnorientierte bildungsbezogene oder wissenschaftliche Repositorien,
3. Entwicklungs- und Weitergabe-Plattformen für quelloffene Software,
4. Anbieter elektronischer Kommunikationsdienste im Sinne des Artikels 2 Nummer 4 der Richtlinie (EU) 2018/1972 des Europäischen Parlaments und des Rates vom 11. Dezember 2018 über den europäischen Kodex für die elektronische Kommunikation (ABl. L 321 vom 17.12.2018, S. 36; L 334 vom 27.12. 2019, S. 164),
5. Online-Marktplätze,

[1)] **Sartorius ErgBd. Nr. 922.**

6. Cloud-Dienste, die zwischen Unternehmen erbracht werden, und
7. Cloud-Dienste, die ihren Nutzern das Hochladen von Inhalten für den Eigengebrauch ermöglichen.

Teil 2. Erlaubte Nutzungen

§ 4 Pflicht zum Erwerb vertraglicher Nutzungsrechte; Direktvergütungsanspruch des Urhebers. (1) [1] Ein Diensteanbieter ist verpflichtet, bestmögliche Anstrengungen zu unternehmen, um die vertraglichen Nutzungsrechte für die öffentliche Wiedergabe urheberrechtlich geschützter Werke zu erwerben. [2] Der Diensteanbieter erfüllt diese Pflicht, sofern er Nutzungsrechte erwirbt, die

1. ihm angeboten werden,
2. über repräsentative Rechtsinhaber verfügbar sind, die der Diensteanbieter kennt, oder
3. über im Inland ansässige Verwertungsgesellschaften oder abhängige Verwertungseinrichtungen erworben werden können.

(2) Nutzungsrechte nach Absatz 1 Satz 2 müssen

1. für Inhalte gelten, die der Diensteanbieter ihrer Art nach offensichtlich in mehr als geringfügigen Mengen öffentlich wiedergibt,
2. in Bezug auf Werke und Rechtsinhaber ein erhebliches Repertoire umfassen,
3. den räumlichen Geltungsbereich dieses Gesetzes abdecken und
4. die Nutzung zu angemessenen Bedingungen ermöglichen.

(3) [1] Hat der Urheber das Recht der öffentlichen Wiedergabe eines Werkes einem Dritten eingeräumt, so hat der Diensteanbieter für vertragliche Nutzungen gleichwohl dem Urheber eine angemessene Vergütung für die öffentliche Wiedergabe des Werkes zu zahlen. [2] Satz 1 ist nicht anzuwenden, wenn der Dritte eine Verwertungsgesellschaft ist oder der Urheber den Dritten als Digitalvertrieb einschaltet.

(4) [1] Der Urheber kann auf den Direktvergütungsanspruch nach Absatz 3 nicht verzichten und diesen im Voraus nur an eine Verwertungsgesellschaft abtreten. [2] Er kann nur durch eine Verwertungsgesellschaft geltend gemacht werden.

§ 5 Gesetzlich erlaubte Nutzungen; Vergütung des Urhebers. (1) Zulässig ist die öffentliche Wiedergabe von urheberrechtlich geschützten Werken und Teilen von Werken durch den Nutzer eines Diensteanbieters zu folgenden Zwecken:

1. für Zitate nach § 51 des Urheberrechtsgesetzes[1)],
2. für Karikaturen, Parodien und Pastiches nach § 51a des Urheberrechtsgesetzes und
3. für von den Nummern 1 und 2 nicht erfasste gesetzlich erlaubte Fälle der öffentlichen Wiedergabe nach Teil 1 Abschnitt 6 des Urheberrechtsgesetzes.

(2) [1] Für die öffentliche Wiedergabe nach Absatz 1 Nummer 2 hat der Diensteanbieter dem Urheber eine angemessene Vergütung zu zahlen. [2] Der Vergütungsanspruch ist nicht verzichtbar und im Voraus nur an eine Verwertungsgesellschaft abtretbar. [3] Er kann nur durch eine Verwertungsgesellschaft geltend gemacht wer-

---

[1)] Nr. **65**.

den. [4] § 63a Absatz 2 des Urheberrechtsgesetzes und § 27a des Verwertungsgesellschaftengesetzes[1)] sind anzuwenden.

(3) Der Diensteanbieter hat den Nutzer auf die gesetzlichen Erlaubnisse nach Absatz 1 in seinen Allgemeinen Geschäftsbedingungen hinzuweisen.

§ 6 Erstreckung von Erlaubnissen. (1) Ist dem Diensteanbieter die öffentliche Wiedergabe eines Werkes erlaubt, so wirkt diese Erlaubnis auch zugunsten des Nutzers, sofern dieser nicht kommerziell handelt oder keine erheblichen Einnahmen erzielt.

(2) Verfügt der Nutzer über eine Erlaubnis, ein Werk über einen Diensteanbieter öffentlich wiederzugeben, so wirkt diese Erlaubnis auch zugunsten des Diensteanbieters.

Teil 3. Unerlaubte Nutzungen

§ 7 Qualifizierte Blockierung. (1) Der Diensteanbieter ist nach Maßgabe von § 1 Absatz 2 verpflichtet, durch Sperrung oder Entfernung (Blockierung) bestmöglich sicherzustellen, dass ein Werk nicht öffentlich wiedergegeben wird und hierfür auch künftig nicht verfügbar ist, sobald der Rechtsinhaber dies verlangt und die hierfür erforderlichen Informationen zur Verfügung stellt.

(2) [1] Maßnahmen nach Absatz 1 dürfen nicht dazu führen, dass von Nutzern hochgeladene Inhalte, deren Nutzung gesetzlich erlaubt ist oder bei denen kein Verstoß gegen das Urheberrecht vorliegt, nicht verfügbar sind. [2] Beim Einsatz automatisierter Verfahren sind die §§ 9 bis 11 anzuwenden. [3] Satz 2 ist nicht anzuwenden auf Nutzungen von Filmwerken oder Laufbildern bis zum Abschluss ihrer erstmaligen öffentlichen Wiedergabe, insbesondere während der zeitgleichen Übertragung von Sportveranstaltungen, soweit der Rechtsinhaber dies vom Diensteanbieter verlangt und die hierfür erforderlichen Angaben macht.

(3) Der Diensteanbieter informiert den Nutzer sofort über die Blockierung des von ihm hochgeladenen Inhalts und weist ihn auf das Recht hin, nach § 14 Beschwerde einzulegen.

(4) Startup-Diensteanbieter (§ 2 Absatz 2) sind nicht nach Absatz 1 verpflichtet, solange die durchschnittliche monatliche Anzahl unterschiedlicher Besucher der Internetseiten des Dienstes 5 Millionen nicht übersteigt.

(5) Es wird widerleglich vermutet, dass kleine Diensteanbieter (§ 2 Absatz 3) im Hinblick auf den Grundsatz der Verhältnismäßigkeit nicht nach Absatz 1 verpflichtet sind.

§ 8 Einfache Blockierung. (1) Der Diensteanbieter ist nach Maßgabe von § 1 Absatz 2 verpflichtet, die öffentliche Wiedergabe eines Werkes durch Blockierung zu beenden, sobald der Rechtsinhaber dies verlangt und einen hinreichend begründeten Hinweis auf die unerlaubte öffentliche Wiedergabe des Werkes gibt.

(2) § 7 Absatz 2 Satz 1 und Absatz 3 ist entsprechend anzuwenden.

(3) Zur Blockierung künftiger unerlaubter Nutzungen des Werkes ist der Diensteanbieter nach Maßgabe von § 7 erst verpflichtet, nachdem der Rechtsinhaber die hierfür erforderlichen Informationen zur Verfügung stellt.

[1)] **Habersack, Deutsche Gesetze ErgBd. Nr. 65a.**

Teil 4. Mutmaßlich erlaubte Nutzungen

§ 9 Öffentliche Wiedergabe mutmaßlich erlaubter Nutzungen. (1) Um unverhältnismäßige Blockierungen beim Einsatz automatisierter Verfahren zu vermeiden, sind mutmaßlich erlaubte Nutzungen bis zum Abschluss eines Beschwerdeverfahrens (§ 14) öffentlich wiederzugeben.

(2) [1] Für nutzergenerierte Inhalte, die

1. weniger als die Hälfte eines Werkes eines Dritten oder mehrerer Werke Dritter enthalten,
2. die Werkteile nach Nummer 1 mit anderem Inhalt kombinieren und
3. Werke Dritter nur geringfügig nutzen (§ 10) oder als gesetzlich erlaubt gekennzeichnet sind (§ 11),

wird widerleglich vermutet, dass ihre Nutzung nach § 5 gesetzlich erlaubt ist (mutmaßlich erlaubte Nutzungen). [2] Abbildungen dürfen nach Maßgabe von §§ 10 und 11 vollständig verwendet werden.

(3) Der Diensteanbieter informiert den Rechtsinhaber sofort über die öffentliche Wiedergabe und weist ihn auf das Recht hin, nach § 14 Beschwerde einzulegen, um die Vermutung nach Absatz 2 überprüfen zu lassen.

§ 10 Geringfügige Nutzungen. Die folgenden Nutzungen von Werken Dritter gelten als geringfügig im Sinne des § 9 Absatz 2 Satz 1 Nummer 3, sofern sie nicht zu kommerziellen Zwecken oder nur zur Erzielung unerheblicher Einnahmen dienen:

1. Nutzungen bis zu 15 Sekunden je eines Filmwerkes oder Laufbildes,
2. Nutzungen bis zu 15 Sekunden je einer Tonspur,
3. Nutzungen bis zu 160 Zeichen je eines Textes und
4. Nutzungen bis zu 125 Kilobyte je eines Lichtbildwerkes, Lichtbildes oder einer Grafik.

§ 11 Kennzeichnung als erlaubte Nutzung. (1) Soll ein nutzergenerierter Inhalt beim Hochladen automatisiert blockiert werden und handelt es sich nicht um eine geringfügige Nutzung nach § 10, so ist der Diensteanbieter verpflichtet,

1. den Nutzer über das Blockierverlangen des Rechtsinhabers zu informieren,
2. den Nutzer zugleich mit der Information nach Nummer 1 auf die Erforderlichkeit einer gesetzlichen Erlaubnis nach § 5 für eine öffentliche Wiedergabe hinzuweisen und
3. es dem Nutzer zu ermöglichen, die Nutzung als nach § 5 gesetzlich erlaubt zu kennzeichnen.

(2) Soll ein nutzergenerierter Inhalt erst nach dem Hochladen automatisiert blockiert werden, so findet Absatz 1 mit der Maßgabe Anwendung, dass der Inhalt auch ohne Vorliegen einer Kennzeichnung nach Absatz 1 Nummer 3 für 48 Stunden als mutmaßlich erlaubt gilt.

§ 12 Vergütung durch Diensteanbieter; Verantwortlichkeit. (1) [1] Für die öffentliche Wiedergabe mutmaßlich erlaubter Nutzungen nach den §§ 9 bis 11 hat der Diensteanbieter dem Urheber eine angemessene Vergütung zu zahlen. [2] § 5 Absatz 2 Satz 2 bis 4 ist entsprechend anzuwenden.

(2) [1] Für die öffentliche Wiedergabe mutmaßlich erlaubter Nutzungen nach den §§ 9 bis 11 ist der Diensteanbieter bis zum Abschluss eines Beschwerdeverfahrens, längstens aber bis zum Ablauf der Frist zur Entscheidung über die Beschwerde (§ 14 Absatz 3 Nummer 3) urheberrechtlich nicht verantwortlich. [2] Nach der Entscheidung über die Beschwerde haftet der Diensteanbieter nur dann urheberrechtlich auf Schadensersatz, wenn er bei der Durchführung des Beschwerdeverfahrens schuldhaft gegen die Pflichten nach § 14 verstoßen hat; Ansprüche auf Unterlassung und Beseitigung bleiben unberührt.

(3) Im Falle einer geringfügigen Nutzung (§ 10) ist der Nutzer für die öffentliche Wiedergabe mutmaßlich erlaubter Nutzungen bis zum Abschluss eines Beschwerdeverfahrens nach § 14 urheberrechtlich nicht verantwortlich.

Teil 5. Rechtsbehelfe

§ 13 Rechtsbehelfe; Schutz vor Entstellung; Zugang zu den Gerichten.

(1) Für Nutzer und Rechtsinhaber ist die Teilnahme an Beschwerdeverfahren nach den §§ 14 und 15 freiwillig.

(2) Für Nutzer, Rechtsinhaber und Diensteanbieter ist die Teilnahme an außergerichtlichen Streitbeilegungen nach den §§ 16 und 17 freiwillig.

(3) [1] Der Schutz des Urhebers vor Entstellung seines Werkes nach§ 14 des Urheberrechtsgesetzes[1)] bleibt unberührt. [2] Der Urheber kann hierzu auch im Anwendungsbereich der §§ 9 bis 11 die einfache Blockierung nach § 8 verlangen.

(4) Das Recht, die Gerichte anzurufen, bleibt unberührt.

§ 14 Internes Beschwerdeverfahren. (1) Der Diensteanbieter muss den Nutzern und den Rechtsinhabern ein wirksames, kostenfreies und zügiges Beschwerdeverfahren über die Blockierung und über die öffentliche Wiedergabe von geschützten Werken zur Verfügung stellen.

(2) Beschwerden sind zu begründen.

(3) Der Diensteanbieter ist verpflichtet, unverzüglich

1. die Beschwerde allen Beteiligten mitzuteilen,
2. allen Beteiligten Gelegenheit zur Stellungnahme zu geben und
3. über die Beschwerde zu entscheiden; spätestens innerhalb einer Woche nach deren Einlegung.

(4) Erklärt ein vertrauenswürdiger Rechtsinhaber nach Prüfung durch eine natürliche Person, dass die Vermutung nach § 9 Absatz 2 zu widerlegen ist und die fortdauernde öffentliche Wiedergabe die wirtschaftliche Verwertung des Werkes erheblich beeinträchtigt, so ist der Diensteanbieter in Abweichung von § 9 Absatz 1 zur sofortigen Blockierung bis zum Abschluss des Beschwerdeverfahrens verpflichtet.

(5) Entscheidungen über Beschwerden müssen von natürlichen Personen getroffen werden, die unparteiisch sind.

§ 15 Externe Beschwerdestelle. (1) Der Diensteanbieter kann sich zur Erfüllung seiner Pflichten nach § 14 einer anerkannten externen Beschwerdestelle bedienen.

---

1) Nr. **65**.

(2) [1] Die Entscheidung über die Anerkennung einer externen Beschwerdestelle trifft das Bundesamt für Justiz im Einvernehmen mit dem Deutschen Patent- und Markenamt. [2] Für die Voraussetzungen sowie für das Verfahren der Anerkennung gelten im Übrigen die Vorschriften des Netzwerkdurchsetzungsgesetzes über die Anerkennung einer Einrichtung der Regulierten Selbstregulierung entsprechend.

§ 16 Außergerichtliche Streitbeilegung durch private Schlichtungsstellen. (1) Zur außergerichtlichen Beilegung von Streitigkeiten über die Blockierung und öffentliche Wiedergabe eines geschützten Werkes durch einen Diensteanbieter sowie über Auskunftsrechte (§ 19) können Rechtsinhaber und Nutzer eine privatrechtlich organisierte Schlichtungsstelle anrufen.

(2) Die Vorschriften des Netzwerkdurchsetzungsgesetzes über privatrechtlich organisierte Schlichtungsstellen sind mit der Maßgabe anzuwenden, dass das Bundesamt für Justiz als zuständige Behörde die Entscheidung über die Anerkennung einer privatrechtlich organisierten Schlichtungsstelle im Einvernehmen mit dem Deutschen Patent- und Markenamt trifft.

§ 17 Außergerichtliche Streitbeilegung durch die behördliche Schlichtungsstelle. (1) Das Bundesamt für Justiz richtet im Einvernehmen mit dem Deutschen Patent- und Markenamt eine behördliche Schlichtungsstelle ein.

(2) [1] Die behördliche Schlichtungsstelle ist nur zuständig, wenn eine privatrechtlich organisierte Schlichtungsstelle nach § 16 nicht zur Verfügung steht. [2] § 16 Absatz 1 ist entsprechend anzuwenden.

(3) Die Vorschriften des Netzwerkdurchsetzungsgesetzes über die behördliche Schlichtungsstelle sind entsprechend anzuwenden.

Teil 6. Schlussbestimmungen

§ 18 Maßnahmen gegen Missbrauch. (1) Verlangt ein vermeintlicher Rechtsinhaber von dem Diensteanbieter wiederholt die Blockierung eines fremden Werkes als eigenes Werk oder eines gemeinfreien Werkes, so hat der Diensteanbieter den vermeintlichen Rechtsinhaber für einen angemessenen Zeitraum von den Verfahren nach den §§ 7 und 8 auszuschließen.

(2) Verlangt ein vermeintlicher Rechtsinhaber vorsätzlich oder fahrlässig von dem Diensteanbieter die Blockierung eines fremden Werkes als eigenes Werk oder eines gemeinfreien Werkes, so ist er dem Diensteanbieter und dem betroffenen Nutzer zum Ersatz des daraus entstehenden Schadens verpflichtet.

(3) Verlangt ein Rechtsinhaber wiederholt fälschlicherweise

1. die sofortige Blockierung mutmaßlich erlaubter Nutzungen während des Beschwerdeverfahrens nach § 14 Absatz 4 oder
2. die einfache Blockierung nach § 8 wegen einer Entstellung seines Werkes (§ 14 des Urheberrechtsgesetzes[1]),

so ist er für einen angemessenen Zeitraum von dem jeweiligen Verfahren auszuschließen.

(4) Der Diensteanbieter hat nach einem missbräuchlichen Blockierverlangen im Hinblick auf gemeinfreie Werke oder solche, deren unentgeltliche Nutzung durch jedermann erlaubt ist, nach Maßgabe von § 1 Absatz 2 bestmöglich sicherzustellen, dass diese Werke nicht erneut blockiert werden.

---

[1] Nr. **65**.

(5) Kennzeichnet ein Nutzer eine Nutzung wiederholt fälschlicherweise als erlaubt, so hat der Diensteanbieter den Nutzer für einen angemessenen Zeitraum von der Möglichkeit zur Kennzeichnung erlaubter Nutzungen auszuschließen.

(6) Blockiert der Diensteanbieter wiederholt fälschlicherweise erlaubte Nutzungen, so kann er von einem eingetragenen Verein, dessen Zweck auf die nicht gewerbsmäßige und nicht nur vorübergehende Förderung der Interessen von Nutzern gerichtet ist, auf Unterlassung in Anspruch genommen werden.

§ 19 Auskunftsrechte. (1) Der Rechtsinhaber kann von dem Diensteanbieter Auskunft über die nach § 4 vertraglich erlaubte Nutzung seines Repertoires verlangen.

(2) Der Rechtsinhaber kann von dem Diensteanbieter angemessene Auskunft über die Funktionsweise der Verfahren zur Blockierung unerlaubter Nutzungen seines Repertoires nach den §§ 7 und 8 verlangen.

(3) [1] Der Diensteanbieter gewährt Berechtigten nach § 60d Absatz 2 des Urheberrechtsgesetzes[1)] zum Zweck der wissenschaftlichen Forschung Zugang zu Daten über den Einsatz von Verfahren zur automatisierten und nicht automatisierten Erkennung und Blockierung von Inhalten, soweit überwiegende schutzwürdige Interessen des Diensteanbieters nicht entgegenstehen. [2] Der Diensteanbieter hat Anspruch auf Erstattung der hierdurch entstehenden Kosten in angemessener Höhe.

§ 20 Inländischer Zustellungsbevollmächtigter. Für die Verpflichtung des Diensteanbieters zur Bestellung eines inländischen Zustellungsbevollmächtigten für das gerichtliche Verfahren gilt § 5 Absatz 1 des Netzwerkdurchsetzungsgesetzes entsprechend.

§ 21 Anwendung auf verwandte Schutzrechte. (1) Dieses Gesetz ist auf verwandte Schutzrechte im Sinne des Urheberrechtsgesetzes[1)] und ihre Inhaber entsprechend anzuwenden.

(2) Der Direktvergütungsanspruch nach § 4 steht nur dem Lichtbildner und dem ausübenden Künstler zu.

§ 22 Zwingendes Recht. Von den Vorschriften dieses Gesetzes kann durch Vertrag nicht abgewichen werden.

[1)] Nr. **65**.

3. sich der Aufsicht und Leitung der Bewährungshelferin oder des Bewährungshelfers oder der Aufsichtsstelle beharrlich entzieht

und sich daraus ergibt, dass der Zweck der Maßregel ihre Unterbringung erfordert. [2]Satz 1 Nr. 1 gilt entsprechend, wenn der Widerrufsgrund zwischen der Entscheidung über die Aussetzung und dem Beginn der Führungsaufsicht (§ 68c Abs. 4) entstanden ist.

(2) Das Gericht widerruft die Aussetzung einer Unterbringung nach den §§ 63 und 64 auch dann, wenn sich während der Dauer der Führungsaufsicht ergibt, dass von der verurteilten Person infolge ihres Zustands rechtswidrige Taten zu erwarten sind und deshalb der Zweck der Maßregel ihre Unterbringung erfordert.

(3) Das Gericht widerruft die Aussetzung ferner, wenn Umstände, die ihm während der Dauer der Führungsaufsicht bekannt werden und zur Versagung der Aussetzung geführt hätten, zeigen, daß der Zweck der Maßregel die Unterbringung der verurteilten Person erfordert.

(4) Die Dauer der Unterbringung vor und nach dem Widerruf darf insgesamt die gesetzliche Höchstfrist der Maßregel nicht übersteigen.

(5) Widerruft das Gericht die Aussetzung der Unterbringung nicht, so ist die Maßregel mit dem Ende der Führungsaufsicht erledigt.

(6) Leistungen, die die verurteilte Person zur Erfüllung von Weisungen erbracht hat, werden nicht erstattet.

§ 67h[1)] Befristete Wiederinvollzugsetzung; Krisenintervention.

(1) [1]Während der Dauer der Führungsaufsicht kann das Gericht die ausgesetzte Unterbringung nach § 63 oder § 64 für eine Dauer von höchstens drei Monaten wieder in Vollzug setzen, wenn eine akute Verschlechterung des Zustands der aus der Unterbringung entlassenen Person oder ein Rückfall in ihr Suchtverhalten eingetreten ist und die Maßnahme erforderlich ist, um einen Widerruf nach § 67g zu vermeiden. [2]Unter den Voraussetzungen des Satzes 1 kann es die Maßnahme erneut anordnen oder ihre Dauer verlängern; die Dauer der Maßnahme darf insgesamt sechs Monate nicht überschreiten. [3]§ 67g Abs. 4 gilt entsprechend.

(2) Das Gericht hebt die Maßnahme vor Ablauf der nach Absatz 1 gesetzten Frist auf, wenn ihr Zweck erreicht ist.

Führungsaufsicht

§ 68[2)] Voraussetzungen der Führungsaufsicht. (1) Hat jemand wegen einer Straftat, bei der das Gesetz Führungsaufsicht besonders vorsieht, zeitige Freiheitsstrafe von mindestens sechs Monaten verwirkt, so kann das Gericht neben der Strafe Führungsaufsicht anordnen, wenn die Gefahr besteht, daß er weitere Straftaten begehen wird.

(2) Die Vorschriften über die Führungsaufsicht kraft Gesetzes (§§ 67b, 67c, 67d Abs. 2 bis 6 und § 68f) bleiben unberührt.

§ 68a[3)] Aufsichtsstelle, Bewährungshilfe, forensische Ambulanz. (1) Die verurteilte Person untersteht einer Aufsichtsstelle[4)]; das Gericht bestellt ihr für die

---

[1)] § 67h eingef. mWv 18.4.2007 durch G v. 13.4.2007 (BGBl. I S. 513).

[2)] § 68 Abs. 2 geänd. mWv 29.7.2004 durch G v. 23.7.2004 (BGBl. I S. 1838); Abs. 2 geänd. mWv 18.4.2007 durch G v. 13.4.2007 (BGBl. I S. 513).

[3)] § 68a neu gef. mWv 18.4.2007 durch G v. 13.4.2007 (BGBl. I S. 513); Abs. 8 Sätze 1 und 2 geänd. mWv 9.11.2017 durch G v. 30.10.2017 (BGBl. I S. 3618).

[4)] Wegen Zuständigkeit und Besetzung der Aufsichtsstellen vgl. Art. 295 EGStGB (Nr. **85a**).

Dauer der Führungsaufsicht eine Bewährungshelferin oder einen Bewährungshelfer.[1)]

(2) Die Bewährungshelferin oder der Bewährungshelfer und die Aufsichtsstelle stehen im Einvernehmen miteinander der verurteilten Person helfend und betreuend zur Seite.

(3) Die Aufsichtsstelle überwacht im Einvernehmen mit dem Gericht und mit Unterstützung der Bewährungshelferin oder des Bewährungshelfers das Verhalten der verurteilten Person und die Erfüllung der Weisungen.

(4) Besteht zwischen der Aufsichtsstelle und der Bewährungshelferin oder dem Bewährungshelfer in Fragen, welche die Hilfe für die verurteilte Person und ihre Betreuung berühren, kein Einvernehmen, entscheidet das Gericht.

(5) Das Gericht kann der Aufsichtsstelle und der Bewährungshelferin oder dem Bewährungshelfer für ihre Tätigkeit Anweisungen erteilen.

(6) Vor Stellung eines Antrags nach § 145a Satz 2 hört die Aufsichtsstelle die Bewährungshelferin oder den Bewährungshelfer; Absatz 4 ist nicht anzuwenden.

(7) [1] Wird eine Weisung nach § 68b Abs. 2 Satz 2 und 3 erteilt, steht im Einvernehmen mit den in Absatz 2 Genannten auch die forensische Ambulanz der verurteilten Person helfend und betreuend zur Seite. [2] Im Übrigen gelten die Absätze 3 und 6, soweit sie die Stellung der Bewährungshelferin oder des Bewährungshelfers betreffen, auch für die forensische Ambulanz.

(8) [1] Die in Absatz 1 Genannten und die in § 203 Absatz 1 Nummer 1, 2 und 6 genannten Mitarbeiterinnen und Mitarbeiter der forensischen Ambulanz haben fremde Geheimnisse, die ihnen im Rahmen des durch § 203 geschützten Verhältnisses anvertraut oder sonst bekannt geworden sind, einander zu offenbaren, soweit dies notwendig ist, um der verurteilten Person zu helfen, nicht wieder straffällig zu werden. [2] Darüber hinaus haben die in § 203 Absatz 1 Nummer 1, 2 und 6 genannten Mitarbeiterinnen und Mitarbeiter der forensischen Ambulanz solche Geheimnisse gegenüber der Aufsichtsstelle und dem Gericht zu offenbaren, soweit aus ihrer Sicht

1. dies notwendig ist, um zu überwachen, ob die verurteilte Person einer Vorstellungsweisung nach § 68b Abs. 1 Satz 1 Nr. 11 nachkommt oder im Rahmen einer Weisung nach § 68b Abs. 2 Satz 2 und 3 an einer Behandlung teilnimmt,
2. das Verhalten oder der Zustand der verurteilten Person Maßnahmen nach § 67g, § 67h oder § 68c Abs. 2 oder Abs. 3 erforderlich erscheinen lässt oder

---

[1)] In den Ländern sind ua folgende Regelungen ergangen:
- **Baden-Württemberg:** AnO v. 29.11.1974 (Die Justiz 1975 S. 41); G v. 26.10.2016 (GBl. S. 578); VwV v. 23.12.2016 (Die Justiz 2017 S. 72)
- **Bayern:** Art. 2 G v. 13.12.2016 (GVBl. S. 345); Bek. v. 16.2.2017 (JMBl. S. 18), zuletzt geänd. durch Bek. v. 4.3.2020 (BayMBl. Nr. 137)
- **Berlin:** AV v. 11.12.2019 (ABl. 2020 S. 252); G v. 25.11.1954 (GVBl. S. 652), zuletzt geänd. durch G v. 9.2.2023 (GVBl. S. 38)
- **Brandenburg:** AnO v. 18.11.2015 (JMBl. S. 114); AV v. 26.3.2020 (JMBl. S. 30)
- **Hamburg:** AV v. 31.5.2006 (JVBl 2007 S. 1)
- **Hessen:** G v. 13.10.2022 (GVBl. S. 488)
- **Mecklenburg-Vorpommern:** G v. 24.3.2011 (GVOBl. M-V S. 175)
- **Niedersachsen:** AV v. 5.6.2020 (Nds. RPfl. S. 222)
- **Nordrhein-Westfalen:** AV v. 6.8.2021 (JMBl. S. 291)
- **Rheinland-Pfalz:** LandesVO v. 23.2.2016 (GVBl. S. 168); G v. 26.9.2000 (GVBl. S. 397), geänd. durch G v. 22.12.2015 (GVBl. S. 466)
- **Sachsen:** VwV v. 11.7.2014 (SächsJMBl. S. 71)
- **Schleswig-Holstein:** § 32 JZVO v. 15.11.2019 (GVOBl. Schl.-H. S. 546, 548), zuletzt geänd. durch VO v. 12.1.2023 (GVOBl. Schl.-H. S. 55); G v. 1.12.2021 (GVOBl. Schl.-H. S. 1319)

3. dies zur Abwehr einer erheblichen gegenwärtigen Gefahr für das Leben, die körperliche Unversehrtheit, die persönliche Freiheit oder die sexuelle Selbstbestimmung Dritter erforderlich ist.

[3] In den Fällen der Sätze 1 und 2 Nr. 2 und 3 dürfen Tatsachen im Sinne von § 203 Abs. 1, die von Mitarbeiterinnen und Mitarbeitern der forensischen Ambulanz offenbart wurden, nur zu den dort genannten Zwecken verwendet werden.

§ 68b[1)] Weisungen. (1) [1] Das Gericht kann die verurteilte Person für die Dauer der Führungsaufsicht oder für eine kürzere Zeit anweisen,

1. den Wohn- oder Aufenthaltsort oder einen bestimmten Bereich nicht ohne Erlaubnis der Aufsichtsstelle zu verlassen,
2. sich nicht an bestimmten Orten aufzuhalten, die ihr Gelegenheit oder Anreiz zu weiteren Straftaten bieten können,
3. zu der verletzten Person oder bestimmten Personen oder Personen einer bestimmten Gruppe, die ihr Gelegenheit oder Anreiz zu weiteren Straftaten bieten können, keinen Kontakt aufzunehmen, mit ihnen nicht zu verkehren, sie nicht zu beschäftigen, auszubilden oder zu beherbergen,
4. bestimmte Tätigkeiten nicht auszuüben, die sie nach den Umständen zu Straftaten missbrauchen kann,
5. bestimmte Gegenstände, die ihr Gelegenheit oder Anreiz zu weiteren Straftaten bieten können, nicht zu besitzen, bei sich zu führen oder verwahren zu lassen,
6. Kraftfahrzeuge oder bestimmte Arten von Kraftfahrzeugen oder von anderen Fahrzeugen nicht zu halten oder zu führen, die sie nach den Umständen zu Straftaten missbrauchen kann,
7. sich zu bestimmten Zeiten bei der Aufsichtsstelle, einer bestimmten Dienststelle oder der Bewährungshelferin oder dem Bewährungshelfer zu melden,
8. jeden Wechsel der Wohnung oder des Arbeitsplatzes unverzüglich der Aufsichtsstelle zu melden,
9. sich im Fall der Erwerbslosigkeit bei der zuständigen Agentur für Arbeit oder einer anderen zur Arbeitsvermittlung zugelassenen Stelle zu melden,
10. keine alkoholischen Getränke oder andere berauschende Mittel zu sich zu nehmen, wenn aufgrund bestimmter Tatsachen Gründe für die Annahme bestehen, dass der Konsum solcher Mittel zur Begehung weiterer Straftaten beitragen wird, und sich Alkohol- oder Suchtmittelkontrollen zu unterziehen, die nicht mit einem körperlichen Eingriff verbunden sind,
11. sich zu bestimmten Zeiten oder in bestimmten Abständen bei einer Ärztin oder einem Arzt, einer Psychotherapeutin oder einem Psychotherapeuten oder einer forensischen Ambulanz vorzustellen oder
12. die für eine elektronische Überwachung ihres Aufenthaltsortes erforderlichen technischen Mittel ständig in betriebsbereitem Zustand bei sich zu führen und deren Funktionsfähigkeit nicht zu beeinträchtigen.

[2] Das Gericht hat in seiner Weisung das verbotene oder verlangte Verhalten genau zu bestimmen. [3] Eine Weisung nach Satz 1 Nummer 12 ist, unbeschadet des Satzes 5, nur zulässig, wenn

---

[1)] § 68b neu gef. mWv 18.4.2007 durch G v. 13.4.2007 (BGBl. I S. 513); Abs. 1 Satz 1 Nr. 10 und 11 geänd., Nr. 12, Sätze 3 und 4 angef. mWv 1.1.2011 durch G v. 22.12.2010 (BGBl. I S. 2300); Abs. 1 Satz 3 einl. Satzteil geänd., Satz 5 angef. mWv 1.7.2017 durch G v. 11.6.2017 (BGBl. I S. 1612).

1. die Führungsaufsicht auf Grund der vollständigen Vollstreckung einer Freiheitsstrafe oder Gesamtfreiheitsstrafe von mindestens drei Jahren oder auf Grund einer erledigten Maßregel eingetreten ist,
2. die Freiheitsstrafe oder Gesamtfreiheitsstrafe oder die Unterbringung wegen einer oder mehrerer Straftaten der in § 66 Absatz 3 Satz 1 genannten Art verhängt oder angeordnet wurde,
3. die Gefahr besteht, dass die verurteilte Person weitere Straftaten der in § 66 Absatz 3 Satz 1 genannten Art begehen wird, und
4. die Weisung erforderlich erscheint, um die verurteilte Person durch die Möglichkeit der Datenverwendung nach § 463a Absatz 4 Satz 2 der Strafprozessordnung[1)], insbesondere durch die Überwachung der Erfüllung einer nach Satz 1 Nummer 1 oder 2 auferlegten Weisung, von der Begehung weiterer Straftaten der in § 66 Absatz 3 Satz 1 genannten Art abzuhalten.

[4] Die Voraussetzungen von Satz 3 Nummer 1 in Verbindung mit Nummer 2 liegen unabhängig davon vor, ob die dort genannte Führungsaufsicht nach § 68e Absatz 1 Satz 1 beendet ist. [5] Abweichend von Satz 3 Nummer 1 genügt eine Freiheits- oder Gesamtfreiheitsstrafe von zwei Jahren, wenn diese wegen einer oder mehrerer Straftaten verhängt worden ist, die unter den Ersten oder Siebenten Abschnitt des Besonderen Teils fallen; zu den in Satz 3 Nummer 2 bis 4 genannten Straftaten gehört auch eine Straftat nach § 129a Absatz 5 Satz 2, auch in Verbindung mit § 129b Absatz 1.

(2) [1] Das Gericht kann der verurteilten Person für die Dauer der Führungsaufsicht oder für eine kürzere Zeit weitere Weisungen erteilen, insbesondere solche, die sich auf Ausbildung, Arbeit, Freizeit, die Ordnung der wirtschaftlichen Verhältnisse oder die Erfüllung von Unterhaltspflichten beziehen. [2] Das Gericht kann die verurteilte Person insbesondere anweisen, sich psychiatrisch, psycho- oder sozialtherapeutisch betreuen und behandeln zu lassen (Therapieweisung). [3] Die Betreuung und Behandlung kann durch eine forensische Ambulanz erfolgen. [4] § 56c Abs. 3 gilt entsprechend, auch für die Weisung, sich Alkohol- oder Suchtmittelkontrollen zu unterziehen, die mit körperlichen Eingriffen verbunden sind.

(3) Bei den Weisungen dürfen an die Lebensführung der verurteilten Person keine unzumutbaren Anforderungen gestellt werden.

(Fortsetzung nächstes Blatt)

[1)] Nr. **90**.

Lfd. Nr.	Änderndes Gesetz	Datum	Fundstelle	Betroffen	Hinweis
48.	Art. 26 Abs. 6 G zur Umsetzung der RL (EU) 2016/680 im Strafverfahren sowie zur Anpassung datenschutzrechtl. Bestimmungen an die VO (EU) 2016/679	20.11.2019	BGBl. I S. 1724	§§ 49a, 49b, 49c	geänd. mWv 26.11.2019
49.	Art. 8 G zur Neuregelung des Rechts der notwendigen Verteidigung[1)]	10.12.2019	BGBl. I S. 2128	§ 60	geänd. mWv 13.12.2019
50.	Art. 5 G zur Stärkung der Verfahrensrechte von Beschuldigten im Jugendstrafverfahren[2)]	9.12.2019	BGBl. I S. 2146	§ 107	geänd. mWv 17.12.2019
51.	Art. 185 Elfte ZuständigkeitsanpassungsVO	19.6.2020	BGBl. I S. 1328	§ 131	geänd. mWv 27.6.2020
52.	Art. 3 60. G zur Änd. des Strafgesetzbuches – Modernisierung des Schriftenbegriffs und anderer Begriffe sowie Erweiterung der Strafbarkeit nach den §§ 86, 86a, 111 und 130 des Strafgesetzbuches bei Handlungen im Ausland	30.11.2020	BGBl. I S. 2600	§§ 12, 116, 119, 123	geänd. mWv 1.1.2021
53.	Art. 2 61. G zur Änd. des Strafgesetzbuches – Umsetzung der RL (EU) 2019/713 des Europäischen Parlaments und des Rates vom 17. April 2019 zur Bekämpfung von Betrug und Fälschung im Zusammenhang mit unbaren Zahlungsmitteln und zur Ersetzung des Rahmenbeschlusses 2001/413/JI des Rates[3)]	10.3.2021	BGBl. I S. 333	§ 127	geänd. mWv 18.3.2021
54.	Art. 9a G zur Anpassung der Regelungen über die Bestandsdatenauskunft an die Vorgaben aus der Entscheidung des BVerfG v. 27.5.2020	30.3.2021	BGBl. I S. 448	§ 46	geänd. mWv 2.4.2021
55.	Art. 23 G zur Fortentwicklung der StrafprozessO und zur Änd. weiterer Vorschriften	25.6.2021	BGBl. I S. 2099	§§ 33, 51	geänd. mWv 1.7.2021

[1)] **Amtl. Anm.:** Dieses Gesetz dient der Umsetzung der Richtlinie (EU) 2016/1919 des Europäischen Parlaments und des Rates vom 26. Oktober 2016 über Prozesskostenhilfe für Verdächtige und beschuldigte Personen in Strafverfahren sowie für gesuchte Personen in Verfahren zur Vollstreckung eines Europäischen Haftbefehls (ABl. L 297 vom 4.11.2016, S. 1; L 91 vom 5.4.2017, S. 40). […]

[2)] **Amtl. Anm.:** Dieses Gesetz dient der Umsetzung der Richtlinie (EU) 2016/800 des Europäischen Parlaments und des Rates vom 11. Mai 2016 über Verfahrensgarantien für Kinder, die Verdächtige oder beschuldigte Personen in Strafverfahren sind (ABl. L 132 vom 21.5.2016, S. 1).

[3)] **Amtl. Anm.:** (ABl. L 123 vom 10.5.2019, S. 18).

Lfd. Nr.	Änderndes Gesetz	Datum	Fundstelle	Betroffen	Hinweis
56.	Art. 31 G zum Ausbau des elektronischen Rechtsverkehrs mit den Gerichten und zur Änd. weiterer Vorschriften[1)]	5.10.2021	BGBl. I S. 4607	§ 110c	geänd. mWv 1.1.2022
57.	Art. 5 Zweites G zur Änd. schifffahrtsrechtlicher Vorschriften	14.3.2023	BGBl. 2023 I Nr. 73	§ 46	geänd. mWv 21.3.2023

[1)] **Amtl. Anm.:** Notifiziert gemäß der Richtlinie (EU) 2015/1535 des Europäischen Parlaments und des Rates vom 9. September 2015 über ein Informationsverfahren auf dem Gebiet der technischen Vorschriften und der Vorschriften für die Dienste der Informationsgesellschaft (ABl. L 241 vom 17.9.2015, S. 1).

(2) Ändert sich der Wohnsitz des Betroffenen nach Einleitung des Bußgeldverfahrens, so ist auch die Verwaltungsbehörde örtlich zuständig, in deren Bezirk der neue Wohnsitz liegt.

(3) Hat der Betroffene im räumlichen Geltungsbereich dieses Gesetzes keinen Wohnsitz, so wird die Zuständigkeit auch durch den gewöhnlichen Aufenthaltsort bestimmt.

(4) [1] Ist die Ordnungswidrigkeit auf einem Schiff, das berechtigt ist, die Bundesflagge zu führen, außerhalb des räumlichen Geltungsbereichs dieses Gesetzes begangen worden, so ist auch die Verwaltungsbehörde örtlich zuständig, in deren Bezirk der Heimathafen oder der Hafen im räumlichen Geltungsbereich dieses Gesetzes liegt, den das Schiff nach der Tat zuerst erreicht. [2] Satz 1 gilt entsprechend für Luftfahrzeuge, die berechtigt sind, das Staatszugehörigkeitszeichen der Bundesrepublik Deutschland zu führen.

§ 38 Zusammenhängende Ordnungswidrigkeiten. [1] Bei zusammenhängenden Ordnungswidrigkeiten, die einzeln nach § 37 zur Zuständigkeit verschiedener Verwaltungsbehörden gehören würden, ist jede dieser Verwaltungsbehörden zuständig. [2] Zwischen mehreren Ordnungswidrigkeiten besteht ein Zusammenhang, wenn jemand mehrerer Ordnungswidrigkeiten beschuldigt wird oder wenn hinsichtlich derselben Tat mehrere Personen einer Ordnungswidrigkeit beschuldigt werden.

§ 39 Mehrfache Zuständigkeit. (1) [1] Sind nach den §§ 36 bis 38 mehrere Verwaltungsbehörden zuständig, so gebührt der Vorzug der Verwaltungsbehörde, die wegen der Tat den Betroffenen zuerst vernommen hat, ihn durch die Polizei zuerst hat vernehmen lassen oder der die Akten von der Polizei nach der Vernehmung des Betroffenen zuerst übersandt worden sind. [2] Diese Verwaltungsbehörde kann in den Fällen des § 38 das Verfahren wegen der zusammenhängenden Tat wieder abtrennen.

(2) [1] In den Fällen des Absatzes 1 Satz 1 kann die Verfolgung und Ahndung jedoch einer anderen der zuständigen Verwaltungsbehörden durch eine Vereinbarung dieser Verwaltungsbehörden übertragen werden, wenn dies zur Beschleunigung oder Vereinfachung des Verfahrens oder aus anderen Gründen sachdienlich erscheint. [2] Sind mehrere Verwaltungsbehörden sachlich zuständig, so soll die Verwaltungsbehörde, der nach Absatz 1 Satz 1 der Vorzug gebührt, die anderen sachlich zuständigen Verwaltungsbehörden spätestens vor dem Abschluß der Ermittlungen hören.

(3) Kommt eine Vereinbarung nach Absatz 2 Satz 1 nicht zustande, so entscheidet auf Antrag einer der beteiligten Verwaltungsbehörden

1. die gemeinsame nächsthöhere Verwaltungsbehörde,
2. wenn eine gemeinsame höhere Verwaltungsbehörde fehlt, das nach § 68 zuständige gemeinsame Gericht und,
3. wenn nach § 68 verschiedene Gerichte zuständig wären, das für diese Gerichte gemeinsame obere Gericht.

(4) In den Fällen der Absätze 2 und 3 kann die Übertragung in gleicher Weise wieder aufgehoben werden.

§ 40[1] Verfolgung durch die Staatsanwaltschaft. Im Strafverfahren ist die Staatsanwaltschaft für die Verfolgung der Tat auch unter dem rechtlichen Gesichtspunkt einer Ordnungswidrigkeit zuständig, soweit ein Gesetz nichts anderes bestimmt.

§ 41 Abgabe an die Staatsanwaltschaft. (1) Die Verwaltungsbehörde gibt die Sache an die Staatsanwaltschaft ab, wenn Anhaltspunkte dafür vorhanden sind, daß die Tat eine Straftat ist.

(2) Sieht die Staatsanwaltschaft davon ab, ein Strafverfahren einzuleiten, so gibt sie die Sache an die Verwaltungsbehörde zurück.

§ 42 Übernahme durch die Staatsanwaltschaft. (1) [1] Die Staatsanwaltschaft kann bis zum Erlaß des Bußgeldbescheides die Verfolgung der Ordnungswidrigkeit übernehmen, wenn sie eine Straftat verfolgt, die mit der Ordnungswidrigkeit zusammenhängt. [2] Zwischen einer Straftat und einer Ordnungswidrigkeit besteht ein Zusammenhang, wenn jemand sowohl einer Straftat als auch einer Ordnungswidrigkeit oder wenn hinsichtlich derselben Tat eine Person einer Straftat und eine andere einer Ordnungswidrigkeit beschuldigt wird.

(2) Die Staatsanwaltschaft soll die Verfolgung nur übernehmen, wenn dies zur Beschleunigung des Verfahrens oder wegen des Sachzusammenhangs oder aus anderen Gründen für die Ermittlungen oder die Entscheidung sachdienlich erscheint.

§ 43 Abgabe an die Verwaltungsbehörde. (1) Stellt die Staatsanwaltschaft in den Fällen des § 40 das Verfahren nur wegen der Straftat ein oder übernimmt sie in den Fällen des § 42 die Verfolgung nicht, sind aber Anhaltspunkte dafür vorhanden, daß die Tat als Ordnungswidrigkeit verfolgt werden kann, so gibt sie die Sache an die Verwaltungsbehörde ab.

(2) Hat die Staatsanwaltschaft die Verfolgung übernommen, so kann sie die Sache an die Verwaltungsbehörde abgeben, solange das Verfahren noch nicht bei Gericht anhängig ist; sie hat die Sache abzugeben, wenn sie das Verfahren nur wegen der zusammenhängenden Straftat einstellt.

§ 44 Bindung der Verwaltungsbehörde. Die Verwaltungsbehörde ist an die Entschließung der Staatsanwaltschaft gebunden, ob eine Tat als Straftat verfolgt wird oder nicht.

§ 45 Zuständigkeit des Gerichts. Verfolgt die Staatsanwaltschaft die Ordnungswidrigkeit mit einer zusammenhängenden Straftat, so ist für die Ahndung der Ordnungswidrigkeit das Gericht zuständig, das für die Strafsache zuständig ist.

Zweiter Abschnitt. Allgemeine Verfahrensvorschriften

§ 46[2] Anwendung der Vorschriften über das Strafverfahren. (1) Für das Bußgeldverfahren gelten, soweit dieses Gesetz nichts anderes bestimmt, sinngemäß

---

[1] § 40 geänd. durch G v. 13.8.1997 (BGBl. I S. 2038).

[2] § 46 Abs. 3 Satz 4 geänd. durch G v. 28.10.1994 (BGBl. I S. 3186); Abs. 4 Sätze 2 und 3 angef. durch G v. 17.3.1997 (BGBl. I S. 534); Abs. 3 Satz 4 geänd. durch G v. 18.6.1997 (BGBl. I S. 1430); Abs. 8 angef. mWv 1.10.2002 durch G v. 26.7.2002 (BGBl. I S. 2864, ber. S. 3516); Abs. 5 Satz 2 angef. mWv 1.9.2004 durch G v. 24.8.2004 (BGBl. I S. 2198); Abs. 8 geänd. mWv 1.7.2014 durch G v. 10.10.2013 (BGBl. I S. 3786); Abs. 4 Satz 2 eingef., bish. Sätze 2 und 3 werden Sätze 3 und 4 mWv 24.8.2017 durch G v. 17.8.2017 (BGBl. I S. 3202); Abs. 4a eingef. mWv 2.4.2021 durch G v. 30.3.2021 (BGBl. I S. 448); Abs. 4 Satz 2 neu gef. mWv 21.3.2023 durch G v. 14.3.2023 (BGBl. 2023 I Nr. 73).

die Vorschriften der allgemeinen Gesetze über das Strafverfahren, namentlich der Strafprozeßordnung[1)], des Gerichtsverfassungsgesetzes[2)] und des Jugendgerichtsgesetzes[3)].

(2) Die Verfolgungsbehörde hat, soweit dieses Gesetz nichts anderes bestimmt, im Bußgeldverfahren dieselben Rechte und Pflichten wie die Staatsanwaltschaft bei der Verfolgung von Straftaten.

(3) [1] Anstaltsunterbringung, Verhaftung und vorläufige Festnahme, Beschlagnahme von Postsendungen und Telegrammen sowie Auskunftsersuchen über Umstände, die dem Post- und Fernmeldegeheimnis unterliegen, sind unzulässig. [2] § 160 Abs. 3 Satz 2 der Strafprozeßordnung über die Gerichtshilfe ist nicht anzuwenden. [3] Ein Klageerzwingungsverfahren findet nicht statt. [4] Die Vorschriften über die Beteiligung des Verletzten am Verfahren und über das länderübergreifende staatsanwaltliche Verfahrensregister sind nicht anzuwenden; dies gilt nicht für § 406e der Strafprozeßordnung.

(4) [1] § 81a Abs. 1 Satz 2 der Strafprozeßordnung ist mit der Einschränkung anzuwenden, daß nur die Entnahme von Blutproben und andere geringfügige Eingriffe zulässig sind. [2] Die Entnahme einer Blutprobe bedarf abweichend von § 81a Absatz 2 Satz 1 der Strafprozessordnung keiner richterlichen Anordnung, wenn bestimmte Tatsachen den Verdacht begründen, dass eine Ordnungswidrigkeit begangen worden ist

1. nach den §§ 24a und 24c des Straßenverkehrsgesetzes[4)] oder
2. nach § 7 Absatz 1 des Binnenschifffahrtsaufgabengesetzes in Verbindung mit einer Vorschrift einer auf Grund des § 3 Absatz 1 Satz 1 Nummer 1 des Binnenschifffahrtsaufgabengesetzes erlassenen Rechtsverordnung, sofern diese Vorschrift das Verhalten im Verkehr im Sinne des § 3 Absatz 1 Satz 1 Nummer 1 Buchstabe a Doppelbuchstabe aa des Binnenschifffahrtsaufgabengesetzes regelt.

[3] In einem Strafverfahren entnommene Blutproben und sonstige Körperzellen, deren Entnahme im Bußgeldverfahren nach Satz 1 zulässig gewesen wäre, dürfen verwendet werden. [4] Die Verwendung von Blutproben und sonstigen Körperzellen zur Durchführung einer Untersuchung im Sinne des § 81e der Strafprozeßordnung ist unzulässig.

(4a) § 100j Absatz 1 Satz 1 Nummer 2 der Strafprozessordnung, auch in Verbindung mit § 100j Absatz 2 der Strafprozessordnung, ist mit der Einschränkung anzuwenden, dass die Erhebung von Bestandsdaten nur zur Verfolgung von Ordnungswidrigkeiten zulässig ist, die gegenüber natürlichen Personen mit Geldbußen im Höchstmaß von mehr als fünfzehntausend Euro bedroht sind.

(5) [1] Die Anordnung der Vorführung des Betroffenen und der Zeugen, die einer Ladung nicht nachkommen, bleibt dem Richter vorbehalten. [2] Die Haft zur Erzwingung des Zeugnisses (§ 70 Abs. 2 der Strafprozessordnung) darf sechs Wochen nicht überschreiten.

(6) Im Verfahren gegen Jugendliche und Heranwachsende kann von der Heranziehung der Jugendgerichtshilfe (§ 38 des Jugendgerichtsgesetzes) abgesehen werden, wenn ihre Mitwirkung für die sachgemäße Durchführung des Verfahrens entbehrlich ist.

---

1) Nr. **90**.
2) Nr. **95**.
3) Nr. **89**.
4) Nr. **35**.

(7) Im gerichtlichen Verfahren entscheiden beim Amtsgericht Abteilungen für Bußgeldsachen, beim Landgericht Kammern für Bußgeldsachen und beim Oberlandesgericht sowie beim Bundesgerichtshof Senate für Bußgeldsachen.

(8) Die Vorschriften zur Durchführung des § 191a Absatz 1 Satz 1 bis 4 des Gerichtsverfassungsgesetzes im Bußgeldverfahren sind in der Rechtsverordnung nach § 191a Abs. 2 des Gerichtsverfassungsgesetzes zu bestimmen.

§ 47[1] **Verfolgung von Ordnungswidrigkeiten.** (1) [1]Die Verfolgung von Ordnungswidrigkeiten liegt im pflichtgemäßen Ermessen der Verfolgungsbehörde. [2]Solange das Verfahren bei ihr anhängig ist, kann sie es einstellen.

(2) [1]Ist das Verfahren bei Gericht anhängig und hält dieses eine Ahndung nicht für geboten, so kann es das Verfahren mit Zustimmung der Staatsanwaltschaft in jeder Lage einstellen. [2]Die Zustimmung ist nicht erforderlich, wenn durch den Bußgeldbescheid eine Geldbuße bis zu einhundert Euro verhängt worden ist und die Staatsanwaltschaft erklärt hat, sie nehme an der Hauptverhandlung nicht teil. [3]Der Beschluß ist nicht anfechtbar.

(3) Die Einstellung des Verfahrens darf nicht von der Zahlung eines Geldbetrages an eine gemeinnützige Einrichtung oder sonstige Stelle abhängig gemacht oder damit in Zusammenhang gebracht werden.

§ 48[2] *(aufgehoben)*

§ 49[3] **Akteneinsicht des Betroffenen und der Verwaltungsbehörde.**

(1) [1]Die Verwaltungsbehörde gewährt dem Betroffenen auf Antrag Einsicht in die Akten, soweit der Untersuchungszweck, auch in einem anderen Straf- oder Bußgeldverfahren, nicht gefährdet werden kann und nicht überwiegende schutzwürdige Interessen Dritter entgegenstehen. [2]Werden die Akten nicht elektronisch geführt, können an Stelle der Einsichtnahme in die Akten Kopien aus den Akten übermittelt werden.

(2) [1]Ist die Staatsanwaltschaft Verfolgungsbehörde, so ist die sonst zuständige Verwaltungsbehörde befugt, die Akten, die dem Gericht vorliegen oder im gerichtlichen Verfahren vorzulegen wären, einzusehen sowie sichergestellte und beschlagnahmte Gegenstände zu besichtigen. [2]Akten, die in Papierform geführt werden, werden der Verwaltungsbehörde auf Antrag zur Einsichtnahme übersandt.

§ 49a[4] **Verfahrensübergreifende Mitteilungen von Amts wegen.** (1) [1]Von Amts wegen dürfen Gerichte, Staatsanwaltschaften und Verwaltungsbehörden personenbezogene Daten aus Bußgeldverfahren den zuständigen Behörden und Gerichten übermitteln, soweit dies aus Sicht der übermittelnden Stelle erforderlich ist für

1. die Verfolgung von Straftaten oder von anderen Ordnungswidrigkeiten,

---

[1] § 47 Abs. 2 Satz 2 eingef., bish. Satz 2 wird Satz 3 durch G v. 26.1.1998 (BGBl. I S. 156); Abs. 2 Satz 2 geänd. mWv 1.1.2002 durch G v. 13.12.2001 (BGBl. I S. 3574).

[2] § 48 aufgeh. mWv 1.9.2004 durch G v. 24.8.2004 (BGBl. I S. 2198).

[3] § 49 Überschrift geänd., Abs. 1 eingef. durch G v. 18.6.1997 (BGBl. I S. 1430); Abs. 1 neu gef., Abs. 2 Satz 2 geänd. mWv 1.1.2018 durch G v. 5.7.2017 (BGBl. I S. 2208).

[4] § 49a eingef. durch G v. 18.6.1997 (BGBl. I S. 1430); Abs. 1 neu gef., Abs. 2–3 eingef., bish. Abs. 2 wird Abs. 4, neuer Abs. 4 Satz 1 einl. Satzteil und Nr. 1 geänd., Abs. 5 angef. mWv 1.10.2002 durch G v. 26.7.2002 (BGBl. I S. 2864, ber. S. 3516); Abs. 1 Satz 1 Nr. 3 und abschl. Satzteil geänd., Satz 2, Abs. 5 Satz 1 neu gef. mWv 26.11.2019 durch G v. 20.11.2019 (BGBl. I S. 1724).

2. Entscheidungen in anderen Bußgeldsachen einschließlich der Entscheidungen bei der Vollstreckung von Bußgeldentscheidungen oder in Gnadensachen oder
3. sonstige Entscheidungen oder Maßnahmen nach § 477 Absatz 2 der Strafprozessordnung;

Gleiches gilt für die Behörden des Polizeidienstes, soweit dies die entsprechende Anwendung von § 480 Absatz 1 der Strafprozessordnung gestattet. [2]Die §§ 478, 479 Absatz 1, 2, 5 Satz 1 und Absatz 6 sowie § 480 Absatz 1 und 2 der Strafprozessordnung gelten sinngemäß.

(2) Die Übermittlung ist auch zulässig, wenn besondere Umstände des Einzelfalls die Übermittlung für die in § 14 Abs. 1 Nr. 4 bis 9 des Einführungsgesetzes zum Gerichtsverfassungsgesetz genannten Zwecke in Verbindung mit Absatz 2 Satz 2 und 4 jener Vorschrift in sinngemäßer Anwendung erfordern.

(3) Eine Übermittlung nach den Absätzen 1 und 2 unterbleibt, soweit für die übermittelnde Stelle offensichtlich ist, dass schutzwürdige Interessen des Betroffenen an dem Ausschluss der Übermittlung überwiegen.

(4) [1]Für die Übermittlung durch Verwaltungsbehörden sind zusätzlich sinngemäß anzuwenden

1. die §§ 12, 13, 16, 17 Nr. 2 bis 5 und §§ 18 bis 21 des Einführungsgesetzes zum Gerichtsverfassungsgesetz und
2. § 22 des Einführungsgesetzes zum Gerichtsverfassungsgesetz mit der Maßgabe, daß an die Stelle des Verfahrens nach den §§ 23 bis 30 dieses Gesetzes das Verfahren nach § 62 Abs. 1 Satz 1, Abs. 2 und an die Stelle des in § 25 des Einführungsgesetzes zum Gerichtsverfassungsgesetz bezeichneten Gerichts das in § 68 bezeichnete Gericht tritt.

[2]Die für das Bußgeldverfahren zuständige Behörde darf darüber hinaus die dieses Verfahren abschließende Entscheidung derjenigen Verwaltungsbehörde übermitteln, die das Bußgeldverfahren veranlaßt oder sonst an dem Verfahren mitgewirkt hat, wenn dies aus der Sicht der übermittelnden Stelle zur Erfüllung einer in der Zuständigkeit des Empfängers liegenden Aufgabe, die im Zusammenhang mit dem Gegenstand des Verfahrens steht, erforderlich ist; ist mit der Entscheidung ein Rechtsmittel verworfen worden, so darf auch die angefochtene Enscheidung übermittelt werden. [3]Das Bundesministerium, das für bundesrechtliche Bußgeldvorschriften in seinem Geschäftsbereich zuständig ist, kann insoweit mit Zustimmung des Bundesrates allgemeine Verwaltungsvorschriften im Sinne des § 12 Abs. 5 des Einführungsgesetzes zum Gerichtsverfassungsgesetz erlassen.

(5) [1]§ 481 der Strafprozessordnung ist sinngemäß anzuwenden. [2]Eine Übermittlung entsprechend § 481 Abs. 1 Satz 2 der Strafprozessordnung unterbleibt unter der Voraussetzung des Absatzes 3. [3]Von § 482 der Strafprozessordnung ist nur Absatz 1 sinngemäß anzuwenden, wobei die Mitteilung des Aktenzeichens auch an eine andere Verwaltungsbehörde, die das Bußgeldverfahren veranlasst oder sonst an dem Verfahren mitgewirkt hat, erfolgt.

§ 49b[1)] Verfahrensübergreifende Mitteilungen auf Ersuchen; sonstige Verwendung von Daten für verfahrensübergreifende Zwecke. Für die Erteilung von Auskünften und Gewährung von Akteneinsicht auf Ersuchen sowie

---

[1)] § 49b eingef. mWv 1.10.2002 durch G v. 26.7.2002 (BGBl. I S. 2864, ber. S. 3516); Nr. 3 und 4 geänd., Nr. 5 angef. mWv 1.4.2005 durch G v. 22.3.2005 (BGBl. I S. 837); einl. Satzteil geänd. mWv 1.1. 2018 durch G v. 5.7.2017 (BGBl. I S. 2208); einl. Satzteil, Nr. 1–5 geänd. mWv 26.11.2019 durch G v. 20.11.2019 (BGBl. I S. 1724).

die sonstige Verwendung von Daten aus Bußgeldverfahren für verfahrensübergreifende Zwecke gelten die §§ 474 bis 476, 478 bis 481 und 498 Absatz 2 der Strafprozessordnung[1)] sinngemäß, wobei

1. in § 474 Absatz 2 Satz 1 Nummer 1 der Strafprozessordnung an die Stelle der Straftat die Ordnungswidrigkeit tritt,
2. in § 474 Absatz 2 Satz 1 Nummer 2 und 3 und § 481 der Strafprozessordnung an die Stelle besonderer Vorschriften über die Übermittlung oder Verwendung personenbezogener Informationen aus Strafverfahren solche über die Übermittlung oder Verwendung personenbezogener Daten aus Bußgeldverfahren treten,
3. in § 479 Absatz 1 der Strafprozessordnung an die Stelle der Zwecke des Strafverfahrens die Zwecke des Bußgeldverfahrens treten,
4. in § 479 Absatz 4 Nummer 2 der Strafprozessordnung an die Stelle der Frist von zwei Jahren eine Frist von einem Jahr tritt und
5. § 480 Absatz 3 Satz 1 der Strafprozessordnung mit der Maßgabe anzuwenden ist, dass für die Übermittlung durch Verwaltungsbehörden über den Antrag auf gerichtliche Entscheidung das in § 68 bezeichnete Gericht im Verfahren nach § 62 Abs. 1 Satz 1, Abs. 2 entscheidet.

§ 49c[2)] Dateiregelungen. (1) Für die Verarbeitung und Nutzung personenbezogener Daten in Dateien gelten vorbehaltlich des § 496 Absatz 3 der Strafprozessordnung[1)] und besonderer Regelungen in anderen Gesetzen die Vorschriften des Zweiten Abschnitts des Achten Buches der Strafprozessordnung nach Maßgabe der folgenden Vorschriften sinngemäß.

(2) [1] Die Speicherung, Veränderung und Nutzung darf vorbehaltlich des Absatzes 3 nur bei Gerichten, Staatsanwaltschaften und Verwaltungsbehörden einschließlich Vollstreckungsbehörden sowie den Behörden des Polizeidienstes erfolgen, soweit dies entsprechend den §§ 483, 484 Abs. 1 und § 485 der Strafprozessordnung zulässig ist; dabei treten an die Stelle der Zwecke des Strafverfahrens die Zwecke des Bußgeldverfahrens. [2] Personenbezogene Daten aus Bußgeldverfahren dürfen auch verwendet werden, soweit es für Zwecke eines Strafverfahrens, Gnadenverfahrens oder der internationalen Rechts- und Amtshilfe in Straf- und Bußgeldsachen erforderlich ist. [3] Die Speicherung personenbezogener Daten von Personen, die zur Tatzeit nicht strafmündig waren, für Zwecke künftiger Bußgeldverfahren ist unzulässig.

(3) Die Errichtung einer gemeinsamen automatisierten Datei entsprechend § 486 der Strafprozessordnung für die in Absatz 2 genannten Stellen, die den Geschäftsbereichen verschiedener Bundes- oder Landesministerien angehören, ist nur zulässig, wenn sie zur ordnungsgemäßen Aufgabenerfüllung erforderlich und unter Berücksichtigung der schutzwürdigen Interessen der Betroffenen angemessen ist.

(4) [1] § 487 Abs. 1 Satz 1 der Strafprozessordnung ist mit der Maßgabe anzuwenden, dass die nach den Absätzen 1 bis 3 gespeicherten Daten den zuständigen Stellen nur für die in Absatz 2 genannten Zwecke übermittelt werden dürfen; § 49a Abs. 3 gilt für Übermittlungen von Amts wegen entsprechend. [2] § 487 Abs. 2

[1)] **Nr. 90.**

[2)] § 49c eingef. mWv 1.10.2002 durch G v. 26.7.2002 (BGBl. I S. 2864, ber. S. 3516); Abs. 1 geänd. mWv 1.1.2018 durch G v. 5.7.2017 (BGBl. I S. 2208); Abs. 5 geänd. mWv 26.11.2019 durch G v. 20.11.2019 (BGBl. I S. 1724).

der Strafprozessordnung ist mit der Maßgabe anzuwenden, dass die Übermittlung erfolgen kann, soweit sie nach diesem Gesetz aus den Akten erfolgen könnte.

(5) Soweit personenbezogene Daten für Zwecke der künftigen Verfolgung von Ordnungswidrigkeiten gespeichert werden, darf die Frist im Sinne von § 489 Absatz 3 Satz 2 Nummer 1 der Strafprozessordnung bei einer Geldbuße von mehr als 250 Euro fünf Jahre, in allen übrigen Fällen des § 489 Absatz 3 Satz 2 Nummer 1 bis 3 der Strafprozessordnung zwei Jahre nicht übersteigen.

§ 49d[1)] Schutz personenbezogener Daten in einer elektronischen Akte. § 496 Absatz 1 und 2 sowie die §§ 497 und 498 Absatz 1 der Strafprozessordnung[2)] gelten entsprechend, wobei in § 496 Absatz 1 und § 498 Absatz 1 der Strafprozessordnung an die Stelle des jeweiligen Strafverfahrens das jeweilige Bußgeldverfahren tritt.

§ 50 Bekanntmachung von Maßnahmen der Verwaltungsbehörde. (1) [1] Anordnungen, Verfügungen und sonstige Maßnahmen der Verwaltungsbehörde werden der Person, an die sich die Maßnahme richtet, formlos bekanntgemacht. [2] Ist gegen die Maßnahme ein befristeter Rechtsbehelf zulässig, so wird sie in einem Bescheid durch Zustellung bekanntgemacht.

(2) Bei der Bekanntmachung eines Bescheides der Verwaltungsbehörde, der durch einen befristeten Rechtsbehelf angefochten werden kann, ist die Person, an die sich die Maßnahme richtet, über die Möglichkeit der Anfechtung und die dafür vorgeschriebene Frist und Form zu belehren.

§ 51[3)] Verfahren bei Zustellungen der Verwaltungsbehörde. (1) [1] Für das Zustellungsverfahren der Verwaltungsbehörde gelten die Vorschriften des Verwaltungszustellungsgesetzes[4)], wenn eine Verwaltungsbehörde des Bundes das Verfahren durchführt, sonst die entsprechenden landesrechtlichen Vorschriften, soweit die Absätze 2 bis 5 nichts anderes bestimmen. [2] Wird ein Dokument mit Hilfe automatischer Einrichtungen erstellt, so wird das so hergestellte Dokument zugestellt.

(2) Ein Bescheid (§ 50 Abs. 1 Satz 2) wird dem Betroffenen zugestellt und, wenn er einen gesetzlichen Vertreter hat, diesem mitgeteilt.

(3) [1] Der gewählte Verteidiger, dessen Bevollmächtigung nachgewiesen ist, sowie der bestellte Verteidiger gelten als ermächtigt, Zustellungen und sonstige Mitteilungen für den Betroffenen in Empfang zu nehmen; für die Zustellung einer Ladung des Betroffenen gilt dies nur, wenn der Verteidiger in der Vollmacht ausdrücklich zur Empfangnahme von Ladungen ermächtigt ist. [2] Zum Nachweis der Bevollmächtigung genügt die Übermittlung einer Kopie der Vollmacht durch den Verteidiger. [3] Die Nachreichung der Vollmacht im Original kann verlangt werden; hierfür kann eine Frist bestimmt werden. [4] Wird ein Bescheid dem Verteidiger nach Satz 1 Halbsatz 1 zugestellt, so wird der Betroffene hiervon zugleich unterrichtet; dabei erhält er formlos eine Abschrift des Bescheides. [5] Wird ein Bescheid dem Betroffenen zugestellt, so wird der Verteidiger hiervon zugleich

---

1) § 49d neu gef. mWv 1.1.2018 durch G v. 5.7.2017 (BGBl. I S. 2208).

2) Nr. **90**.

3) § 51 Abs. 1 Satz 1, Abs. 5 Sätze 1 und 2 geänd. mWv 1.2.2006, Abs. 5 Satz 3 aufgeh. mWv 1.8.2006 durch G v. 12.8.2005 (BGBl. I S. 2354); Abs. 1 Satz 2 geänd. mWv 1.1.2018 durch G v. 5.7.2017 (BGBl. I S. 2208); Abs. 3 Satz 1 geänd., Sätze 2 und 3 eingef., bish. Sätze 2 und 3 werden Sätze 4 und 5 mWv 1.7. 2021 durch G v. 25.6.2021 (BGBl. I S. 2099).

4) **Sartorius Nr. 110.**

unterrichtet, auch wenn eine Vollmacht bei den Akten nicht vorliegt; dabei erhält er formlos eine Abschrift des Bescheides.

(4) Wird die für den Beteiligten bestimmte Zustellung an mehrere Empfangsberechtigte bewirkt, so richtet sich die Berechnung einer Frist nach der zuletzt bewirkten Zustellung.

(5) [1] § 6 Abs. 1 des Verwaltungszustellungsgesetzes und die entsprechenden landesrechtlichen Vorschriften sind nicht anzuwenden. [2] Hat der Betroffene einen Verteidiger, so sind auch § 7 Abs. 1 Satz 1 und 2 und Abs. 2 des Verwaltungszustellungsgesetzes des und die entsprechenden landesrechtlichen Vorschriften nicht anzuwenden.

§ 52 Wiedereinsetzung in den vorigen Stand. (1) Für den befristeten Rechtsbehelf gegen den Bescheid der Verwaltungsbehörde gelten die §§ 44, 45, 46 Abs. 2 und 3 und § 47 der Strafprozeßordnung[1)] über die Wiedereinsetzung in den vorigen Stand entsprechend, soweit Absatz 2 nichts anderes bestimmt.

(2) [1] Über die Gewährung der Wiedereinsetzung in den vorigen Stand und den Aufschub der Vollstreckung entscheidet die Verwaltungsbehörde. [2] Ist das Gericht, das bei rechtzeitigem Rechtsbehelf zur Entscheidung in der Sache selbst zuständig gewesen wäre, mit dem Rechtsbehelf befaßt, so entscheidet es auch über die Gewährung der Wiedereinsetzung in den vorigen Stand und den Aufschub der Vollstreckung. [3] Verwirft die Verwaltungsbehörde den Antrag auf Wiedereinsetzung in den vorigen Stand, so ist gegen den Bescheid innerhalb von zwei Wochen nach Zustellung der Antrag auf gerichtliche Entscheidung nach § 62 zulässig.

Dritter Abschnitt. Vorverfahren

I. Allgemeine Vorschriften

§ 53[2)] Aufgaben der Polizei. (1) [1] Die Behörden und Beamten des Polizeidienstes haben nach pflichtgemäßem Ermessen Ordnungswidrigkeiten zu erforschen und dabei alle unaufschiebbaren Anordnungen zu treffen, um die Verdunkelung der Sache zu verhüten. [2] Sie haben bei der Erforschung von Ordnungswidrigkeiten, soweit dieses Gesetz nichts anderes bestimmt, dieselben Rechte und Pflichten wie bei der Verfolgung von Straftaten. [3] Ihre Akten übersenden sie unverzüglich der Verwaltungsbehörde, in den Fällen des Zusammenhangs (§ 42) der Staatsanwaltschaft.

(2) Die Beamten des Polizeidienstes, die zu Ermittlungspersonen der Staatsanwaltschaft bestellt sind (§ 152 des Gerichtsverfassungsgesetzes[3)]), können nach den für sie geltenden Vorschriften der Strafprozeßordnung[1)] Beschlagnahmen, Durchsuchungen, Untersuchungen und sonstige Maßnahmen anordnen.

§ 54 (weggefallen)

§ 55[4)] Anhörung des Betroffenen. (1) § 163a Abs. 1 der Strafprozeßordnung[1)] ist mit der Einschränkung anzuwenden, daß es genügt, wenn dem Betroffenen Gelegenheit gegeben wird, sich zu der Beschuldigung zu äußern.

[1)] Nr. **90**.
[2)] § 53 Abs. 2 geänd. mWv 1.9.2004 durch G v. 24.8.2004 (BGBl. I S. 2198).
[3)] Nr. **95**.
[4)] § 55 Abs. 2 Satz 2 geänd. mWv 5.9.2017 durch G v. 27.8.2017 (BGBl. I S. 3295).

(2) [1]Der Betroffene braucht nicht darauf hingewiesen zu werden, daß er auch schon vor seiner Vernehmung einen von ihm zu wählenden Verteidiger befragen kann. [2]§ 136 Absatz 1 Satz 3 bis 5 der Strafprozeßordnung ist nicht anzuwenden.

II. Verwarnungsverfahren

§ 56[1)] Verwarnung durch die Verwaltungsbehörde. (1) [1]Bei geringfügigen Ordnungswidrigkeiten kann die Verwaltungsbehörde den Betroffenen verwarnen und ein Verwarnungsgeld von fünf bis fünfundfünfzig Euro erheben. [2]Sie kann eine Verwarnung ohne Verwarnungsgeld erteilen.

(2) [1]Die Verwarnung nach Absatz 1 Satz 1 ist nur wirksam, wenn der Betroffene nach Belehrung über sein Weigerungsrecht mit ihr einverstanden ist und das Verwarnungsgeld entsprechend der Bestimmung der Verwaltungsbehörde entweder sofort zahlt oder innerhalb einer Frist, die eine Woche betragen soll, bei der hierfür bezeichneten Stelle oder bei der Post zur Überweisung an diese Stelle einzahlt. [2]Eine solche Frist soll bewilligt werden, wenn der Betroffene das Verwarnungsgeld nicht sofort zahlen kann oder wenn es höher ist als zehn Euro.

(3) [1]Über die Verwarnung nach Absatz 1 Satz 1, die Höhe des Verwarnungsgeldes und die Zahlung oder die etwa bestimmte Zahlungsfrist wird eine Bescheinigung erteilt. [2]Kosten (Gebühren und Auslagen) werden nicht erhoben.

(4) Ist die Verwarnung nach Absatz 1 Satz 1 wirksam, so kann die Tat nicht mehr unter den tatsächlichen und rechtlichen Gesichtspunkten verfolgt werden, unter denen die Verwarnung erteilt worden ist.

§ 57 Verwarnung durch Beamte des Außen- und Polizeidienstes.

(1) Personen, die ermächtigt sind, die Befugnis nach § 56 für die Verwaltungsbehörde im Außendienst wahrzunehmen, haben sich entsprechend auszuweisen.

(2) Die Befugnis nach § 56 steht auch den hierzu ermächtigten Beamten des Polizeidienstes zu, die eine Ordnungswidrigkeit entdecken oder im ersten Zugriff verfolgen und sich durch ihre Dienstkleidung oder in anderer Weise ausweisen.

§ 58[2)] Ermächtigung zur Erteilung der Verwarnung. (1) [1]Die Ermächtigung nach § 57 Abs. 2 erteilt die oberste Dienstbehörde des Beamten oder die von ihr bestimmte Stelle. [2]Die oberste Dienstbehörde soll sich wegen der Frage, bei welchen Ordnungswidrigkeiten Ermächtigungen erteilt werden sollen, mit der zuständigen Behörde ins Benehmen setzen. [3]Zuständig ist bei Ordnungswidrigkeiten, für deren Verfolgung und Ahndung eine Verwaltungsbehörde des Bundes zuständig ist, das fachlich zuständige Bundesministerium, sonst die fachlich zuständige oberste Landesbehörde.

(2) Soweit bei bestimmten Ordnungswidrigkeiten im Hinblick auf ihre Häufigkeit und Gleichartigkeit eine möglichst gleichmäßige Behandlung angezeigt ist, sollen allgemeine Ermächtigungen an Verwaltungsangehörige und Beamte des Polizeidienstes zur Erteilung einer Verwarnung nähere Bestimmungen darüber enthalten, in welchen Fällen und unter welchen Voraussetzungen die Verwarnung erteilt und in welcher Höhe das Verwarnungsgeld erhoben werden soll.

[1)] § 56 Abs. 1 Satz 1 geänd., Satz 2 neu gef. durch G v. 26.1.1998 (BGBl. I S. 156); Abs. 1 Satz 1, Abs. 2 Satz 2 geänd. mWv 1.1.2002 durch G v. 13.12.2001 (BGBl. I S. 3574); Abs. 1 Satz 1 geänd. mWv 1.5. 2014 durch G v. 28.8.2013 (BGBl. I S. 3313).

[2)] § 58 Abs. 1 Satz 3 geänd. durch G v. 26.1.1998 (BGBl. I S. 156).

III. Verfahren der Verwaltungsbehörde

§ 59[1] Vergütung von Sachverständigen, Dolmetschern und Übersetzern, Entschädigung von Zeugen und Dritten. Für die Vergütung von Sachverständigen, Dolmetschern und Übersetzern sowie die Entschädigung von Zeugen und Dritten (§ 23 des Justizvergütungs- und -entschädigungsgesetzes[2]) ist das Justizvergütungs- und -entschädigungsgesetz anzuwenden.

§ 60[3] Verteidigung. [1]Ist die Mitwirkung eines Verteidigers im Verfahren der Verwaltungsbehörde geboten (§ 140 Absatz 2 der Strafprozeßordnung[4]), so ist für dessen Bestellung die Verwaltungsbehörde zuständig. [2]Sie entscheidet auch über die Zulassung anderer Personen als Verteidiger und die Zurückweisung eines Verteidigers (§ 138 Abs. 2, § 146a Abs. 1 Satz 1, 2 der Strafprozeßordnung).

§ 61 Abschluß der Ermittlungen. Sobald die Verwaltungsbehörde die Ermittlungen abgeschlossen hat, vermerkt sie dies in den Akten, wenn sie die weitere Verfolgung der Ordnungswidrigkeit erwägt.

§ 62 Rechtsbehelf gegen Maßnahmen der Verwaltungsbehörde. (1) [1]Gegen Anordnungen, Verfügungen und sonstige Maßnahmen, die von der Verwaltungsbehörde im Bußgeldverfahren getroffen werden, können der Betroffene und andere Personen, gegen die sich die Maßnahme richtet, gerichtliche Entscheidung beantragen. [2]Dies gilt nicht für Maßnahmen, die nur zur Vorbereitung der Entscheidung, ob ein Bußgeldbescheid erlassen oder das Verfahren eingestellt wird, getroffen werden und keine selbständige Bedeutung haben.

(2) [1]Über den Antrag entscheidet das nach § 68 zuständige Gericht. [2]Die §§ 297 bis 300, 302, 306 bis 309 und 311a der Strafprozeßordnung[4] sowie die Vorschriften der Strafprozeßordnung über die Auferlegung der Kosten des Beschwerdeverfahrens gelten sinngemäß. [3]Die Entscheidung des Gerichts ist nicht anfechtbar, soweit das Gesetz nichts anderes bestimmt.

IV. Verfahren der Staatsanwaltschaft

§ 63[5] Beteiligung der Verwaltungsbehörde. (1) [1]Hat die Staatsanwaltschaft die Verfolgung der Ordnungswidrigkeit übernommen (§ 42), so haben die mit der Ermittlung von Ordnungswidrigkeiten betrauten Angehörigen der sonst zuständigen Verwaltungsbehörde dieselben Rechte und Pflichten wie die Beamten des Polizeidienstes im Bußgeldverfahren. [2]Die sonst zuständige Verwaltungsbehörde kann Beschlagnahmen, Notveräußerungen, Durchsuchungen und Un-

(Fortsetzung nächstes Blatt)

[1] § 59 neu gef. mWv 1.7.2004 durch G v. 5.5.2004 (BGBl. I S. 718).
[2] Nr. **116**.
[3] § 60 Satz 1 geänd. durch G v. 17.5.1988 (BGBl. I S. 606); Satz 1 geänd. mWv 13.12.2019 durch G v. 10.12.2019 (BGBl. I S. 2128).
[4] Nr. **90**.
[5] § 63 Abs. 1 Satz 2 geänd. mWv 1.9.2004 durch G v. 24.8.2004 (BGBl. I S. 2198).

Lfd. Nr.	Änderndes Gesetz	Datum	Fund-stelle	Betroffen	Hinweis
23.	Art. 3 G zur Neuordnung der Aufbewahrung von Notariatsunterlagen und zur Einrichtung des Elektron. Urkundenarchivs bei der Bundesnotarkammer sowie zur Änd. weiterer Gesetze	1.6.2017	BGBl. I S. 1396	§ 33	geänd. mWv 1.1.2018
24.	Art. 1 G zur Durchführung der VO (EU) 2015/848 über Insolvenzverfahren[1]	5.6.2017	BGBl. I S. 1476	§§ 3, 19a	geänd. mWv 26.6.2017
25.	Art. 6 Abs. 1 G zur Änd. von Vorschriften im Bereich des Internationalen Privat- und Zivilverfahrensrechts	11.6.2017	BGBl. I S. 1607	§§ 20, 36b	geänd. mWv 17.6.2017
26.	Art. 6 G zur Bekämpfung von Kinderehen	17.7.2017	BGBl. I S. 2429	§ 14	geänd. mWv 22.7.2017
27.	Art. 4 G zum Internationalen Güterrecht und zur Änd. von Vorschriften des Internationalen Privatrechts	17.12. 2018	BGBl. I S. 2573	§ 20	geänd. mWv 29.1.2019
28.	Art. 3 G zur Umsetzung der Entscheidung des Bundesverfassungsgerichts vom 26. März 2019 zum Ausschluss der Stiefkindadoption in nichtehel. Familien	19.3.2020	BGBl. I S. 541	§ 14	geänd. mWv 31.3.2020
29.	Art. 4 G zur Reform des Vormundschafts- und Betreuungsrechts	4.5.2021	BGBl. I S. 882	§§ 14, 15, 19, 33	geänd. mWv 1.1.2023
30.	Art. 4 G zum Schutz von Kindern mit Varianten der Geschlechtsentwicklung	12.5.2021	BGBl. I S. 1082	§ 14	geänd. mWv 22.5.2021
31.	Art. 6 G zur Fortentwicklung der StrafprozessO und zur Änd. weiterer Vorschr.	25.6.2021	BGBl. I S. 2099	§ 31	geänd. mWv 1.7.2021
32.	Art. 24 Abs. 4 G zur Modernisierung des notariellen Berufsrechts und zur Änd. weiterer Vorschriften	25.6.2021	BGBl. I S. 2154	§§ 20, 23, 36b	geänd. mWv 1.8.2021
33.	Art. 9 G zur Neuregelung des Berufsrechts der anwaltlichen und steuerberatenden Berufsausübungsgesellschaften sowie zur Änd. weiterer Vorschriften im Bereich der rechtsberatenden Berufe	7.7.2021	BGBl. I S. 2363	§§ 3, 20, 23, 25a, 26, 31, 36b § 39	geänd. mWv 1.8.2022 aufgeh. mit Ablauf des 31.7. 2022
34.	Art. 2 G zur Durchführung der VO (EU) 2019/1111 sowie zur Änd. sonstiger Vorschriften	10.8.2021	BGBl. I S. 3424	§ 14	geänd. mWv 1.8.2022

[1] **Amtl. Anm.:** Dieses Gesetz dient der Durchführung der Verordnung (EU) 2015/848 des Europäischen Parlaments und des Rates vom 20. Mai 2015 über Insolvenzverfahren (ABl. L 141 vom 5.6.2015, S. 19; L 349 vom 21.12.2016, S. 6), die zuletzt durch die Verordnung (EU) 2017/353 (ABl. L 57 vom 3.3. 2017, S. 19) geändert worden ist.

Lfd. Nr.	Änderndes Gesetz	Datum	Fundstelle	Betroffen	Hinweis
35.	Art. 30 PersonengesellschaftsrechtsmodernisierungsG (MoPeG)	10.8.2021	BGBl. I S. 3436	§§ 3, 17	geänd. mWv 1.1.2024
36.	Art. 11 Abs. 1 Zweites G zur Vereinfachung und Modernisierung des Patentrechts	10.8.2021	BGBl. I S. 3490	§ 23	geänd. mWv 1.5.2022
37.	Art. 7 Abs. 1 G zur Abschaffung des Güterrechtsregisters und zur Änd. des COVID-19-InsolvenzaussetzungsG	31.10. 2022	BGBl. I S. 1966	§ 3	geänd. mWv 1.1.2023
38.	Art. 3 G zur Durchführung des Haager Übereinkommens über die Anerkennung und Vollstreckung ausländischer Entscheidungen in Zivil- und Handelssachen sowie zur Änd. der ZPO, des BGB, des WohnungseigentumsG und des G zur Modernisierung des Strafverfahrens	7.11.2022	BGBl. I S. 1982	§ 20	geänd. mit noch nicht bestimmtem Inkrafttreten
39.	Art. 20 G zur Umsetzung der UmwandlungsRL und zur Änd. weiterer Gesetze	22.2.2023	BGBl. 2023 I Nr. 51	§ 19	geänd. mWv 1.3.2023

Vorbemerkung:

Die Änderungen durch G v. 10.8.2021 (BGBl. I S. 3436) treten erst mWv 1.1.2024 in Kraft und sind im Text noch nicht berücksichtigt.

Die Änderung durch G v. 7.11.2022 (BGBl. I S. 1982) tritt gem. Art. 9 Satz 2 dieses G erst an dem Tag in Kraft, an dem das Haager Übereinkommen vom 2. Juli 2019 über die Anerkennung und Vollstreckung ausländischer Entscheidungen in Zivil- und Handelssachen nach seinem Art. 28 für die Europäische Union mit Ausnahme des Königreiches Dänemark in Kraft tritt; sie ist im Text noch nicht berücksichtigt.

d) § 66 Absatz 2, 3 und 5 sowie § 74 Absatz 2 und 3 des Gesetzes betreffend die Gesellschaften mit beschränkter Haftung[1),2)]

geregelten Geschäfte.

§ 18[3)] **Insolvenzverfahren.** (1) In Verfahren nach der Insolvenzordnung[4)] bleiben dem Richter vorbehalten:

1. das Verfahren bis zur Entscheidung über den Eröffnungsantrag unter Einschluss dieser Entscheidung und der Ernennung des Insolvenzverwalters sowie des Verfahrens über einen Schuldenbereinigungsplan nach den §§ 305 bis 310 der Insolvenzordnung,
2. das Verfahren über einen Insolvenzplan nach den §§ 217 bis 256 und den §§ 258 bis 269 der Insolvenzordnung,
3. die Entscheidung über die Begründung des Gruppen-Gerichtsstands nach § 3a Absatz 1 der Insolvenzordnung, die Entscheidung über den Antrag auf Verweisung an das Gericht des Gruppen-Gerichtsstands nach § 3d Absatz 1 der Insolvenzordnung sowie das Koordinationsverfahren nach den §§ 269d bis 269i der Insolvenzordnung,
4. bei einem Antrag des Schuldners auf Erteilung der Restschuldbefreiung die Entscheidungen nach den §§ 287a, 290, 296 bis 297a und 300 der Insolvenzordnung, wenn ein Insolvenzgläubiger die Versagung der Restschuldbefreiung beantragt, sowie die Entscheidung über den Widerruf der Restschuldbefreiung nach § 303 der Insolvenzordnung,
5. Entscheidungen nach den §§ 344 bis 346 der Insolvenzordnung.

(2) [1] Der Richter kann sich das Insolvenzverfahren ganz oder teilweise vorbehalten, wenn er dies für geboten erachtet. [2] Hält er den Vorbehalt nicht mehr für erforderlich, kann er das Verfahren dem Rechtspfleger übertragen. [3] Auch nach der Übertragung kann er das Verfahren wieder an sich ziehen, wenn und solange er dies für erforderlich hält.

(3) Hat sich die Entscheidung des Rechtspflegers über die Gewährung des Stimmrechts nach § 77 der Insolvenzordnung auf das Ergebnis einer Abstimmung ausgewirkt, so kann der Richter auf Antrag eines Gläubigers oder des Insolvenzverwalters das Stimmrecht neu festsetzen und die Wiederholung der Abstimmung anordnen; der Antrag kann nur bis zum Schluss des Termins gestellt werden, in dem die Abstimmung stattfindet.

(4) [1] Ein Beamter auf Probe darf im ersten Jahr nach seiner Ernennung Geschäfte des Rechtspflegers in Insolvenzsachen nicht wahrnehmen. [2] Rechtspfleger in Insolvenzsachen sollen über belegbare Kenntnisse des Insolvenzrechts und Grundkenntnisse des Handels- und Gesellschaftsrechts und der für das Insolvenzverfahren notwendigen Teile des Arbeits-, Sozial- und Steuerrechts und des Rechnungswesens verfügen. [3] Einem Rechtspfleger, dessen Kenntnisse auf diesen Gebieten nicht belegt sind, dürfen die Aufgaben eines Rechtspflegers in Insolvenzsachen nur zugewiesen werden, wenn der Erwerb der Kenntnisse alsbald zu erwarten ist.

[1)] Nr. **52**.

[2)] Zeichensetzung amtlich.

[3)] § 18 Abs. 1 Nr. 3 geänd. mWv 1.7.2014 durch G v. 15.7.2013 (BGBl. I S. 2379); Abs. 1 einl. Satzteil ber. 2014 I S. 46; Abs. 1 Nr. 3 eingef., bish. Nr. 3 und 4 werden Nr. 4 und 5 mWv 21.4.2018 durch G v. 13.4.2017 (BGBl. I S. 866).

[4)] Nr. **110**.

§ 19[1)] Aufhebung von Richtervorbehalten. (1) [1]Die Landesregierungen werden ermächtigt, durch Rechtsverordnung die in den vorstehenden Vorschriften bestimmten Richtervorbehalte ganz oder teilweise aufzuheben, soweit sie folgende Angelegenheiten betreffen:

1. die Geschäfte nach § 14 Absatz 1 Nummer 9 sowie § 15 Absatz 1 Nummer 1 bis 6, soweit sie nicht die Entscheidung über die Anordnung einer Betreuung und die Festlegung des Aufgabenkreises des Betreuers aufgrund der §§ 1814, 1815 und 1820 Absatz 3 des Bürgerlichen Gesetzbuchs[2)] sowie die Verrichtungen aufgrund des § 1820 Absatz 4 und 5, der §§ 1825, 1829 und 1830 und 1871 des Bürgerlichen Gesetzbuchs und von § 278 Absatz 5 und § 283 des Gesetzes über das Verfahren in Familiensachen und in den Angelegenheiten der freiwilligen Gerichtsbarkeit[3)] betreffen;
2. die Geschäfte nach § 16 Absatz 1 Nummer 1, soweit sie den nach § 14 Absatz 1 Nummer 9 dieses Gesetzes ausgeschlossenen Geschäften in Kindschaftssachen entsprechen;
3. die Geschäfte nach § 16 Absatz 1 Nummer 2;
4. die Geschäfte nach § 16 Absatz 1 Nummer 5, soweit der Erblasser den Testamentsvollstrecker nicht selbst ernannt oder einen Dritten zu dessen Ernennung bestimmt hat;
5. die Geschäfte nach § 16 Absatz 1 Nummer 6 und 7 sowie Absatz 2;
6. die Geschäfte nach § 17 Nummer 1, soweit sie nicht die Prüfung und Entscheidung nach § 316 Absatz 3, gegebenenfalls in Verbindung mit § 329 Satz 1, und § 343 Absatz 3 des Umwandlungsgesetzes[4)] betreffen.

[2]Die Landesregierungen können die Ermächtigung auf die Landesjustizverwaltungen übertragen.

(2) In der Verordnung nach Absatz 1 ist vorzusehen, dass der Rechtspfleger das Verfahren dem Richter zur weiteren Bearbeitung vorzulegen hat, soweit bei den Geschäften nach Absatz 1 Satz 1 Nummer 2 bis 5 gegen den Erlass der beantragten Entscheidung Einwände erhoben werden.

(3) Soweit von der Ermächtigung nach Absatz 1 Nummer 1 hinsichtlich der Auswahl und Bestellung eines Betreuers Gebrauch gemacht wird, sind die Vorschriften des Gesetzes über das Verfahren in Familiensachen und in den Angelegenheiten der freiwilligen Gerichtsbarkeit über die Bestellung eines Betreuers auch für die Anordnung einer Betreuung und Festlegung des Aufgabenkreises des Betreuers nach den §§ 1814 und 1815 des Bürgerlichen Gesetzbuchs anzuwenden.

§ 19a[5)] Verfahren nach dem internationalen Insolvenzrecht. (1) In Verfahren nach der Verordnung (EG) Nr. 1346/2000 des Rates vom 29. Mai 2000 über Insolvenzverfahren (ABl. EG Nr. L 160 S. 1) und nach Artikel 102 des Einführungsgesetzes zur Insolvenzordnung[6)] bleiben dem Richter vorbehalten:

1. die Einstellung eines Insolvenzverfahrens zugunsten der Gerichte eines anderen Mitgliedstaats nach Artikel 102 § 4 des Einführungsgesetzes zur Insolvenzordnung,

[1)] § 19 Abs. 1 Satz 1 Nr. 5 neu gef. mWv 17.8.2015 durch G v. 29.6.2015 (BGBl. I S. 1042); Abs. 1 Satz 1 Nr. 1 neu gef., Nr. 2 und Abs. 3 geänd. mWv 1.1.2023 durch G v. 4.5.2021 (BGBl. I S. 882); Abs. 1 Satz 1 Nr. 6 geänd. mWv 1.3.2023 durch G v. 22.2.2023 (BGBl. 2023 I Nr. 51).

[2)] Nr. **20**.

[3)] Nr. **112**.

[4)] Nr. **52a**.

[5)] § 19a Abs. 3 angef. mWv 26.6.2017 durch G v. 5.6.2017 (BGBl. I S. 1476).

[6)] Nr. **110a**.

Lfd. Nr.	Änderndes Gesetz	Datum	Fundstelle	Betroffen	Hinweis
69.	Art. 13 G zur Neuregelung des Berufsrechts der anwaltlichen und steuerberatenden Berufsausübungsgesellschaften sowie zur Änd. weiterer Vorschriften im Bereich der rechtsberatenden Berufe	7.7.2021	BGBl. I S. 2363	§ 130a	geänd. mWv 1.8.2022
70.	Art. 3 G zur Durchführung der VO (EU) 2019/1111 sowie zur Änd. sonstiger Vorschriften	10.8.2021	BGBl. I S. 3424	§§ 1080, 1111	geänd. mWv 18.8.2021
71.	Art. 34 PersonengesellschaftsrechtsmodernisierungsG (MoPeG)	10.8.2021	BGBl. I S. 3436	Inhaltsübersicht, § 50	geänd. mWv 1.1.2024
				§§ 736, 859	neu gef. mWv 1.1.2024
				§ 735	aufgeh. mit Ablauf des 31.12. 2023
72.	Art. 1–3 G zum Ausbau des elektronischen Rechtsverkehrs mit den Gerichten und zur Änd. weiterer Vorschriften[1]	5.10.2021	BGBl. I S. 4607	Inhaltsübersicht, §§ 91, 130a, 168, 174, 183, 186, 193, 195, 278, 317, 699, 702, 724, 753, 829, 840	geänd. mWv 1.1.2022
				§§ 175, 176, 192	neu gef. mWv 1.1.2022
				§§ 173, 193a	eingef. mWv 1.1.2022
				Bish. § 174	aufgeh. mit Ablauf des 31.12. 2021
				§ 173	geänd. mWv 1.1.2023
				§ 173	geänd. mWv 1.1.2024
73.	Art. 1 G zur Durchführung der EU-Verordnungen über grenzüberschreitende Zustellungen und grenzüberschreitende Beweisaufnahmen in Zivil- oder Handelssachen sowie zur Änd. sonstiger Vorschriften	24.6.2022	BGBl. I S. 959	Inhaltsübersicht, §§ 183, 829, 845, Buch 11 Abschnitt 1 Überschrift, §§ 1067, 1069, 1071, Buch 11 Abschnitt 2 Überschrift, §§ 1072, 1073, 1074, 1075, 1089	geänd. mWv 1.7.2022
				§§ 363, 1068	neu gef. mWv 1.7.2022
				§ 1070	eingef. mWv 1.7.2022
74.	Art. 7 Abs. 2 G zur Abschaffung des Güterrechtsregisters und zur Änd. des COVID-19-InsolvenzaussetzungsG	31.10. 2022	BGBl. I S. 1966	§ 741	neu gef. mWv 1.1.2023

[1] **Amtl. Anm.:** Notifiziert gemäß der Richtlinie (EU) 2015/1535 des Europäischen Parlaments und des Rates vom 9. September 2015 über ein Informationsverfahren auf dem Gebiet der technischen Vorschriften und der Vorschriften für die Dienste der Informationsgesellschaft (ABl. L 241 vom 17.9.2015, S. 1).

Lfd. Nr.	Änderndes Gesetz	Datum	Fundstelle	Betroffen	Hinweis
75.	Art. 2 G zur Durchführung des Haager Übereinkommens über die Anerkennung und Vollstreckung ausländischer Entscheidungen in Zivil- und Handelssachen sowie zur Änd. der ZPO, des BGB, des WohnungseigentumsG und des G zur Modernisierung des Strafverfahrens	7.11.2022	BGBl. I S. 1982	§ 183	geänd. mWv 12.11.2022
				Inhaltsübersicht, § 722	geänd. mit noch nicht bestimmtem Inkrafttreten
76.	Art. 19 G zur Umsetzung der UmwandlungsRL und zur Änd. weiterer Gesetze	22.2.2023	BGBl. 2023 I Nr. 51	Inhaltsübersicht	geänd. mWv 1.3.2023
				§ 305b	eingef. mWv 1.3.2023

Vorbemerkung:

Die Änderungen durch G v. 10.8.2021 (BGBl. I S. 3436) treten erst mWv 1.1.2024 in Kraft und sind im Text noch nicht berücksichtigt.

Die Änderungen durch G v. 7.11.2022 (BGBl. I S. 1982) treten gem. Art. 9 Satz 2 dieses G teilweise erst an dem Tag in Kraft, an dem das Haager Übereinkommen vom 2. Juli 2019 über die Anerkennung und Vollstreckung ausländischer Entscheidungen in Zivil- und Handelssachen nach seinem Art. 28 für die Europäische Union mit Ausnahme des Königreiches Dänemark in Kraft tritt; sie sind insoweit im Text noch nicht berücksichtigt.

Titel 2. Urteil

§ 300 Endurteil. (1) Ist der Rechtsstreit zur Endentscheidung reif, so hat das Gericht sie durch Endurteil zu erlassen.

(2) Das Gleiche gilt, wenn von mehreren zum Zwecke gleichzeitiger Verhandlung und Entscheidung verbundenen Prozessen nur der eine zur Endentscheidung reif ist.

§ 301 Teilurteil. (1) [1] Ist von mehreren in einer Klage geltend gemachten Ansprüchen nur der eine oder ist nur ein Teil eines Anspruchs oder bei erhobener Widerklage nur die Klage oder die Widerklage zur Endentscheidung reif, so hat das Gericht sie durch Endurteil (Teilurteil) zu erlassen. [2] Über einen Teil eines einheitlichen Anspruchs, der nach Grund und Höhe streitig ist, kann durch Teilurteil nur entschieden werden, wenn zugleich ein Grundurteil über den restlichen Teil des Anspruchs ergeht.

(2) Der Erlass eines Teilurteils kann unterbleiben, wenn es das Gericht nach Lage der Sache nicht für angemessen erachtet.

§ 302 Vorbehaltsurteil. (1) Hat der Beklagte die Aufrechnung einer Gegenforderung geltend gemacht, so kann, wenn nur die Verhandlung über die Forderung zur Entscheidung reif ist, diese unter Vorbehalt der Entscheidung über die Aufrechnung ergehen.

(2) Enthält das Urteil keinen Vorbehalt, so kann die Ergänzung des Urteils nach Vorschrift des § 321 beantragt werden.

(3) Das Urteil, das unter Vorbehalt der Entscheidung über die Aufrechnung ergeht, ist in Betreff der Rechtsmittel und der Zwangsvollstreckung als Endurteil anzusehen.

(4) [1] In Betreff der Aufrechnung, über welche die Entscheidung vorbehalten ist, bleibt der Rechtsstreit anhängig. [2] Soweit sich in dem weiteren Verfahren ergibt, dass der Anspruch des Klägers unbegründet war, ist das frühere Urteil aufzuheben, der Kläger mit dem Anspruch abzuweisen und über die Kosten anderweit zu entscheiden. [3] Der Kläger ist zum Ersatz des Schadens verpflichtet, der dem Beklagten durch die Vollstreckung des Urteils oder durch eine zur Abwendung der Vollstreckung gemachte Leistung entstanden ist. [4] Der Beklagte kann den Anspruch auf Schadensersatz in dem anhängigen Rechtsstreit geltend machen; wird der Anspruch geltend gemacht, so ist er als zur Zeit der Zahlung oder Leistung rechtshängig geworden anzusehen.

§ 303 Zwischenurteil. Ist ein Zwischenstreit zur Entscheidung reif, so kann die Entscheidung durch Zwischenurteil ergehen.

§ 304 Zwischenurteil über den Grund. (1) Ist ein Anspruch nach Grund und Betrag streitig, so kann das Gericht über den Grund vorab entscheiden.

(2) Das Urteil ist in Betreff der Rechtsmittel als Endurteil anzusehen; das Gericht kann jedoch, wenn der Anspruch für begründet erklärt ist, auf Antrag anordnen, dass über den Betrag zu verhandeln sei.

§ 305[1)] Urteil unter Vorbehalt erbrechtlich beschränkter Haftung. (1) Durch die Geltendmachung der dem Erben nach den §§ 2014, 2015 des Bürgerlichen Gesetzbuchs zustehenden Einreden wird eine unter dem Vorbehalt der beschränkten Haftung ergehende Verurteilung des Erben nicht ausgeschlossen.

(2) Das Gleiche gilt für die Geltendmachung der Einreden, die im Falle der fortgesetzten Gütergemeinschaft dem überlebenden Ehegatten oder Lebenspartner

---

[1)] § 305 Abs. 2 geänd. mWv 26.11.2015 durch G v. 20.11.2015 (BGBl. I S. 2010).

nach dem § 1489 Abs. 2 und den §§ 2014, 2015 des Bürgerlichen Gesetzbuchs zustehen.

§ 305a[1] **Urteil unter Vorbehalt seerechtlich beschränkter Haftung.**

(1) [1] Unterliegt der in der Klage geltend gemachte Anspruch der Haftungsbeschränkung nach § 611 Absatz 1 oder 3, §§ 612 bis 616 des Handelsgesetzbuchs[2] und macht der Beklagte geltend, dass

1. aus demselben Ereignis weitere Ansprüche, für die er die Haftung beschränken kann, entstanden sind und
2. die Summe der Ansprüche die Haftungshöchstbeträge übersteigt, die für diese Ansprüche in Artikel 6 oder 7 des Haftungsbeschränkungsübereinkommens (§ 611 Absatz 1 Satz 1 des Handelsgesetzbuchs) oder in den §§ 612, 613 oder 615 des Handelsgesetzbuchs bestimmt sind,

so kann das Gericht das Recht auf Beschränkung der Haftung bei der Entscheidung unberücksichtigt lassen, wenn die Erledigung des Rechtsstreits wegen Ungewissheit über Grund oder Betrag der weiteren Ansprüche nach der freien Überzeugung des Gerichts nicht unwesentlich erschwert wäre. [2] Das Gleiche gilt, wenn der in der Klage geltend gemachte Anspruch der Haftungsbeschränkung nach den §§ 4 bis 5n des Binnenschifffahrtsgesetzes unterliegt und der Beklagte geltend macht, dass aus demselben Ereignis weitere Ansprüche entstanden sind, für die er die Haftung beschränken kann und die in ihrer Summe die für sie in den §§ 5e bis 5k des Binnenschifffahrtsgesetzes bestimmten Haftungshöchstbeträge übersteigen.

(2) Lässt das Gericht das Recht auf Beschränkung der Haftung unberücksichtigt, so ergeht das Urteil

1. im Falle des Absatzes 1 Satz 1 unter dem Vorbehalt, dass der Beklagte das Recht auf Beschränkung der Haftung geltend machen kann, wenn ein Fonds nach dem Haftungsbeschränkungsübereinkommen errichtet worden ist oder bei Geltendmachung des Rechts auf Beschränkung der Haftung errichtet wird,
2. im Falle des Absatzes 1 Satz 2 unter dem Vorbehalt, dass der Beklagte das Recht auf Beschränkung der Haftung geltend machen kann, wenn ein Fonds nach § 5d des Binnenschifffahrtsgesetzes errichtet worden ist oder bei Geltendmachung des Rechts auf Beschränkung der Haftung errichtet wird.

§ 305b[3] **Urteil unter Vorbehalt spaltungsrechtlicher Haftungsbeschränkung.** Durch die Geltendmachung der dem Rechtsträger nach § 133 Absatz 3 Satz 2 des Umwandlungsgesetzes[4] zustehenden Einrede wird eine unter dem Vorbehalt der beschränkten Haftung ergehende Verurteilung des Rechtsträgers nicht ausgeschlossen.

§ 306 Verzicht. Verzichtet der Kläger bei der mündlichen Verhandlung auf den geltend gemachten Anspruch, so ist er auf Grund des Verzichts mit dem Anspruch abzuweisen, wenn der Beklagte die Abweisung beantragt.

---

[1] § 305a Abs. 1 Satz 1 einl. Satzteil und Nr. 2 geänd. mWv 25.4.2013 durch G v. 20.4.2013 (BGBl. I S. 831); Abs. 1 Satz 2 geänd. mWv 1.7.2019 durch G v. 5.7.2016 (BGBl. I S. 1578) iVm Bek. v. 20.2.2019 (BGBl. I S. 196).

[2] Nr. **50**.

[3] § 305b eingef. mWv 1.3.2023 durch G v. 22.2.2023 (BGBl. 2023 I Nr. 51).

[4] Nr. **52a**.

§ 850a[1)] Unpfändbare Bezüge. Unpfändbar sind

1. zur Hälfte die für die Leistung von Mehrarbeitsstunden gezahlten Teile des Arbeitseinkommens;
2. die für die Dauer eines Urlaubs über das Arbeitseinkommen hinaus gewährten Bezüge, Zuwendungen aus Anlass eines besonderen Betriebsereignisses und Treugelder, soweit sie den Rahmen des Üblichen nicht übersteigen;
3. Aufwandsentschädigungen, Auslösungsgelder und sonstige soziale Zulagen für auswärtige Beschäftigungen, das Entgelt für selbstgestelltes Arbeitsmaterial, Gefahrenzulagen sowie Schmutz- und Erschwerniszulagen, soweit diese Bezüge den Rahmen des Üblichen nicht übersteigen;
4. Weihnachtsvergütungen bis zu der Hälfte des Betrages, dessen Höhe sich nach Aufrundung des monatlichen Freibetrages nach § 850c Absatz 1 in Verbindung mit Absatz 4 auf den nächsten vollen 10-Euro-Betrag ergibt;
5. Geburtsbeihilfen sowie Beihilfen aus Anlass der Eingehung einer Ehe oder Begründung einer Lebenspartnerschaft, sofern die Vollstreckung wegen anderer als der aus Anlass der Geburt, der Eingehung einer Ehe oder der Begründung einer Lebenspartnerschaft entstandenen Ansprüche betrieben wird;
6. Erziehungsgelder, Studienbeihilfen und ähnliche Bezüge;
7. Sterbe- und Gnadenbezüge aus Arbeits- oder Dienstverhältnissen;
8. Blindenzulagen.

§ 850b[2)] Bedingt pfändbare Bezüge. (1) Unpfändbar sind ferner

1. Renten, die wegen einer Verletzung des Körpers oder der Gesundheit zu entrichten sind;
2. Unterhaltsrenten, die auf gesetzlicher Vorschrift beruhen, sowie die wegen Entziehung einer solchen Forderung zu entrichtenden Renten;
3. fortlaufende Einkünfte, die ein Schuldner aus Stiftungen oder sonst auf Grund der Fürsorge und Freigebigkeit eines Dritten oder auf Grund eines Altenteils oder Auszugsvertrags bezieht;
4. Bezüge aus Witwen-, Waisen-, Hilfs- und Krankenkassen, die ausschließlich oder zu einem wesentlichen Teil zu Unterstützungszwecken gewährt werden, ferner Ansprüche aus Lebensversicherungen, die nur auf den Todesfall des Versicherungsnehmers abgeschlossen sind, wenn die Versicherungssumme 5400 Euro nicht übersteigt.

(2) Diese Bezüge können nach den für Arbeitseinkommen geltenden Vorschriften gepfändet werden, wenn die Vollstreckung in das sonstige bewegliche Vermögen des Schuldners zu einer vollständigen Befriedigung des Gläubigers nicht geführt hat oder voraussichtlich nicht führen wird und wenn nach den Umständen des Falles, insbesondere nach der Art des beizutreibenden Anspruchs und der Höhe der Bezüge, die Pfändung der Billigkeit entspricht.

(3) Das Vollstreckungsgericht soll vor seiner Entscheidung die Beteiligten hören.

[1)] § 850a Nr. 5 geänd. mWv 26.11.2015 durch G v. 20.11.2015 (BGBl. I S. 2010); Nr. 4 neu gef. mWv 1.1.2022 durch G v. 7.5.2021 (BGBl. I S. 850).

[2)] § 850b Abs. 1 Nr. 4 geänd. mWv 1.1.2022 durch G v. 7.5.2021 (BGBl. I S. 850).

§ 850c[1] **Pfändungsgrenzen für Arbeitseinkommen.** (1) Arbeitseinkommen ist unpfändbar, wenn es, je nach dem Zeitraum, für den es gezahlt wird, nicht mehr als

1. *1178,59 Euro* monatlich,
2. *271,24 Euro* wöchentlich oder
3. *54,25 Euro* täglich

beträgt.[2]

(2) [1] Gewährt der Schuldner auf Grund einer gesetzlichen Verpflichtung seinem Ehegatten, einem früheren Ehegatten, seinem Lebenspartner, einem früheren Lebenspartner, einem Verwandten oder nach den §§ 1615l und 1615n des Bürgerlichen Gesetzbuchs[3] einem Elternteil Unterhalt, so erhöht sich der Betrag nach Absatz 1 für die erste Person, der Unterhalt gewährt wird, und zwar um

1. *443,57 Euro* monatlich,
2. *102,08 Euro* wöchentlich oder
3. *20,42 Euro* täglich.

[2] Für die zweite bis fünfte Person, der Unterhalt gewährt wird, erhöht sich der Betrag nach Absatz 1 um je

1. *247,12 Euro* monatlich,
2. *56,87 Euro* wöchentlich oder
3. *11,37 Euro* täglich.[2]

(3) [1] Übersteigt das Arbeitseinkommen den Betrag nach Absatz 1, so ist es hinsichtlich des überschießenden Teils in Höhe von drei Zehnteln unpfändbar. [2] Gewährt der Schuldner nach Absatz 2 Unterhalt, so sind für die erste Person weitere zwei Zehntel und für die zweite bis fünfte Person jeweils ein weiteres Zehntel unpfändbar. [3] Der Teil des Arbeitseinkommens, der

1. *3613,08 Euro* monatlich,
2. *831,50 Euro* wöchentlich oder
3. *166,30 Euro* täglich[4]

übersteigt, bleibt bei der Berechnung des unpfändbaren Betrages unberücksichtigt.

(4) [1] Das Bundesministerium der Justiz und für Verbraucherschutz macht im Bundesgesetzblatt Folgendes bekannt (Pfändungsfreigrenzenbekanntmachung)[5]:

---

[1] § 850c Abs. 1–3 neu gef., Abs. 4 und 5 eingef., bish. Abs. 4 wird Abs. 6 und geänd. mWv 8.5.2021 durch G v. 22.11.2020 (BGBl. I S. 2466, geänd. durch G v. 7.5.2021, BGBl. I S. 850).

[2] Ab 1.7.2023 geltende Beträge gem. Abs. 4 Satz 1 iVm der Pfändungsfreigrenzenbek. 2023 v. 15.3. 2023 (BGBl. 2023 I Nr. 79, auszugsweise wiedergegeben als nichtamtlicher Anhang zur ZPO):

unpfändbar gem. Abs. 1:	Erhöhungsbetrag für die 1. Person gem. Abs. 2 Satz 1:	Erhöhungsbetrag für die 2.–5. Person gem. Abs. 2 Satz 2:	
1 402,28 Euro	527,76 Euro	294,02 Euro	monatlich
322,72 Euro	121,46 Euro	67,67 Euro	wöchentlich
64,54 Euro	24,29 Euro	13,54 Euro	täglich

[3] Nr. **20**.

[4] Ab 1.7.2023: **4298,81 Euro** monatlich, **989,31 Euro** wöchentlich, **197,87 Euro** täglich gem. Abs. 4 Satz 1 iVm der Pfändungsfreigrenzenbek. 2023 v. 15.3.2023 (BGBl. 2023 I Nr. 79, auszugsweise wiedergegeben als nichtamtlicher Anhang zur ZPO).

[5] Siehe die Pfändungsfreigrenzenbek. 2023 v. 15.3.2023 (BGBl. 2023 I Nr. 79), auszugsweise wiedergegeben als nichtamtlicher Anhang zur ZPO.

Anlage[1)]

(aufgehoben)

Nichtamtlicher Anhang[2)]

(zu § 850c)

[Pfändungsfreibeträge ab 1.7.2023]

Auszahlung für Monate

Euro	Pfändbarer Betrag bei Unterhaltspflicht für … Personen					
Nettolohn monatlich	0	1	2	3	4	5 und mehr
bis 1 409,99	–	–	–	–	–	–
1 410,00 bis 1 419,99	5,40	–	–	–	–	–
1 420,00 bis 1 429,99	12,40	–	–	–	–	–
1 430,00 bis 1 439,99	19,40	–	–	–	–	–
1 440,00 bis 1 449,99	26,40	–	–	–	–	–
1 450,00 bis 1 459,99	33,40	–	–	–	–	–
1 460,00 bis 1 469,99	40,40	–	–	–	–	–
1 470,00 bis 1 479,99	47,40	–	–	–	–	–
1 480,00 bis 1 489,99	54,40	–	–	–	–	–
1 490,00 bis 1 499,99	61,40	–	–	–	–	–
1 500,00 bis 1 509,99	68,40	–	–	–	–	–
1 510,00 bis 1 519,99	75,40	–	–	–	–	–
1 520,00 bis 1 529,99	82,40	–	–	–	–	–
1 530,00 bis 1 539,99	89,40	–	–	–	–	–
1 540,00 bis 1 549,99	96,40	–	–	–	–	–
1 550,00 bis 1 559,99	103,40	–	–	–	–	–
1 560,00 bis 1 569,99	110,40	–	–	–	–	–
1 570,00 bis 1 579,99	117,40	–	–	–	–	–
1 580,00 bis 1 589,99	124,40	–	–	–	–	–
1 590,00 bis 1 599,99	131,40	–	–	–	–	–
1 600,00 bis 1 609,99	138,40	–	–	–	–	–
1 610,00 bis 1 619,99	145,40	–	–	–	–	–
1 620,00 bis 1 629,99	152,40	–	–	–	–	–
1 630,00 bis 1 639,99	159,40	–	–	–	–	–
1 640,00 bis 1 649,99	166,40	–	–	–	–	–
1 650,00 bis 1 659,99	173,40	–	–	–	–	–
1 660,00 bis 1 669,99	180,40	–	–	–	–	–
1 670,00 bis 1 679,99	187,40	–	–	–	–	–
1 680,00 bis 1 689,99	194,40	–	–	–	–	–
1 690,00 bis 1 699,99	201,40	–	–	–	–	–
1 700,00 bis 1 709,99	208,40	–	–	–	–	–
1 710,00 bis 1 719,99	215,40	–	–	–	–	–
1 720,00 bis 1 729,99	222,40	–	–	–	–	–
1 730,00 bis 1 739,99	229,40	–	–	–	–	–
1 740,00 bis 1 749,99	236,40	–	–	–	–	–
1 750,00 bis 1 759,99	243,40	–	–	–	–	–
1 760,00 bis 1 769,99	250,40	–	–	–	–	–
1 770,00 bis 1 779,99	257,40	–	–	–	–	–
1 780,00 bis 1 789,99	264,40	–	–	–	–	–

[1)] Anl. aufgeh. mWv 1.12.2021 durch G v. 22.11.2020 (BGBl. I S. 2466).

[2)] Pfändungsfreibeträge in der **ab 1.7.2023** geltenden Fassung gem. dem Anhang der Pfändungsfreigrenzenbek. 2023 v. 15.3.2023 (BGBl. 2023 I Nr. 79).

Euro	Pfändbarer Betrag bei Unterhaltspflicht für … Personen					
Nettolohn monatlich	0	1	2	3	4	5 und mehr
1 790,00 bis 1 799,99	271,40	–	–	–	–	–
1 800,00 bis 1 809,99	278,40	–	–	–	–	–
1 810,00 bis 1 819,99	285,40	–	–	–	–	–
1 820,00 bis 1 829,99	292,40	–	–	–	–	–
1 830,00 bis 1 839,99	299,40	–	–	–	–	–
1 840,00 bis 1 849,99	306,40	–	–	–	–	–
1 850,00 bis 1 859,99	313,40	–	–	–	–	–
1 860,00 bis 1 869,99	320,40	–	–	–	–	–
1 870,00 bis 1 879,99	327,40	–	–	–	–	–
1 880,00 bis 1 889,99	334,40	–	–	–	–	–
1 890,00 bis 1 899,99	341,40	–	–	–	–	–
1 900,00 bis 1 909,99	348,40	–	–	–	–	–
1 910,00 bis 1 919,99	355,40	–	–	–	–	–
1 920,00 bis 1 929,99	362,40	–	–	–	–	–
1 930,00 bis 1 939,99	369,40	–	–	–	–	–
1 940,00 bis 1 949,99	376,40	4,98	–	–	–	–
1 950,00 bis 1 959,99	383,40	9,98	–	–	–	–
1 960,00 bis 1 969,99	390,40	14,98	–	–	–	–
1 970,00 bis 1 979,99	397,40	19,98	–	–	–	–
1 980,00 bis 1 989,99	404,40	24,98	–	–	–	–
1 990,00 bis 1 999,99	411,40	29,98	–	–	–	–
2 000,00 bis 2 009,99	418,40	34,98	–	–	–	–
2 010,00 bis 2 019,99	425,40	39,98	–	–	–	–
2 020,00 bis 2 029,99	432,40	44,98	–	–	–	–
2 030,00 bis 2 039,99	439,40	49,98	–	–	–	–
2 040,00 bis 2 049,99	446,40	54,98	–	–	–	–
2 050,00 bis 2 059,99	453,40	59,98	–	–	–	–
2 060,00 bis 2 069,99	460,40	64,98	–	–	–	–
2 070,00 bis 2 079,99	467,40	69,98	–	–	–	–
2 080,00 bis 2 089,99	474,40	74,98	–	–	–	–
2 090,00 bis 2 099,99	481,40	79,98	–	–	–	–
2 100,00 bis 2 109,99	488,40	84,98	–	–	–	–
2 110,00 bis 2 119,99	495,40	89,98	–	–	–	–
2 120,00 bis 2 129,99	502,40	94,98	–	–	–	–
2 130,00 bis 2 139,99	509,40	99,98	–	–	–	–
2 140,00 bis 2 149,99	516,40	104,98	–	–	–	–
2 150,00 bis 2 159,99	523,40	109,98	–	–	–	–
2 160,00 bis 2 169,99	530,40	114,98	–	–	–	–
2 170,00 bis 2 179,99	537,40	119,98	–	–	–	–
2 180,00 bis 2 189,99	544,40	124,98	–	–	–	–
2 190,00 bis 2 199,99	551,40	129,98	–	–	–	–
2 200,00 bis 2 209,99	558,40	134,98	–	–	–	–
2 210,00 bis 2 219,99	565,40	139,98	–	–	–	–
2 220,00 bis 2 229,99	572,40	144,98	–	–	–	–
2 230,00 bis 2 239,99	579,40	149,98	2,38	–	–	–
2 240,00 bis 2 249,99	586,40	154,98	6,38	–	–	–
2 250,00 bis 2 259,99	593,40	159,98	10,38	–	–	–
2 260,00 bis 2 269,99	600,40	164,98	14,38	–	–	–
2 270,00 bis 2 279,99	607,40	169,98	18,38	–	–	–
2 280,00 bis 2 289,99	614,40	174,98	22,38	–	–	–
2 290,00 bis 2 299,99	621,40	179,98	26,38	–	–	–
2 300,00 bis 2 309,99	628,40	184,98	30,38	–	–	–

Euro	Pfändbarer Betrag bei Unterhaltspflicht für … Personen					
Nettolohn monatlich	0	1	2	3	4	5 und mehr
2 310,00 bis 2 319,99	635,40	189,98	34,38	–	–	–
2 320,00 bis 2 329,99	642,40	194,98	38,38	–	–	–
2 330,00 bis 2 339,99	649,40	199,98	42,38	–	–	–
2 340,00 bis 2 349,99	656,40	204,98	46,38	–	–	–
2 350,00 bis 2 359,99	663,40	209,98	50,38	–	–	–
2 360,00 bis 2 369,99	670,40	214,98	54,38	–	–	–
2 370,00 bis 2 379,99	677,40	219,98	58,38	–	–	–
2 380,00 bis 2 389,99	684,40	224,98	62,38	–	–	–
2 390,00 bis 2 399,99	691,40	229,98	66,38	–	–	–
2 400,00 bis 2 409,99	698,40	234,98	70,38	–	–	–
2 410,00 bis 2 419,99	705,40	239,98	74,38	–	–	–
2 420,00 bis 2 429,99	712,40	244,98	78,38	–	–	–
2 430,00 bis 2 439,99	719,40	249,98	82,38	–	–	–
2 440,00 bis 2 449,99	726,40	254,98	86,38	–	–	–
2 450,00 bis 2 459,99	733,40	259,98	90,38	–	–	–
2 460,00 bis 2 469,99	740,40	264,98	94,38	–	–	–
2 470,00 bis 2 479,99	747,40	269,98	98,38	–	–	–
2 480,00 bis 2 489,99	754,40	274,98	102,38	–	–	–
2 490,00 bis 2 499,99	761,40	279,98	106,38	–	–	–
2 500,00 bis 2 509,99	768,40	284,98	110,38	–	–	–
2 510,00 bis 2 519,99	775,40	289,98	114,38	–	–	–
2 520,00 bis 2 529,99	782,40	294,98	118,38	0,58	–	–
2 530,00 bis 2 539,99	789,40	299,98	122,38	3,58	–	–
2 540,00 bis 2 549,99	796,40	304,98	126,38	6,58	–	–
2 550,00 bis 2 559,99	803,40	309,98	130,38	9,58	–	–
2 560,00 bis 2 569,99	810,40	314,98	134,38	12,58	–	–
2 570,00 bis 2 579,99	817,40	319,98	138,38	15,58	–	–
2 580,00 bis 2 589,99	824,40	324,98	142,38	18,58	–	–
2 590,00 bis 2 599,99	831,40	329,98	146,38	21,58	–	–
2 600,00 bis 2 609,99	838,40	334,98	150,38	24,58	–	–
2 610,00 bis 2 619,99	845,40	339,98	154,38	27,58	–	–
2 620,00 bis 2 629,99	852,40	344,98	158,38	30,58	–	–
2 630,00 bis 2 639,99	859,40	349,98	162,38	33,58	–	–
2 640,00 bis 2 649,99	866,40	354,98	166,38	36,58	–	–
2 650,00 bis 2 659,99	873,40	359,98	170,38	39,58	–	–
2 660,00 bis 2 669,99	880,40	364,98	174,38	42,58	–	–
2 670,00 bis 2 679,99	887,40	369,98	178,38	45,58	–	–
2 680,00 bis 2 689,99	894,40	374,98	182,38	48,58	–	–
2 690,00 bis 2 699,99	901,40	379,98	186,38	51,58	–	–
2 700,00 bis 2 709,99	908,40	384,98	190,38	54,58	–	–
2 710,00 bis 2 719,99	915,40	389,98	194,38	57,58	–	–
2 720,00 bis 2 729,99	922,40	394,98	198,38	60,58	–	–
2 730,00 bis 2 739,99	929,40	399,98	202,38	63,58	–	–
2 740,00 bis 2 749,99	936,40	404,98	206,38	66,58	–	–
2 750,00 bis 2 759,99	943,40	409,98	210,38	69,58	–	–
2 760,00 bis 2 769,99	950,40	414,98	214,38	72,58	–	–
2 770,00 bis 2 779,99	957,40	419,98	218,38	75,58	–	–
2 780,00 bis 2 789,99	964,40	424,98	222,38	78,58	–	–
2 790,00 bis 2 799,99	971,40	429,98	226,38	81,58	–	–
2 800,00 bis 2 809,99	978,40	434,98	230,38	84,58	–	–
2 810,00 bis 2 819,99	985,40	439,98	234,38	87,58	–	–
2 820,00 bis 2 829,99	992,40	444,98	238,38	90,58	1,58	–

Euro	Pfändbarer Betrag bei Unterhaltspflicht für … Personen					
Nettolohn monatlich	0	1	2	3	4	5 und mehr
2 830,00 bis 2 839,99	999,40	449,98	242,38	93,58	3,58	–
2 840,00 bis 2 849,99	1 006,40	454,98	246,38	96,58	5,58	–
2 850,00 bis 2 859,99	1 013,40	459,98	250,38	99,58	7,58	–
2 860,00 bis 2 869,99	1 020,40	464,98	254,38	102,58	9,58	–
2 870,00 bis 2 879,99	1 027,40	469,98	258,38	105,58	11,58	–
2 880,00 bis 2 889,99	1 034,40	474,98	262,38	108,58	13,58	–
2 890,00 bis 2 899,99	1 041,40	479,98	266,38	111,58	15,58	–
2 900,00 bis 2 909,99	1 048,40	484,98	270,38	114,58	17,58	–
2 910,00 bis 2 919,99	1 055,40	489,98	274,38	117,58	19,58	–
2 920,00 bis 2 929,99	1 062,40	494,98	278,38	120,58	21,58	–
2 930,00 bis 2 939,99	1 069,40	499,98	282,38	123,58	23,58	–
2 940,00 bis 2 949,99	1 076,40	504,98	286,38	126,58	25,58	–
2 950,00 bis 2 959,99	1 083,40	509,98	290,38	129,58	27,58	–
2 960,00 bis 2 969,99	1 090,40	514,98	294,38	132,58	29,58	–
2 970,00 bis 2 979,99	1 097,40	519,98	298,38	135,58	31,58	–
2 980,00 bis 2 989,99	1 104,40	524,98	302,38	138,58	33,58	–
2 990,00 bis 2 999,99	1 111,40	529,98	306,38	141,58	35,58	–
3 000,00 bis 3 009,99	1 118,40	534,98	310,38	144,58	37,58	–
3 010,00 bis 3 019,99	1 125,40	539,98	314,38	147,58	39,58	–
3 020,00 bis 3 029,99	1 132,40	544,98	318,38	150,58	41,58	–
3 030,00 bis 3 039,99	1 139,40	549,98	322,38	153,58	43,58	–
3 040,00 bis 3 049,99	1 146,40	554,98	326,38	156,58	45,58	–
3 050,00 bis 3 059,99	1 153,40	559,98	330,38	159,58	47,58	–
3 060,00 bis 3 069,99	1 160,40	564,98	334,38	162,58	49,58	–
3 070,00 bis 3 079,99	1 167,40	569,98	338,38	165,58	51,58	–
3 080,00 bis 3 089,99	1 174,40	574,98	342,38	168,58	53,58	–
3 090,00 bis 3 099,99	1 181,40	579,98	346,38	171,58	55,58	–
3 100,00 bis 3 109,99	1 188,40	584,98	350,38	174,58	57,58	–
3 110,00 bis 3 119,99	1 195,40	589,98	354,38	177,58	59,58	0,39
3 120,00 bis 3 129,99	1 202,40	594,98	358,38	180,58	61,58	1,39
3 130,00 bis 3 139,99	1 209,40	599,98	362,38	183,58	63,58	2,39
3 140,00 bis 3 149,99	1 216,40	604,98	366,38	186,58	65,58	3,39
3 150,00 bis 3 159,99	1 223,40	609,98	370,38	189,58	67,58	4,39
3 160,00 bis 3 169,99	1 230,40	614,98	374,38	192,58	69,58	5,39
3 170,00 bis 3 179,99	1 237,40	619,98	378,38	195,58	71,58	6,39
3 180,00 bis 3 189,99	1 244,40	624,98	382,38	198,58	73,58	7,39
3 190,00 bis 3 199,99	1 251,40	629,98	386,38	201,58	75,58	8,39
3 200,00 bis 3 209,99	1 258,40	634,98	390,38	204,58	77,58	9,39
3 210,00 bis 3 219,99	1 265,40	639,98	394,38	207,58	79,58	10,39
3 220,00 bis 3 229,99	1 272,40	644,98	398,38	210,58	81,58	11,39
3 230,00 bis 3 239,99	1 279,40	649,98	402,38	213,58	83,58	12,39
3 240,00 bis 3 249,99	1 286,40	654,98	406,38	216,58	85,58	13,39
3 250,00 bis 3 259,99	1 293,40	659,98	410,38	219,58	87,58	14,39
3 260,00 bis 3 269,99	1 300,40	664,98	414,38	222,58	89,58	15,39
3 270,00 bis 3 279,99	1 307,40	669,98	418,38	225,58	91,58	16,39
3 280,00 bis 3 289,99	1 314,40	674,98	422,38	228,58	93,58	17,39
3 290,00 bis 3 299,99	1 321,40	679,98	426,38	231,58	95,58	18,39
3 300,00 bis 3 309,99	1 328,40	684,98	430,38	234,58	97,58	19,39
3 310,00 bis 3 319,99	1 335,40	689,98	434,38	237,58	99,58	20,39
3 320,00 bis 3 329,99	1 342,40	694,98	438,38	240,58	101,58	21,39
3 330,00 bis 3 339,99	1 349,40	699,98	442,38	243,58	103,58	22,39
3 340,00 bis 3 349,99	1 356,40	704,98	446,38	246,58	105,58	23,39

Euro	Pfändbarer Betrag bei Unterhaltspflicht für … Personen					
Nettolohn monatlich	0	1	2	3	4	5 und mehr
3 350,00 bis 3 359,99	1 363,40	709,98	450,38	249,58	107,58	24,39
3 360,00 bis 3 369,99	1 370,40	714,98	454,38	252,58	109,58	25,39
3 370,00 bis 3 379,99	1 377,40	719,98	458,38	255,58	111,58	26,39
3 380,00 bis 3 389,99	1 384,40	724,98	462,38	258,58	113,58	27,39
3 390,00 bis 3 399,99	1 391,40	729,98	466,38	261,58	115,58	28,39
3 400,00 bis 3 409,99	1 398,40	734,98	470,38	264,58	117,58	29,39
3 410,00 bis 3 419,99	1 405,40	739,98	474,38	267,58	119,58	30,39
3 420,00 bis 3 429,99	1 412,40	744,98	478,38	270,58	121,58	31,39
3 430,00 bis 3 439,99	1 419,40	749,98	482,38	273,58	123,58	32,39
3 440,00 bis 3 449,99	1 426,40	754,98	486,38	276,58	125,58	33,39
3 450,00 bis 3 459,99	1 433,40	759,98	490,38	279,58	127,58	34,39
3 460,00 bis 3 469,99	1 440,40	764,98	494,38	282,58	129,58	35,39
3 470,00 bis 3 479,99	1 447,40	769,98	498,38	285,58	131,58	36,39
3 480,00 bis 3 489,99	1 454,40	774,98	502,38	288,58	133,58	37,39
3 490,00 bis 3 499,99	1 461,40	779,98	506,38	291,58	135,58	38,39
3 500,00 bis 3 509,99	1 468,40	784,98	510,38	294,58	137,58	39,39
3 510,00 bis 3 519,99	1 475,40	789,98	514,38	297,58	139,58	40,39
3 520,00 bis 3 529,99	1 482,40	794,98	518,38	300,58	141,58	41,39
3 530,00 bis 3 539,99	1 489,40	799,98	522,38	303,58	143,58	42,39
3 540,00 bis 3 549,99	1 496,40	804,98	526,38	306,58	145,58	43,39
3 550,00 bis 3 559,99	1 503,40	809,98	530,38	309,58	147,58	44,39
3 560,00 bis 3 569,99	1 510,40	814,98	534,38	312,58	149,58	45,39
3 570,00 bis 3 579,99	1 517,40	819,98	538,38	315,58	151,58	46,39
3 580,00 bis 3 589,99	1 524,40	824,98	542,38	318,58	153,58	47,39
3 590,00 bis 3 599,99	1 531,40	829,98	546,38	321,58	155,58	48,39
3 600,00 bis 3 609,99	1 538,40	834,98	550,38	324,58	157,58	49,39
3 610,00 bis 3 619,99	1 545,40	839,98	554,38	327,58	159,58	50,39
3 620,00 bis 3 629,99	1 552,40	844,98	558,38	330,58	161,58	51,39
3 630,00 bis 3 639,99	1 559,40	849,98	562,38	333,58	163,58	52,39
3 640,00 bis 3 649,99	1 566,40	854,98	566,38	336,58	165,58	53,39
3 650,00 bis 3 659,99	1 573,40	859,98	570,38	339,58	167,58	54,39
3 660,00 bis 3 669,99	1 580,40	864,98	574,38	342,58	169,58	55,39
3 670,00 bis 3 679,99	1 587,40	869,98	578,38	345,58	171,58	56,39
3 680,00 bis 3 689,99	1 594,40	874,98	582,38	348,58	173,58	57,39
3 690,00 bis 3 699,99	1 601,40	879,98	586,38	351,58	175,58	58,39
3 700,00 bis 3 709,99	1 608,40	884,98	590,38	354,58	177,58	59,39
3 710,00 bis 3 719,99	1 615,40	889,98	594,38	357,58	179,58	60,39
3 720,00 bis 3 729,99	1 622,40	894,98	598,38	360,58	181,58	61,39
3 730,00 bis 3 739,99	1 629,40	899,98	602,38	363,58	183,58	62,39
3 740,00 bis 3 749,99	1 636,40	904,98	606,38	366,58	185,58	63,39
3 750,00 bis 3 759,99	1 643,40	909,98	610,38	369,58	187,58	64,39
3 760,00 bis 3 769,99	1 650,40	914,98	614,38	372,58	189,58	65,39
3 770,00 bis 3 779,99	1 657,40	919,98	618,38	375,58	191,58	66,39
3 780,00 bis 3 789,99	1 664,40	924,98	622,38	378,58	193,58	67,39
3 790,00 bis 3 799,99	1 671,40	929,98	626,38	381,58	195,58	68,39
3 800,00 bis 3 809,99	1 678,40	934,98	630,38	384,58	197,58	69,39
3 810,00 bis 3 819,99	1 685,40	939,98	634,38	387,58	199,58	70,39
3 820,00 bis 3 829,99	1 692,40	944,98	638,38	390,58	201,58	71,39
3 830,00 bis 3 839,99	1 699,40	949,98	642,38	393,58	203,58	72,39
3 840,00 bis 3 849,99	1 706,40	954,98	646,38	396,58	205,58	73,39
3 850,00 bis 3 859,99	1 713,40	959,98	650,38	399,58	207,58	74,39
3 860,00 bis 3 869,99	1 720,40	964,98	654,38	402,58	209,58	75,39

Euro	Pfändbarer Betrag bei Unterhaltspflicht für … Personen					
Nettolohn monatlich	0	1	2	3	4	5 und mehr
3 870,00 bis 3 879,99	1 727,40	969,98	658,38	405,58	211,58	76,39
3 880,00 bis 3 889,99	1 734,40	974,98	662,38	408,58	213,58	77,39
3 890,00 bis 3 899,99	1 741,40	979,98	666,38	411,58	215,58	78,39
3 900,00 bis 3 909,99	1 748,40	984,98	670,38	414,58	217,58	79,39
3 910,00 bis 3 919,99	1 755,40	989,98	674,38	417,58	219,58	80,39
3 920,00 bis 3 929,99	1 762,40	994,98	678,38	420,58	221,58	81,39
3 930,00 bis 3 939,99	1 769,40	999,98	682,38	423,58	223,58	82,39
3 940,00 bis 3 949,99	1 776,40	1 004,98	686,38	426,58	225,58	83,39
3 950,00 bis 3 959,99	1 783,40	1 009,98	690,38	429,58	227,58	84,39
3 960,00 bis 3 969,99	1 790,40	1 014,98	694,38	432,58	229,58	85,39
3 970,00 bis 3 979,99	1 797,40	1 019,98	698,38	435,58	231,58	86,39
3 980,00 bis 3 989,99	1 804,40	1 024,98	702,38	438,58	233,58	87,39
3 990,00 bis 3 999,99	1 811,40	1 029,98	706,38	441,58	235,58	88,39
4 000,00 bis 4 009,99	1 818,40	1 034,98	710,38	444,58	237,58	89,39
4 010,00 bis 4 019,99	1 825,40	1 039,98	714,38	447,58	239,58	90,39
4 020,00 bis 4 029,99	1 832,40	1 044,98	718,38	450,58	241,58	91,39
4 030,00 bis 4 039,99	1 839,40	1 049,98	722,38	453,58	243,58	92,39
4 040,00 bis 4 049,99	1 846,40	1 054,98	726,38	456,58	245,58	93,39
4 050,00 bis 4 059,99	1 853,40	1 059,98	730,38	459,58	247,58	94,39
4 060,00 bis 4 069,99	1 860,40	1 064,98	734,38	462,58	249,58	95,39
4 070,00 bis 4 079,99	1 867,40	1 069,98	738,38	465,58	251,58	96,39
4 080,00 bis 4 089,99	1 874,40	1 074,98	742,38	468,58	253,58	97,39
4 090,00 bis 4 099,99	1 881,40	1 079,98	746,38	471,58	255,58	98,39
4 100,00 bis 4 109,99	1 888,40	1 084,98	750,38	474,58	257,58	99,39
4 110,00 bis 4 119,99	1 895,40	1 089,98	754,38	477,58	259,58	100,39
4 120,00 bis 4 129,99	1 902,40	1 094,98	758,38	480,58	261,58	101,39
4 130,00 bis 4 139,99	1 909,40	1 099,98	762,38	483,58	263,58	102,39
4 140,00 bis 4 149,99	1 916,40	1 104,98	766,38	486,58	265,58	103,39
4 150,00 bis 4 159,99	1 923,40	1 109,98	770,38	489,58	267,58	104,39
4 160,00 bis 4 169,99	1 930,40	1 114,98	774,38	492,58	269,58	105,39
4 170,00 bis 4 179,99	1 937,40	1 119,98	778,38	495,58	271,58	106,39
4 180,00 bis 4 189,99	1 944,40	1 124,98	782,38	498,58	273,58	107,39
4 190,00 bis 4 199,99	1 951,40	1 129,98	786,38	501,58	275,58	108,39
4 200,00 bis 4 209,99	1 958,40	1 134,98	790,38	504,58	277,58	109,39
4 210,00 bis 4 219,99	1 965,40	1 139,98	794,38	507,58	279,58	110,39
4 220,00 bis 4 229,99	1 972,40	1 144,98	798,38	510,58	281,58	111,39
4 230,00 bis 4 239,99	1 979,40	1 149,98	802,38	513,58	283,58	112,39
4 240,00 bis 4 249,99	1 986,40	1 154,98	806,38	516,58	285,58	113,39
4 250,00 bis 4 259,99	1 993,40	1 159,98	810,38	519,58	287,58	114,39
4 260,00 bis 4 269,99	2 000,40	1 164,98	814,38	522,58	289,58	115,39
4 270,00 bis 4 279,99	2 007,40	1 169,98	818,38	525,58	291,58	116,39
4 280,00 bis 4 289,99	2 014,40	1 174,98	822,38	528,58	293,58	117,39
4 290,00 bis 4 298,81	2 021,40	1 179,98	826,38	531,58	295,58	118,39
Der Mehrbetrag über 4 298,81 Euro ist voll pfändbar.						

Auszahlung für Wochen

Euro	Pfändbarer Betrag bei Unterhaltspflicht für … Personen					
Nettolohn wöchentlich	0	1	2	3	4	5 und mehr
bis 324,99	–	–	–	–	–	–
325,00 bis 327,49	1,60	–	–	–	–	–
327,50 bis 329,99	3,35	–	–	–	–	–
330,00 bis 332,49	5,10	–	–	–	–	–
332,50 bis 334,99	6,85	–	–	–	–	–
335,00 bis 337,49	8,60	–	–	–	–	–
337,50 bis 339,99	10,35	–	–	–	–	–
340,00 bis 342,49	12,10	–	–	–	–	–
342,50 bis 344,99	13,85	–	–	–	–	–
345,00 bis 347,49	15,60	–	–	–	–	–
347,50 bis 349,99	17,35	–	–	–	–	–
350,00 bis 352,49	19,10	–	–	–	–	–
352,50 bis 354,99	20,85	–	–	–	–	–
355,00 bis 357,49	22,60	–	–	–	–	–
357,50 bis 359,99	24,35	–	–	–	–	–
360,00 bis 362,49	26,10	–	–	–	–	–
362,50 bis 364,99	27,85	–	–	–	–	–
365,00 bis 367,49	29,60	–	–	–	–	–
367,50 bis 369,99	31,35	–	–	–	–	–
370,00 bis 372,49	33,10	–	–	–	–	–
372,50 bis 374,99	34,85	–	–	–	–	–
375,00 bis 377,49	36,60	–	–	–	–	–
377,50 bis 379,99	38,35	–	–	–	–	–
380,00 bis 382,49	40,10	–	–	–	–	–
382,50 bis 384,99	41,85	–	–	–	–	–
385,00 bis 387,49	43,60	–	–	–	–	–
387,50 bis 389,99	45,35	–	–	–	–	–
390,00 bis 392,49	47,10	–	–	–	–	–
392,50 bis 394,99	48,85	–	–	–	–	–
395,00 bis 397,49	50,60	–	–	–	–	–
397,50 bis 399,99	52,35	–	–	–	–	–
400,00 bis 402,49	54,10	–	–	–	–	–
402,50 bis 404,99	55,85	–	–	–	–	–
405,00 bis 407,49	57,60	–	–	–	–	–
407,50 bis 409,99	59,35	–	–	–	–	–
410,00 bis 412,49	61,10	–	–	–	–	–
412,50 bis 414,99	62,85	–	–	–	–	–
415,00 bis 417,49	64,60	–	–	–	–	–
417,50 bis 419,99	66,35	–	–	–	–	–
420,00 bis 422,49	68,10	–	–	–	–	–
422,50 bis 424,99	69,85	–	–	–	–	–
425,00 bis 427,49	71,60	–	–	–	–	–
427,50 bis 429,99	73,35	–	–	–	–	–
430,00 bis 432,49	75,10	–	–	–	–	–
432,50 bis 434,99	76,85	–	–	–	–	–
435,00 bis 437,49	78,60	–	–	–	–	–
437,50 bis 439,99	80,35	–	–	–	–	–
440,00 bis 442,49	82,10	–	–	–	–	–
442,50 bis 444,99	83,85	–	–	–	–	–
445,00 bis 447,49	85,60	0,41	–	–	–	–

Euro	Pfändbarer Betrag bei Unterhaltspflicht für … Personen					
Nettolohn wöchentlich	0	1	2	3	4	5 und mehr
447,50 bis 449,99	87,35	1,66	–	–	–	–
450,00 bis 452,49	89,10	2,91	–	–	–	–
452,50 bis 454,99	90,85	4,16	–	–	–	–
455,00 bis 457,49	92,60	5,41	–	–	–	–
457,50 bis 459,99	94,35	6,66	–	–	–	–
460,00 bis 462,49	96,10	7,91	–	–	–	–
462,50 bis 464,99	97,85	9,16	–	–	–	–
465,00 bis 467,49	99,60	10,41	–	–	–	–
467,50 bis 469,99	101,35	11,66	–	–	–	–
470,00 bis 472,49	103,10	12,91	–	–	–	–
472,50 bis 474,99	104,85	14,16	–	–	–	–
475,00 bis 477,49	106,60	15,41	–	–	–	–
477,50 bis 479,99	108,35	16,66	–	–	–	–
480,00 bis 482,49	110,10	17,91	–	–	–	–
482,50 bis 484,99	111,85	19,16	–	–	–	–
485,00 bis 487,49	113,60	20,41	–	–	–	–
487,50 bis 489,99	115,35	21,66	–	–	–	–
490,00 bis 492,49	117,10	22,91	–	–	–	–
492,50 bis 494,99	118,85	24,16	–	–	–	–
495,00 bis 497,49	120,60	25,41	–	–	–	–
497,50 bis 499,99	122,35	26,66	–	–	–	–
500,00 bis 502,49	124,10	27,91	–	–	–	–
502,50 bis 504,99	125,85	29,16	–	–	–	–
505,00 bis 507,49	127,60	30,41	–	–	–	–
507,50 bis 509,99	129,35	31,66	–	–	–	–
510,00 bis 512,49	131,10	32,91	–	–	–	–
512,50 bis 514,99	132,85	34,16	0,26	–	–	–
515,00 bis 517,49	134,60	35,41	1,26	–	–	–
517,50 bis 519,99	136,35	36,66	2,26	–	–	–
520,00 bis 522,49	138,10	37,91	3,26	–	–	–
522,50 bis 524,99	139,85	39,16	4,26	–	–	–
525,00 bis 527,49	141,60	40,41	5,26	–	–	–
527,50 bis 529,99	143,35	41,66	6,26	–	–	–
530,00 bis 532,49	145,10	42,91	7,26	–	–	–
532,50 bis 534,99	146,85	44,16	8,26	–	–	–
535,00 bis 537,49	148,60	45,41	9,26	–	–	–
537,50 bis 539,99	150,35	46,66	10,26	–	–	–
540,00 bis 542,49	152,10	47,91	11,26	–	–	–
542,50 bis 544,99	153,85	49,16	12,26	–	–	–
545,00 bis 547,49	155,60	50,41	13,26	–	–	–
547,50 bis 549,99	157,35	51,66	14,26	–	–	–
550,00 bis 552,49	159,10	52,91	15,26	–	–	–
552,50 bis 554,99	160,85	54,16	16,26	–	–	–
555,00 bis 557,49	162,60	55,41	17,26	–	–	–
557,50 bis 559,99	164,35	56,66	18,26	–	–	–
560,00 bis 562,49	166,10	57,91	19,26	–	–	–
562,50 bis 564,99	167,85	59,16	20,26	–	–	–
565,00 bis 567,49	169,60	60,41	21,26	–	–	–
567,50 bis 569,99	171,35	61,66	22,26	–	–	–
570,00 bis 572,49	173,10	62,91	23,26	–	–	–
572,50 bis 574,99	174,85	64,16	24,26	–	–	–

Euro	Pfändbarer Betrag bei Unterhaltspflicht für … Personen					
Nettolohn wöchentlich	0	1	2	3	4	5 und mehr
575,00 bis 577,49	176,60	65,41	25,26	–	–	–
577,50 bis 579,99	178,35	66,66	26,26	–	–	–
580,00 bis 582,49	180,10	67,91	27,26	0,14	–	–
582,50 bis 584,99	181,85	69,16	28,26	0,89	–	–
585,00 bis 587,49	183,60	70,41	29,26	1,64	–	–
587,50 bis 589,99	185,35	71,66	30,26	2,39	–	–
590,00 bis 592,49	187,10	72,91	31,26	3,14	–	–
592,50 bis 594,99	188,85	74,16	32,26	3,89	–	–
595,00 bis 597,49	190,60	75,41	33,26	4,64	–	–
597,50 bis 599,99	192,35	76,66	34,26	5,39	–	–
600,00 bis 602,49	194,10	77,91	35,26	6,14	–	–
602,50 bis 604,99	195,85	79,16	36,26	6,89	–	–
605,00 bis 607,49	197,60	80,41	37,26	7,64	–	–
607,50 bis 609,99	199,35	81,66	38,26	8,39	–	–
610,00 bis 612,49	201,10	82,91	39,26	9,14	–	–
612,50 bis 614,99	202,85	84,16	40,26	9,89	–	–
615,00 bis 617,49	204,60	85,41	41,26	10,64	–	–
617,50 bis 619,99	206,35	86,66	42,26	11,39	–	–
620,00 bis 622,49	208,10	87,91	43,26	12,14	–	–
622,50 bis 624,99	209,85	89,16	44,26	12,89	–	–
625,00 bis 627,49	211,60	90,41	45,26	13,64	–	–
627,50 bis 629,99	213,35	91,66	46,26	14,39	–	–
630,00 bis 632,49	215,10	92,91	47,26	15,14	–	–
632,50 bis 634,99	216,85	94,16	48,26	15,89	–	–
635,00 bis 637,49	218,60	95,41	49,26	16,64	–	–
637,50 bis 639,99	220,35	96,66	50,26	17,39	–	–
640,00 bis 642,49	222,10	97,91	51,26	18,14	–	–
642,50 bis 644,99	223,85	99,16	52,26	18,89	–	–
645,00 bis 647,49	225,60	100,41	53,26	19,64	–	–
647,50 bis 649,99	227,35	101,66	54,26	20,39	0,06	–
650,00 bis 652,49	229,10	102,91	55,26	21,14	0,56	–
652,50 bis 654,99	230,85	104,16	56,26	21,89	1,06	–
655,00 bis 657,49	232,60	105,41	57,26	22,64	1,56	–
657,50 bis 659,99	234,35	106,66	58,26	23,39	2,06	–
660,00 bis 662,49	236,10	107,91	59,26	24,14	2,56	–
662,50 bis 664,99	237,85	109,16	60,26	24,89	3,06	–
665,00 bis 667,49	239,60	110,41	61,26	25,64	3,56	–
667,50 bis 669,99	241,35	111,66	62,26	26,39	4,06	–
670,00 bis 672,49	243,10	112,91	63,26	27,14	4,56	–
672,50 bis 674,99	244,85	114,16	64,26	27,89	5,06	–
675,00 bis 677,49	246,60	115,41	65,26	28,64	5,56	–
677,50 bis 679,99	248,35	116,66	66,26	29,39	6,06	–
680,00 bis 682,49	250,10	117,91	67,26	30,14	6,56	–
682,50 bis 684,99	251,85	119,16	68,26	30,89	7,06	–
685,00 bis 687,49	253,60	120,41	69,26	31,64	7,56	–
687,50 bis 689,99	255,35	121,66	70,26	32,39	8,06	–
690,00 bis 692,49	257,10	122,91	71,26	33,14	8,56	–
692,50 bis 694,99	258,85	124,16	72,26	33,89	9,06	–
695,00 bis 697,49	260,60	125,41	73,26	34,64	9,56	–
697,50 bis 699,99	262,35	126,66	74,26	35,39	10,06	–
700,00 bis 702,49	264,10	127,91	75,26	36,14	10,56	–

Euro	Pfändbarer Betrag bei Unterhaltspflicht für … Personen					
Nettolohn wöchentlich	0	1	2	3	4	5 und mehr
702,50 bis 704,99	265,85	129,16	76,26	36,89	11,06	–
705,00 bis 707,49	267,60	130,41	77,26	37,64	11,56	–
707,50 bis 709,99	269,35	131,66	78,26	38,39	12,06	–
710,00 bis 712,49	271,10	132,91	79,26	39,14	12,56	–
712,50 bis 714,99	272,85	134,16	80,26	39,89	13,06	–
715,00 bis 717,49	274,60	135,41	81,26	40,64	13,56	0,01
717,50 bis 719,99	276,35	136,66	82,26	41,39	14,06	0,26
720,00 bis 722,49	278,10	137,91	83,26	42,14	14,56	0,51
722,50 bis 724,99	279,85	139,16	84,26	42,89	15,06	0,76
725,00 bis 727,49	281,60	140,41	85,26	43,64	15,56	1,01
727,50 bis 729,99	283,35	141,66	86,26	44,39	16,06	1,26
730,00 bis 732,49	285,10	142,91	87,26	45,14	16,56	1,51
732,50 bis 734,99	286,85	144,16	88,26	45,89	17,06	1,76
735,00 bis 737,49	288,60	145,41	89,26	46,64	17,56	2,01
737,50 bis 739,99	290,35	146,66	90,26	47,39	18,06	2,26
740,00 bis 742,49	292,10	147,91	91,26	48,14	18,56	2,51
742,50 bis 744,99	293,85	149,16	92,26	48,89	19,06	2,76
745,00 bis 747,49	295,60	150,41	93,26	49,64	19,56	3,01
747,50 bis 749,99	297,35	151,66	94,26	50,39	20,06	3,26
750,00 bis 752,49	299,10	152,91	95,26	51,14	20,56	3,51
752,50 bis 754,99	300,85	154,16	96,26	51,89	21,06	3,76
755,00 bis 757,49	302,60	155,41	97,26	52,64	21,56	4,01
757,50 bis 759,99	304,35	156,66	98,26	53,39	22,06	4,26
760,00 bis 762,49	306,10	157,91	99,26	54,14	22,56	4,51
762,50 bis 764,99	307,85	159,16	100,26	54,89	23,06	4,76
765,00 bis 767,49	309,60	160,41	101,26	55,64	23,56	5,01
767,50 bis 769,99	311,35	161,66	102,26	56,39	24,06	5,26
770,00 bis 772,49	313,10	162,91	103,26	57,14	24,56	5,51
772,50 bis 774,99	314,85	164,16	104,26	57,89	25,06	5,76
775,00 bis 777,49	316,60	165,41	105,26	58,64	25,56	6,01
777,50 bis 779,99	318,35	166,66	106,26	59,39	26,06	6,26
780,00 bis 782,49	320,10	167,91	107,26	60,14	26,56	6,51
782,50 bis 784,99	321,85	169,16	108,26	60,89	27,06	6,76
785,00 bis 787,49	323,60	170,41	109,26	61,64	27,56	7,01
787,50 bis 789,99	325,35	171,66	110,26	62,39	28,06	7,26
790,00 bis 792,49	327,10	172,91	111,26	63,14	28,56	7,51
792,50 bis 794,99	328,85	174,16	112,26	63,89	29,06	7,76
795,00 bis 797,49	330,60	175,41	113,26	64,64	29,56	8,01
797,50 bis 799,99	332,35	176,66	114,26	65,39	30,06	8,26
800,00 bis 802,49	334,10	177,91	115,26	66,14	30,56	8,51
802,50 bis 804,99	335,85	179,16	116,26	66,89	31,06	8,76
805,00 bis 807,49	337,60	180,41	117,26	67,64	31,56	9,01
807,50 bis 809,99	339,35	181,66	118,26	68,39	32,06	9,26
810,00 bis 812,49	341,10	182,91	119,26	69,14	32,56	9,51
812,50 bis 814,99	342,85	184,16	120,26	69,89	33,06	9,76
815,00 bis 817,49	344,60	185,41	121,26	70,64	33,56	10,01
817,50 bis 819,99	346,35	186,66	122,26	71,39	34,06	10,26
820,00 bis 822,49	348,10	187,91	123,26	72,14	34,56	10,51
822,50 bis 824,99	349,85	189,16	124,26	72,89	35,06	10,76
825,00 bis 827,49	351,60	190,41	125,26	73,64	35,56	11,01
827,50 bis 829,99	353,35	191,66	126,26	74,39	36,06	11,26

Euro	Pfändbarer Betrag bei Unterhaltspflicht für … Personen					
Nettolohn wöchentlich	0	1	2	3	4	5 und mehr
830,00 bis 832,49	355,10	192,91	127,26	75,14	36,56	11,51
832,50 bis 834,99	356,85	194,16	128,26	75,89	37,06	11,76
835,00 bis 837,49	358,60	195,41	129,26	76,64	37,56	12,01
837,50 bis 839,99	360,35	196,66	130,26	77,39	38,06	12,26
840,00 bis 842,49	362,10	197,91	131,26	78,14	38,56	12,51
842,50 bis 844,99	363,85	199,16	132,26	78,89	39,06	12,76
845,00 bis 847,49	365,60	200,41	133,26	79,64	39,56	13,01
847,50 bis 849,99	367,35	201,66	134,26	80,39	40,06	13,26
850,00 bis 852,49	369,10	202,91	135,26	81,14	40,56	13,51
852,50 bis 854,99	370,85	204,16	136,26	81,89	41,06	13,76
855,00 bis 857,49	372,60	205,41	137,26	82,64	41,56	14,01
857,50 bis 859,99	374,35	206,66	138,26	83,39	42,06	14,26
860,00 bis 862,49	376,10	207,91	139,26	84,14	42,56	14,51
862,50 bis 864,99	377,85	209,16	140,26	84,89	43,06	14,76
865,00 bis 867,49	379,60	210,41	141,26	85,64	43,56	15,01
867,50 bis 869,99	381,35	211,66	142,26	86,39	44,06	15,26
870,00 bis 872,49	383,10	212,91	143,26	87,14	44,56	15,51
872,50 bis 874,99	384,85	214,16	144,26	87,89	45,06	15,76
875,00 bis 877,49	386,60	215,41	145,26	88,64	45,56	16,01
877,50 bis 879,99	388,35	216,66	146,26	89,39	46,06	16,26
880,00 bis 882,49	390,10	217,91	147,26	90,14	46,56	16,51
882,50 bis 884,99	391,85	219,16	148,26	90,89	47,06	16,76
885,00 bis 887,49	393,60	220,41	149,26	91,64	47,56	17,01
887,50 bis 889,99	395,35	221,66	150,26	92,39	48,06	17,26
890,00 bis 892,49	397,10	222,91	151,26	93,14	48,56	17,51
892,50 bis 894,99	398,85	224,16	152,26	93,89	49,06	17,76
895,00 bis 897,49	400,60	225,41	153,26	94,64	49,56	18,01
897,50 bis 899,99	402,35	226,66	154,26	95,39	50,06	18,26
900,00 bis 902,49	404,10	227,91	155,26	96,14	50,56	18,51
902,50 bis 904,99	405,85	229,16	156,26	96,89	51,06	18,76
905,00 bis 907,49	407,60	230,41	157,26	97,64	51,56	19,01
907,50 bis 909,99	409,35	231,66	158,26	98,39	52,06	19,26
910,00 bis 912,49	411,10	232,91	159,26	99,14	52,56	19,51
912,50 bis 914,99	412,85	234,16	160,26	99,89	53,06	19,76
915,00 bis 917,49	414,60	235,41	161,26	100,64	53,56	20,01
917,50 bis 919,99	416,35	236,66	162,26	101,39	54,06	20,26
920,00 bis 922,49	418,10	237,91	163,26	102,14	54,56	20,51
922,50 bis 924,99	419,85	239,16	164,26	102,89	55,06	20,76
925,00 bis 927,49	421,60	240,41	165,26	103,64	55,56	21,01
927,50 bis 929,99	423,35	241,66	166,26	104,39	56,06	21,26
930,00 bis 932,49	425,10	242,91	167,26	105,14	56,56	21,51
932,50 bis 934,99	426,85	244,16	168,26	105,89	57,06	21,76
935,00 bis 937,49	428,60	245,41	169,26	106,64	57,56	22,01
937,50 bis 939,99	430,35	246,66	170,26	107,39	58,06	22,26
940,00 bis 942,49	432,10	247,91	171,26	108,14	58,56	22,51
942,50 bis 944,99	433,85	249,16	172,26	108,89	59,06	22,76
945,00 bis 947,49	435,60	250,41	173,26	109,64	59,56	23,01
947,50 bis 949,99	437,35	251,66	174,26	110,39	60,06	23,26
950,00 bis 952,49	439,10	252,91	175,26	111,14	60,56	23,51
952,50 bis 954,99	440,85	254,16	176,26	111,89	61,06	23,76
955,00 bis 957,49	442,60	255,41	177,26	112,64	61,56	24,01

Euro	Pfändbarer Betrag bei Unterhaltspflicht für … Personen					
Nettolohn wöchentlich	0	1	2	3	4	5 und mehr
957,50 bis 959,99	444,35	256,66	178,26	113,39	62,06	24,26
960,00 bis 962,49	446,10	257,91	179,26	114,14	62,56	24,51
962,50 bis 964,99	447,85	259,16	180,26	114,89	63,06	24,76
965,00 bis 967,49	449,60	260,41	181,26	115,64	63,56	25,01
967,50 bis 969,99	451,35	261,66	182,26	116,39	64,06	25,26
970,00 bis 972,49	453,10	262,91	183,26	117,14	64,56	25,51
972,50 bis 974,99	454,85	264,16	184,26	117,89	65,06	25,76
975,00 bis 977,49	456,60	265,41	185,26	118,64	65,56	26,01
977,50 bis 979,99	458,35	266,66	186,26	119,39	66,06	26,26
980,00 bis 982,49	460,10	267,91	187,26	120,14	66,56	26,51
982,50 bis 984,99	461,85	269,16	188,26	120,89	67,06	26,76
985,00 bis 987,49	463,60	270,41	189,26	121,64	67,56	27,01
987,50 bis 989,31	465,35	271,66	190,26	122,39	68,06	27,26
Der Mehrbetrag über 989,31 Euro ist voll pfändbar.						

Auszahlung für Tage

Euro	Pfändbarer Betrag bei Unterhaltspflicht für … Personen					
Nettolohn täglich	0	1	2	3	4	5 und mehr
bis 64,99	–	–	–	–	–	–
65,00 bis 65,49	0,32	–	–	–	–	–
65,50 bis 65,99	0,67	–	–	–	–	–
66,00 bis 66,49	1,02	–	–	–	–	–
66,50 bis 66,99	1,37	–	–	–	–	–
67,00 bis 67,49	1,72	–	–	–	–	–
67,50 bis 67,99	2,07	–	–	–	–	–
68,00 bis 68,49	2,42	–	–	–	–	–
68,50 bis 68,99	2,77	–	–	–	–	–
69,00 bis 69,49	3,12	–	–	–	–	–
69,50 bis 69,99	3,47	–	–	–	–	–
70,00 bis 70,49	3,82	–	–	–	–	–
70,50 bis 70,99	4,17	–	–	–	–	–
71,00 bis 71,49	4,52	–	–	–	–	–
71,50 bis 71,99	4,87	–	–	–	–	–
72,00 bis 72,49	5,22	–	–	–	–	–
72,50 bis 72,99	5,57	–	–	–	–	–
73,00 bis 73,49	5,92	–	–	–	–	–
73,50 bis 73,99	6,27	–	–	–	–	–
74,00 bis 74,49	6,62	–	–	–	–	–
74,50 bis 74,99	6,97	–	–	–	–	–
75,00 bis 75,49	7,32	–	–	–	–	–
75,50 bis 75,99	7,67	–	–	–	–	–
76,00 bis 76,49	8,02	–	–	–	–	–
76,50 bis 76,99	8,37	–	–	–	–	–
77,00 bis 77,49	8,72	–	–	–	–	–
77,50 bis 77,99	9,07	–	–	–	–	–
78,00 bis 78,49	9,42	–	–	–	–	–
78,50 bis 78,99	9,77	–	–	–	–	–
79,00 bis 79,49	10,12	–	–	–	–	–
79,50 bis 79,99	10,47	–	–	–	–	–
80,00 bis 80,49	10,82	–	–	–	–	–

Euro	Pfändbarer Betrag bei Unterhaltspflicht für … Personen					
Nettolohn täglich	0	1	2	3	4	5 und mehr
80,50 bis 80,99	11,17	–	–	–	–	–
81,00 bis 81,49	11,52	–	–	–	–	–
81,50 bis 81,99	11,87	–	–	–	–	–
82,00 bis 82,49	12,22	–	–	–	–	–
82,50 bis 82,99	12,57	–	–	–	–	–
83,00 bis 83,49	12,92	–	–	–	–	–
83,50 bis 83,99	13,27	–	–	–	–	–
84,00 bis 84,49	13,62	–	–	–	–	–
84,50 bis 84,99	13,97	–	–	–	–	–
85,00 bis 85,49	14,32	–	–	–	–	–
85,50 bis 85,99	14,67	–	–	–	–	–
86,00 bis 86,49	15,02	–	–	–	–	–
86,50 bis 86,99	15,37	–	–	–	–	–
87,00 bis 87,49	15,72	–	–	–	–	–
87,50 bis 87,99	16,07	–	–	–	–	–
88,00 bis 88,49	16,42	–	–	–	–	–
88,50 bis 88,99	16,77	–	–	–	–	–
89,00 bis 89,49	17,12	0,09	–	–	–	–
89,50 bis 89,99	17,47	0,34	–	–	–	–
90,00 bis 90,49	17,82	0,59	–	–	–	–
90,50 bis 90,99	18,17	0,84	–	–	–	–
91,00 bis 91,49	18,52	1,09	–	–	–	–
91,50 bis 91,99	18,87	1,34	–	–	–	–
92,00 bis 92,49	19,22	1,59	–	–	–	–
92,50 bis 92,99	19,57	1,84	–	–	–	–
93,00 bis 93,49	19,92	2,09	–	–	–	–
93,50 bis 93,99	20,27	2,34	–	–	–	–
94,00 bis 94,49	20,62	2,59	–	–	–	–
94,50 bis 94,99	20,97	2,84	–	–	–	–
95,00 bis 95,49	21,32	3,09	–	–	–	–
95,50 bis 95,99	21,67	3,34	–	–	–	–
96,00 bis 96,49	22,02	3,59	–	–	–	–
96,50 bis 96,99	22,37	3,84	–	–	–	–
97,00 bis 97,49	22,72	4,09	–	–	–	–
97,50 bis 97,99	23,07	4,34	–	–	–	–
98,00 bis 98,49	23,42	4,59	–	–	–	–
98,50 bis 98,99	23,77	4,84	–	–	–	–
99,00 bis 99,49	24,12	5,09	–	–	–	–
99,50 bis 99,99	24,47	5,34	–	–	–	–
100,00 bis 100,49	24,82	5,59	–	–	–	–
100,50 bis 100,99	25,17	5,84	–	–	–	–
101,00 bis 101,49	25,52	6,09	–	–	–	–
101,50 bis 101,99	25,87	6,34	–	–	–	–
102,00 bis 102,49	26,22	6,59	–	–	–	–
102,50 bis 102,99	26,57	6,84	0,05	–	–	–
103,00 bis 103,49	26,92	7,09	0,25	–	–	–
103,50 bis 103,99	27,27	7,34	0,45	–	–	–
104,00 bis 104,49	27,62	7,59	0,65	–	–	–
104,50 bis 104,99	27,97	7,84	0,85	–	–	–
105,00 bis 105,49	28,32	8,09	1,05	–	–	–
105,50 bis 105,99	28,67	8,34	1,25	–	–	–
106,00 bis 106,49	29,02	8,59	1,45	–	–	–

Euro	Pfändbarer Betrag bei Unterhaltspflicht für … Personen					
Nettolohn täglich	0	1	2	3	4	5 und mehr
106,50 bis 106,99	29,37	8,84	1,65	–	–	–
107,00 bis 107,49	29,72	9,09	1,85	–	–	–
107,50 bis 107,99	30,07	9,34	2,05	–	–	–
108,00 bis 108,49	30,42	9,59	2,25	–	–	–
108,50 bis 108,99	30,77	9,84	2,45	–	–	–
109,00 bis 109,49	31,12	10,09	2,65	–	–	–
109,50 bis 109,99	31,47	10,34	2,85	–	–	–
110,00 bis 110,49	31,82	10,59	3,05	–	–	–
110,50 bis 110,99	32,17	10,84	3,25	–	–	–
111,00 bis 111,49	32,52	11,09	3,45	–	–	–
111,50 bis 111,99	32,87	11,34	3,65	–	–	–
112,00 bis 112,49	33,22	11,59	3,85	–	–	–
112,50 bis 112,99	33,57	11,84	4,05	–	–	–
113,00 bis 113,49	33,92	12,09	4,25	–	–	–
113,50 bis 113,99	34,27	12,34	4,45	–	–	–
114,00 bis 114,49	34,62	12,59	4,65	–	–	–
114,50 bis 114,99	34,97	12,84	4,85	–	–	–
115,00 bis 115,49	35,32	13,09	5,05	–	–	–
115,50 bis 115,99	35,67	13,34	5,25	–	–	–
116,00 bis 116,49	36,02	13,59	5,45	0,03	–	–
116,50 bis 116,99	36,37	13,84	5,65	0,18	–	–
117,00 bis 117,49	36,72	14,09	5,85	0,33	–	–
117,50 bis 117,99	37,07	14,34	6,05	0,48	–	–
118,00 bis 118,49	37,42	14,59	6,25	0,63	–	–
118,50 bis 118,99	37,77	14,84	6,45	0,78	–	–
119,00 bis 119,49	38,12	15,09	6,65	0,93	–	–
119,50 bis 119,99	38,47	15,34	6,85	1,08	–	–
120,00 bis 120,49	38,82	15,59	7,05	1,23	–	–
120,50 bis 120,99	39,17	15,84	7,25	1,38	–	–
121,00 bis 121,49	39,52	16,09	7,45	1,53	–	–
121,50 bis 121,99	39,87	16,34	7,65	1,68	–	–
122,00 bis 122,49	40,22	16,59	7,85	1,83	–	–
122,50 bis 122,99	40,57	16,84	8,05	1,98	–	–
123,00 bis 123,49	40,92	17,09	8,25	2,13	–	–
123,50 bis 123,99	41,27	17,34	8,45	2,28	–	–
124,00 bis 124,49	41,62	17,59	8,65	2,43	–	–
124,50 bis 124,99	41,97	17,84	8,85	2,58	–	–
125,00 bis 125,49	42,32	18,09	9,05	2,73	–	–
125,50 bis 125,99	42,67	18,34	9,25	2,88	–	–
126,00 bis 126,49	43,02	18,59	9,45	3,03	–	–
126,50 bis 126,99	43,37	18,84	9,65	3,18	–	–
127,00 bis 127,49	43,72	19,09	9,85	3,33	–	–
127,50 bis 127,99	44,07	19,34	10,05	3,48	–	–
128,00 bis 128,49	44,42	19,59	10,25	3,63	–	–
128,50 bis 128,99	44,77	19,84	10,45	3,78	–	–
129,00 bis 129,49	45,12	20,09	10,65	3,93	–	–
129,50 bis 129,99	45,47	20,34	10,85	4,08	0,01	–
130,00 bis 130,49	45,82	20,59	11,05	4,23	0,11	–
130,50 bis 130,99	46,17	20,84	11,25	4,38	0,21	–
131,00 bis 131,49	46,52	21,09	11,45	4,53	0,31	–
131,50 bis 131,99	46,87	21,34	11,65	4,68	0,41	–
132,00 bis 132,49	47,22	21,59	11,85	4,83	0,51	–

Euro	Pfändbarer Betrag bei Unterhaltspflicht für … Personen					
Nettolohn täglich	0	1	2	3	4	5 und mehr
132,50 bis 132,99	47,57	21,84	12,05	4,98	0,61	–
133,00 bis 133,49	47,92	22,09	12,25	5,13	0,71	–
133,50 bis 133,99	48,27	22,34	12,45	5,28	0,81	–
134,00 bis 134,49	48,62	22,59	12,65	5,43	0,91	–
134,50 bis 134,99	48,97	22,84	12,85	5,58	1,01	–
135,00 bis 135,49	49,32	23,09	13,05	5,73	1,11	–
135,50 bis 135,99	49,67	23,34	13,25	5,88	1,21	–
136,00 bis 136,49	50,02	23,59	13,45	6,03	1,31	–
136,50 bis 136,99	50,37	23,84	13,65	6,18	1,41	–
137,00 bis 137,49	50,72	24,09	13,85	6,33	1,51	–
137,50 bis 137,99	51,07	24,34	14,05	6,48	1,61	–
138,00 bis 138,49	51,42	24,59	14,25	6,63	1,71	–
138,50 bis 138,99	51,77	24,84	14,45	6,78	1,81	–
139,00 bis 139,49	52,12	25,09	14,65	6,93	1,91	–
139,50 bis 139,99	52,47	25,34	14,85	7,08	2,01	–
140,00 bis 140,49	52,82	25,59	15,05	7,23	2,11	–
140,50 bis 140,99	53,17	25,84	15,25	7,38	2,21	–
141,00 bis 141,49	53,52	26,09	15,45	7,53	2,31	–
141,50 bis 141,99	53,87	26,34	15,65	7,68	2,41	–
142,00 bis 142,49	54,22	26,59	15,85	7,83	2,51	–
142,50 bis 142,99	54,57	26,84	16,05	7,98	2,61	–
143,00 bis 143,49	54,92	27,09	16,25	8,13	2,71	–
143,50 bis 143,99	55,27	27,34	16,45	8,28	2,81	0,05
144,00 bis 144,49	55,62	27,59	16,65	8,43	2,91	0,10
144,50 bis 144,99	55,97	27,84	16,85	8,58	3,01	0,15
145,00 bis 145,49	56,32	28,09	17,05	8,73	3,11	0,20
145,50 bis 145,99	56,67	28,34	17,25	8,88	3,21	0,25
146,00 bis 146,49	57,02	28,59	17,45	9,03	3,31	0,30
146,50 bis 146,99	57,37	28,84	17,65	9,18	3,41	0,35
147,00 bis 147,49	57,72	29,09	17,85	9,33	3,51	0,40
147,50 bis 147,99	58,07	29,34	18,05	9,48	3,61	0,45
148,00 bis 148,49	58,42	29,59	18,25	9,63	3,71	0,50
148,50 bis 148,99	58,77	29,84	18,45	9,78	3,81	0,55
149,00 bis 149,49	59,12	30,09	18,65	9,93	3,91	0,60
149,50 bis 149,99	59,47	30,34	18,85	10,08	4,01	0,65
150,00 bis 150,49	59,82	30,59	19,05	10,23	4,11	0,70
150,50 bis 150,99	60,17	30,84	19,25	10,38	4,21	0,75
151,00 bis 151,49	60,52	31,09	19,45	10,53	4,31	0,80
151,50 bis 151,99	60,87	31,34	19,65	10,68	4,41	0,85
152,00 bis 152,49	61,22	31,59	19,85	10,83	4,51	0,90
152,50 bis 152,99	61,57	31,84	20,05	10,98	4,61	0,95
153,00 bis 153,49	61,92	32,09	20,25	11,13	4,71	1,00
153,50 bis 153,99	62,27	32,34	20,45	11,28	4,81	1,05
154,00 bis 154,49	62,62	32,59	20,65	11,43	4,91	1,10
154,50 bis 154,99	62,97	32,84	20,85	11,58	5,01	1,15
155,00 bis 155,49	63,32	33,09	21,05	11,73	5,11	1,20
155,50 bis 155,99	63,67	33,34	21,25	11,88	5,21	1,25
156,00 bis 156,49	64,02	33,59	21,45	12,03	5,31	1,30
156,50 bis 156,99	64,37	33,84	21,65	12,18	5,41	1,35
157,00 bis 157,49	64,72	34,09	21,85	12,33	5,51	1,40
157,50 bis 157,99	65,07	34,34	22,05	12,48	5,61	1,45
158,00 bis 158,49	65,42	34,59	22,25	12,63	5,71	1,50

Euro	Pfändbarer Betrag bei Unterhaltspflicht für … Personen					
Nettolohn täglich	0	1	2	3	4	5 und mehr
158,50 bis 158,99	65,77	34,84	22,45	12,78	5,81	1,55
159,00 bis 159,49	66,12	35,09	22,65	12,93	5,91	1,60
159,50 bis 159,99	66,47	35,34	22,85	13,08	6,01	1,65
160,00 bis 160,49	66,82	35,59	23,05	13,23	6,11	1,70
160,50 bis 160,99	67,17	35,84	23,25	13,38	6,21	1,75
161,00 bis 161,49	67,52	36,09	23,45	13,53	6,31	1,80
161,50 bis 161,99	67,87	36,34	23,65	13,68	6,41	1,85
162,00 bis 162,49	68,22	36,59	23,85	13,83	6,51	1,90
162,50 bis 162,99	68,57	36,84	24,05	13,98	6,61	1,95
163,00 bis 163,49	68,92	37,09	24,25	14,13	6,71	2,00
163,50 bis 163,99	69,27	37,34	24,45	14,28	6,81	2,05
164,00 bis 164,49	69,62	37,59	24,65	14,43	6,91	2,10
164,50 bis 164,99	69,97	37,84	24,85	14,58	7,01	2,15
165,00 bis 165,49	70,32	38,09	25,05	14,73	7,11	2,20
165,50 bis 165,99	70,67	38,34	25,25	14,88	7,21	2,25
166,00 bis 166,49	71,02	38,59	25,45	15,03	7,31	2,30
166,50 bis 166,99	71,37	38,84	25,65	15,18	7,41	2,35
167,00 bis 167,49	71,72	39,09	25,85	15,33	7,51	2,40
167,50 bis 167,99	72,07	39,34	26,05	15,48	7,61	2,45
168,00 bis 168,49	72,42	39,59	26,25	15,63	7,71	2,50
168,50 bis 168,99	72,77	39,84	26,45	15,78	7,81	2,55
169,00 bis 169,49	73,12	40,09	26,65	15,93	7,91	2,60
169,50 bis 169,99	73,47	40,34	26,85	16,08	8,01	2,65
170,00 bis 170,49	73,82	40,59	27,05	16,23	8,11	2,70
170,50 bis 170,99	74,17	40,84	27,25	16,38	8,21	2,75
171,00 bis 171,49	74,52	41,09	27,45	16,53	8,31	2,80
171,50 bis 171,99	74,87	41,34	27,65	16,68	8,41	2,85
172,00 bis 172,49	75,22	41,59	27,85	16,83	8,51	2,90
172,50 bis 172,99	75,57	41,84	28,05	16,98	8,61	2,95
173,00 bis 173,49	75,92	42,09	28,25	17,13	8,71	3,00
173,50 bis 173,99	76,27	42,34	28,45	17,28	8,81	3,05
174,00 bis 174,49	76,62	42,59	28,65	17,43	8,91	3,10
174,50 bis 174,99	76,97	42,84	28,85	17,58	9,01	3,15
175,00 bis 175,49	77,32	43,09	29,05	17,73	9,11	3,20
175,50 bis 175,99	77,67	43,34	29,25	17,88	9,21	3,25
176,00 bis 176,49	78,02	43,59	29,45	18,03	9,31	3,30
176,50 bis 176,99	78,37	43,84	29,65	18,18	9,41	3,35
177,00 bis 177,49	78,72	44,09	29,85	18,33	9,51	3,40
177,50 bis 177,99	79,07	44,34	30,05	18,48	9,61	3,45
178,00 bis 178,49	79,42	44,59	30,25	18,63	9,71	3,50
178,50 bis 178,99	79,77	44,84	30,45	18,78	9,81	3,55
179,00 bis 179,49	80,12	45,09	30,65	18,93	9,91	3,60
179,50 bis 179,99	80,47	45,34	30,85	19,08	10,01	3,65
180,00 bis 180,49	80,82	45,59	31,05	19,23	10,11	3,70
180,50 bis 180,99	81,17	45,84	31,25	19,38	10,21	3,75
181,00 bis 181,49	81,52	46,09	31,45	19,53	10,31	3,80
181,50 bis 181,99	81,87	46,34	31,65	19,68	10,41	3,85
182,00 bis 182,49	82,22	46,59	31,85	19,83	10,51	3,90
182,50 bis 182,99	82,57	46,84	32,05	19,98	10,61	3,95
183,00 bis 183,49	82,92	47,09	32,25	20,13	10,71	4,00
183,50 bis 183,99	83,27	47,34	32,45	20,28	10,81	4,05
184,00 bis 184,49	83,62	47,59	32,65	20,43	10,91	4,10

Euro	Pfändbarer Betrag bei Unterhaltspflicht für … Personen					
Nettolohn täglich	0	1	2	3	4	5 und mehr
184,50 bis 184,99	83,97	47,84	32,85	20,58	11,01	4,15
185,00 bis 185,49	84,32	48,09	33,05	20,73	11,11	4,20
185,50 bis 185,99	84,67	48,34	33,25	20,88	11,21	4,25
186,00 bis 186,49	85,02	48,59	33,45	21,03	11,31	4,30
186,50 bis 186,99	85,37	48,84	33,65	21,18	11,41	4,35
187,00 bis 187,49	85,72	49,09	33,85	21,33	11,51	4,40
187,50 bis 187,99	86,07	49,34	34,05	21,48	11,61	4,45
188,00 bis 188,49	86,42	49,59	34,25	21,63	11,71	4,50
188,50 bis 188,99	86,77	49,84	34,45	21,78	11,81	4,55
189,00 bis 189,49	87,12	50,09	34,65	21,93	11,91	4,60
189,50 bis 189,99	87,47	50,34	34,85	22,08	12,01	4,65
190,00 bis 190,49	87,82	50,59	35,05	22,23	12,11	4,70
190,50 bis 190,99	88,17	50,84	35,25	22,38	12,21	4,75
191,00 bis 191,49	88,52	51,09	35,45	22,53	12,31	4,80
191,50 bis 191,99	88,87	51,34	35,65	22,68	12,41	4,85
192,00 bis 192,49	89,22	51,59	35,85	22,83	12,51	4,90
192,50 bis 192,99	89,57	51,84	36,05	22,98	12,61	4,95
193,00 bis 193,49	89,92	52,09	36,25	23,13	12,71	5,00
193,50 bis 193,99	90,27	52,34	36,45	23,28	12,81	5,05
194,00 bis 194,49	90,62	52,59	36,65	23,43	12,91	5,10
194,50 bis 194,99	90,97	52,84	36,85	23,58	13,01	5,15
195,00 bis 195,49	91,32	53,09	37,05	23,73	13,11	5,20
195,50 bis 195,99	91,67	53,34	37,25	23,88	13,21	5,25
196,00 bis 196,49	92,02	53,59	37,45	24,03	13,31	5,30
196,50 bis 196,99	92,37	53,84	37,65	24,18	13,41	5,35
197,00 bis 197,49	92,72	54,09	37,85	24,33	13,51	5,40
197,50 bis 197,87	93,07	54,34	38,05	24,48	13,61	5,45
Der Mehrbetrag über 197,87 Euro ist voll pfändbar.						

Lfd. Nr.	Änderndes Gesetz	Datum	Fundstelle	Betroffen	Hinweis
55.	Art. 7 Abs. 39 G zur Umsetzung der RL (EU) 2019/2034 über die Beaufsichtigung von Wertpapierinstituten[1]	12.5.2021	BGBl. I S. 990	§ 375	geänd. mWv 26.6.2021
56.	Art. 3 G zum Schutz von Kindern mit Varianten der Geschlechtsentwicklung	12.5.2021	BGBl. I S. 1082	Inhaltsübersicht	geänd. mWv 22.5.2021
				§ 167b	eingef. mWv 22.5.2021
57.	Art. 2 G zur Änd. des Versorgungsausgleichsrechts	12.5.2021	BGBl. I S. 1085	§§ 114, 222, 226	geänd. mWv 1.8.2021
58.	Art. 7 Kinder- und JugendstärkungsG	3.6.2021	BGBl. I S. 1444	§ 166	geänd. mWv 10.6.2021
59.	Art. 26 Abs. 5 FinanzmarktintegritätsstärkungsG	3.6.2021	BGBl. I S. 1534	§ 375	geänd. mWv 1.7.2021
60.	Art. 5 G zur Bekämpfung sexualisierter Gewalt gegen Kinder	16.6.2021	BGBl. I S. 1810	Inhaltsübersicht, §§ 68, 174, 191, 493	geänd. mWv 1.7.2021
				§§ 158, 159	neu gef. mWv 1.7.2021
				§§ 158b, 158c	eingef. mWv 1.7.2021
				§ 158a	eingef. mWv 1.1.2022
61.	Art. 15 G zur Modernisierung des notariellen Berufsrechts und zur Änd. weiterer Vorschriften	25.6.2021	BGBl. I S. 2154	§ 347	geänd. mWv 1.8.2021
62.	Art. 6 G zur Vereinheitlichung des Stiftungsrechts und zur Änd. des InfektionsschutzG	16.7.2021	BGBl. I S. 2947	§ 356	geänd. mWv 1.7.2023
63.	Art. 8 G zur Umsetzung der Digitalisierungsrichtlinie (DiRUG)[2]	5.7.2021	BGBl. I S. 3338	§§ 387, 393, 394	geänd. mWv 1.8.2022
64.	Art. 45 PersonengesellschaftsrechtsmodernisierungsG (MoPeG)	10.8.2021	BGBl. I S. 3436, geänd. durch G v. 31.10. 2022, BGBl. I S. 1966	§§ 376, 387	geänd. mWv 18.8.2021
				Inhaltsübersicht, §§ 375, 376, 378, 379, 380, 388, 392, 393, 394	geänd. mWv 1.1.2024

[1] **Amtl. Anm.:** Dieses Gesetz dient der Umsetzung der Richtlinie (EU) 2019/2034 des Europäischen Parlaments und des Rates vom 27. November 2019 über die Beaufsichtigung von Wertpapierfirmen und zur Änderung der Richtlinien 2002/87/EG, 2009/65/EG, 2011/61/EU, 2013/36/EU, 2014/59/EU und 2014/65/EU (ABl. L 314 vom 5.12.2019, S. 64) sowie der Anpassung der nationalen Gesetze und Verordnungen an die Verordnung (EU) 2019/2033 des Europäischen Parlaments und des Rates vom 27. November 2019 über die Aufsichtsanforderungen an Wertpapierfirmen und zur Änderung der Verordnungen (EU) Nr. 1093/2010, (EU) Nr. 575/2013, (EU) Nr. 600/2014 und (EU) Nr. 806/2014 (ABl. L 314 vom 5.12.2019, S. 1; L 20 vom 24.1.2020, S. 26).

[2] **Amtl. Anm.:** Dieses Gesetz dient der Umsetzung der Richtlinie (EU) 2019/1151 des Europäischen Parlaments und des Rates vom 20. Juni 2019 zur Änderung der Richtlinie (EU) 2017/1132 im Hinblick auf den Einsatz digitaler Werkzeuge und Verfahren im Gesellschaftsrecht (ABl. L 186 vom 11.7.2019, S. 80).

Lfd. Nr.	Änderndes Gesetz	Datum	Fundstelle	Betroffen	Hinweis
65.	Art. 5 G zum Ausbau des elektronischen Rechtsverkehrs mit den Gerichten und zur Änd. weiterer Vorschriften[1]	5.10.2021	BGBl. I S. 4607	§ 14b	neu gef. mWv 1.1.2022
66.	Art. 4 G zur Durchführung der EU-Verordnungen über grenzüberschreitende Zustellungen und grenzüberschreitende Beweisaufnahmen in Zivil- oder Handelssachen sowie zur Änd. sonstiger Vorschriften	24.6.2022	BGBl. I S. 959	§ 158a	geänd. mWv 1.7.2022
				Inhaltsübersicht, §§ 158c, 282, 285, 292, 292a, 294	geänd. mWv 1.1.2023
				§ 310	neu gef. mWv 1.1.2023
67.	Art. 4, 5 G zur Abschaffung des Güterrechtsregisters und zur Änd. des COVID-19-InsolvenzaussetzungsG	31.10. 2022	BGBl. I S. 1966	§§ 374, 377, 382	geänd. mWv 1.1.2023
				§ 374	geänd. mWv 1.1.2024
68.	Art. 12 Abs. 21 BürgergeldG	16.12. 2022	BGBl. I S. 2328	§ 250	geänd. mWv 1.1.2023
69.	Art. 4, 22 G zur Umsetzung der UmwandlungsRL und zur Änd. weiterer Gesetze	22.2.2023	BGBl. 2023 I Nr. 51	§ 493	geänd. mWv 1.1.2023
				§ 388	geänd. mWv 1.3.2023

Vorbemerkung:
Die Änderungen durch G v. 10.8.2021 (BGBl. I S. 3436, geänd. durch G v. 31.10.2022, BGBl. I S. 1966) treten teilweise erst mWv 1.1.2024 in Kraft und sind insoweit im Text noch nicht berücksichtigt.

[1] **Amtl. Anm.:** Notifiziert gemäß der Richtlinie (EU) 2015/1535 des Europäischen Parlaments und des Rates vom 9. September 2015 über ein Informationsverfahren auf dem Gebiet der technischen Vorschriften und der Vorschriften für die Dienste der Informationsgesellschaft (ABl. L 241 vom 17.9.2015, S. 1).

(5) Ist eine Festsetzung nicht beantragt, so gelten für die Zahlungen, die aus der Staatskasse verlangt werden können, die Vorschriften über das Verfahren bei der Entschädigung von Zeugen hinsichtlich ihrer baren Auslagen sinngemäß.

(6) [1] Die Landesregierungen werden ermächtigt, durch Rechtsverordnung für Anträge nach den Absätzen 1 und 2 Formulare einzuführen. [2] Soweit Formulare eingeführt sind, muss der berufliche Betreuer oder der Betreuungsverein diese verwenden und sie, sofern sie hierzu bestimmt sind, als elektronisches Dokument einreichen. [3] Andernfalls liegt keine ordnungsgemäße Geltendmachung im Sinne des § 1875 Absatz 2 des Bürgerlichen Gesetzbuchs in Verbindung mit dem Vormünder- und Betreuervergütungsgesetz vor. [4] Die Landesregierungen können die Ermächtigung nach Satz 1 durch Rechtsverordnung auf die Landesjustizverwaltungen übertragen.

§ 292a[1)] Zahlungen an die Staatskasse. (1) [1] Mit der Festsetzung nach § 292 Absatz 1 legt das Gericht zugleich Höhe und Zeitpunkt der Zahlungen fest, die der Betroffene nach § 1880 Absatz 2 und § 1881 Satz 1 des Bürgerlichen Gesetzbuchs[2)] an die Staatskasse zu leisten hat. [2] Das Gericht kann Höhe und Zeitpunkt der zu leistenden Zahlungen gesondert festsetzen, wenn dies zweckmäßig ist. [3] § 120 Absatz 2 und 3 und § 120a Absatz 1 Satz 1 bis 3 der Zivilprozessordnung[3)] sind entsprechend anzuwenden.

(2) [1] Ist der Betroffene verstorben, so legt das Gericht Höhe und Zeitpunkt der Zahlungen fest, die der Erbe nach § 1881 Satz 2 des Bürgerlichen Gesetzbuchs an die Staatskasse zu leisten hat. [2] Der Erbe ist verpflichtet, dem Gericht die hierfür notwendigen Auskünfte zu erteilen, insbesondere dem Gericht auf dessen Verlangen ein Verzeichnis der zur Erbschaft gehörenden Gegenstände vorzulegen und an Eides statt zu versichern, dass er den Bestand nach bestem Wissen und Gewissen so vollständig angegeben habe, wie er dazu imstande ist.

(3) Vor einer Entscheidung ist der Betroffene oder der Erbe anzuhören.

§ 293[4)] Erweiterung der Betreuung oder des Einwilligungsvorbehalts.

(1) [1] Für die Erweiterung des Aufgabenkreises des Betreuers und die Erweiterung des Kreises der einwilligungsbedürftigen Willenserklärungen gelten die Vorschriften über die Anordnung dieser Maßnahmen entsprechend. [2] Das Gericht hat die zuständige Behörde nur anzuhören, wenn es der Betroffene verlangt oder es zur Sachaufklärung erforderlich ist.

(2) [1] Einer persönlichen Anhörung nach § 278 Abs. 1 sowie der Einholung eines Gutachtens oder ärztlichen Zeugnisses (§§ 280 und 281) bedarf es nicht,

1. wenn diese Verfahrenshandlungen nicht länger als sechs Monate zurückliegen oder
2. die beabsichtigte Erweiterung nach Absatz 1 nicht wesentlich ist.

[2] Eine wesentliche Erweiterung des Aufgabenkreises des Betreuers liegt insbesondere vor, wenn erstmals ganz oder teilweise die Personensorge oder eine der in

---

[1)] § 292a eingef. mWv 1.1.2023 durch G v. 4.5.2021 (BGBl. I S. 882); Abs. 1 Satz 3 angef. mWv 1.1. 2023 durch G v. 24.6.2022 (BGBl. I S. 959).

[2)] Nr. **20**.

[3)] Nr. **100**.

[4)] § 293 Abs. 1 Satz 2 angef. mWv 1.7.2014 durch G v. 28.8.2013 (BGBl. I S. 3393); Abs. 2 Satz 2 geänd. mWv 22.7.2017 durch G v. 17.7.2017 (BGBl. I S. 2426); Abs. 2 Satz 2 geänd., Abs. 3 eingef., bish. Abs. 3 wird Abs. 4 und geänd. mWv 1.1.2023 durch G v. 4.5.2021 (BGBl. I S. 882).

§ 1815 Absatz 2 oder in den §§ 1829 bis 1832 des Bürgerlichen Gesetzbuchs[1] genannten Aufgaben einbezogen wird.

(3) Unbeschadet des Absatzes 2 kann das Gericht von der Einholung eines Gutachtens oder eines ärztlichen Zeugnisses absehen, wenn der Aufgabenkreis des Betreuers nicht aufgrund einer Änderung des Krankheits- oder Behinderungsbildes des Betroffenen, sondern aufgrund der Änderung seiner Lebensumstände oder einer unzureichenden Wirkung anderer Hilfen erweitert werden soll.

(4) Ist mit der Bestellung eines weiteren Betreuers nach § 1817 des Bürgerlichen Gesetzbuchs eine Erweiterung des Aufgabenkreises verbunden, gelten die Absätze 1 bis 3 entsprechend.

§ 294[2] Aufhebung und Einschränkung der Betreuung oder des Einwilligungsvorbehalts. (1) [1] Für die Aufhebung der Betreuung oder der Anordnung eines Einwilligungsvorbehalts und für die Einschränkung des Aufgabenkreises des Betreuers oder des Kreises der einwilligungsbedürftigen Willenserklärungen gilt § 279 Absatz 1, 3 und 4 sowie § 288 Absatz 2 Satz 1 entsprechend. [2] Das Gericht hat die zuständige Behörde nur anzuhören, wenn es der Betroffene verlangt oder es zur Sachaufklärung erforderlich ist.

(2) Hat das Gericht nach § 281 Absatz 1 von der Einholung eines Gutachtens abgesehen, ist dies nachzuholen, wenn ein Antrag des Betroffenen auf Aufhebung der Betreuung oder Einschränkung des Aufgabenkreises erstmals abgelehnt werden soll.

(3) [1] Über die Aufhebung der Betreuung oder des Einwilligungsvorbehalts hat das Gericht spätestens sieben Jahre nach der Anordnung dieser Maßnahmen zu entscheiden. [2] Ist die Maßnahme gegen den erklärten Willen des Betroffenen angeordnet worden, hat die erstmalige Entscheidung über ihre Aufhebung spätestens zwei Jahre nach der Anordnung zu erfolgen.[3]

§ 295[4] Verlängerung der Betreuung oder des Einwilligungsvorbehalts.

(1) [1] Für die Verlängerung der Bestellung eines Betreuers oder der Anordnung eines Einwilligungsvorbehalts gelten die Vorschriften über die erstmalige Anordnung dieser Maßnahmen entsprechend. [2] Von der erneuten Einholung eines Gutachtens kann abgesehen werden, wenn sich aus der persönlichen Anhörung des Betroffenen und einem ärztlichen Zeugnis ergibt, dass sich der Umfang der Betreuungsbedürftigkeit offensichtlich nicht verringert hat und eine Verlängerung dem erklärten Willen des Betroffenen nicht widerspricht. [3] Das Gericht hat die zuständige Behörde nur anzuhören, wenn es der Betroffene verlangt oder es zur Sachaufklärung erforderlich ist.

(2) [1] Über die Verlängerung der Betreuung oder des Einwilligungsvorbehalts hat das Gericht spätestens sieben Jahre nach der Anordnung dieser Maßnahmen zu entscheiden. [2] Ist die Maßnahme gegen den erklärten Willen des Betroffenen angeordnet worden, ist über eine erstmalige Verlängerung spätestens nach zwei Jahren zu entscheiden.[3]

---

[1] Nr. 20.

[2] § 294 Abs. 1 Satz 1 geänd., Satz 2 angef. mWv 1.7.2014 durch G v. 28.8.2013 (BGBl. I S. 3393); Abs. 2 geänd. mWv 1.1.2023 durch G v. 4.5.2021 (BGBl. I S. 882); Abs. 3 Satz 2 angef. mWv 1.1.2023 durch G v. 24.6.2022 (BGBl. I S. 959).

[3] Beachte hierzu Übergangsvorschrift in § 493 Abs. 5.

[4] § 295 Abs. 1 Satz 3 angef. mWv 1.7.2014 durch G v. 28.8.2013 (BGBl. I S. 3393); Abs. 1 Satz 2 geänd., Abs. 2 Satz 2 angef. mWv 1.1.2023 durch G v. 4.5.2021 (BGBl. I S. 882).

§ 352d[1] Öffentliche Aufforderung. Das Nachlassgericht kann eine öffentliche Aufforderung zur Anmeldung der anderen Personen zustehenden Erbrechte erlassen; die Art der Bekanntmachung und die Dauer der Anmeldungsfrist bestimmen sich nach den für das Aufgebotsverfahren geltenden Vorschriften.

§ 352e[1] Entscheidung über Erbscheinsanträge. (1) [1] Der Erbschein ist nur zu erteilen, wenn das Nachlassgericht die zur Begründung des Antrags erforderlichen Tatsachen für festgestellt erachtet. [2] Die Entscheidung ergeht durch Beschluss. [3] Der Beschluss wird mit Erlass wirksam. [4] Einer Bekanntgabe des Beschlusses bedarf es nicht.

(2) [1] Widerspricht der Beschluss dem erklärten Willen eines Beteiligten, ist der Beschluss den Beteiligten bekannt zu geben. [2] Das Gericht hat in diesem Fall die sofortige Wirksamkeit des Beschlusses auszusetzen und die Erteilung des Erbscheins bis zur Rechtskraft des Beschlusses zurückzustellen.

(3) Ist der Erbschein bereits erteilt, ist die Beschwerde gegen den Beschluss nur noch insoweit zulässig, als die Einziehung des Erbscheins beantragt wird.

§ 353[2] Einziehung oder Kraftloserklärung von Erbscheinen. (1) [1] Kann der Erbschein im Verfahren über die Einziehung nicht sofort erlangt werden, so hat ihn das Nachlassgericht durch Beschluss für kraftlos zu erklären. [2] Der Beschluss ist entsprechend § 435 öffentlich bekannt zu machen. [3] Mit Ablauf eines Monats nach Veröffentlichung im Bundesanzeiger wird die Kraftloserklärung wirksam. [4] Nach Veröffentlichung des Beschlusses kann dieser nicht mehr angefochten werden.

(2) [1] In Verfahren über die Einziehung oder Kraftloserklärung eines Erbscheins hat das Gericht über die Kosten des Verfahrens zu entscheiden. [2] Die Kostenentscheidung soll zugleich mit der Endentscheidung ergehen.

(3) [1] Ist der Erbschein bereits eingezogen, ist die Beschwerde gegen den Einziehungsbeschluss nur insoweit zulässig, als die Erteilung eines neuen gleichlautenden Erbscheins beantragt wird. [2] Die Beschwerde gilt im Zweifel als Antrag auf Erteilung eines neuen gleichlautenden Erbscheins.

§ 354[3] Sonstige Zeugnisse. (1) Die §§ 352 bis 353 gelten entsprechend für die Erteilung von Zeugnissen nach den §§ 1507 und 2368 des Bürgerlichen Gesetzbuchs[4], den §§ 36 und 37 der Grundbuchordnung[5] sowie den §§ 42 und 74 der Schiffsregisterordnung.

(2) Ist der Testamentsvollstrecker in der Verwaltung des Nachlasses beschränkt oder hat der Erblasser angeordnet, dass der Testamentsvollstrecker in der Eingehung von Verbindlichkeiten für den Nachlass nicht beschränkt sein soll, so ist dies in dem Zeugnis nach § 2368 des Bürgerlichen Gesetzbuchs anzugeben.

§ 355 Testamentsvollstreckung. (1) Ein Beschluss, durch den das Nachlassgericht einem Dritten eine Frist zur Erklärung nach § 2198 Abs. 2 des Bürgerlichen Gesetzbuchs[4] oder einer zum Testamentsvollstrecker ernannten Person eine Frist zur Annahme des Amtes bestimmt, ist mit der sofortigen Beschwerde in entsprechender Anwendung der §§ 567 bis 572 der Zivilprozessordnung[6] anfechtbar.

---

[1] §§ 352d und 352e eingef. mWv 17.8.2015 durch G v. 29.6.2015 (BGBl. I S. 1042).

[2] § 353 Abs. 1 eingef., bish. Abs. 1 und 2 werden Abs. 2 und 3, bish. Abs. 3 aufgeh. mWv 17.8.2015 durch G v. 29.6.2015 (BGBl. I S. 1042).

[3] § 354 neu gef. mWv 17.8.2015 durch G v. 29.6.2015 (BGBl. I S. 1042).

[4] Nr. **20**.

[5] Nr. **114**.

[6] Nr. **100**.

(2) Auf einen Beschluss, durch den das Gericht bei einer Meinungsverschiedenheit zwischen mehreren Testamentsvollstreckern über die Vornahme eines Rechtsgeschäfts entscheidet, ist § 40 Abs. 3 entsprechend anzuwenden; die Beschwerde ist binnen einer Frist von zwei Wochen einzulegen.

(3) Führen mehrere Testamentsvollstrecker das Amt gemeinschaftlich, steht die Beschwerde gegen einen Beschluss, durch den das Gericht Anordnungen des Erblassers für die Verwaltung des Nachlasses außer Kraft setzt, sowie gegen einen Beschluss, durch den das Gericht über Meinungsverschiedenheiten zwischen den Testamentsvollstreckern entscheidet, jedem Testamentsvollstrecker selbständig zu.

Unterabschnitt 5. Sonstige verfahrensrechtliche Regelungen

§ 356[1] Mitteilungspflichten. (1) Erhält das Gericht Kenntnis davon, dass ein Kind Vermögen von Todes wegen erworben hat, das nach § 1640 Abs. 1 Satz 1 und Abs. 2 des Bürgerlichen Gesetzbuchs[2] zu verzeichnen ist, teilt es dem Familiengericht den Vermögenserwerb mit.

(2) Hat ein Gericht nach § 344 Abs. 4 Maßnahmen zur Sicherung des Nachlasses angeordnet, soll es das nach § 343 zuständige Gericht hiervon unterrichten.

(3) Ist in einer Verfügung von Todes wegen ein Stiftungsgeschäft enthalten, hat das Nachlassgericht der zuständigen Behörde des Landes den sie betreffenden Inhalt der Verfügung von Todes wegen zur Anerkennung der Stiftung bekannt zu geben, es sei denn, dem Nachlassgericht ist bekannt, dass die Anerkennung der Stiftung schon von einem Erben oder Testamentsvollstrecker beantragt wurde.

§ 357 Einsicht in eine eröffnete Verfügung von Todes wegen; Ausfertigung eines Erbscheins oder anderen Zeugnisses. (1) Wer ein rechtliches Interesse glaubhaft macht, ist berechtigt, eine eröffnete Verfügung von Todes wegen einzusehen.

(2) [1] Wer ein rechtliches Interesse glaubhaft macht, kann verlangen, dass ihm von dem Gericht eine Ausfertigung des Erbscheins erteilt wird. [2] Das Gleiche gilt für die nach § 354 erteilten gerichtlichen Zeugnisse sowie für die Beschlüsse, die sich auf die Ernennung oder die Entlassung eines Testamentsvollstreckers beziehen.

§ 358 Zwang zur Ablieferung von Testamenten. In den Fällen des § 2259 Abs. 1 des Bürgerlichen Gesetzbuchs[2] erfolgt die Anordnung der Ablieferung des Testaments durch Beschluss.

§ 359 Nachlassverwaltung. (1) Der Beschluss, durch den dem Antrag des Erben, die Nachlassverwaltung anzuordnen, stattgegeben wird, ist nicht anfechtbar.

(2) Gegen den Beschluss, durch den dem Antrag eines Nachlassgläubigers, die Nachlassverwaltung anzuordnen, stattgegeben wird, steht die Beschwerde nur dem Erben, bei Miterben jedem Erben, sowie dem Testamentsvollstrecker zu, der zur Verwaltung des Nachlasses berechtigt ist.

§ 360 Bestimmung einer Inventarfrist. (1) Die Frist zur Einlegung einer Beschwerde gegen den Beschluss, durch den dem Erben eine Inventarfrist bestimmt wird, beginnt für jeden Nachlassgläubiger mit dem Zeitpunkt, in dem der Beschluss dem Nachlassgläubiger bekannt gemacht wird, der den Antrag auf die Bestimmung der Inventarfrist gestellt hat.

---

[1] § 356 Abs. 3 angef. mWv 1.7.2023 durch G v. 16.7.2021 (BGBl. I S. 2947).
[2] Nr. **20**.

2. den Umfang der Mitteilungspflicht im Rahmen des Informationsaustauschs zwischen den Registern sowie über die Liste der dabei zu übermittelnden Daten,
3. die Einzelheiten des elektronischen Datenverkehrs nach § 9b Absatz 1 und 2 des Handelsgesetzbuchs einschließlich der Vorgaben für Datenformate und Zahlungsmodalitäten.

Unterabschnitt 2. Zwangsgeldverfahren

§ 388[1] Androhung. (1) Sobald das Registergericht von einem Sachverhalt, der sein Einschreiten nach den §§ 14, 37a Abs. 4 und § 125a Abs. 2 des Handelsgesetzbuchs[2], auch in Verbindung mit § 5 Abs. 2 des Partnerschaftsgesellschaftsgesetzes[3], den §§ 407 und 408 des Aktiengesetzes[4], § 79 Abs. 1 des Gesetzes betreffend die Gesellschaften mit beschränkter Haftung[5], § 350 des Umwandlungsgesetzes[6] oder § 12 des EWIV-Ausführungsgesetzes rechtfertigt, glaubhafte Kenntnis erhält, hat es dem Beteiligten unter Androhung eines Zwangsgelds aufzugeben, innerhalb einer bestimmten Frist seiner gesetzlichen Verpflichtung nachzukommen oder die Unterlassung mittels Einspruchs zu rechtfertigen.

(2) In gleicher Weise kann das Registergericht gegen die Mitglieder des Vorstands eines Vereins oder dessen Liquidatoren vorgehen, um sie zur Befolgung der in § 78 des Bürgerlichen Gesetzbuchs[7] genannten Vorschriften anzuhalten.

§ 389 Festsetzung. (1) Wird innerhalb der bestimmten Frist weder der gesetzlichen Verpflichtung genügt noch Einspruch erhoben, ist das angedrohte Zwangsgeld durch Beschluss festzusetzen und zugleich die Aufforderung nach § 388 unter Androhung eines erneuten Zwangsgelds zu wiederholen.

(2) Mit der Festsetzung des Zwangsgelds sind dem Beteiligten zugleich die Kosten des Verfahrens aufzuerlegen.

(3) In gleicher Weise ist fortzufahren, bis der gesetzlichen Verpflichtung genügt oder Einspruch erhoben wird.

§ 390 Verfahren bei Einspruch. (1) Wird rechtzeitig Einspruch erhoben, soll das Gericht, wenn sich der Einspruch nicht ohne weiteres als begründet erweist, den Beteiligten zur Erörterung der Sache zu einem Termin laden.

(2) Das Gericht kann, auch wenn der Beteiligte zum Termin nicht erscheint, in der Sache entscheiden.

(3) Wird der Einspruch für begründet erachtet, ist die getroffene Entscheidung aufzuheben.

(4) [1] Andernfalls hat das Gericht den Einspruch durch Beschluss zu verwerfen und das angedrohte Zwangsgeld festzusetzen. [2] Das Gericht kann, wenn die Umstände es rechtfertigen, von der Festsetzung eines Zwangsgelds absehen oder ein geringeres als das angedrohte Zwangsgeld festsetzen.

(5) [1] Im Fall der Verwerfung des Einspruchs hat das Gericht zugleich eine erneute Aufforderung nach § 388 zu erlassen. [2] Die in dieser Entscheidung be-

[1] § 388 Abs. 1 geänd. mWv 1.3.2023 durch G v. 22.2.2023 (BGBl. 2023 I Nr. 51).
[2] Nr. **50**.
[3] Nr. **50b**.
[4] Nr. **51**.
[5] Nr. **52**.
[6] Nr. **52a**.
[7] Nr. **20**.

stimmte Frist beginnt mit dem Eintritt der Rechtskraft der Verwerfung des Einspruchs.

(6) Wird im Fall des § 389 gegen die wiederholte Androhung Einspruch erhoben und dieser für begründet erachtet, kann das Gericht, wenn die Umstände es rechtfertigen, zugleich ein früher festgesetztes Zwangsgeld aufheben oder an dessen Stelle ein geringeres Zwangsgeld festsetzen.

§ 391 Beschwerde. (1) Der Beschluss, durch den das Zwangsgeld festgesetzt oder der Einspruch verworfen wird, ist mit der Beschwerde anfechtbar.

(2) Ist das Zwangsgeld nach § 389 festgesetzt, kann die Beschwerde nicht darauf gestützt werden, dass die Androhung des Zwangsgelds nicht gerechtfertigt gewesen sei.

§ 392 Verfahren bei unbefugtem Firmengebrauch. (1) Soll nach § 37 Abs. 1 des Handelsgesetzbuchs[1)] gegen eine Person eingeschritten werden, die eine ihr nicht zustehende Firma gebraucht, sind die §§ 388 bis 391 anzuwenden, wobei

1. dem Beteiligten unter Androhung eines Ordnungsgelds aufgegeben wird, sich des Gebrauchs der Firma zu enthalten oder binnen einer bestimmten Frist den Gebrauch der Firma mittels Einspruchs zu rechtfertigen;
2. das Ordnungsgeld festgesetzt wird, falls kein Einspruch erhoben oder der erhobene Einspruch rechtskräftig verworfen ist und der Beteiligte nach der Bekanntmachung des Beschlusses diesem zuwidergehandelt hat.

(2) Absatz 1 gilt entsprechend im Fall des unbefugten Gebrauchs des Namens einer Partnerschaft.

Unterabschnitt 3. Löschungs- und Auflösungsverfahren

§ 393[2)] Löschung einer Firma. (1) [1]Das Erlöschen einer Firma ist gemäß § 31 Abs. 2 des Handelsgesetzbuchs[1)] von Amts wegen oder auf Antrag der berufsständischen Organe in das Handelsregister einzutragen. [2]Das Gericht hat den eingetragenen Inhaber der Firma oder dessen Rechtsnachfolger von der beabsichtigten Löschung zu benachrichtigen und ihm zugleich eine angemessene Frist zur Geltendmachung eines Widerspruchs zu bestimmen.

(2) Sind die bezeichneten Personen oder deren Aufenthalt nicht bekannt, erfolgt die Benachrichtigung und die Bestimmung der Frist durch Bekanntmachung in dem für die Registerbekanntmachungen bestimmten elektronischen Informations- und Kommunikationssystem nach § 10 des Handelsgesetzbuchs.

(3) [1]Das Gericht entscheidet durch Beschluss, wenn es einem Antrag auf Einleitung des Löschungsverfahrens nicht entspricht oder Widerspruch gegen die Löschung erhoben wird. [2]Der Beschluss ist mit der Beschwerde anfechtbar.

(4) Mit der Zurückweisung eines Widerspruchs sind dem Beteiligten zugleich die Kosten des Widerspruchsverfahrens aufzuerlegen, soweit dies nicht unbillig ist.

(5) Die Löschung darf nur erfolgen, wenn kein Widerspruch erhoben oder wenn der den Widerspruch zurückweisende Beschluss rechtskräftig geworden ist.

(6) Die Absätze 1 bis 5 gelten entsprechend, wenn die Löschung des Namens einer Partnerschaft eingetragen werden soll.

[1)] Nr. **50**.
[2)] § 393 Abs. 2 geänd. mWv 1.8.2022 durch G v. 5.7.2021 (BGBl. I S. 3338).

denen er nicht abhilft, legt er dem Amtsgericht vor, in dessen Bezirk sich sein Amtssitz befindet. [4] Auf die Erinnerung sind im Übrigen die Vorschriften über die Beschwerde sinngemäß anzuwenden.

(3) Verfügungen, Beschlüsse oder Zeugnisse des Notars, die nach den Vorschriften dieses Gesetzes wirksam geworden sind und nicht mehr geändert werden können, sind mit der Erinnerung nicht anfechtbar.

§ 493[1)] Übergangsvorschriften. (1) Für bis zum Inkrafttreten des Gesetzes zur Übertragung von Aufgaben im Bereich der freiwilligen Gerichtsbarkeit auf Notare vom 26. Juni 2013 (BGBl. I S. 1800) am 1. September 2013 beantragte Auseinandersetzungen gemäß den §§ 363 bis 373 ist das Gesetz über das Verfahren in Familiensachen und in den Angelegenheiten der freiwilligen Gerichtsbarkeit in der bis dahin geltenden Fassung anzuwenden.

(2) Auf vereinfachte Verfahren über den Unterhalt Minderjähriger nach den §§ 249 bis 260, die bis zum 31. Dezember 2016 beantragt wurden, sind die §§ 249 bis 260 in der bis dahin geltenden Fassung weiter anzuwenden.

(3) Für Anmeldungen, die bis einschließlich 8. Juni 2017 beurkundet oder beglaubigt wurden, findet § 378 Absatz 3 keine Anwendung.

(4) § 158a findet keine Anwendung in Verfahren, in denen ein Verfahrensbeistand vor dem 1. Januar 2022 bestellt worden ist.

(5) Wenn Betreuung oder Einwilligungsvorbehalt vor dem 1. Januar 2023 angeordnet wurde, müssen erstmalige Entscheidungen über die Aufhebung oder Verlängerung der Maßnahme abweichend von den in § 294 Absatz 3 Satz 2 und § 295 Absatz 2 Satz 2 genannten Fristen zu folgenden Zeitpunkten erfolgen:

1. über Maßnahmen, die bis zum Ablauf des 30. Juni 2022 angeordnet wurden, bis spätestens zum Ablauf des 30. Juni 2024,
2. über Maßnahmen, die zwischen dem 1. Juli 2022 und dem 31. Dezember 2022 angeordnet wurden, spätestens zwei Jahre nach der Anordnung.

[1)] § 493 angef. mWv 1.9.2013 durch G v. 26.6.2013 (BGBl. I S. 1800); Überschrift neu gef., Abs. 2 angef. mWv 1.1.2017 durch G v. 20.11.2015 (BGBl. I S. 2018); Abs. 3 angef. mWv 9.6.2017 durch G v. 1.6.2017 (BGBl. I S. 1396); Abs. 4 angef. mWv 1.7.2021 durch G v. 16.6.2021 (BGBl. I S. 1810); Abs. 5 angef. mWv 1.1.2023 durch G v. 22.2.2023 (BGBl. 2023 I Nr. 51).

117. Gesetz über die Vergütung der Rechtsanwältinnen und Rechtsanwälte (Rechtsanwaltsvergütungsgesetz – RVG)

In der Fassung der Bekanntmachung vom 15. März 2022[1)]
(BGBl. I S. 610)

FNA 368-3

Lfd. Nr.	Änderndes Gesetz	Datum	Fundstelle	Betroffen	Hinweis
1.	Art. 15 Abs. 16 G zur Reform des Vormundschafts- und Betreuungsrechts	4.5.2021	BGBl. I S. 882	§ 1	geänd. mWv 1.1.2023
2.	Art. 22 G zur Neuregelung des Berufsrechts der anwaltlichen und steuerberatenden Berufsausübungsgesellschaften sowie zur Änd. weiterer Vorschriften im Bereich der rechtsberatenden Berufe	7.7.2021	BGBl. I S. 2363	Inhaltsübersicht, §§ 1, 41, 45	geänd. mWv 1.8.2022
3.	Art. 7 G zur Durchführung der VO (EU) 2019/1111 sowie zur Änd. sonstiger Vorschriften	10.8.2021	BGBl. I S. 3424	§§ 18, 19, Anl. 1	geänd. mWv 1.8.2022
4.	Art. 5 G zur Durchführung des Haager Übereinkommens über die Anerkennung und Vollstreckung ausländischer Entscheidungen in Zivil- und Handelssachen sowie zur Änd. der ZPO, des BGB, des WohnungseigentumsG und des G zur Modernisierung des Strafverfahrens	7.11.2022	BGBl. I S. 1982	§ 19	geänd. mit noch nicht bestimmtem Inkrafttreten
5.	Art. 3 G zur Beschleunigung der Asylgerichtsverfahren und Asylverfahren	21.12. 2022	BGBl. I S. 2817, ber. 2023 I Nr. 63	§ 30, Anl. 1	geänd. mWv 1.1.2023

Vorbemerkung:

Die Änderung durch G v. 7.11.2022 (BGBl. I S. 1982) tritt gem. Art. 9 Satz 2 dieses G erst an dem Tag in Kraft, an dem das Haager Übereinkommen vom 2. Juli 2019 über die Anerkennung und Vollstreckung ausländischer Entscheidungen in Zivil- und Handelssachen nach seinem Art. 28 für die Europäische Union mit Ausnahme des Königreiches Dänemark in Kraft tritt; sie ist im Text noch nicht berücksichtigt.

[1)] Neubekanntmachung des RVG v. 5.5.2004 (BGBl. I S. 718, 788) in der ab 1.12.2021 geltenden Fassung.

Anlage 1[1)]
(zu § 2 Absatz 2)

Vergütungsverzeichnis

Gliederung

[1)] Anl. 1 geänd. mWv 1.8.2022 durch G v. 10.8.2021 (BGBl. I S. 3424); geänd. mWv 1.1.2023 durch G v. 21.12.2022 (BGBl. I S. 2817, ber. 2023 I Nr. 63).

Nr.	Gebührentatbestand	Gebühr oder Satz der Gebühr nach § 13 RVG
3101	1. Endigt der Auftrag, bevor der Rechtsanwalt die Klage, den ein Verfahren einleitenden Antrag oder einen Schriftsatz, der Sachanträge, Sachvortrag, die Zurücknahme der Klage oder die Zurücknahme des Antrags enthält, eingereicht oder bevor er einen gerichtlichen Termin wahrgenommen hat; 2. soweit Verhandlungen vor Gericht zur Einigung der Parteien oder der Beteiligten oder mit Dritten über in diesem Verfahren nicht rechtshängige Ansprüche geführt werden; der Verhandlung über solche Ansprüche steht es gleich, wenn beantragt ist, eine Einigung zu Protokoll zu nehmen oder das Zustandekommen einer Einigung festzustellen (§ 278 Abs. 6 ZPO), oder wenn eine Einigung dadurch erfolgt, dass die Beteiligten einen in der Form eines Beschlusses ergangenen Vorschlag schriftlich oder durch Erklärung zu Protokoll in der mündlichen Verhandlung gegenüber dem Gericht annehmen (§ 101 Abs. 1 Satz 2 SGG, § 106 Satz 2 VwGO); oder 3. soweit in einer Familiensache, die nur die Erteilung einer Genehmigung oder die Zustimmung des Familiengerichts zum Gegenstand hat, oder in einem Verfahren der freiwilligen Gerichtsbarkeit lediglich ein Antrag gestellt und eine Entscheidung entgegengenommen wird, beträgt die Gebühr 3100	0,8
	(1) Soweit in den Fällen der Nummer 2 der sich nach § 15 Abs. 3 RVG ergebende Gesamtbetrag der Verfahrensgebühren die Gebühr 3100 übersteigt, wird der übersteigende Betrag auf eine Verfahrensgebühr angerechnet, die wegen desselben Gegenstands in einer anderen Angelegenheit entsteht. (2) Nummer 3 ist in streitigen Verfahren der freiwilligen Gerichtsbarkeit, insbesondere in Verfahren nach dem Gesetz über das gerichtliche Verfahren in Landwirtschaftssachen, nicht anzuwenden.	
3102	Verfahrensgebühr für Verfahren vor den Sozialgerichten, in denen Betragsrahmengebühren entstehen (§ 3 RVG)	60,00 bis 660,00 €
3103	(weggefallen)	
3104	Terminsgebühr, soweit in Nummer 3106 nichts anderes bestimmt ist	1,2
	(1) Die Gebühr entsteht auch, wenn 1. in einem Verfahren, für das mündliche Verhandlung vorgeschrieben ist, im Einverständnis mit den Parteien oder Beteiligten oder gemäß § 307 oder § 495a ZPO oder § 77 Abs. 2 AsylG ohne mündliche Verhandlung entschieden oder in einem solchen Verfahren mit oder ohne Mitwirkung des Gerichts ein Vertrag im Sinne der Nummer 1000 geschlossen wird oder eine Erledigung der Rechtssache im Sinne der Nummer 1002 eingetreten ist,	

Nr.	Gebührentatbestand	Gebühr oder Satz der Gebühr nach § 13 RVG
	2. nach § 84 Abs. 1 Satz 1 VwGO oder § 105 Abs. 1 Satz 1 SGG durch Gerichtsbescheid entschieden wird und eine mündliche Verhandlung beantragt werden kann oder 3. das Verfahren vor dem Sozialgericht, für das mündliche Verhandlung vorgeschrieben ist, nach angenommenem Anerkenntnis ohne mündliche Verhandlung endet. (2) Sind in dem Termin auch Verhandlungen zur Einigung über in diesem Verfahren nicht rechtshängige Ansprüche geführt worden, wird die Terminsgebühr, soweit sie den sich ohne Berücksichtigung der nicht rechtshängigen Ansprüche ergebenden Gebührenbetrag übersteigt, auf eine Terminsgebühr angerechnet, die wegen desselben Gegenstands in einer anderen Angelegenheit entsteht. (3) Die Gebühr entsteht nicht, soweit lediglich beantragt ist, eine Einigung der Parteien oder der Beteiligten oder mit Dritten über nicht rechtshängige Ansprüche zu Protokoll zu nehmen. (4) Eine in einem vorausgegangenen Mahnverfahren oder vereinfachten Verfahren über den Unterhalt Minderjähriger entstandene Terminsgebühr wird auf die Terminsgebühr des nachfolgenden Rechtsstreits angerechnet.	
3105	Wahrnehmung nur eines Termins, in dem eine Partei oder ein Beteiligter nicht erschienen oder nicht ordnungsgemäß vertreten ist und lediglich ein Antrag auf Versäumnisurteil, Versäumnisentscheidung oder zur Prozess-, Verfahrens- oder Sachleitung gestellt wird: Die Gebühr 3104 beträgt .... (1) Die Gebühr entsteht auch, wenn 1. das Gericht bei Säumnis lediglich Entscheidungen zur Prozess-, Verfahrens- oder Sachleitung von Amts wegen trifft oder 2. eine Entscheidung gemäß § 331 Abs. 3 ZPO ergeht. (2) § 333 ZPO ist nicht entsprechend anzuwenden.	0,5
3106	Terminsgebühr in Verfahren vor den Sozialgerichten, in denen Betragsrahmengebühren entstehen (§ 3 RVG) Die Gebühr entsteht auch, wenn 1. in einem Verfahren, für das mündliche Verhandlung vorgeschrieben ist, im Einverständnis mit den Parteien ohne mündliche Verhandlung entschieden oder in einem solchen Verfahren mit oder ohne Mitwirkung des Gerichts ein Vertrag im Sinne der Nummer 1000 geschlossen wird oder eine Erledigung der Rechtssache im Sinne der Nummer 1002 eingetreten ist, 2. nach § 105 Abs. 1 Satz 1 SGG durch Gerichtsbescheid entschieden wird und eine mündliche Verhandlung beantragt werden kann oder 3. das Verfahren, für das mündliche Verhandlung vorgeschrieben ist, nach angenommenem Anerkenntnis ohne mündliche Verhandlung endet. In den Fällen des Satzes 1 beträgt die Gebühr 90 % der in derselben Angelegenheit dem Rechtsanwalt zustehenden Verfahrensgebühr ohne Berücksichtigung einer Erhöhung nach Nummer 1008.	60,00 bis 610,00 €

Lfd. Nr.	Änderndes Gesetz	Datum	Fundstelle	Betroffen	Hinweis
23.	Art. 47 PersonengesellschaftsrechtsmodernisierungsG (MoPeG)	10.8.2021	BGBl. I S. 3436	Inhaltsübersicht, §§ 23, 58, 67, 70, 105, 108, Anl. 1	geänd. mWv 1.1.2024
24.	Art. 7 Abs. 5 G zur Abschaffung des Güterrechtsregisters und zur Änd. des COVID-19-InsolvenzaussetzungsG	31.10.2022	BGBl. I S. 1966	§ 55, Anl. 1	geänd. mWv 1.1.2023

Vorbemerkung:
Die Änderungen durch G v. 16.7.2021 (BGBl. I S. 2947) treten teilweise erst mWv 1.1.2026 in Kraft und sind insoweit im Text noch nicht berücksichtigt.
Die Änderungen durch G v. 10.8.2021 (BGBl. I S. 3436) treten erst mWv 1.1.2024 in Kraft und sind im Text noch nicht berücksichtigt.

Inhaltsübersicht[1)]

Kapitel 1. Vorschriften für Gerichte und Notare

[1)] Inhaltsübersicht geänd. mWv 1.1.2014 durch G v. 5.12.2012 (BGBl. I S. 2418, geänd. durch G v. 23.7.2013, BGBl. I S. 2586); mWv 1.9.2013 durch G v. 26.6.2013 (BGBl. I S. 1800, geänd. durch G v. 23.7.2013, BGBl. I S. 2586); mWv 17.8.2015 durch G v. 29.6.2015 (BGBl. I S. 1042); mWv 1.7.2023 durch G v. 16.7.2021 (BGBl. I S. 2947); mWv 1.8.2022 durch G v. 5.7.2021 (BGBl. I S. 3338).

(2) [1]Der Wert ist durch den Geschäftswert des ersten Rechtszugs begrenzt. [2]Dies gilt nicht, soweit der Gegenstand erweitert wird.

(3) Im Verfahren über den Antrag auf Zulassung der Sprungrechtsbeschwerde ist Gegenstandswert der für das Rechtsmittelverfahren maßgebende Wert.

§ 62[1)] Einstweilige Anordnung, Aussetzung der Wirkungen eines Europäischen Nachlasszeugnisses. [1]Im Verfahren der einstweiligen Anordnung und im Verfahren über die Aussetzung der Wirkungen eines Europäischen Nachlasszeugnisses ist der Wert in der Regel unter Berücksichtigung der geringeren Bedeutung gegenüber der Hauptsache zu ermäßigen. [2]Dabei ist von der Hälfte des für die Hauptsache bestimmten Werts auszugehen.

Unterabschnitt 2. Besondere Geschäftswertvorschriften

§ 63 Betreuungssachen und betreuungsgerichtliche Zuweisungssachen. [1]Bei Betreuungen oder Pflegschaften, die einzelne Rechtshandlungen betreffen, ist Geschäftswert der Wert des Gegenstands, auf den sich die Rechtshandlung bezieht. [2]Bezieht sich die Betreuung oder Pflegschaft auf eine gegenwärtige oder künftige Mitberechtigung, ermäßigt sich der Wert auf den Bruchteil, der dem Anteil der Mitberechtigung entspricht. [3]Bei Gesamthandsverhältnissen ist der Anteil entsprechend der Beteiligung an dem Gesamthandvermögen zu bemessen.

§ 64 Nachlasspflegschaften und Gesamtgutsverwaltung. (1) Geschäftswert für eine Nachlassverwaltung, eine Gesamtgutsverwaltung oder eine sonstige Nachlasspflegschaft ist der Wert des von der Verwaltung betroffenen Vermögens.

(2) Ist der Antrag auf Anordnung einer Nachlasspflegschaft oder -verwaltung oder einer Gesamtgutsverwaltung von einem Gläubiger gestellt, so ist Geschäftswert der Betrag der Forderung, höchstens jedoch der sich nach Absatz 1 ergebende Betrag.

§ 65 Ernennung und Entlassung von Testamentsvollstreckern. Der Geschäftswert für das Verfahren über die Ernennung oder Entlassung eines Testamentsvollstreckers beträgt jeweils 10 Prozent des Werts des Nachlasses im Zeitpunkt des Erbfalls, wobei Nachlassverbindlichkeiten nicht abgezogen werden; § 40 Absatz 2 und 3 ist entsprechend anzuwenden.

§ 66[2)] *(aufgehoben)*

§ 67[3)] Bestimmte unternehmensrechtliche Verfahren und bestimmte Vereinssachen. (1) Der Geschäftswert in einem unternehmensrechtlichen Verfahren und in einem Verfahren in Vereinssachen beträgt

1. bei Kapitalgesellschaften und Versicherungsvereinen auf Gegenseitigkeit 60 000 Euro,
2. bei Personenhandels- und Partnerschaftsgesellschaften sowie bei Genossenschaften 30 000 Euro,
3. bei Vereinen 5000 Euro und

[1)] § 62 Überschrift und Satz 1 geänd. mWv 17.8.2015 durch G v. 29.6.2015 (BGBl. I S. 1042).

[2)] § 66 aufgeh. mWv 1.9.2013 durch G v. 26.6.2013 (BGBl. I S. 1800, geänd. durch G v. 23.7.2013, BGBl. I S. 2586).

[3)] § 67 Abs. 1 einl. Satzteil geänd. mWv 4.7.2015 durch G v. 29.6.2015 (BGBl. I S. 1042); Überschrift, Abs. 1 Nr. 3 geänd. mWv 1.7.2023 durch G v. 16.7.2021 (BGBl. I S. 2947).

4. in sonstigen Fällen 10 000 Euro,

wenn das Verfahren die Ernennung oder Abberufung von Personen betrifft.

(2) Der Geschäftswert im Verfahren über die Verpflichtung des Dispacheurs zur Aufmachung der Dispache (§ 403 des Gesetzes über das Verfahren in Familiensachen und in den Angelegenheiten der freiwilligen Gerichtsbarkeit[1])) beträgt 10 000 Euro.

(3) Ist der nach Absatz 1 oder Absatz 2 bestimmte Wert nach den besonderen Umständen des Einzelfalls unbillig, kann das Gericht einen höheren oder einen niedrigeren Wert festsetzen.

§ 68 Verhandlung über Dispache. Geschäftswert in dem Verfahren zum Zweck der Verhandlung über die Dispache ist die Summe der Anteile, die die an der Verhandlung Beteiligten an dem Schaden zu tragen haben.

§ 69[2]) Eintragungen im Grundbuch, Schiffs- oder Schiffsbauregister.

(1) [1] Geschäftswert für die Eintragung desselben Eigentümers bei mehreren Grundstücken ist der zusammengerechnete Wert dieser Grundstücke, wenn das Grundbuch über diese bei demselben Grundbuchamt geführt wird, die Eintragungsanträge in demselben Dokument enthalten sind und am selben Tag beim Grundbuchamt eingehen. [2] Satz 1 ist auf grundstücksgleiche Rechte und auf Eintragungen in das Schiffs- und Schiffsbauregister entsprechend anzuwenden.

(2) [1] Geschäftswert für die Eintragung mehrerer Veränderungen, die sich auf dasselbe Recht beziehen, ist der zusammengerechnete Wert der Veränderungen, wenn die Eintragungsanträge in demselben Dokument enthalten sind und am selben Tag bei dem Grundbuchamt oder Registergericht eingehen. [2] Der Wert des Rechts darf auch bei mehreren Veränderungen nicht überschritten werden.

§ 70[3]) Gemeinschaften zur gesamten Hand. (1) [1] Ist oder wird eine Gesamthandsgemeinschaft im Grundbuch eingetragen, sind bei der Berechnung des Geschäftswerts die Anteile an der Gesamthandsgemeinschaft wie Bruchteile an dem Grundstück zu behandeln. [2] Im Zweifel gelten die Mitglieder der Gemeinschaft als zu gleichen Teilen am Gesamthandsvermögen beteiligt.

(2) [1] Ist eine Gesamthandsgemeinschaft im Grundbuch eingetragen und wird nunmehr ein Mitberechtigter der Gesamthandsgemeinschaft als Eigentümer oder werden nunmehr mehrere Mitberechtigte als Miteigentümer eingetragen, beträgt der Geschäftswert die Hälfte des Werts des Grundstücks. [2] Geht das Eigentum an dem Grundstück zu einem Bruchteil an einen oder mehrere Mitberechtigte der Gesamthandsgemeinschaft über, beträgt der Geschäftswert insoweit die Hälfte des Werts dieses Bruchteils.

(3) [1] Ein grundstücksgleiches oder sonstiges Recht steht einem Grundstück gleich; die Absätze 1 und 2 sind entsprechend anzuwenden. [2] Dies gilt auch für Rechte, die im Schiffsregister, im Schiffsbauregister und im Register für Pfandrechte an Luftfahrzeugen eingetragen sind. [3] Dabei treten an die Stelle der Grundstücke die in diese Register eingetragenen Schiffe, Schiffsbauwerke und Luftfahrzeuge, an die Stelle des Grundbuchamts das Registergericht.

(4) Die Absätze 1 bis 3 sind auf offene Handelsgesellschaften, Kommanditgesellschaften, Partnerschaften und Europäische wirtschaftliche Interessenvereinigungen

---

[1]) Nr. **112**.

[2]) § 69 Abs. 1 Satz 1 und Abs. 2 Satz 1 geänd. mWv 4.7.2015 durch G v. 29.6.2015 (BGBl. I S. 1042).

[3]) § 70 Abs. 3 Sätze 2 und 3 angef. mWv 4.7.2015 durch G v. 29.6.2015 (BGBl. I S. 1042).

(2) Soweit Gebühren nach diesem Gesetz anzurechnen sind, sind auch nach der Kostenordnung für entsprechende Tätigkeiten entstandene Gebühren anzurechnen.

(3) Soweit für ein notarielles Hauptgeschäft die Kostenordnung nach Absatz 1 weiter anzuwenden ist, gilt dies auch für die damit zusammenhängenden Vollzugs- und Betreuungstätigkeiten sowie für zu Vollzugszwecken gefertigte Entwürfe.

(4) Bis zum Erlass landesrechtlicher Vorschriften über die Höhe des Haftkostenbeitrags, der von einem Gefangenen zu erheben ist, ist anstelle der Nummern 31010 und 31011 des Kostenverzeichnisses § 137 Absatz 1 Nummer 12 der Kostenordnung in der bis zum 27. Dezember 2010 geltenden Fassung anzuwenden.

(5) [1] Absatz 1 ist auf die folgenden Vorschriften in ihrer bis zum Tag vor dem Inkrafttreten des 2. Kostenrechtsmodernisierungsgesetzes vom 23. Juli 2013 (BGBl. I S. 2586) geltenden Fassung entsprechend anzuwenden:

1. § 30 des Einführungsgesetzes zum Gerichtsverfassungsgesetz[1)],
2. § 15 des Spruchverfahrensgesetzes[2)],
3. § 12 Absatz 3, die §§ 33 bis 43, 44 Absatz 2 sowie die §§ 45 und 47 des Gesetzes über das gerichtliche Verfahren in Landwirtschaftssachen[3)],
4. § 102 des Gesetzes über Rechte an Luftfahrzeugen,
5. § 100 Absatz 1 und 3 des Sachenrechtsbereinigungsgesetzes[4)],
6. § 39b Absatz 1 und 6 des Wertpapiererwerbs- und Übernahmegesetzes[5)],
7. § 99 Absatz 6, § 132 Absatz 5 und § 260 Absatz 4 des Aktiengesetzes[6)],
8. § 51b des Gesetzes betreffend die Gesellschaften mit beschränkter Haftung[7)],
9. § 62 Absatz 5 und 6 des Bereinigungsgesetzes für deutsche Auslandsbonds,
10. § 138 Absatz 2 des Urheberrechtsgesetzes[8)],
11. die §§ 18 bis 24 der Verfahrensordnung für Höfesachen,
12. § 18 des Gesetzes zur Ergänzung des Gesetzes über die Mitbestimmung der Arbeitnehmer in den Aufsichtsräten und Vorständen der Unternehmen des Bergbaus und der Eisen und Stahl erzeugenden Industrie[9)] und
13. § 65 Absatz 3 des Landwirtschaftsanpassungsgesetzes[10)].

[2] An die Stelle der Kostenordnung treten dabei die in Satz 1 genannten Vorschriften.

---

1) Nr. **95a.**
2) **Habersack, Deutsche Gesetze ErgBd. Nr. 51b.**
3) **Habersack, Deutsche Gesetze ErgBd. Nr. 39a.**
4) **Habersack II Nr. 6.**
5) **Habersack, Deutsche Gesetze ErgBd. Nr. 58a.**
6) Nr. **51.**
7) Nr. **52.**
8) Nr. **65.**
9) **Habersack, Deutsche Gesetze ErgBd. Nr. 82c.**
10) **Habersack II Nr. 127.**

Anlage 1[1)]
(zu § 3 Absatz 2)

Kostenverzeichnis

Gliederung

[1)] Anl. 1 geänd. mWv 1.11.2013 durch G v. 25.4.2013 (BGBl. I S. 935, geänd. durch G v. 23.7.2013, BGBl. I S. 2586); mWv 1.9.2013 durch G v. 26.6.2013 (BGBl. I S. 1800, geänd. durch G v. 23.7.2013, BGBl. I S. 2586); mWv 10.10.2013 durch G v. 4.10.2013 (BGBl. I S. 3746); mWv 1.7.2014 durch G v. 10.10.2013 (BGBl. I S. 3786); mWv 16.7.2014 und mWv 10.1.2015 durch G v. 8.7.2014 (BGBl. I S. 890); mWv 19.12.2014 durch G v. 10.12.2014 (BGBl. I S. 2082); mWv 4.7.2015 und mWv 17.8.2015 durch G v. 29.6.2015 (BGBl. I S. 1042); mWv 1.10.2021 durch G v. 18.7.2016 (BGBl. I S. 1666); mWv 9.6.2017 und mWv 1.1.2022 durch G v. 1.6.2017 (BGBl. I S. 1396); mWv 1.1.2018 durch G v. 5.7.2017 (BGBl. I S. 2208); mWv 29.1.2019 durch G v. 17.12.2018 (BGBl. I S. 2573); mWv 23.10.2020 durch G v. 16.10.2020 (BGBl. I S. 2187); mWv 1.1.2021 durch G v. 21.12.2020 (BGBl. I S. 3229); mWv 1.1.2023 durch G v. 4.5.2021 (BGBl. I S. 882); mWv 1.8.2021 durch G v. 25.6.2021 (BGBl. I S. 2154); mWv 1.7.2023 durch G v. 16.7.2021 (BGBl. I S. 2947); mWv 1.8.2022 durch G v. 5.7.2021 (BGBl. I S. 3338); mWv 1.1.2023 durch G v. 31.10.2022 (BGBl. I S. 1966).

Nr.	Gebührentatbestand	Gebühr oder Satz der Gebühr nach § 34 GNotKG **– Tabelle A**
Unterabschnitt 4. Rechtsbeschwerde gegen die Endentscheidung wegen des Hauptgegenstands		
12540	Verfahren im Allgemeinen	4,0
12541	Beendigung des gesamten Verfahrens durch Zurücknahme der Rechtsbeschwerde oder des Antrags, bevor die Schrift zur Begründung der Beschwerde bei Gericht eingegangen ist: Die Gebühr 12540 ermäßigt sich auf	1,0
12542	Beendigung des gesamten Verfahrens durch Zurücknahme der Rechtsbeschwerde oder des Antrags vor Ablauf des Tages, an dem die Endentscheidung der Geschäftsstelle übermittelt wird, wenn nicht Nummer 12541 erfüllt ist: Die Gebühr 12540 ermäßigt sich auf	2,0
Unterabschnitt 5. Zulassung der Sprungrechtsbeschwerde gegen die Endentscheidung wegen des Hauptgegenstands		
12550	Verfahren über die Zulassung der Sprungrechtsbeschwerde: Soweit der Antrag abgelehnt wird:	1,0
Hauptabschnitt 3. Registersachen sowie unternehmensrechtliche und ähnliche Verfahren		
Vorbemerkung 1.3: (1) Dieser Hauptabschnitt gilt für 1. Registersachen (§ 374 FamFG), soweit die Gebühren nicht aufgrund einer Rechtsverordnung nach § 58 Abs. 1 GNotKG erhoben werden, 2. unternehmensrechtliche Verfahren (§ 375 FamFG) und ähnliche Verfahren sowie 3. bestimmte Vereinssachen. (2) Gebühren werden nicht erhoben 1. für die aus Anlass eines Insolvenzverfahrens von Amts wegen vorzunehmenden Eintragungen, 2. für die Löschung von Eintragungen (§ 395 FamFG) und 3. von berufsständischen Organen im Rahmen ihrer Beteiligung nach § 380 FamFG.		
Abschnitt 1. Vereinsregistersachen		
13100	Verfahren über die Ersteintragung in das Vereinsregister	75,00 €
13101	Verfahren über eine spätere Eintragung in das Vereinsregister	50,00 €
	(1) Bei einer Sitzverlegung in den Bezirk eines anderen Registergerichts wird die Gebühr für eine spätere Eintragung nur durch das Gericht erhoben, in dessen Bezirk der Sitz verlegt worden ist. (2) Die Gebühr wird für mehrere Eintragungen nur einmal erhoben, wenn die Anmeldungen am selben Tag beim Registergericht eingegangen sind und denselben Verein betreffen. (3) Für die Eintragung 1. des Erlöschens des Vereins,	

Nr.	Gebührentatbestand	Gebühr oder Satz der Gebühr nach § 34 GNotKG **– Tabelle A**
	2. der Beendigung der Liquidation des Vereins, 3. der Fortführung als nichtrechtsfähiger Verein, 4. des Verzichts auf die Rechtsfähigkeit oder 5. der Entziehung der Rechtsfähigkeit und für die Schließung des Registerblatts wird keine Gebühr erhoben.	
13102	Bereitstellung von Daten oder Dokumenten zum Abruf ... Die Gebühr entsteht neben jeder Gebühr für eine Eintragung in das Vereinsregister nach diesem Abschnitt gesondert.	1/3 der für die Eintragung bestimmten Gebühr

Abschnitt 2. *(aufgehoben)*

Abschnitt 3. Zwangs- und Ordnungsgeld in Verfahren nach den §§ 389 bis 392 FamFG

Unterabschnitt 1. Erster Rechtszug

13310	Festsetzung von Zwangs- oder Ordnungsgeld: je Festsetzung ...	100,00 €
13311	Verwerfung des Einspruchs ...	100,00 €

Unterabschnitt 2. Beschwerde gegen die Endentscheidung wegen des Hauptgegenstands

13320	Verfahren im Allgemeinen: Die Beschwerde wird verworfen oder zurückgewiesen ... Wird die Beschwerde nur teilweise verworfen oder zurückgewiesen, kann das Gericht die Gebühr nach billigem Ermessen auf die Hälfte ermäßigen oder bestimmen, dass eine Gebühr nicht zu erheben ist.	150,00 €
13321	Verfahren im Allgemeinen: Beendigung des gesamten Verfahrens durch Zurücknahme der Beschwerde oder des Antrags, bevor die Schrift zur Begründung der Beschwerde bei Gericht eingegangen ist ...	75,00 €
13322	Verfahren im Allgemeinen: Beendigung des gesamten Verfahrens durch Zurücknahme der Beschwerde oder des Antrags vor Ablauf des Tages, an dem die Endentscheidung der Geschäftsstelle übermittelt wird, wenn die Entscheidung nicht bereits durch Verlesen der Entscheidungsformel bekannt gegeben worden ist, oder wenn nicht Nummer 13321 erfüllt ist ...	100,00 €

Nr.	Gebührentatbestand	Gebühr oder Satz der Gebühr nach § 34 GNotKG – **Tabelle A**
	Unterabschnitt 3. Rechtsbeschwerde gegen die Endentscheidung wegen des Hauptgegenstands	
13330	Verfahren im Allgemeinen: Die Rechtsbeschwerde wird verworfen oder zurückgewiesen .... Wird die Rechtsbeschwerde nur teilweise verworfen oder zurückgewiesen, kann das Gericht die Gebühr nach billigem Ermessen auf die Hälfte ermäßigen oder bestimmen, dass eine Gebühr nicht zu erheben ist.	200,00 €
13331	Verfahren im Allgemeinen: Beendigung des gesamten Verfahrens durch Zurücknahme der Rechtsbeschwerde oder des Antrags, bevor die Schrift zur Begründung der Beschwerde bei Gericht eingegangen ist	100,00 €
13332	Verfahren im Allgemeinen: Beendigung des gesamten Verfahrens durch Zurücknahme der Rechtsbeschwerde oder des Antrags vor Ablauf des Tages, an dem die Endentscheidung der Geschäftsstelle übermittelt wird, wenn nicht Nummer 13331 erfüllt ist	150,00 €
	Abschnitt 4. Löschungs- und Auflösungsverfahren sowie Verfahren über die Entziehung der Rechtsfähigkeit eines Vereins vor dem Amtsgericht	
13400	Verfahren über 1. den Widerspruch gegen eine beabsichtigte Löschung (§§ 393 bis 398 FamFG), 2. den Widerspruch gegen die beabsichtigte Feststellung eines Mangels der Satzung oder des Gesellschaftsvertrages (§ 399 FamFG) oder 3. die Entziehung der Rechtsfähigkeit eines Vereins	1,0
	Abschnitt 5. Unternehmensrechtliche und ähnliche Verfahren, Verfahren vor dem Registergericht und Vereinssachen vor dem Amtsgericht	

Vorbemerkung 1.3.5:

Die Vorschriften dieses Abschnitts gelten für
1. unternehmensrechtliche Verfahren nach § 375 FamFG und für Verfahren vor dem Registergericht,
2. Verfahren vor dem Landgericht nach
   a) den §§ 98, 99, 132, 142, 145, 258, 260, 293c und 315 des Aktiengesetzes,
   b) § 51b GmbHG,
   c) § 26 des SEAG,
   d) § 10 UmwG,
   e) dem SpruchG und
   f) den §§ 39a und 39b WpÜG,
3. Verfahren vor dem Oberlandesgericht nach § 8 Abs. 3 des Gesetzes über die Mitbestimmung der Arbeitnehmer in den Aufsichtsräten und Vorständen der Unternehmen des Bergbaus und der Eisen und Stahl erzeugenden Industrie und
4. Vereinssachen über
   a) die Notbestellung von Vorstandsmitgliedern oder Liquidatoren,

Nr.	Gebührentatbestand	Gebühr oder Satz der Gebühr nach § 34 GNotKG – **Tabelle A**
b) die Ermächtigung von Mitgliedern zur Berufung der Mitgliederversammlung einschließlich der Anordnungen über die Führung des Vorsitzes.		
Gebühren nach diesem Abschnitt werden auch erhoben, soweit die für Vereine geltenden §§ 29 und 48 BGB entsprechend anzuwenden sind.		
13500	Verfahren im Allgemeinen .... Die Festsetzung einer Vergütung für Personen, die vom Gericht bestellt worden sind, gehört zum Rechtszug.	2,0
13501	Soweit das Verfahren zum Zweck der Verhandlung über die Dispache ohne deren Bestätigung beendet wird: Die Gebühr 13500 ermäßigt sich auf	1,0
13502	Soweit das Verfahren zum Zweck der Verhandlung über die Dispache vor Eintritt in die Verhandlung durch Zurücknahme des Antrags oder auf andere Weise erledigt wird: Die Gebühr 13500 ermäßigt sich auf	0,5
13503	Soweit im Verfahren nach dem SpruchG lediglich ein Beschluss nach § 11 Abs. 4 Satz 2 SpruchG ergeht: Die Gebühr 13500 ermäßigt sich auf	1,0
13504	Beendigung des gesamten Verfahrens, soweit nicht die Nummer 13501 oder 13502 anzuwenden ist, 1. ohne Endentscheidung, 2. durch Zurücknahme des Antrags vor Ablauf des Tages, an dem die Endentscheidung der Geschäftsstelle übermittelt oder ohne Beteiligung der Geschäftsstelle bekannt gegeben wird, wenn sie nicht bereits durch Verlesen der Entscheidungsformel bekannt gegeben worden ist: Die Gebühr 13500 ermäßigt sich auf	0,5
Abschnitt 6. Rechtsmittelverfahren in den in den Abschnitten 4 und 5 genannten Verfahren		
Unterabschnitt 1. Beschwerde gegen die Endentscheidung wegen des Hauptgegenstands		
13610	Verfahren im Allgemeinen	3,0
13611	Beendigung des gesamten Verfahrens durch Zurücknahme der Beschwerde oder des Antrags, bevor die Schrift zur Begründung der Beschwerde bei Gericht eingegangen ist: Die Gebühr 13610 ermäßigt sich auf	0,5
13612	Beendigung des gesamten Verfahrens ohne Endentscheidung, wenn nicht Nummer 13611 erfüllt ist: Die Gebühr 13610 ermäßigt sich auf .... (1) Wenn die Entscheidung nicht durch Verlesen der Entscheidungsformel bekannt gegeben worden ist, ermäßigt sich die Gebühr auch	1,0

120. Gesetz über Kosten in Angelegenheiten der Justizverwaltung (Justizverwaltungskostengesetz – JVKostG)[1]

Vom 23. Juli 2013
(BGBl. I S. 2586, 2655)

FNA 363-5

Lfd. Nr.	Änderndes Gesetz	Datum	Fundstelle	Betroffen	Hinweis
1.	Art. 12 G zur Einführung einer Rechtsbehelfsbelehrung im Zivilprozess und zur Änd. anderer Vorschriften	5.12.2012	BGBl. I S. 2418, geänd. 2013, S. 2586	§ 22	geänd. mWv 1.1.2014
2.	Art. 2 G zur Schlichtung im Luftverkehr	11.6.2013	BGBl. I S. 1545, geänd. 2013, S. 2586	Anl.	geänd. mWv 1.11.2013
3.	Art. 8 Abs. 5 Bilanzrichtlinie-UmsetzungsG	17.7.2015	BGBl. I S. 1245	Anl.	geänd. mWv 23.7.2015
4.	Art. 176 Zehnte ZuständigkeitsanpassungsVO	31.8.2015	BGBl. I S. 1474	§ 23	geänd. mWv 8.9.2015
5.	Art. 7 G zur Änd. des Unterhaltsrechts und des Unterhaltsverfahrensrechts sowie zur Änd. der ZPO und kostenrechtlicher Vorschriften	20.11. 2015	BGBl. I S. 2018	Inhaltsübersicht, § 1, Anl. § 15a	geänd. mWv 1.1.2016 eingef. mWv 1.1.2016
6.	Art. 5 G zur Umsetzung der RL über alternative Streitbeilegung in Verbraucherangelegenheiten und zur Durchführung der VO über Online-Streitbeilegung in Verbraucherangelegenheiten[2]	19.2.2016	BGBl. I S. 254	Inhaltsübersicht, § 14, Anl. § 16a	geänd. mWv 1.4.2016 eingef. mWv 1.4.2016
7.	Art. 123 Abs. 4 Zweites G über die weitere Bereinigung von Bundesrecht	8.7.2016	BGBl. I S. 1594	Anl.	geänd. mWv 15.7.2016
8.	Art. 15 Abs. 7 EU-KontenpfändungsVO-DurchführungsG	21.11. 2016	BGBl. I S. 2591	Inhaltsübersicht, §§ 1, 17, Anl.	geänd. mWv 1.7.2017
9.	Art. 10 G zur Neuordnung der Aufbewahrung von Notariatsunterlagen und zur Einrichtung des Elektron.	1.6.2017	BGBl. I S. 1396	Anl.	geänd. mWv 23.6.2017

[1] Verkündet als Art. 2 2. KostenrechtsmodernisierungsG v. 23.7.2013 (BGBl. I S. 2586); Inkrafttreten gem. Art. 50 dieses G am 1.8.2013.

[2] **Amtl. Anm.:** Dieses Gesetz dient der Umsetzung der Richtlinie 2013/11/EU des Europäischen Parlaments und des Rates vom 21. Mai 2013 über die alternative Beilegung verbraucherrechtlicher Streitigkeiten und zur Änderung der Verordnung (EG) Nr. 2006/2004 und der Richtlinie 2009/22/EG (Richtlinie über alternative Streitbeilegung in Verbraucherangelegenheiten) (ABl. L 165 vom 18.6.2013, S. 63).

Lfd. Nr.	Änderndes Gesetz	Datum	Fundstelle	Betroffen	Hinweis
	Urkundenarchivs bei der Bundesnotarkammer sowie zur Änd. weiterer Gesetze				
10.	Art. 27 G zur Einführung der elektronischen Akte in der Justiz und zur weiteren Förderung des elektronischen Rechtsverkehrs	5.7.2017	BGBl. I S. 2208	Anl.	geänd. mWv 1.1.2018
11.	Art. 2 Siebtes G zur Änd. des BundeszentralregisterG	18.7.2017	BGBl. I S. 2732, geänd. 2019, S. 1626	Anl.	geänd. mWv 31.8.2018
12.	Art. 6 G zur Förderung der Freizügigkeit von EU-Bürgerinnen und -Bürgern sowie zur Neuregelung verschiedener Aspekte des Internationalen Adoptionsrechts	31.1.2019	BGBl. I S. 54	Anl.	geänd. mWv 16.2.2019
13.	Art. 56 Zweites Datenschutz-Anpassungs- und UmsetzungsG EU[1]	20.11. 2019	BGBl. I S. 1626	Anl.	geänd. mWv 26.11.2019
14.	Art. 2 Drittes G zur Harmonisierung des Haftungsrechts im Luftverkehr	10.7.2020	BGBl. I S. 1655	Anl.	geänd. mWv 17.7.2020
15.	Art. 5 KostenrechtsänderungsG 2021	21.12. 2020	BGBl. I S. 3229	Inhaltsübersicht, §§ 11, 22, 25, Anl. § 5a	geänd. mWv 1.1.2021 eingef. mWv 1.1.2021
16.	Art. 4 Abs. 1 AdoptionshilfeG	12.2.2021	BGBl. I S. 226	Anl.	geänd. mWv 1.4.2021
17.	Art. 15 Abs. 13 G zur Reform des Vormundschafts- und Betreuungsrechts	4.5.2021	BGBl. I S. 882	Anl.	geänd. mWv 1.1.2023
18.	Art. 11 G zur Umsetzung der Digitalisierungsrichtlinie (DiRUG)[2]	5.7.2021	BGBl. I S. 3338	§§ 1, 6, 16, Anl.	geänd. mWv 1.8.2022
19.	Art. 48 PersonengesellschaftsrechtsmodernisierungsG (MoPeG)	10.8.2021	BGBl. I S. 3436	Anl.	geänd. mWv 1.1.2024
20.	Art. 7 G zur Stärkung der Aufsicht bei Rechtsdienstleistungen und zur Änd. weiterer Vorschriften	10.3.2023	BGBl. 2023 I Nr. 64	§ 1, Anl.	geänd. mWv 1.1.2025

[1] **Amtl. Anm.:** Dieses Gesetz dient der Umsetzung der Richtlinie (EU) 2016/680 des Europäischen Parlaments und des Rates vom 27. April 2016 zum Schutz natürlicher Personen bei der Verarbeitung personenbezogener Daten durch die zuständigen Behörden zum Zweck der Verhütung, Ermittlung, Aufdeckung oder Verfolgung von Straftaten oder der Strafvollstreckung sowie zum freien Datenverkehr und zur Aufhebung des Rahmenbeschlusses 2008/977/JI des Rates (ABl. L 119 vom 4.5.2016, S. 89; L 127 vom 23.5.2018, S. 9).

[2] **Amtl. Anm.:** Dieses Gesetz dient der Umsetzung der Richtlinie (EU) 2019/1151 des Europäischen Parlaments und des Rates vom 20. Juni 2019 zur Änderung der Richtlinie (EU) 2017/1132 im Hinblick auf den Einsatz digitaler Werkzeuge und Verfahren im Gesellschaftsrecht (ABl. L 186 vom 11.7.2019, S. 80).

Vorbemerkung:
Die Änderung durch G v. 10.8.2021 (BGBl. I S. 3436) tritt erst mWv 1.1. 2024 in Kraft und ist im Text noch nicht berücksichtigt.
Die Änderungen durch G v. 10.3.2023 (BGBl. 2023 I Nr. 64) treten erst mWv 1.1.2025 in Kraft und sind im Text noch nicht berücksichtigt.

Für handschriftliche Notizen

Für handschriftliche Notizen

Für handschriftliche Notizen

Für handschriftliche Notizen

Für handschriftliche Notizen

Für handschriftliche Notizen

Für handschriftliche Notizen

Für handschriftliche Notizen

Für handschriftliche Notizen

Für handschriftliche Notizen

Für handschriftliche Notizen

Für handschriftliche Notizen

Für handschriftliche Notizen

Für handschriftliche Notizen

Für handschriftliche Notizen

Für handschriftliche Notizen

Für handschriftliche Notizen

Für handschriftliche Notizen

Für handschriftliche Notizen

Für handschriftliche Notizen

Für handschriftliche Notizen

Für handschriftliche Notizen

Für handschriftliche Notizen

Für handschriftliche Notizen